coser en casa

coser en casa

fundamentos • técnicas • corte y confección
sastrería avanzada • ropa de hogar • cuidados y arreglos

BLUME

marie clayton

BLUME

Título original:
Ultimate Sewing Bible

Traducción:
Teresa Jarrín Rodríguez

Revisión técnica de la edición en lengua española:
Isabel Jordana Barón
Profesora del Departamento de Moda
Escuela de la Mujer, Barcelona

Coordinación de la edición en lengua española:
Cristina Rodríguez Fischer

Primera edición en lengua española 2009
Reimpresión 2013

Av. Mare de Déu de Lorda, 20
08034 Barcelona
Tel. 93 205 40 00 Fax 93 205 14 41
e-mail: info@blume.net

I.S.B.N.: 978-84-8076-842-9

Impreso en Singapur

WWW.BLUME.NET

Este libro se ha impreso sobre papel manufacturado con materia prima procedente de bosques sostenibles. En la producción de nuestros libros procuramos, con el máximo empeño, cumplir con los requisitos medioambientales que promueven la conservación y el uso sostenible de los bosques, en especial de los bosques primarios. Asimismo, en nuestra preocupación por el planeta, intentamos emplear al máximo materiales reciclados, y solicitamos a nuestros proveedores que usen materiales de manufactura cuya fabricación esté libre de cloro elemental (ECF) o de metales pesados, entre otros.

contenido

introducción

Cuando iba al colegio, era normal que una niña aprendiera a coser y, a menudo, también a cocinar, mientras que los niños ¡hacían marquetería! Muchas de mis coetáneas abandonaron la labor de aguja en cuanto pudieron, pero incluso ellas aprendieron lo básico. Yo seguí con la costura, en parte porque me gustaba hacerlo, pero también porque tanto mi madre como mi abuela cosían y tejían, de modo que tuve mucha ayuda y estímulo. Incluso después de que nacieran mis hijos, seguí encontrando tiempo para la costura: siempre había algo que hacer o que arreglar; además, coser es muy relajante.

Hace pocos años, un día mientras esperaba mi turno en una sastrería de arreglos al lado de una joven, fui consciente de lo que habían cambiado las cosas. La mujer traía muchas prendas para arreglar: una camisola con una tira descosida, unos pantalones cortos con la costura rota, una blusa a la que le faltaba un botón. Tras acordar el precio del servicio, se volvió orgullosa a su acompañante explicándole el mucho dinero que se estaba ahorrando gracias al sastre, pues de no ser por él, habría tenido que tirar las prendas y comprarse unas nuevas. Ninguna de las tareas que había que hacer me habría llevado más de cinco o diez minutos, y no pude evitar pensar en cuánto dinero se ahorraría aquella joven si supiera hacerlas ella misma. Pero parece que en la actualidad hay toda una generación que no ha aprendido a coser –aunque el interés por el punto y el ganchillo en los últimos años me da esperanzas de que también habrá una vuelta a la costura. Y tanto mi hijo como mi hija aprenden ahora en el colegio «pretecnología» y «hogar», es decir, costura y cocina, que es, sin duda, una mejora respecto a mi experiencia escolar marcada por la división de los sexos.

Si usted aprende a coser, dará el primer paso en un maravilloso y apasionante mundo. No sólo se ahorrará dinero, sino que también canalizará su creatividad con un pasatiempo nuevo, emocionante y gratificante. Podrá confeccionar ropa a la última moda o innovadores artículos para el hogar sin gastarse una fortuna. Si quiere crear algo que destaque un poco de lo que se encuentra en las tiendas, hoy hay tantas telas distintas en el mercado que no sabrá por cuál decidirse.

En caso de que no se sienta con la seguridad suficiente como para hacer algo desde cero, si sabe coser, podrá añadir elementos decorativos a un artículo comprado o personalizarlo de alguna otra manera. Y hay en el mercado adornos, ribetes, botones probable que vaya a confeccionar una prenda que sea exactamente igual que la de otra persona.

Coser es una habilidad que, al igual que montar en bicicleta, una vez aprendida nunca se olvida. Y saber coser significa no sólo que será la envidia de todas sus amistades que no sepan, sino también que nunca le faltará algo que hacer.

Marie Clayton
Valbonne, 2007

acerca de este libro

Este libro abarca toda la información que necesitará para aprender a coser, al mismo tiempo que le servirá de consulta para distintas técnicas que utilizará constantemente en sus labores de costura. Está dividido en siete capítulos, cada uno de los cuales se dedica a un área específica de la costura.

Comenzamos con los fundamentos de la costura, donde se detalla el equipo que hay disponible en el mercado y su uso. Una vez comprendida esta parte, podrá tomar una decisión sobre qué comprar. En esta primera sección también se explica cómo crear un área de trabajo práctica, cómo guardar adecuadamente los materiales y el equipo, y cómo elegir la máquina de coser correcta. Asimismo, se tratan brevemente las distintas composiciones y los modos de confección de las telas para que usted se familiarice con sus características y usos. El libro contiene información adicional sobre telas en secciones individuales. El siguiente capítulo, titulado «Técnicas básicas», trata de los tipos de puntadas, costuras y otras técnicas que utilizará una y otra vez, todo explicado paso a paso con gráficos muy útiles.

En el capítulo «Corte y confección», aprenderá los distintos pasos que debe seguir en la confección de ropa. En muy poco tiempo, podrá entender los patrones, cómo modificarlos para crear una prenda a medida y cómo cortar la tela sin miedo. El capítulo dedicado a «Sastrería avanzada» contiene técnicas bastante más avanzadas, lo que le permitirá confeccionar ropa más estructurada y de un aspecto sumamente profesional. Mientras tanto, en el capítulo «Ropa de hogar», aprenderá a hacer desde una simple servilleta a la funda de un sofá de tres plazas. Una vez entienda cómo se organiza todo, podrá hacer cualquier cosa partiendo de un patrón comercial, e incluso desarrollar su propio proyecto a partir de cero. Al final, en el capítulo «Cuidado y arreglos», se explica cómo conservar y lavar sus creaciones, y el «Glosario» es una sección de consulta rápida a la que puede volver cuando quiera para repasar algunos de los términos más empleados en costura.

Si coser es algo nuevo para usted, comience con una labor sencilla, que le ayudará a familiarizarse con la máquina de coser y con lo que es posible y lo que no a la hora de manipular telas e hilos. Así adquirirá confianza en su capacidad y se preparará para intentar algo un poco más complicado o nuevo cada vez que comience a coser. Antes de que se dé cuenta, podrá empezar a utilizar algunas de las técnicas más avanzadas que aparecen más adelante. Si no tiene tiempo para embarcarse en confeccionar una prenda desde cero, muchas de las técnicas pueden adaptarse para que usted pueda «personalizar» artículos ya confeccionados. Cualquier tipo de labor es una buena práctica y aumentará sus conocimientos, así que anímese a experimentar. Recuerde que el único modo de convertirse en experto es no parar de coser.

Uno de los grandes beneficios de saber coser es que podrá confeccionar toda una gama de artículos totalmente coordinados tanto para usted como para el hogar, por lo que no tendrá que arreglárselas sólo con los artículos o los colores que los fabricantes decidan ofertar cada temporada. Otra ventaja es que, cuando entienda cómo se estructuran las prendas, podrá arreglar las que se estropeen o se deterioren. Además, las prendas que no puedan arreglarse fácilmente a menudo es posible reciclarlas para hacer de ellas algo distinto, con lo que se ahorrará dinero, obtendrá un artículo único, y, lo más importante: es una forma de no crear residuos y aprovechar los recursos.

OPTI

fundamentos de la costura

Si la costura es algo nuevo para usted o no la ha practicado demasiado, los fundamentos que se exponen en este capítulo le serán de gran ayuda para iniciarse. Aquí encontrará consejos indispensables sobre los utensilios y el equipo necesarios, así como sobre otros elementos adicionales que puedan serle útiles. También se proporcionan prácticos consejos de almacenamiento para ayudarle a crear una zona de trabajo organizada y acogedora. En esta sección también se incluye información fundamental sobre los distintos tipos y anchos de tela que normalmente hay disponibles en el mercado.

equipo

La buena costura constituye una combinación de destrezas y materiales. Necesitará algunos utensilios especiales, pero la mayoría de ellos son económicos, portátiles y, lo que es mejor, reutilizables. Comience comprando lo más básico: agujas y alfileres, una cinta métrica, utensilios para marcar, tijeras y un descosedor. Adquiera todo de la mejor calidad que se pueda permitir y vaya incorporando otro material no esencial a medida que lo vaya precisando.

Marcar y medir

La elección de los utensilios para marcar y medir es una cuestión principalmente de preferencias personales. A veces, sin embargo, la tela y el tipo de labor que vaya a emprender serán determinantes.

Lápiz de tiza
La mina de este lápiz tan útil es de tiza en lugar de grafito y a menudo lleva incorporado un cepillo en un extremo. De este modo, es fácil borrar las marcas cuando ya no se necesiten.

Rotulador lavable
Las marcas realizadas con este utensilio pueden eliminarse con una esponja mojada o lavando la prenda, por lo que no se recomienda para telas que deban lavarse en seco o sean difíciles de lavar.

Rotulador no permanente
Las marcas realizadas con este utensilio desaparecerán poco a poco con el tiempo, que dependerá de la tela, por lo que no se recomienda para una labor que se prevea que va a durar mucho.

Tiza de modista
Viene normalmente en una pieza de forma triangular para facilitar su uso y posibilitar marcas de distinto grosor.

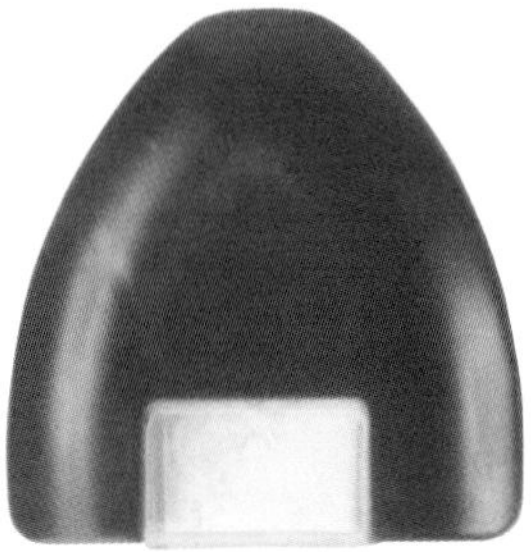

Tiza líneas
Este ingenioso utensilio hace en las telas finas líneas de tiza que pueden eliminarse cepillándolas. El dispensador puede rellenarse con tiza en polvo de distintos colores.

Lápiz
Un lápiz normal y corriente es útil para marcar en patrones de papel. En las telas más oscuras, el lápiz plateado destaca más y las marcas se eliminan fácilmente.

Marcar

Pruebe siempre su utensilio para marcar en un retal de la tela que esté usando para comprobar que las marcas se ven bien y que pueden eliminarse sin problemas.

Transfiera todos los puntos y las marcas del patrón de papel a la tela.

No hay necesidad de marcar los márgenes de las costuras: la placa base de las máquinas de coser tiene líneas grabadas que indican los anchos de costuras que se emplean normalmente y que pueden usarse como guía al dar las puntadas.

Rueda de marcar y papel carbón de modista
Es el modo más rápido de transferir líneas de un patrón a una tela. El papel carbón de modista se coloca entre el patrón y la tela; cuando la rueda de marcar gira a lo largo de las líneas, se trazan líneas de puntos en la tela.

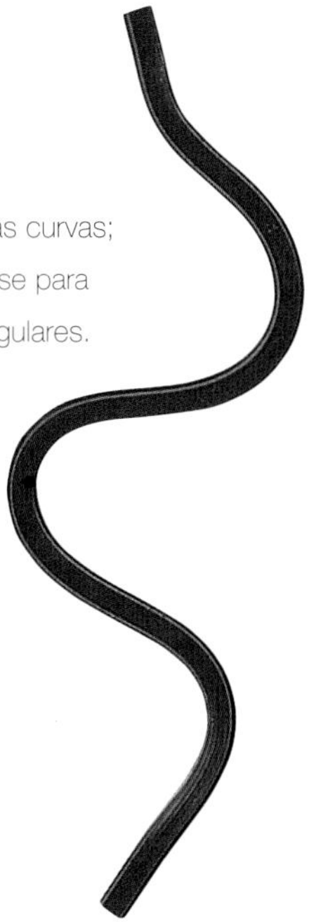

Curva flexible

Ideal para dibujar líneas curvas; también puede utilizarse para medir formas poco regulares.

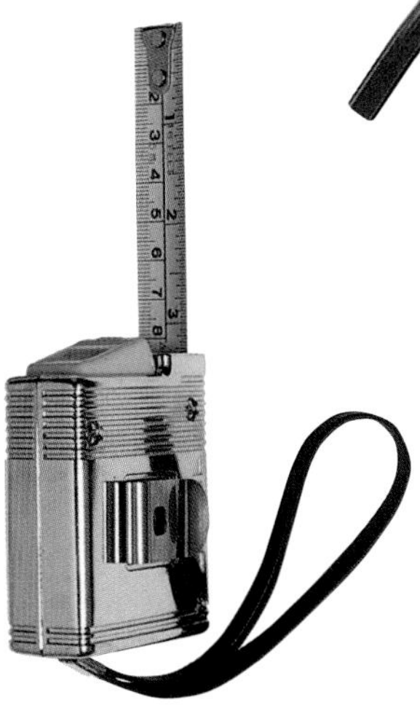

Cinta métrica retractable

Se encuentra en el mercado en longitudes distintas. Resulta bastante práctica para transportarla y tiene un fácil manejo.

Calculadora

Si planea hacer modificaciones o diseñar sus propios patrones, una calculadora le resultará esencial para obtener el ajuste perfecto.

Cinta métrica

Una cinta métrica flexible es útil para tomar medidas del cuerpo o de cualquier objeto tridimensional.

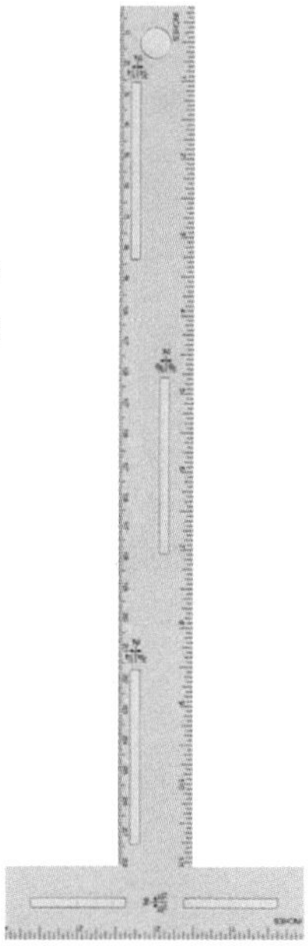

Regla en forma de T

Empleada para trazar líneas rectas y ángulos rectos, así como líneas paralelas.

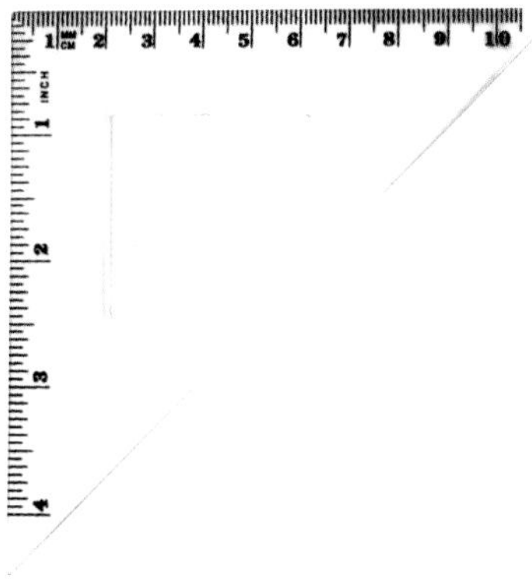

Escuadra

Práctica para trazar líneas rectas y cortas en ángulo recto con una línea base. Pueden ser de un tamaño fijo, o ajustables, de modo que pueda cambiarse el ángulo que forma el lado diagonal con los otros dos.

Regla de metal

Una regla de metal puede emplearse no solamente para medir, sino también como guía de corte fiel que resiste sin dañarse el filo de una cuchilla.

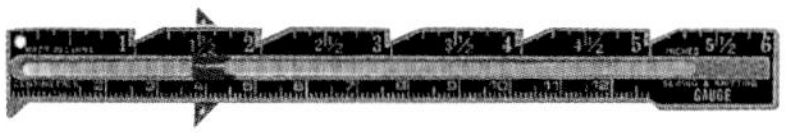

Calibrador ajustable para costuras

Este utensilio es tremendamente útil cuando se necesita marcar el margen de una costura normal alrededor de piezas con formas diversas.

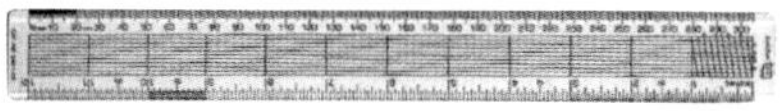

Regla de plástico

La gran ventaja de una regla de plástico es que es transparente, lo que permite verlo todo mientras se trabaja. No la use como guía para cortar, porque los instrumentos cortantes dañarán el borde.

Metro

Utensilio útil para medir tela u objetos que estén más altos que la cabeza.

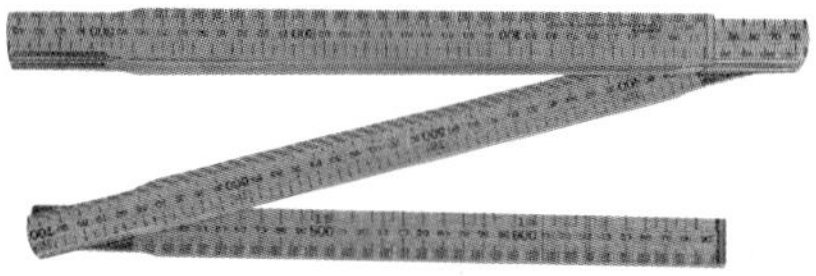

Regla ajustable

Tiene una buena extensión y también es razonablemente rígida, lo que la hace práctica para medir zonas donde una cinta métrica se doblaría, como en el caso de ventanas o zonas que estén bajo los muebles.

Utensilios para cortar

Para que los resultados que obtenga parezcan profesionales, es crucial que los cortes sean limpios. Elija el utensilio correcto para el trabajo que vaya a realizar y asegúrese de que las tijeras que utilice en sus labores de costura no se empleen para nada más.

Descosedor

Este utensilio especial es de gran utilidad. Tiene una punta afilada para levantar las puntadas y una hoja corta y curvada para cortarlas. También puede usarse para cortar la abertura de los ojales cosidos a máquina.

Cortar limpiamente

Asegúrese de que las tijeras que emplee para cortar telas estén especialmente afiladas y que nunca se utilicen para cortar otro papel que no sea de patrones. Así evitará que se desafilen.

¡Mida dos veces y corte una vez!

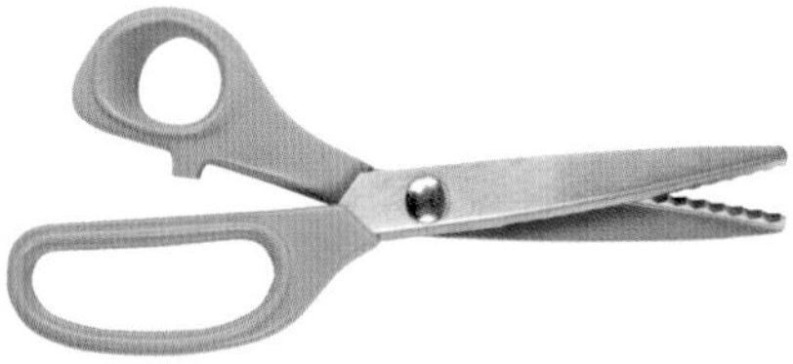

Tijeras dentadas

Las hojas de estas tijeras son dentadas y dejan un corte en zigzag que evita el deshilachamiento del canto de las costuras sin rematar.

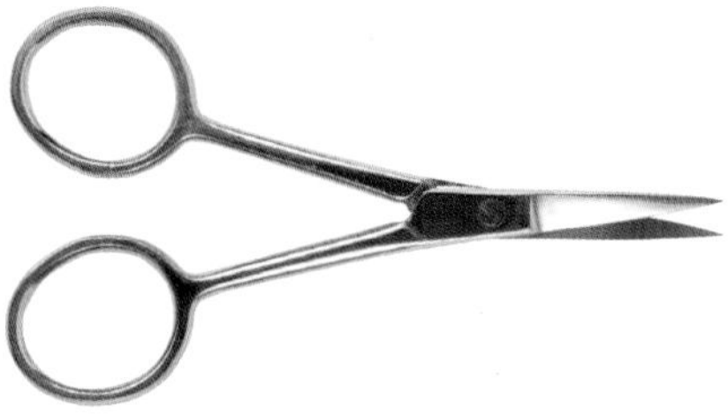

Tijeras de bordar

Estas tijeras de hoja corta y torneada están diseñadas para cortar hilos. No emplee las tijeras de cortar tela para esta tarea, porque se desafilarán.

Cúter con cuchilla giratoria

Cuchilla con una rueda que realiza un corte continuo y puede atravesar varias capas de tela a la vez. Se usa normalmente para cortar piezas idénticas en labores de retazos.

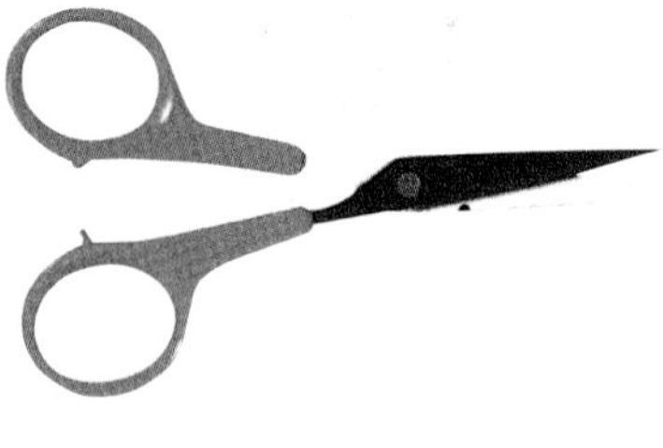

Tijeras pequeñas de costura

Unas tijeras de menor tamaño son siempre prácticas para cortes más delicados y para llegar a las esquinas más difíciles.

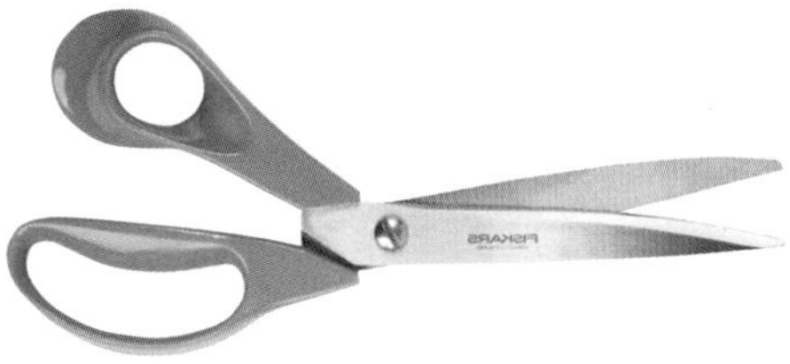

Tijeras de modista

Las hojas de estas tijeras forman un ángulo con el mango; de este modo, al cortar, la hoja puede desplazarse por la superficie de trabajo sin levantar demasiado la tela, con lo que el corte es más preciso.

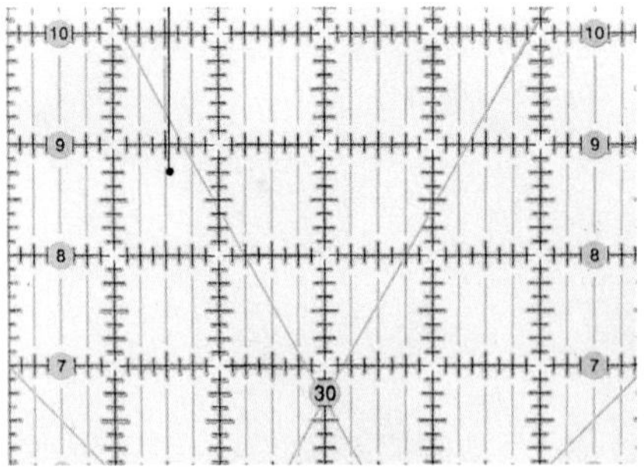

Regla para labor de retazos

Muy empleada en la labor de retazos. Es una regla de material acrílico marcada con una cuadrícula. Útil para cortar piezas pequeñas de tela como las utilizadas en la labor de retazos.

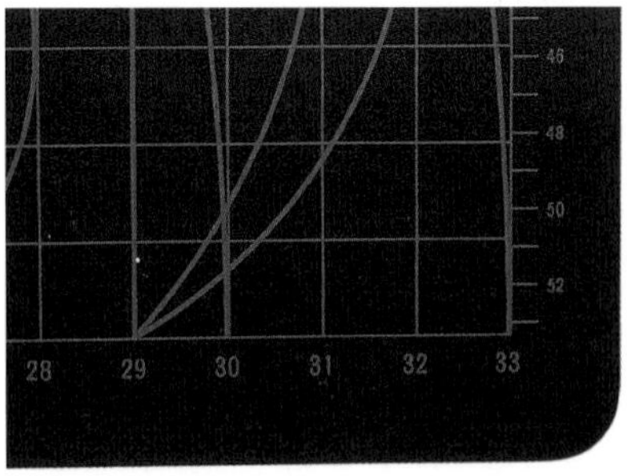

Tapete de cortar

Lo necesitará para proteger la superficie de trabajo cuando utilice una cuchilla o un cúter con cuchilla giratoria.

Tijeras ordinarias

Tenga a mano unas tijeras de cortar papel u otro material similar.

Utensilios para coser a mano

Coser a mano es una parte esencial de las labores de costura y confección. Las prendas de gran calidad profesional casi siempre se terminan a mano, aunque la mayor parte del trabajo básico se haya hecho a máquina.

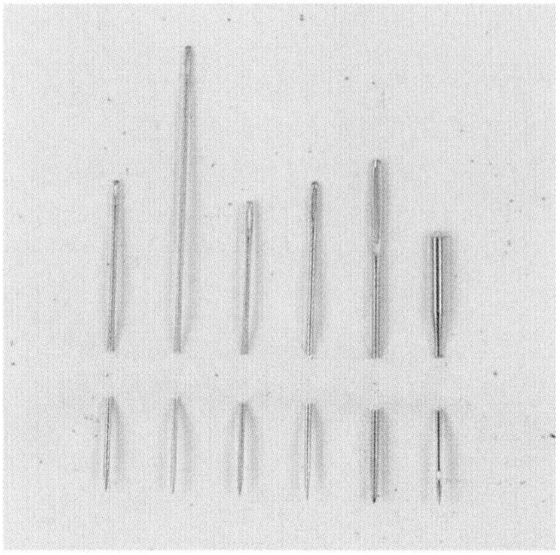

Agujas

De izquierda a derecha: aguja de coser ordinaria, disponible en varios tamaños; aguja larga para zurcir e hilvanar; aguja de bordar con el ojo pequeño (para hilo de bordar fino); aguja de bordar con el ojo grande (para hilo de bordar más grueso); aguja gruesa (roma y de ojo grande para tela de lona, cinta o gomas elásticas finas); aguja de máquina de coser (disponible en distintos tamaños y formas para usos diferentes).

Aguja de tapicería

La punta curvada de estas agujas permite coser sobre una forma tridimensional.

Enhebrador

Este inestimable utensilio es una alternativa muy práctica para enhebrar rápida y fácilmente hasta la aguja más pequeña.

Alfileres

Los alfileres de acero ordinarios son adecuados para la mayor parte de las tareas. También los hay extrafinos para tareas delicadas. Préndalos en un acerico o guárdelos en una caja de plástico, mejor que en una lata, para que no se oxiden.

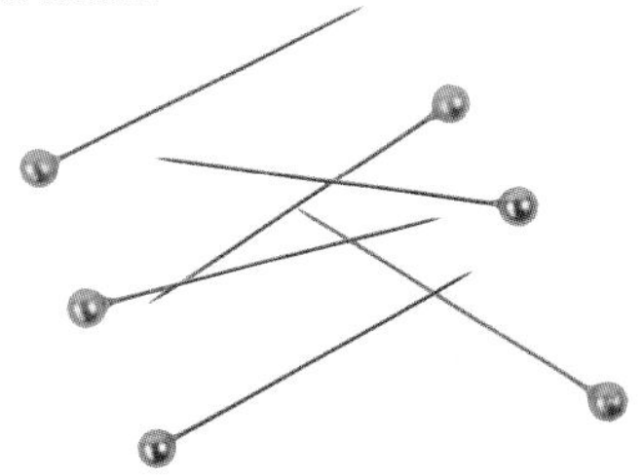

Alfileres con cabeza de cristal

Las cabezas de estos alfileres los hacen fáciles de localizar. Son preferibles las cabezas de cristal, ya que no se deterioran con la plancha.

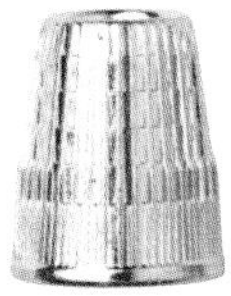

Dedal

A mucha gente no le gustan los dedales, pero ¡seguro que a sus dedos sí! Si cose mucho, pronto se acostumbrará a llevar dedal.

Aguja de jareta

Esta aguja corta y roma puede usarse para sacar la punta de las esquinas y para enhebrar goma elástica fina.

Acerico

Hay una amplia gama de acericos en el mercado: experimente y encuentre el que mejor se adapte a usted. Es muy popular el que lleva una tira elástica que puede ajustarse a la muñeca, con lo que tendrá los alfileres literalmente a mano.

Hilo de hilvanar

Este hilo fino de algodón se encuentra en una gama limitada de colores y se confecciona para que se rompa fácilmente; así podrá retirar las puntadas cómoda y rápidamente cuando ya no las necesite. También puede emplearse hilo económico, o hilos sobrantes de otra labor o que tenga en su costurero.

Hilo

En el mercado hay hilo de colores variados y fibras distintas, tanto naturales como sintéticas. También se encuentra de diferentes grosores para propósitos distintos. Los hilos más gruesos se emplean normalmente para técnicas como el pespunte, en el que las puntadas son visibles y forman parte del diseño.

Equipo para planchar

Además de planchar la prenda final, también necesitará planchar la labor a intervalos regulares durante el proceso de confección; por ejemplo, para abrir las costuras. En estos casos, puede usar la superficie donde planche normalmente y una plancha de vapor, pero un par de elementos adicionales también pueden serle útiles.

Consejos de planchado

Tenga siempre en cuenta las instrucciones para el cuidado de los distintos tipos de telas cuando las compre. Las encontrará al final del rollo de tela o tejidas en el orillo.

Emplee un trapo para evitar dejar marcas en las prendas delicadas o de lana.

Planche suavemente del revés las telas que tengan lanilla.

Plancha de vapor

Una plancha de vapor doméstica le resultará útil, pero tenga cuidado de no poner agua cuando se trate de planchar telas que sólo pueden lavarse en seco, porque pueden crearse marcas difíciles de eliminar.

Almohadilla

Las almohadillas son útiles para planchar costuras curvas y formas difíciles.

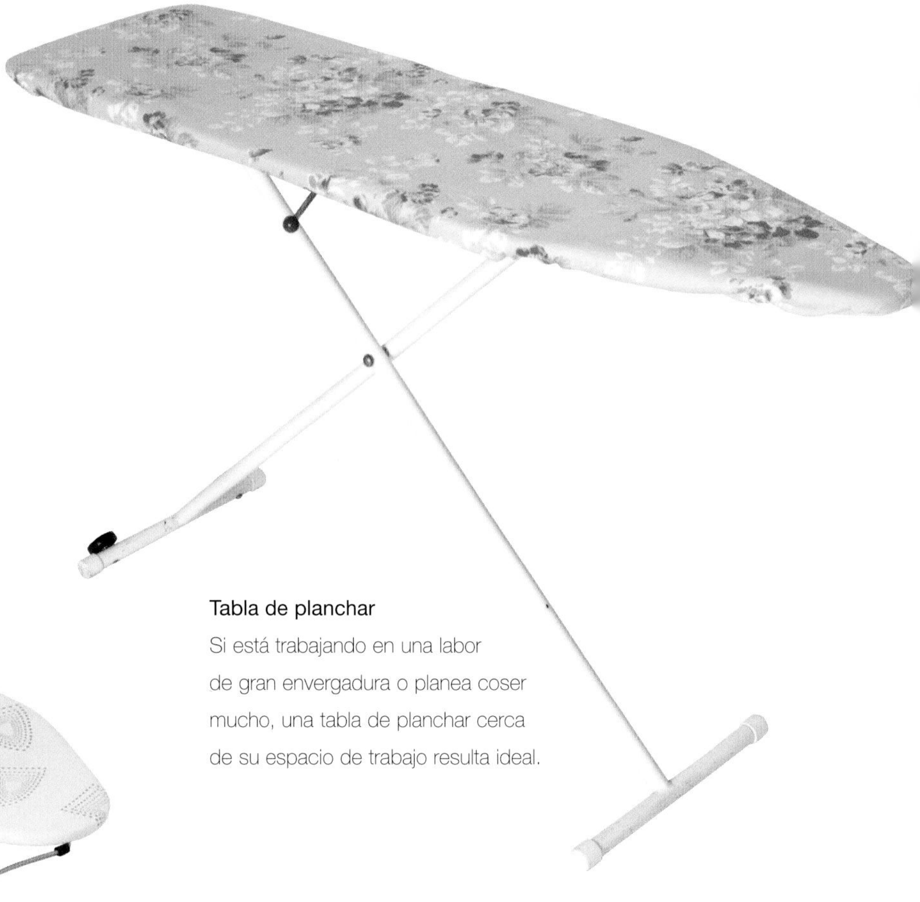

Tabla de planchar

Si está trabajando en una labor de gran envergadura o planea coser mucho, una tabla de planchar cerca de su espacio de trabajo resulta ideal.

Tabla planchamangas

Para decirlo sencillamente, es una tabla de planchar, más pequeña y estrecha, que se coloca sobre la propia tabla de planchar o sobre una mesa. Se emplea para planchar secciones de tela estrechas, como las mangas.

Equipo especial

Si planea incidir en labores de un tipo particular, puede que algunos de estos utensilios especiales le faciliten mucho el trabajo. Para la ropa de hogar son útiles las mesas largas y las abrazaderas, y para la confección, resultan de gran ayuda los maniquíes y los espejos de cuerpo entero.

Mesa larga

Una mesa larga es muy útil cuando se trabaja con piezas grandes de tela. Son ideales las mesas plegables, ya que pueden guardarse cuando no se estén usando.

Abrazaderas

Hay distintos tipos de abrazaderas en el mercado. Sólo tiene que asegurarse de que se abren lo suficiente como para sujetarse firmemente a la mesa que vaya a utilizar, y que no se clavan demasiado, porque podrían dañar las telas.

Prensa

A menudo, en lugar de usar una plancha, es mejor presionar suavemente con los dedos las dobleces de la tela. Con este utensilio se facilita el trabajo cuando se trata de grandes extensiones de tela.

Espejo de cuerpo entero

Es esencial para comprobar los largos de los bajos y cómo sientan las prendas. Y es incluso mejor tener dos, colocados uno frente al otro y formando un ligero ángulo: así podrá ver la parte posterior al probarse la prenda.

Utensilios de trabajo

Para cortar las telas, puede usar la mesa de comedor o la de la cocina, o incluso trabajar sobre el suelo; pero tenga cuidado de no dañar la superficie.

Si quiere sujetar las telas sin tener que comprar abrazaderas especiales para un solo proyecto, pruebe a usar pinzas grandes de oficina, disponibles en papelerías o tiendas de material de oficina.

Maniquíes

Hay maniquíes de diversas tallas, y también se presentan en modelos ajustables. La superficie debe ser apta para prender alfileres: así, antes de coser, podrá colocar las distintas secciones de la prenda en su lugar y comprobar cómo se ajustan.

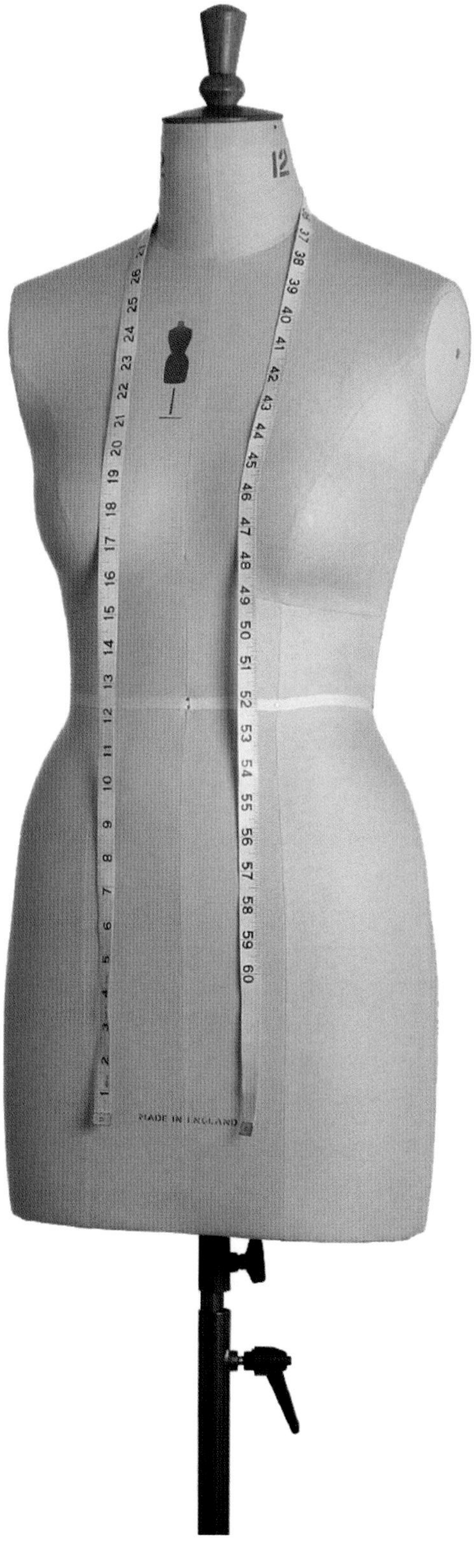

Utensilios adicionales

La mayor parte de las labores de costura implican bastante tiempo. En un mundo ideal, usted dispondría de una habitación donde dejaría abiertas la máquina y la tabla de planchar y la labor sobre la mesa para cuando retomara el trabajo. Desafortunadamente, ni quienes cosen sin cesar tienen un espacio de este tipo, y si sólo quiere hacer una labor de vez en cuando, no deseará dedicar una habitación entera a ello. Sin embargo, si emplea el espacio con inteligencia y utiliza la amplia gama de opciones de almacenamiento que existen en el mercado, podrá crear un lugar de trabajo conveniente que sea tan temporal o permanente como usted elija.

Lámpara de mesa

La mejor opción es una lámpara flexible que pueda dirigirse para alumbrar el lugar donde necesite más luz. También hay lámparas de luz de día que son muy útiles cuando es especialmente importante igualar los colores de las telas, así como para bordar y para otras labores de costura manual con colores.

Cajas

A medida que vaya acumulando retales, necesitará un lugar donde almacenarlos. Las cajas de plástico transparentes con tapa son una buena opción, pues le permitirán ver lo que tiene dentro sin necesidad de abrirlas, y pueden apilarse para ocupar menos espacio.

Armario

Lo ideal sería poder colgar la ropa y las cortinas que esté confeccionando cuando no esté trabajando, para evitar que se formen arrugas. Ponga almohadillas en las perchas antes de colocar en ellas las telas. Intente también no doblar piezas grandes de tela si es posible, pues el peso de las distintas capas puede crear arrugas. Es mejor almacenar las telas de gran tamaño en rollos de cartón.

Costurero transparente

Hay muchas opciones de almacenamiento en el mercado para los pequeños utensilios de costura. Como ya se ha dicho, el estilo transparente es normalmente el mejor, porque podrá ver lo que tiene de un solo vistazo. Elija un diseño con compartimentos separados o con cajones para poder tener aparte los distintos objetos.

Almacenamiento de las bobinas

Con el tiempo irá acumulando un surtido de bobinas de distintos colores. Guárdelos en una caja para mantenerlos limpios y que no se le enreden.

El hábito de trabajo

Tenga a mano un espacio de almacenamiento para poder guardar ordenadamente las labores y los utensilios cuando no esté usándolos. Pueden aprovecharse los huecos de las escaleras o los espacios vacíos bajo los aleros y transformarlos en un área de trabajo perfecta; con biombos o puertas plegables puede ocultar con elegancia el material de costura.

Necesitará enchufes cerca para la máquina de coser y la plancha, así como iluminación adecuada.

Asegúrese de que tanto la silla como la mesa que use tengan la altura adecuada para trabajar. Debería poder llegar a la labor sin necesidad de estirarse, y las muñecas tienen que estar niveladas a una altura entre la cintura y el pecho.

Para evitar dolores de cuello o espalda y tener facilidad de movimientos, lo mejor es una silla con el respaldo recto y sin brazos.

Asegúrese de tener a mano todos los utensilios que necesite antes de empezar a trabajar. ¡No pase mucho tiempo trabajando en la misma postura! Levántese y ande un poco para estirar los músculos y no forzar la vista.

Portabobinas

Si su máquina de coser es para bobinas grandes, en el mercado hay portabobinas donde podrá guardarlas.

Almacenamiento de canillas

Es probable que su máquina de coser venga sólo con una o dos canillas, pero merece la pena comprar más y tener preparado un surtido de los colores que use con más frecuencia. Guárdelas en una caja para mantenerlas limpias y ordenadas.

Máquinas de coser

La mayor inversión que tendrá que hacer será la máquina de coser, así que merece la pena tomarse el tiempo necesario para buscar una con la que trabaje cómodamente. Puede pedir una prestada para los primeros proyectos. Así, tendrá una idea de las funciones que va a necesitar y de las que no. Pruebe distintas máquinas en la tienda y aproveche los consejos profesionales que le puedan ofrecer. El libro de instrucciones de la máquina le proporcionará indicaciones sobre ésa en concreto, pero la mayoría comparte características comunes.

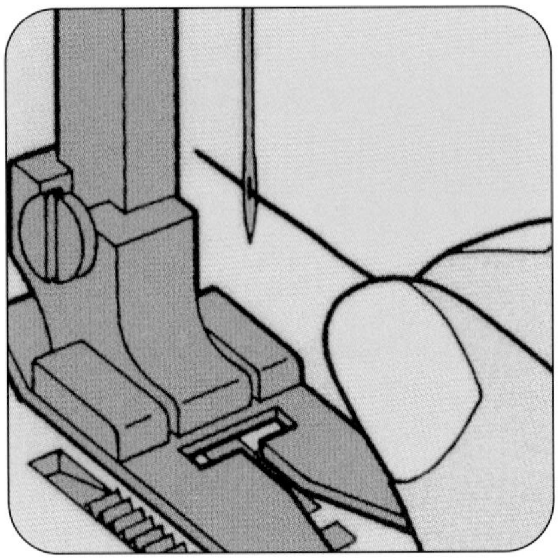

Enhebrar la aguja de la máquina

Gire la rueda para colocar la aguja sobre la placa. Introduzca el hilo en el ojo de la aguja, en la dirección que le indique el manual. Tire del extremo para pasar el hilo y déjelo suficientemente largo como para tirar de él hacia usted y sujetarlo bajo el prensatelas cuando empiece a coser.

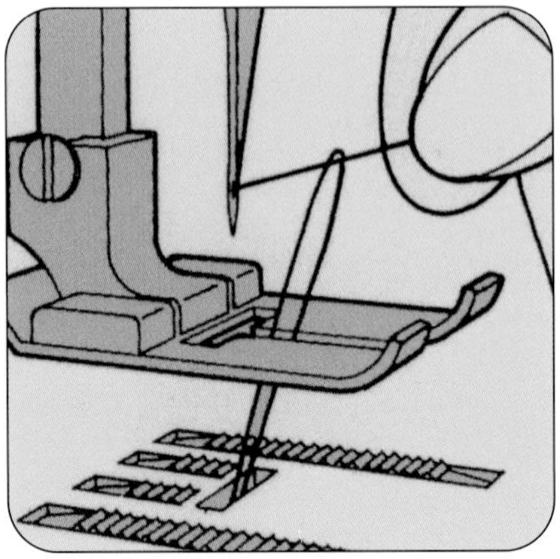

Subir el hilo de la canilla

Consulte el manual para ver cómo insertar la canilla en su caja; sujete el hilo en el resorte de regulación de la tensión y deje el extremo colgando. Ponga la canilla en la máquina. Asegúrese de que la aguja esté enhebrada correctamente y dé una vuelta a la rueda. El hilo superior tomará el inferior por la mitad y lo levantará a través de la placa. Tire suavemente para subir el extremo suelto.

El despertar de las máquinas

Las máquinas de coser tienen una pequeña luz incorporada que incide sobre la placa y proporciona un área de trabajo iluminada. Reemplace la bombilla inmediatamente si se funde, pues si la luz es insuficiente, forzará la vista y aumentará el riesgo de lastimarse involuntariamente.

Para familiarizarse con la máquina, intente usarla con regularidad.

Consulte el manual para ver si necesita llevar a cabo alguna tarea de mantenimiento menor, como añadir una gota de aceite o limpiar la caja de la bobina. Prestar atención a estos detalles le ahorrará dinero en reparaciones a largo plazo.

Hay distintas agujas para las diferentes labores, lo mismo que cuando se cose a mano. Asegúrese de seleccionar la aguja adecuada para la tela que esté utilizando.

Tensión del hilo

Tanto el hilo superior como el inferior están tensos mientras la máquina trabaja; para conseguir una costura perfecta, la tensión debe ser la misma en los dos lados. Las máquinas modernas tienen normalmente reguladores automáticos de la tensión. En las más antiguas es probable que tenga que regular la tensión manualmente, para lo cual deberá ajustar la tensión del hilo superior. La mayoría de los fabricantes recomiendan no tocar la tensión del hilo inferior, aunque, en casos extremos, podría ajustarse apretando el tornillo de la caja de la canilla. Para comprobar que la tensión sea correcta, cosa una costura en un retal de la tela que esté utilizando.

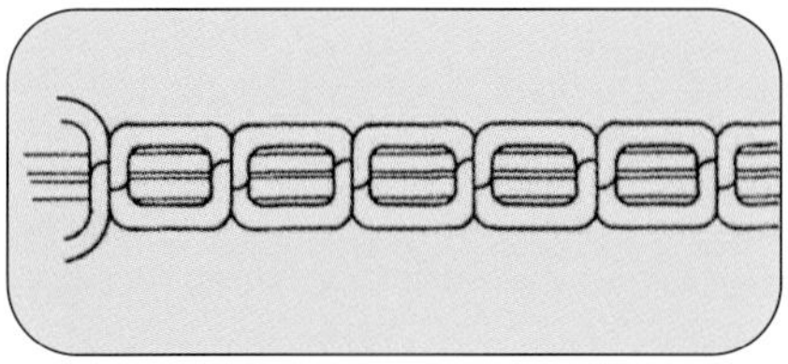

Puntada equilibrada

Si la tensión es correcta, la línea de la puntada tendrá exactamente el mismo aspecto en los dos lados, puesto que los dos hilos se cruzarán justo en el medio de las capas de tela.

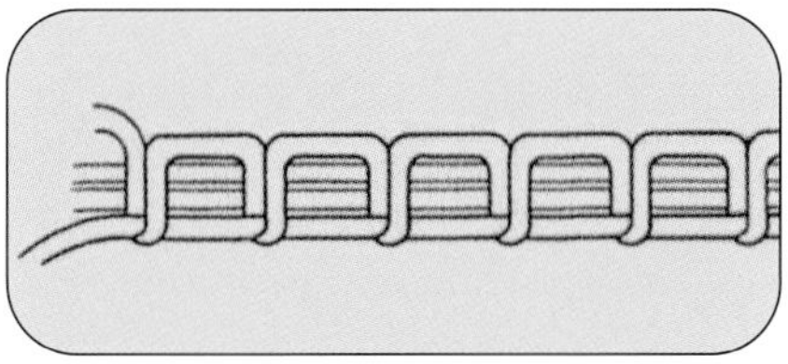

Hilo superior demasiado suelto

Aquí, el hilo inferior es una línea recta, y el superior atraviesa todas las capas de tela y se ve por detrás. Para resolverlo, ajuste la tensión del hilo superior utilizando el control de ajuste del hilo.

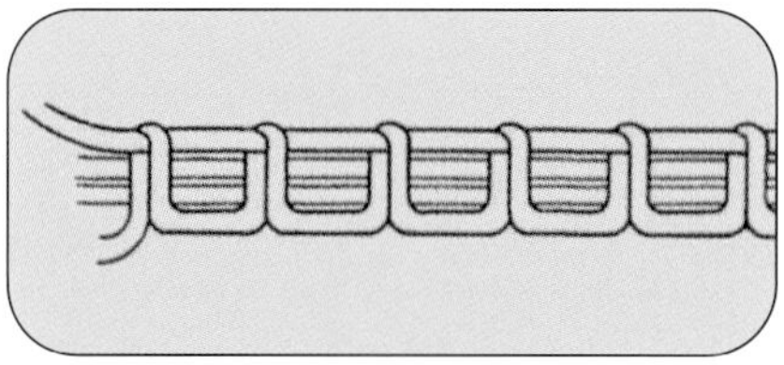

Hilo superior demasiado tenso

Aquí, el hilo superior es una línea recta, y el inferior se ve por detrás. Para resolverlo, reduzca un poco la tensión del hilo superior con el control de ajuste del hilo.

Pie prensatelas

El prensatelas de la máquina de coser sujeta la tela firmemente contra la placa mientras se cose. Puede cambiarse y hay muchos tipos distintos en el mercado para funciones diversas. Su máquina de coser vendrá con un par de prensatelas básicos que le bastarán para empezar, pero más tarde podría interesarle comprar uno específico si incide en un tipo de labor en concreto.

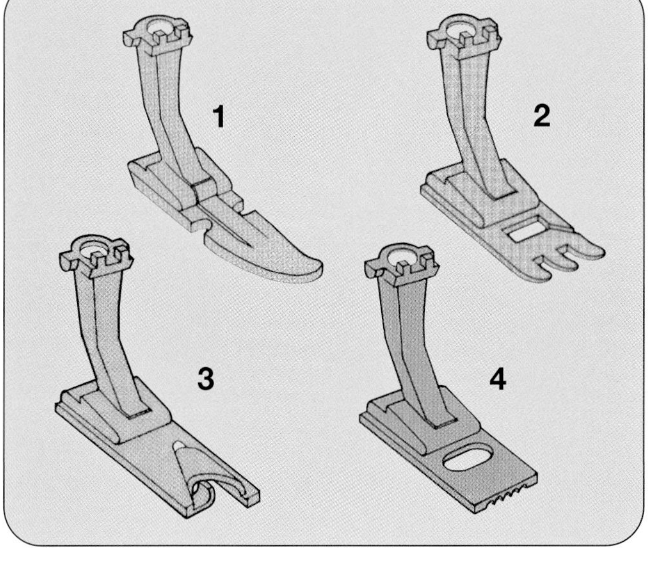

1 Prensatelas para cremalleras

Ideal para poner cremalleras fácilmente. El pie es más estrecho y se desliza bajo el lado dentado de la cremallera en lugar de ir por encima. También es útil para insertar ribetes en una costura.

2 Prensatelas para ojales

Es útil para ojales cosidos a máquina, aunque muchas máquinas modernas tienen un programa automático para coser ojales con el prensatelas habitual.

3 Prensatelas para dobladillos

Tiene en la parte frontal una pieza de metal especial y curva con la que, en telas ligeras o de peso medio, puede crearse un dobladillo doble a medida que se cose.

4 Prensatelas para pinza

La zona serrada de la parte inferior de este prensatelas tira de la tela formando pequeñas pinzas que pueden coserse limpiamente.

Prensatelas para zurcir/acolchar/bordar/hacer aplicaciones

Tiene un extremo en forma de C, por lo que deja bastante visibilidad en la zona donde se hacen las puntadas. Para controlar mejor la dirección de la puntada, se usa a menudo sin la pieza de los dientes que van desplazando la tela.

Remalladoras u overlocks

Los artículos industriales vienen normalmente con los bordes de las costuras rematados por dentro. Hay máquinas especiales, llamadas remalladoras u overlocks, que emplean varios hilos a la vez y pueden coser la costura, rematar el borde y cortar la tela que sobra, todo a la vez. Son excelentes y rápidas para rematar costuras y muchas otras tareas, pero no son adecuadas para algunos tipos de labor, como el pespunte.

Uso de varios hilos

Las remalladoras u overlocks pueden coser con varios hilos a la vez; el número de hilos usados determina el tipo de labor para el que la máquina es más útil. De todas formas, la mayoría de las máquinas que cosen con un número de hilos elevado pueden programarse para que se utilicen sólo algunos, lo que las hace más versátiles.

Remalladora de dos hilos

Crea un canto rematado de dos hilos, muy apropiado para telas de poco peso y para lencería.

Remalladora de tres hilos

Crea una costura bastante elástica, apropiada para telas de cualquier peso. Con la remalladora de tres hilos puede coserse un dobladillo –la máquina dobla y cose el borde de la tela–, así como dar puntadas decorativas y realizar ciertas técnicas especiales.

Remalladora de cuatro hilos

La costura de cuatro hilos es más amplia y fuerte, y a veces se le da el nombre de costura con «falsa puntada de seguridad», ya que, aunque es fuerte, no lo llega a ser tanto como la costura hecha con puntada de seguridad o la llamada costura separada. También pueden realizarse dobladillos y puntadas decorativas.

Remalladora de cinco hilos

Esta máquina es la más cara, pero tiene muchas funciones distintas: se usan tres hilos para el remate del borde y dos para la línea de costura recta. La costura que se crea es igual que la de los productos industriales, con remate del borde y costura recta de punto de cadeneta. Si está haciendo trabajo de producción, esta máquina elimina la necesidad de cambiar de máquina para rematar bien la costura.

Los remates

Una remalladora no reemplaza a una máquina de coser. Si sólo quiere tener una máquina, adquiera la de coser. La remalladora le ahorrará el tiempo que tendría que pasar rematando los bordes de las costuras y es útil para crear puntadas especiales. Resulta una compra excelente para complementar la máquina ordinaria si va a coser mucho.

Algunos de los modelos más económicos de remalladora estiran y fruncen la tela al coser. Este problema es bastante común, así que no deje de probar distintos modelos antes de adquirir una.

Algunas remalladoras emplean agujas estándar, mientras que otras necesitan agujas especiales. En este caso, habría que plantearse si resultan fáciles de encontrar por si necesita reemplazarlas.

Una máquina con alimentación diferencial le proporcionará más opciones. Si trabaja con género de punto, puede ajustar la alimentación para conseguir una costura plana; si trabaja con una sola capa de tejido, puede aumentar la velocidad para crear un volante. También puede ajustar la máquina para crear un efecto de onda en el borde de la tela.

Se puede variar tanto la anchura como la longitud de la puntada. La anchura determinará cuánto se alejará del borde rematado, mientras que la longitud dictará el número de puntadas por centímetro y, por tanto, lo denso que será el remate.

conocer las telas

Existe en el mercado tal variedad de tipos de telas, tanto de hilo natural como sintético, que todas no pueden mencionarse aquí. Sin embargo, hay algunos factores comunes entre ciertos tipos de tela, como la estructura –tejidas, de punto y no tejidas– y los anchos. Si va a usar una tela estampada o con pelo o lanilla, antes de adquirirla y planificar el proyecto, debe tener también en cuenta el rapport *o la repetición del motivo y la dirección en la que se levanta la lanilla o el pelo.*

Telas tejidas

Todas las telas tejidas están confeccionadas con dos conjuntos de hilo: la urdimbre y la trama. La urdimbre se coloca longitudinalmente en el telar y se conoce también como estambre o pie. La trama se ubica de forma transversal: perpendicular a la urdimbre. Las telas tejidas pueden tener distintos diseños usando diferentes secuencias de trama y urdimbre. Los orillos o bordes longitudinales de una pieza de tela se tejen normalmente con más firmeza que el resto para evitar el deshilachamiento, por lo que, al lavar la tela, pueden fruncirse. Por esta razón, generalmente se descartan en la confección de prendas. Las direcciones longitudinal y transversal –el sentido del hilo– de una tela tejida son firmes, por lo que no cede en esas direcciones. Sin embargo, al tirar de la tela en diagonal –al bies–, se estira. Para cortar al bies correctamente, debe hacerse a un ángulo de 45° respecto del canto longitudinal de la tela.

Punto

Todos los géneros de punto se construyen usando un solo conjunto de hilo dispuesto en una única dirección. Esto es posible porque el hilo, al enlazarse consigo mismo, se mantiene unido. La malla de algunos tejidos de punto discurre en sentido longitudinal, y la de otros, en sentido transversal. Las filas de puntadas que van en sentido longitudinal se llaman urdimbre, y las que van en sentido transversal, trama. Por su estructura, el género de punto cede en todas las direcciones, lo que lo hace ideal para prendas que deban ajustarse a una forma. Se emplea menos para la ropa de hogar.

Géneros no tejidos

En esta categoría se incluyen géneros como el fieltro, la entretela, el encaje y el tul. El fieltro a máquina se confecciona con lana o fibra acrílica comprimida; no se deshilacha y puede moldearse. El fieltro hecho a mano se confecciona con vellón de lana, que se dispone formando un diseño y después se frota con agua jabonosa caliente para que las fibras se mezclen formando una masa sólida. El fieltro hecho a mano con aguja se confecciona también con vellón de lana punzado repetidamente con una aguja especial hasta que las fibras se conglomeran formando una masa sólida. Los géneros de punto también pueden afieltrarse lavándolos a altas temperaturas y secándolos en la secadora; este proceso se conoce también con el nombre de *refino*.

La entretela es una tela sintética comprimida que se usa como refuerzo de la tela principal, particularmente en la confección de ropa y en la sastrería, con el fin de conferirle más cuerpo y forma.

El encaje y el tul se realizan en hilo anudado en diseños intrincados y pueden confeccionarse a mano o a máquina.

Anchos estándar de las telas

Las telas se encuentran en el mercado en anchos estándar, pero los distintos tipos de tela tienen estándares diferentes. Por ejemplo, el algodón estampado que se usa en confección viene normalmente en anchos de 90 cm, 115 cm o, a veces, 137 cm, pero los paños para cortinas pueden ser de 300 cm de ancho, mientras que la seda natural viene sólo en anchos de 45 cm. Algunos fabricantes utilizan el sistema métrico y otros el británico, por lo que las conversiones pueden no ser exactas. Por ejemplo, una tela tejida en un telar de 36 pulgadas puede etiquetarse como de 90 cm de ancho, pero, en realidad, será ligeramente más ancha. Por esta razón, en el caso de que la medida exacta resulte especialmente importante para su proyecto, se recomienda medir la tela antes de comprarla.

Anchos estándar de fábrica	
45 cm	137 cm
90 cm	140 cm
112 cm	150 cm
115 cm	300 cm

Comprar telas

Compruebe la anchura real de la tela antes de adquirirla si la medida es importante para su proyecto. Las conversiones entre los sistemas métrico y británico no siempre son exactas, y algunas telas especiales pueden venir en anchos poco usuales.

Si la tela que está usando tiene estampados, lanilla o pelo, recuerde comprar una cantidad extra para igualar. En la página 27 se explica cómo calcular la cantidad extra que necesitará.

Adquiera el hilo y la tela al mismo tiempo; es más fácil conseguir el mismo color con la tela en mano.

W. & J. KNOX'S
No. 25
Cord

Desperdicio de tela o *rapport*

Si usa telas con diseños y une piezas distintas, necesitará casar los motivos del diseño a lo largo de las costuras, sobre todo si confecciona cortinas o colchas que necesiten varios paños. En la mayoría de las telas con diseños, tanto tejidos como estampados, se repite el mismo motivo o diseño a lo largo y lo ancho de la tela. La medida de la distancia entre cada motivo puede mostrarse en el rollo de la tela o puede medirla uno mismo: mida la distancia entre el extremo de un motivo y el del siguiente; si se trata de un motivo circular, use otro punto del motivo fácilmente identificable.

Si la distancia entre los motivos es muy pequeña, es posible que pueda casar el diseño sin comprar tela adicional, pero si es grande, tendrá que pensar en múltiplos de la distancia. Para ello, mida la longitud que necesite, divídala por la distancia entre los motivos, redondee el resultado al siguiente número entero y multiplique este número por la distancia entre los motivos. El resultado será la cantidad de tela que necesitará para incluir las repeticiones de diseños. Por ejemplo, si está haciendo cortinas con una caída de 230 cm de ancho, ha calculado que va a necesitar 4 paños y no tiene motivos que se repitan, simplemente tendrá que comprar la longitud de la caída, multiplicada por el número de paños = 920 cm de tela. Sin embargo, si tiene motivos repetidos, y la distancia entre ellos es, digamos, de 35 cm, primero tiene que dividir la longitud de la tela por esa distancia para hallar el *rapport*: 230 dividido por 35 = 6,57; después de redondear esta cifra al siguiente número entero, 7, en este caso, multiplique la distancia entre los motivos por este número: 35 x 7 = 245 cm. Es decir, que necesita una longitud de 245 cm, y, para los cuatro paños de tela, una cantidad total de 980 cm. Como habrá observado, la distancia entre los diseños puede suponer una gran diferencia en la cantidad de tela que necesite comprar. Para manejar el *rapport* con patrones en la confección de ropa, *véase* la página 65.

Pelo y lanilla

Estos tipos de tela tienen la superficie levantada. Dependiendo de cómo incida la luz sobre la tela o de en qué dirección vaya el pelo, la tela parecerá más clara o más oscura. Por ello, el pelo debe ir en la misma dirección en cada parte de la prenda para que no parezca que se ha confeccionado con telas de dos tonos diferentes. Por supuesto, podría buscarse este efecto a propósito, como parte del diseño. En las telas de lanilla, las fibras se peinan en una dirección; en las telas de pelo se han levantado hilos o rizos en la superficie. En algunos patrones se tiene en cuenta esta particularidad de las telas y se especifica la cantidad extra que se va a necesitar.

5
4

técnicas básicas

Las técnicas básicas que se detallan en este capítulo le servirán de gran ayuda. No deje de consultarlas hasta que tenga la seguridad de que ya las domina. Se explican en detalle las puntadas que usará a menudo tanto a mano como a máquina, y también hay instrucciones para puntadas decorativas, varios tipos de costuras y distintos modos de rematar los bordes.

puntadas y costuras

Las puntadas se forman pasando una aguja e hilo a través de una o más capas de tela, tanto para decorar como para unir piezas. Algunas puntadas se han diseñado para ser vistas, mientras que otras están pensadas para que no se vean. Dar puntadas es una técnica básica necesaria en todas las labores de costura.

Puntadas a mano

Aunque muchas labores pueden realizarse casi por completo con la máquina de coser, alguna puntada tendrá que hacerse a mano. Las puntadas básicas a mano son muy fáciles de hacer.

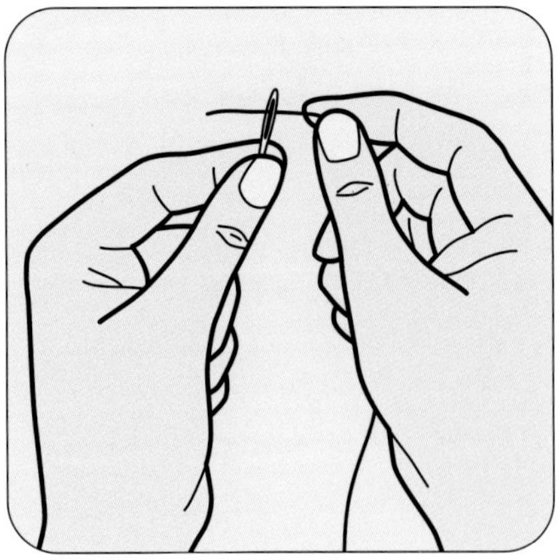

▲ Enhebrar la aguja

Corte el hilo con unas tijeras afiladas; enhebrar es mucho más difícil si el hilo no se ha cortado limpiamente. Sujete la aguja con la mano izquierda y el hilo con la derecha, entre el pulgar y el índice. Pase el extremo del hilo por el ojo de la aguja. Tome la aguja con la mano derecha y, con la izquierda, termine de pasar el hilo y tire de él hacia abajo.

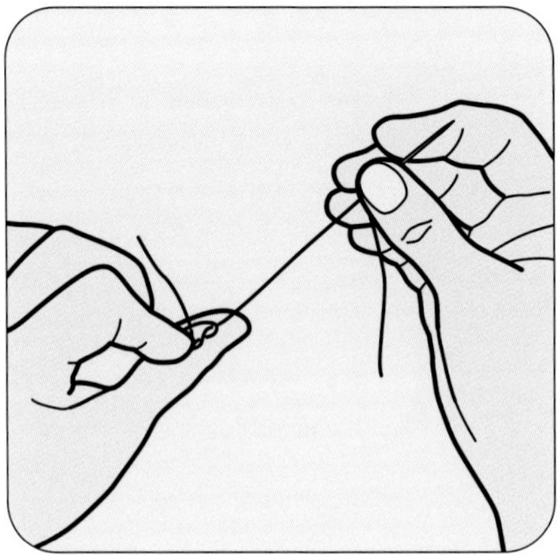

▲ Hacer un nudo rápido

El método más seguro para asegurar las puntadas que vaya a dar es hacer un nudo al final del hilo. Para ello, sujete la aguja enhebrada con la mano derecha por el ojo de la aguja para que el hilo no se escape. Tome el extremo más largo del hilo con la mano izquierda, enróllelo alrededor de la punta del dedo índice y cruce el extremo. Con el pulgar izquierdo, haga rodar el hilo hasta sacarlo del dedo índice y tire del extremo para cerrar el nudo.

Sin perder el hilo

Utilice siempre un hilo de no más de 60 cm aproximadamente, pues uno más largo tenderá a enredarse y rozará al atravesar repetidamente la tela.

Para la mayor parte de la costura hecha a mano se utilizará sólo un hilo, pero si quiere más seguridad al coser botones u otros cierres, puede usar hilo doble.

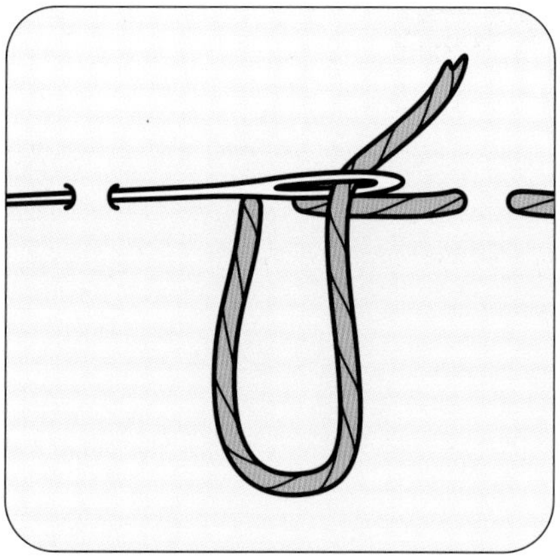

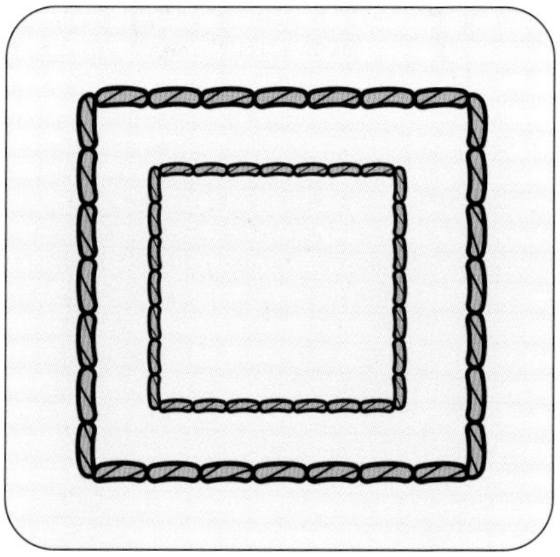

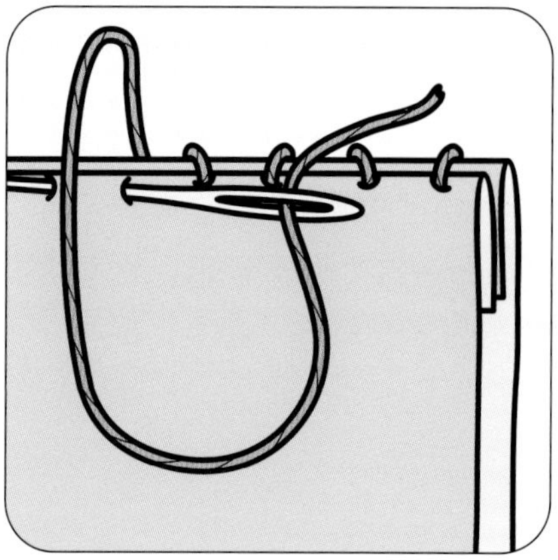

▲ Hilvanar

Con esta técnica se unen capas de tela de modo temporal para evitar que se muevan mientras se cose la costura o se prueba la prenda. Se realiza tradicionalmente con puntadas grandes de un solo hilo y se deshace cuando se termina la costura final. Haga un nudo en un extremo del hilo y dé puntadas largas que unan todas las capas de tela.

▲ Punto atrás

Se trata de una fila de puntadas pequeñas y equidistantes para asegurar costuras y arreglar descosidos. Introduzca la aguja en la tela y sáquela. Comience la siguiente puntada un poco más atrás del punto en que salió el hilo y sáquela a la misma distancia más adelante. Para cada nueva puntada, la aguja penetra en la tela al final de la puntada anterior, de modo que las puntadas van todas seguidas, como cuando se cose a máquina.

▲ Punto enano

Una puntada que se usa para unir bordes doblados y que debe quedar casi invisible. Coloque las piezas una sobre la otra, tocándose por los bordes doblados, e introduzca la aguja por el borde doblado de la pieza inferior desde la parte posterior para que el extremo anudado quede dentro del doblez. Dé una puntada diminuta a través del borde de la pieza superior, vuelva después a la capa superior de la pieza inferior y deslice ligeramente la aguja a lo largo del interior de la doblez para salir otra vez por el borde. Continúe así hasta completar la costura.

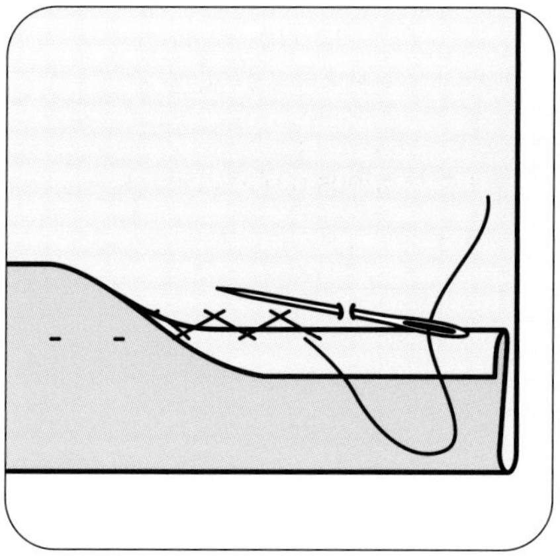

◀ Dobladillo con punto de escapulario

Se realiza de izquierda a derecha con una serie de puntadas diagonales arriba y abajo que se cruzan ligeramente en la parte superior y la inferior. Asegure el extremo del hilo en el dobladillo, después dé una puntada larga en diagonal y tome unos pocos hilos de la capa de tela única con una puntada diminuta atrás. Discurra diagonalmente en la dirección opuesta y dé una puntada atrás a través de la capa doblada, sin tomar la superficie frontal. Repita la operación a lo largo del dobladillo. Sólo debería verse una puntada diminuta en la parte anterior de la tela. Este punto es útil para telas pesadas o que ceden, pues las puntadas son más flexibles y cederán ligeramente.

Coser y cantar

El punto de escapulario es ideal para usarlo en la ropa infantil, pues no es fácil de deshacer y aguantará el roce.

Emplee hilo que contraste para las puntadas que quiera deshacer más tarde, de modo que sean fáciles de localizar y se distingan de las de la costura.

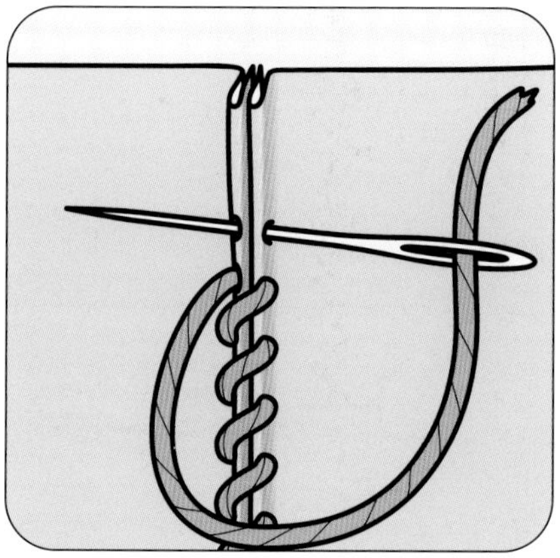

▲ Sobrehilado

Se trata de una fila de puntadas diagonales realizadas a mano sobre bordes sin rematar, particularmente los de una costura, para evitar el deshilachamiento. Para que el remate sea más limpio, antes de coserlos, doble los bordes sin rematar. Puede hacerse a máquina; incluso algunas máquinas de coser disponen de una función especial para esta labor.

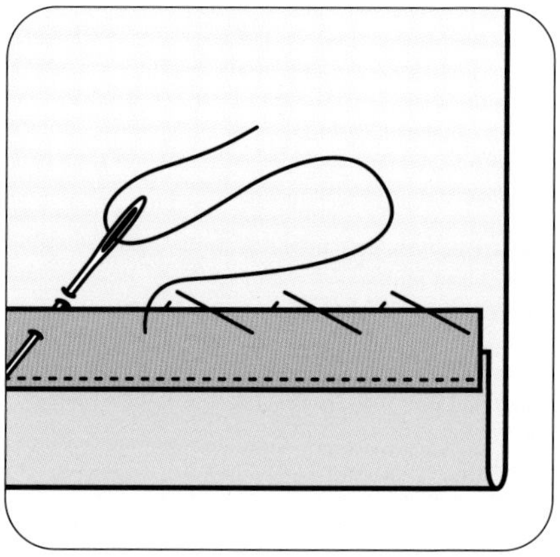

▲ Dobladillo invisible

Se hace de derecha a izquierda para unir una doblez a una pieza de tela sin doblar. Asegure el extremo del hilo en el pliegue por el revés. Dé una puntada diminuta y discreta en la capa de tela única tomando sólo unos pocos hilos, y después dé una puntada de unos 6 mm de largo a través de la doblez. Repita a lo largo del dobladillo.

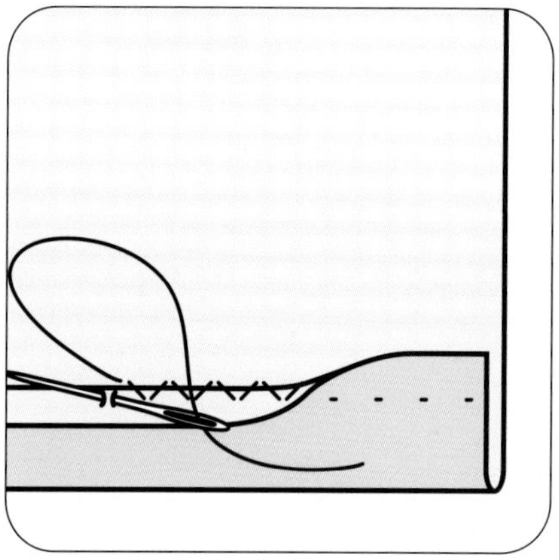

▲ Dobladillo ciego

Puntada que se hace bajo la doblez de un dobladillo o detrás de una vista. En el lugar donde se va a dar la puntada se pone la tela del dobladillo o la vista hacia atrás, con la aguja se toma un hilo de la capa de tela única, y después otro diagonalmente y hacia arriba desde la parte inferior del dobladillo o la vista. No dé las puntadas muy tensas.

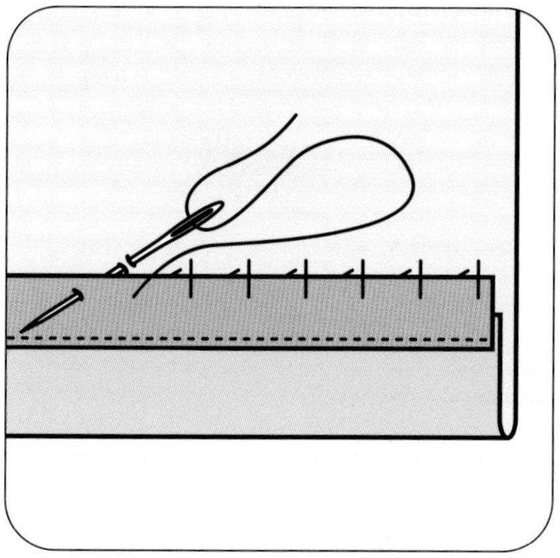

▲ Dobladillo vertical

Puntada a mano que se usa en todo tipo de dobladillos para asegurar un borde doblado a una pieza de tela sin doblar. Asegure el final del hilo en el interior del doblez por el revés. Dé una puntada diminuta y discreta en la capa de tela única; después diríjase hacia arriba en diagonal para introducir la aguja en el borde doblado. Continúe espaciando las puntadas unos 6 mm.

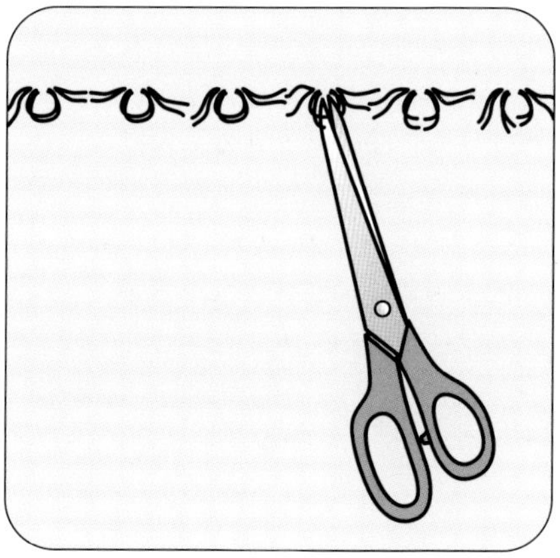

▲ Hilván de modista o puntos flojos

Sirve para transferir las marcas de los patrones a la tela. Con un hilo doble, tome la aguja a través de las dos piezas de tela y deje el hilo bastante flojo; haga un punto atrás, vuelva a traer la aguja y deje de nuevo el hilo flojo. Corte los hilos y retire el patrón. Después, separe las dos capas de tela y corte también los hilos. Los trozos de hilo le servirán como marca.

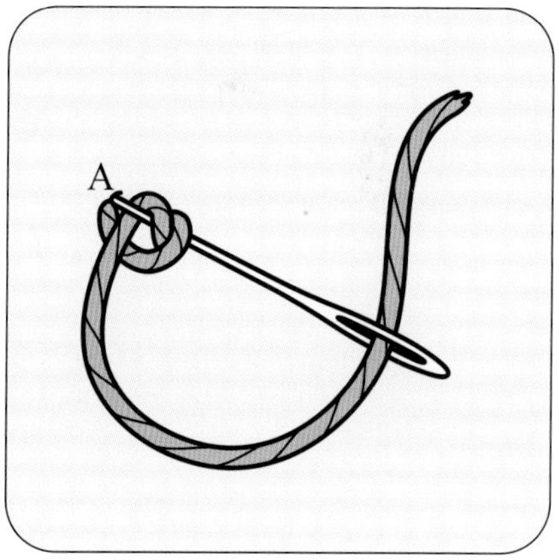

▲ Remate

Se usa al final de una fila de puntadas o cuando se acaba el hilo. Haga una pequeña puntada en el revés de la tela, dé vueltas al hilo varias veces alrededor del extremo de la aguja, y después pásela a través de esas vueltas para formar un nudo cerca de la superficie de la tela.

Puntadas decorativas a mano

Dada la actual tendencia al adorno, es útil saber hacer algunas puntadas sencillas de bordado. A medida que vaya aprendiendo, también podrá combinarlas para hacer puntadas más complejas.

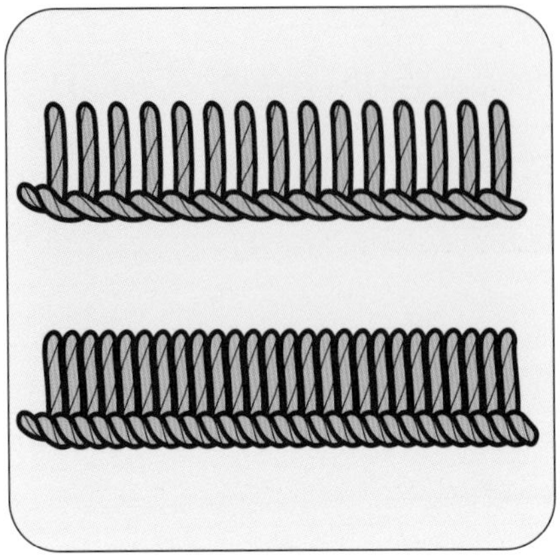

▲ Puntada de ojal/de festón

Se trata principalmente de una puntada para rematar bordes, pero también puede usarse como motivo decorativo. La aguja se introduce en la tela a la misma distancia con respecto al borde. Se saca por el borde y el hilo se lleva en cada puntada alrededor del extremo de la aguja. El punto de festón se trabaja con las puntadas verticales separadas, y el de ojal se trata exactamente de la misma técnica, pero con las puntadas verticales juntas.

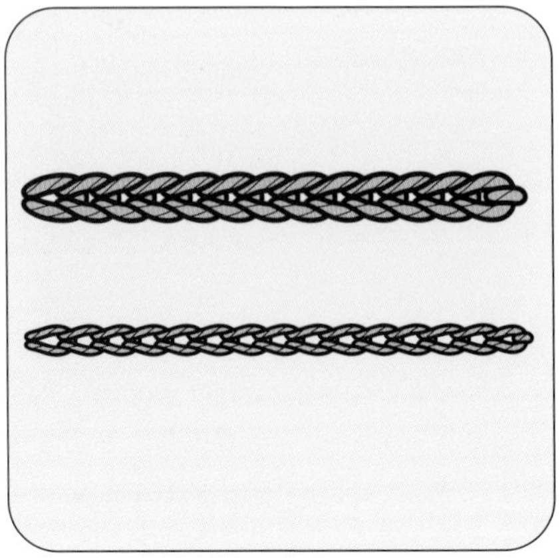

▲ Punto de cadeneta

El punto de cadeneta se usa habitualmente para crear líneas. Tiene muchas variaciones, como el punto margarita, con el que se crea una flor dando las puntadas en círculo. Introduzca y saque la aguja por el mismo punto de la tela, dejando un bucle. Lleve la aguja a través del bucle y tire del hilo. Introduzca la aguja en el mismo punto y vuelva a dejar un bucle para formar la siguiente puntada. Repita la operación.

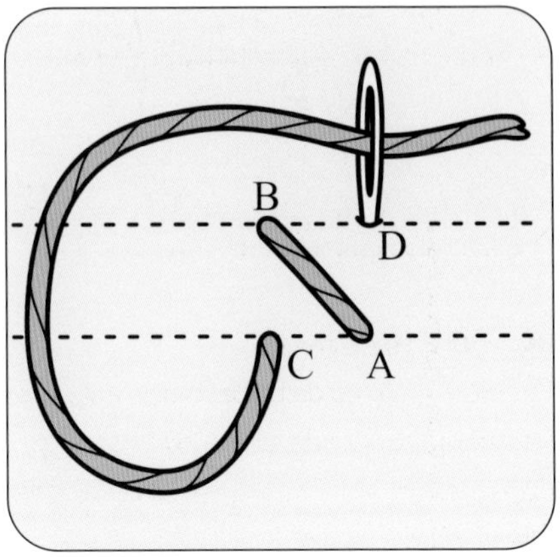

▲ Punto de cruz

La puntada de bordado básica se utiliza en todo el mundo y tiene una sencilla forma de X, que es útil para rellenar zonas o crear diseños geométricos. También se le conoce como *punto de marca* y tiene muchas variaciones. Puede trabajarse haciendo una puntada diagonal y después llevando la aguja en vertical hacia abajo por detrás de la tela para hacer la segunda diagonal, en cuyo caso, el revés muestra una serie de líneas paralelas. En el punto de cruz a dos caras, se dan puntadas diagonales alternas antes de volver a la línea para completar las que faltan, de modo que los dos lados de la tela muestran la forma de la X.

Rizar el rizo

Los puntos de bordado más sencillos pueden combinarse para hacer diseños más complejos. Intente hacer una línea doble de una puntada en concreto y después rellenar el espacio entre ellas con un color que contraste.

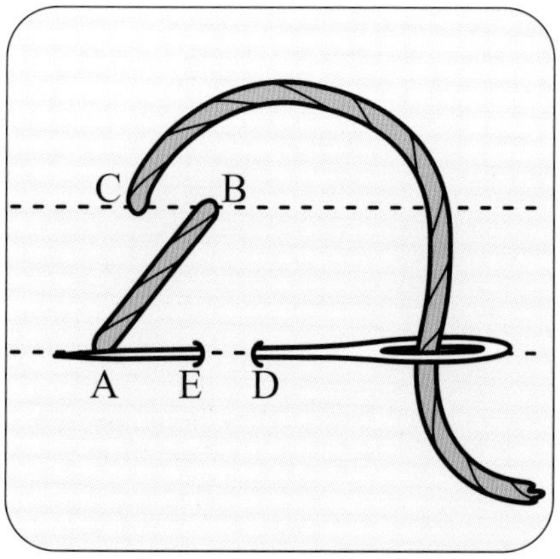

▲ Punto de escapulario

Es un punto básico de bordado que recibe muchas denominaciones. Se trabaja de izquierda a derecha, y consiste en una serie de puntadas diagonales arriba y abajo que se cruzan ligeramente en la parte superior y la inferior. Dé una pequeña puntada horizontal de derecha a izquierda, y después una puntada larga y diagonal de izquierda a derecha. Dé otra pequeña puntada horizontal en la parte inferior, de derecha a izquierda, y después otra puntada larga y diagonal en la dirección contraria.

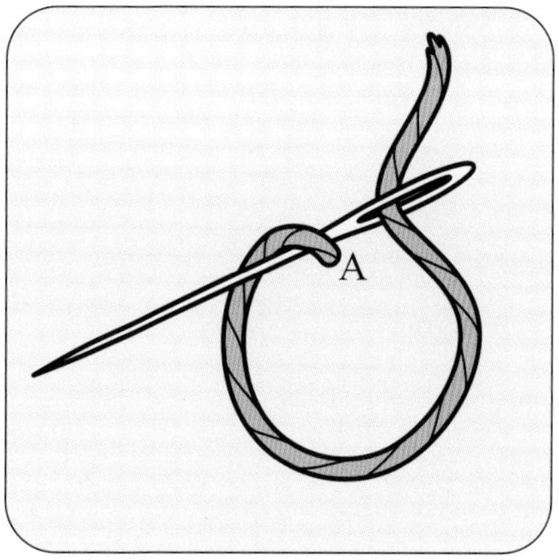

▲ Nudo francés

Puede realizarse sólo como detalle; agruparse muy junto para formar una zona con textura, como una flor central; trabajarse en fila como borde, o disperso por una zona como puntada de relleno. Introduzca la aguja por el revés de la tela y sáquela hacia arriba; enrolle el hilo dos veces alrededor de la aguja en el sentido contrario a las agujas del reloj; apriete los hilos y deslice la aguja hasta el final; introduzca la aguja por donde la ha sacado y tire para formar un nudo.

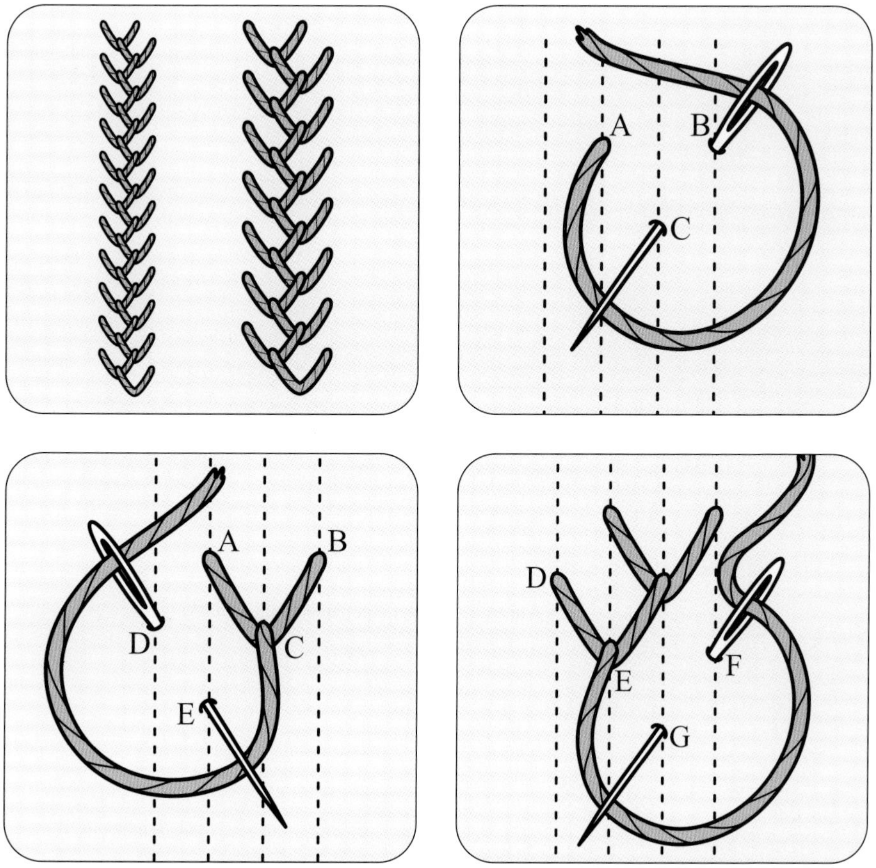

◀ Punto coral

El punto coral era muy popular en Inglaterra para decorar frunces. Se trabaja hacia abajo haciendo puntadas en forma de V, que se van alternando de un lado a otro para crear una línea con textura de pluma. Introduzca la aguja por el revés de la tela y sáquela hacia arriba; vuélvala a introducir de nuevo horizontalmente hacia la derecha a escasa distancia, dejando un bucle suelto en la superficie. Saque la aguja por el centro del bucle un poco más abajo y tirando de él hacia abajo para formar una V. Repita la operación trabajando hacia la izquierda.

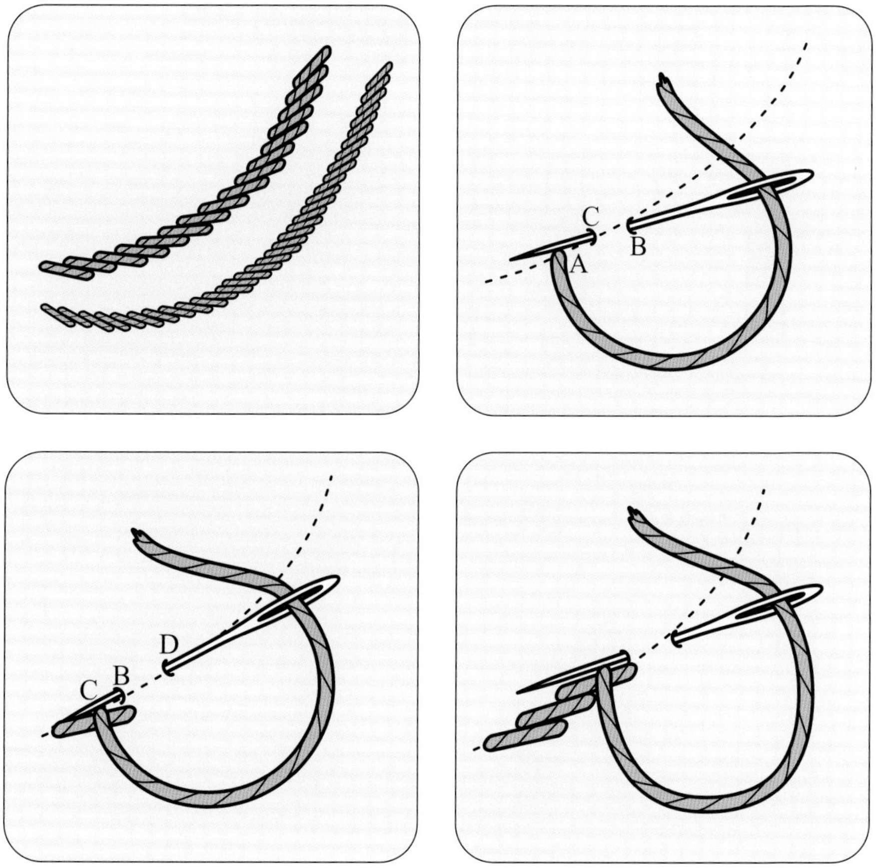

◀ Punto de tallo

Se trata de uno de los puntos básicos de bordado. Se utiliza para perfilar motivos y crear los tallos de hojas y flores. Se trabaja a lo largo de una línea con las puntadas ligeramente en diagonal y el comienzo de una puntada que se superpone ligeramente sobre el final de la anterior. Cuando se hace correctamente, se ve un pespunte perfecto por el revés de la tela. Las puntadas deben ser uniformes y mientras cose tiene que asegurarse de mantener el hilo por debajo de la aguja.

▶ Punto lleno

Se trata de otro punto básico de bordado. Se emplea como puntada de relleno y como base para una amplia variedad de puntos más complejos. El punto lleno se compone de una serie de puntadas rectas muy juntas para crear una superficie lisa que no deja ver la tela. Conseguirá mejores resultados si trabaja sobre un aro o un bastidor para mantener la tela tirante mientras cose.

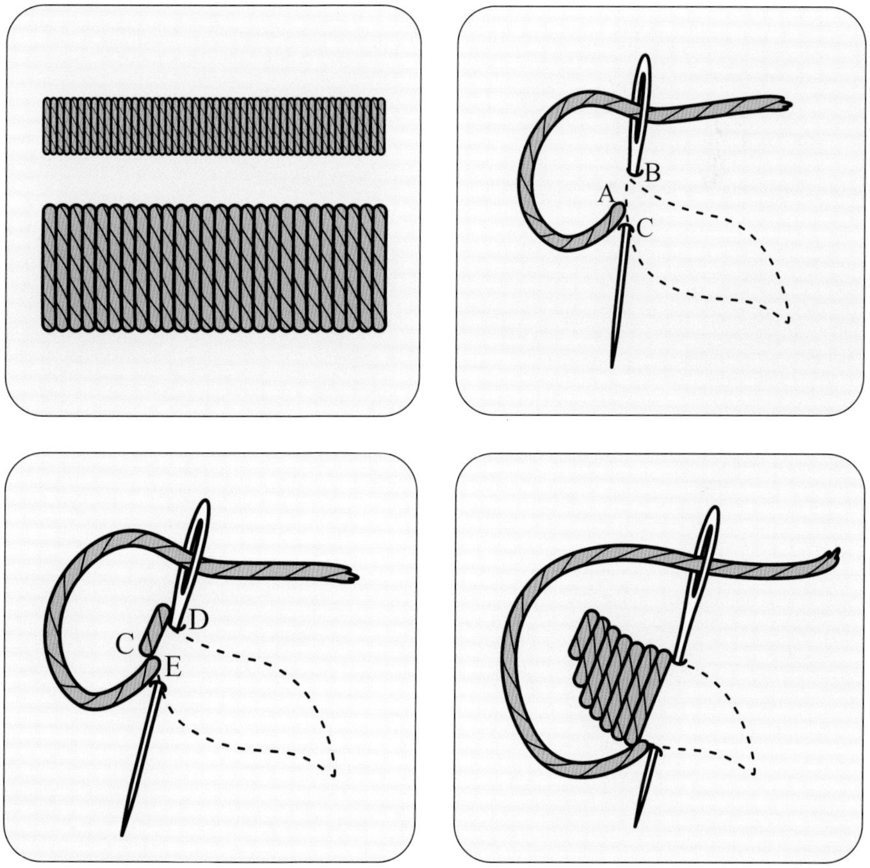

Adornos

Muchos elementos pueden personalizarse fácil y rápidamente si se cosen adornos, como botones o lentejuelas.

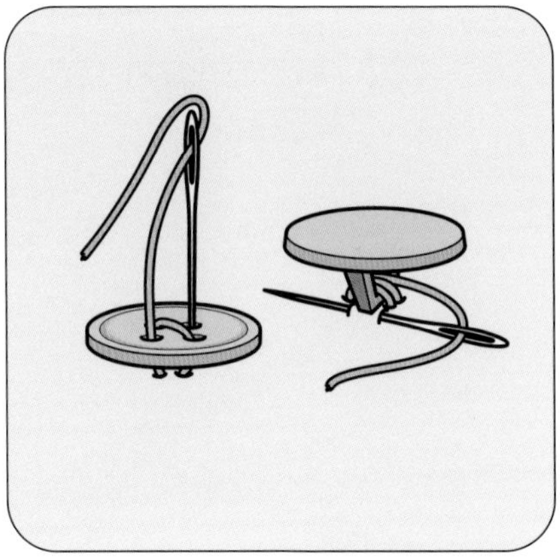

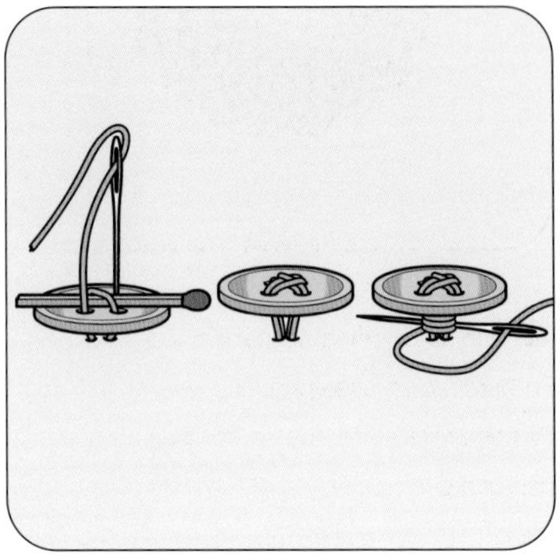

1 ▲ **Botones**

Algunos botones tienen en la parte posterior una anilla por la que se introduce el hilo para coser el botón. Esta anilla también eleva el botón sobre la superficie de la tela para dejar margen al grosor de la capa de tela que se superpone al abrochar la prenda. Otros botones se cosen a través de unos orificios y puede hacer falta elevarlos con un cuello o tallo de hilo.

2 Para hacer un cuello o tallo, coloque una cerilla o un palillo encima del botón y cosa sobre él. Retire la cerilla o el palillo, levante el botón y enrolle la hebra alrededor del hilo extra que le ha quedado entre el botón y la prenda. Saque la aguja por el revés y remate con varias puntadas pequeñas.

▶ **Lentejuelas**

Son pequeñas piezas de material reflectante fabricadas en metal o plástico, habitualmente redondas, con un orificio central para coser a través de él. Las lentejuelas se encuentran en diversidad de formas y tamaños y pueden ser lisas o irisadas. Hay dos modos de coserlas: el primero es rápido y simple, pero el hilo queda visible y, con el tiempo, el borde de la lentejuela puede cortarlo; el segundo lleva más trabajo, pero estéticamente es mejor y más seguro a largo plazo.

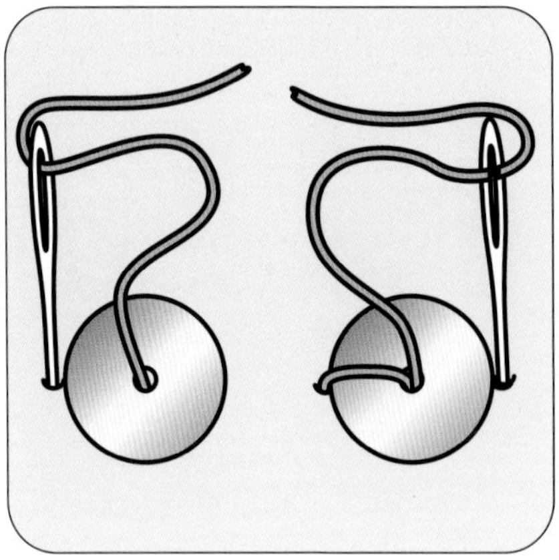

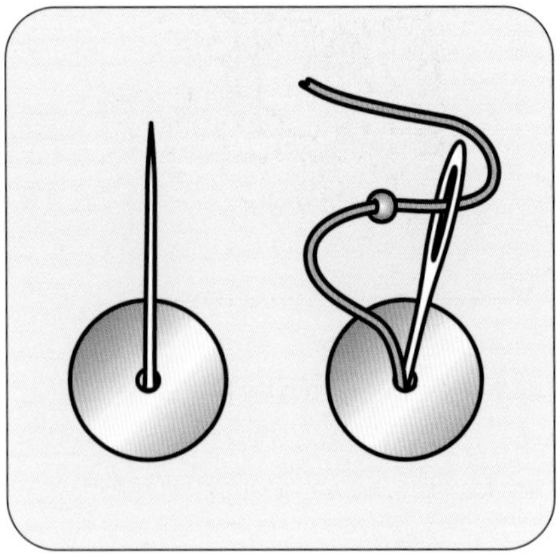

1 Con hilo del mismo color que la lentejuela, saque la aguja por el orificio central e introdúzcala de nuevo en la tela por uno de los lados de la lentejuela. Repita la misma operación introduciendo la aguja por el lado opuesto de la lentejuela, de modo que las dos puntadas crucen la lentejuela de un lado a otro.

2 Con hilo del mismo color que la lentejuela, saque la aguja por el orificio central e introdúzcala por una cuenta de cristal transparente, del tamaño más pequeño que permita la aguja, pero mayor que el orificio de la lentejuela. Rodee la cuenta con la hebra y vuelva a introducir la aguja por el orificio de la lentejuela.

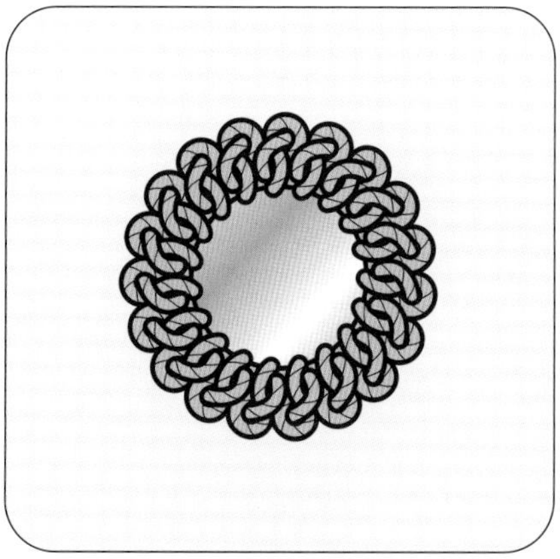

▲ **Hojas de mica bordadas**

En bordado se usan pequeñas piezas de mica reflectante que se cosen a la tela con una puntada especial. El borde queda cubierto por completo y el centro se deja al descubierto con una forma redondeada.

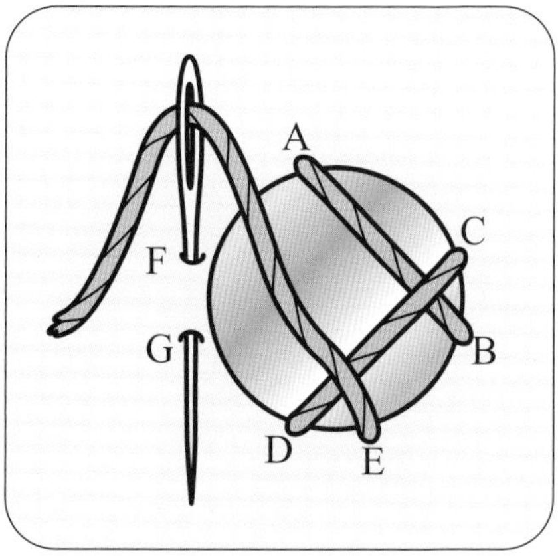

1 Dé cuatro puntadas sobre la pieza para conseguir una forma de rombo.

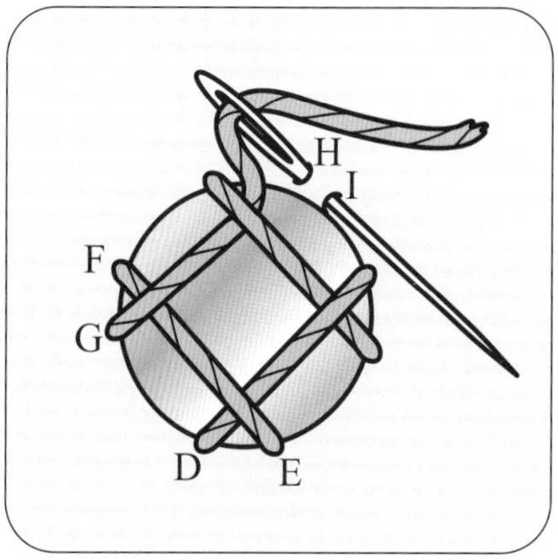

2 Cuando dé la última puntada, introduzca la aguja bajo el extremo de la primera puntada.

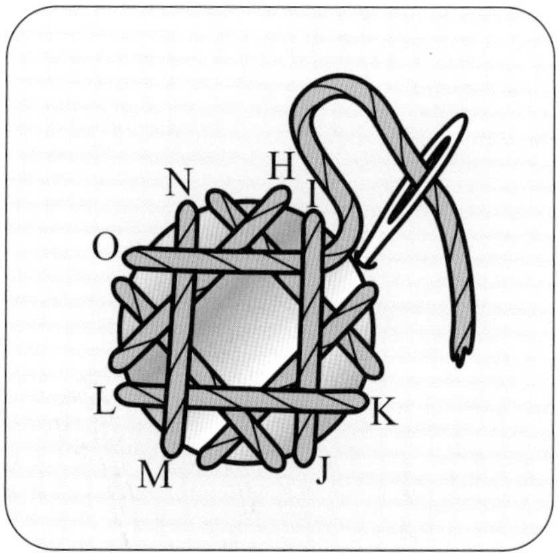

3 Dé cuatro puntadas más sobre las cuatro primeras, del mismo modo, pero formando un ángulo recto con ellas.

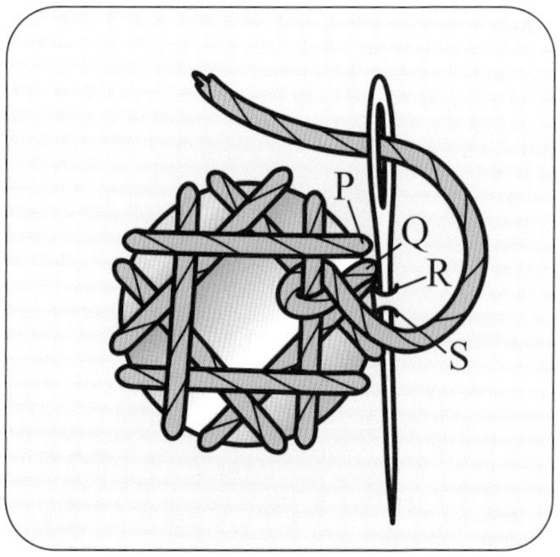

4 Vuelva a introducir la aguja por la tela y a sacarla justo al lado de la primera puntada. Introduzca la aguja por la intersección de las puntadas verticales y diagonales, y después otra vez por la tela al lado del borde de la pieza y un poco más adelante. Repita la operación hasta cubrir con el hilo entrecruzado todo el borde de la pieza de mica.

Las lentejuelas y las cuentas se encuentran en gran variedad de formas y tamaños, y resultan ideales para añadir un toque de brillo a sus labores.

Presillas a mano

Las presillas y los hilvanes se usan como parte de cierres, para marcar y luego descoser o para reforzar el final de una costura o una tabla.

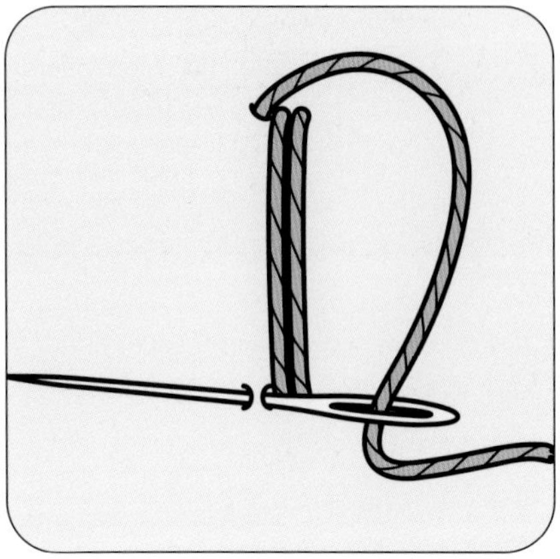

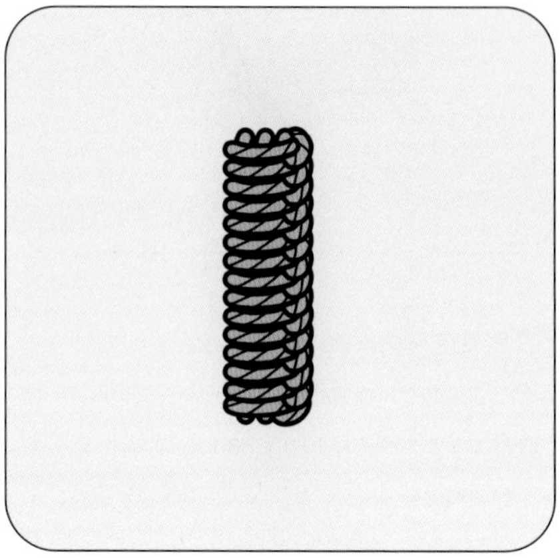

1 ▲ **Presilla de hilo**
Asegure el hilo por el revés de la tela en un extremo de la presilla. Por el derecho de la tela, dé tres o cuatro puntadas juntas tan largas como sea necesario. Dé un par de puntadas pequeñas por debajo del otro extremo de la presilla para asegurarla.

2 Sin introducir nunca la aguja en la tela, haga puntadas de ojal muy juntas tomando todas las hebras de las puntadas largas. Use la punta de la aguja para que las puntadas queden bien juntas mientras trabaja.

3 La presilla terminada debe ser firme y regular. Las pequeñas pueden usarse como presillas para corchetes, y las más largas, realizadas con hilo resistente, como presillas para cinturón.

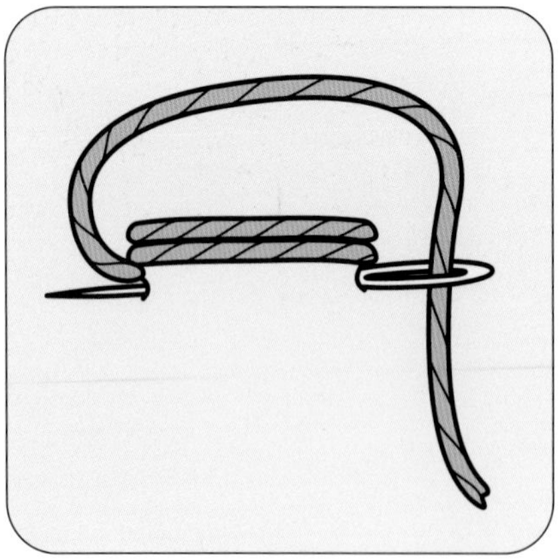

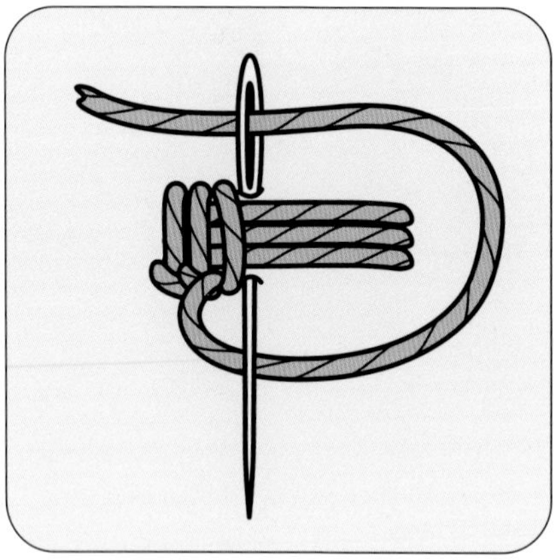

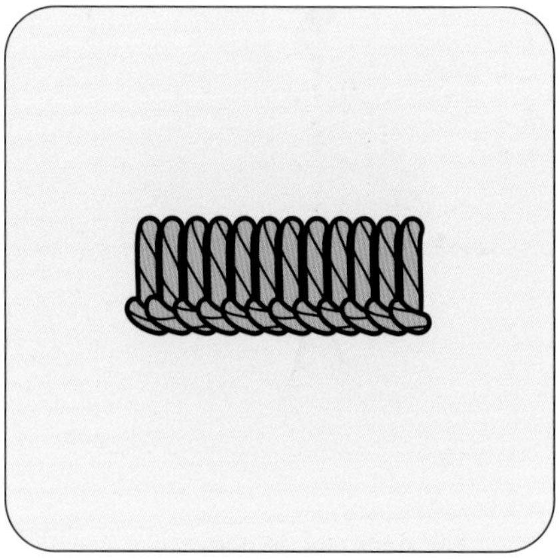

1 ▲ **Presilla de refuerzo**
Asegure el hilo por la parte posterior de la tela en un extremo de la presilla. Por la anterior, dé tres o cuatro puntadas muy juntas tan largas como sea necesario.

2 Dé puntadas de ojal muy juntas tomando todas las hebras de las puntadas largas y, al mismo tiempo, varios hilos de la tela. Asegúrese de que las puntadas quedan bien juntas y apretadas mientras cose.

3 Estas presillas pueden usarse para reforzar cualquier zona de una prenda susceptible de sufrir tensión y pueden tener cualquier longitud. Se emplean presillas muy pequeñas de este tipo al final de un ojal para reforzarlo, normalmente sin añadir la puntada de ojal.

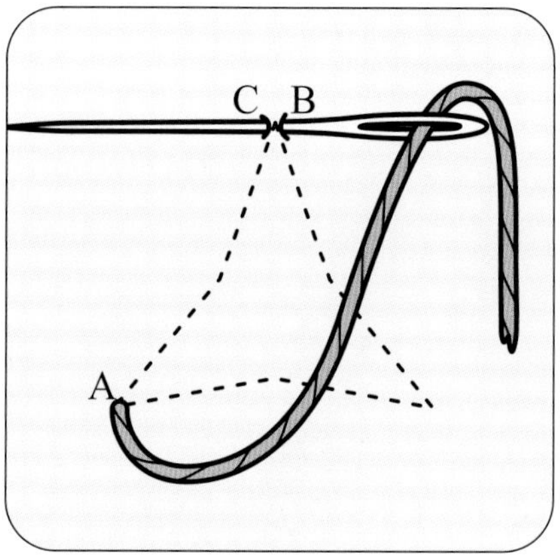

1 ▲ **Pata de gallo**

Asegure el extremo del hilo por la parte posterior de la tela y saque la aguja por la esquina inferior izquierda del triángulo. Dé una puntada diminuta en la parte superior del triángulo, de derecha a izquierda; después, descienda a la esquina inferior derecha del triángulo y dé otra puntada diminuta de abajo arriba.

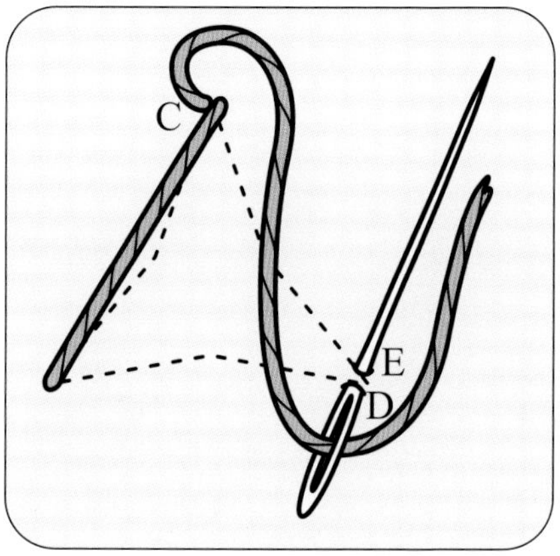

2 Vuelva al punto de partida, en la esquina inferior izquierda del triángulo, y dé una puntada diminuta de arriba abajo por debajo de la primera puntada y dentro de la forma triangular. Dé nuevamente una puntada diminuta en la esquina superior del triángulo, de derecha a izquierda, justo debajo de la anterior. Vuelva a la esquina inferior derecha y dé otra puntada diminuta de abajo arriba, justo a la izquierda de la anterior.

3 Siga trabajando de este modo hasta cubrir por completo el triángulo. Las presillas de pata de gallo se usan del mismo modo que las cabezas de flecha.

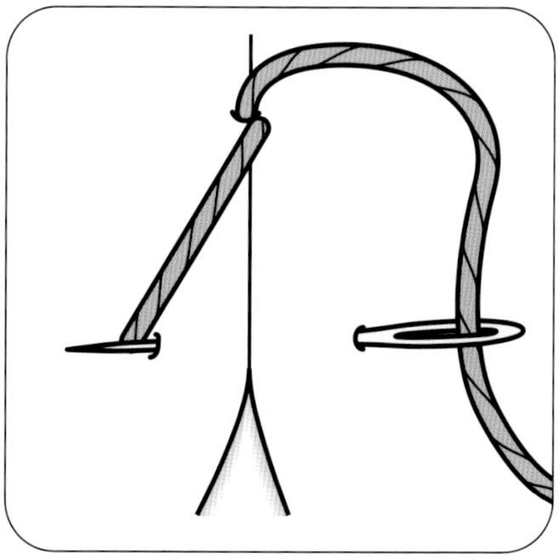

1 ▲ **Cabezas de flecha**

Asegure el extremo del hilo en la parte posterior de la tela y saque la aguja por la esquina inferior izquierda de la cabeza de flecha. Dé una puntada diminuta en la esquina superior de la cabeza de flecha, de derecha a izquierda; vuelva a introducir la aguja en la tela por la esquina inferior derecha.

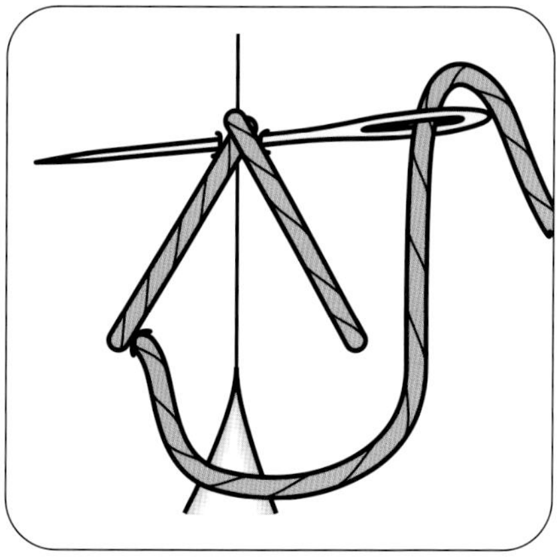

2 Saque la aguja de la tela justo a la derecha del punto de partida, en la esquina inferior izquierda de la cabeza de flecha; dé una puntada diminuta en la parte superior de nuevo, justo debajo de la puntada anterior y dentro de la forma triangular. Vuelva a introducir la aguja en la tela por la esquina inferior derecha, ligeramente a la izquierda de por donde lo hizo la última vez.

3 Siga trabajando de este modo hasta cubrir por completo la forma triangular. Las cabezas de flecha se usan para reforzar los extremos de los bolsillos y las tablas.

Puntadas para hacer cortinas

Para hacer cortinas tenemos puntadas especiales, que usaremos para unir capas planas de tela, añadir fijando y asegurar bajos y forros.

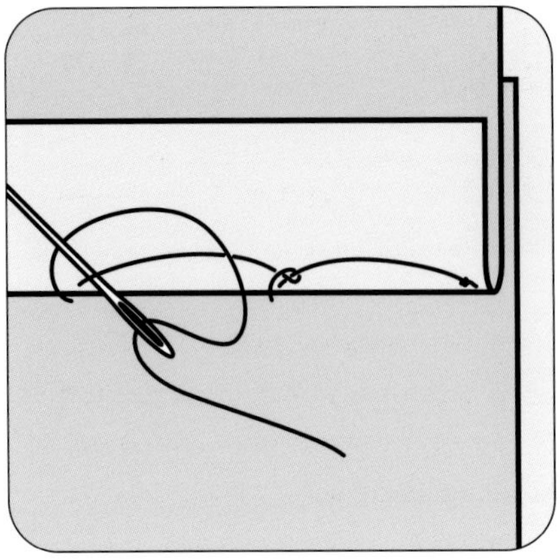

▲ **Puntada para unir telas**

Doble hacia atrás la capa superior de la tela a lo largo de una línea recta que discurra desde la parte superior a la inferior de la cortina, comenzando a unos 15 cm de un extremo. Asegure el extremo del hilo en un lugar donde no resulte visible. Dé una puntada diminuta a través del pliegue; después dé otra en la tela de detrás, que va sin doblar, pero tome sólo unas pocas hebras. Repita la operación a una distancia de alrededor de 15 cm para hacer una puntada larga y floja; para ello, pase la aguja por detrás del hilo cada vez que dé una puntada para fijarla en su lugar. Utilice este método para coser la entretela (si la hay) a la tela principal y el forro a la entretela.

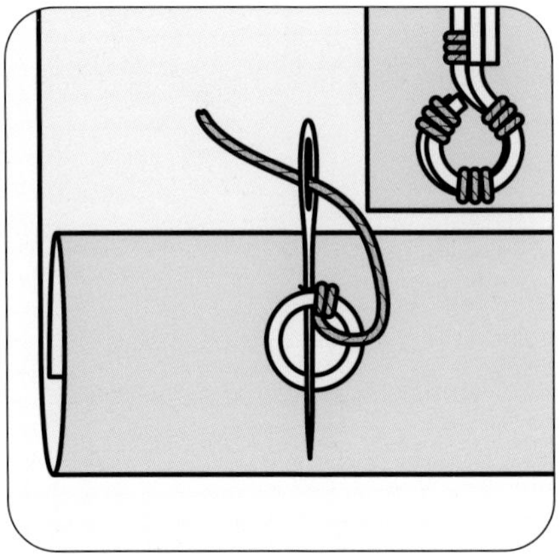

▲ **Puntada para coser guarniciones**

Esta puntada se emplea para coser las pequeñas guarniciones que pueda precisar una cortina. Coloque el objeto sobre la tela. Con hilo doble, asegure el extremo del hilo y después dé varias puntadas juntas en un punto del objeto. Lleve el hilo bajo el objeto y repita la operación, si es necesario, a escasa distancia. Las anillas pueden coserse en sólo un punto, pero los ganchos necesitarán varios puntos de fijación alrededor de la anilla inferior y a lo largo de la sección recta.

Arriba el telón

Coser juntas las distintas capas de una cortina para que se muevan como una sola mejorará radicalmente el aspecto de sus cortinas y les conferirá un acabado mucho más profesional.

▼ **Puntada para pliegues**

Para los pliegues de las cabecillas, es necesario agrupar y asegurar varias capas de tela. Asegure el extremo del hilo por el revés, después recoja la tela para formar el plisado y dé un par de puntadas muy pequeñas a través de las distintas capas de tela. La puntada debe ser lo más discreta posible y el pliegue debe desplegarse suavemente por encima y por debajo.

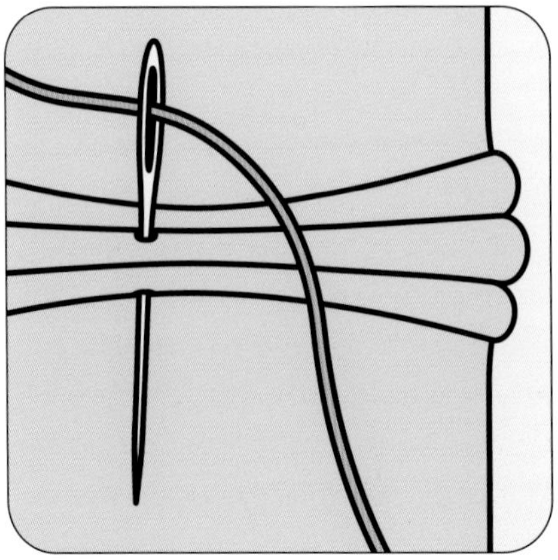

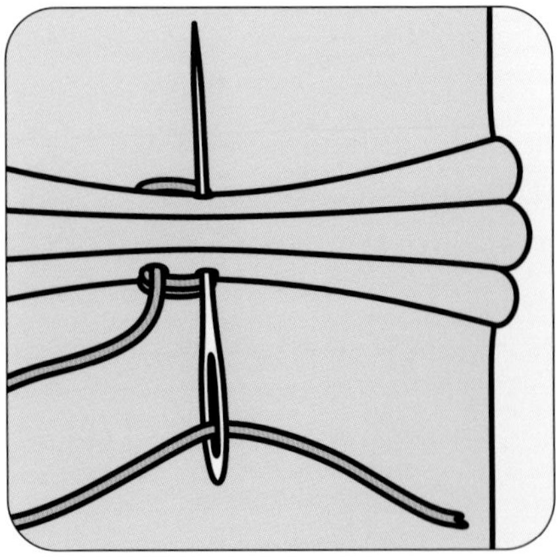

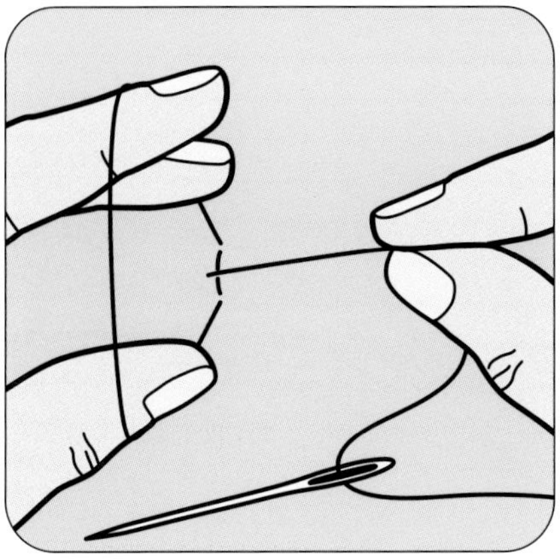

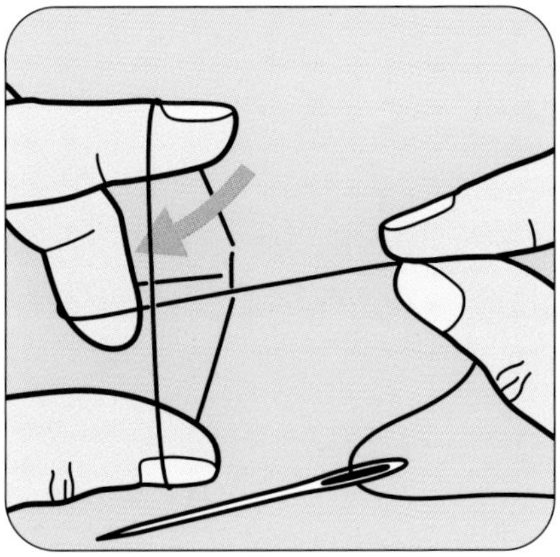

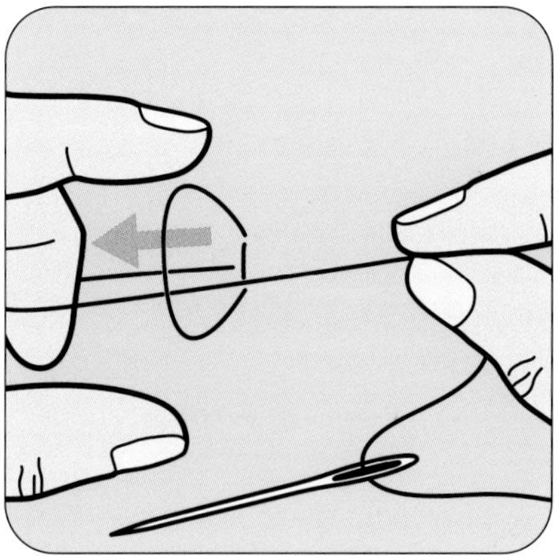

1 ▲ Punto de cadeneta
Emplee esta técnica para coser los forros a las cortinas. Asegure el hilo por el revés de la cortina y en la parte superior del dobladillo. Dé una puntada pequeña y después otra, pero sin pasar el hilo completamente: déjelo flojo formando un bucle. Sujete este bucle entre el dedo índice y el pulgar de la mano izquierda, y el hilo de la aguja con la otra mano.

2 Con el dedo corazón de la mano izquierda, tome el hilo de la aguja y páselo por el bucle para formar otro.

3 Suelte el primer bucle, siga sujetando el segundo y tire del hilo de la aguja suavemente para tensarlo alrededor del hilo que está en la superficie de la tela. Repita los pasos 2 y 3 hasta que la cadena sea de unos 5 cm de largo. Pase la aguja a través del último bucle para cerrar la cadena; después dé una puntada pequeña en el dobladillo por el revés del forro y remate. Vaya cosiendo juntas a intervalos las dos capas de tela.

Puntadas a máquina

Estas puntadas básicas a máquina se usarán en todas las labores. Practíquelas en telas de distintos pesos y tipos.

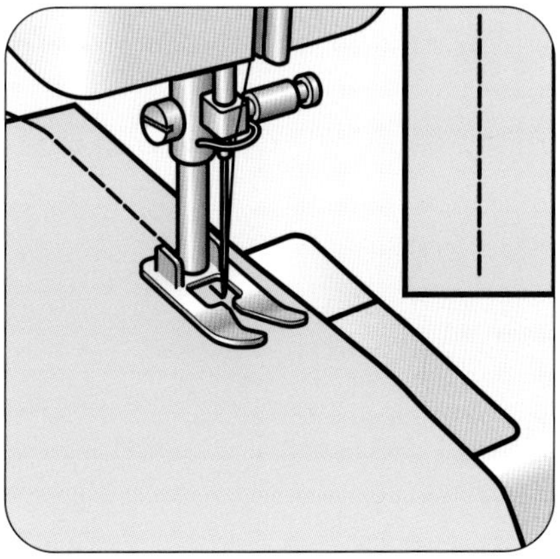

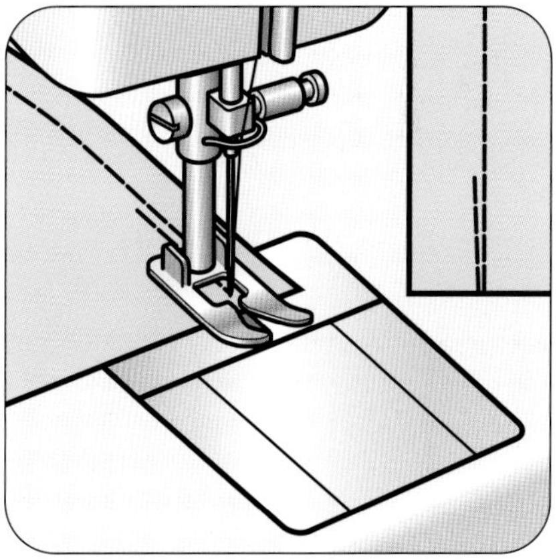

▲ Puntada recta
Se trata de una fila de puntadas simples y rectas ligeramente espaciadas. La puntada recta puede usarse para costuras, así como para rematar los bordes de las costuras de las telas tejidas. Para la mayor parte de las costuras, la longitud de la puntada debe fijarse en la máquina de coser en 2 o 3.

▲ Punto atrás
El punto atrás en la máquina de coser se emplea para reforzar el principio y el final de una costura. Comience a unos 12 mm del principio de la costura y haga la puntada atrás hasta el borde; después, empiece a dar las puntadas normales hacia delante. Al final de la costura, remátela volviendo atrás por la línea de puntadas a lo largo de otros 12 mm.

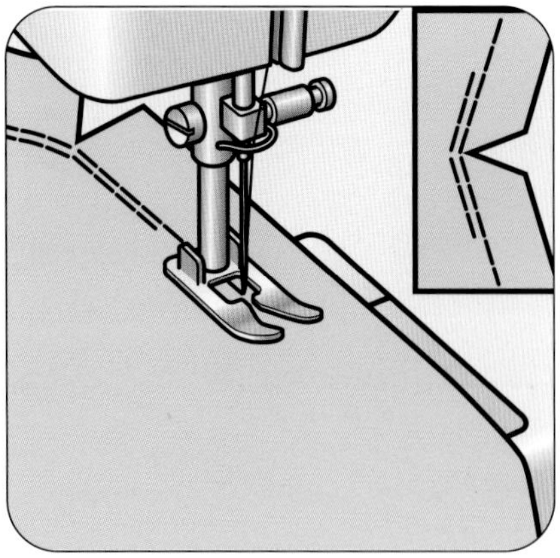

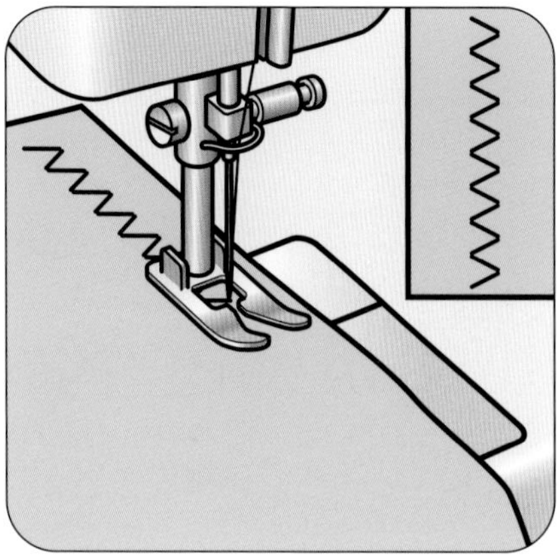

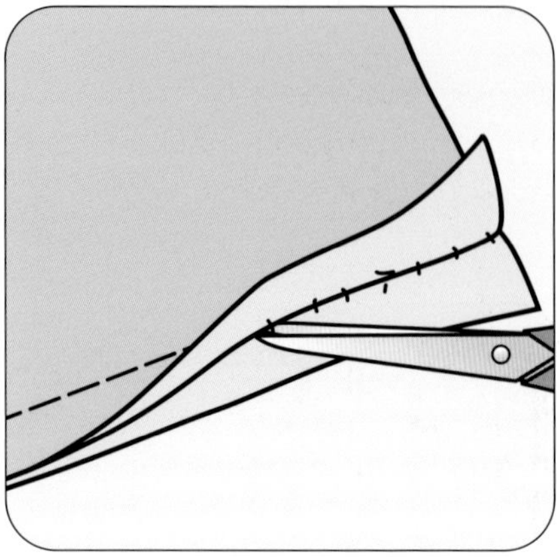

▲ Puntada de refuerzo

Se trata de una línea de puntadas rectas dentro del margen de la costura y a través de sólo una capa de tela. Se usa para fijar la forma en telas elásticas o líneas curvas, como las de los escotes, y evitar que se den de sí al llevarlas puestas.

▲ Zigzag

La mayoría de las máquinas de coser modernas tienen una función de zigzag automática. La puntada de zigzag puede ajustarse como la normal: la anchura de la puntada controla la amplitud de la banda de zigzag, y la longitud, la tirantez de la forma de zigzag. La puntada zigzag se emplea para rematar bordes y para costuras que necesitan ceder ligeramente, como las de las telas tejidas.

▲ Hilván a máquina

Como el hilvanado a mano, se usa para unir telas de modo provisional. Ponga la longitud de la puntada al máximo en la máquina, disminuya la tensión del hilo y no haga punto atrás en la costura en ninguno de los extremos. Cuando vaya a descoser, corte una puntada cada 5 cm para que sea más fácil.

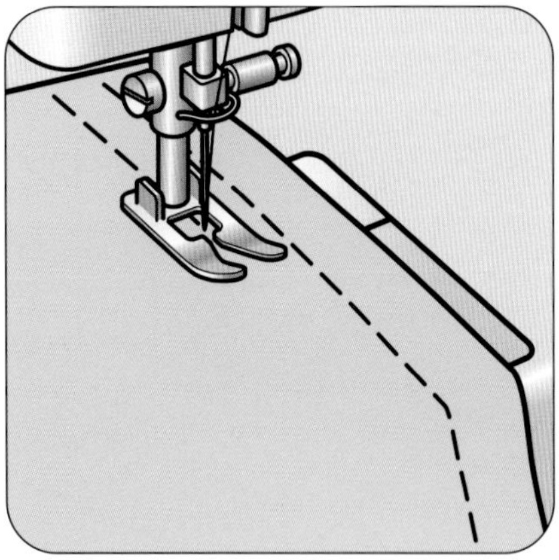

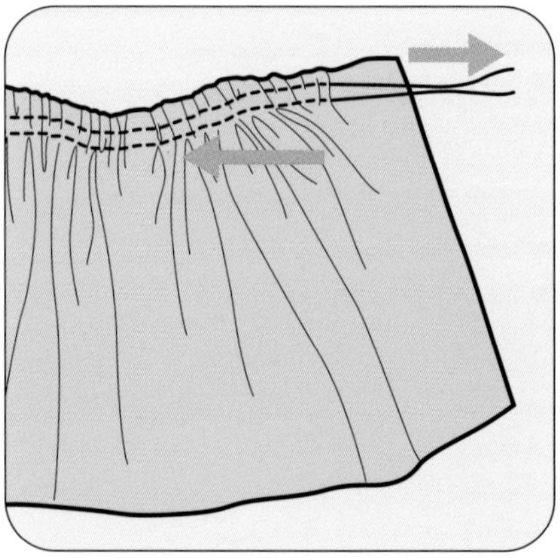

▲ Puntada de fruncido

Hacer frunces con la máquina de coser proporciona un resultado aún más uniforme. Ponga la longitud de la puntada al máximo en la máquina y disminuya ligeramente la tensión del hilo. Haga una línea de puntadas dentro de la línea de costura y después otra en una línea paralela a escasa distancia.

Ate los dos hilos superiores en un extremo por el derecho de la tela; después, ate los hilos de la canilla en el mismo extremo por el revés de la tela.

Tire de los dos hilos de la canilla por el lado en que no están atados para fruncir la tela acomodándola suavemente mientras lo hace. Ajuste los frunces uniformemente y después remate los hilos de la canilla.

Costuras a máquina

El tipo de costura que elija para su labor vendrá determinado por la tela, pero también, en parte, por el efecto que quiera conseguir. Por ejemplo, las costuras planas se diseñaron originalmente para conseguir una unión fuerte en telas resistentes destinadas a sufrir roce, pero hoy se usan a menudo sólo de modo decorativo.

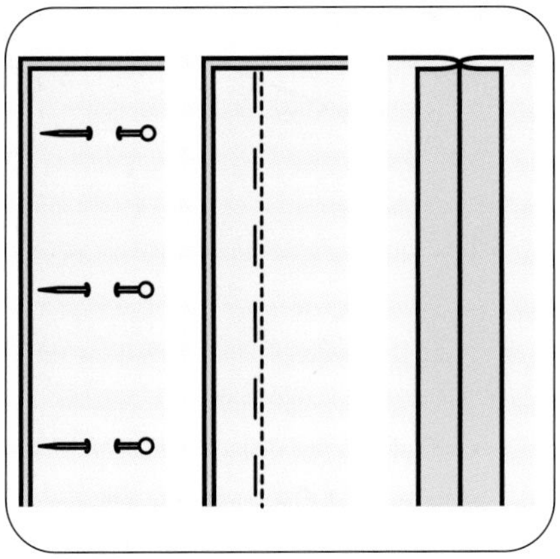

▲ Costura lisa

Sujete con alfileres las piezas de tela por el derecho. Puede marcar la línea de costura o utilizar las guías labradas en la placa de la máquina de coser para obtener un margen uniforme. Para costuras complejas o telas resbaladizas, se recomienda hilvanar las piezas a mano antes de coser a máquina. Cosa la costura con la máquina utilizando una puntada simple y recta, y asegure los dos extremos con un tramo corto de punto atrás. Por último, retire el hilván y planche la costura, bien abierta o a un lado, según las instrucciones.

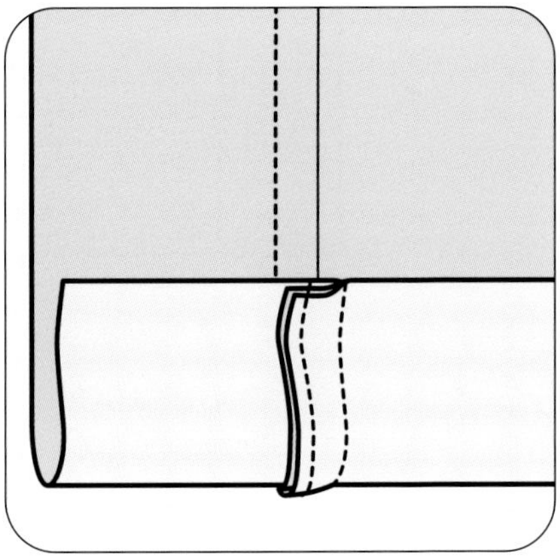

▲ Costura simple pespunteada

Esta costura tiene una fila adicional de pespunte por el derecho de la tela. Aunque es decorativa, también puede ser funcional, al mantener en su lugar el margen de la costura y evitar el deshilachamiento. Planche el margen de la costura a un lado. Emplee un hilo que haga juego o contraste y haga puntadas de longitud pequeña o media.

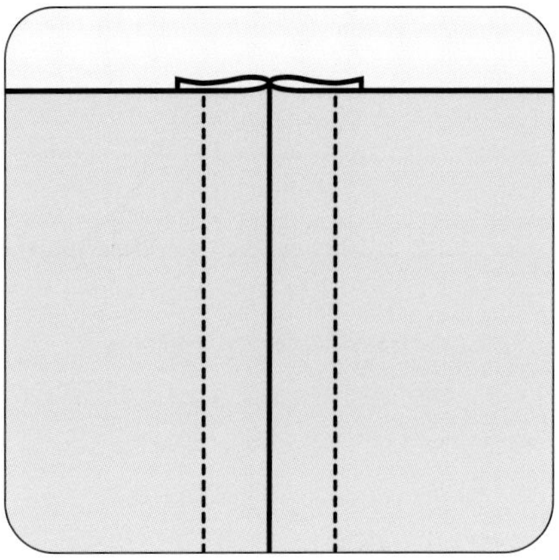

▲ Costura doble pespunteada

Esta costura tiene una fila de pespunte a ambos lados. Planche los márgenes para que queden abiertos por el revés; después, pespuntee los dos lados por el derecho y asegúrese de que los pespuntes queden a la misma distancia de la línea de costura.

Buenas costuras

Rematar los bordes de las costuras por dentro de una prenda es tan importante como los toques finales que se dan en el exterior. En la página 48 encontrará algunas técnicas.

Las costuras rematadas no sólo proporcionan a una prenda un aspecto más profesional, sino que también la hacen más duradera. Cosa siempre el género de punto con una aguja de punta redonda, que se deslizará entre las fibras y no a través de ellas.

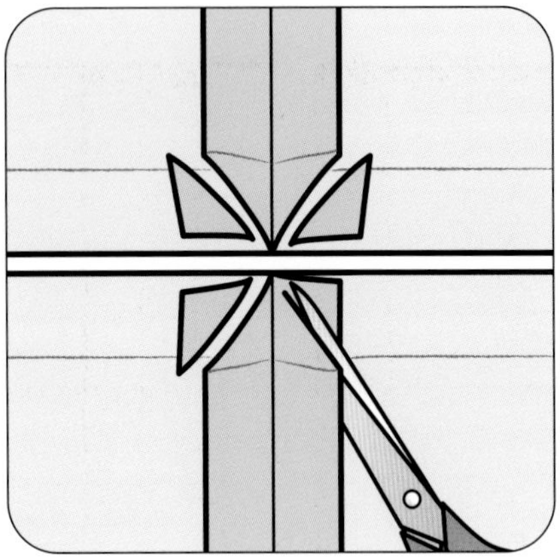

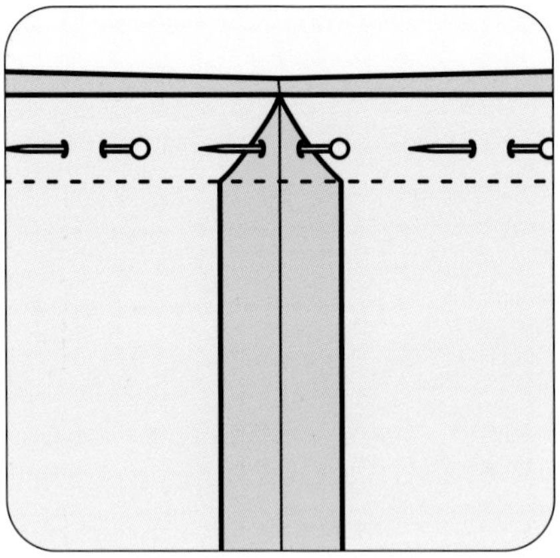

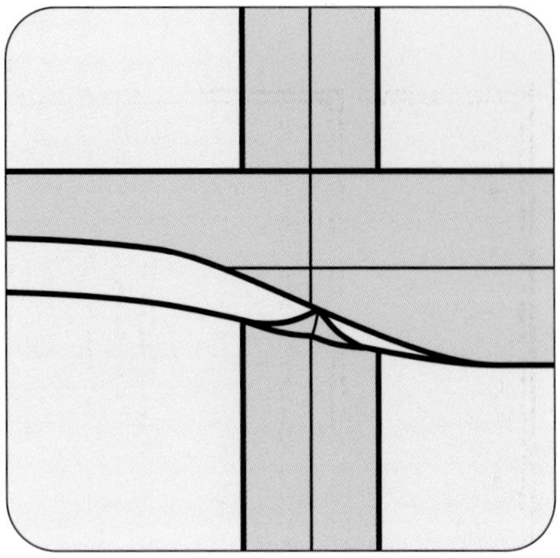

1 ▲ **Intersección de costuras**
Empiece por unir las líneas de costura de las dos secciones, que formarán un ángulo recto con la nueva costura. Para reducir la cantidad extra de tela en la intersección, corte en punta los márgenes de ambos extremos de las costuras originales.

2 Prenda con alfileres las líneas de costura para sujetar las secciones de tela y después fíjelas con alfileres o hilvane el resto de la nueva costura. Cosa la nueva costura con una costura plana.

3 Abra con la plancha la nueva costura. En el derecho de la tela, las cuatro costuras deben formar una cruz perfecta con los brazos en ángulo recto.

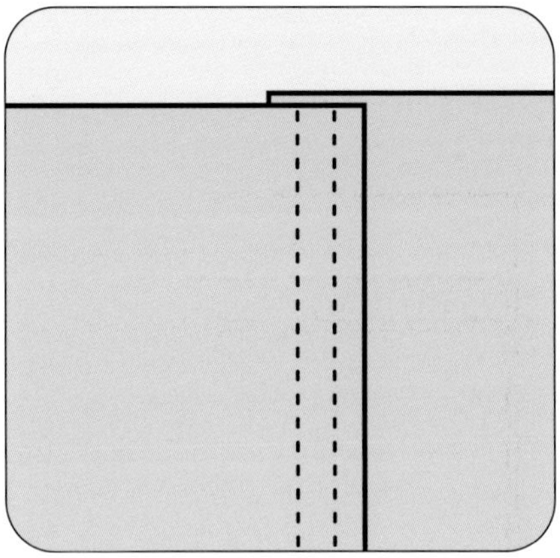

▲ **Costura superpuesta**
Este tipo de costura se puede usar en las entretelas para reducir el volumen, y también en telas que no se deshilachen, como el cuero. Para las entretelas, superponga los bordes de modo que las líneas de costura se encuentren en el centro, y cosa las telas juntas a lo largo de la línea de costura. Con otros materiales, como el cuero, corte el margen de la costura a lo largo del eje de la pieza superior, alinee el nuevo borde con la línea de costura de la pieza inferior, y cósalas juntas con una fila doble de puntadas rectas.

Las esquinas

Para conseguir una esquina perfecta en una costura, dé puntadas hasta el lugar donde hay que girar. Deje la aguja en la tela, levante el prensatelas y gire la labor en la nueva dirección; baje el prensatelas y empiece a coser de nuevo.

Cortar el exceso de tela de la esquina antes de dar la vuelta a la labor dará como resultado una punta más afilada. En la página 49 encontrará técnicas de corte.

El género de punto es más elástico que las telas tejidas, y las costuras tienen que ceder ligeramente para que el hilo no se rompa. Use el punto de zigzag con una puntada estrecha y una longitud media para coser este tipo de costuras o emplee una remalladora u overlock.

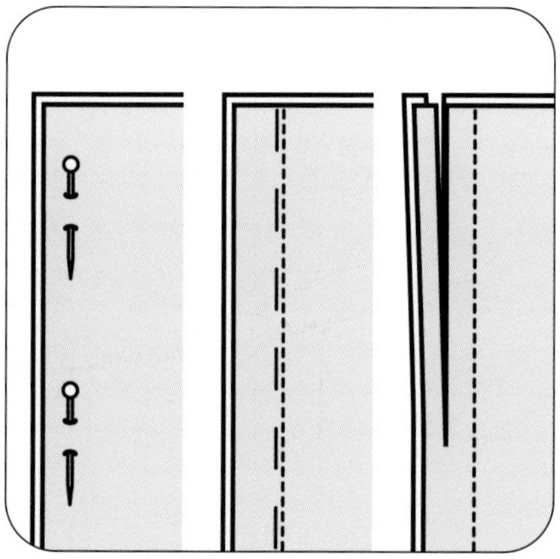

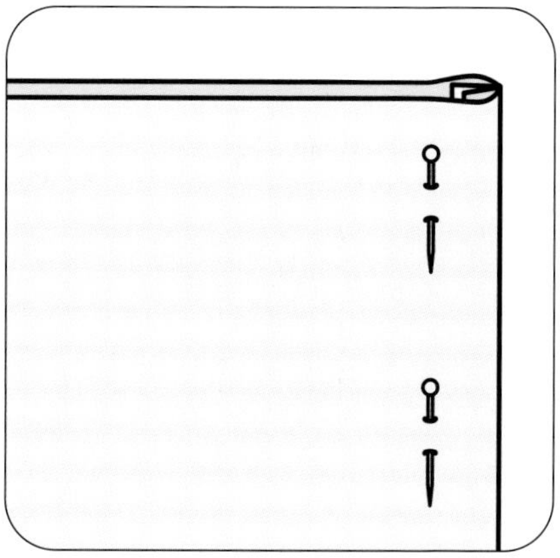

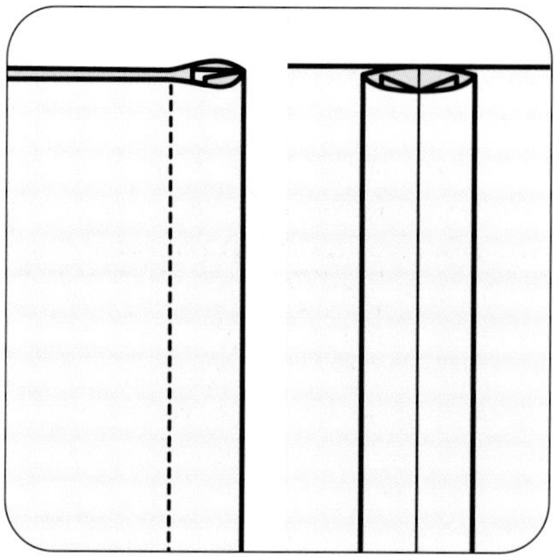

1 ▲ **Costura francesa**
Junte las telas POR EL REVÉS y cosa la costura a sólo 12 mm del borde. Corte el margen de la costura dejando sólo 3 mm y ábrala con la plancha.

2a Doble las telas juntas por el derecho a lo largo de la línea de puntadas que acaba de hacer. Prenda alfileres y cosa una segunda costura remetiendo los bordes de la tela sin rematar.

2b Planche la costura por el revés a un lado; también puede plancharla para que quede abierta. La costura francesa es ideal para telas transparentes al ocultar los bordes de la costura sin rematar.

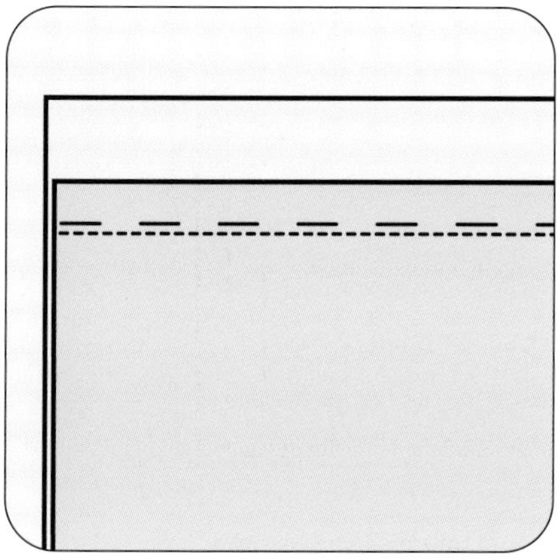

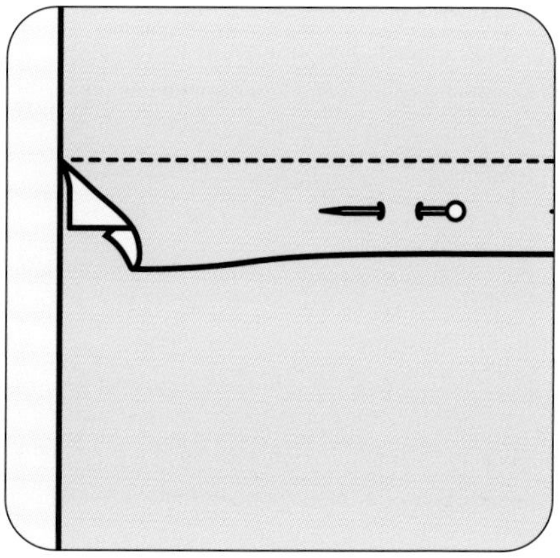

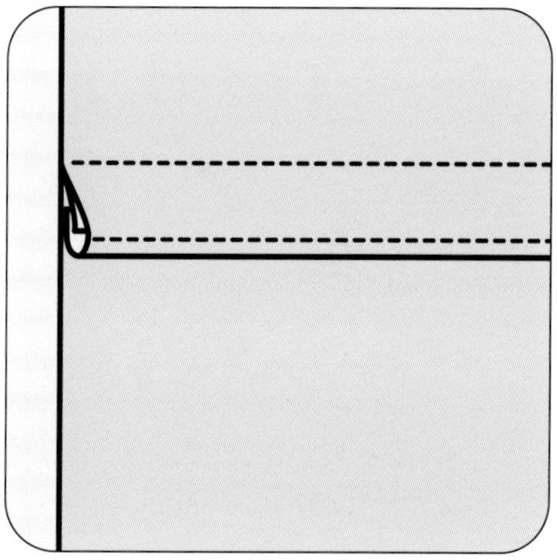

1 ▲ **Costura inglesa**
Junte las telas POR EL REVÉS y cosa la costura a sólo 12 mm del borde. Corte el margen de la costura de uno solo de los bordes, dejando únicamente 3 mm, y abra la costura con la plancha.

2a Doble 6 mm a lo largo del borde de la costura superior, cuyo margen no ha cortado, e hilvánela por el derecho de la tela sobre el borde que sí ha cortado.

2b Cosa la costura otra vez cerca del doblez y atraviese el margen superior y la prenda.

Remates de costuras

Si cose o remata los bordes de los márgenes de las costuras, sus prendas tendrán un aspecto más profesional y durarán más al quedar protegido el borde de la costura del roce diario. A continuación, se explican distintos remates y se sugiere cuándo usarlos.

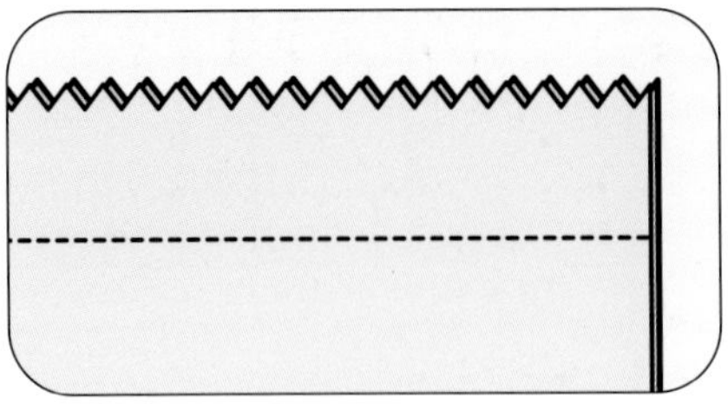

▲ **Costura dentada**

Cosa la costura, corte los dos bordes con tijeras dentadas y después planche dejándolos abiertos o a un lado. Use este acabado para la mayoría de las costuras, siempre que la tela no se deshilache.

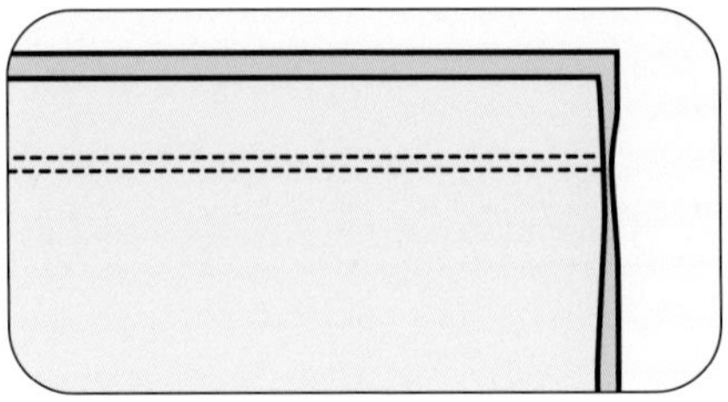

▲ **Con doble puntada**

Cosa la costura y planche los bordes a un lado. Después, haga una segunda línea de puntadas justo al lado de la primera y dentro del margen de la costura. Use este acabado para costuras que vayan a sufrir roce.

▲ **Con puntada de zigzag**

Abra la costura con la plancha y dé puntadas de zigzag a lo largo de los bordes sin rematar. Si la costura se plancha hacia un lado, dé puntadas en zigzag en los dos cantos. Ideal para las costuras y telas que se deshilachen.

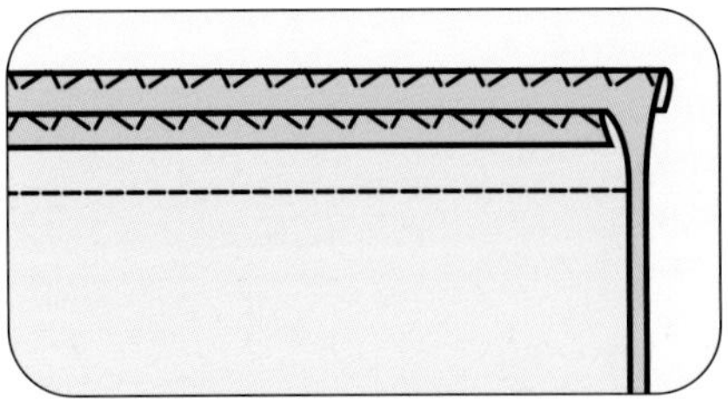

▲ **Doblada y con puntada de zigzag**

Doble la tela para hacer un dobladillo muy estrecho en los dos bordes y dé puntadas de zigzag a lo largo del doblez. Úselo para tejidos ligeros o telas que tiendan a deshilacharse.

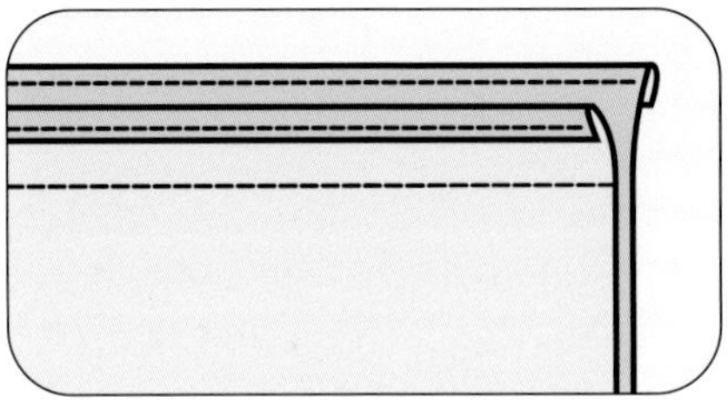

▲ **Doblada y con puntada recta**

Doble la tela para hacer un dobladillo muy estrecho en los dos bordes y dé puntadas rectas a lo largo del doblez. Úselo para tejidos ligeros o telas que tiendan a deshilacharse.

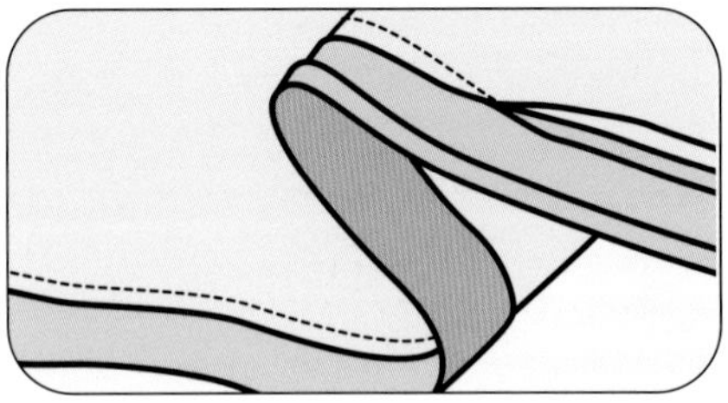

▲ **Con ribete al bies**

Encierre el borde sin rematar en una tira de ribete al bies y dé puntadas en el ribete cerca del borde. Si la costura debe plancharse para que quede abierta, trabaje los dos bordes por separado. Si se plancha para que quede cerrada, los dos márgenes pueden encerrarse en el mismo ribete. Es útil para la mayoría de las costuras, pero, sobre todo, cuando se usen telas pesadas que puedan deshilacharse.

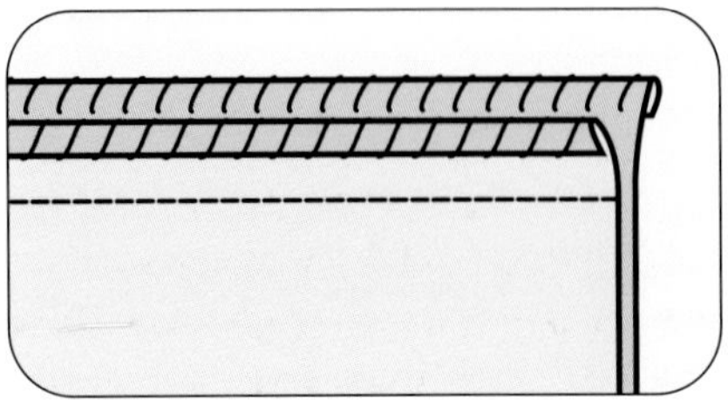

▲ **Sobrehilado a mano**

Haga un dobladillo muy estrecho a lo largo de cada borde sin rematar y sobrehíle a mano. Ideal para telas pesadas.

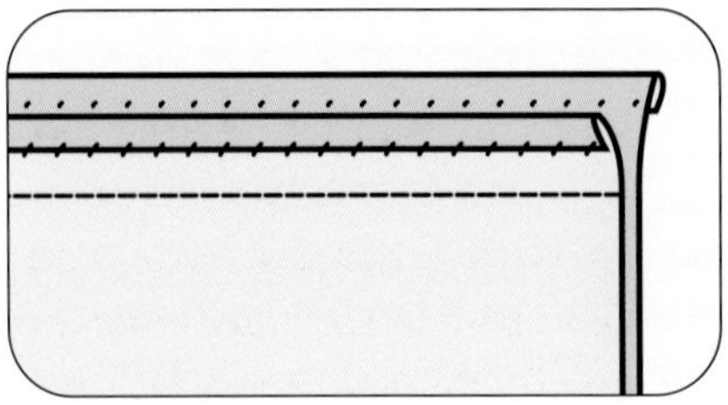

▲ **Dobladillo a mano**

Haga un dobladillo muy estrecho a lo largo de cada borde sin rematar y cósalo con punto de dobladillo. Es útil para telas delicadas.

Cortar esquinas

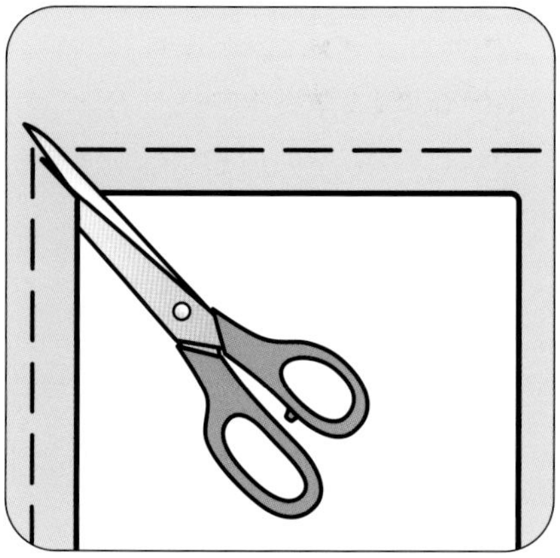

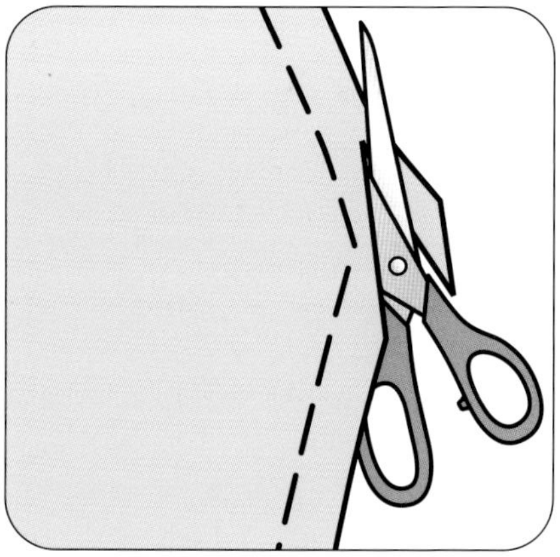

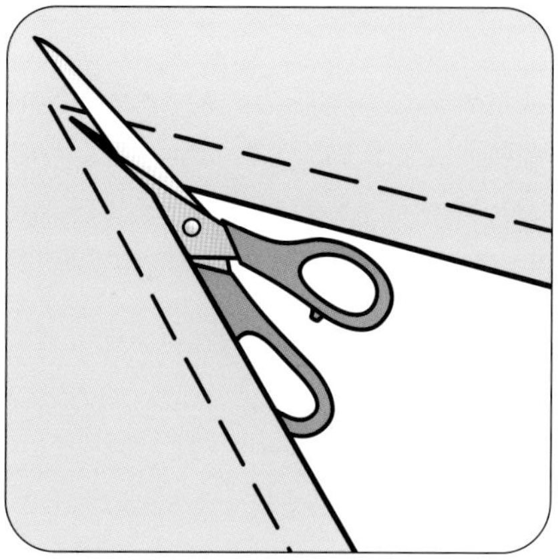

▲ En ángulo recto

Con unas tijeras pequeñas y afiladas, haga un corte en el margen de fuera hacia dentro con cuidado de no tocar la puntada.

▲ En ángulo obtuso

Con unas tijeras afiladas de hoja larga, corte la esquina del margen de la costura con cuidado de no tocar la puntada.

▲ En ángulo agudo

Con unas tijeras pequeñas y afiladas, haga un corte en el margen de fuera hacia dentro con cuidado de no tocar la puntada.

Cortar zonas curvas

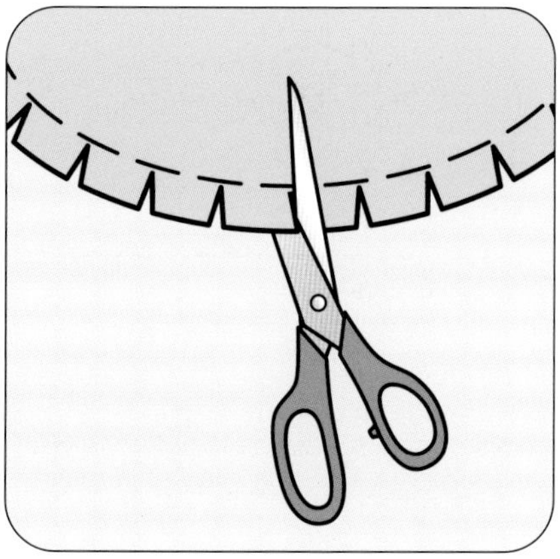

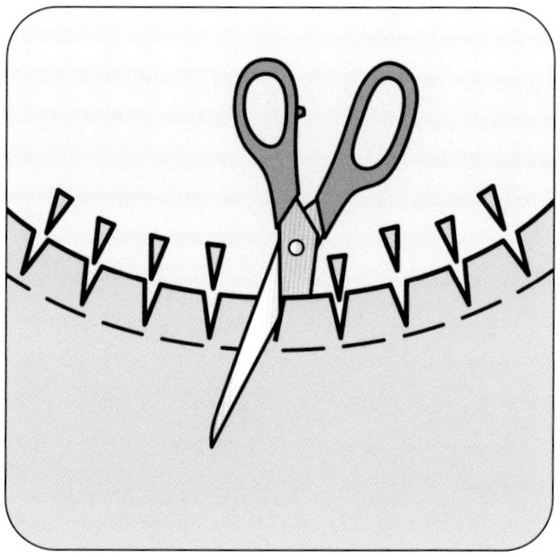

▲ Curvas cóncavas

Realice cortes pequeños en el margen de la costura hasta la línea de la puntada, sin sobrepasarla, para asentar la costura.

▲ Curvas convexas

Para eliminar los frunces, corte pequeños triángulos en el margen de la costura.

Corta que te corta

Utilice unas tijeras de punta bien afiladas para cortes piquetes o las esquinas: las de bordar son ideales.

Tenga cuidado de no cortar las puntadas: es mejor cortar menos que acercarse demasiado.

Si cose más de dos capas de tela juntas, puede cortar los márgenes de las costuras en distintas anchuras; así evitará que abulten demasiado y sean visibles por el derecho.

ribetes

Cosa lo que cosa, siempre tendrá entre manos un borde que hay que rematar de algún modo. Aunque hacer un dobladillo pueda parecer la opción más obvia, existen muchos otros procedimientos que pueden conferir un aspecto un poco más original o profesional a su labor.

Ribetes y bordes

Confeccionar sus propios ribetes le proporciona más opciones en cuanto a telas, así como para coordinar con otros elementos. El ribete es una tira estrecha de tela que alberga un borde sin rematar. Pueden ser de mayor anchura, y también añadirse al borde en lugar de cubrirlo. La tela que utilice puede ser la misma que para el resto de la prenda o elegir una que contraste.

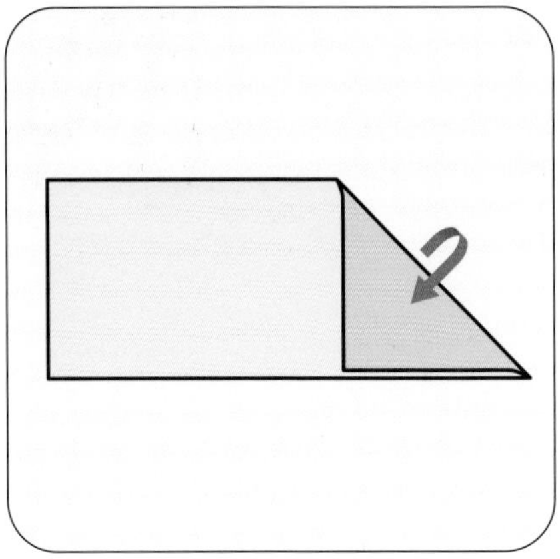

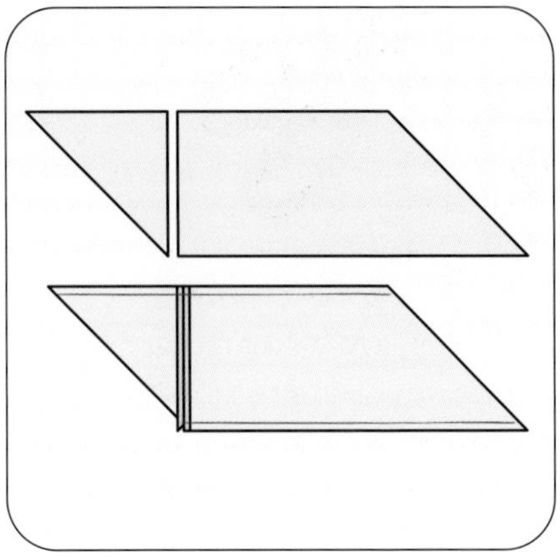

1 ▲ **Hacer un ribete**
Doble los hilos transversales sobre los longitudinales. El modo más fácil de hacerlo es asegurarse de que el extremo de la pieza esté cortado siguiendo el sentido del hilo; después, puede doblarla para alinear el extremo con el borde.

2 Corte a lo largo de la línea del doblez; después, tome el triángulo de tela que acaba de cortar y cósalo en el otro extremo de la pieza para formar el paralelogramo que se muestra en la imagen superior.

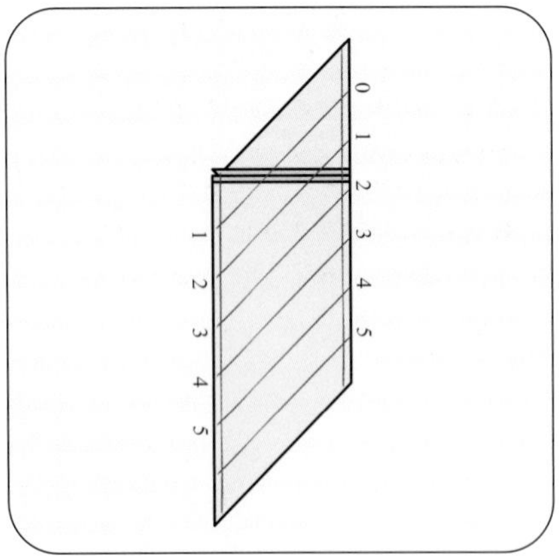

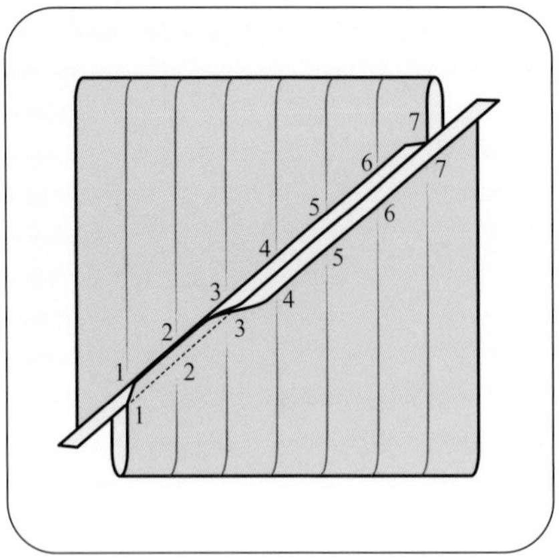

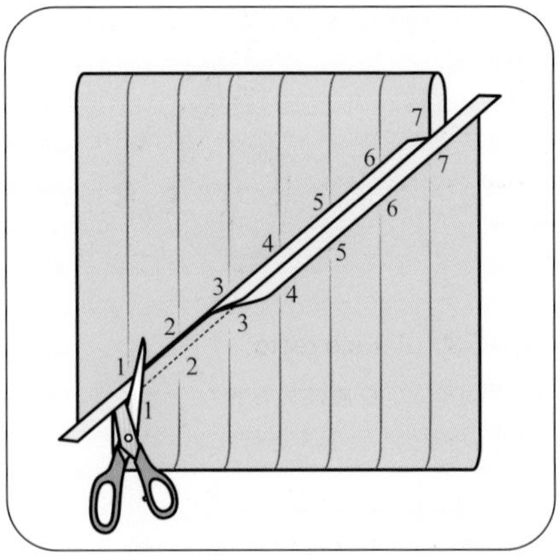

3 Realice líneas paralelas al borde diagonal a una distancia que duplique la anchura del ribete. Con un rotulador lavable marque las bandas como 1, 2, 3, etc., en la parte inferior del borde izquierdo. En el derecho, marque un 2 en el extremo de la banda numerada como 1, un 3 en la 2, etc.

4 Doble la tela, derecho con derecho, para juntar los bordes haciendo que coincidan los números que ha marcado. El 1 y el último número no coincidirán con nada. Cosa la costura dejando un margen de 12 mm para crear una forma tubular con la tela. Abra la costura con la plancha.

5 Corte a lo largo de la línea marcada, que ahora forma una espiral continua alrededor del tubo de tela. Doble hacia dentro los bordes de la tira de tela y plánchelos con cuidado para no estirar la tela mientras lo hace. Este proceso será más fácil si utiliza un aparato para hacer ribetes al bies.

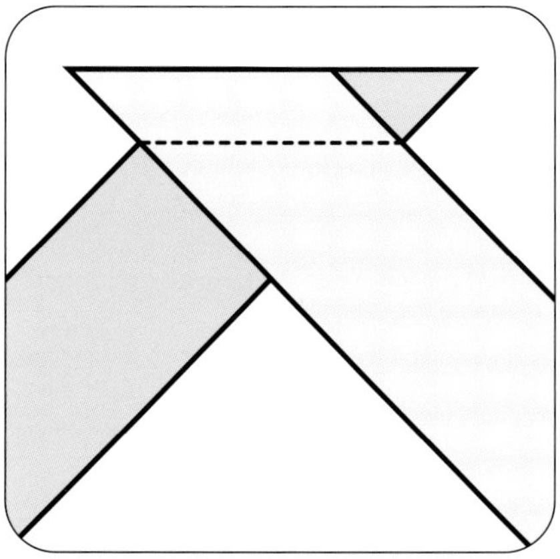

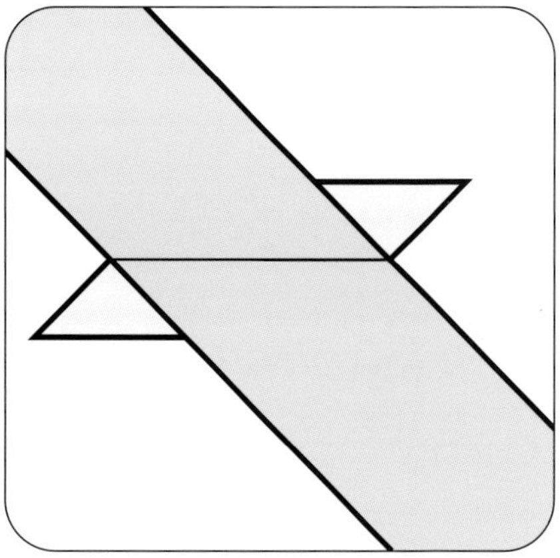

Ribetes

El ribete al bies es muy fácil de confeccionar, especialmente si emplea un aparato específico que dobla los bordes hacia dentro, listos para la plancha.

Cuando añada bordes, intente utilizar tela del mismo peso que la de la prenda; logrará mejores resultados.

1 ▲ Unir ribetes al bies
Si necesita unir dos ribetes al bies, hágalo antes de doblar los bordes. Una las tiras, derecho con derecho, y prenda alfileres (quedarán en ángulo recto). Cósalos dejando un margen de costura de 2,5 cm.

2 Abra la costura con la plancha. Recuerde que si el ribete tiene un diseño, debe tratar de que coincida en la línea de costura, no en los bordes cortados. Corte los trozos de tela que sobresalen y doble los bordes como se indicó en el paso 5 de la página anterior.

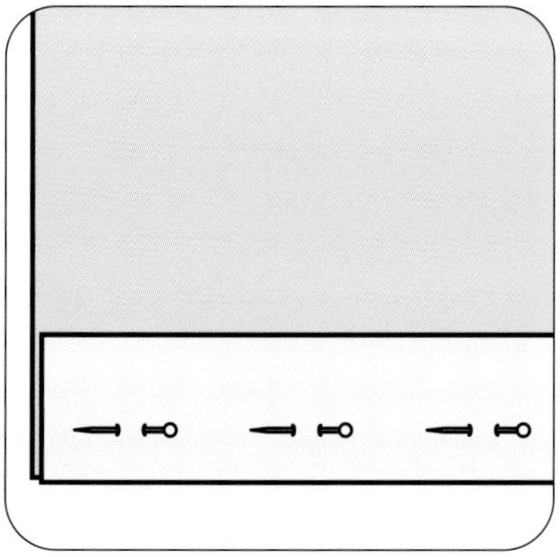

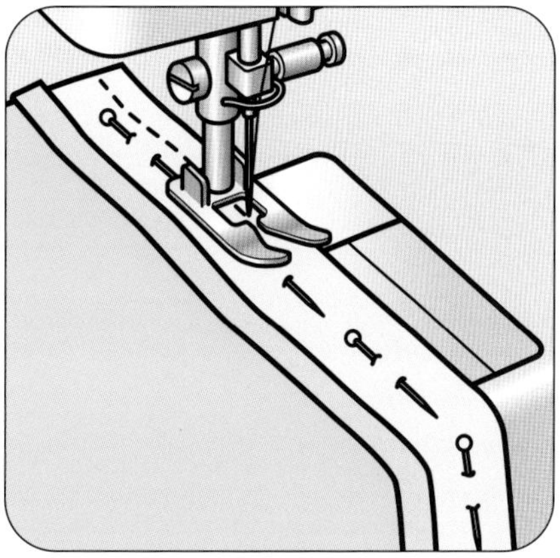

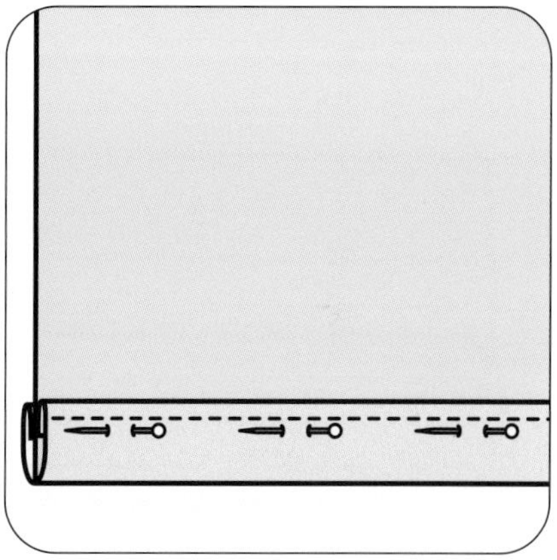

1 ▲ Ribete recto
Abra el doblez a lo largo de uno de los bordes del ribete y júntelo por el derecho al borde al que lo quiera unir haciendo que coincidan los cantos sin rematar. Prenda alfileres con cuidado para no dar de sí los bordes.

2 Dé puntadas rectas a lo largo de la línea de doblez del ribete; vaya retirando los alfileres a medida que cose.

3 Doble el ribete alrededor del borde sin rematar, hacia el revés. Si no quiere que se vea el ribete, doble por la línea de costura. Si desea que el ribete sea estrecho, doble por la línea central.

4 Dé puntadas a lo largo del borde doblado, por el revés; dé puntadas de dobladillo a mano si no quiere que se vean, o cosa con la máquina.

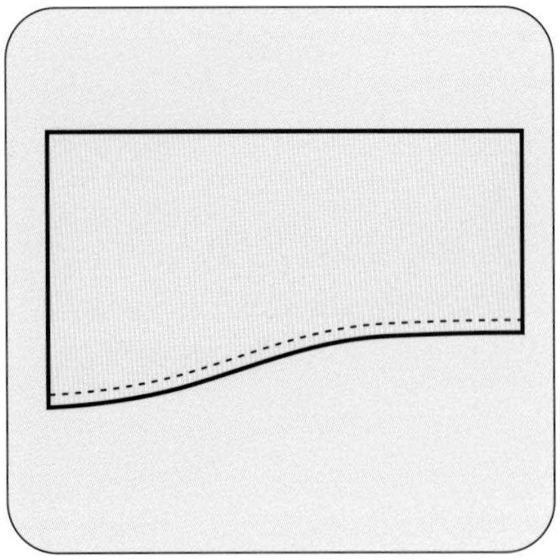

1 ▲ **Ribetes curvos**

Realice una plantilla de la curva que necesita en un papel grueso, y úsela para cortar tanto el borde de la pieza principal como el forro. Marque una banda a lo largo del borde inferior, de la anchura que va a tener el ribete, más 3 cm para el margen de la costura (12 mm en el borde superior y 18 mm en el inferior). Corte la banda que ha marcado en la plantilla.

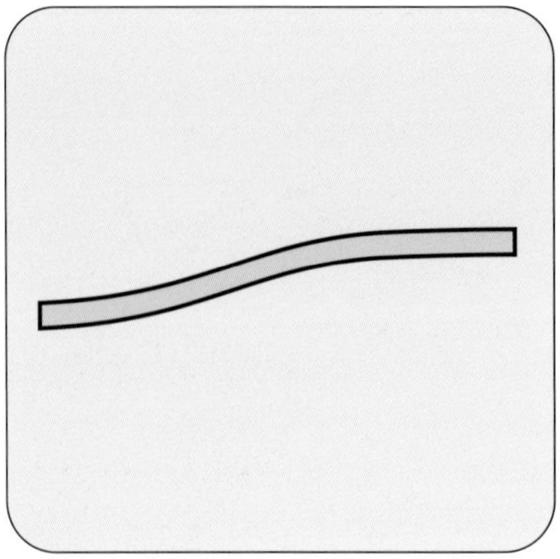

2 Use la banda para cortar el ribete curvo, preferiblemente en una sola pieza. Doble con la plancha hacia dentro los 12 mm del margen de la costura a lo largo del borde superior. Coloque el ribete sobre la pieza principal de tela alineándolo con los bordes inferiores sin rematar y prenda alfileres para sujetar las dos piezas. Pespuntee a lo largo del borde superior del ribete, justo por debajo del borde doblado.

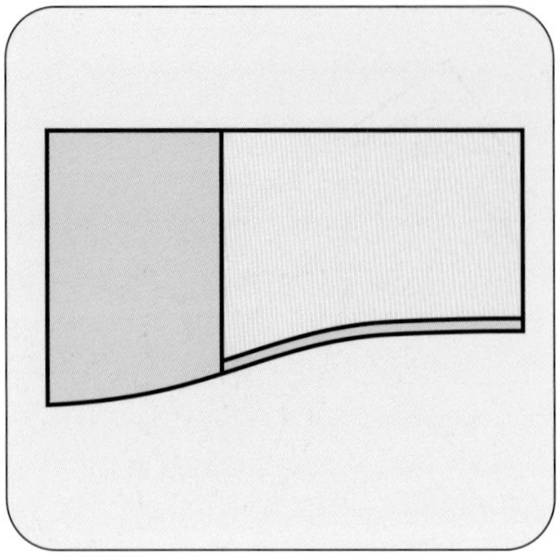

3 Repita el paso 2 para el forro. Junte entonces el forro y la tela principal, derecho con derecho, y cosa a lo largo del borde inferior sin rematar, dejando un margen de costura de 18 mm. Corte las curvas donde haga falta para que la tela quede lisa, y planche la costura hacia el forro para que no se vea en la tela principal.

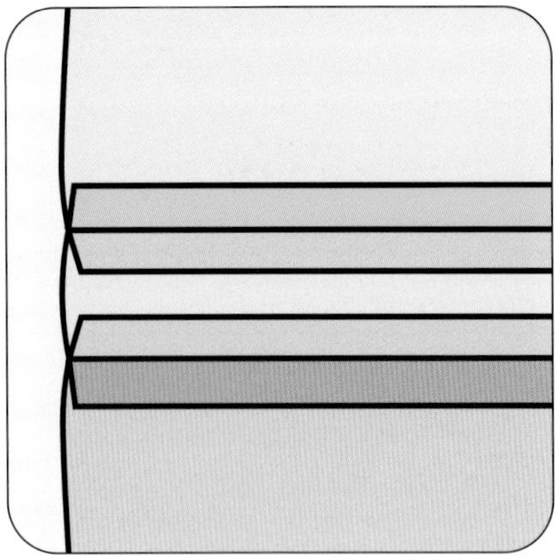

1 ▲ **Ribetes insertados**

Corte una banda de tela de la anchura que vaya a tener el ribete en la parte anterior, más 3 cm para la parte posterior y 3 cm para los márgenes de la costura. Junte por el derecho un borde del ribete al derecho de la tela principal, prenda alfileres y cosa dejando un margen de costura de 18 mm.

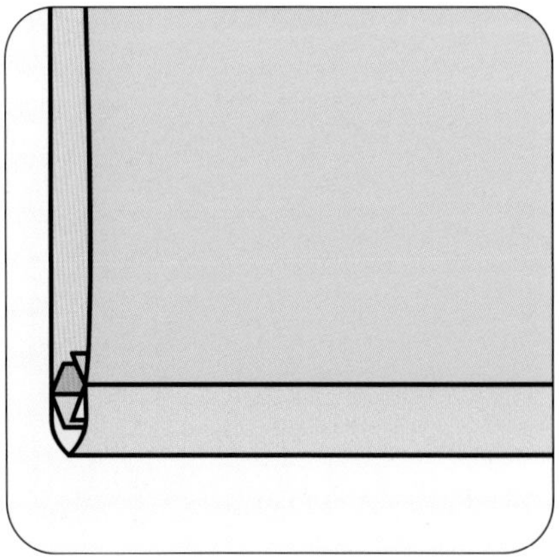

2 Junte por el derecho el otro borde del ribete al derecho de la tela del forro, prenda alfileres y cosa del mismo modo que en el paso anterior. Planche las dos costuras para que queden abiertas, después mida la anchura que necesita para el ribete y planche un doblez a lo largo de ese punto.

Bordes y ribetes para alargar

Los ribetes pueden usarse no sólo como ornamento, sino también para alargar algo que sea demasiado corto, como unas cortinas que hayan encogido o que vayan a trasladarse a una ventana más larga.

La técnica que se ha explicado anteriormente para el ribete curvo también puede usarse para añadir un ribete a cualquier borde que no tenga una línea recta perfecta.

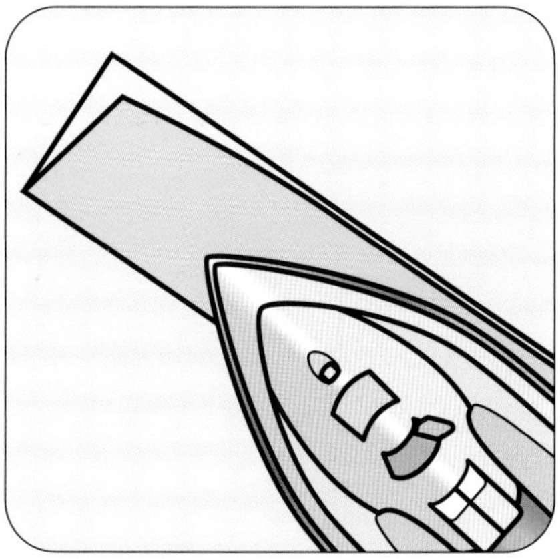

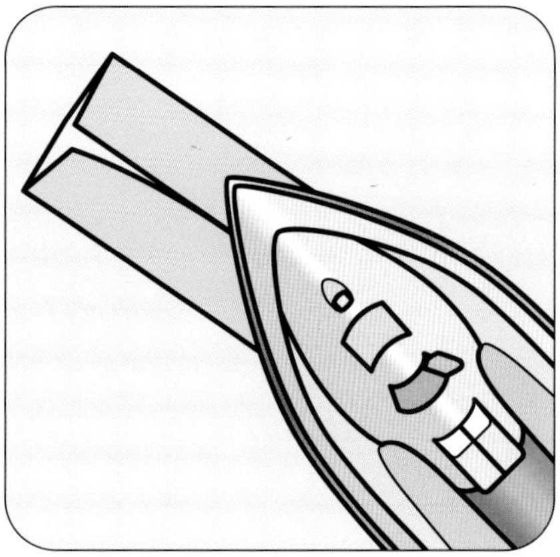

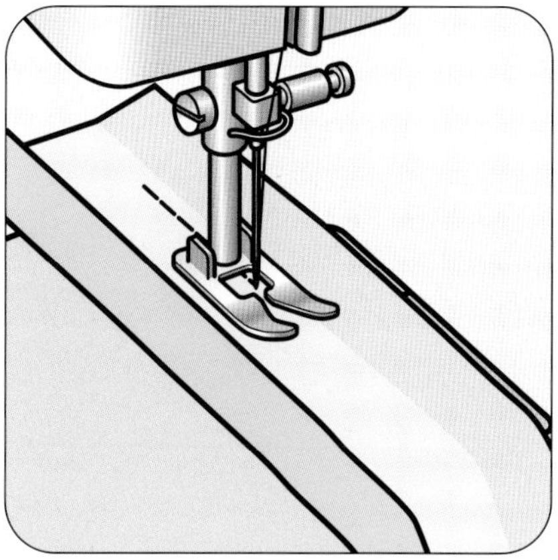

1 ▲ Ribetes a inglete

Prepare una tira de tela de una anchura tres veces superior a la del ribete al bies final, y lo suficientemente larga como para rodear el borde que desea cubrir. Planche la tira por la mitad longitudinalmente.

2 Abra la tira de nuevo y dóblela a lo largo, de modo que los dos bordes permanezcan en el centro. Plánchela así para que se asiente, pero tenga cuidado de no dar de sí la tela.

3 Prenda con alfileres la tira de tela a la prenda, derecho con derecho, y cosa a lo largo del doblez, dejando un margen de costura en la parte superior y la misma distancia en la inferior.

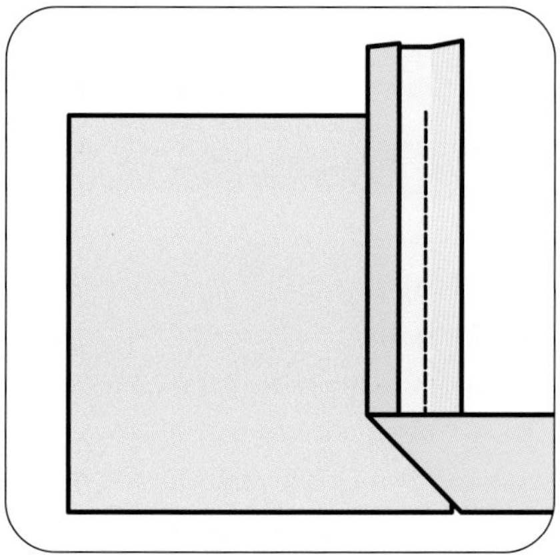

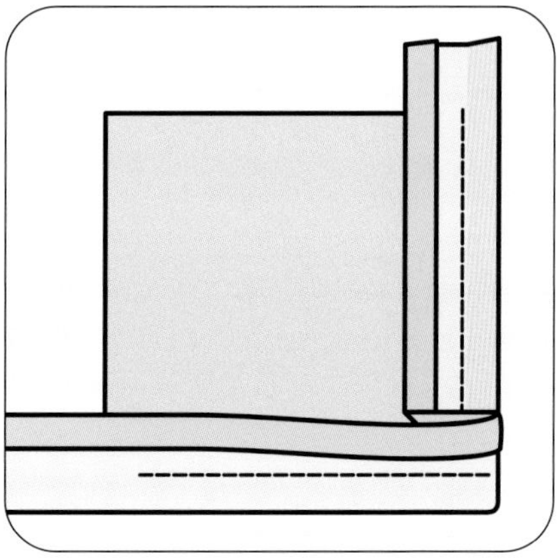

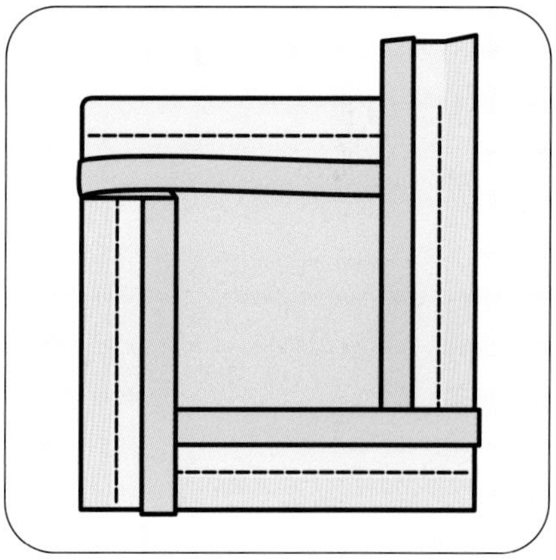

4 Corte los hilos y retire la prenda de la máquina. Doble la tira de tela hacia la derecha en la parte inferior para hacer un doblez en diagonal en la esquina.

5 Doble ahora la tira hacia la izquierda, de modo que la línea de doblez coincida con el borde del lado en el que acaba de hacer la línea de puntadas; alinee los bordes sin rematar en la parte inferior. Prenda alfileres y cosa como en el paso 3.

6 Repita el paso 5 en los otros dos lados. Doble la última parte de la tira en la última esquina como en el paso 4 e introduzca el extremo debajo de la primera tira. Cosa hasta el margen de la costura.

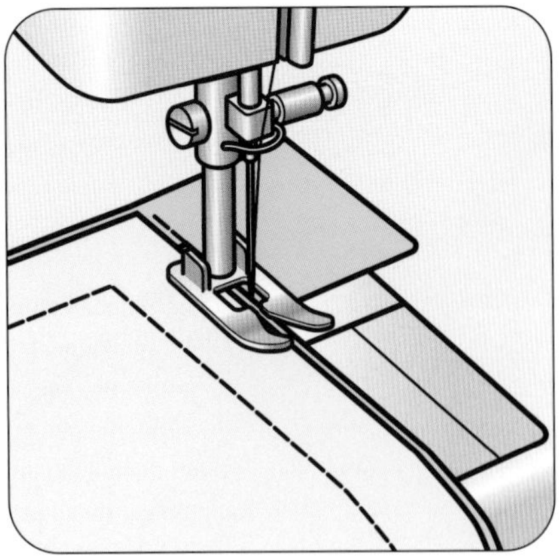

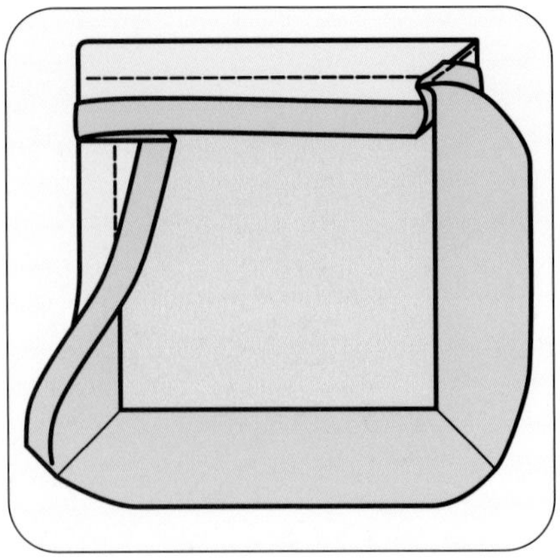

7 Dé la vuelta a la labor y cosa por el primer y el último tramo de la tira, cerca del borde de la prenda. Corte el exceso de tela muy cerca de la línea de costura que acaba de hacer.

8 Dé la vuelta a la labor y doble el ribete hacia el revés, encerrando los bordes sin rematar. En cada esquina le quedará una unión en inglete.

Dobles

Para que la orla parezca más sólida, utilice doble espesor en la tela, con el doblez en el borde inferior. Las orlas dobles también pueden hacerse con ribetes que contrasten, cortando una tira de la anchura de la orla y otra tira de 18 mm de anchura que contraste. Únalas por el derecho, alinee los cantos sin rematar y cósalas juntas al borde largo. Planche por el derecho con la tela principal centrada entre las tiras estrechas que contrasten. Haga la orla del modo habitual.

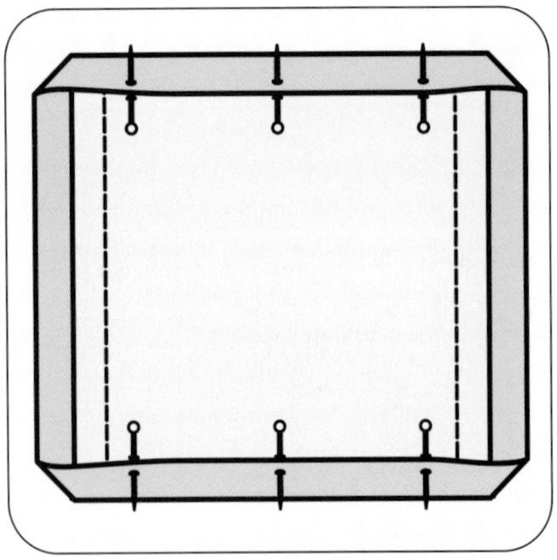

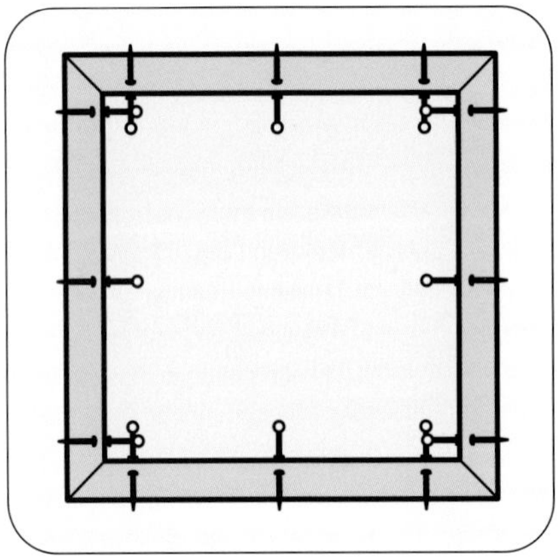

9 Vuelva a poner la labor del revés y doble hacia arriba los bordes superior e inferior, de modo que el doblez de cada uno de ellos coincida con la línea de costura. Prenda alfileres.

10 Doble los bordes de los laterales, de modo que los dobleces coincidan con la línea de costura. En las esquinas, doble el exceso de tela en inglete. Sujete con alfileres y cosa con punto enano alrededor y a lo largo de los ingletes.

Ribetes y cordoncillos

Se puede decorar un borde insertando una tira de tela doblada en una costura. Dentro de la tira puede ir un cordoncillo, que le conferirá un aspecto más redondeado. Los cordoncillos están disponibles en distintos grosores, y este tipo de adorno puede confeccionarse con telas y colores a juego o que contrasten.

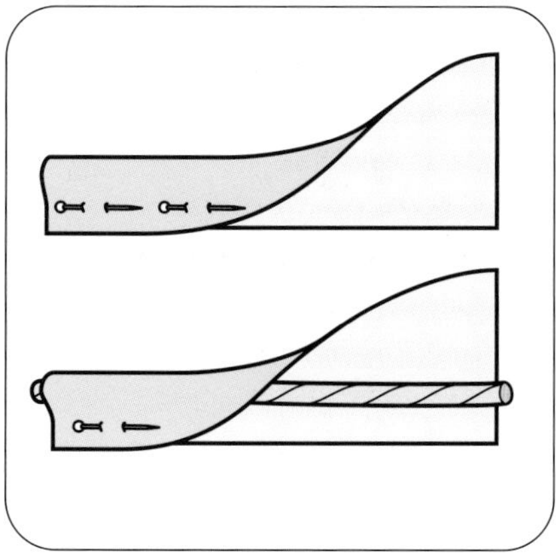

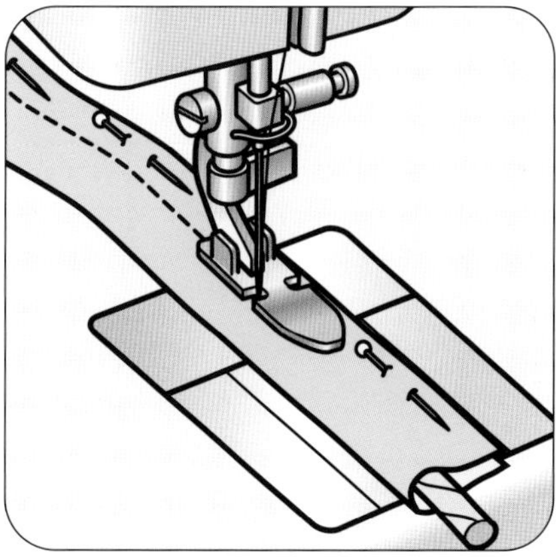

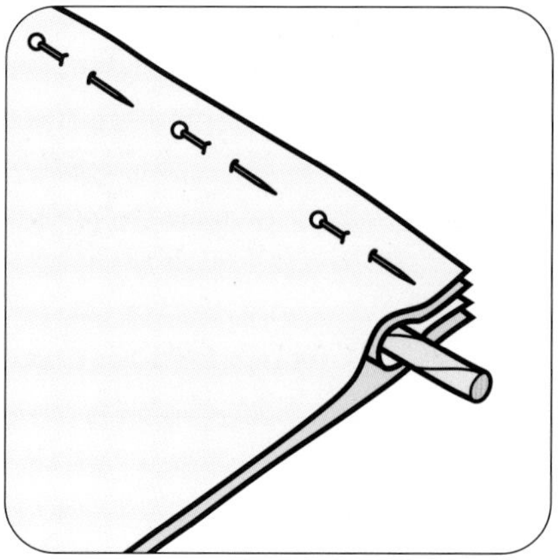

1 ▲ Ribetes y cordoncillos
Prepare una tira el doble de ancha que el ribete que necesita, más 3 cm para los márgenes de la costura. Si quiere introducir un cordoncillo, debe ser el triple de ancho que el cordón, más los márgenes de la costura.

2 Doble la tira por la mitad juntándola por el revés y alineando los bordes sin rematar. Si utiliza el ribete con cordón, introdúzcalo en la tira doblada y cosa a lo largo, lo más cerca posible del cordón.

3 Junte por el derecho las telas que va a unir con la costura con ribete; para ello, colóquelo entre ellas y alinee todos los bordes sin rematar. Sujete con alfileres o hilvane.

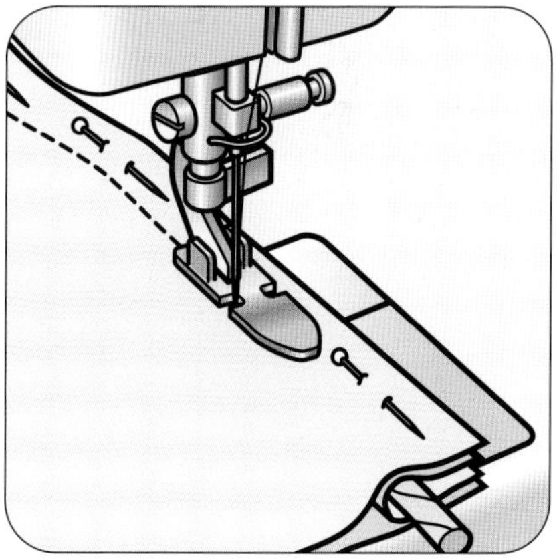

4 Utilice un prensatelas para cremalleras en la máquina de coser si el ribete lleva cordón. Si no es así, puede usar un prensatelas normal. Cosa a lo largo de la línea de costura con cuidado de no coser el cordón.

Ribetes a bordo

Los ribetes confieren un acabado suave y redondeado; con cordoncillo es más firme y el aspecto más escultural.

Para obtener con rapidez un efecto de cordoncillo, o para añadir cordoncillo a una prenda acabada, adquiera una pieza de cordoncillo decorativo y cósala alrededor de la costura.

Los ribetes no tienen por qué insertarse en un borde con costura: pueden lograrse interesantes efectos tridimensionales si se cosen sobre una tela.

Este acabado no es sólo para ropa de hogar: también puede emplearse para definir los bordes en la confección de prendas de vestir.

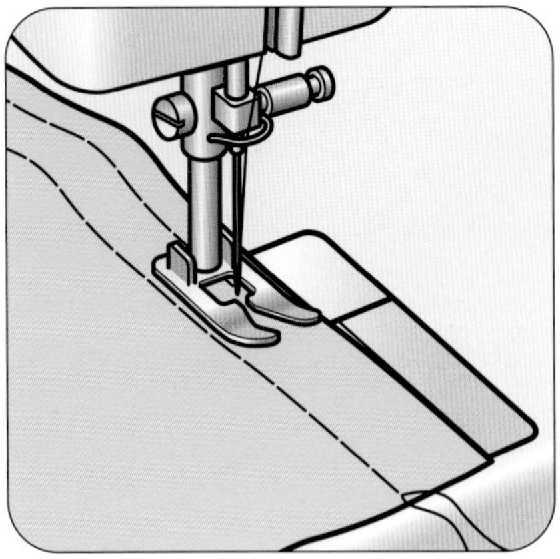

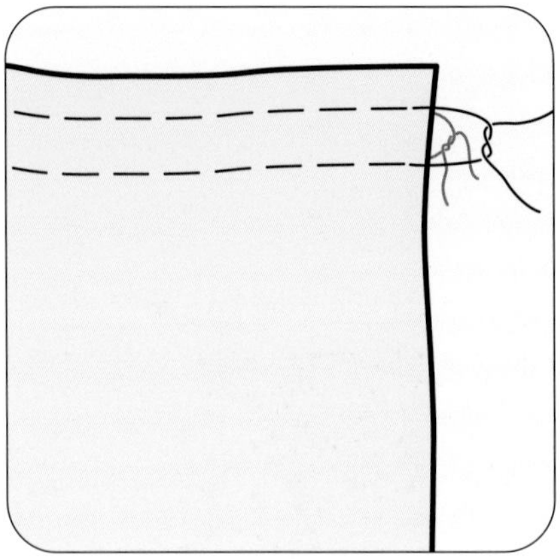

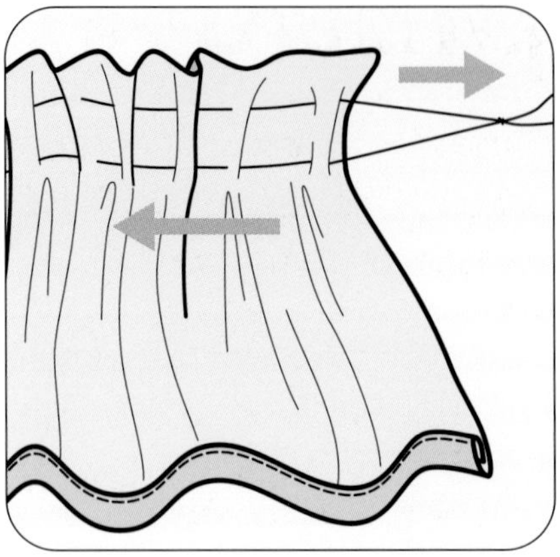

1 ▲ **Volantes y fruncidos**

Corte una tira de tela de la anchura del volante, más 3 cm para los márgenes de la costura. Cosa dos líneas de puntadas de fruncido (*véase* pág. 44) a lo largo del borde superior, una en la línea de costura, y la otra en el margen de la misma.

2 Con la tela por el derecho, tome los dos hilos del final de las líneas de puntadas y átelos. Haga lo mismo por el revés con los dos hilos del final. Doble dos veces el borde todavía sin rematar y sin fruncir, y pespuntee o dé puntadas de dobladillo.

3 Mientras sujeta con una mano los hilos de la canilla, tire de la tela hacia el lado contrario para crear los frunces. Cuando consiga la longitud que necesite, ajuste los frunces uniformemente, y después ate los hilos en cada extremo para que no resbale la tela.

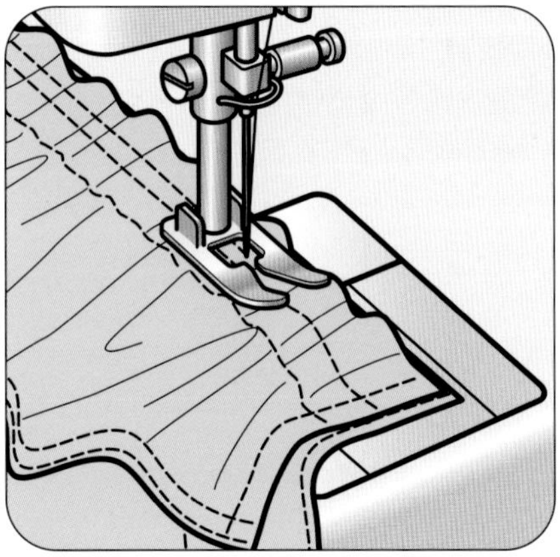

4 Junte, derecho con derecho, el borde fruncido al de la pieza de tela que vaya a adornar haciéndolos coincidir. Cosa con puntadas rectas entre las dos líneas de puntadas de fruncido, de modo que los frunces queden uniformes. Retire los hilos que queden por el derecho de la tela.

planchar

Planchar es esencial para obtener costuras con una buena presentación y un acabado profesional. Debe usar sólo el extremo de la plancha y presionar con bastante suavidad. No planche zonas abultadas, como cremalleras o bolsillos.

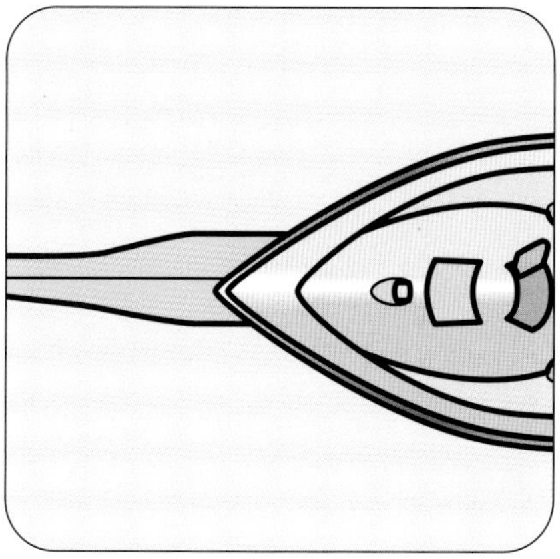

▲ Costuras abiertas

Retire todos los alfileres e hilvanes, y planche por el revés mientras abre la costura con el extremo de la plancha.

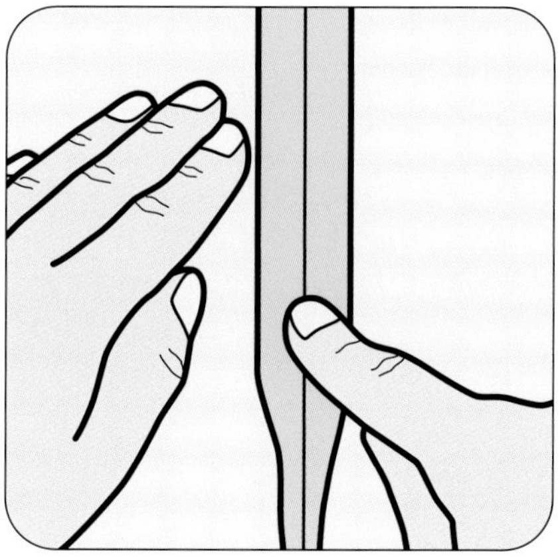

▲ Presionar con los dedos

Coloque la prenda del revés sobre una superficie sólida y pase un dedo a lo largo de la costura para abrirla. Esta técnica no resulta útil en las telas que cedan o se deshilachen fácilmente.

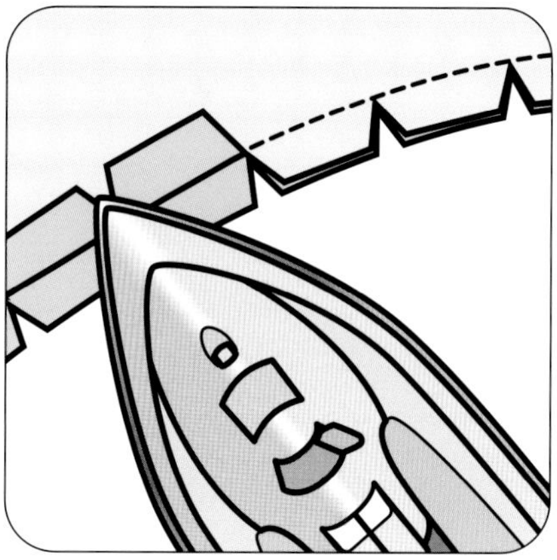

▲ Costuras con cortes

Coloque la prenda del revés sobre la tabla de planchar y use el extremo de la plancha para planchar hacia atrás el margen de la costura de la capa superior.

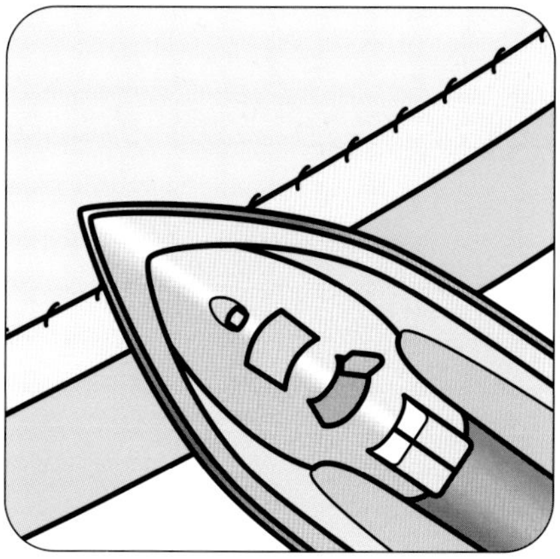

▲ Dobladillos

Planche los dobladillos por el revés desde el doblez hacia la puntada; así evitará que el borde se vea por el derecho.

Tabla de planchado

Temperatura	Tela
Baja	Acetato, superficies brillantes
Baja a moderada	Mezclas, nailon, pelo/lanilla, poliéster, rayón, seda
Moderada	Acrílico, mezclas, lana
Moderada a alta	Algodón
Alta	Lino

corte y confección

La mayoría de las prendas se confeccionan con componentes estándar; por ello, si aprende a realizarlos, podrá hacer casi cualquier cosa. En este capítulo empezamos por lo más básico: entender un patrón, cortar y crear pinzas y vistas. Contiene también una breve sección sobre los tipos de telas apropiados para confeccionar ropa.

telas para ropa

Independientemente de la prenda que vaya a confeccionar, siempre necesitará algún tipo de tela. Hoy existe gran variedad de tipos de fibras, tejidos, diseños y colores que pueden desconcertar. El color y el diseño son elecciones personales, pero ciertos tipos de telas son más apropiados para algunos usos que otros.

Lino y algodón

El lino y el algodón son tejidos naturales. El lino está confeccionado con fibra de celulosa proveniente de la planta del mismo nombre; su color natural es blanco hueso o marrón claro, y, debido a su contenido en cera, tiene un lustre natural. El algodón es un hilo vegetal natural que procede del material blando y fibroso de color blanco que se encuentra alrededor de las semillas de la planta del algodón tanto tropical como subtropical. El algodón es casi celulosa pura, y en su forma pura es de color crema claro u oscuro, aunque también puede ser marrón o verde. El algodón se clasifica a menudo por su región de origen geográfico; de ahí que se hable de algodón egipcio o indio, etc. El algodón y el lino se pueden lavar fácilmente.

▲ Lino
El lino puede tejerse en distintos pesos: desde muy ligero, apropiado para pañuelos o pañoletas, a más pesado, para telas de traje. El lino puro es fresco y cómodo, pero se arruga con mucha facilidad. Su característico aspecto arrugado ha estado muchas veces de moda, pero también puede mezclarse con otras fibras para reducir la tendencia a arrugarse.

▲ Rayas tejidas de algodón/lino
Las mezclas de algodón y lino son muy comunes. Las rayas siempre están de moda, y las tejidas se encuentran en combinaciones y anchuras distintas. La sirsaca tiene líneas de hilos agrupados que crean rayas alternas de acabados arrugados y lisos. Las rayas de la sirsaca siempre son longitudinales en la dirección de la urdimbre y, a menudo, son azules y blancas: las rayas de acabado arrugado son de color, y las de acabado liso, blancas. La sirsaca se emplea a menudo en blusas de señora, camisas sport y ropa de niños.

▲ Algodón estampado
La tela de algodón se estampa a menudo con un diseño global y la variedad es inmensa. Los estampados florales pequeños sobre un fondo que contraste son muy populares y se usan habitualmente en los vestidos, delantales y colchas. El algodón estampado puede confeccionarse con hilo mercerizado, que se somete a procesos de acabado para que resulte más fuerte y lustroso; también absorbe mejor los tintes para conseguir colores más brillantes e intensos. La tela satinada de algodón tiene un acabado lustroso y brillante.

Tejidos de lana

La lana es un tejido que se obtiene a partir del vellón de oveja o de cordero (la de cordero es más suave y fina). Sin embargo, el término se aplica a menudo a las fibras del pelo de otros animales, como el camello, la alpaca, la llama y la vicuña. Algunos tipos de lana pueden lavarse de la forma habitual, pero la mayoría deben lavarse en seco: consulte siempre las etiquetas de las prendas.

▲ Tela vaquera

Se trata de una tela cruzada de algodón, dura y resistente, muy popular en tono añil, pero también comercializada en otros colores. La tela vaquera se usa principalmente en la ropa sport, sobre todo, en pantalones. Encoge bastante la primera vez que se lava, pero la mayor parte de la ropa comercializada viene prelavada de fábrica. Las prendas vaqueras elásticas llevan Lycra.®

▲ *Tweed*

Tweed es un término que se ha aplicado en sentido amplio a una gama de telas fuertes de lana gruesa, habitualmente con efectos de color creados por lanas teñidas en rama. Los tejidos más populares de *tweed* son el liso, el cruzado y variaciones del cruzado, como el de espiga.

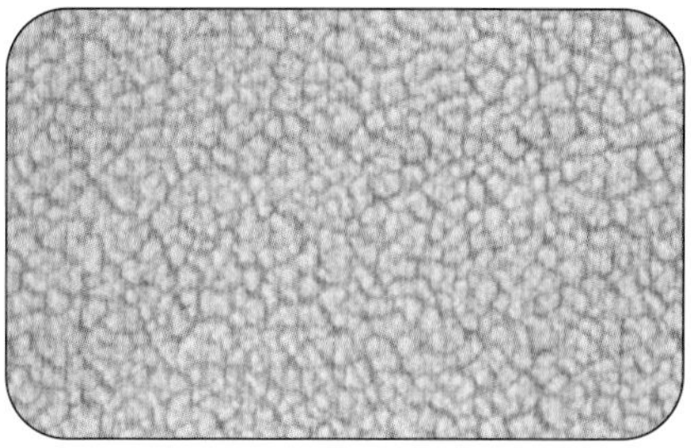

▲ Borreguillo

Tejido principalmente de lana tejida y después cepillada para compactarla, atrapar el aire y levantar las fibras. La superficie se afeita después para conferir un acabado suave y uniforme. El borreguillo es blando, fácil de coser, no se deshilacha y es hidrófugo. Aunque abriga, es ligero, e ideal para prendas exteriores.

Lavar y poner

Consulte siempre las instrucciones de lavado de la tela cuando la compre.

Elija un hilo cuya composición coincida con la de la tela que va a usar.

▲ Tela de gabardina

Tela cruzada, tejida firmemente, lisa y resistente; puede tener un acabado brillante o mate. Se encuentra en distintos pesos y generalmente resiste muy bien el roce, aunque tiende a desarrollar brillos en la superficie con el uso. La tela de gabardina es muy popular en los trajes confeccionados a medida, y también se emplea en abrigos, gabardinas y uniformes. Esta tela se hace también en rayón, algodón o distintas mezclas.

▲ Tejido de punto llano o jersey

Tejido liso y ligeramente elástico que se usa fundamentalmente para camisas y vestidos. Es ideal para diseños ajustados, porque, a pesar de tener forma, se adapta perfectamente. Se puede confeccionar en algodón, lana o seda.

Sedas y telas finas

La seda es una fibra natural producida por los gusanos de seda al construir sus capullos. La mayor parte de la seda proviene de la cría de gusanos en Asia, principalmente en China. La seda es una de las telas más finas; es suave, tiene un acabado brillante y es extremadamente fuerte y absorbente. El gusano de seda es originario de China, y, durante aproximadamente treinta siglos, la recolección y la confección de seda fue un procedimiento secreto que sólo conocían los chinos. Algunas sedas pueden lavarse a mano, pero la mayor parte deben lavarse en seco.

▲ Seda salvaje

Se confecciona con el hilo del capullo de dos gusanos de seda que se han metamorfoseado juntos. No se separa el doble hilo, por lo que la hebra es desigual e irregular, con un largo diámetro en algunos puntos. La tela es de un solo color, muy irregular y con muchas protuberancias. Como su interés reside en la textura, esta tela se encuentra normalmente sólo en colores naturales.

▲ Gasas de seda

Hay sedas muy ligeras y casi transparentes. La organza tiene frecuentemente un brillo plateado y se arruga rápidamente, aunque es fácil de planchar. Se emplea en trajes de noche o pañuelos y para forrar prendas que necesiten cuerpo sin añadir peso. La seda de *chiffon* es extremadamente ligera, fina y muy transparente; se usa habitualmente en pañuelos y trajes de noche.

▲ Satén

Tela cruzada de superficie lustrosa por un lado, en el que los hilos de la trama están casi ocultos, y mate por el otro. El satén se confecciona en muchos colores, pesos, calidades y grados de rigidez; en algunas prendas económicas se encuentra a menudo forro de seda o algodón de baja calidad. Se usa principalmente en lencería y trajes de noche.

▲ Seda fina estampada a mano

La seda absorbe muy bien los tintes y puede estamparse a mano o incluso pintarse para obtener efectos inusuales y originales diseños. Para estas técnicas, lo mejor es utilizar seda tejida finamente y con una superficie muy lisa, pues en el caso de las sedas más ásperas, su interés reside precisamente en la textura.

La ruta de la seda

Para evitar costuras fruncidas cuando cosa seda, coloque una capa de papel de seda encima y debajo de la costura antes de coser. Dé las puntadas a través del papel y retírelo después.

Utilice alfileres afilados cuando trabaje con telas finas y préndalos en el margen de la costura.

La seda es extremadamente fuerte, pero si se expone repetidamente al sol, la fibra se debilita. Evite usarla en cortinas o en prendas de hogar expuestas al sol.

Telas de fantasía

En el mercado existen cientos de telas inusuales que ofrecen efectos muy diferentes. Algunas son difíciles de coser y pueden requerir un manejo especial. Muchas necesitan también técnicas específicas cuando se limpian, así que no deje de consultar los consejos de lavado y cuidado cuando las compre. Sin embargo, como estas telas inusuales se emplean la mayoría de las veces en prendas que se lucen en ocasiones especiales, y no tanto para uso diario, las necesidades extraordinarias de lavado y cuidado no constituirán un gran problema.

▲ Lurex®

Es el nombre de la marca registrada que hace referencia a una gama de hilos metálicos de alta calidad y a las telas que se han tejido con ellos. Los tejidos de Lurex® pueden tener una tela de refuerzo o tejerse sin ella. Se deshilacha con mucha facilidad y puede resultar difícil de coser.

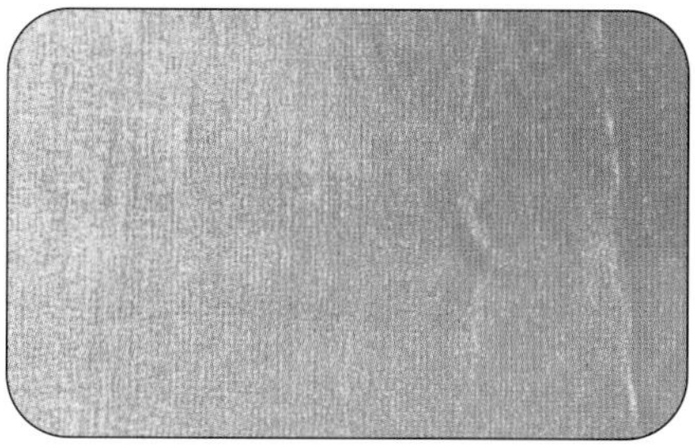

▲ Lamé

Tela tipo brocado tejida con hilos metálicos, habitualmente de plata u oro. El lamé se usa a menudo en trajes de noche y en vestuario para el teatro o la danza. Se encuentran muchas variedades de lamé en función de la fibra de los hilos empleados.

▲ Telas con lentejuelas

Se trata de telas con lentejuelas cosidas a intervalos regulares, normalmente en una tela transparente. No son ideales para prendas que requieran mucha costura estructural, como pinzas o pliegues. Tenga cuidado de no atravesar las lentejuelas cuando cosa este tipo de telas.

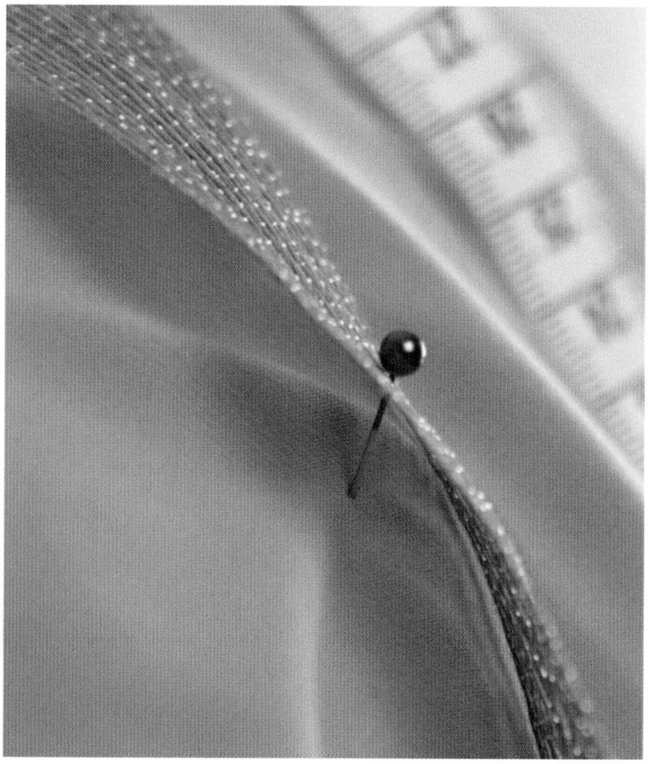

▲ Telas de piel

Telas de «pelo» largo artificial que pueden teñirse para imitar el pelaje de un animal. La tela de piel de fantasía es similar, pero se confecciona en colores brillantes y es más evidente que es artificial. La piel de imitación se hace normalmente con acrílico, aunque también pueden usarse otras fibras. Se suele utilizar para ropa de cama o cubresofás, para prendas de vestir exteriores o como forro o adorno de abrigos y sombreros.

patrones

Desde 1863 han existido patrones de papel en una selección de tallas fijas. Anteriormente, la ropa se hacía a medida, o bien existían patrones de guía básicos, disponibles en una talla, y que podían reducirse o ampliarse hasta conseguir la talla requerida. Quienes tengan mucha experiencia pueden hacer ropa sin necesidad de usar patrones –y para formas simples pueden no ser necesarios–, pero para la gran mayoría, es útil tener una guía, así como instrucciones sobre el orden que debe seguirse.

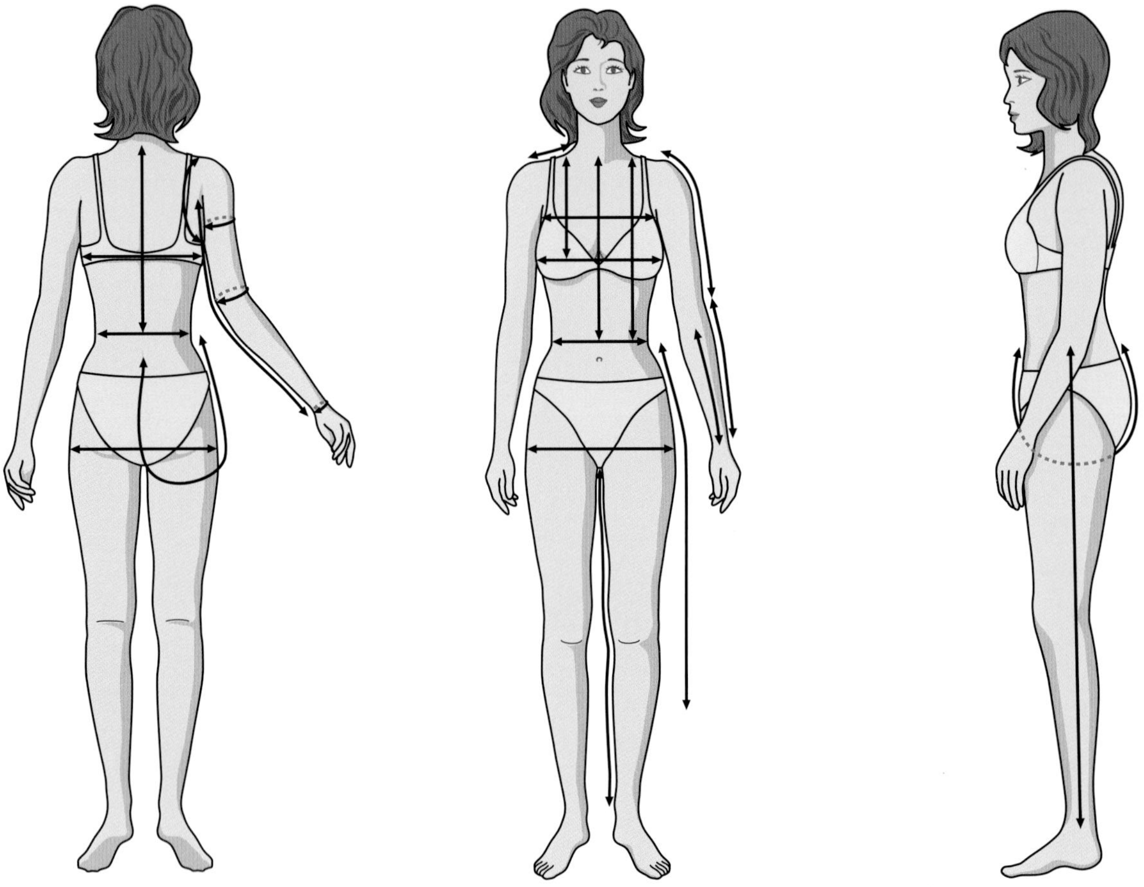

Medidas corporales

¡Tómese sus propias medidas! Puede ser útil disponer de la ayuda de otra persona para algunas de ellas si quiere asegurarse de que sean precisas. Tome las medidas con ropa interior ajustada que no apriete ni constriña demasiado. Apunte sus medidas en un cuadro; le ahorrará tiempo para futuras labores. Necesitará las siguientes medidas para cubrir todas las opciones:

Contorno del pecho: bajo los brazos y cruzando la espalda con la cinta métrica.

Contorno del busto: alrededor de la parte más ancha del pecho y cruzando la espalda.

Contorno de la cintura: mídala siguiendo la línea natural de la cintura, que coincide con la parte más estrecha del torso. Para encontrarla fácilmente cuando tome otras medidas, sujete con alfileres un trozo de cinta o elástico de 6 mm alrededor de la cintura sin que quede muy apretado.

Contorno de la cadera: mida alrededor de la parte más ancha de los muslos/glúteos.

Longitud de los hombros: desde el cuello al extremo del hombro. Encuentre el extremo del hombro levantando el brazo en horizontal y buscando el hueco entre los huesos del hombro y los del brazo.

Del hombro a la línea del busto: desde la juntura del hombro al extremo del busto.

Del cuello a la línea de la cintura: mida desde la base del cuello, en el centro de su parte frontal, hasta la parte inferior de la cinta que marca la cintura.

Del hombro a la línea de la cintura: mida de la juntura del hombro a la parte inferior de la cinta que marca la cintura.

Del hombro al codo: mida, con el brazo ligeramente doblado, del extremo del hombro al lugar donde se dobla el brazo.

Del codo a la muñeca: mida, con el brazo ligeramente doblado, del lugar donde se dobla el brazo al hueso de la muñeca.

Largo de falda/vestido: mida desde la parte inferior de la cinta que marca la cintura hasta el largo que desee.

Parte interna de la pierna: desde la ingle hasta el tobillo.

Longitud de la espalda: póngase una corbata delgada o rodéese el cuello con un cordón. Mida desde el lugar que marca la corbata en el cuello hasta el borde inferior de la cinta que marca la cintura.

Bíceps: mida el mayor contorno de la parte superior del brazo, justo por encima del codo.

Parte interna del brazo: desde la axila hasta el hueso de la muñeca.

Contorno de la muñeca: alrededor del hueso de la muñeca.

Entrepierna: mida desde la parte superior de la cinta que marca la cintura, por delante, y, a través de las piernas, hasta la parte superior de la cinta que marca la cintura, por detrás.

Comprensión de los patrones

Las empresas que confeccionan patrones publican nuevas colecciones regularmente, y se encuentran patrones para distintas proporciones corporales y tallas estándar. En la página 72 encontrará más información sobre cómo seleccionar el patrón que más le convenga. En las páginas 74 a 77 se explica cómo alterar algunas partes de los patrones para que se ajusten mejor. Recuerde que las modificaciones deben hacerse antes de pasar el patrón a la tela.

Las tallas

Si un patrón es multitalla, tendrá marcadas distintas líneas de corte. Identifique cuál necesita seguir en todas las piezas y destáquela con un rotulador para no equivocarse.

Prepare y corte los patrones en una superficie plana y grande, como una mesa de comedor, o incluso sobre el suelo.

Si la tela o las piezas del patrón estuvieran muy arrugadas, plánchelas en frío antes de empezar para que sea más fácil unirlas.

Preparar los patrones

Seguramente, el patrón vendrá con instrucciones sobre los modos de cortar para distintas anchuras de tela, y a veces también para diferentes tallas. Cuando coloque el patrón sobre la tela, recuerde que algunas piezas tendrán que colocarse con la parte impresa hacia arriba y otras con la parte impresa hacia abajo. Esto se indica con distintos sombreados en las formas de los patrones o del trazado. No supondrá ninguna diferencia en las piezas de tela finales, porque generalmente cortará una doble capa de tela, es decir, que estará cortando a la vez dos piezas. Algunas piezas deben colocarse con un lado sobre el borde doblado de la tela para cortar la mitad de la forma, que se verá completa al desdoblarse la tela. El lado que debe ponerse sobre la tela doblada vendrá señalado en el patrón: ¡no debe cortarse por el doblez de la tela! Algunas piezas del patrón tendrán que colocarse sobre una sola capa de tela; esto también se indicará en el patrón.

Símbolos de los patrones

Sentido del hilo: colocar sobre la tela en el sentido del hilo, paralelo al borde.

Línea de doblez: colocar sobre la doblez de la tela.

Línea central: marca del centro del delantero o la espalda de una prenda.

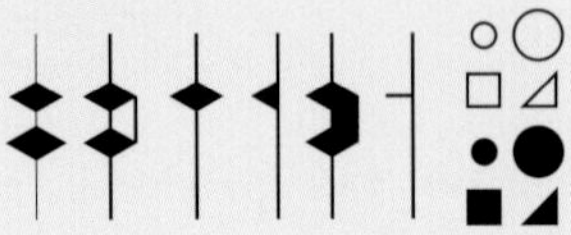

Muescas y puntos: marcas de posición de puntos clave de coincidencia de distintas piezas del patrón.

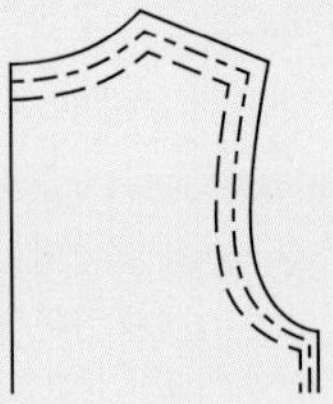

Línea de corte: indica dónde cortar y es normalmente una línea continua. Puede haber diferentes tipos de líneas si el patrón es para distintas tallas.

Línea de ajuste: dobles líneas que indican dónde se puede ampliar o reducir una prenda.

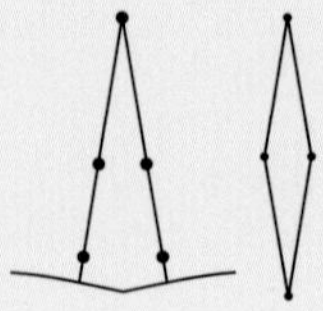

Línea de pinza: líneas en forma de triángulo o de rombo que indican líneas de pliegue que deben unirse para dar forma a una prenda.

Colocar las piezas del patrón sobre telas estampadas

Con algunas telas estampadas se tendrá que tener cuidado al colocar los patrones para que coincidan los diseños en las distintas piezas, o para que queden bien en la prenda terminada. Para hacer coincidir diseños en las costuras, doble una pieza a lo largo de la línea de costura, alinee la tela doblada con la otra línea de costura haciendo que coincidan los motivos e hilvane la costura antes de coser para que no resbale la tela.

Hacer coincidir diseños en las distintas piezas

Si trabaja con diseños grandes y los motivos no coinciden en las distintas piezas, será muy evidente. Los símbolos del patrón en forma de puntos o muescas indican los lugares donde las piezas coinciden, así que también puede usarlos para alinear los motivos. Alinee una de estas marcas con una sección del motivo fácil de reconocer y después haga coincidir la marca de la pieza correspondiente con la misma parte del motivo. Recuerde que debe coincidir con la línea de costura, NO con la línea de corte.

4
SHIRT FRONT

Telas estampadas

▲ Estampados florales

Muchos estampados florales son diseños de una sola dirección, lo que significa que es evidente cuál es la parte superior y cuál la inferior. Las piezas del patrón deben colocarse de modo que el diseño vaya siempre en la misma dirección. Asegúrese de que los motivos grandes vayan por encima de la línea del pecho en lugar de sobre ella, a aproximadamente la misma altura por delante que por detrás, y al mismo nivel en las mangas. También deberían coincidir en las costuras. Evite las prendas que tengan muchas costuras en el cuerpo y la falda: las formas simples son las mejores.

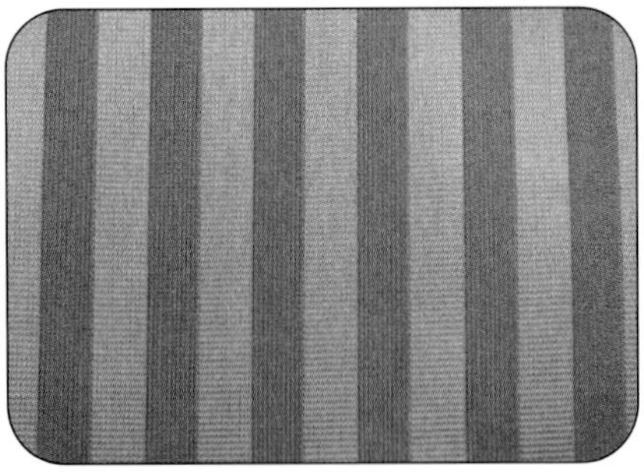

▲ Rayas regulares

Se repiten simétricamente en anchura y color; si dobla la tela longitudinalmente, las rayas de cada mitad coincidirán. Alinee las rayas a ambos lados de las costuras y coloque sobre la misma raya las señales del patrón que marcan las coincidencias. Si va a cortar al bies, use una prenda con una costura central o aberturas en el delantero y la espalda, para que las rayas coincidan.

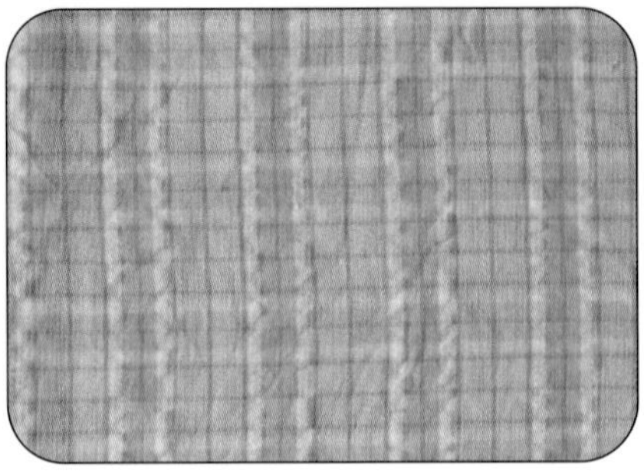

▲ Cuadros regulares

Hay telas donde los cuadros se repiten de forma idéntica en las direcciones longitudinal y transversal, lo que permite hacer coincidir las líneas exactamente si la tela se dobla en diagonal. En la parte central del delantero y de la espalda de la prenda debería ir la línea del diseño más marcada longitudinalmente. Las líneas transversales deberían estar al mismo nivel en el cuerpo y las mangas.

▲ Rayas irregulares

Si la tela tiene rayas irregulares, un grupo de varias rayas se irá repitiendo por toda la tela, pero las dos mitades del grupo no serán simétricas. Aunque doble la tela longitudinalmente, nunca podrá hacer coincidir las rayas de las dos mitades. Como en el caso del diseño en una sola dirección, asegúrese de que todas piezas de los patrones discurran en la misma dirección antes de colocarlas para cortar.

▲ Cuadros irregulares

Cuando los cuadros son irregulares, las franjas no se repiten simétricamente. El diseño puede ser asimétrico longitudinalmente, transversalmente o en las dos direcciones. Si la asimetría sólo se produce transversalmente, doble la tela longitudinalmente, con los bordes juntos y las franjas longitudinales que coincidan con precisión, antes de colocar las piezas del patrón. En la parte central del delantero y la espalda debería coincidir el centro de un cuadro o de una franja longitudinal marcada, y el diseño debería discurrir en la misma dirección en todas las piezas del patrón. Si sólo se produce asimetría longitudinalmente, elija una prenda con una costura central o aberturas en el delantero y la espalda; de otro modo, no será capaz de hacer coincidir el diseño en los dos lados de las costuras. Si las franjas son irregulares en las dos direcciones, sólo podrá hacer coincidir todas las franjas si la tela no tiene derecho ni revés y el patrón posee una línea de costura central o una abertura. Coloque todas las piezas del patrón sobre una sola capa de tela y córtelas. Después déles la vuelta y vuelva a cortar asegurándose de que todas las franjas coincidan en los mismos lugares.

Telas con pelo o lanilla

Al colocar piezas de patrón sobre este tipo de tela, todas deberán apuntar a la misma dirección. Para encontrarla, ponga la tela sobre una superficie plana y pase la mano: la superficie será suave en la dirección del pelo o el rizo.

Prender alfileres y cortar

Manipule los patrones con cuidado, pues se realizan en papel muy delgado que puede romperse fácilmente. Si lo rasga, sujételo con cinta adhesiva transparente para que pueda seguir viendo las marcas.

Si va a usar el mismo patrón varias veces, una buena idea sería pasarlo o copiarlo a un papel ligeramente más fuerte o realizarlo en tela (*véase* pág. 81).

Uso del patrón

1 Identifique qué piezas del patrón va a necesitar. La mayor parte de los patrones comerciales tienen una o más opciones, por lo que es posible que no necesite todas las piezas para la prenda que esté haciendo. Recorte las piezas para poder colocarlas sobre la tela.

2 Si el papel está muy arrugado, plánchelo con suavidad en frío. Prenda con alfileres las piezas a la tela en función del trazado. Verifique todas las marcas del patrón para asegurarse de que no comete errores. Es fácil corregir las equivocaciones en este momento, pero después de cortar ¡será demasiado tarde!

3 Use tijeras de modista bien afiladas, mantenga la tela lo más a ras de la superficie que pueda y siga la línea de corte correspondiente a la talla que necesita. Corte con movimientos largos y suaves; no cierre completamente las tijeras cada vez que corte para evitar que el borde quede irregular.

4 Marque las muescas en el borde de la línea de corte; vaya cortando alrededor de ellas mientras va trabajando. Así no tendrá que marcarlas por separado más tarde. Algunas serán sencillas y otras dobles: esto es sólo para diferenciarlas y asegurarse de que se están haciendo coincidir las correctas.

5 Las muescas dobles o triples pueden cortarse como una sola unidad; no hace falta cortar triángulos separados. Puede cortar las muescas hacia fuera mejor que hacia dentro: es una opción más segura para las telas que se deshilachan y las costuras susceptibles de sufrir desgaste, ya que deja el margen de la costura intacto y, por tanto, más fuerte.

6 Normalmente no es necesario marcar el margen de la costura, pero hay un utensilio especial con una regla de cálculo que puede ayudarle a medir la anchura correcta y le permitirá marcar una distancia uniforme desde el borde sin rematar. También puede guiarse con las líneas de la placa de la máquina de coser mientras cose.

Al filo

Coloque todas las piezas del patrón con la parte impresa hacia arriba.

Cuando la guía de corte le muestre una capa doble de tela, doble la tela juntándola por el derecho.

Cuando la guía de corte le muestre una sola capa de tela, coloque la pieza del patrón con el lado impreso hacia arriba y la tela con el derecho también hacia arriba. Si corta por separado el lado derecho y el izquierdo, acuérdese de dar la vuelta al patrón para cortar la segunda pieza de tela.

¡Compruebe todo dos veces, porque sólo va a cortar una vez! Asegúrese de que todo está correcto antes de cortar.

Si quiere que el patrón le dure, plásmelo en papel de estraza. Prenda con alfileres el patrón a una capa de papel de envolver y córtelo como si fuera la tela, aunque, en este caso, cortará también a lo largo de la línea de doblez. Pase todas las marcas al papel de envolver con papel de calco.

Pasar las marcas del patrón a la tela

Las piezas del patrón tienen marcas que habrá que transferir a la tela de alguna manera. Existen distintos modos de hacerlo y el que usted elija dependerá en parte de sus preferencias personales y, en parte, del tipo de tela. Recuerde probar los rotuladores en un retal de la tela para asegurarse de que la marca se vea y de que pueda eliminarse más tarde.

Rotulador lavable o no permanente

Son muy útiles para marcar líneas rectas. Doble el patrón hacia atrás a lo largo de la línea de guía y póngalo sobre la tela; use una regla para que la línea quede recta. Para eliminar las marcas, siga las instrucciones del fabricante.

Tiza de modista

Dado que este tradicional marcador se encuentra en el mercado en muchos colores, elija el que mejor se vaya a ver en la tela que esté usando. Doble el patrón hacia atrás por la línea y marque a lo largo del borde doblado. Las marcas de tiza pueden cepillarse cuando ya no se necesiten.

Hilvanado de marcas

Es ideal si hay que transferir las marcas a dos capas de tela, así como en el caso de marcas como los puntos. Haga una doble puntada a través del patrón y todas las capas de tela y deje el hilo flojo formando un bucle. Corte el hilo del bucle y retire el patrón. Separe con cuidado las capas de tela y corte los hilos que hay entre ellas dejando unos pocos en cada pieza para marcar el punto.

Rueda de marcar

El papel de calco de modista es indeleble, así que haga las marcas en el revés de la tela. Doble una lámina de papel de calco con la parte del carbón hacia dentro. Coloque la parte inferior del papel debajo de la tela y la parte superior entre la tela y el patrón. Pase la rueda de marcar; sujete con firmeza y presione suavemente por las líneas marcadas en el patrón. Este método es ideal para líneas curvas, pero hará líneas de agujeros en el patrón de papel.

Formas/proporciones corporales

Cuando haga su propia ropa querrá que le quede elegante. Estudie las tendencias actuales, pero no siga la moda ciegamente: algunas se olvidan rápidamente. Además, la ventaja de hacerse su propia ropa es que puede crear estilos que se ajusten tanto a su figura como a su caracter personal.

Tipos de cuerpos

Los patrones comerciales se encuentran para distintos tipos corporales, así como para distintas tallas. Antes de considerar la talla que necesita, debería pensar en el tipo corporal:

Bebés y niños pequeños: la talla viene indicada normalmente por la altura.
Niñas: para niñas que están creciendo y no tienen la figura desarrollada.
Junior: para la forma preadolescente.
Petite: para una figura plenamente desarrollada, pero de baja estatura.
Chicas: para una figura plenamente desarrollada de estatura media.
Mujeres: para una figura mayor y de mujer.
Unisex: para figuras que se ajustan a las distintas tallas femeninas y masculinas.
Niños: para figuras masculinas sin desarrollar.
Hombres: para figuras masculinas plenamente desarrolladas.

Los libros de patrones proporcionan gamas de tallas, pero pueden diferir ligeramente en función del fabricante.

Elección de la talla

Los patrones se diseñan añadiendo una cantidad adicional a las medidas corporales para que la ropa se despegue ligeramente del cuerpo y pueda llevarse cómodamente. Algunos fabricantes añaden más cantidad que otros, por lo que puede ser que una marca de patrón se adapte mejor que otra. Esto no significa que no pueda usar los otros patrones, sino que tendrá que comprar una talla diferente o ajustarla.

Notas de diseño

Cuando elija el estilo y la tela, intente sacar el máximo partido de sus mejores características y minimizar las que no sean tan buenas.

Pecho grande: evite los tops sin espalda, porque no sujetan bien. El escote redondo bajo sienta mejor, y los tops drapeados acentúan la cintura.

Figura andrógina: los escotes en V rompen la línea del torso. Las chaquetas y los abrigos entallados se ajustan en la cintura y tienen vuelo en las caderas, lo que conferirá más forma al torso. Los cinturones anchos crean cintura.

Figura tipo guitarra: elegir un diseño de escote partido en V equilibrará la anchura de la parte inferior del cuerpo. A este tipo de cuerpo le sientan mejor las faldas de línea trapezoide que las tubulares o las que se entallan en la cadera. Los pantalones deberían tener la pernera ancha; pruebe el corte de bota o una ligera campana. Los tops de línea larga y entallados también sientan muy bien.

Piernas cortas: los escotes tipo imperio o las cinturas altas en los tops o los vestidos disimulan la proporción de las piernas respecto del cuerpo. Los pantalones o las faldas de cintura alta son también una buena opción; las cinturas bajas, los tops o los pantalones de línea corta hacen normalmente las piernas aún más cortas.

Reglas de adaptación

Lo normal es que elija la misma talla para los patrones que para la ropa hecha.

Escoja el patrón por la medida del busto y haga los ajustes que sean necesarios en el resto de las zonas.

Si la medida del busto supera la del pecho en más de 10 cm, compre el patrón de una talla inferior que la del busto y amplíe esa zona. Es importante que el patrón se ajuste en los hombros y en las sisas: esta zona debe cambiarse lo menos posible.

Otra opción cuando se tiene el pecho grande es comprar dos patrones: uno para el pecho y otro una talla más pequeña. Use el delantero del patrón más grande, y el patrón más pequeño para las otras piezas. Tendrá que ampliar las pinzas en la cintura, los hombros y las sisas para que las secciones se ajusten entre sí. Para faldas y pantalones, compre los patrones por la medida de la cadera.

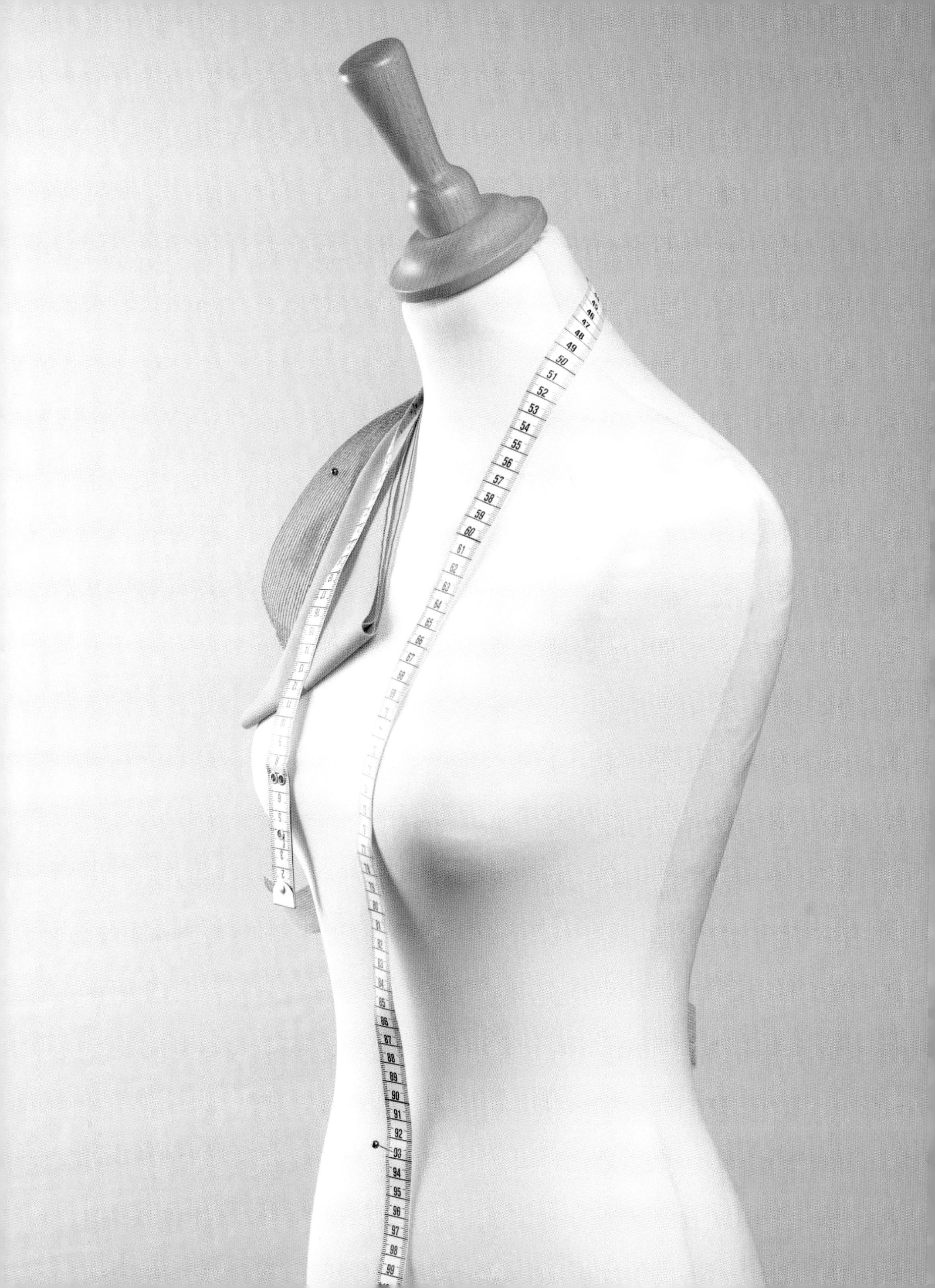

Transformaciones

Por muy cuidadosamente que se elija la talla del patrón, hacen falta a menudo transformaciones menores para conseguir que la prenda se adapte a la perfección. Cada pieza del patrón tiene puntos clave donde puede ampliarse o reducirse sin riesgo.

Dónde medir

Hay ciertos puntos cruciales que deben ser correctos para que la prenda siente bien. Verifíquelos en relación con sus medidas antes de empezar y haga las correcciones que sean necesarias a las piezas del patrón siguiendo las instrucciones de las páginas siguientes.

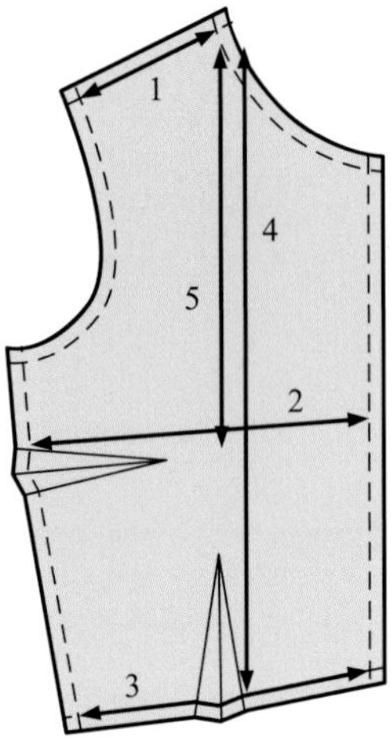

Delantero

1. Hombro 2. Pecho 3. Cintura
4. Cuello a cintura
5 Cuello a punta de pinza del busto

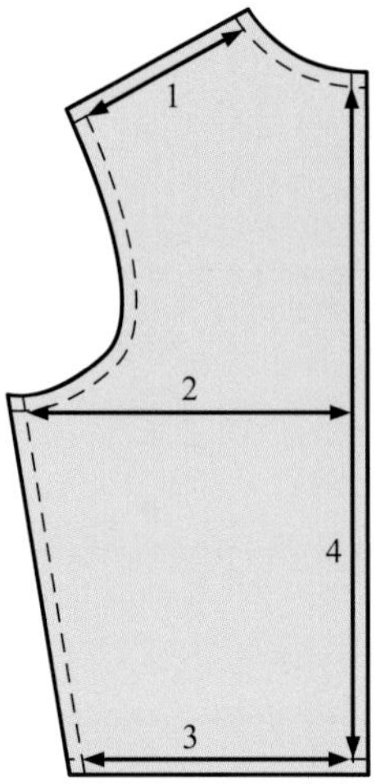

Espalda

1. Hombro. 2. Sisa a centro de la espalda
3. Cintura 4. Cuello a cintura

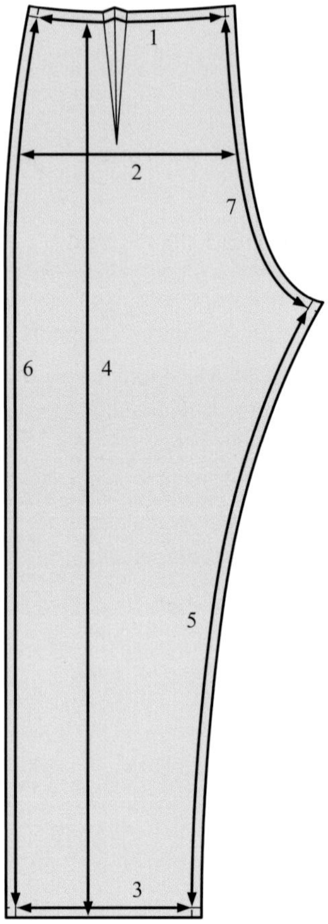

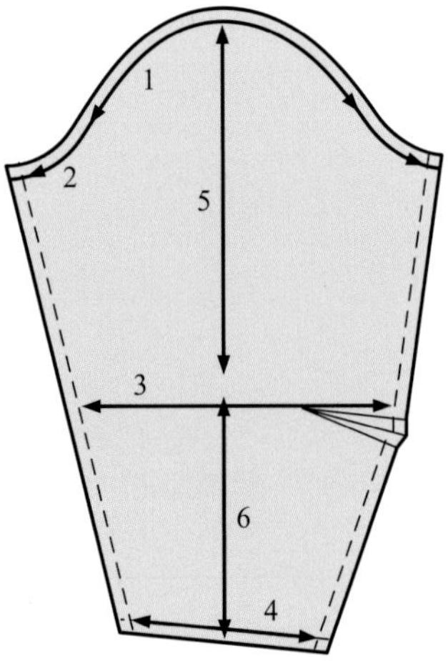

Manga

1. Curva superior de la sisa a marcas de equilibrio 2. Curva superior de la sisa a curva inferior 3. Codo 4. Muñeca
5. Hombro a codo 6. Codo a muñeca

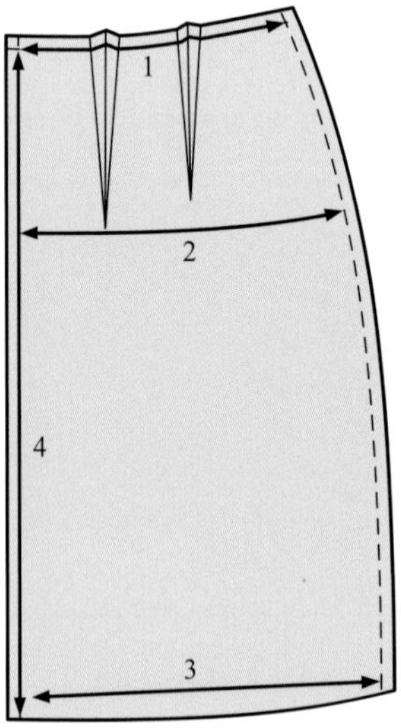

Falda

1. Cintura 2. Caderas 3. Bajo
4. Cintura a bajo

Pantalones

1. Cintura
2. Caderas
3. Bajo
4. Cintura a bajo
5. Interior de la pierna
6. Longitud de la costura lateral
7. Entrepierna

Transformar el patrón

Puede ampliarse una sección del patrón cortando e insertando una tira adicional de papel o reducirse haciendo un pliegue. Para obtener formas más complejas, corte y superponga los bordes.

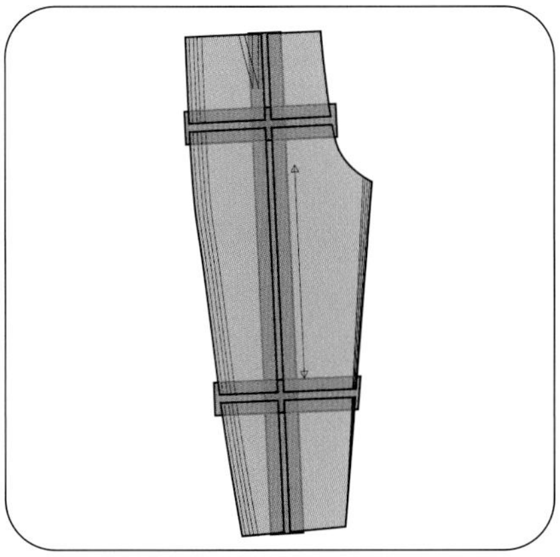

◀ **Aumentar o reducir la anchura o la longitud de una pieza del patrón**
Para aumentar la anchura, corte desde la parte superior a la inferior y evite marcas de construcción. Separe las piezas lo que sea necesario, corte una tira de papel ligeramente mayor que la anchura que ha quedado y adhiérala. Para reducir, haga un pliegue en el mismo lugar y péguelo. Para aumentar o reducir la longitud, ajuste, como se ha descrito en las líneas de prolongación o reducción marcadas en la pieza del patrón.

Reducir la amplitud del cuerpo

▶ **Delantero**
Corte aproximadamente un cuarto hacia arriba y en una línea casi paralela a la central del delantero. Después corte una línea diagonal que pase al lado del extremo de la pinza del pecho y que termine justo por encima de la curva inferior de la sisa. Superponga las piezas del patrón y péguelas. Si ha reducido mucho, seguramente necesitará añadir una tira adicional de papel en la costura lateral para corregirlo.

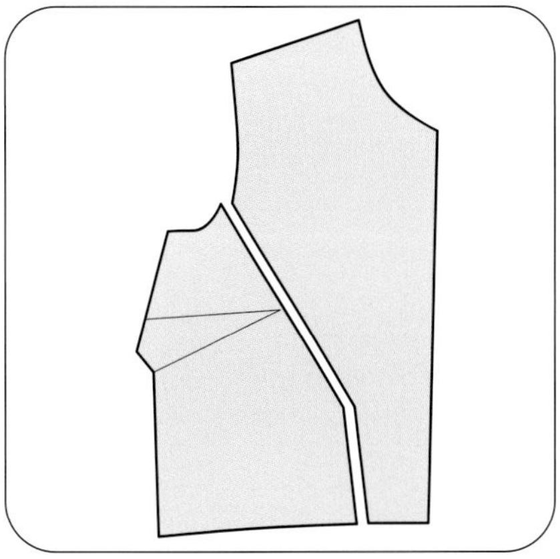

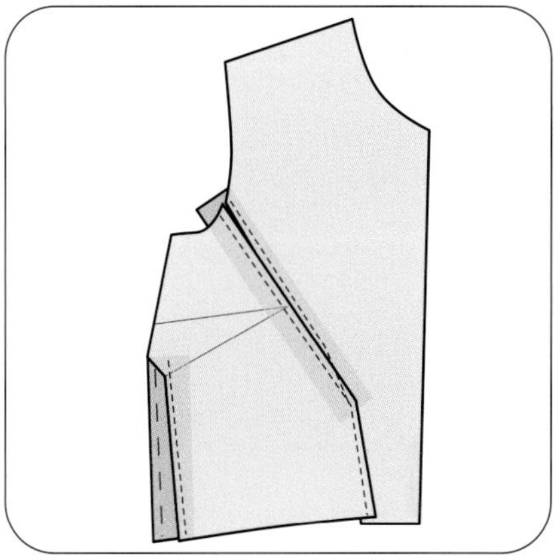

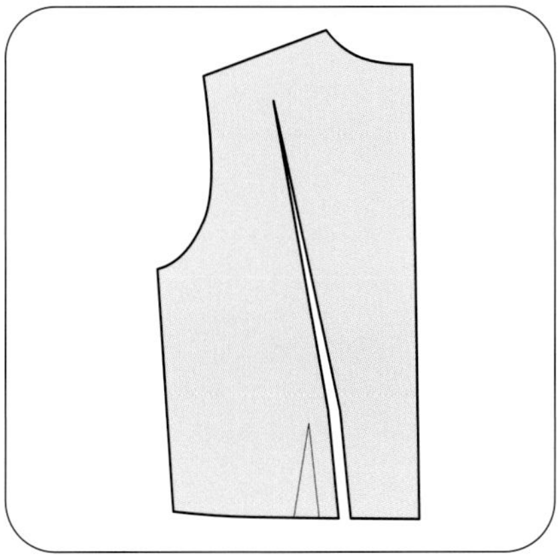

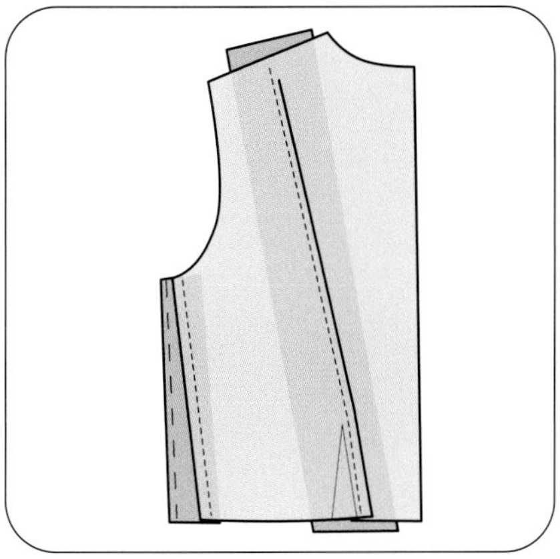

◀ **Espalda**
En la pieza de la espalda, comience el corte en el mismo lugar que en el delantero, pero haga la línea diagonal en un ángulo más abierto y termínela aproximadamente a la altura de la mitad de la costura del hombro. Superponga las piezas del patrón y péguelas. Si ha reducido mucho, seguramente necesitará añadir una tira adicional de papel en la costura lateral para corregirlo.

Cortar y pegar

Cuando añada papel a un patrón, use cinta adhesiva transparente para que puedan verse las marcas originales.

Las marcas de construcción deben transferirse a las nuevas zonas insertadas.

Cuando reduzca una pieza de patrón, recuerde que la anchura de la pinza debe ser sólo la mitad de la cantidad que quiere reducir.

Cuando amplíe una pieza, mantenga el sentido del hilo en las uniones.

No se olvide de ajustar también las vistas.

Aumentar la amplitud del cuerpo

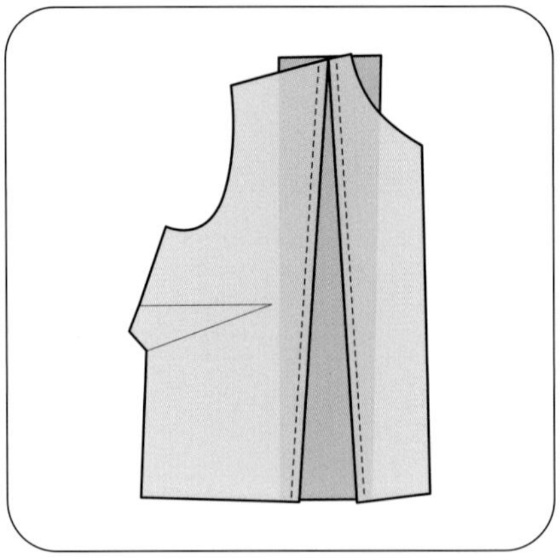

1 Corte desde la línea central hasta el punto medio entre la costura del hombro y el punto inferior de la sisa. Puede que necesite añadir una tira adicional. Si necesita más longitud debajo del pecho, corte entre la parte inferior de la sisa y la cintura. Separe las piezas, corte una tira de papel y péguela.

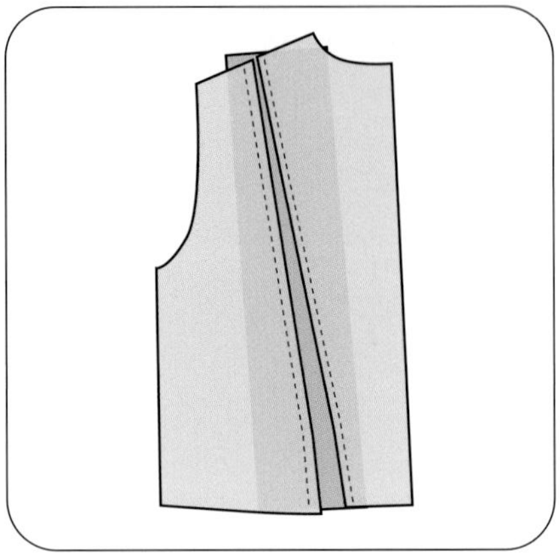

2 Para modificar la anchura del delantero, corte hacia arriba desde la cintura hasta la costura del hombro, pero evite las pinzas. Separe las piezas lo que sea necesario, corte una tira de papel ligeramente mayor que la anchura del hueco que ha quedado y péguela.

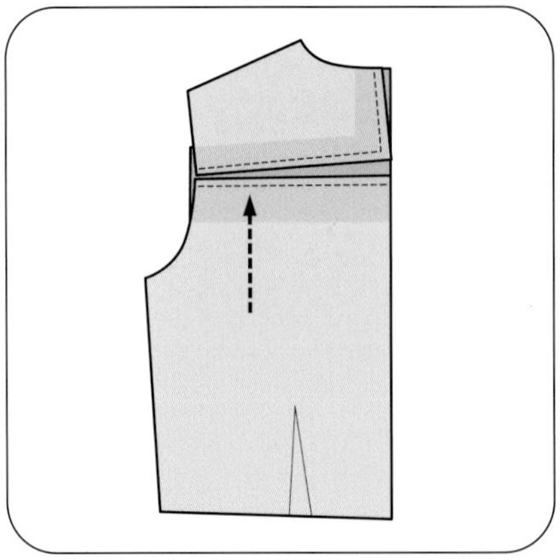

3 Para modificar la anchura de manera que coincida con la pieza de la espalda, corte en ligera diagonal desde la cintura hasta la costura del hombro. Separe las piezas lo que sea necesario, corte una tira de papel ligeramente mayor que la anchura del hueco que ha quedado y péguela.

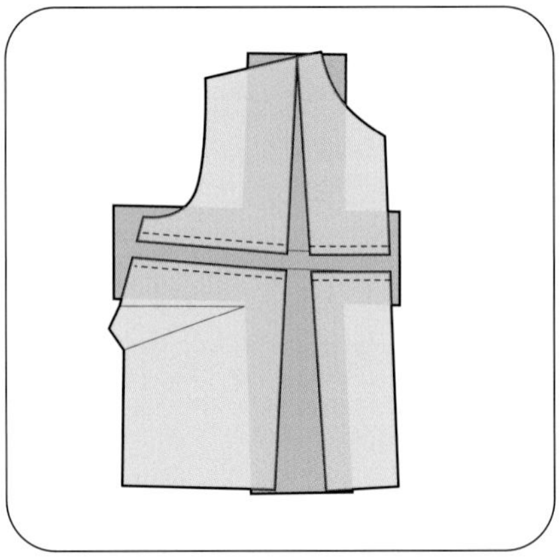

4 Para transformar tanto la longitud como la anchura del delantero, primero corte hacia arriba desde la cintura hasta la costura del hombro. Después corte desde la línea central hasta el punto medio entre la costura del hombro y el punto inferior de la sisa. Como alternativa, corte a medio camino entre la parte inferior de la sisa y la cintura. Separe las piezas lo que sea necesario, corte una tira de papel ligeramente mayor que la anchura del hueco que ha quedado y péguela.

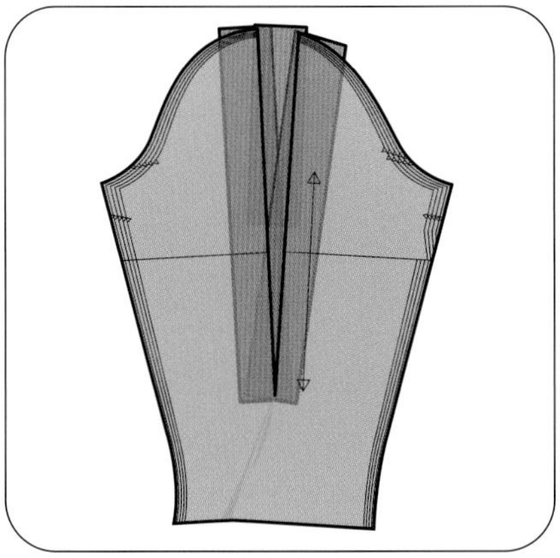

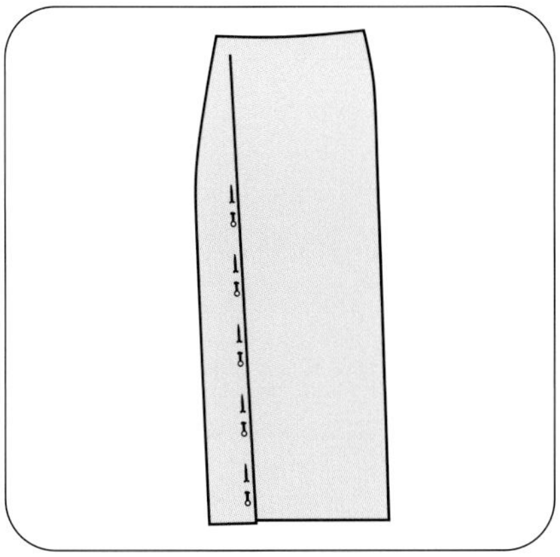

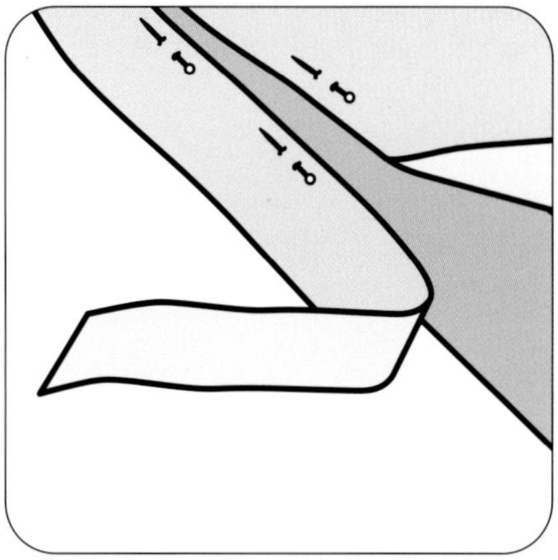

▲ Aumentar la curva superior de la sisa

Puede que desee ampliar la parte superior de la manga o fruncirla. Realice un corte en el patrón de la longitud que sea necesaria, desde el centro de la línea de equilibrio, en la parte superior, hacia abajo. Separe las piezas lo que se precise, corte un trozo de papel ligeramente mayor que la anchura del hueco que ha quedado y préndalo con alfileres o péguelo. Doble el exceso de papel de la parte inferior del hueco para que quede plano.

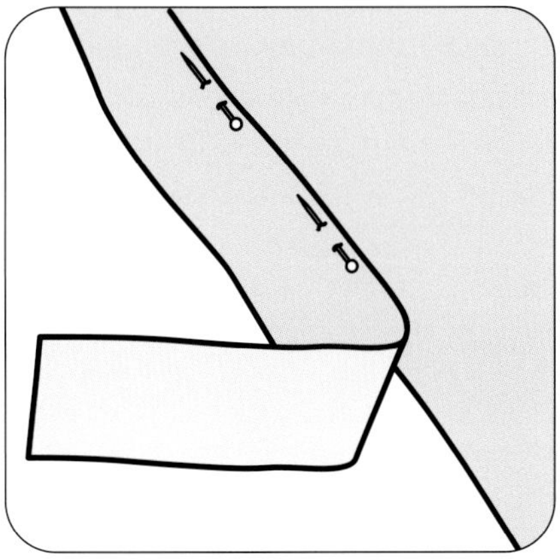

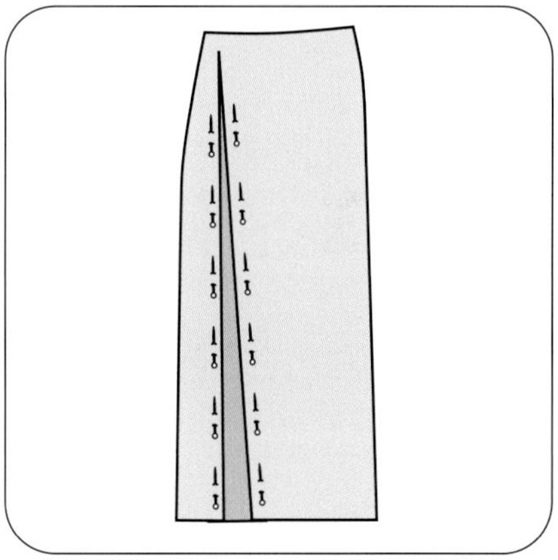

▲ Reducir la amplitud de la falda

Corte desde el bajo hasta la altura de la cadera, aproximadamente, y evite las marcas de construcción. Superponga las piezas de patrón y péguelas; doble el exceso de papel de la parte superior del hueco que ha quedado para que quede plano.

▲ Aumentar la amplitud de la falda

Corte desde el bajo hasta la altura de la cadera, aproximadamente, y evite las marcas de construcción. Separe las piezas de patrón lo que sea necesario; corte una tira de papel ligeramente mayor que la anchura del hueco que ha quedado y péguela.

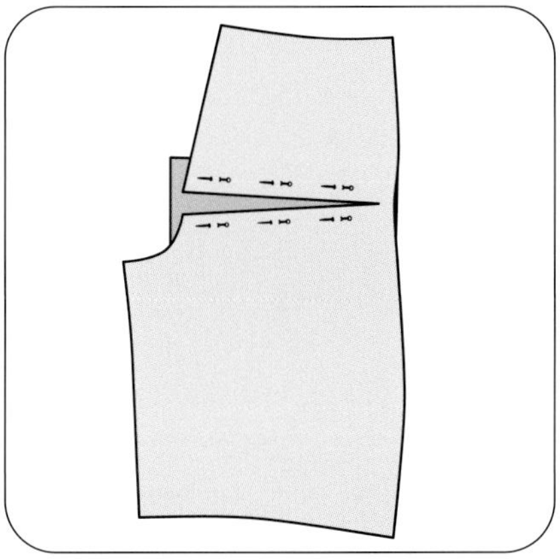

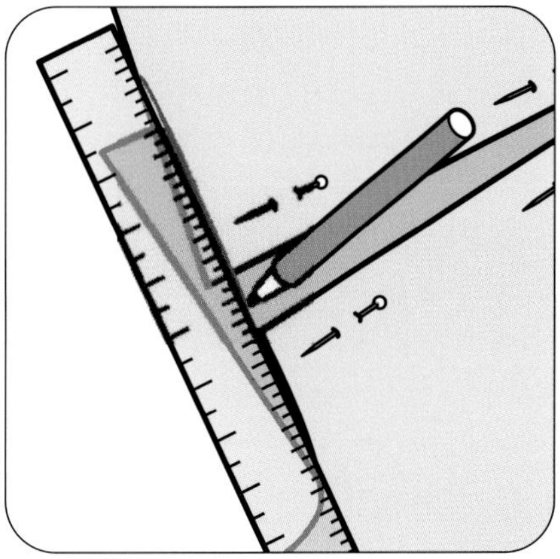

◀ Aumentar la entrepierna

Corte desde la línea central de la entrepierna, por encima del punto en que se curva, hasta llegar casi a la costura lateral y evite las marcas de construcción de la cintura. Separe las piezas del patrón lo que sea necesario; corte una tira de papel ligeramente mayor que la anchura del hueco que ha quedado y péguela. Corte el exceso de papel de la línea central para que quede lisa.

elementos de una prenda

La mayor parte de las prendas se confecciona con una serie de componentes fijos que pueden tener formas ligeramente distintas o unirse de modos diferentes para modificar el diseño. Una manga, por ejemplo, puede ser larga o corta; pegada o raglán; entallada, fruncida o con pliegues en la parte superior. Pero para hacer todas ellas, las técnicas de confección son más o menos las mismas, con sólo modificaciones menores. Esto significa que, una vez que haya entendido los métodos de confección básicos, será capaz de realizar casi cualquier cosa. En las siguientes páginas se explican los elementos básicos que puede necesitar para crear toda una gama de prendas.

Vistas

Una vista es una segunda capa de la tela principal que se usa como acabado de los bordes de las prendas en lugares como el cuello, las aberturas del delantero y de la espalda o los puños. Refuerza el borde y proporciona un acabado limpio.

Entretela

Es una tercera capa de tela a menudo usada entre la pieza principal y la vista para reforzar y proporcionar más cuerpo.

Pinzas

Son pequeños pliegues triangulares o en forma de rombo situados en lugares estratégicos para adaptar la prenda al cuerpo.

Tablas

Son pliegues cosidos que dan amplitud a las prendas o las decoran. En la ropa de los niños a veces se emplean para recoger tela sobrante hasta que el niño crezca.

Bajos

Las tablas diseñadas para proporcionar amplitud a las prendas a menudo se hacen en la línea de la cintura para crear un bajo más amplio. Pueden ir sin coser o con el tramo superior cosido.

Cuellos

Los cuellos rematan el escote y existe gran variedad de estilos. Los altos y los vueltos se hacen con una doble capa de tela, a veces reforzada con entretela e insertada en el escote con una vista para ocultar los bordes sin rematar.

Mangas

Las mangas pegadas se insertan en la abertura de la sisa, en el lateral de la prenda. Las mangas raglán tienen una costura diagonal que va desde la axila a la línea del escote, de modo que parte de la manga se incluye también en el cuerpo.

Puños

Los puños rematan las mangas. Los estilos varían de un simple fruncido a una pieza elaborada y entallada con botones.

Plaqués

Estas aberturas verticales y rematadas de los puños crean mayor abertura cuando se desabrochan. Hay distintos modos de confeccionarlas.

Cinturilla

En su forma más simple, es una banda de tela doblada que se usa para rematar el borde de la cintura, pero puede ser ancha o estrecha, rígida o floja y con cierres de muy distintos tipos.

Bolsillos

Los dos tipos básicos de bolsillo son el de plastrón, que es una pieza independiente de tela cosida en la parte exterior de la prenda, y el interior, que está oculto en el interior de la prenda y que tiene muchas variaciones.

Bajos

El bajo es el remate de la parte inferior de una prenda. Aunque su confección es muy simple, existen muchos modos distintos de obtener un buen resultado.

Forros

Al forrar una prenda se ocultan las costuras interiores y, además, se la dota de estructura y refuerzo adicionales.

Cierres

Los cierres constituyen una parte esencial de la mayor parte de las prendas, puesto que las aberturas que permiten ponerse la ropa necesitan cerrarse cuando la prenda ya está puesta.

Vistas y entretelas

Las vistas pueden cortarse como piezas independientes, coserse y doblarse, o cortarse como parte de la pieza principal y doblarse. En la mayoría de los casos, la vista será del mismo tejido que la tela principal, pero puede confeccionarse en un tejido más fino para que no tenga tanto volumen, o en un color que contraste para que forme parte del diseño. La entretela a veces se añade entre la pieza principal y la vista para crear volumen, y puede plancharse o coserse. Las vistas de las sisas se confeccionan del mismo modo que las de los cuellos.

Vista de una pieza

Puede confeccionarse con entretela ordinaria o termofusible; aquí vamos a mostrar la última.

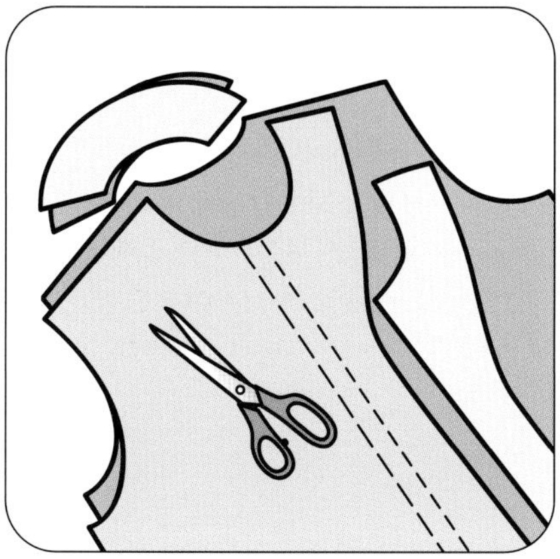

1 Corte las piezas de entretela termofusible y de tela principal que precise. Transfiera las marcas e hilvane la línea de doblez de la sección donde va a añadir la entretela.

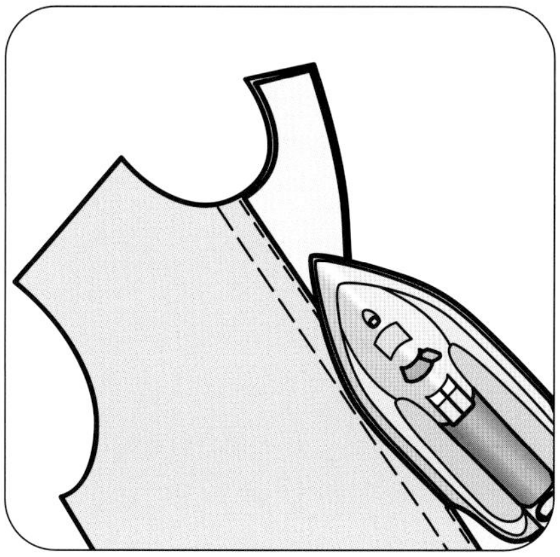

2 Planche la entretela del revés en las secciones correspondientes. Siga las instrucciones del fabricante y asegúrese de que la plancha esté a la temperatura correcta.

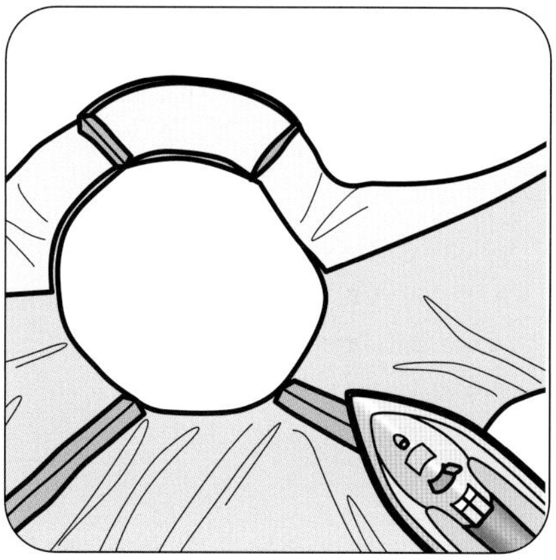

3 Cosa las piezas y abra las costuras con la plancha. Doble, a lo largo de la línea de doblez, las piezas con entretela para juntarlas a la pieza principal derecho con derecho. Hilvane y cosa el borde curvo del cuello.

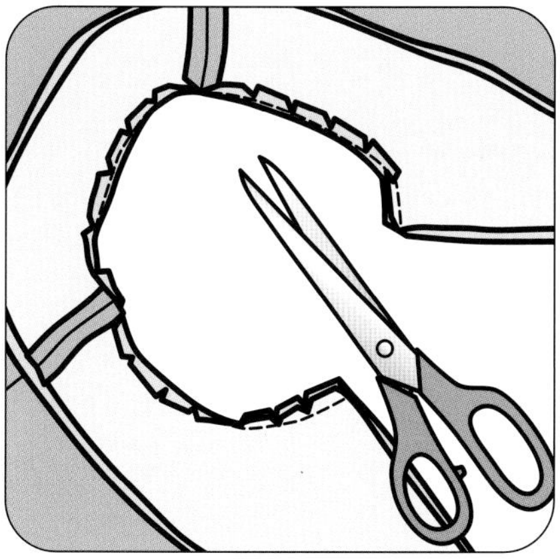

4 Doble los bordes sin rematar de las piezas con entretela y cósalos. Corte las esquinas y haga cortes en el margen de la costura del escote con cuidado de no cortar las puntadas.

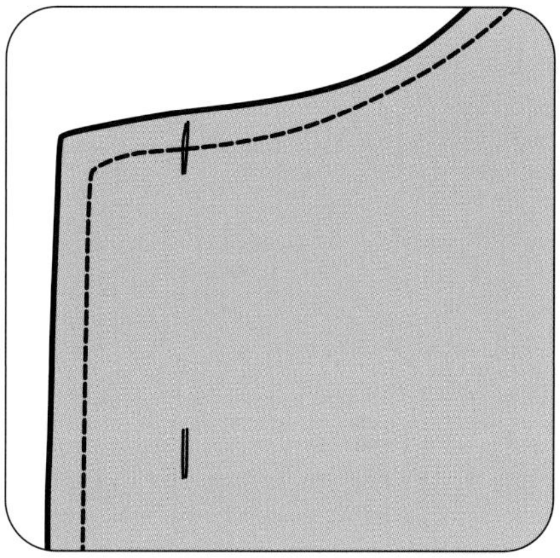

5 Vuelva toda la pieza del revés y alise los frunces que pueda haber en la línea de costura. Planche o pespuntee a lo largo del borde doblado si de este modo logra un diseño que le guste.

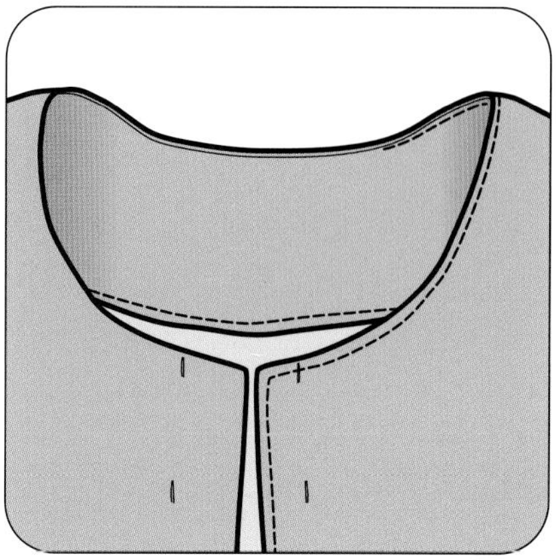

6 La vista está ya lista. Confiere un aspecto pulcro al borde del cuello, cubre todos los bordes sin rematar y refuerza la abertura.

Vista por separado

Pueden confeccionarse vistas por separado, en lugar de tratarse de una extensión de la pieza principal, como en el caso de la vista que se ha explicado en la página 79. Normalmente se corta de la misma tela que el resto de la prenda. Sin embargo, la vista que mostramos aquí es de un color ligeramente distinto para que pueda verse fácilmente en las ilustraciones.

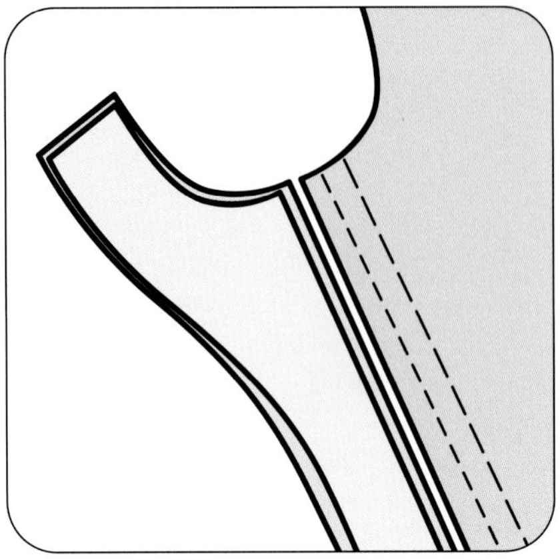

1 Corte la vista y las piezas principales. Añada una capa de entretela, si es necesario, e hilvánela a la vista.

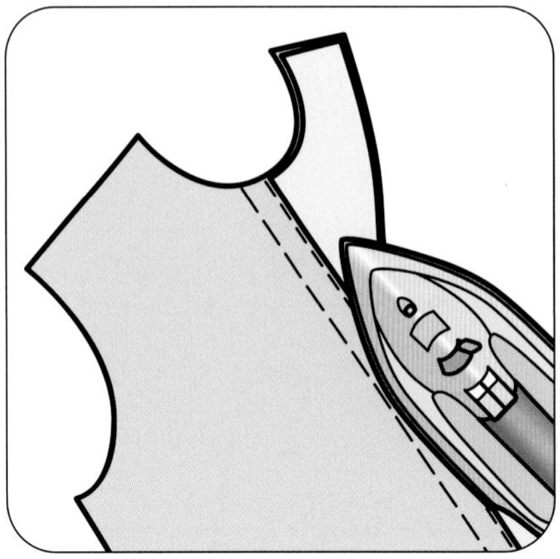

2 Cosa la vista y la entretela a la pieza principal a lo largo de la costura recta y larga del borde principal del delantero. Corte la entretela cerca de la línea de costura a lo largo de este borde. Para completar la labor, siga los pasos 3-6 de la explicación para la vista de una pieza que aparece en la página 79.

Asentar curvas

Para asentar la curva de una vista, corte el margen de la costura ligeramente en ángulo y cosa el borde con puntadas de refuerzo. Si usa una tela muy delicada o muy pesada, dé puntadas de escapulario (*véase* pág. 35) a lo largo del borde, después de las puntadas de refuerzo, para evitar que los bordes se deshilachen.

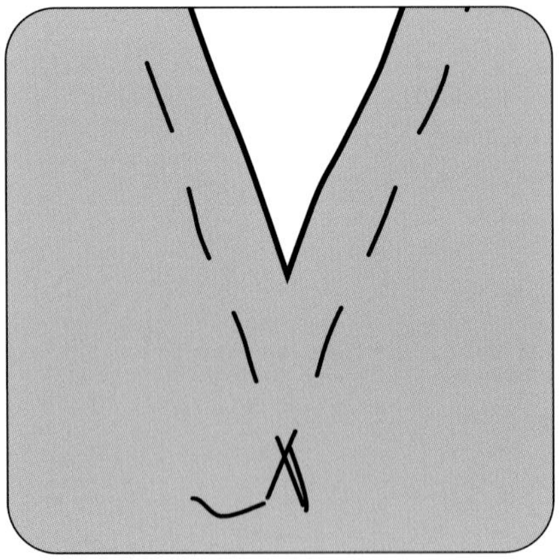

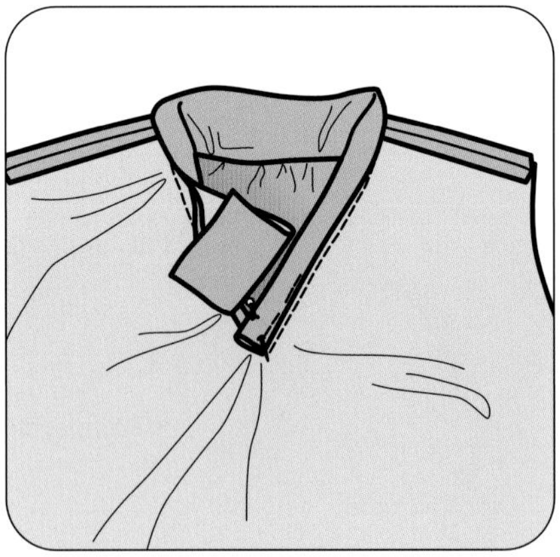

1 ▲ **Vista de cuello en V**

Es, al mismo tiempo, una vista y un ribete confeccionada con una tira ancha de tela cortada al bies (*véase* pág. 24), para crear una tirilla alrededor del escote. Corte las piezas de la tela principal y una tira de vista al bies. Hilvane a lo largo del borde del escote por la línea de la costura. Dé puntadas de refuerzo en el vértice de la V unos 18 mm en cada dirección.

2 Cosa las costuras del hombro. Junte la banda a la línea del escote, derecho con derecho, e hilvane, pero deje los últimos 5 cm sin coser. Asiente la costura de la parte posterior del cuello para que quede abierta.

3 Dé puntadas alrededor de la línea del escote y deje de nuevo los últimos 5 cm sin coser. Dé la vuelta a la tirilla hacia el interior. Por el revés, comience en el extremo cosido de la banda, doble dos veces el borde sin rematar e hilvane los 7,5 primeros cm.

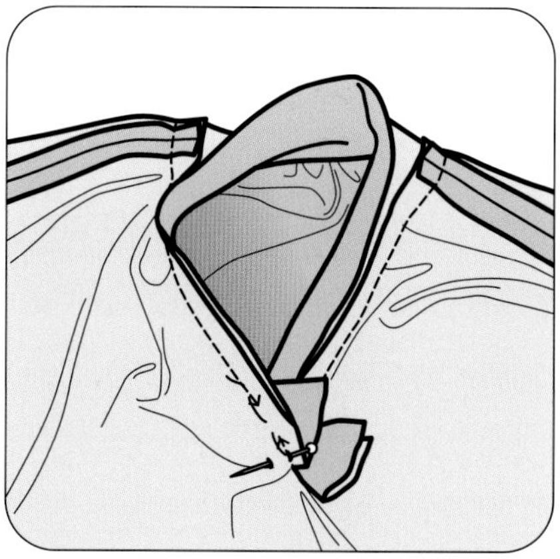

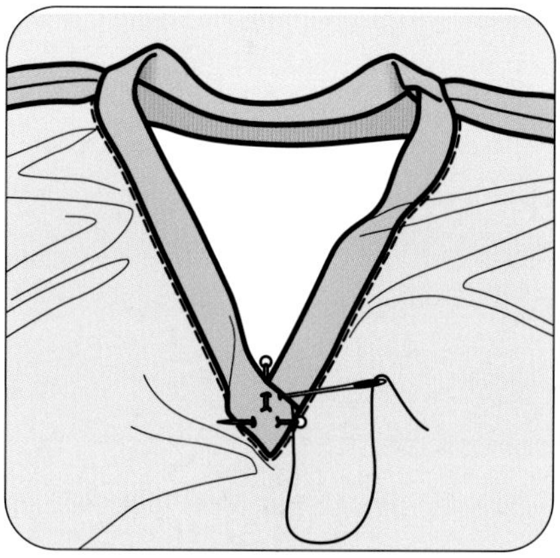

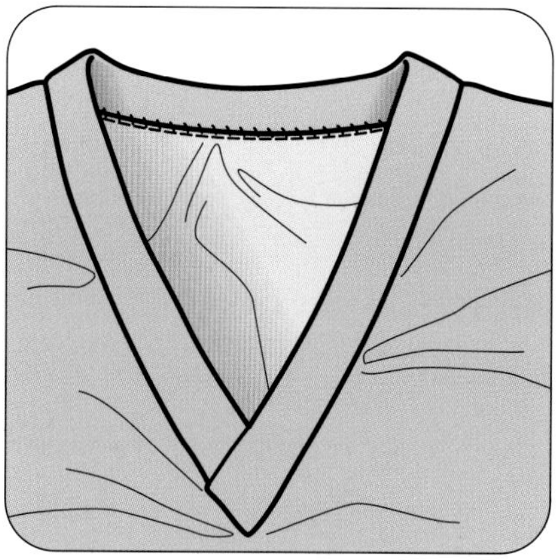

4 Haga coincidir el borde sin rematar del extremo libre de la tirilla con la línea del escote y encierre el extremo hilvanado y doblado. Dé puntadas en la última parte de la tirilla hasta el vértice de la V mientras toma en la costura el otro extremo cuando cose.

5 Trabaje alrededor del resto de la tirilla; dóblela para crear una doble costura y cosa el dobladillo a lo largo de la línea de la costura. En el vértice de la V, doble el último extremo de la tirilla en línea con la costura y cósalo.

6 El cuello acabado tiene una tirilla alrededor que se superpone en la parte frontal formando una V bien marcada.

Uso del patrón de tela

Si va a utilizar el mismo patrón muchas veces, merece la pena hacer una *toile*: un patrón de tela de algodón económico en lugar de papel. Haga todas las transformaciones en el patrón de papel, después corte todas las piezas en tela fina de algodón y transfiera todas las marcas. Puede coser la *toile* con puntadas grandes al patrón para comprobar si coincide bien y hacer los cambios que sean necesarios. Use el patrón de tela del mismo modo que el patrón de papel.

Pinzas

Las pinzas se usan para añadir amplitud y adaptar la prenda a las curvas del cuerpo en el pecho, la cintura, las caderas y los hombros. Casi siempre se cosen en las piezas antes de unirlas para formar la prenda.

Las pinzas verticales de la cintura y el hombro se planchan hacia la línea central de la prenda. Las horizontales, como las del pecho, habitualmente se planchan hacia abajo.

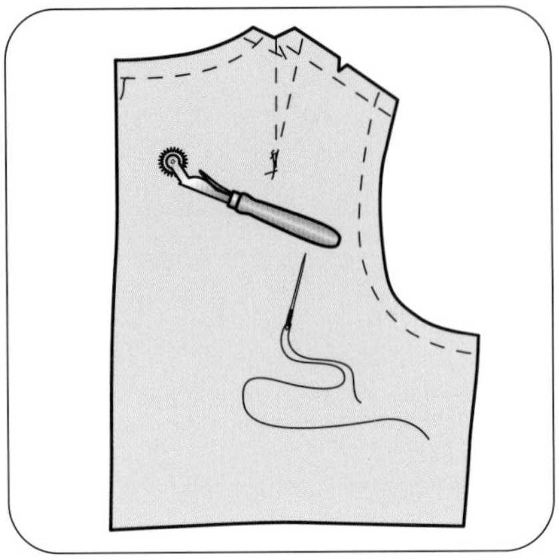

1 ▲ **Pinza recta**
Marque los puntos que indican la línea de la pinza, o marque la línea de costura entera si la pinza tiene una línea curva o bien si lo prefiere así.

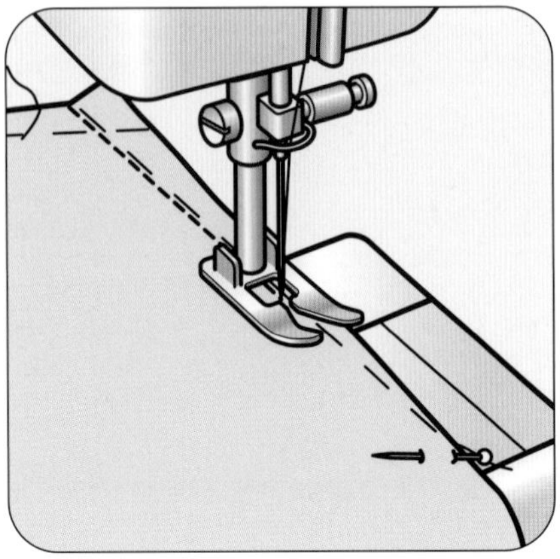

2 Doble la tela por la mitad uniéndola por el derecho a lo largo de la línea central de la pinza. Cosa desde la línea de la costura hasta el vértice de la pinza; sobrepáselo un par de puntadas. No haga punto atrás.

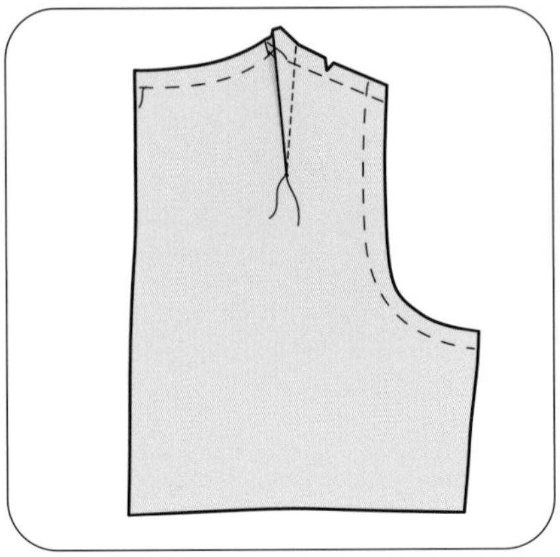

3 Al terminar, deje dos hebras largas; átelas y corte el hilo sobrante, pero déjelo corto.

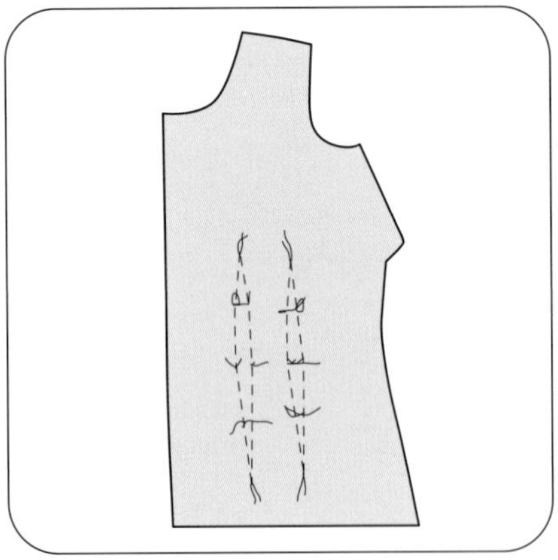

1 ▲ **Pinza de dos vértices**
Siga los pasos 1 y 2 de la pinza recta. Cuando cosa, trabaje desde la mitad de la pinza hasta el vértice en las dos direcciones.

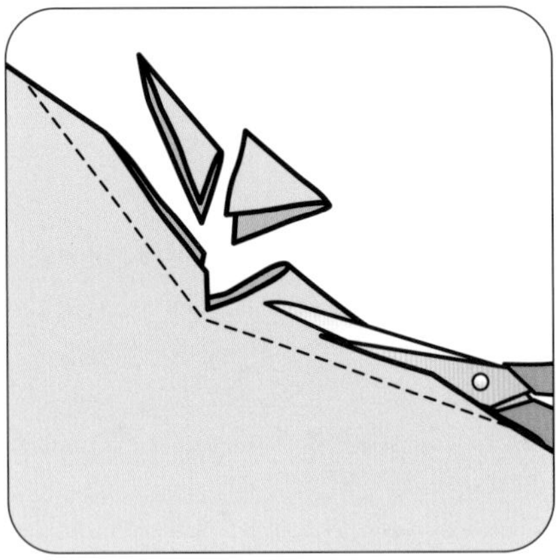

2 Si la pinza es muy profunda, puede que haya que cortarla para que no quede tanto volumen. Corte un triángulo de la tela en el centro de la pinza hasta llegar casi a la costura, con cuidado de no cortar ninguna puntada.

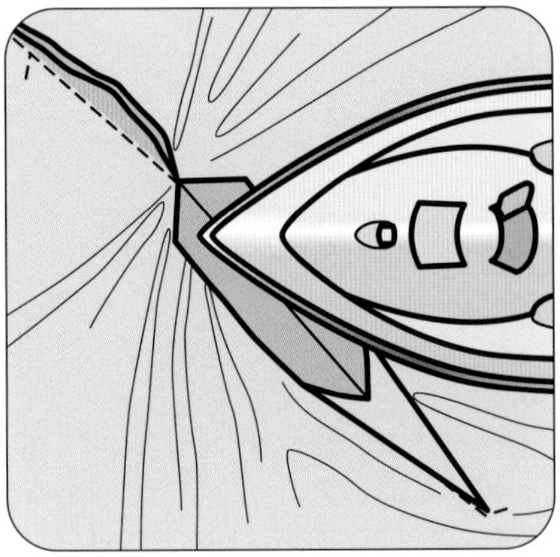

3 Después de cortar, puede planchar la pinza para dejarla abierta; trabaje cada extremo de manera independiente.

SYLKO
FAST DYE
DK. BROWN

Tablas

Las tablas son básicamente pliegues en la tela. Pueden ser muy decorativas, y regulares o irregulares. Algunas se cosen completamente de un extremo al otro, y otras sólo en la parte superior, de modo que el resto cae en una línea recta y planchada hasta la parte inferior de la pieza.

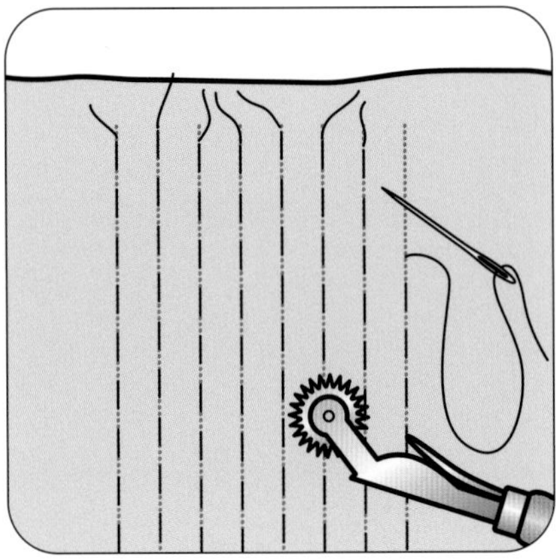

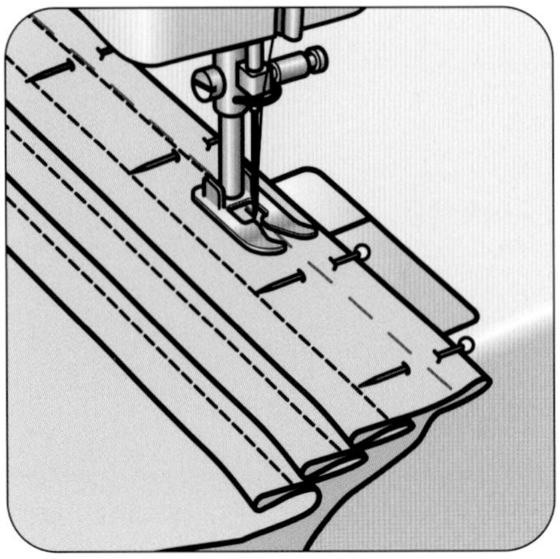

1 ▲ Tablas

Las tablas pueden hacerse en sentido horizontal, vertical o diagonal. Transfiera las líneas paralelas de la tabla del patrón a la tela.

2 Trabaje en una sola tabla al mismo tiempo y doble la primera guía para alinearla con la segunda y después cósalas. Repita esta operación con el resto de las guías.

Hacer tablas

Hacer tablas en telas de rayas o de cuadros puede crear atractivos efectos y variaciones de color.

Trabaje en una sola tabla al mismo tiempo para asegurarse de que quede recta.

Use las guías de la placa de la máquina de coser para que las líneas queden uniformes.

Cuando haga tablas en una tela que no acepte bien los pliegues, planche la tabla y cosa a lo largo del pliegue con un hilo del mismo color.

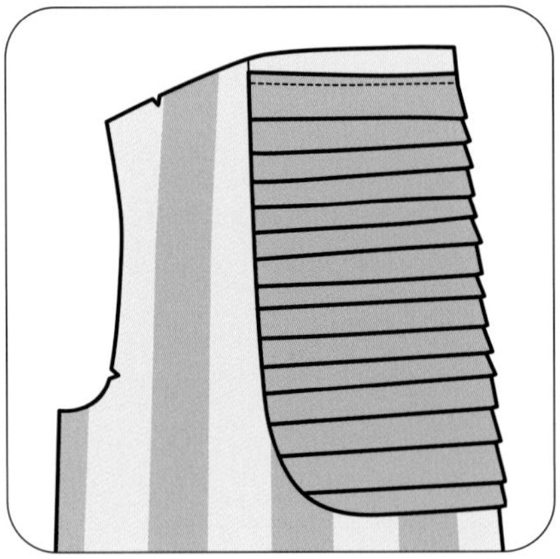

1 ▲ Tablas en telas de rayas

En una tela con rayas anchas, cree tablas según la anchura de las rayas alternas, pero deje una banda muy estrecha del otro color a lo largo del borde.

2 Aquí, el canesú que se ha confeccionado en el cuerpo se ha tableado antes de cortarlo, lo que ha creado una zona de tela texturada lisa dentro del área principal de la prenda de rayas.

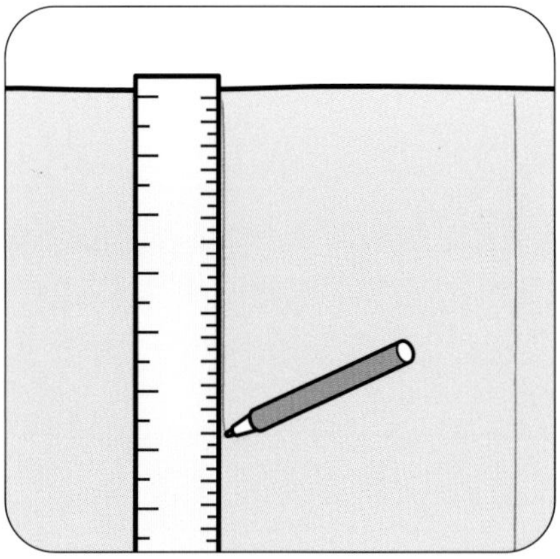

1 ▲ **Tablas cuchillo**

Son series de tablas de la misma anchura que van en idéntica dirección. Con un rotulador no permanente, marque líneas paralelas en el revés de la tela para señalar las líneas de pliegue, así como las de la posición en la que se alinearán los pliegues.

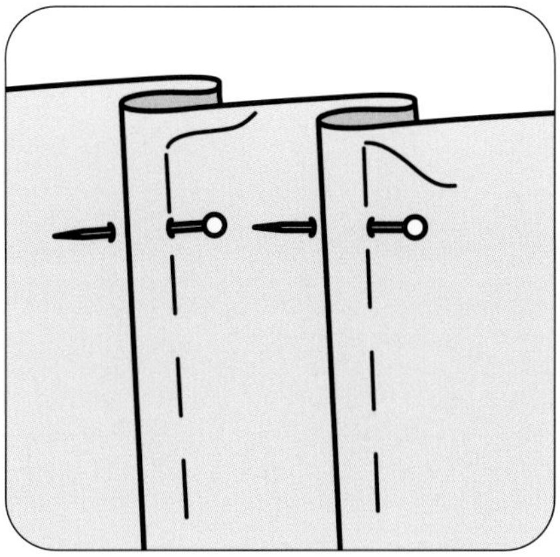

2 Doble la tela a lo largo de la línea de pliegue marcada y alinéela con la línea que ha marcado. Prenda con alfileres e hilvane completamente cada pliegue. Sujete con un alfiler la parte superior del pliegue y cósalo dentro del margen de la costura.

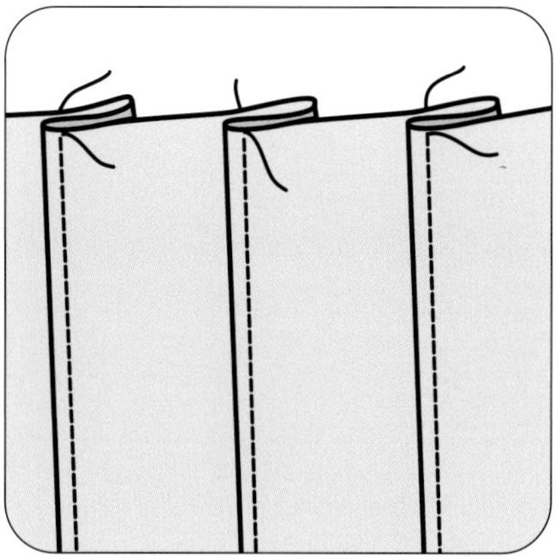

3 Si es necesario, pespuntee a lo largo de los primeros milímetros de la tabla para que se mantenga en su sitio. Planche las tablas de arriba abajo antes de retirar el hilvanado. Para tablas de doblez suave, planche después de retirar el hilvanado.

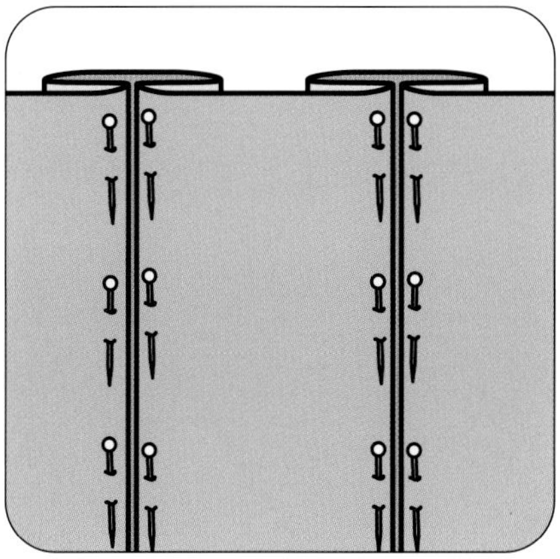

1 ▲ **Tablas encontradas**

Se trata de dos tablas cuyas dobleces quedan encontradas. Marque las tablas como en el paso 1 de las tablas cuchillo, pero por el derecho de la tela. Doble la tela por el derecho para hacer dos tablas que se encuentren en el centro y sujete con alfileres.

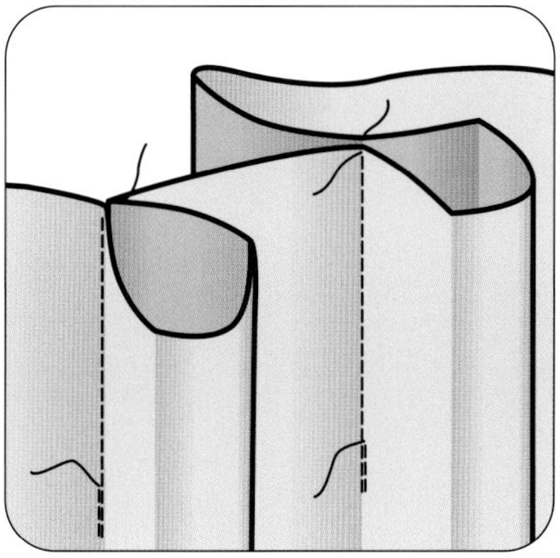

2 Hilvane completamente las dos tablas. Por el revés, cosa de arriba abajo a lo largo del pliegue; como se trata del borde posterior de las tablas, no se verá desde la parte frontal.

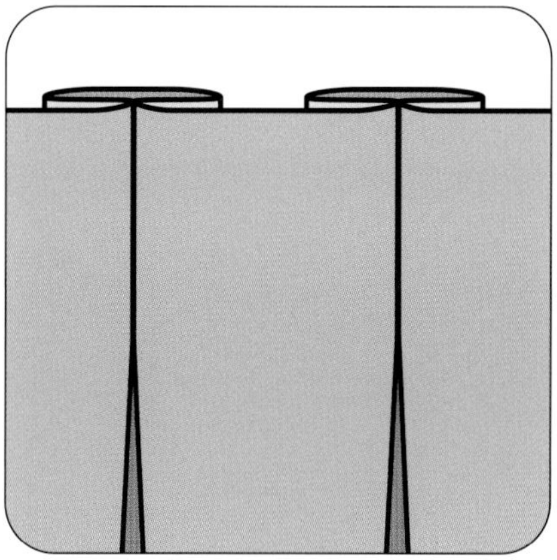

3 Planche las tablas. En este tipo de tabla, la tela de refuerzo de la parte posterior de la tabla puede ser otra pieza distinta: hilvane los dos pliegues de la tabla juntos como si se tratara de una costura, planche para que quede abierta, coloque debajo una tira de la otra tela y cosa juntos los bordes sin rematar en cada lado.

Cuellos

La mayoría de los cuellos comparten la misma técnica de confección básica y constan de una doble capa de tela, normalmente con una entretela. Las camisas de caballero tienen una tira adicional de tela entre el cuello y la camisa, que permite llevar la corbata.

Con cuellos

Pespuntear alrededor del cuello añadirá un toque de estilo, al mismo tiempo que evitará que los bordes se doblen.

Un cuello Peter Pan se confecciona exactamente del mismo modo que los cuellos normales, pero con las puntas redondeadas.

Añadir una pieza de refuerzo en un cuello simple para llevar corbata confiere un toque de elegancia a la prenda.

El cuello mao constituye un modo sofisticado de rematar la abertura del escote sin usar vistas.

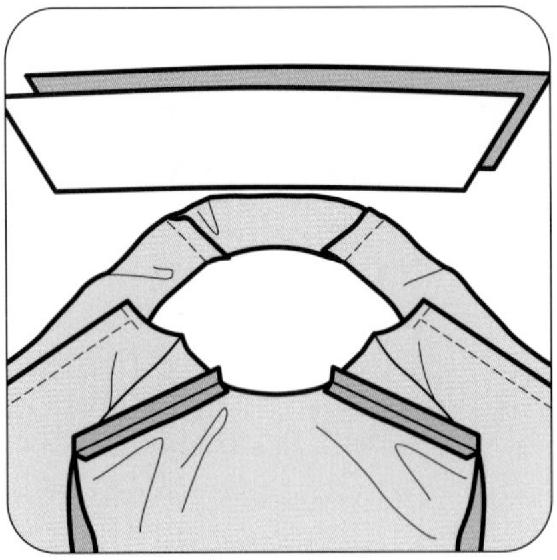

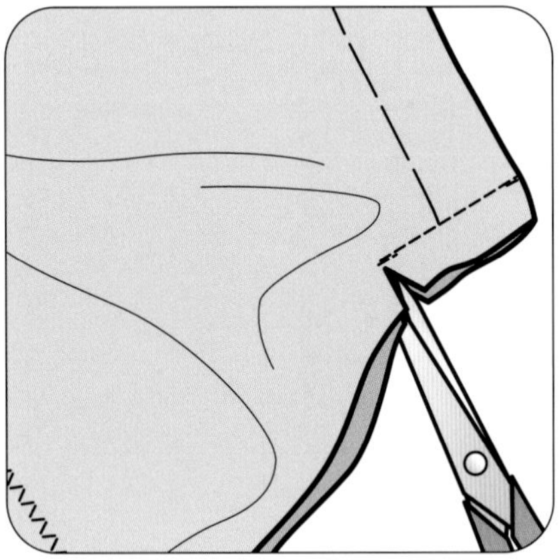

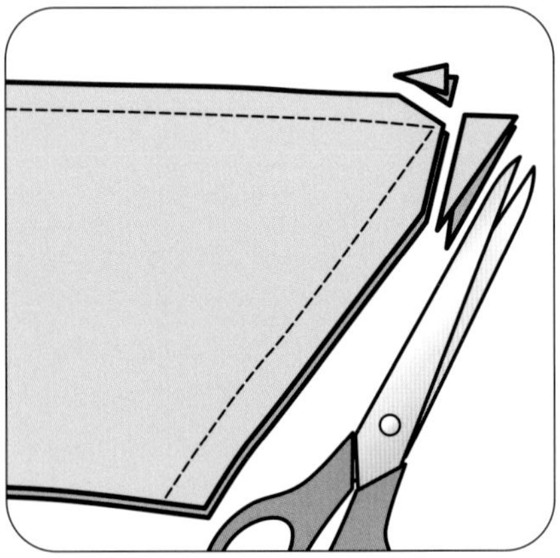

1 ▲ Cuello simple
Confeccione las piezas principales de la prenda siguiendo las instrucciones. Añada la entretela al revés de una de las piezas del cuello; para ello, plánchela o hilvánela.

2 Si la prenda tiene solapas, doble y cosa la costura para rematar esta sección. Para que los extremos queden en punta, córtelos como se muestra en la ilustración.

3 Hilvane y cosa las dos piezas del cuello unidas por el derecho. Corte los bordes si la entretela está cosida, y después haga lo mismo con las esquinas. Dé la vuelta a la prenda y plánchela.

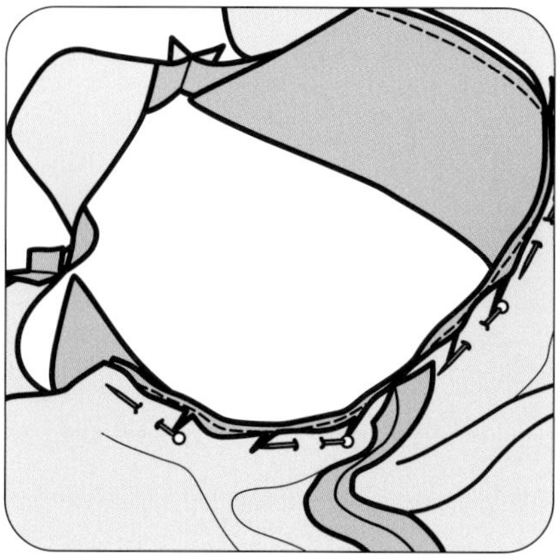

4 Sujete el cuello con alfileres al borde sin rematar del escote; únalos por el derecho, con el lado de la entretela hacia la prenda y los cortes que coincidan exactamente. Hilvane.

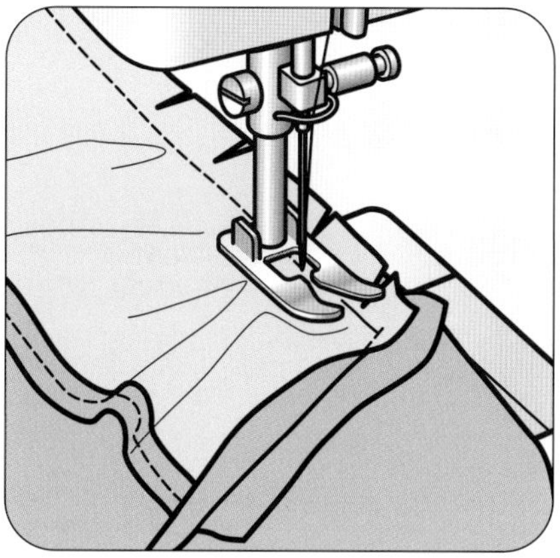

5 Prenda alfileres e hilvane la vista posterior del cuello; una ambos elementos por el derecho. Cosa la costura de la línea del escote atravesando todas las capas. Doble la vista hacia dentro y plánchela.

Esquinas en punta

Para que los extremos queden realmente en punta, corte las esquinas (*véase* ilustración de la página anterior) y dé la vuelta al cuello. Use la punta de un alfiler para estirar la tela. Hágalo con cuidado para no tirar de ninguna puntada ni dañar la tela.

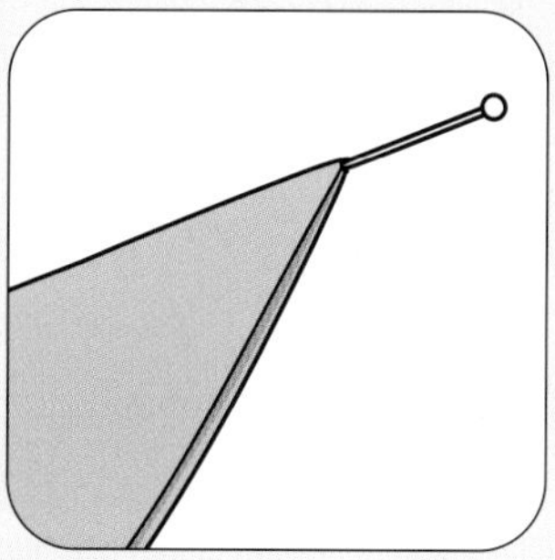

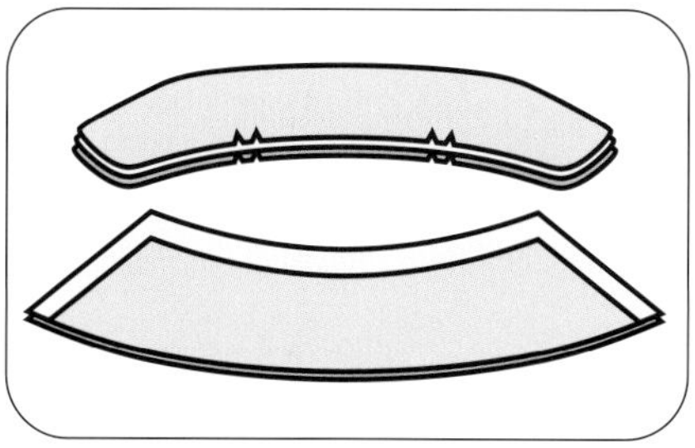

1 ▲ Cuello rígido

Confeccione las piezas principales de la prenda. Añada entretela al revés de una de las piezas del cuello y la pieza de refuerzo. Hilvane y cosa las dos piezas del cuello uniéndolas por el derecho. Corte las esquinas, dé la vuelta a la prenda y planche.

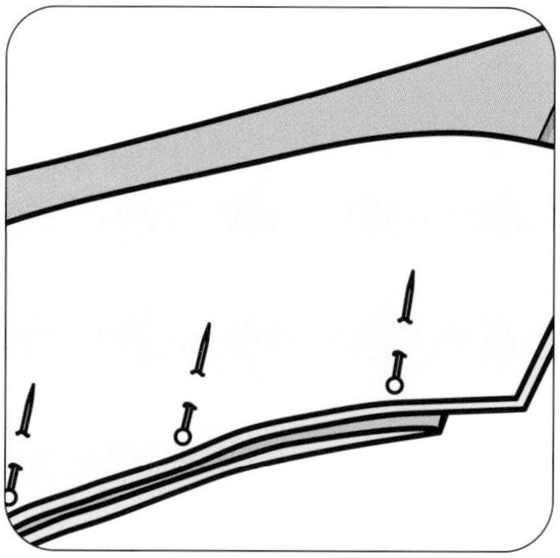

2 Prenda alfileres e hilvane las piezas de refuerzo a cada uno de los lados del cuello; una estos elementos por el derecho, para encerrar el borde sin rematar de la costura del cuello. Haga coincidir la entretela de la pieza de refuerzo con la del cuello.

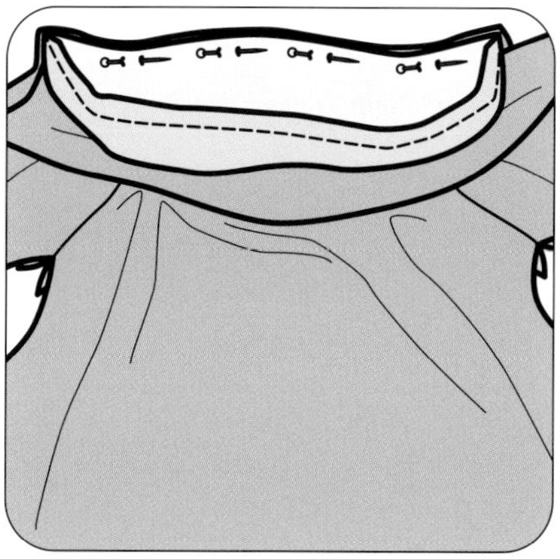

3 Cosa la pieza de refuerzo al cuello atravesando todas las capas. Corte la sección curva de la costura. Prenda alfileres e hilvane la pieza de refuerzo al borde del escote; una estos elementos por el derecho y haga coincidir los cortes.

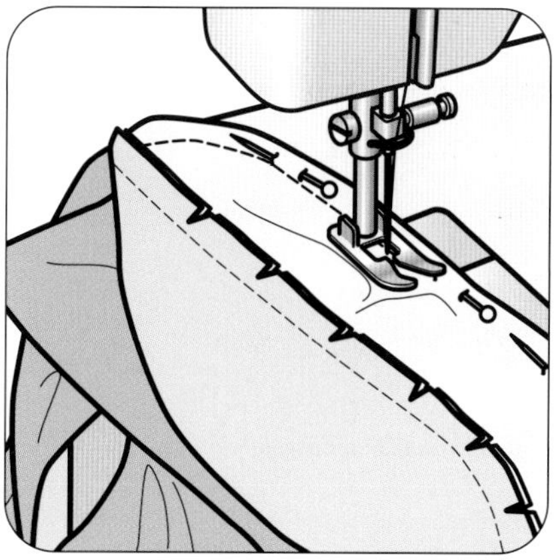

4 Cosa la pieza de refuerzo a la línea del escote. Vuélvala sobre los bordes sin rematar de la línea del escote, doble el margen de la costura a lo largo del borde inferior y haga punto enano en la línea de la costura para ocultar los bordes.

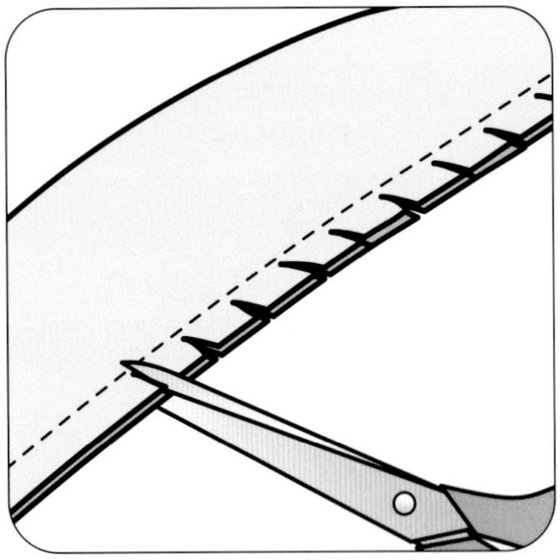

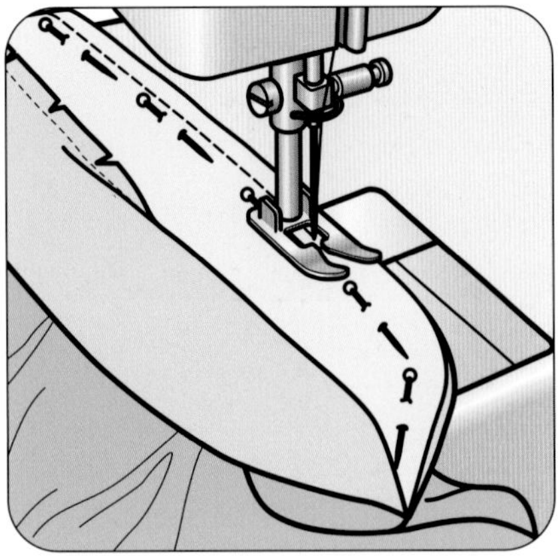

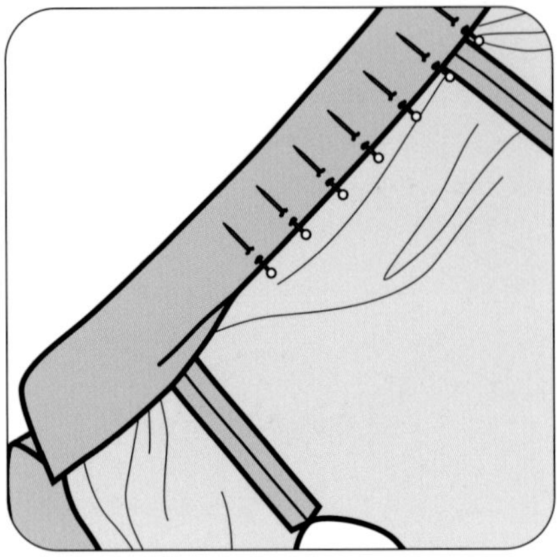

1 ▲ Cuello mao

Confeccione las piezas principales de la prenda, así como las del cuello como se describe en los pasos 1 y 3 de la página 86.

2 Cosa el cuello al borde sin rematar de la línea del escote; para ello, únalos por el derecho, y con la entretela del cuello unida a la prenda. Haga coincidir los bordes sin rematar y los cortes.

3 Vuelva el cuello sobre los bordes sin rematar de la línea del escote, doble los márgenes de la costura a lo largo del borde inferior y prenda alfileres.

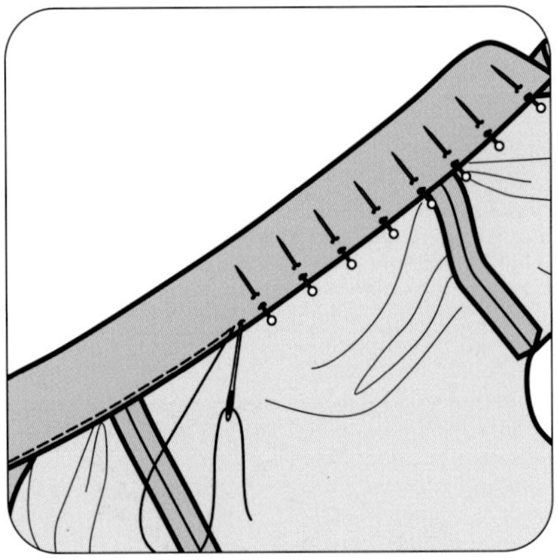

4 Cosa con punto enano el borde doblado del cuello a lo largo de la línea de costura para ocultar los bordes sin rematar.

Mangas

Las mangas pegadas pueden realizarse de diversas maneras: largas, cortas, filipinas, fruncidas, tableadas... Las posibilidades son infinitas. Las mangas raglán ofrecen mucha menos variedad, pero son muy sencillas de confeccionar. Las mangas se hacen generalmente de la misma tela que la prenda principal, aunque puede elegirse una tela que contraste o que sea más ligera, como parte del diseño global.

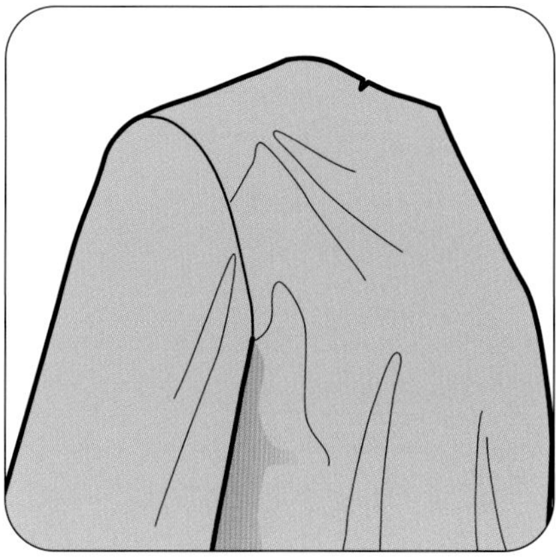

Manga fruncida

Este tipo de manga tiene un frunce en la parte superior, donde se une con la sisa.

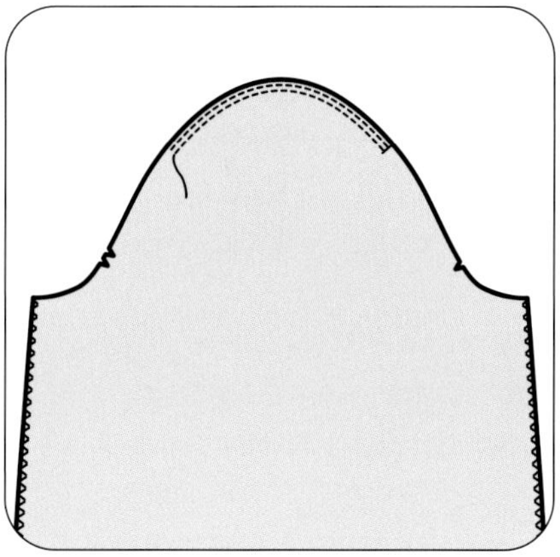

1 Confeccione las piezas principales de la prenda. Transfiera todas las marcas a la manga y dé una doble línea de puntadas de fruncido entre los puntos que marca el patrón en la curva de la parte superior de la manga. Cosa en zigzag los bordes sin rematar de la costura interior de la manga.

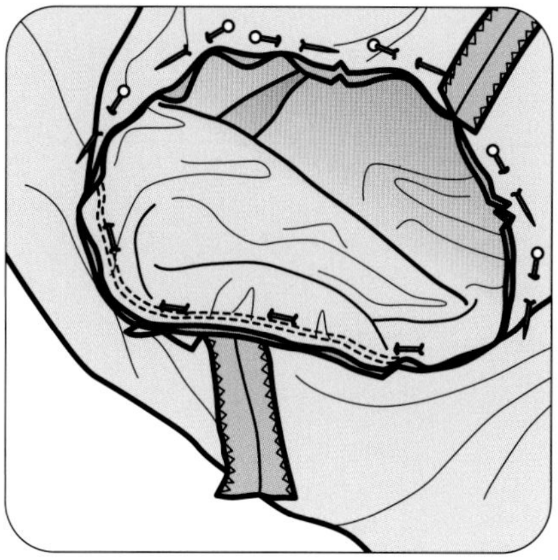

2 Cosa la costura de la parte interior de la manga y plánchela para que quede abierta. Dé la vuelta a la prenda, y sujete con alfileres la manga a la sisa haciendo coincidir las costuras y las muescas del patrón. Tire de los hilos del fruncido para ajustar la curva de la manga a la parte superior de la sisa.

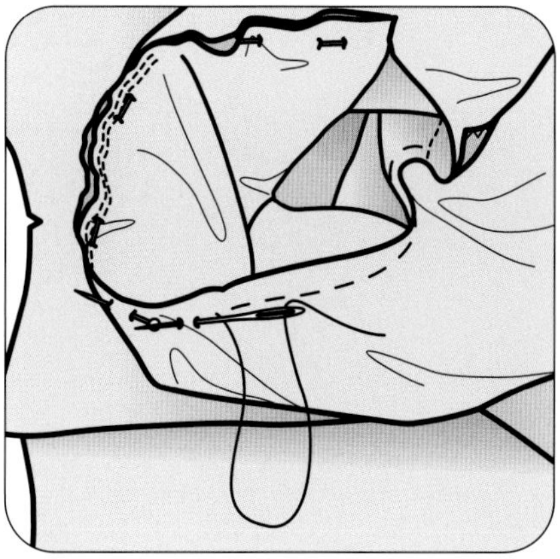

3 Hilvane la manga a la prenda, pero asegúrese de que los frunces de la parte superior de la manga sean uniformes. Cosa la manga.

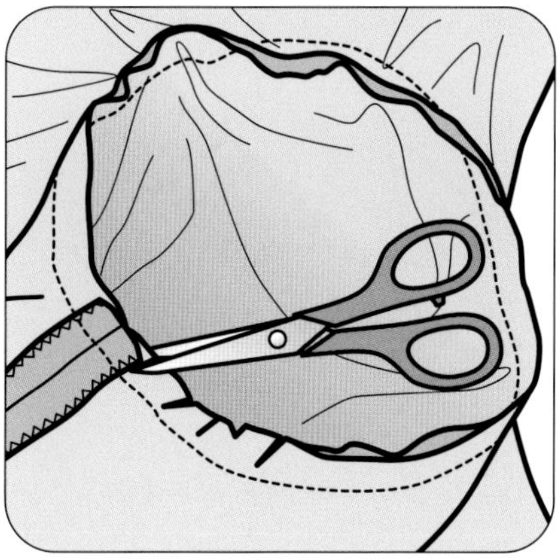

4 Haga cortes en los dos lados de la costura de la parte interior de la manga con mucho cuidado de no cortar las puntadas. Remate los bordes de la costura de la sisa con punto de zigzag o un ribete.

Notas sobre mangas

Si la tela se deshilacha, haga doble puntada en la costura y sujete los bordes sin rematar con un ribete al bies. Las mangas tableadas son más amplias que las fruncidas y quedan mejor en las telas más gruesas.

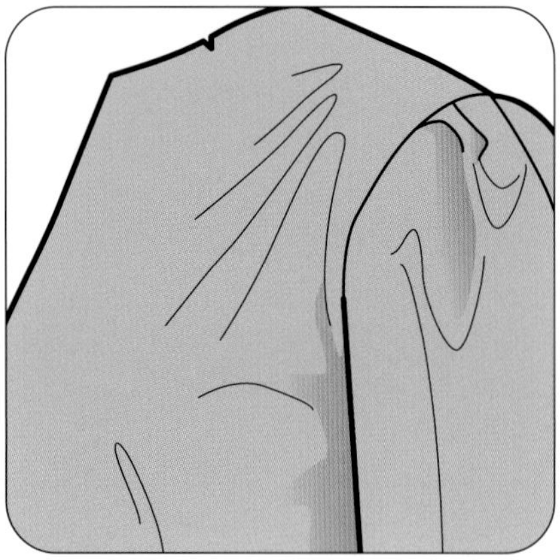

▲ **Manga tableada**

Es similar a la manga fruncida, pero tiene tablas en lugar de frunces.

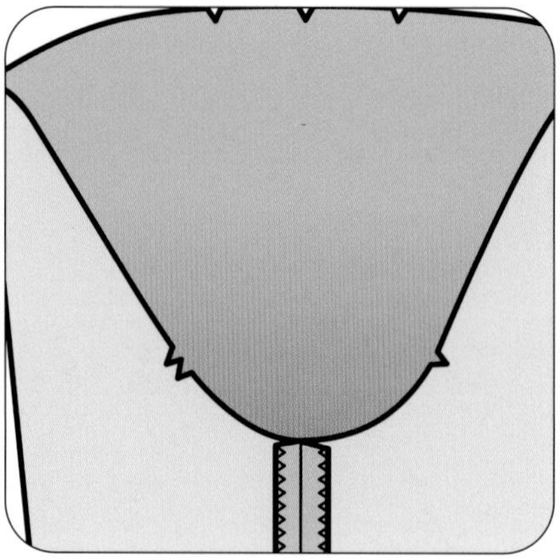

1 Confeccione las piezas principales de la prenda. Transfiera todas las marcas a las piezas de la manga; después dé puntadas de zigzag en los bordes sin rematar de la parte interior de la manga. Cosa la costura de la parte interior de la manga y plánchela para que quede abierta.

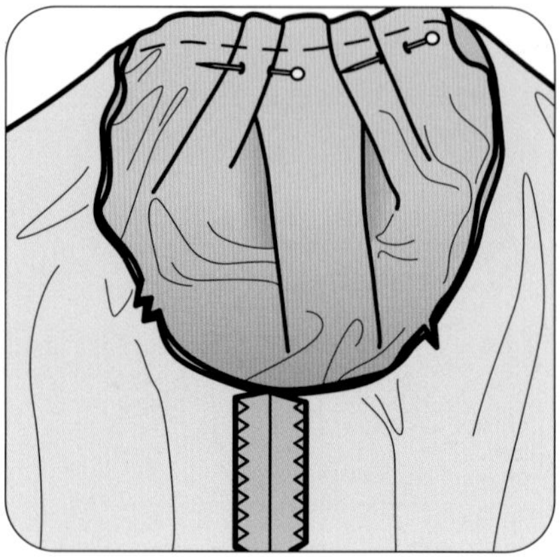

2 Dé la vuelta a la pieza, una la manga a la sisa, derecho con derecho, haciendo coincidir las costuras y las muescas del patrón, y prenda alfileres. Haga coincidir las marcas y sujete las tablas con alfileres. Ajuste a la sisa la curva de la parte superior de la manga. Remate como se ha explicado en el caso de la manga fruncida.

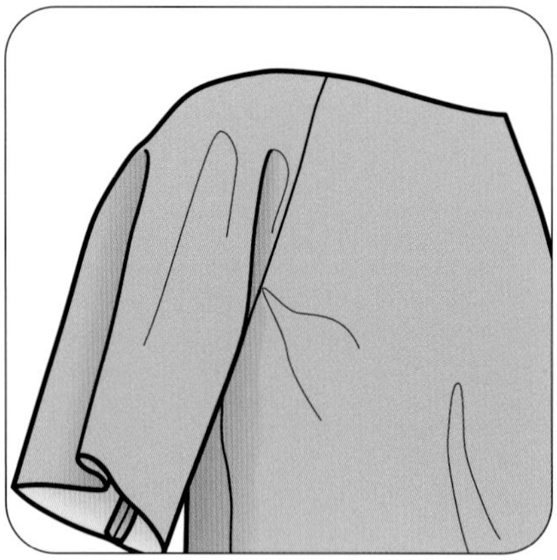

▲ **Manga raglán**

En esta manga, la costura discurre en diagonal desde debajo del brazo hasta la línea del escote, por lo que una parte de la manga forma también parte del delantero y de la espalda.

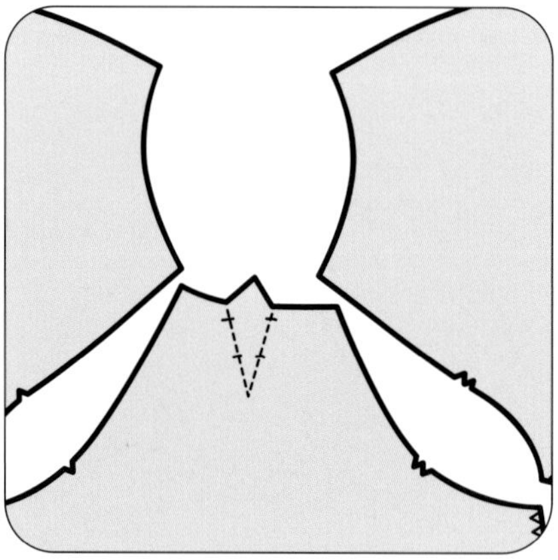

1 Transfiera todas las marcas a las piezas del delantero, la espalda y las mangas. Haga puntada de zigzag en los bordes sin rematar de todas las piezas.

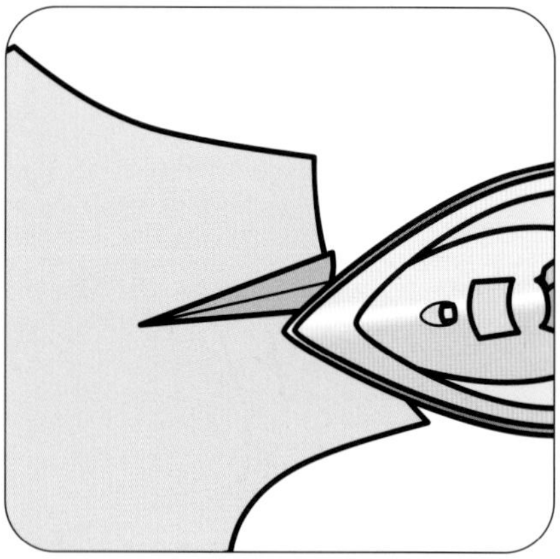

2 Algunas mangas raglán tienen una pinza en la parte superior para que se ajuste mejor al hombro. Cosa esta pinza en las dos mangas; después, córtela y plánchela para que quede abierta.

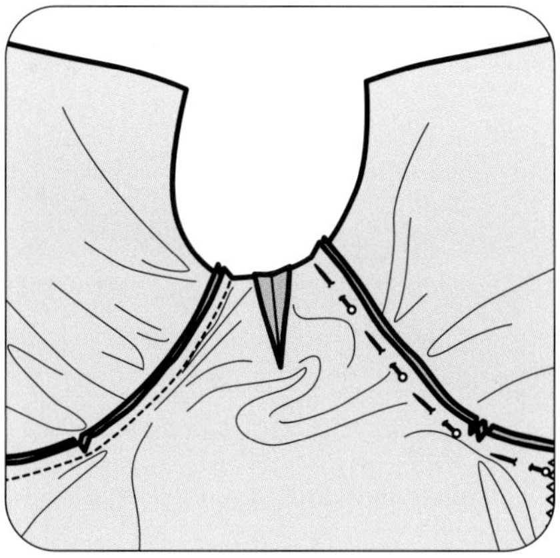

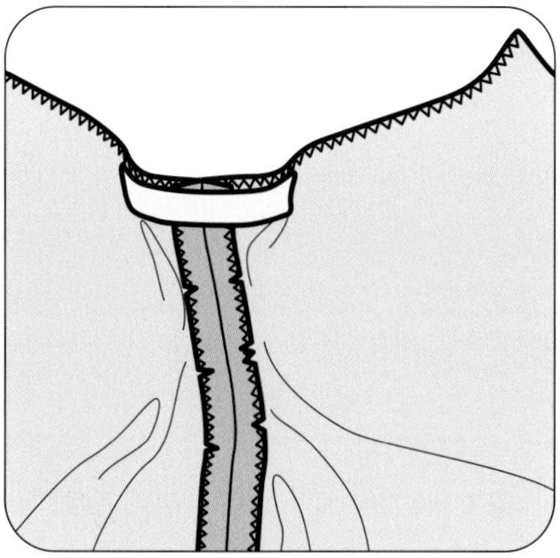

3 Prenda alfileres e hilvane la manga al delantero y a la espalda haciendo coincidir las muescas del patrón. Cosa estas piezas; después corte piquetes en las curvas y planche las costuras para queden abiertas.

4 Prenda con alfileres e hilvane las costuras de la manga y después cósalas. Puede poner un trozo de cinta, de 10 cm de longitud, cruzada sobre la costura para reforzarla.

Aspecto deportivo

La ropa deportiva y la informal llevan a menudo una manga raglán porque queda más suelta y facilita el movimiento sin hacer bolsas.

Para conferir a una prenda un aspecto deportivo, confeccione las mangas raglán en un color que contraste con el de la tela de la espalda y el delantero.

Puños y plaqués

El puño constituye el remate de la manga y existen muchas variedades distintas. Si el puño se ajusta mucho a la muñeca, la manga necesitará un plaqué, que proporcionará mayor abertura cuando se desabroche el puño.

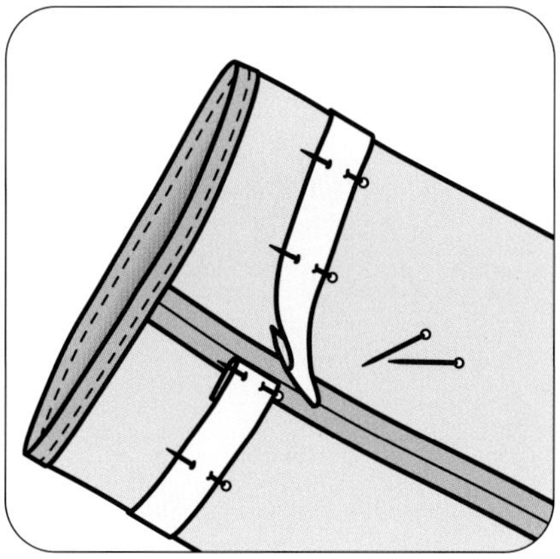

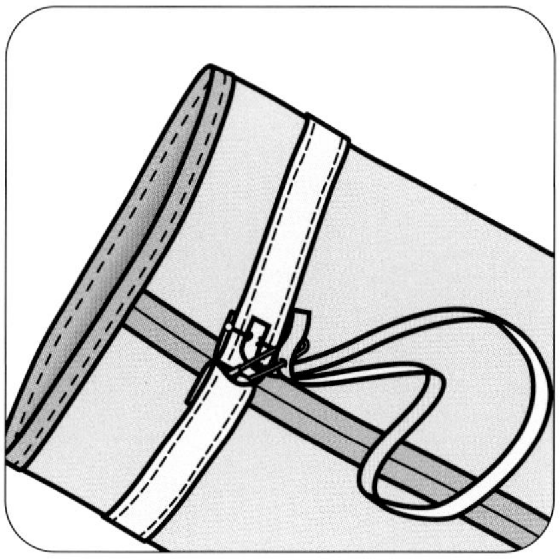

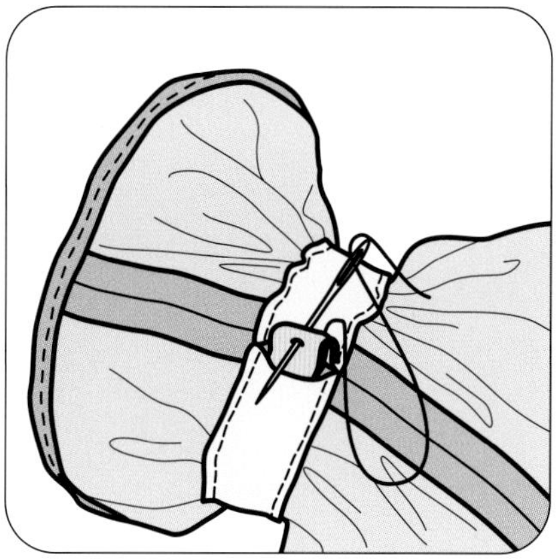

1 ▲ **Puño fruncido**
Haga un dobladillo en la parte inferior de la manga. Mida la longitud que desea añadir al frunce desde el borde y, por el revés, sujete con alfileres una cinta de costura a la distancia que acaba de medir. Doble los extremos de la cinta a la altura de la costura y préndalos con alfileres.

2 Cosa la cinta a la manga por los bordes largos. Prepare un trozo de elástico que mida lo mismo que la muñeca; después, prenda un imperdible en uno de los extremos y vaya introduciendo el elástico en la cinta.

3 Cuando el elástico esté dentro de la cinta, junte los dos extremos y superpóngalos unos 6 mm. Cósalos y cierre la abertura con punto enano.

47
48
49
50
51

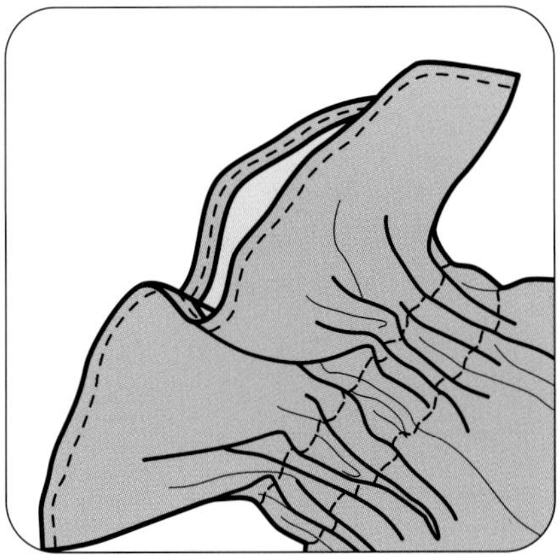

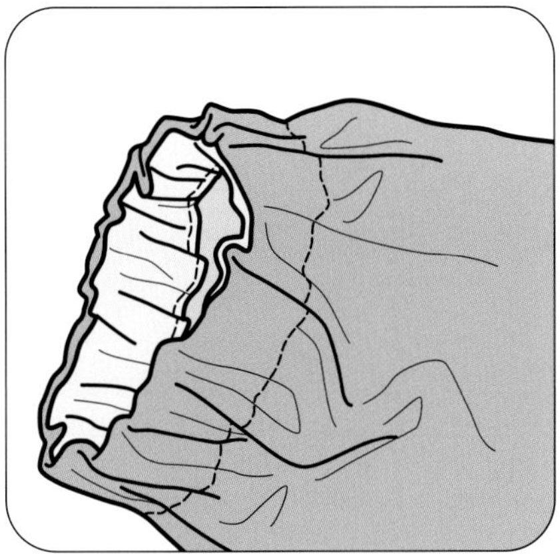

Usar una jareta con elástico es una forma rápida y práctica de conseguir una manga fruncida. Sin embargo, en telas transparentes, la cinta sería visible. Puede conseguir el mismo efecto cosiendo hileras de hilo elástico por el revés.

Para confeccionar un puño fruncido más simple, una la cinta o el ribete, derecho con derecho, al borde sin rematar de la manga y alinee los extremos cortos con la costura de la parte interior de la manga. Cosa la cinta por los bordes largos y después siga los mismos pasos que se acaban de describir para el puño fruncido.

El remate del puño

Se puede rematar el final de la manga con un simple dobladillo.

Confiera un aspecto más alegre a la prenda usando un ribete que contraste para rematar el puño.

Plaqué con dobladillo

No es un verdadero plaqué, pero tiene el mismo efecto. Corte el margen de la costura hasta la línea de costura por las muescas marcadas en el extremo de la manga. Vuelva la sección que queda entre los cortes para hacer un dobladillo y cósalo. Añada el puño del modo normal: la sección del dobladillo se plegará cuando se abroche el puño.

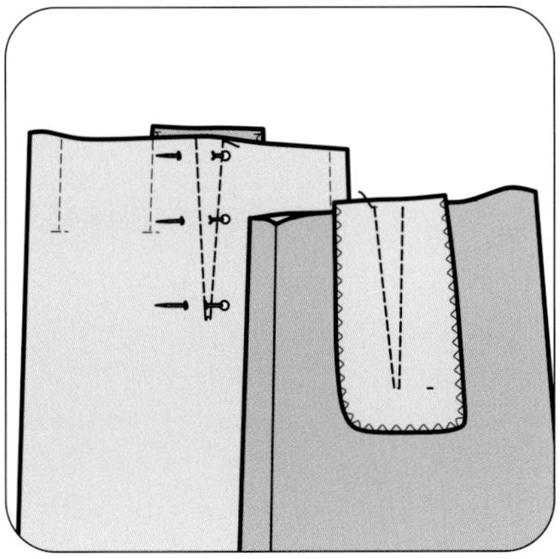

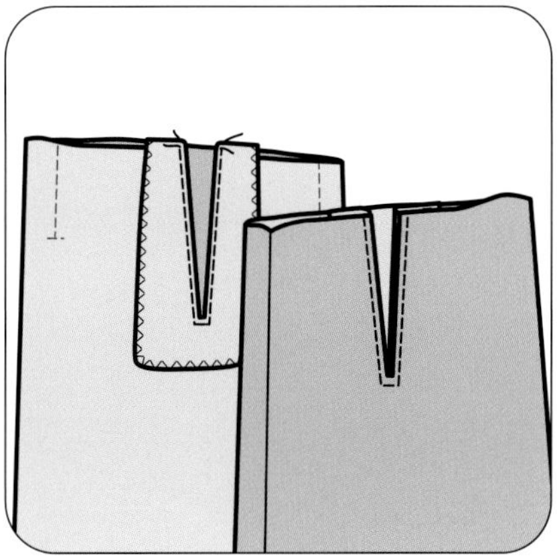

1 ▲ Dobladillo con vista

Transfiera las marcas de la manga y de la pieza de plaqué y dé puntadas de zigzag alrededor de los bordes largos y de uno de los bordes cortos del plaqué. Sujete el plaqué con alfileres a la manga y únalos por el derecho. Cosa a lo largo de la línea marcada con forma en V; después, corte el centro de la V con unas tijeras pequeñas bien afiladas, con cuidado de no dañar las puntadas.

2 Doble hacia dentro la pieza del plaqué por el corte que ha realizado y plánchelo. Remate pespunteando el borde a lo largo de la doblez.

▲ Plaqué al bies

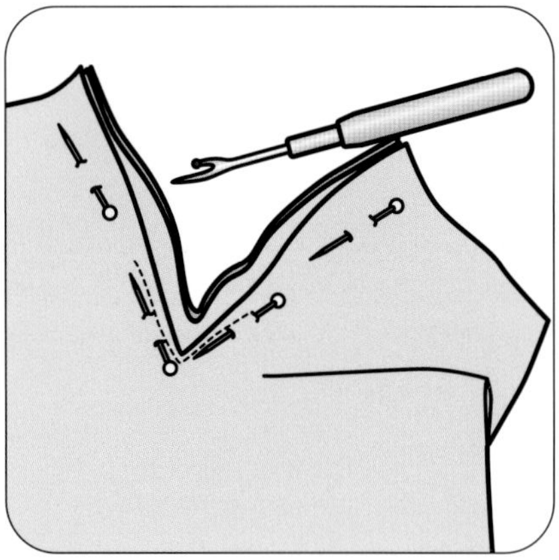

1 Corte un ribete al bies para la pieza de plaqué y transfiera las marcas a la manga. Cosa puntadas de refuerzo en los últimos 5 cm de la abertura en V y una puntada horizontal justo en el vértice. Con unas tijeras bien afiladas, corte la abertura hasta el vértice de la V. Sujete con alfileres el ribete al bies a los bordes de la abertura; una estos elementos por el derecho, e hilvane.

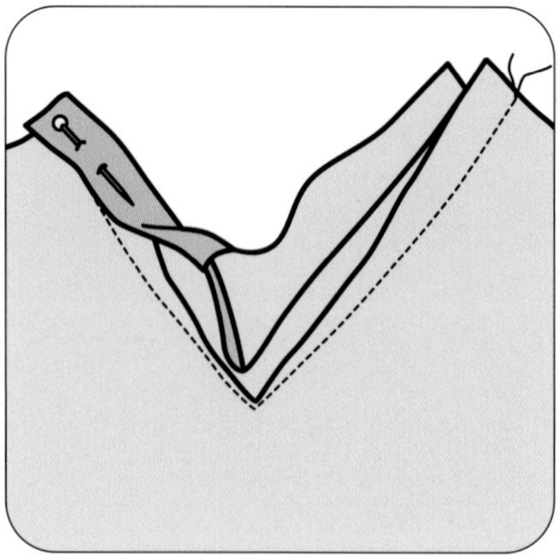

2 Cosa la costura de un extremo a otro alrededor de la abertura. Doble hacia dentro el ribete al bies e incluya los bordes sin rematar de la costura que acaba de hacer. Cosa un dobladillo de 6 mm a lo largo del canto sin rematar del ribete al bies; después, prenda alfileres a lo largo de la línea de costura que acaba de hacer.

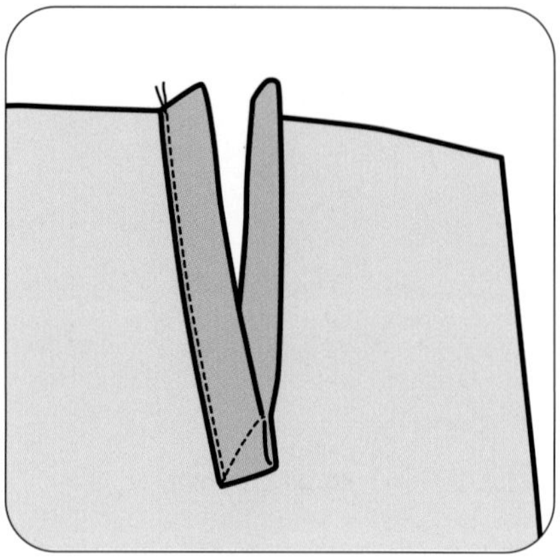

3 Cosa a lo largo del dobladillo para asegurarlo. En el extremo doblado del ribete al bies, cosa una línea diagonal, que lo mantendrá sujeto a la tela y evitará que se levante. Planche la sección inferior del ribete contra la manga e hilvane el extremo para mantenerlo en su lugar hasta añadir el puño.

▲ Plaqué entallado

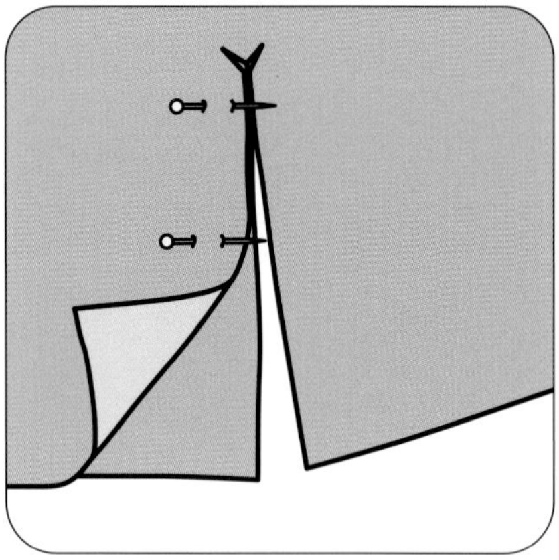

1 Corte y transfiera todas las marcas a las mangas y las dos piezas del plaqué. Corte una forma de V en el extremo de la manga para la abertura del plaqué. Una el derecho de la pieza más pequeña del plaqué (la que va por debajo) al revés de la manga, sujétela con alfileres y cósala.

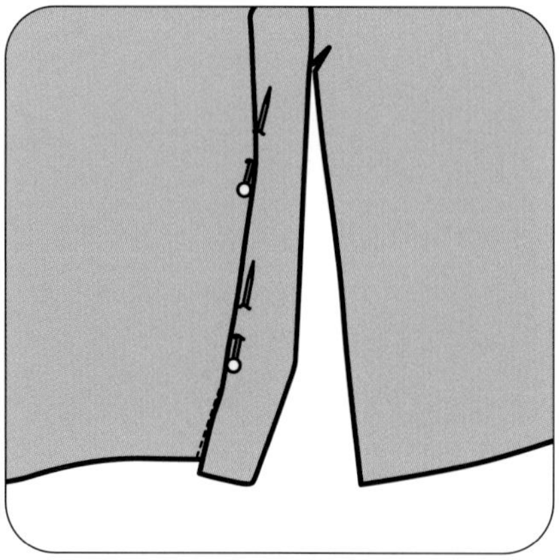

2 Doble hacia dentro el margen de la costura del lado largo y libre de la pieza que va por debajo y plánchelo. Vuelva la pieza hacia el derecho de la manga e incluya los bordes sin rematar de la costura que ha hecho antes y prenda alfileres. Pespuntee a lo largo del borde del doblez planchado.

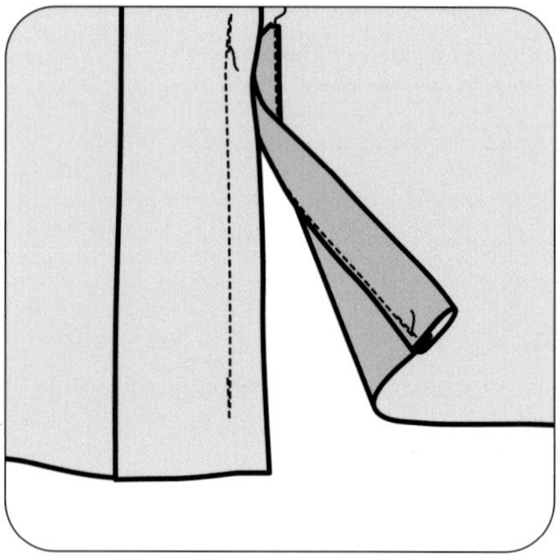

3 La pieza del plaqué que va por encima se coloca ahora (por el derecho) en el revés del borde libre de la abertura. Cósala para fijarla en su lugar; después, cosa por el extremo corto atravesando todas las capas, incluida la superior de la pieza del plaqué que va por encima.

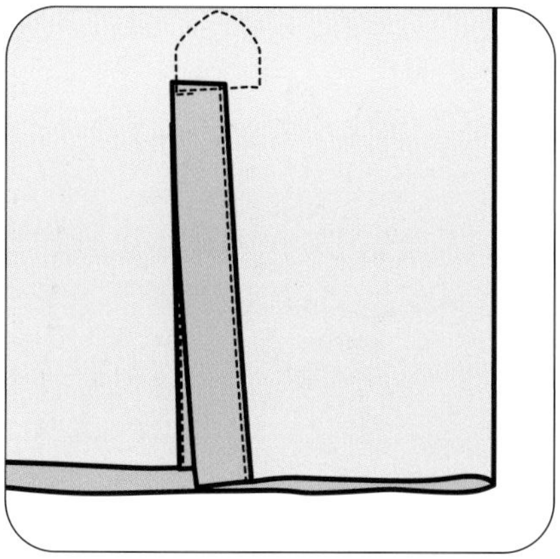

4

Doble hacia dentro el margen de la costura de la pieza del plaqué que va por encima. Planche e hilvane. Doble sobre la línea de costura y prenda alfileres. Pespuntee a lo largo del doblez planchado hasta la parte superior de la abertura; después, cosa el extremo en punta del plaqué, como se muestra en la ilustración, pero asegúrese de no atravesar la pieza del plaqué que va por debajo. Para rematar y asegurar todas las capas, cosa hacia abajo siguiendo la costura.

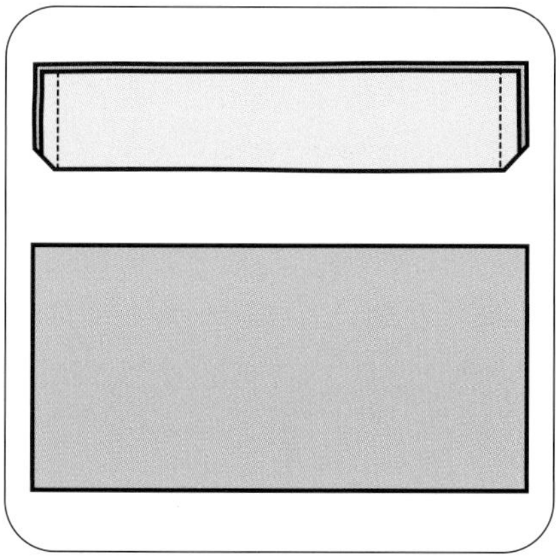

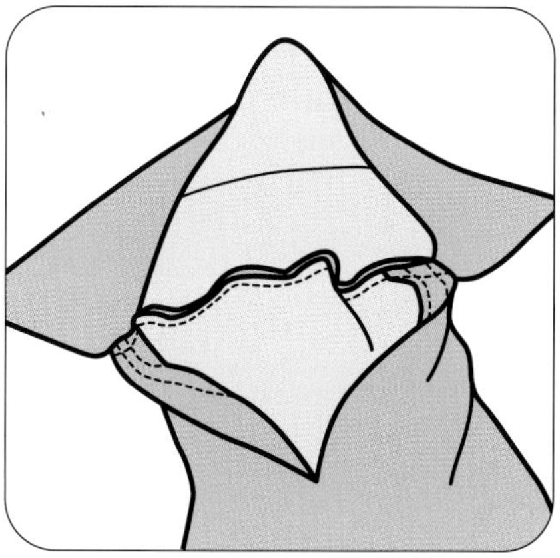

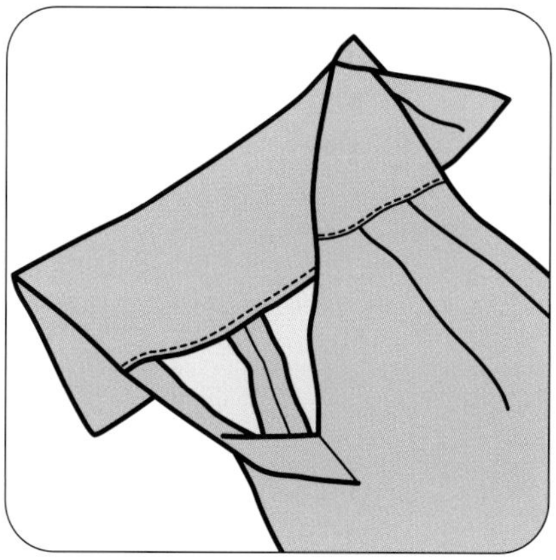

1

▲ Coser los puños

Los puños pueden ser de anchura sencilla (como se muestra en el paso 2, a la derecha) o doble y plegados (como en el paso 3, a la derecha); ambos se cosen a la manga del mismo modo. Transfiera las marcas, añada la entretela por el revés del puño y cosa las dos piezas del puño uniéndolas por el derecho. Realize cortes en las costuras y las esquinas.

2

Prenda con alfileres el lado del puño que lleva la entretela al extremo de la manga, uniendo estos elementos por el derecho y haciendo coincidir los bordes sin rematar y las muescas del patrón. Adapte el vuelo de la manga siguiendo las instrucciones del patrón. Hilvane y cosa la costura.

3

Doble hacia dentro el margen de la costura del otro borde sin rematar y plánchelo. Doble el puño para incluir los bordes de la costura sin rematar y lleve el borde doblado hasta la línea de costura. Prenda alfileres y haga punto enano o pespunte a máquina a lo largo de la doblez.

Cinturillas

Existen muchas variaciones de la cinturilla. Puede ser ancha o estrecha, tener una vuelta o no, ser rígida o llevar un elástico o un cordón por dentro. En los patrones encontrará instrucciones detalladas para realizar las distintas variaciones, pero la mayor parte de la confección básica será igual para todas ellas.

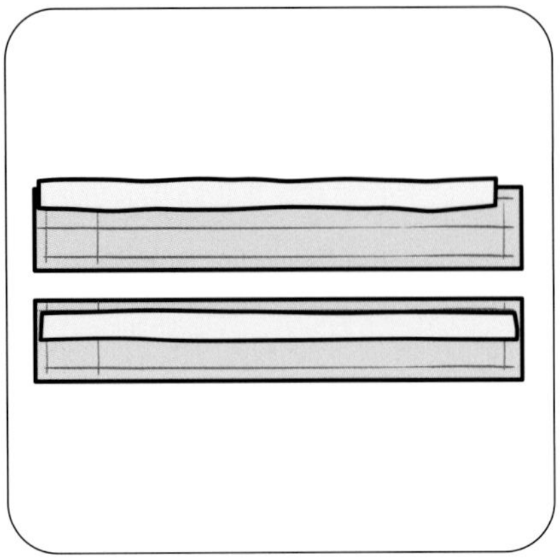

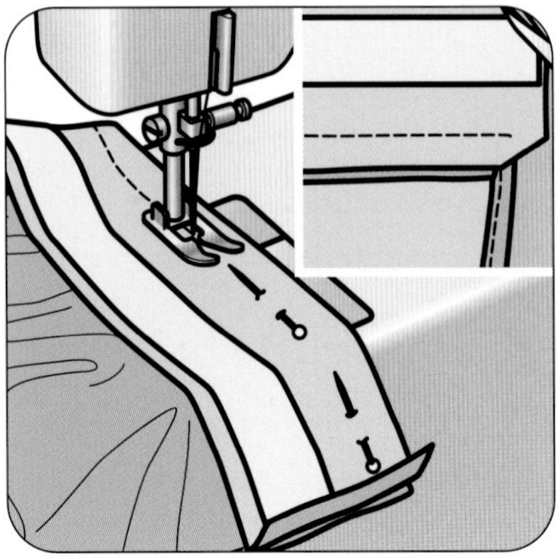

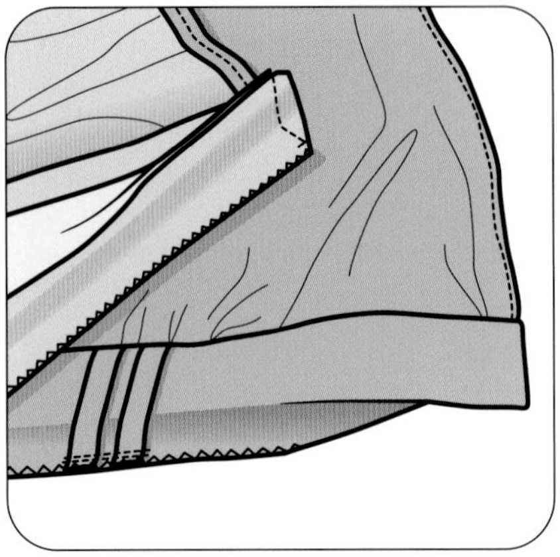

1 ▲ Cinturilla simple

Transfiera las marcas a las secciones de la cinturilla. Añada entretela termofusible o cosida en el revés de una de las mitades de la cinturilla. Planche el pliegue central a lo largo de la cinturilla, de manera que una estos elementos por el derecho.

2 Prenda alfileres o hilvane la cinturilla a la línea de la cintura de la prenda para unir estos elementos por el derecho, haciendo coincidir las muescas del patrón y poniendo junto a la prenda el lado que no tiene entretela. Cosa la costura de la cinturilla y después sus extremos cortos. Realice cortes en las esquinas y en las costuras.

3 Remate el borde de la cinturilla con puntada de zigzag o doblándolo hacia dentro y planchándolo. Dé la vuelta a la cinturilla y prenda alfileres o hilvane la capa interior. Pespuntee por el derecho, justo por encima de la línea de costura.

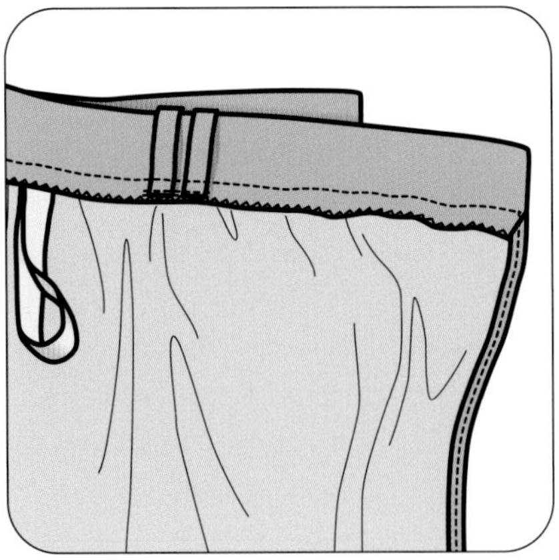

4 Si quiere añadir trabillas para colgar la prenda, use dos trozos de cinta de costura o de lazo. Dóblelos por la mitad e introduzca los extremos sin rematar en la costura para coserlos a la vez que pespuntee.

Notas sobre cinturillas

Cuando trabaje con telas de peso medio o ligero, puede rematar la cinturilla por dentro; para ello, doble hacia dentro el margen de la costura e hilvane y después pespuntee por el derecho, justo por encima de la costura.

Si usa tela de gran peso, capear las costuras ayudará a reducir el volumen y a que la cinturilla quede más lisa.

Para asegurarse de que una cinturilla elástica se frunce uniformemente, puede estirarla con el elástico dentro y después dar puntadas de zigzag por el medio de la cinturilla para sujetar todas las capas.

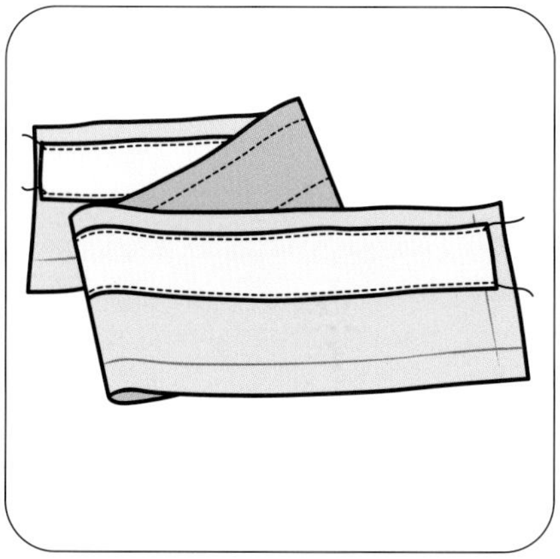

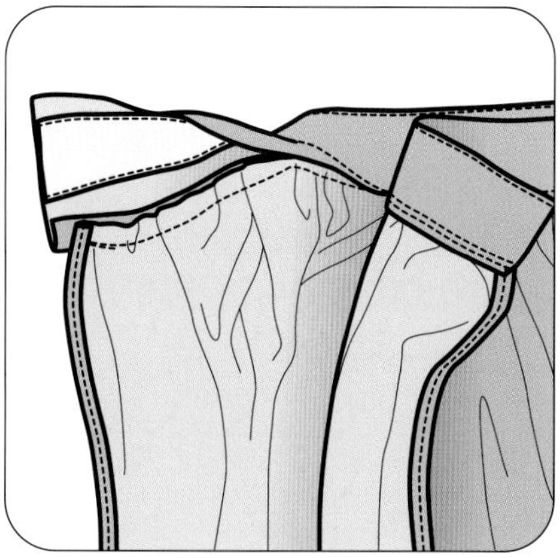

1 ▲ **Cinturilla reforzada**
Confeccione la cinturilla como en el caso de la cinturilla simple, pero hilvane un trozo de cordellate a un lado, en lugar de la entretela. Cosa a máquina por uno de los bordes largos para sujetarla firmemente.

2 Cosa la cinturilla a la línea de la cintura de la prenda por el derecho. Cosa también los extremos cortos. Después, doble hacia el interior el borde sin rematar y planche. Dé la vuelta a la cinturilla y pespuntee por el derecho.

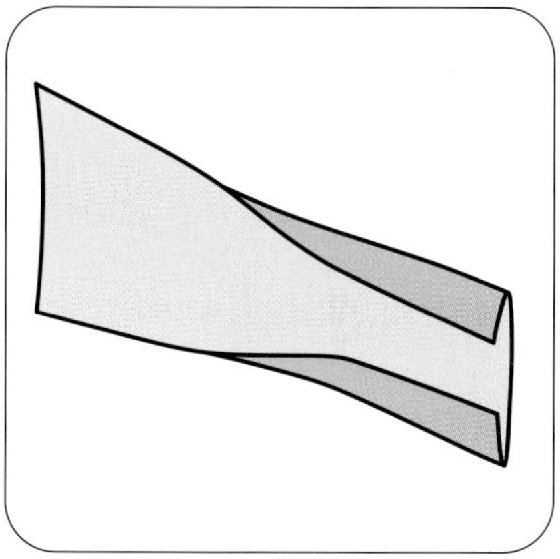

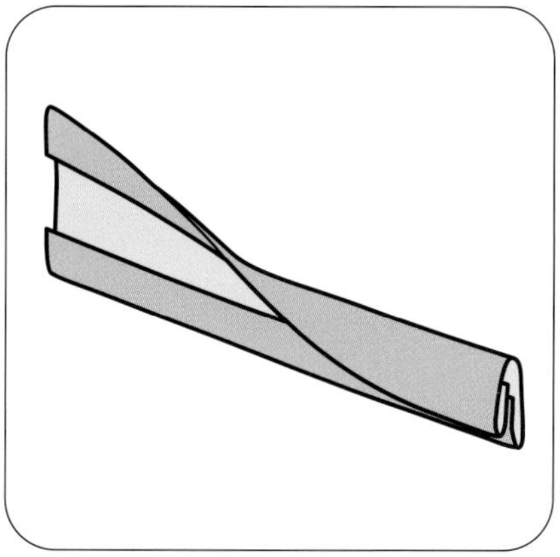

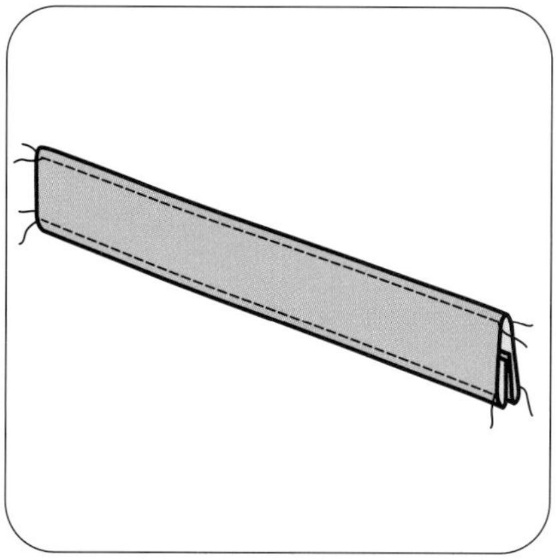

1 ▲ **Trabillas**
Siguiendo el sentido del hilo, corte una tira de tela de 3 cm de anchura, por la anchura de la cinturilla o cinturón, más 3 cm por cada trabilla.

2 Planche una tira de 6 mm de anchura sobre el revés a lo largo de cada borde longitudinal; después, planche la trabilla doblándola por la mitad longitudinalmente.

3 Pespuntee los dos bordes tan cerca de la línea de doblez como le sea posible. No dé punto atrás en ninguno de los extremos.

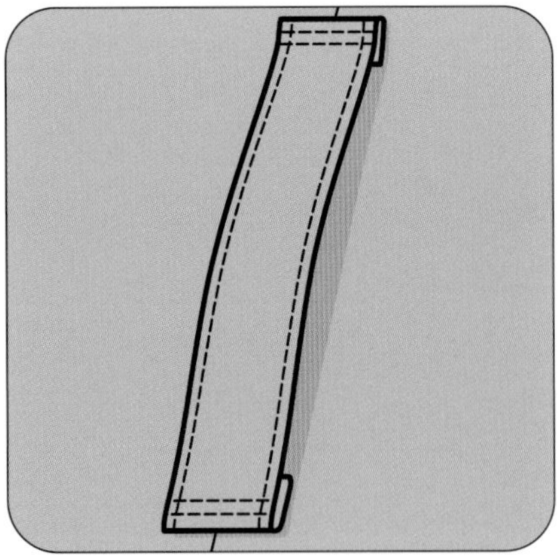

4 Doble 6 mm hacia dentro los extremos cortos y planche. Sujete con alfileres y cosa una línea doble transversal en cada extremo para asegurarlos.

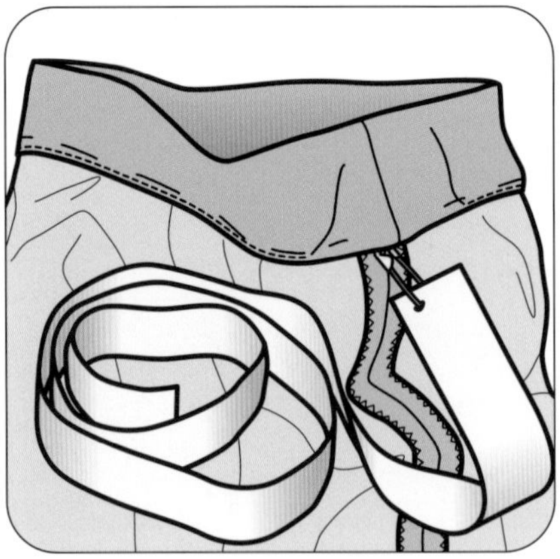

1 ▲ **Cinturilla elástica**

Mida la anchura de la cinturilla y añada 6 mm. Doble hacia dentro el borde de la cintura de la prenda. Vuelva 6 mm el borde sin rematar. Pespuntee a lo largo del borde inferior para crear una jareta y deje un trozo sin coser. Introduzca la cinta elástica por esta abertura.

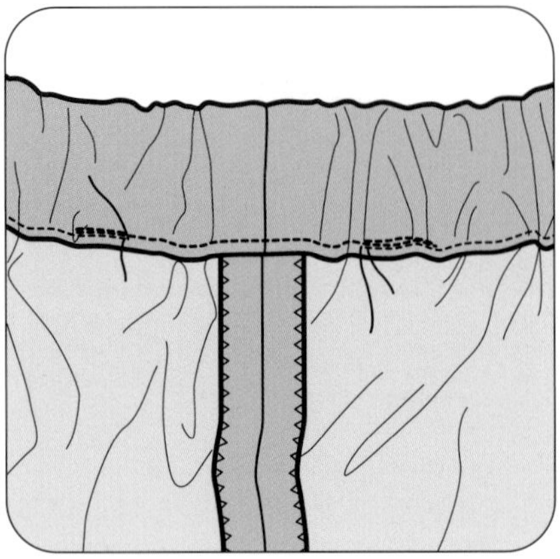

2 Saque los extremos de la cinta elástica y préndalos con alfileres. Asegúrese de que la cinta elástica no quede retorcida y cosa bien los extremos con punto enano a lo largo de los bordes de la doble capa; también puede coser a máquina un cuadro en la sección en la que se superponen. Cierre la abertura con pespuntes para que coincida con el resto.

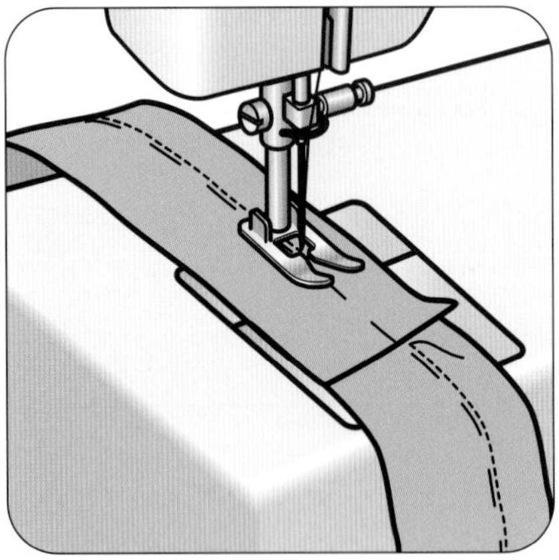

1 ▲ **Cinturilla fruncida con cinta elástica**

Cosa los extremos cortos de la jareta de la cinturilla y deje un trozo sin coser en un lado para introducir el elástico en el paso 4. Planche el pliegue central a lo largo de la jareta de la cinturilla. Cosa los bordes largos.

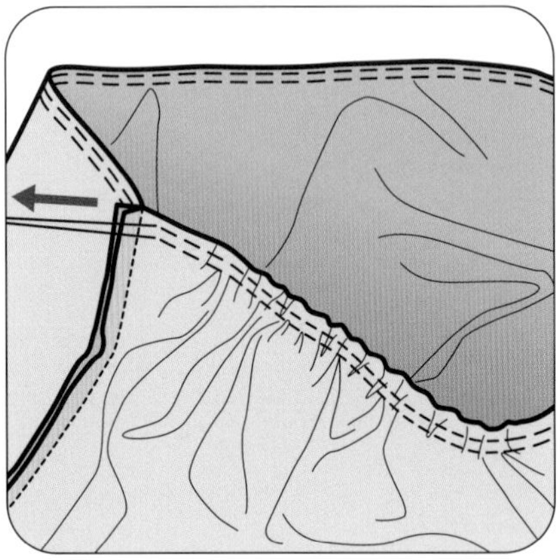

2 Cosa una doble línea de puntadas de fruncido alrededor de la línea de la cintura de la prenda, dentro de la línea de la costura. Tire de los hilos para fruncir la tela uniformemente alrededor de la cintura hasta alcanzar la longitud de la cinturilla.

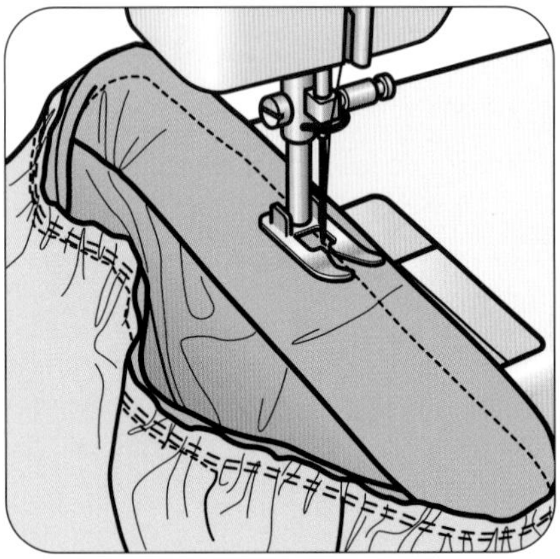

3 Sujete con alfileres la jareta de la cinturilla a la línea de la cintura de la prenda y únalas por el derecho, de modo que coincidan las muescas del patrón y las costuras. Arregle los frunces para que queden uniformes, y después cósalas. En este momento, la abertura de la costura por la que va a insertar el elástico debe estar en la parte exterior de la jareta.

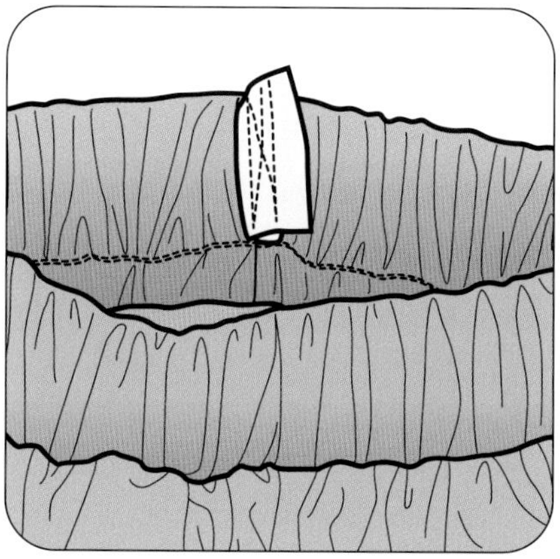

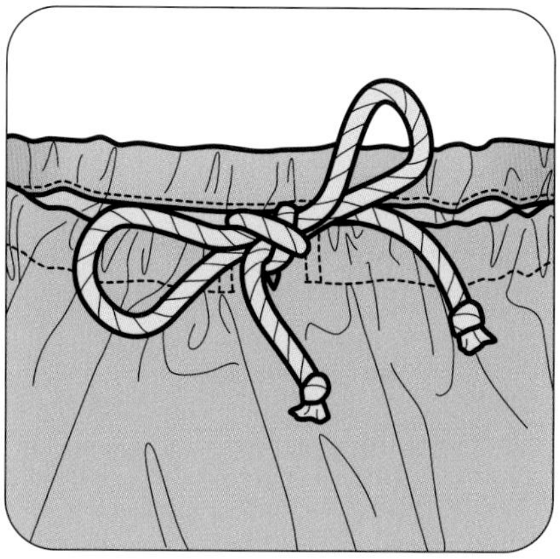

4 Introduzca el elástico por la abertura vertical que ha dejado en la costura de la jareta. Superponga los dos extremos del elástico y cósalos para asegurarlos. Introdúzcalos en la jareta y cosa la abertura.

5 Si quiere introducir un cordón en lugar de un elástico, asegúrese de que el orificio de la costura de la jareta quede en el interior cuando la cosa a la prenda. Así se cerciorará de que quede fuera cuando termine la jareta. Introduzca el cordón y ate los extremos con un lazo.

Ideas sobre bolsillos

Los bolsillos de plastrón pueden decorarse con motivos o aplicaciones o confeccionarse con una tela que contraste.

Intente hacer el bolsillo de dos capas con una tela que contraste para crear un contorno por los lados y la parte inferior.

Si desea un bolsillo ribeteado, es fundamental cortar y marcar con precisión para obtener un acabado limpio y profesional.

Bolsillos

Lo más importante que hay que tener en cuenta sobre los bolsillos es que deben ser lo suficientemente fuertes como para aguantar el uso y el roce normales. Habitualmente se confeccionan del mismo material que el resto de la prenda, pero pueden forrarse con tela más ligera para reducir el volumen. Los bolsillos de plastrón se añaden en el exterior de la prenda y pueden estar forrados o no. Los bolsillos también pueden unirse a la cintura y a las costuras laterales y situarse en el interior de la prenda. En las chaquetas y en algunas prendas entalladas, el bolsillo se oculta en el interior, y desde el exterior sólo se ve una abertura ribeteada.

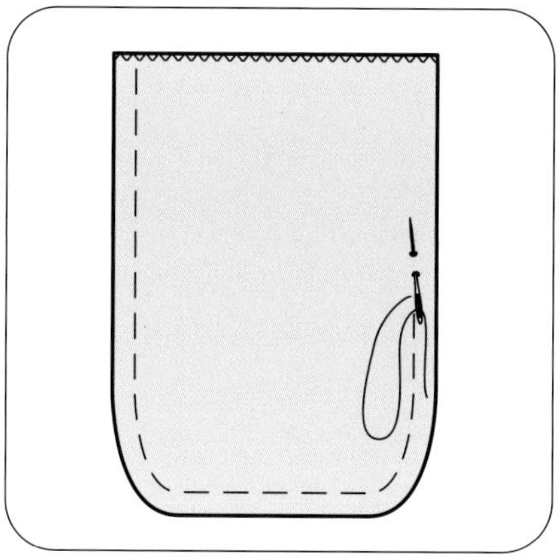

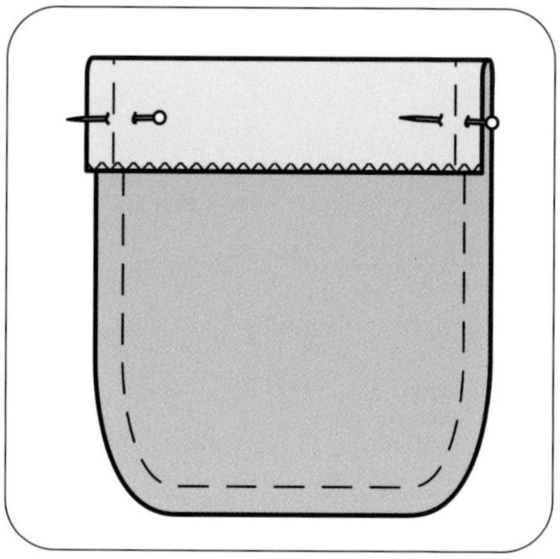

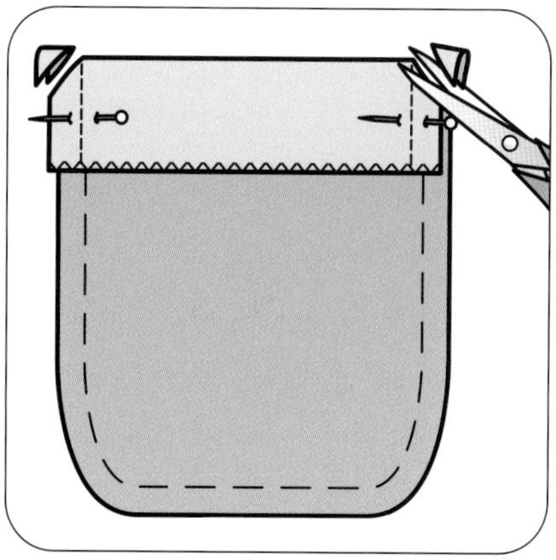

1 ▲ Bolsillo de plastrón básico
Marque el bolsillo en la prenda, de modo que luego pueda eliminar las marcas, y transfiéralas al revés de la pieza del bolsillo. Hilvane la costura del bolsillo y dé puntadas de zigzag en el borde superior.

2 Doble el borde superior del bolsillo. Asegúrese de juntar los derechos y de hacer coincidir las muescas del patrón. Prenda alfileres.

3 Cosa los extremos cortos de la sección doblada. Corte las esquinas superiores.

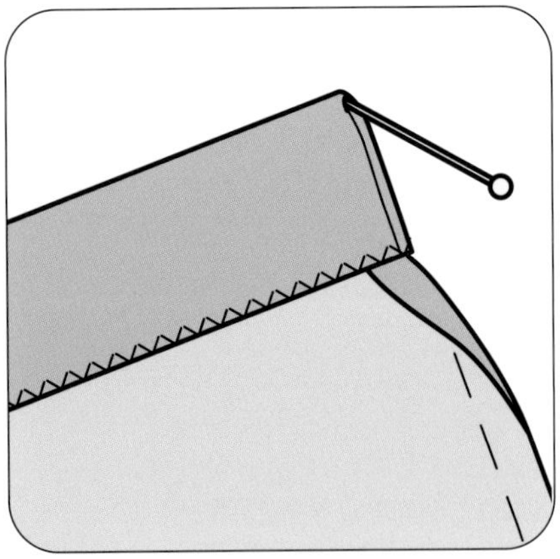

4 Dé la vuelta a la sección superior y alise las esquinas para que queden en punta; puede usar un alfiler, pero tenga cuidado de no tirar de ningún hilo.

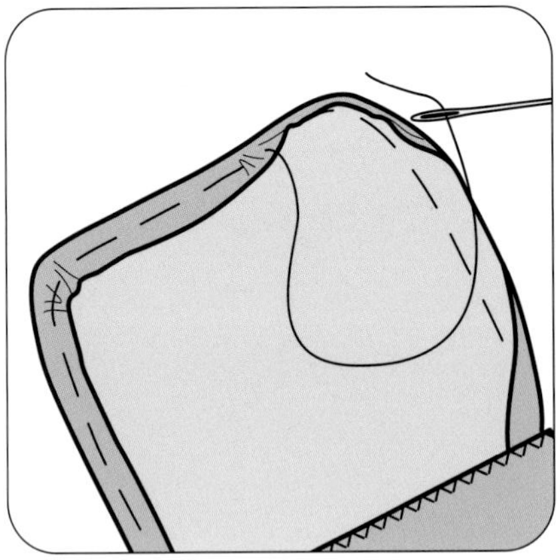

5 Doble el borde sin rematar hacia el revés a lo largo de la línea marcada y planche. Hilvane para adecuar la tela en las curvas.

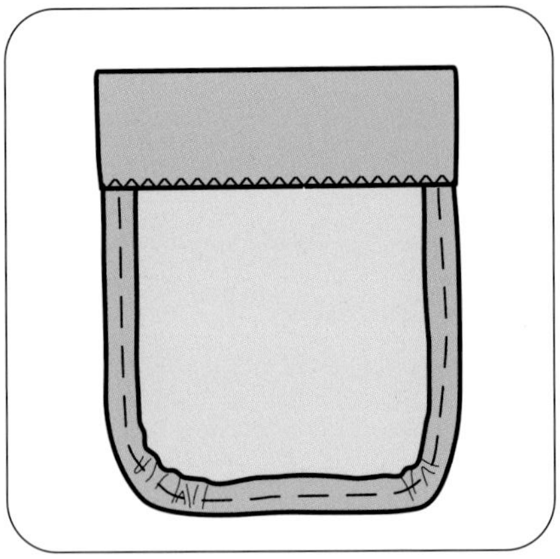

6 El bolsillo está ya listo para aplicarlo a la prenda.

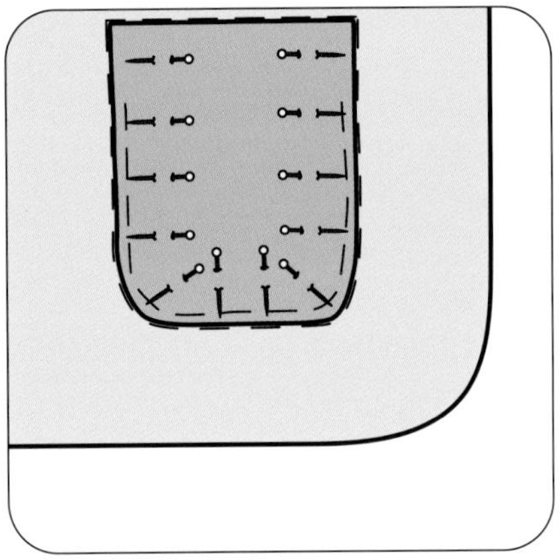

7 Sujete con alfileres el bolsillo a la prenda siguiendo el contorno marcado. Coloque los alfileres perpendiculares al contorno y ligeramente separados de la costura para poder coser sin tener que retirarlos.

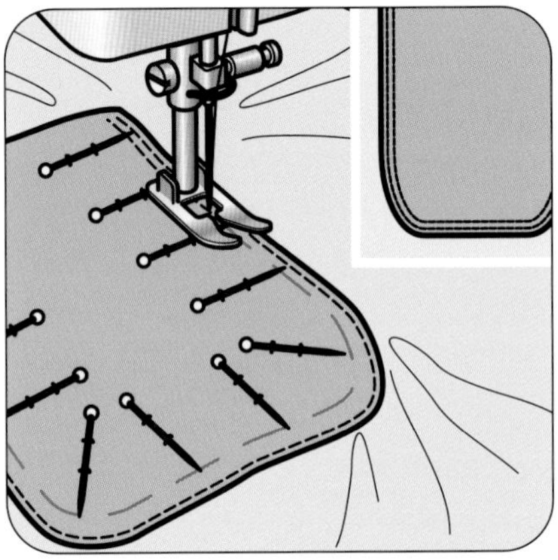

8 Compruebe que le satisface la ubicación del bolsillo, pues en esta fase aún puede modificarse fácilmente. Cósalo a la prenda con una doble línea de puntadas.

Falso bolsillo

Para confeccionar un bolsillo falso o cubrir uno de abertura simple, corte dos piezas con forma de una tapeta. Únalas por los derechos, sujételas con alfileres y cósalas por todos los lados, excepto el superior. Corte las esquinas y dé la vuelta. Plánchelo y, si lo desea, pespuntee los bordes. Coloque la tapeta al revés sobre la prenda, doble para cubrir el borde sin rematar y prenda alfileres. Pespuntee la tapeta a la prenda.

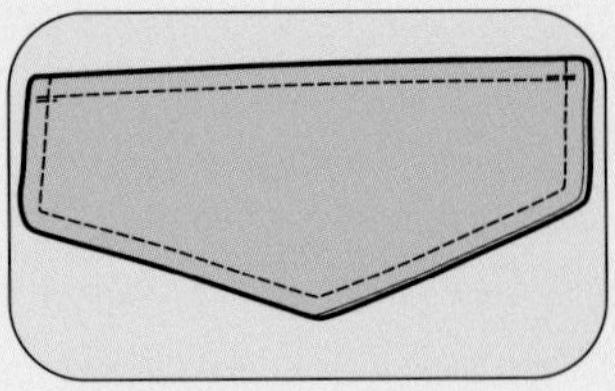

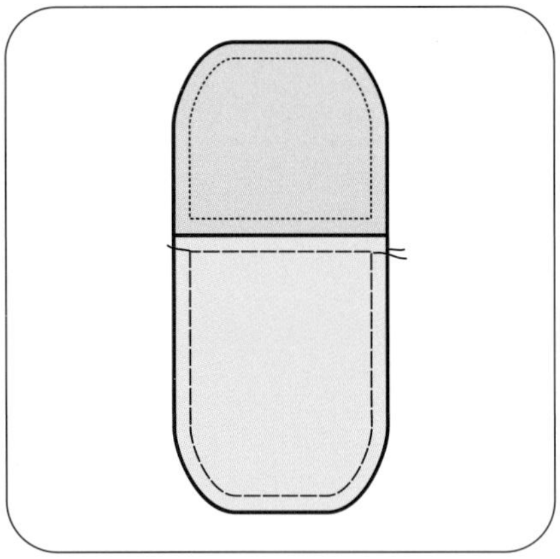

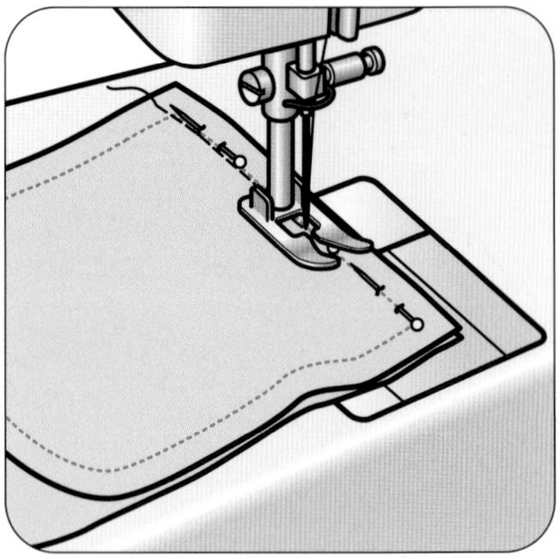

1 ▲ **Bolsillo de plastrón forrado** El forro se muestra aquí de un color que contrasta, pero también puede ser de una tela más ligera del mismo color. El pliegue del bolsillo constituye una parte de la pieza principal, así que el forro no resulta visible en la prenda.

2 Marque la ubicación del bolsillo en la prenda como se ha explicado en el paso 1 de la confección de bolsillos de plastrón básicos. Señale los márgenes de la costura tanto en el forro como en las piezas del bolsillo; para ello, hilvane a lo largo de las líneas.

3 Sujete el forro con alfileres a la pieza del bolsillo, una estos elementos por el derecho y cósalos por el borde superior.

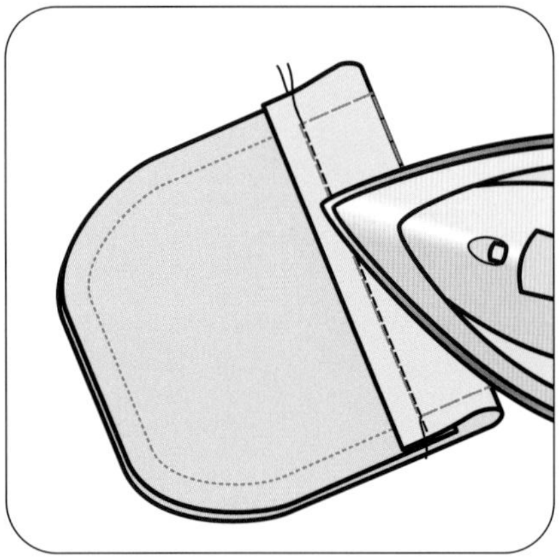

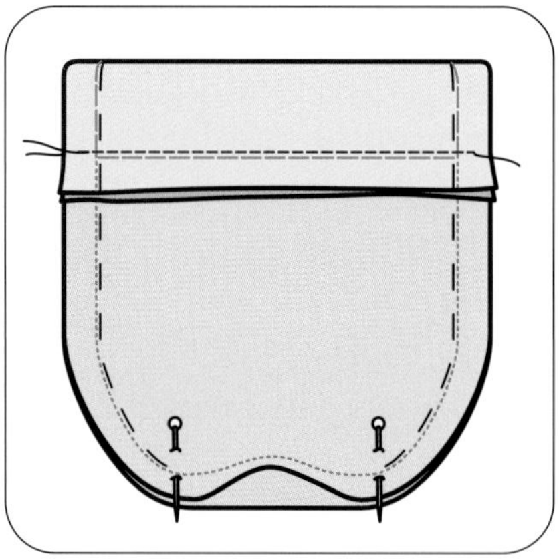

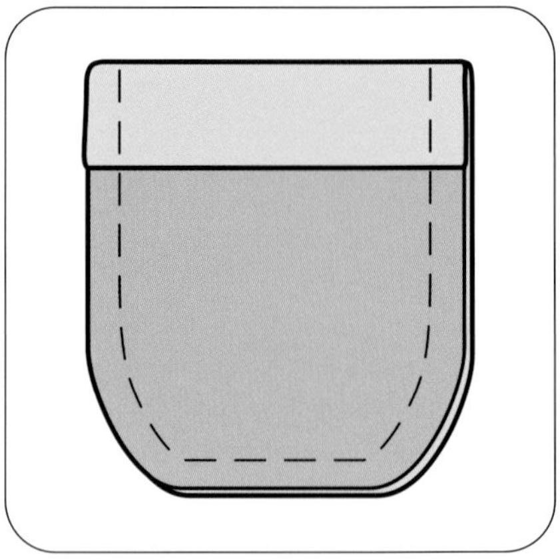

4 Planche el margen de la costura hacia la parte principal del bolsillo, derecho con derecho, a lo largo de la línea de pliegue del borde superior.

5 Prenda alfileres y cosa alrededor de los lados y la parte inferior del bolsillo y deje aquí una abertura para poder dar la vuelta al bolsillo. Dé la vuelta al bolsillo y plánchelo.

6 Hilvane alrededor de los lados y la parte inferior para que el forro no sea visible por fuera. Cosa el bolsillo como se ha indicado en los pasos 7-8 de la explicación sobre bolsillos de plastrón básicos. Pueden confeccionarse bolsillos de plastrón en los que el forro sea una extensión de la pieza principal, por lo que no habrá necesidad de coserlos como se explica en el paso 3.

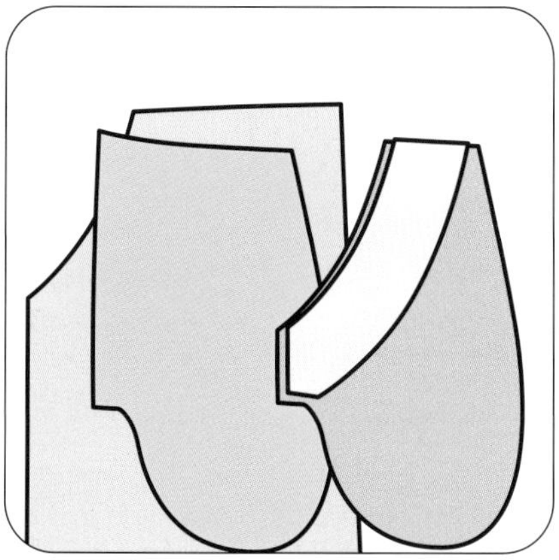

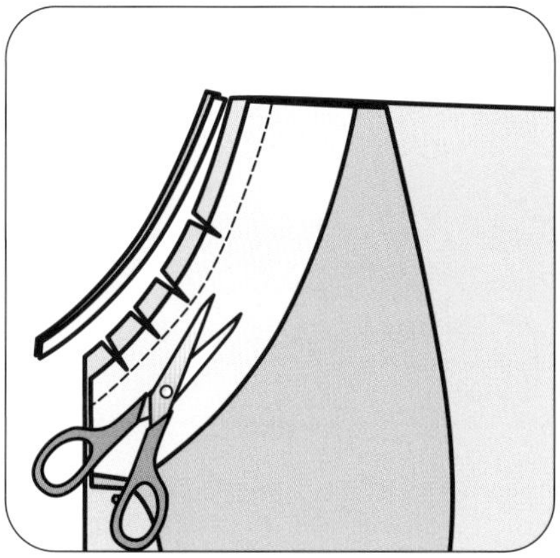

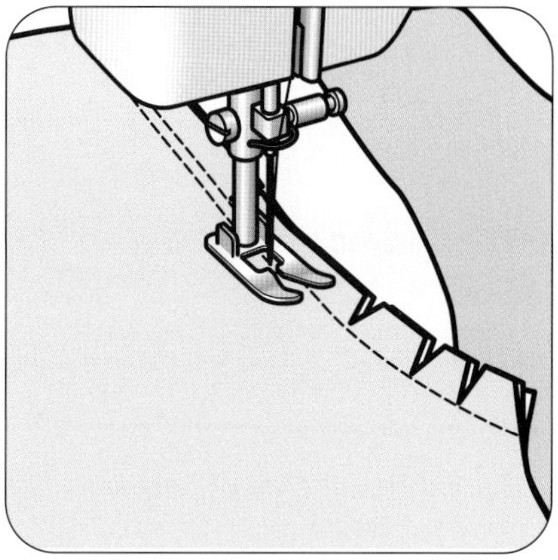

1 ▲ **Bolsillo de pantalón**
Corte las piezas y transfiera todas las marcas a la prenda y las piezas del bolsillo. Planche o cosa una tira de entretela sobre el borde de la parte delantera de la pieza del bolsillo (por el revés).

2 Cosa la pieza delantera del bolsillo a la parte anterior de la prenda y una estos elementos por el derecho mediante puntadas a lo largo del borde curvo. Capee y realice cortes en los márgenes de la costura.

3 Dé puntadas de refuerzo en el margen interior de la costura del borde curvo. Esta línea se percibirá como pespunte en el borde interior del bolsillo ya terminado.

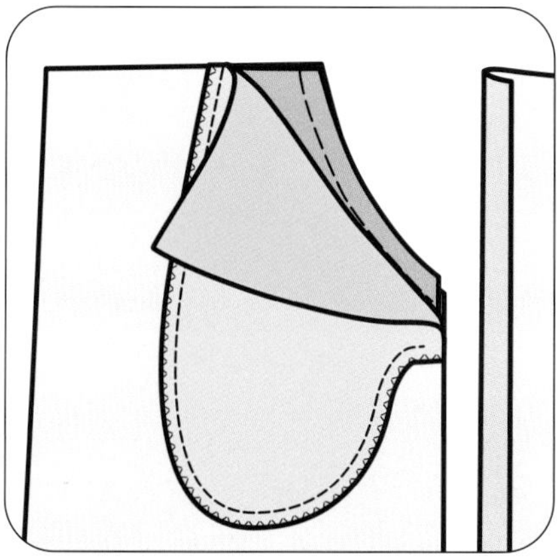

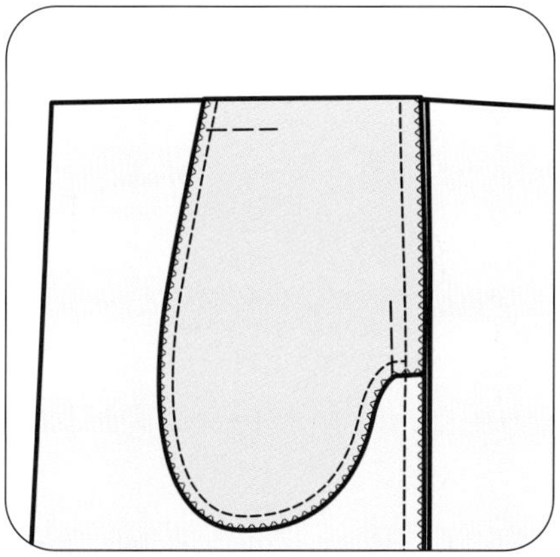

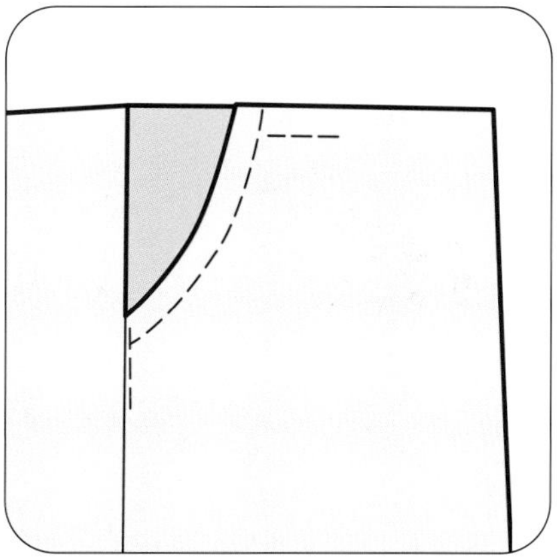

4 Dé puntadas de zigzag a lo largo del lado sin rematar y del borde inferior de la parte posterior del bolsillo. Hilvane y cosa la parte anterior del bolsillo a la parte posterior a lo largo de la costura curva.

5 Prenda alfileres, cosa la costura lateral de la prenda y dé puntadas de zigzag a lo largo de los márgenes de la costura. Planche la costura hacia un lado para que el bolsillo quede sujeto a la prenda. Hilvane a lo largo de la línea de la cintura.

6 Por el derecho, la parte posterior del bolsillo parece una continuación de la prenda principal y la parte anterior no se ve. El bolsillo se integra limpiamente en la línea de la cadera.

Bolsillo lateral

Existen varias versiones del bolsillo lateral que pueden usarse en un patrón. A veces, el bolsillo es parte de la prenda principal, como se muestra aquí, o puede estar unido al borde, como se hace patente en la segunda imagen.

Los primeros pueden usarse sin problemas con telas de peso medio o ligero, pero no son una buena opción para las telas de peso. Para reforzarlos, dé una línea de punto atrás en la zona de unión con la costura lateral.

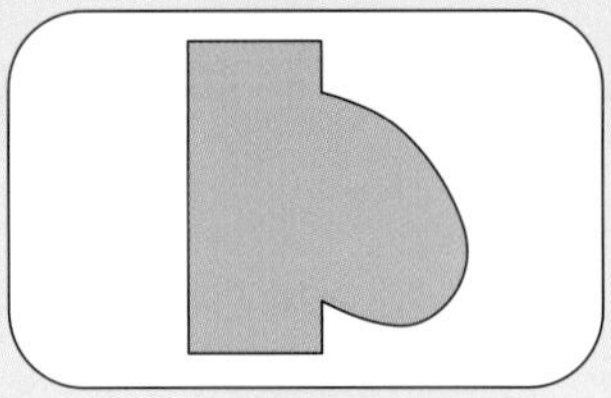

Para las telas de más peso, el interior del bolsillo puede confeccionarse en una tela de peso menor. La tira que se ve en la prenda principal mantiene la línea de la ropa.

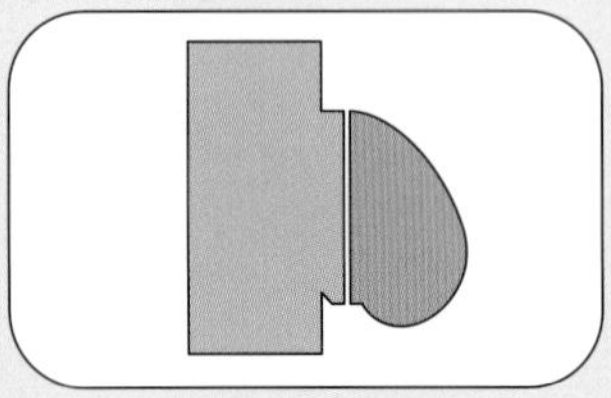

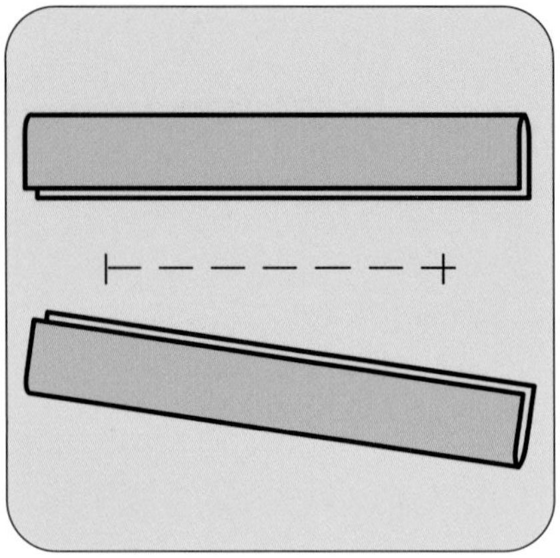

1 ▲ **Bolsillo con ribete**

El ribete remata el borde del bolsillo y, al mismo tiempo, lo refuerza y le confiere un toque profesional. Marque e hilvane la ubicación del bolsillo en la prenda. Doble los dos ribetes por la mitad en sentido longitudinal, únalos por el revés, y plánchelos.

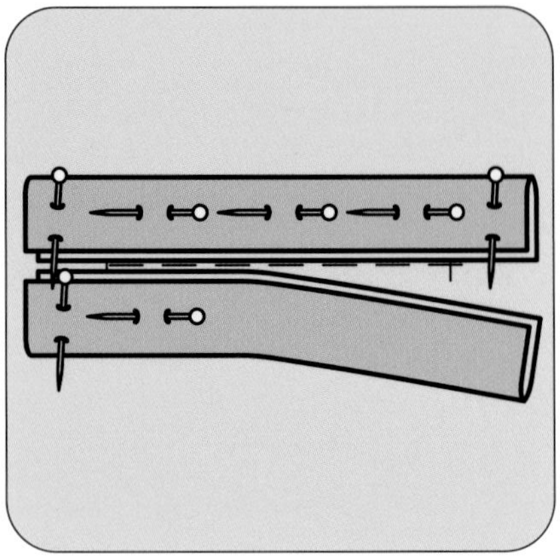

2 Prenda alfileres en el borde de uno de los ribetes doblados y colóquelo en la parte superior de la línea hilvanada en el derecho de la prenda, con el borde orientado hacia la línea de hilván. Repita esta operación con el otro ribete; préndalo del otro lado con el borde orientado también hacia la línea de hilván.

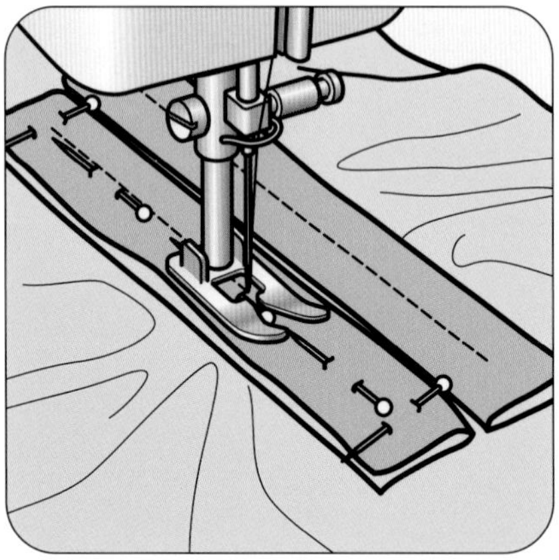

3 Cosa los dos ribetes a lo largo de los bordes longitudinales. NO cosa en los bordes transversales.

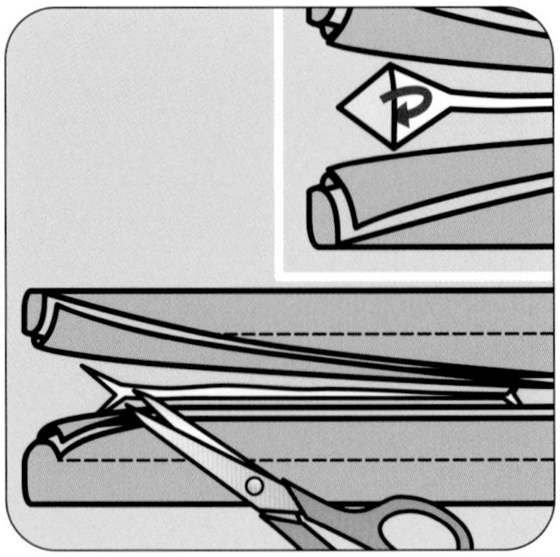

4 Corte la abertura del bolsillo desde el derecho, pero no toque los últimos 12 mm. Corte las esquinas desde el extremo del corte. Doble el triángulo de cada extremo de la abertura. Hilvane y cosa por el revés.

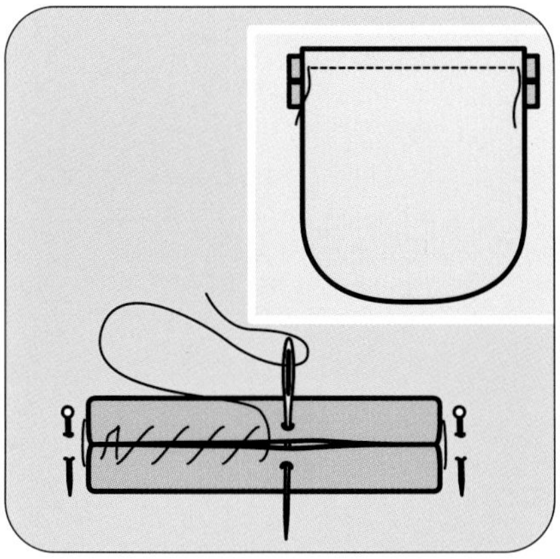

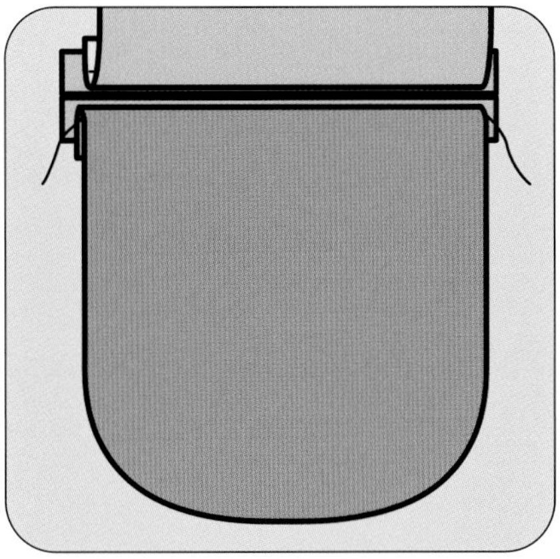

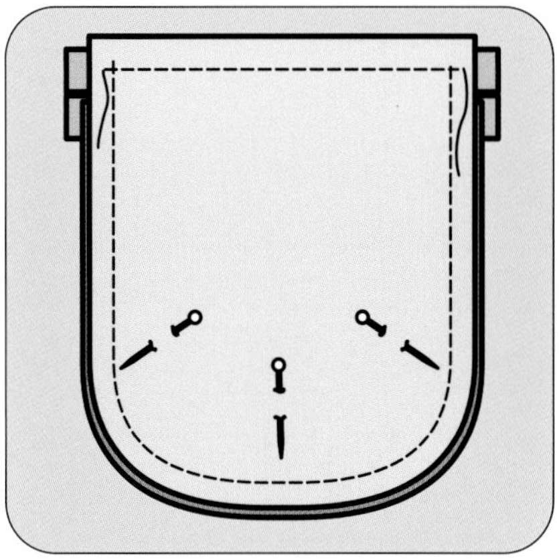

5 Doble los ribetes hacia el revés a través de la abertura. Hilvane los dobleces por el derecho para reforzarlos hasta que haya terminado la confección de la prenda. Por el revés, sujete con alfileres y cosa la parte superior de la pieza del bolsillo al borde sin rematar del ribete superior; asegúrese de no incluir la tela de la prenda al coser.

6 Cosa del mismo modo la segunda pieza del bolsillo al ribete inferior. Doble hacia dentro la pieza superior del bolsillo y planche.

7 Sujete con alfileres las dos piezas del bolsillo y cosa alrededor del borde. Dé puntadas de zigzag a lo largo de los bordes para rematarlos. Retire el hilvanado.

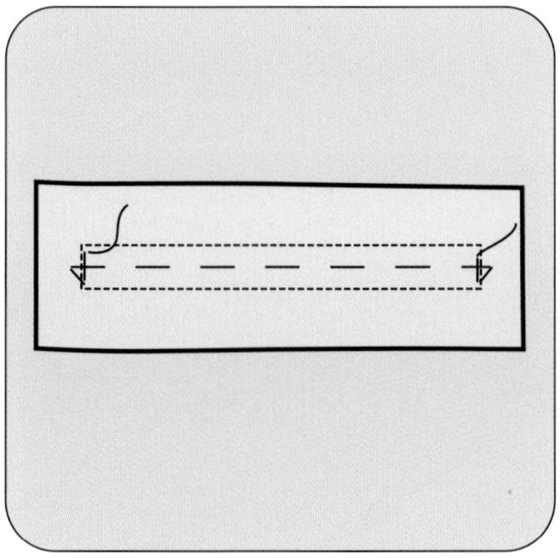

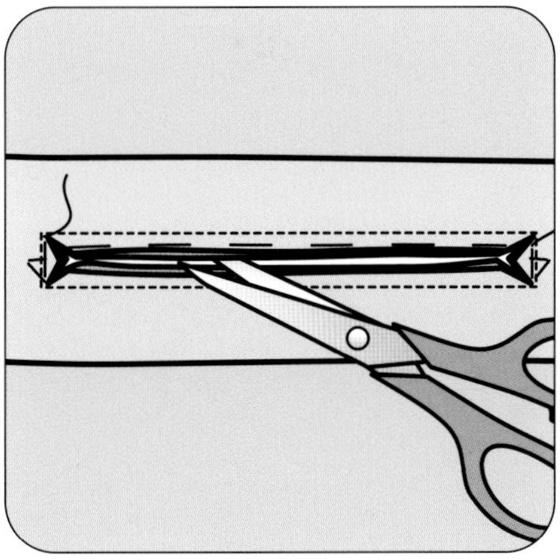

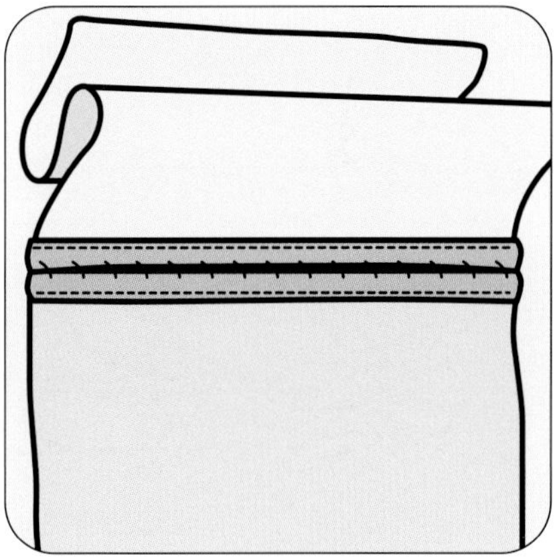

1 ▲ **Bolsillo guarnecido**

Marque la ubicación del bolsillo en la prenda e hilvane en el ribete del bolsillo. Cosa la tira del ribete a la prenda; únalos por el derecho y a lo largo de las cuatro guías de hilván.

2 Corte la abertura del bolsillo en la prenda como se ha explicado en el paso 4 del bolsillo con ribete.

3 Introduzca la tira del ribete por la abertura hacia el revés de la prenda. Planche y después hilvane los bordes doblados de la tira para que permanezcan cerrados. Cosa una pieza de bolsillo a cada uno de los bordes longitudinales de la tira del ribete.

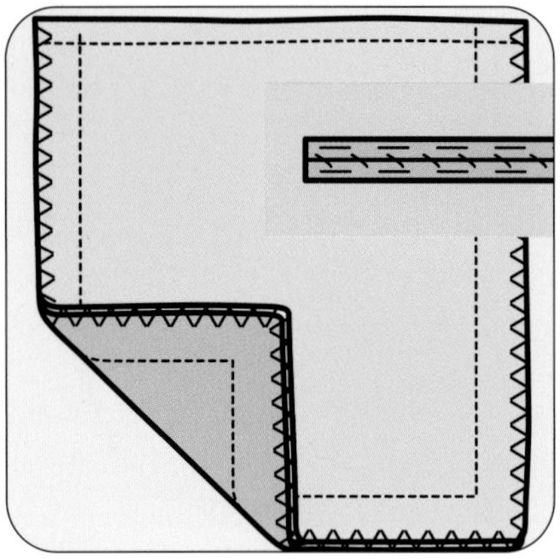

4 Prenda alfileres y cosa las piezas del bolsillo por los bordes sin rematar; después, dé puntadas de zigzag a lo largo de estos bordes para rematarlos. Descosa el hilván. El bolsillo, ya completo, quedará oculto tras la abertura.

Notas sobre bolsillos

Refuerce los bolsillos con una doble capa de puntadas en la parte inferior de las prendas infantiles o que vayan a soportar mucho roce.

Si la prenda está forrada, el bolsillo debe ir entre la prenda y el forro.

Para conservar la forma de los bolsillos de plastrón, corte una pieza de entretela ligera adhesiva usando el patrón para el bolsillo, pero sin margen de costura ni vista de canto superior, y plánchelo sobre el revés antes de empezar a confeccionar el bolsillo.

Dobladillos

Los dobladillos que explicamos aquí sirven tanto para confeccionar prendas de vestir como ropa de hogar. Los dobladillos pueden confeccionarse a mano o a máquina; la elección se realizará en función del peso de la tela y del estilo de la prenda. Los dobladillos son normalmente invisibles, pero también pueden usarse como un elemento del diseño.

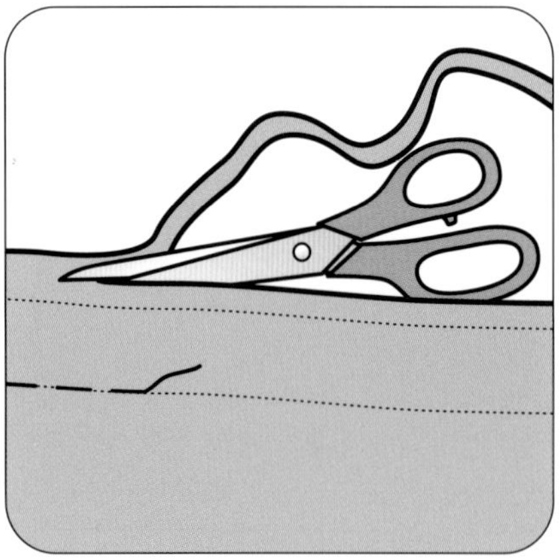

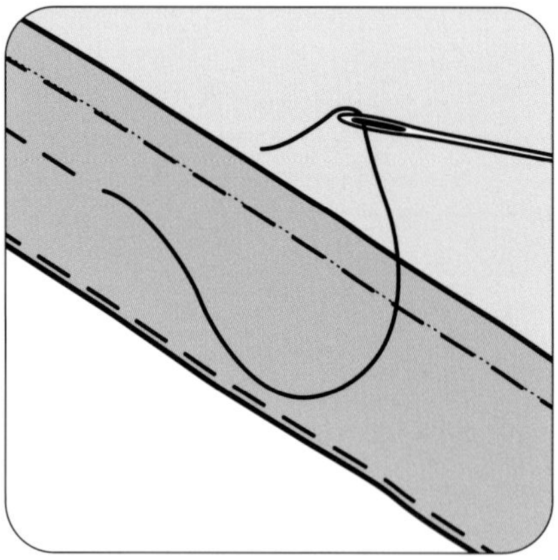

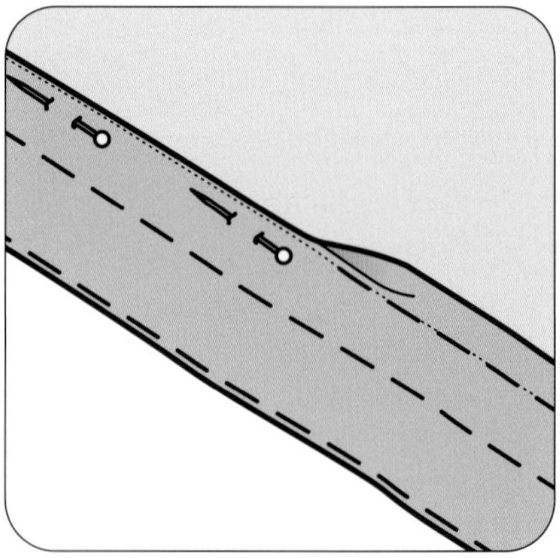

1 ▲ **Dobladillo simple cosido a mano** Mida el dobladillo, dóblelo y plánchelo para marcarlo. Doble de nuevo el borde sin rematar y vuelva a planchar. Hilvane las líneas de doblez para marcarlas y corte el borde sin rematar a 6 mm desde el segundo pliegue.

2 Doble el bajo a lo largo de la línea, de modo que coincidan en lo posible todas las costuras. Si la prenda tiene vuelo, puede que se necesite ajustar el dobladillo. Hilvane el dobladillo por el centro.

3 Doble el pliegue superior a lo largo de la línea marcada y prenda alfileres. El dobladillo está ahora listo para coserlo.

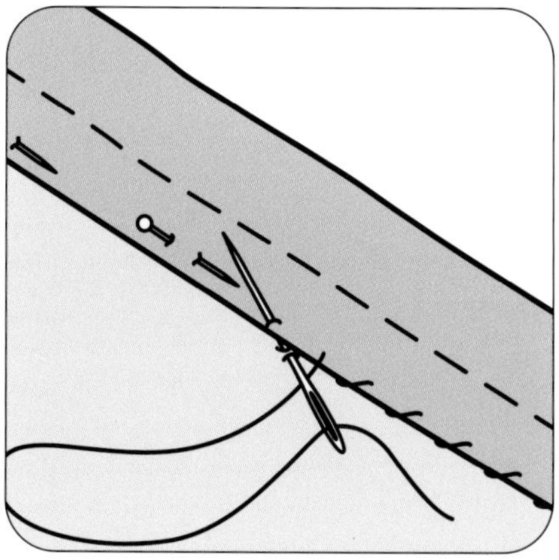

4 Coloque la prenda del revés sobre una superficie lisa. Cosa a lo largo del doblez como se ha explicado en las páginas 31-33. Vaya retirando los alfileres a medida que vaya cosiendo y los hilvanes cuando termine.

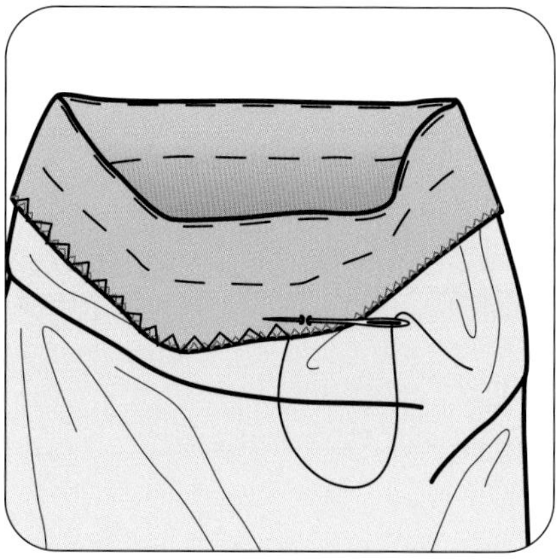

1 ▲ **Bajo simple con vuelta**

Con la pernera del pantalón del revés, doble e hilvane tres líneas paralelas para marcar el borde inferior y el superior de la vuelta y la línea del bajo. Dé puntadas en zigzag al borde sin rematar, doble el pliegue central y planche. Dé puntadas de escapulario para asegurar el borde cosido con puntadas en zigzag.

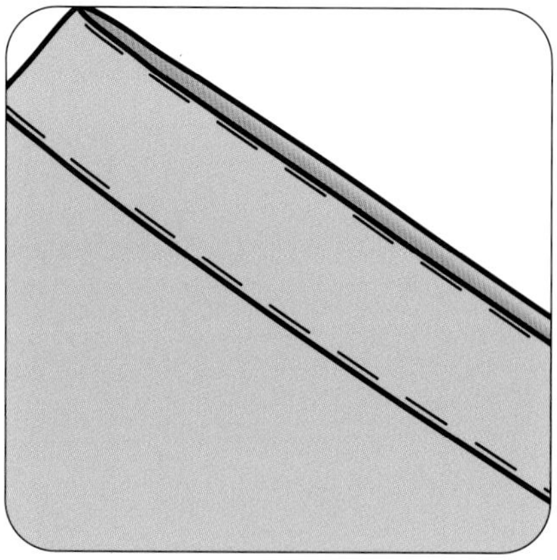

2 Dé la vuelta a la pernera del pantalón. Vuelva el pliegue inferior para que se encuentre con la línea que marca la parte superior de la vuelta, y planche con suavidad. Dé un par de puntadas de dobladillo ciego (*véase* pág. 33) en las costuras laterales para asegurar la vuelta. Retire el hilvanado.

Dobladillos cosidos a mano

Intente hacer algunos de los distintos tipos de dobladillo cosidos a mano para ver cuál es más adecuado para su proyecto de costura.

Dobladillo con ribete: confeccionado con ribete al bies o recto. El ribete se cose a máquina al borde sin rematar del dobladillo marcado; después se dobla hacia arriba, se plancha, y se cose con puntada de dobladillo o a máquina.

Dobladillo en zigzag: el borde sin rematar se cose con puntada de zigzag y se dobla hacia arriba, y el dobladillo se cose con puntada de escapulario.

Dobladillo de pespunte al borde: el borde sin rematar se dobla hacia dentro y se cose con el pespunte. El dobladillo se dobla hacia arriba y se plancha, para después coserlo con puntada de dobladillo.

Dobladillo con cinta termofusible: el dobladillo se dobla hacia arriba y se sujeta con una tira de cinta adhesiva para dobladillos. Este método es adecuado para telas ligeras y para arreglos de urgencia, pero la cinta tiende a soltarse al cabo de un tiempo.

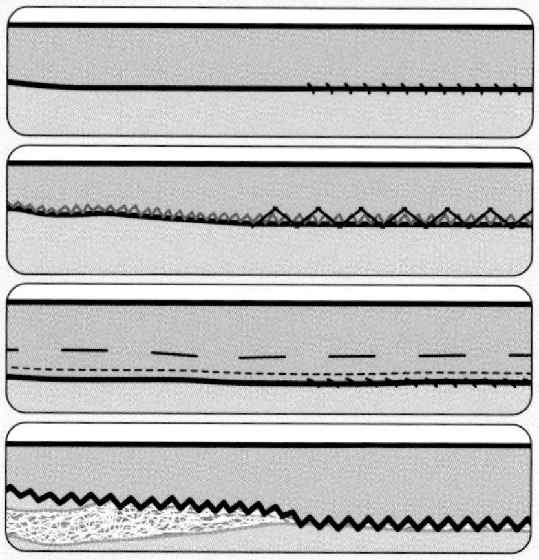

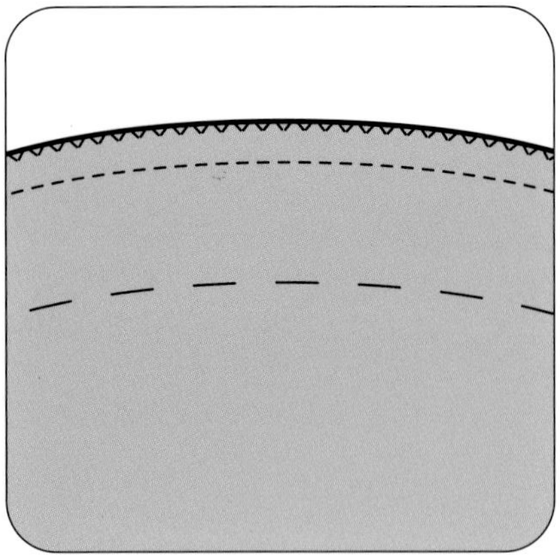

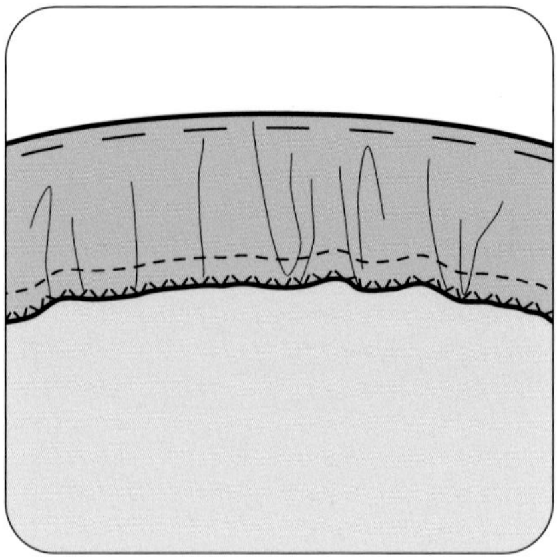

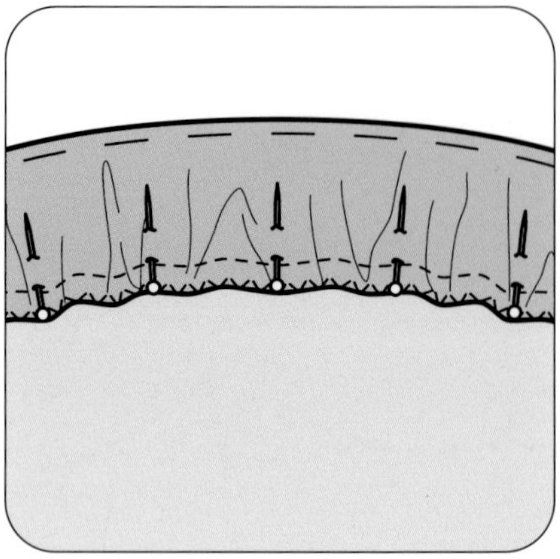

1 ▲ Dobladillo curvo
Marque y corte el dobladillo en una línea suave y uniforme. Realice puntadas de zigzag en el borde sin rematar e hilvane a lo largo de la línea de doblez. Haga una línea de puntadas de fruncido a 6 mm de la de puntada de zigzag.

2 Dé la vuelta al dobladillo a lo largo de la línea de doblez hilvanada. Hilvane el dobladillo en su ubicación, cerca del borde del doblez.

3 De manera que coincidan las costuras, prenda alfileres en el dobladillo y tire del hilo del fruncido para conferir vuelo a la tela de manera uniforme.

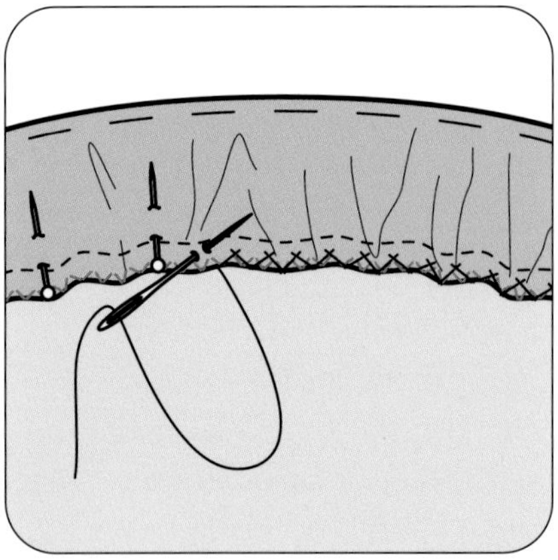

4 Dé puntadas de escapulario al dobladillo por el revés. Retire los alfileres a medida que vaya trabajando, y elimine el hilván cuando concluya. Planche el doblez para terminar.

Los bajos

Aunque prender alfileres es a menudo suficiente para sujetar un dobladillo hasta que esté cosido, si lo hilvana se asegurará de obtener una línea precisa y recta.

Si no hay suficiente tela para doblar hacia dentro un buen dobladillo, puede poner un ribete o una vista al borde.

El pespunte doble puede conferir elegancia a un dobladillo. Puede hacerse en dos líneas paralelas por separado o puede usarse una aguja doble.

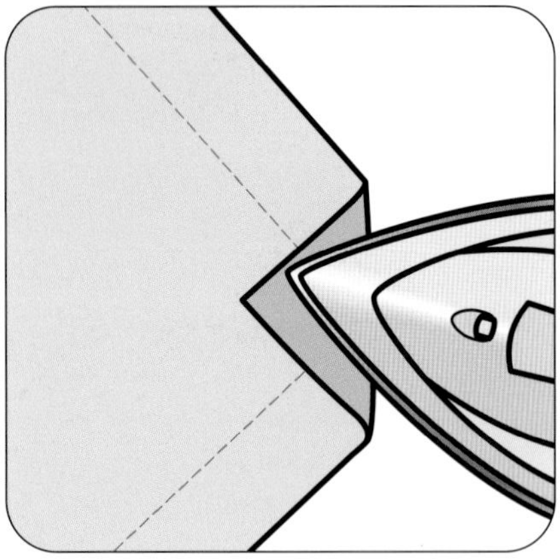

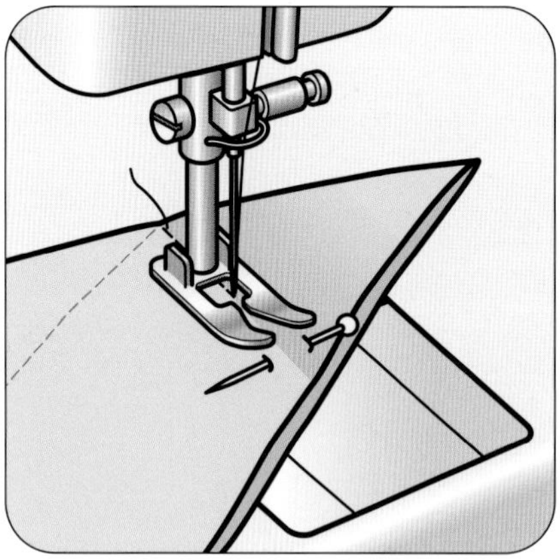

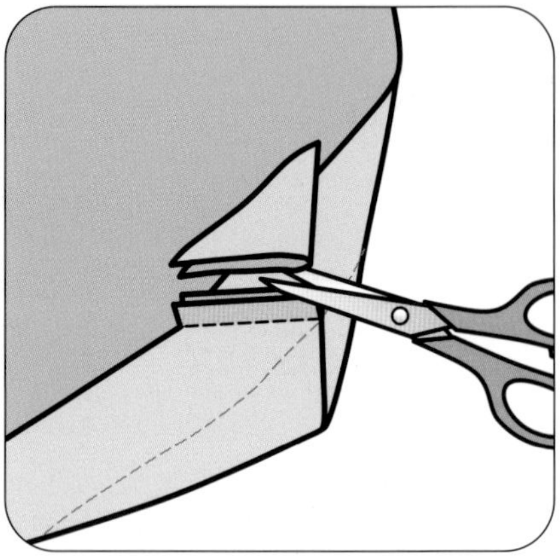

1 ▲ **Dobladillo en inglete**
En la esquina de la pieza, doble hacia arriba el margen de la costura y planche a lo largo de la línea del dobladillo en dos direcciones. Deje la costura abierta, doble hacia arriba el triángulo de la esquina y alinee las líneas planchadas. Planche la línea diagonal para marcarla.

2 Abra la esquina y dóblela en el otro sentido en diagonal; una los lados del derecho, de modo que se encuentren los dobleces de los bordes sin rematar y la línea del dobladillo. Prenda alfileres y cosa a lo largo de la línea diagonal mostrada en el paso 1.

3 Corte la pieza triangular que sobra del margen de costura en la esquina y planche la costura para que quede abierta. Repita esta operación en todas las esquinas de la pieza.

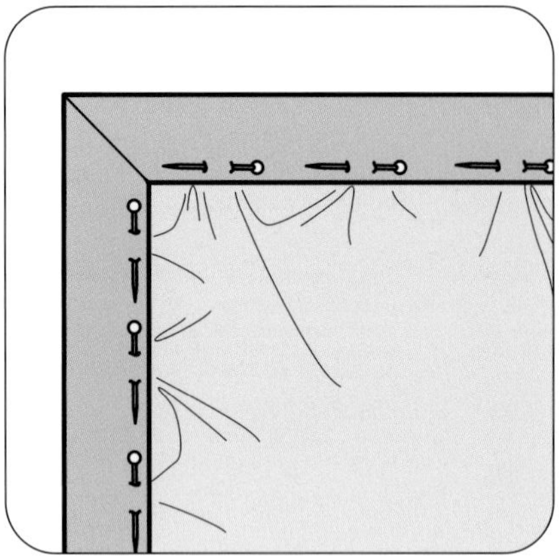

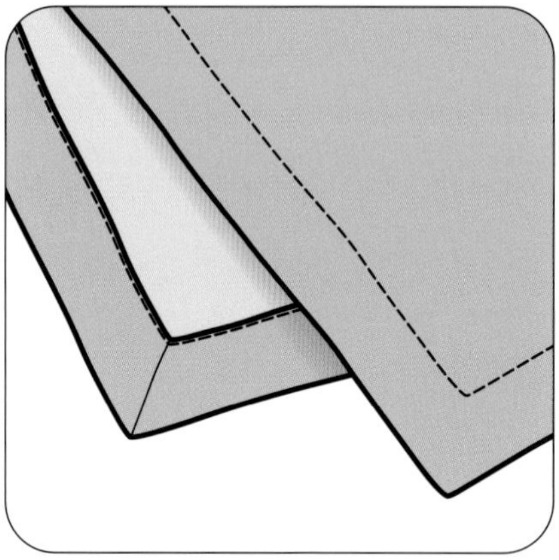

4 Doble las esquinas hacia fuera. Doble hacia dentro los bordes sin rematar de cada lado del dobladillo y prenda alfileres. Cosa el dobladillo.

5 La prenda terminada tendrá esquinas bien acabadas en los dos lados. Este método no se usa solamente en ropa de hogar, como mantelería y tapetes; también es útil para la parte delantera de chaquetas y aberturas de faldas.

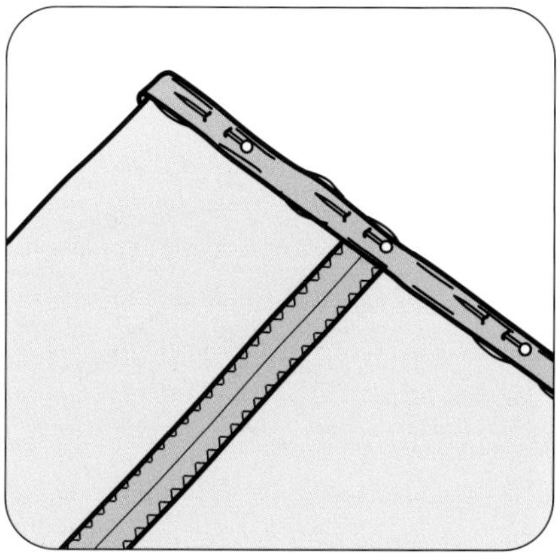

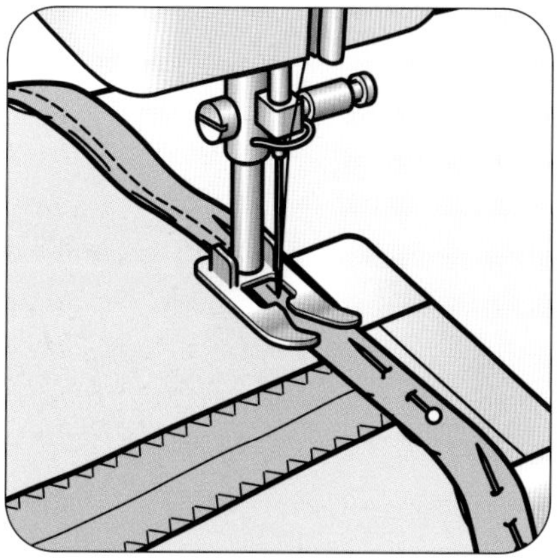

1 ▲ **Dobladillo simple a máquina**
Mida, marque e hilvane dos líneas de doblez, una a 6 mm de los bordes sin rematar, y la otra a 12 mm de la primera. Doble hacia dentro por la primera línea y planche.

2 Doble hacia dentro por la segunda línea y planche. Prenda alfileres o hilvane la doble capa de tela de modo que coincidan las ubicaciones de las costuras.

3 En el revés de la tela, pespuntee el borde a lo largo de la línea de doblez; vaya eliminando los alfileres según vaya trabajando. Retire el hilvanado y planche.

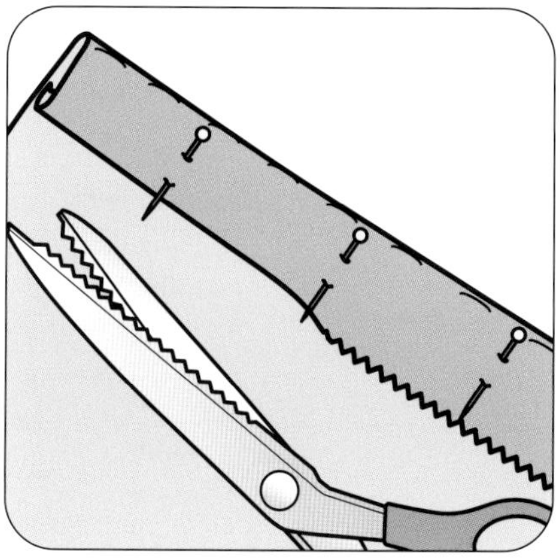

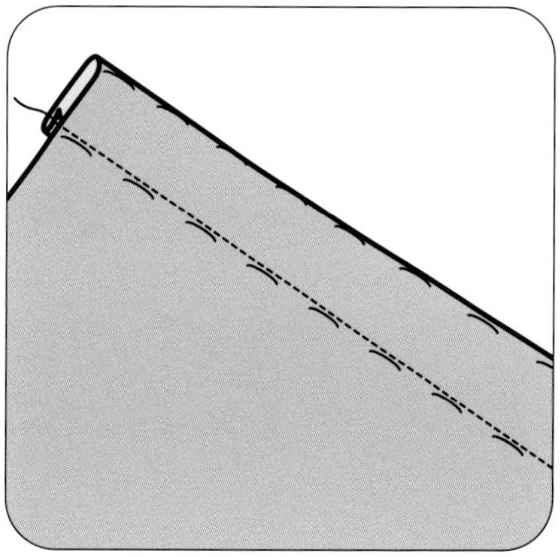

1 ▲ **Dobladillo pespunteado**
Mida y marque el dobladillo e hilvane a lo largo de la línea de doblez. Corte a lo largo del borde sin rematar con la ayuda de unas tijeras dentadas. Doble hacia adentro el dobladillo a lo largo de la línea de doblez y prenda alfileres, de modo que coincidan las costuras. Hilvane y retire los alfileres.

2 Por el derecho, pespuntee a lo largo del dobladillo. Use las guías de la máquina de coser para que la línea de puntada quede siempre a la misma distancia del borde doblado. Retire el hilván y planche.

Asegurar dobladillos

Para hacer un dobladillo de chiffon, cosa a máquina a 3 mm del borde sin rematar alrededor del dobladillo por el lado del derecho. Planche la tela a lo largo de la línea de puntadas, de modo que el borde sin rematar apunte hacia arriba por el lado del revés. En el lado derecho, cosa a máquina a 3 mm del borde del doblez. Planche la nueva línea de puntada, de modo que el borde sin rematar del revés quede encerrado. Si la costura se resiste a quedar abierta, tire suavemente de la que acaba de confeccionar. Por el lado del derecho, pespuntee lo más cerca posible del borde del dobladillo para asegurar bien todos los dobleces.

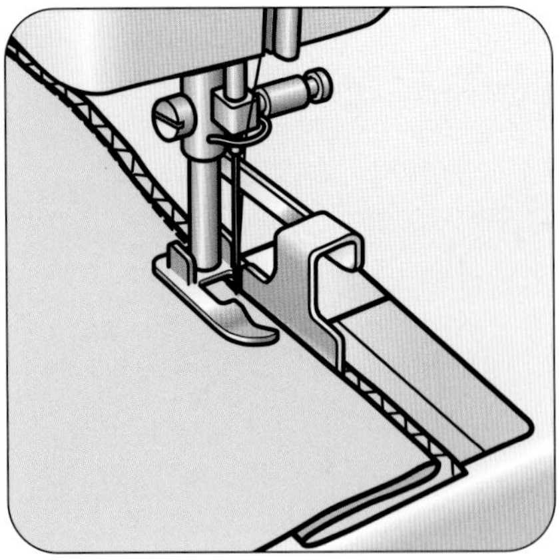

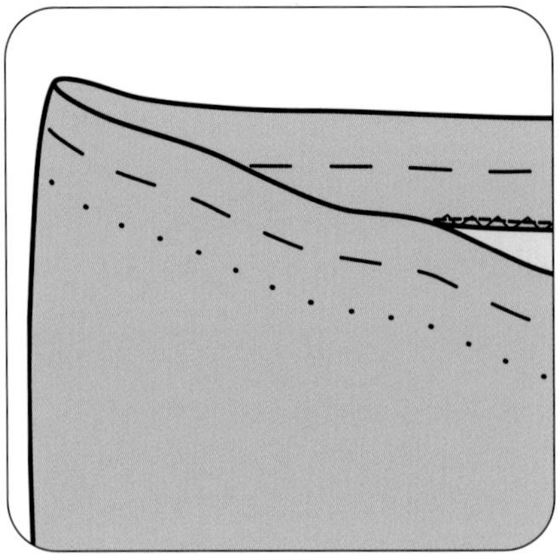

1 ▲ **Dobladillo ciego a máquina**
Marque el dobladillo y dé puntadas de zigzag a lo largo del borde sin rematar. Doble el dobladillo hacia dentro e hilvane a 6 mm de la línea de zigzag. Con el prensatelas para dobladillos ciegos de la máquina de coser, vuelva el dobladillo hacia el derecho para poder trabajar a lo largo del borde con zigzag. Cosa el dobladillo.

2 Las puntadas rectas siguen el borde del dobladillo, mientras que las de punto toman la tela por el derecho. Retire el hilván. El dobladillo acabado es fuerte y casi invisible. La mayor parte de las máquinas modernas están disponibles con el prensatelas especial que se necesita para esta técnica.

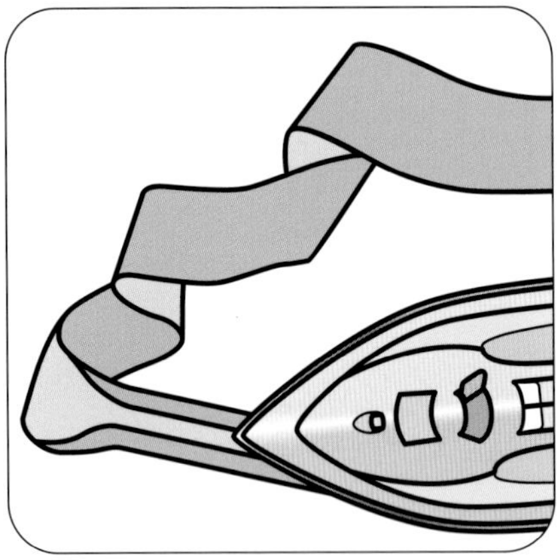

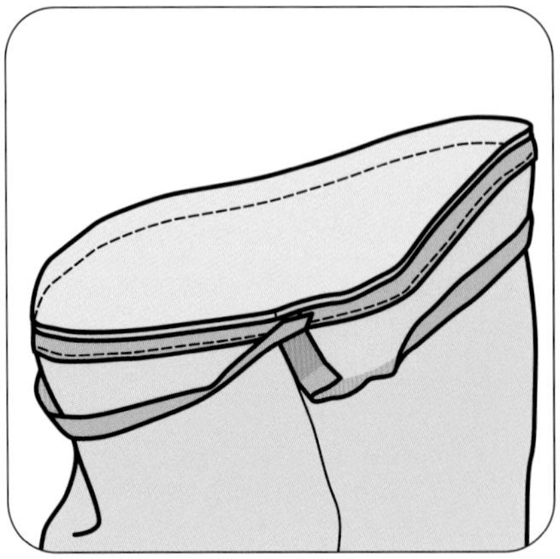

1 ▲ **Dobladillo con vista**
Marque la línea del dobladillo en el borde sin rematar de la pieza. Corte una tira de vista de 12 mm de anchura y de la longitud del dobladillo más los márgenes de la costura. Doble hacia dentro 6 mm a lo largo de los dos bordes longitudinales y plánchelos.

2 Doble hacia dentro los extremos cortos. Haga coincidir un extremo corto con una costura de la prenda y, uniendo estos elementos por el derecho, sujete a la prenda uno de los bordes doblados longitudinales prendiendo alfileres a lo largo de la línea de dobladillo marcada. Cosa la costura y vaya retirando alfileres a medida que vaya trabajando. Superponga el otro extremo corto doblado al primero y termine de coser.

3 Vuelva la vista hacia el lado del revés y plánchela. Sujete con alfileres la vista a la prenda y asegúrese de que el borde sin rematar sigue doblado por todas partes. Cosa a mano a lo largo del borde doblado superior de la vista. Planche y retire los hilvanes o hilos sueltos que puedan quedar.

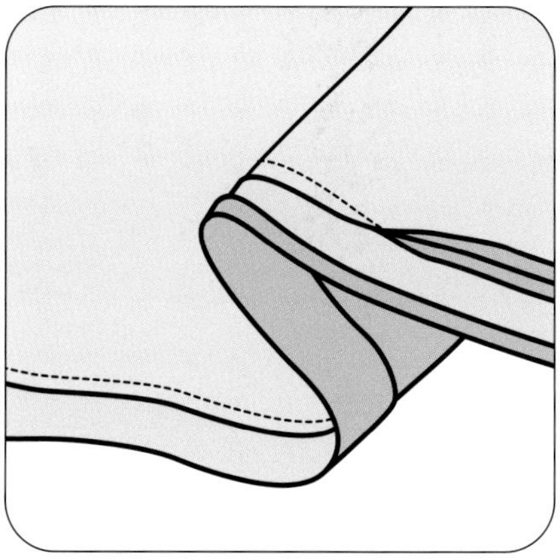

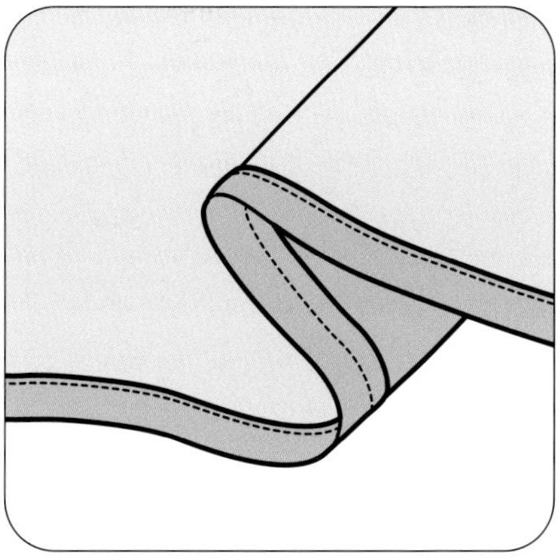

1 ▲ **Dobladillo con ribete**

Prepare el dobladillo y el ribete como en el paso 1 del dobladillo con vista. Si va a usar ribete al bies ya listo, los bordes ya estarán doblados hacia dentro. Cosa el ribete al dobladillo como se ha descrito en el paso 2 del dobladillo con vista.

2 Doble la tira a la mitad longitudinalmente y pespuntee a lo largo del borde superior, lo que significa que se verá una estrecha tira de ribete por el derecho.

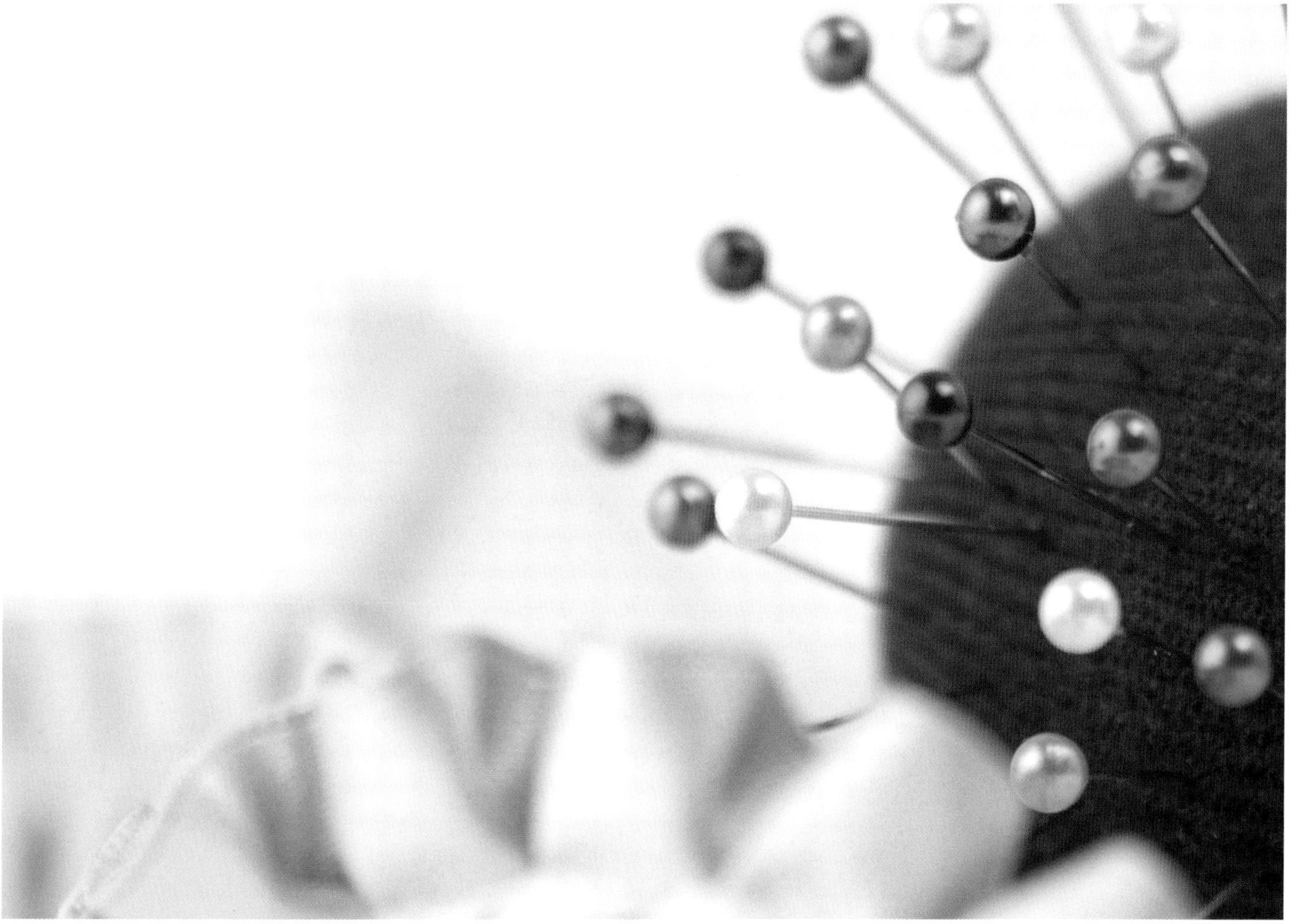

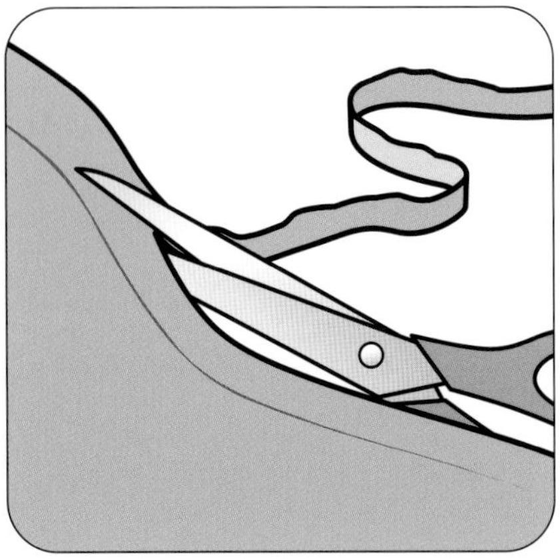

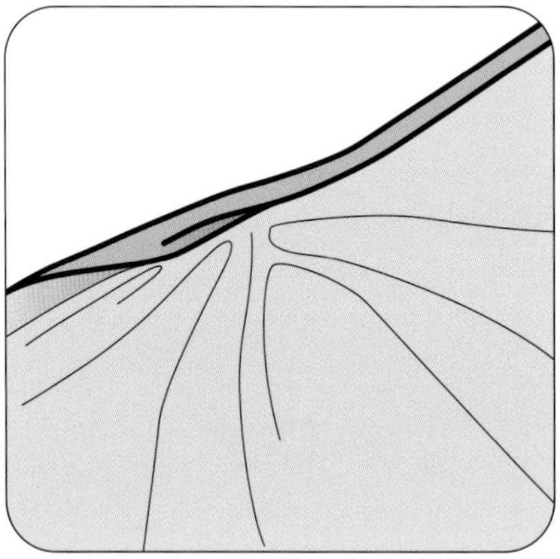

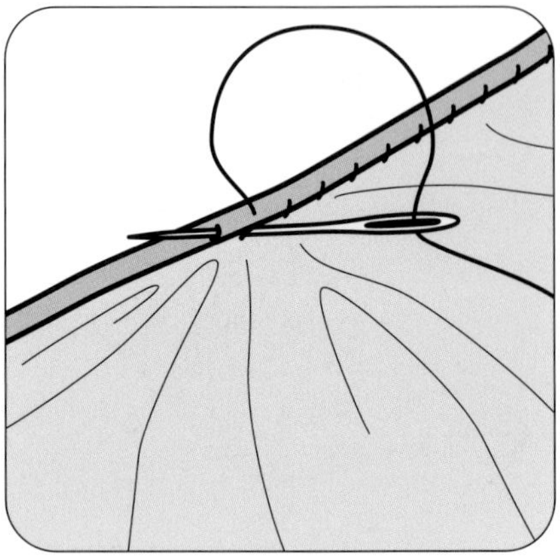

1 ▲ **Dobladillo enrollado a mano**
Marque la línea del dobladillo con un lápiz; después, corte recto el borde sin rematar. Vaya cortando poco a poco.

2 Enrolle el borde cortado hacia dentro hasta que oculte completamente el borde sin rematar. Trabaje sólo en una sección a la vez; el rollo debe ser lo más pequeño posible.

3 Tome el borde firmemente con un dedo y dé dos o tres puntadas a intervalos regulares, de manera que tome sólo un hilo. Repita a lo largo del dobladillo.

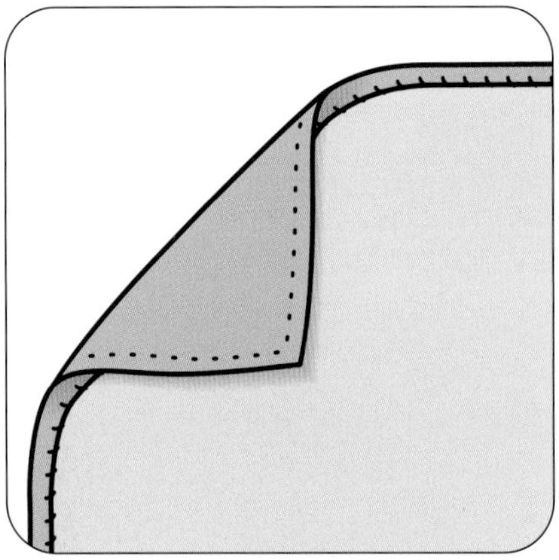

4 Un dobladillo enrollado a mano debería tener puntadas a intervalos regulares y un aspecto pulcro tanto por el derecho como por el revés. Para conseguir una esquina en punta, corte un pequeño triángulo en el extremo, dóblelo e ingletéelo cuidadosamente. Use un alfiler fino para sujetar la esquina mientras trabaja.

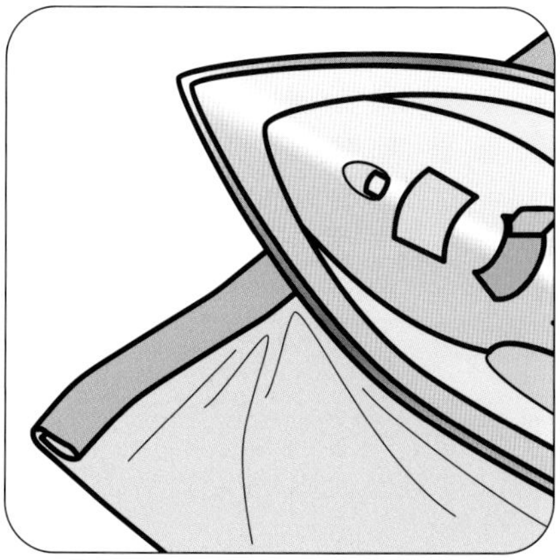

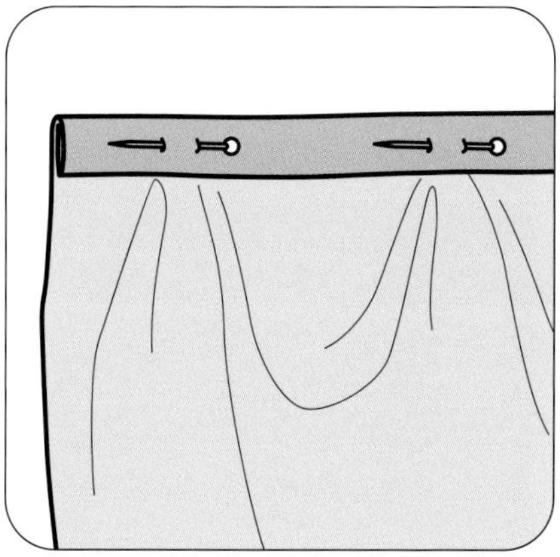

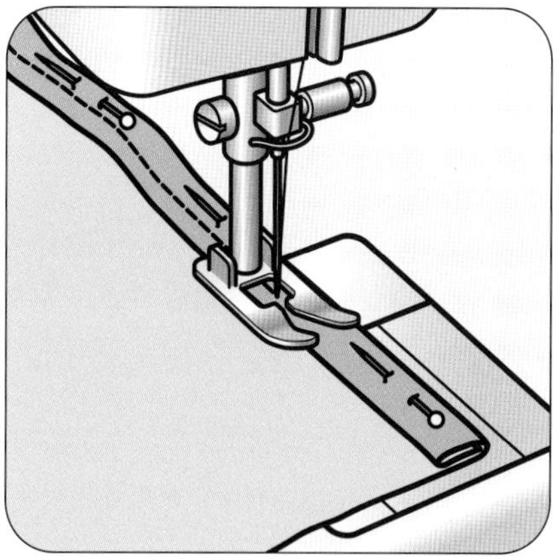

1 ▲ **Dobladillo enrollado a máquina** Doble hacia dentro y planche un dobladillo sencillo. Doble de nuevo hacia dentro y planche para hacer un dobladillo doble.

2 Prenda alfileres en el dobladillo planchado, de modo que coincidan las costuras. Coloque los alfileres a lo largo de la costura con las puntas en el sentido contrario al que empleará para coser. Hilvane las esquinas.

3 Cosa el dobladillo a máquina por el revés. Retire los alfileres a medida que vaya trabajando. Cuando termine, retire los hilvanes y planche.

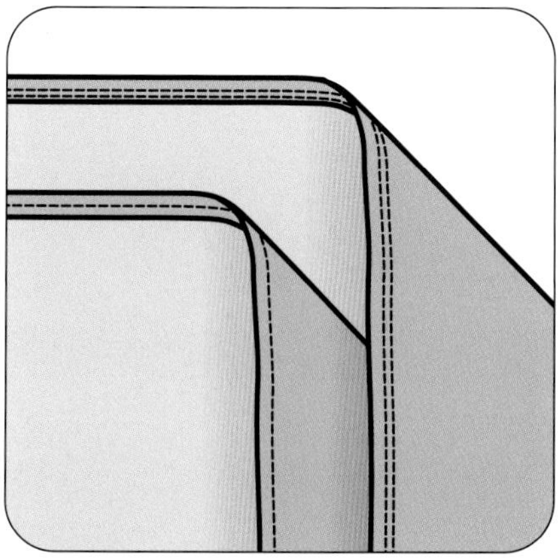

4 Este dobladillo es apropiado para telas de cualquier peso, aunque deberá ser más ancho en el caso de telas más pesadas. En telas más ligeras, use el método que se describe en la página 117, gracias al cual obtendrá un dobladillo de dos caras.

Doblar dobladillos

Algunas máquinas de coser pueden equiparse con un prensatelas especial que enrolla el borde del dobladillo y al mismo tiempo lo cose. Si va a realizar muchos dobladillos enrollados, podría merecer la pena adquirir uno.

Para las prendas infantiles, confeccione los dobladillos más anchos; así podrá ir sacando el bajo a medida que los niños vayan creciendo.

Si el dobladillo es para una prenda de adulto, corte el exceso de tela para evitar que tenga demasiado volumen.

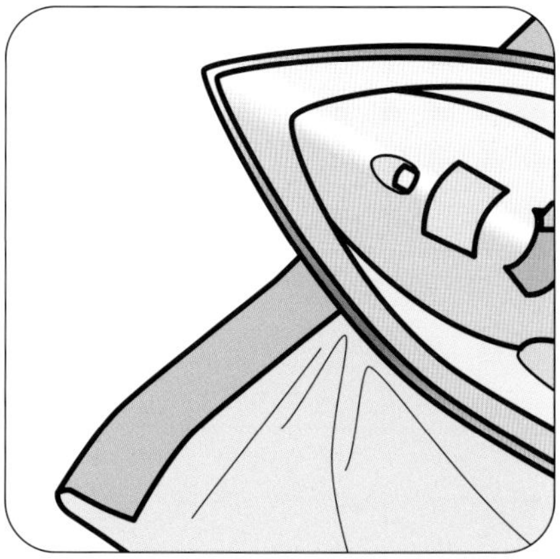

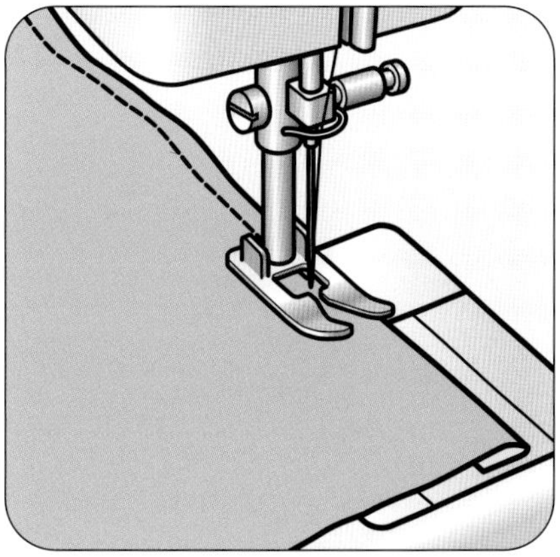

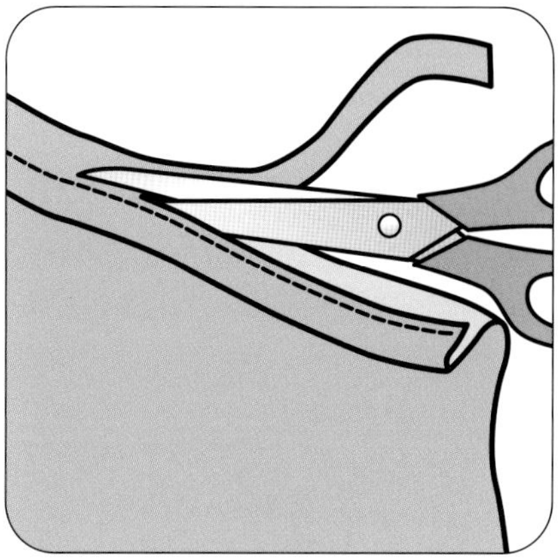

1 ▲ **Dobladillo enrollado a máquina 2**
Doble hacia dentro y planche del revés un dobladillo de unos 18 mm.

2 Cosa a máquina del derecho a lo largo del borde, aproximadamente a 6 mm del doblez.

3 Con la costura abierta y unas tijeras pequeñas bien afiladas, corte el exceso de tela lo más cerca posible de la línea de puntadas.

Tranquilidad ante todo

El dobladillo es normalmente la última tarea que debe realizar en costura, por lo que es fácil ir rápido para poner fin al trabajo. Hay que tener en cuenta, sin embargo, que, como en el caso de todas las técnicas de acabado, la calidad del dobladillo puede mejorar o estropear una prenda, por lo que merece la pena dedicar un poco más de tiempo.

Las costuras cortadas al bies a menudo se caen, así que no cuelgue la prenda durante unos días, antes de medir y plegar el dobladillo. En la página 141 encontrará más información sobre cómo trabajar el bies.

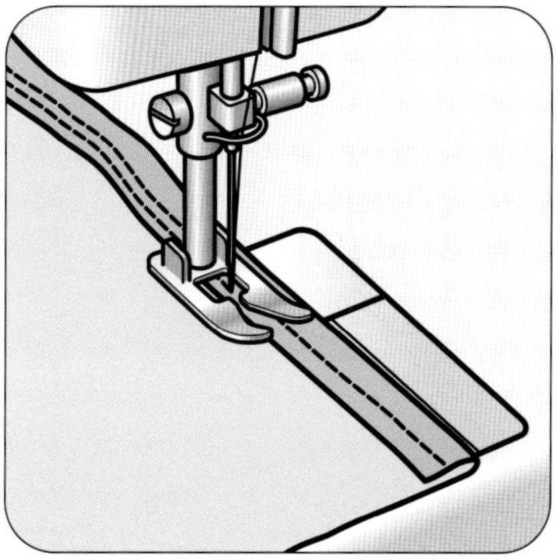

4 Del revés y trabajando lo más cerca posible de la primera línea de puntadas, cosa otra línea para evitar que el dobladillo se deshilache.

Forros

Los forros confieren pulcritud al interior de una prenda al ocultar todas las costuras, al mismo tiempo que su forma resulta más atractiva al mantener la tela en su lugar. También prolongan la vida de la prenda al proteger el interior del roce del uso. Puesto que el forro es una capa adicional que añadirá volumen, generalmente se confecciona con una tela ligera.

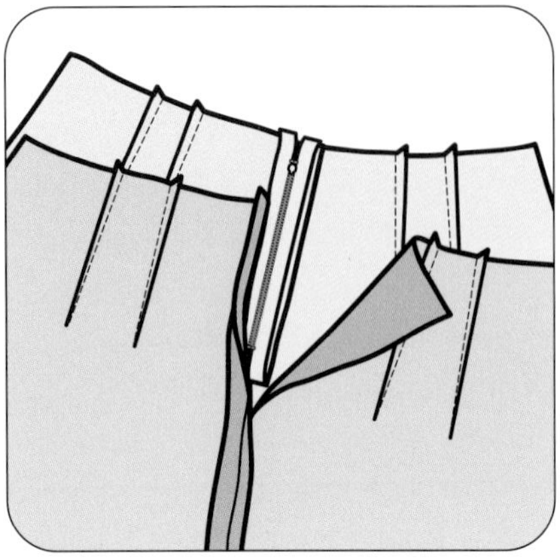

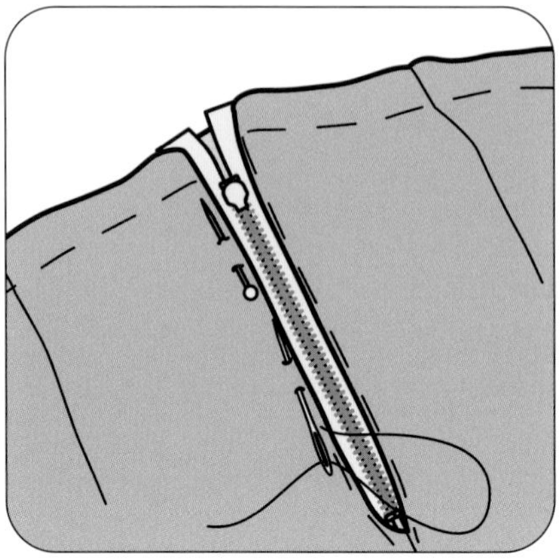

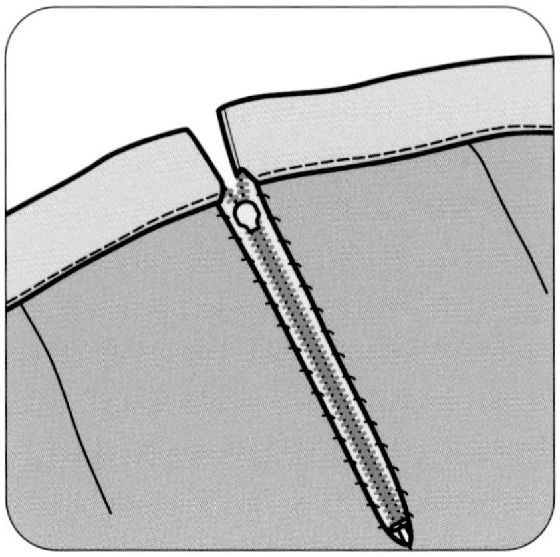

1 ▲ **Forrar un falda**
Confeccione la falda, incluso con cremallera. Realice el forro del mismo modo, pero deje la costura abierta desde la cintura hasta la parte inferior del lugar donde se coloque la cremallera.

2 Haga coincidir las pinzas y las costuras y, después de unir del revés el forro y la falda, sujete con alfileres e hilvane a lo largo de la cintura. Doble hacia dentro el margen de la costura en cada lado de la cremallera y prenda alfileres e hilvane a lo largo de los lados de la misma.

3 Con punto enano, una el forro a la cinta de la cremallera sin acercarse demasiado a los dientes. Asegúrese de que las puntadas no se vean por el derecho de la falda. Añada la cinturilla del modo habitual y remate el bajo de la falda.

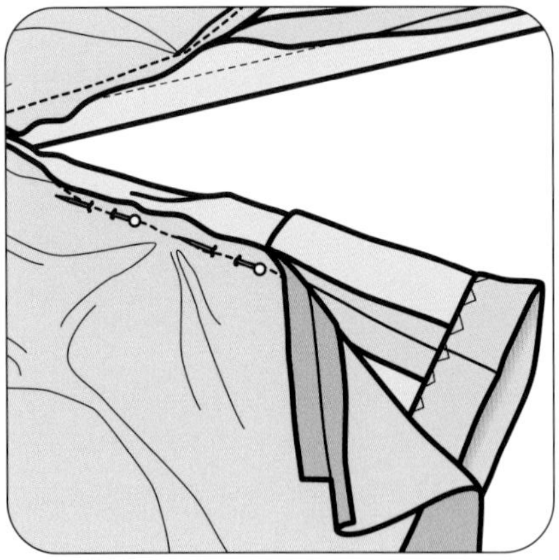

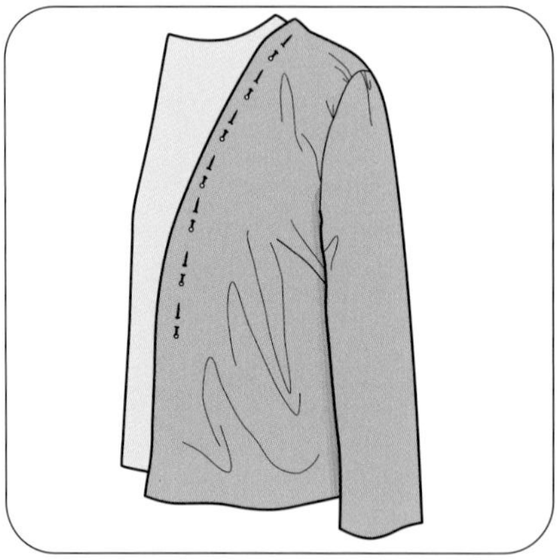

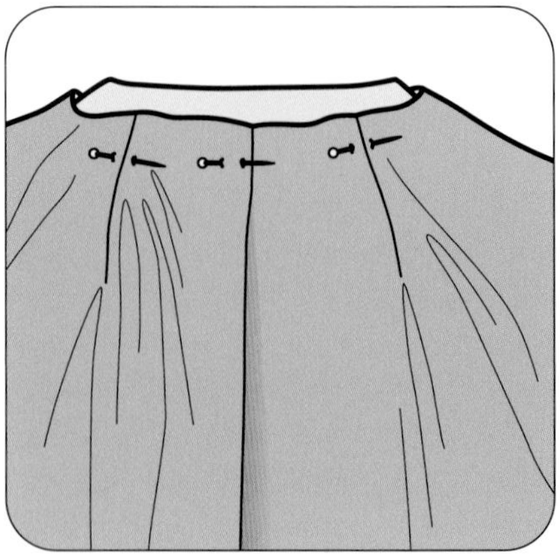

1 ▲ **Forrar un chaqueta**
Acabe la chaqueta y después confeccione el forro; añada 2,5 cm a la anchura del centro de la espalda. Prenda con alfileres el forro a la chaqueta a lo largo de la parte interior de la manga; una estos elementos por el revés y haga coincidir las pinzas y las costuras. Cosa de costura a costura.

2 Tire del forro hacia el revés de la chaqueta y préndalo con alfileres a lo largo del borde del cuello y las vistas. El forro no debe estar tirante; déjelo ligeramente suelto mientras trabaja, para que quede holgado.

3 En la espalda, haga coincidir las dos pinzas de los hombros. Confeccione una pequeña tabla en el forro, en el centro de la espalda, para recoger los centímetros que añadió al medir. Sujete también una tabla del mismo tipo en el borde inferior.

Remates para forros

Existen distintos modos para conseguir un remate limpio.

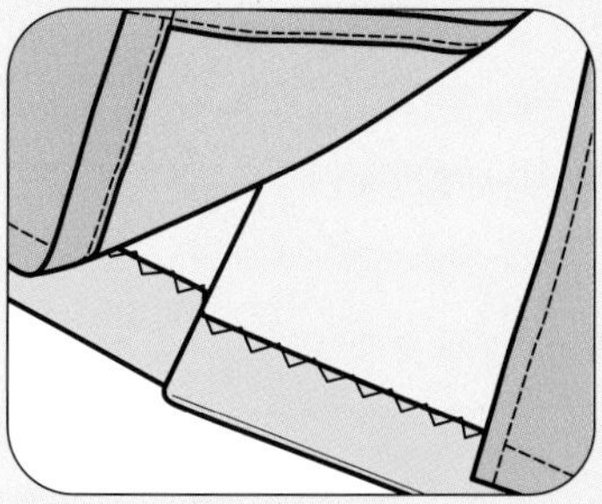

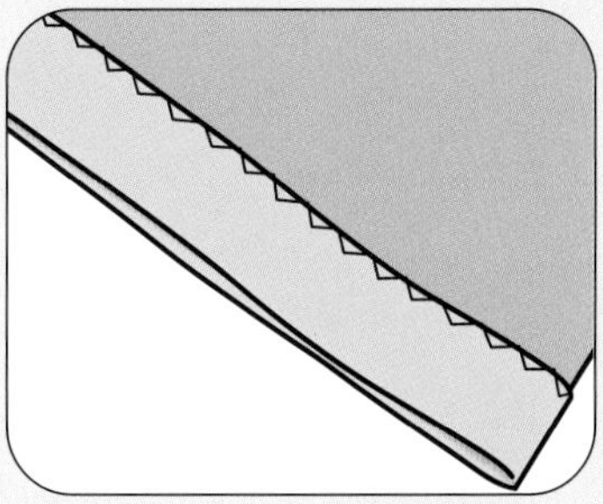

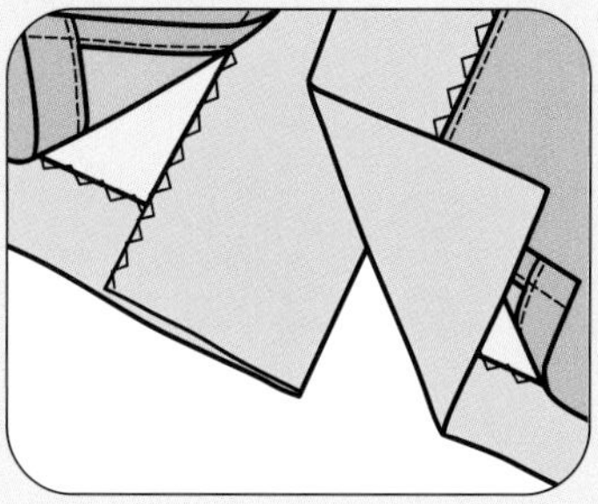

Tabla abierta: si la prenda no tiene costura central, haga un corte en el forro que coincida con la tabla o la abertura. Doble hacia dentro un dobladillo doble y estrecho en los dos lados de la abertura, prenda alfileres y cosa. Dé puntadas de dobladillo en la parte inferior.

Forro cosido al dobladillo: los forros de las faldas y los pantalones pueden asegurarse bajo el dobladillo de la prenda. Corte el forro un poco más corto que la prenda acabada. Cosa al forro el dobladillo de la prenda.

Falda con abertura: si la prenda y el forro tienen una costura central en la espalda, se emplea una abertura. Deje la parte inferior de la costura sin coser, y corte el margen de la costura en la parte superior. Doble, sujete con alfileres y cosa un dobladillo doble. Dé unas puntadas en la parte inferior.

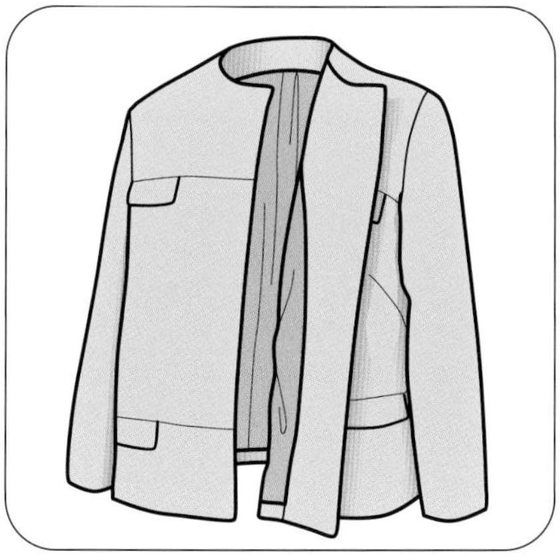

4 Doble hacia dentro los bordes sin rematar de alrededor del forro y cósalo a la chaqueta con punto enano. Ahora puede terminar los ojales, aunque si los está haciendo con ribete, deben terminarse antes de coser el forro.

Notas para forros

Para asegurar un forro a una prenda acabada, doble hacia dentro el borde sin rematar y prenda alfileres. Cosa con punto enano a lo largo del borde con cuidado de que no se vea por el derecho de la prenda.

Compruebe que la prenda quede bien antes de añadir el forro o darle los toques finales.

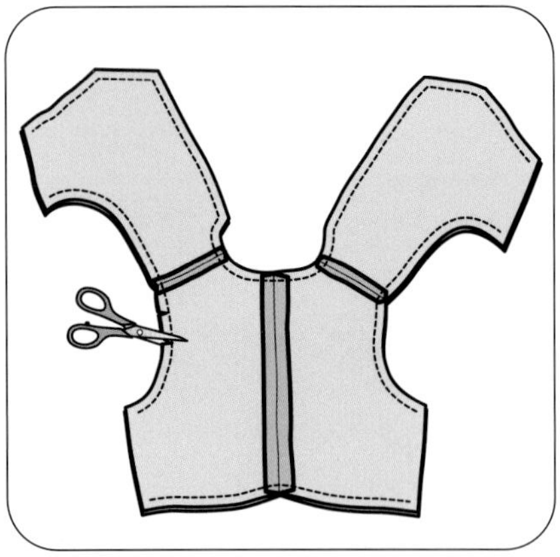

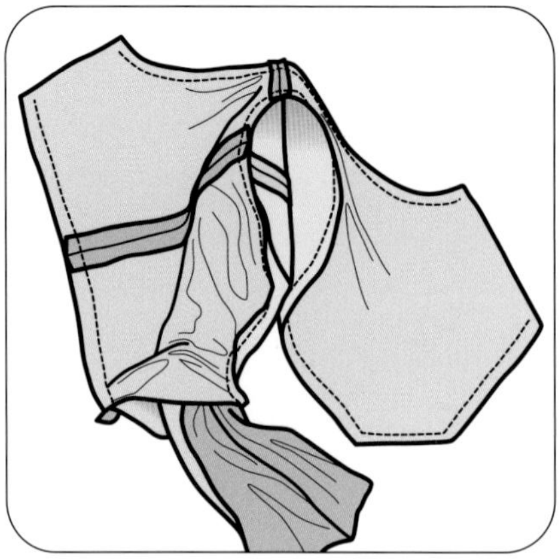

1 ▲ Forrar un chaleco

Una las costuras del centro de la espalda y de los hombros tanto de la prenda como del forro. Una la prenda y el forro por el derecho haciendo coincidir las costuras; sujete con alfileres e hilvane. Cosa alrededor de todos los bordes, excepto la parte inferior de la sisa. Realice cortes en las costuras curvas y recorte las esquinas.

2 Tire del forro hacia el revés y sujételo con alfileres a lo largo del borde del escote y de las vistas. El forro no debe quedar tirante; déjelo ligeramente holgado mientras trabaja.

3 Doble hacia atrás las costuras laterales del forro y sujételas con alfileres. Únalas del derecho con las costuras laterales del chaleco; prenda alfileres y cosa. Planche cuidadosamente.

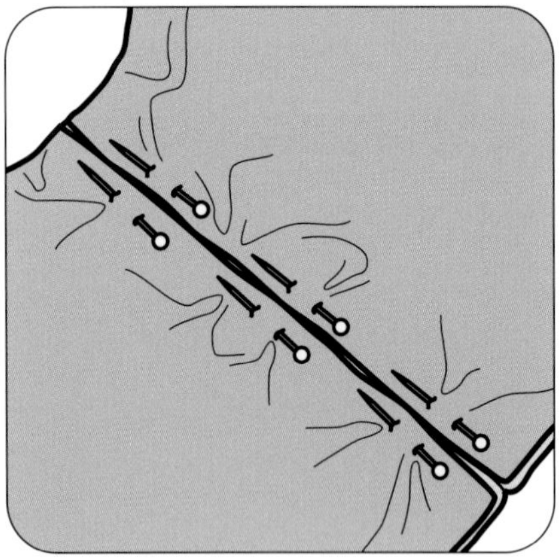

4 Doble hacia dentro los márgenes de las costuras laterales del forro y sujete con alfileres. Con punto enano, una el margen de la costura de la prenda, al mismo tiempo que cose las costuras del forro, pero con cuidado de que las puntadas no se vean por el derecho. Planche y elimine los hilvanes.

Sobre los forros

La tela blanca puede ser bastante transparente, por lo que las costuras y otros elementos de la confección pueden verse a través de ella. Si forra parte de la prenda, minimizará este problema.

Cuando elija una tela para el forro, escoja un color semejante a la tela principal o que coincida con uno de los colores del estampado.

Si la prenda es lavable, asegúrese de que el forro también lo sea y de que no encogerá de modo distinto a la tela principal, porque deformaría la prenda.

Cierres

Casi todas las prendas requieren un cierre de algún tipo. A mucha gente le impone la idea de coser una cremallera, pero no son difíciles de manipular: es cuestión de familiarizarse con ellas. Los ojales suelen ser otro motivo de preocupación, pero la práctica pronto le proporcionará confianza para trabajar con ellos.

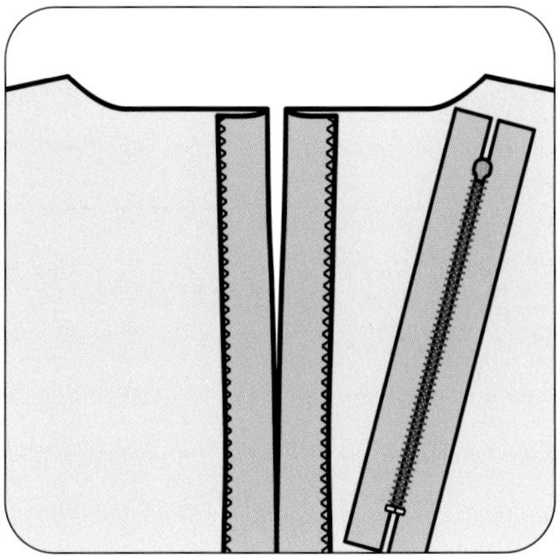

1 ▲ Cremallera central
Marque la ubicación de la cremallera en la costura usando la cremallera como guía. Cosa la costura hasta la marca inferior y deje espacio en la parte superior para una vista. Dé puntadas de zigzag en los bordes sin rematar.

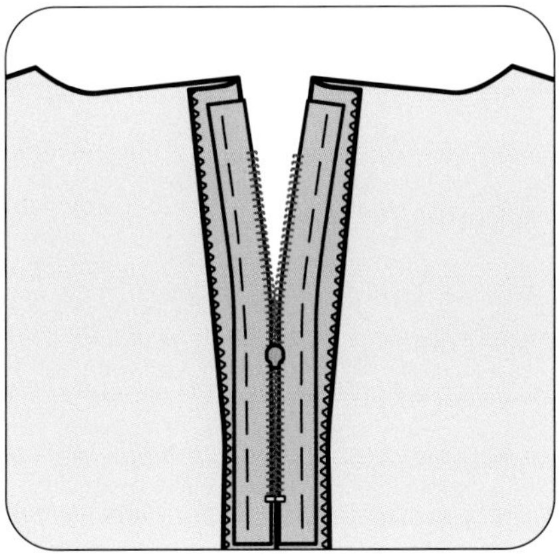

2 Coloque la cremallera cerrada sobre la costura por el revés y préndala con alfileres. Hilvane ambos lados de la cinta de la cremallera para que no se mueva mientras trabaja. Dé la vuelta a la prenda.

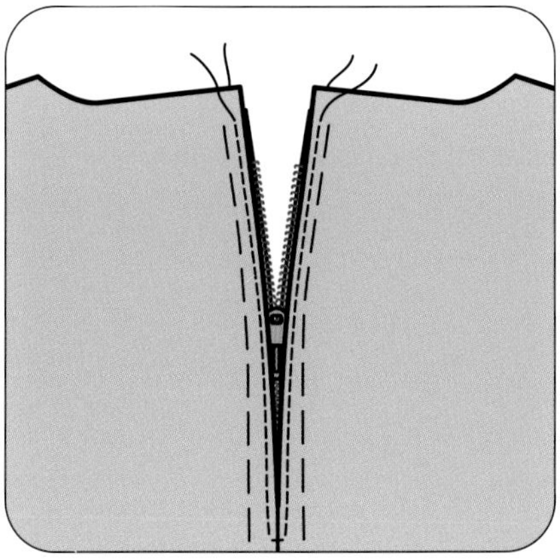

3 Coloque en la máquina de coser un prensatelas especial para cremalleras. Empiece por la parte superior y cosa hacia abajo un lado; cosa la parte inferior y hacia arriba el otro lado. Vaya cerrando la cremallera, si es necesario, para mantener la costura recta y deje bien acabadas las esquinas inferiores.

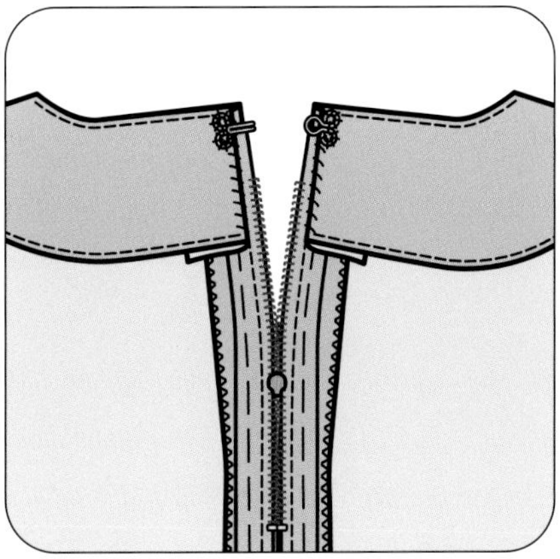

4 Añada la vista o la cinturilla a la prenda del modo habitual y utilice punto enano en los extremos de la cinta de la cremallera. Asegúrese de que los dientes de la cremallera no atrapen ninguna vista o puntada por estar demasiado cerca. Retire los hilvanes y añada el resto de los cierres que hagan falta.

Notas sobre cremalleras

Tenga siempre en cuenta el peso de la tela y elija una cremallera adecuada.

Para coser una cremallera que se abra por los dos lados, doble hacia dentro las vistas longitudinales o los márgenes de la costura e hilvane a lo largo de la línea de costura. Cosa la cremallera como se ha indicado en las cremalleras centrales, por el lado derecho de la prenda, y retire los hilvanes.

Para acortar una cremallera, cosa el asa de un broche metálico en el nuevo punto final, y después corte la cremallera que ha quedado por debajo.

Para ubicar un botón, alinee la tira del ojal sobre la del botón y prenda un alfiler en el centro del ojal. Marque el punto en la tira del botón.

Los ojales verticales cosidos a mano tienen un hilván largo en cada extremo; los horizontales normalmente tienen puntadas de ojal en semicírculo al final de la abertura más cercana.

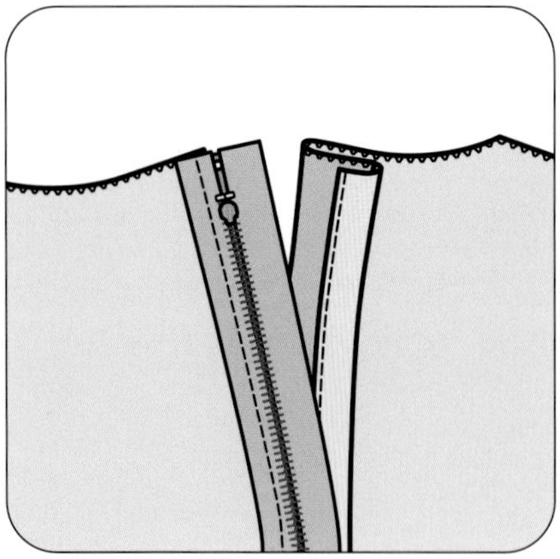

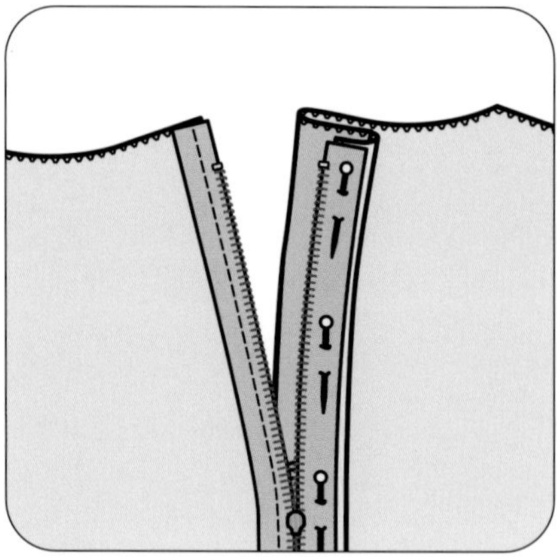

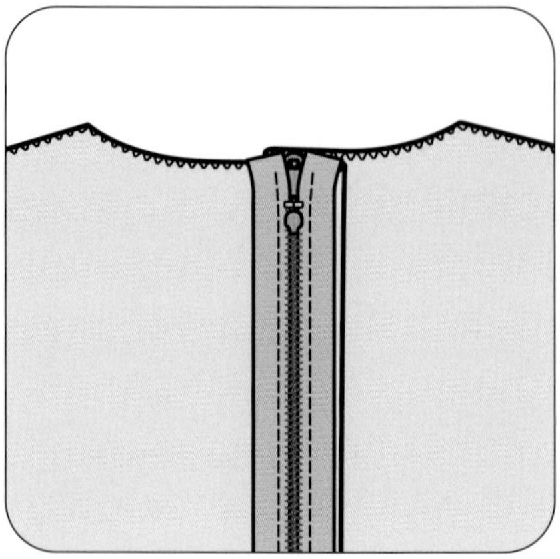

1 ▲ **Cremallera invisible**
Cosa la costura hasta la parte inferior de la cremallera y dé puntadas de zigzag en los bordes sin rematar de los márgenes de la costura. Abra la cremallera, sujétela con alfileres e hilvánela a uno de los márgenes de la costura. Del revés, cosa esta costura con el prensatelas para cremalleras de la máquina de coser. Refuerce con cinta el borde sin rematar de la costura.

2 Doble el lado que quedará por encima hacia el revés de la prenda. Sujete con alfileres e hilvane los dos lados de la cinta de la cremallera y ciérrela.

3 Use de nuevo el prensatelas especial para cremalleras y cosa la cremallera cerrada por el lado que queda por encima y por la parte inferior. Retire los hilvanes. Compruebe que la cremallera se abre y se cierra fácilmente y que la costura la oculta por completo.

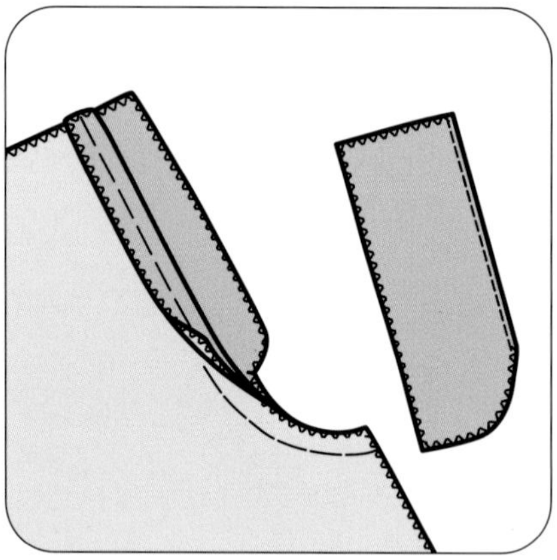

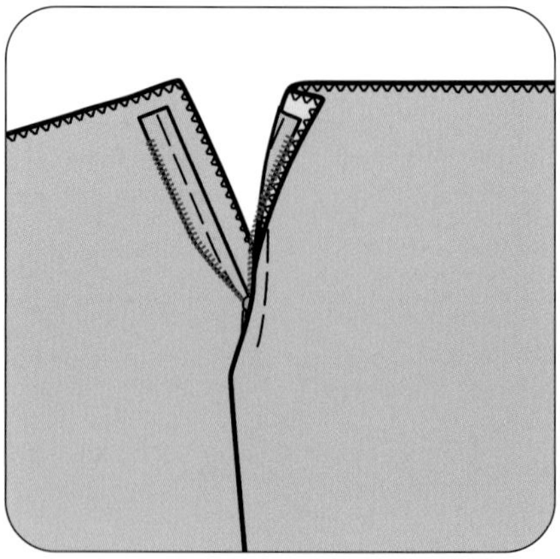

1 ▲ **Cremallera frontal con tapeta**
Corte y prepare las piezas de la prenda. Remate todos los bordes con puntada de zigzag e hilvane todas las marcas de la cremallera como se indica en el patrón.

2 Doble la pieza de la tapeta por la mitad en sentido longitudinal, de modo que se junten los dos reveses, y pespuntee a 3 mm del doblez. Cosa los otros bordes con puntadas de zigzag. Cosa la costura curva de la prenda, doble el borde que quedará por debajo hacia el revés e hilvane a lo largo del doblez.

3 Abra la cremallera y alinee los dientes con el doblez del borde que quedará por debajo. Sujete con alfileres, hilvane y cosa la cremallera cerca de los dientes; deje espacio para que el deslizador suba y baje.

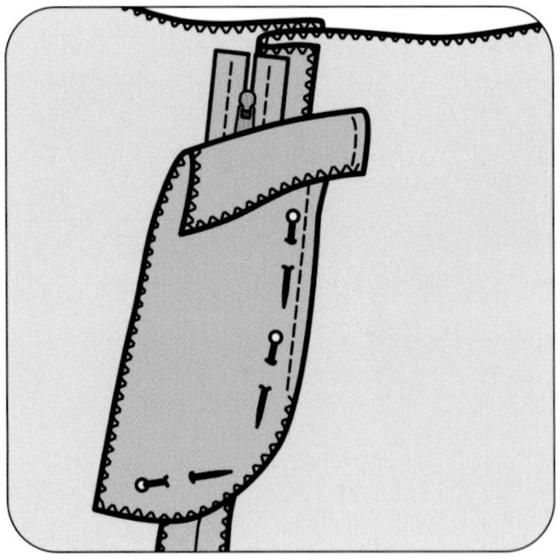

4 Cierre la cremallera, doble el borde que queda por encima a lo largo de la línea hilvanada, e hilvane a través de todas las capas de esta pieza.

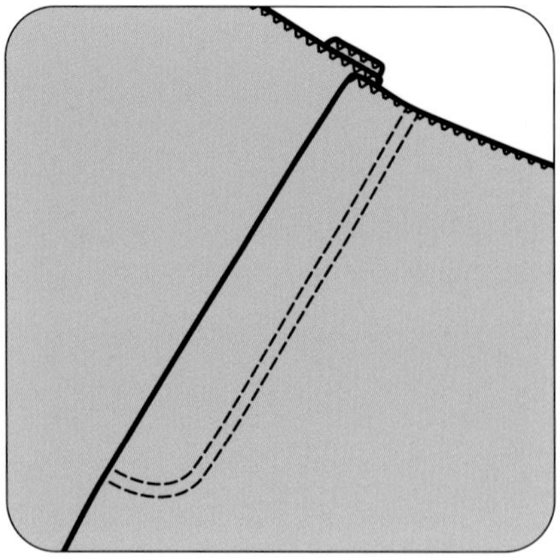

5 Sujete con alfileres la pieza de la tapeta sobre la cremallera cerrada, de modo que coincidan los bordes curvos. Hilvane a lo largo de la línea de costura.

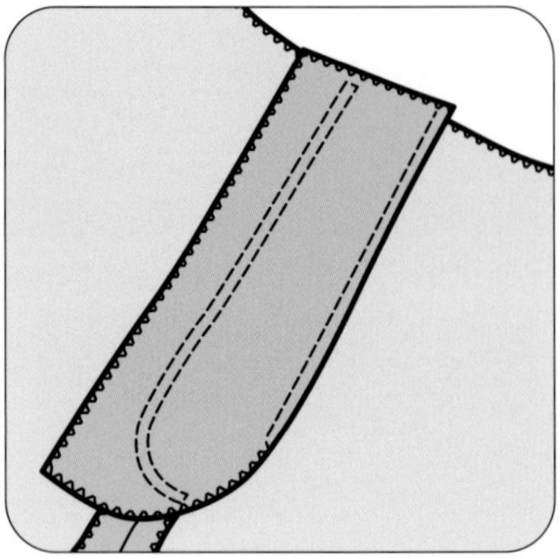

6 Trabajando por el derecho, realice una doble línea de pespunte para reforzar la tapeta siguiendo la línea curva del hilván.

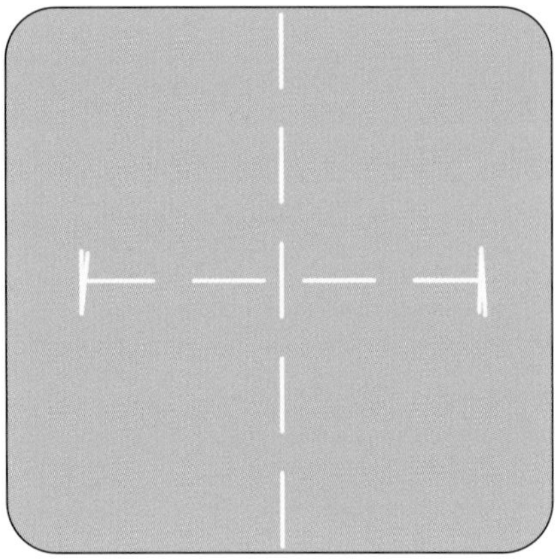

1 ▲ **Ojal cosido a mano**

Marque la ubicación del ojal en el revés de la tira del mismo, e hilvane a lo largo de la línea central para marcarlo. Hilvane a lo largo de cada lado para sujetar la tela mientras trabaja.

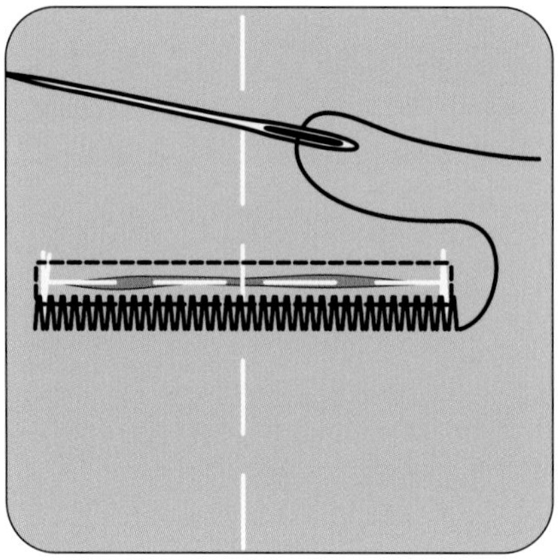

2 Corte la abertura con unas tijeras afiladas o un descosedor, así como un trozo de hilo encerado de más del doble de la longitud del ojal y colóquelo sobre el borde superior. Dé puntadas de ojal a lo largo del borde superior con una aguja fina, al mismo tiempo que incluye el hilo encerado.

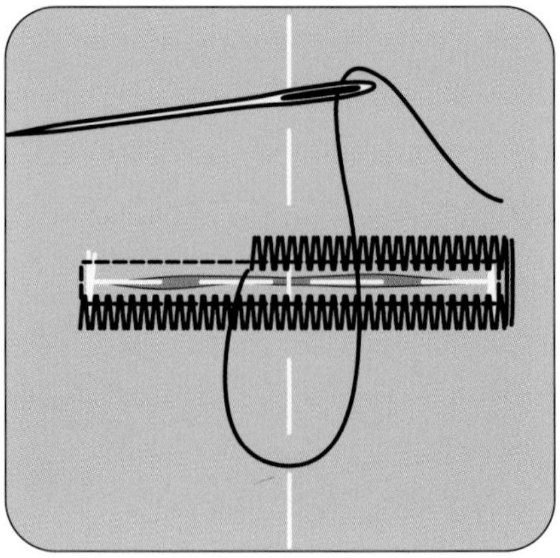

3 Haga un hilván largo en el extremo, y después repita esta operación a lo largo del borde inferior del ojal. Asegúrese de incluir el hilo encerado mientras trabaja para reforzar el borde del ojal. Dé las puntadas lo más uniformes posibles para obtener un acabado profesional.

Coser botones

Botones de dos y de cuatro agujeros: se aseguran cosiéndolos a la tela a través de los agujeros. Para los botones de cuatro agujeros, se puede coser en paralelo o haciendo una cruz con el hilo. No tense demasiado el hilo al coser; así quedará suficiente espacio entre el botón y la tela para la tira del ojal.

Botones con cuello: no tienen agujeros; en su lugar, cuentan con una pequeña anilla en la parte inferior, a través de la que se cose y que, además, sujeta el botón sobre la superficie de la tela.

Cuello de hilo: es necesario para las telas gruesas cuando se cosen botones que no tienen cuello. Antes de empezar a coser el botón, coloque una cerilla o un palillo debajo para elevarlo sobre la tela. Cuando termine de coser, retire la cerilla o el palillo y dé vueltas al hilo alrededor de los hilos de debajo del botón para crear un cuello de hilo antes de rematar.

Botones estilo militar: tienen un cuello de metal en forma de anilla en la parte posterior y un seguro de metal. Tendrá que hacer un pequeño ojete en la tela para introducir la anilla; el seguro se cierra por el revés para sujetar el botón. Para rematar los bordes del ojete, dé puntadas de ojal alrededor del mismo modo.

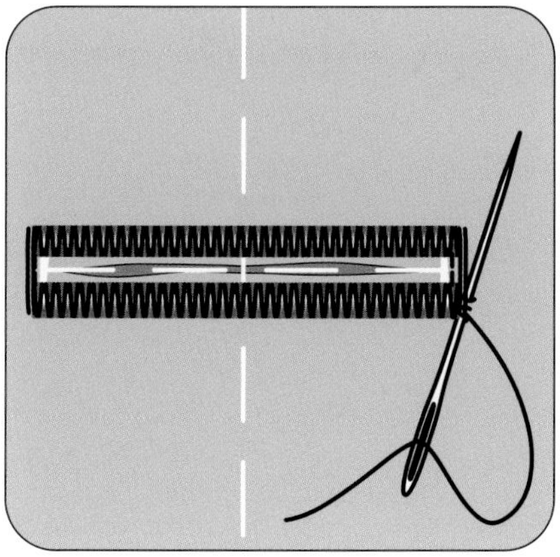

4 Dé unas pocas puntadas rectas pequeñas al final para asegurar el hilo, y después haga otro hilván largo en este extremo. Corte los extremos del hilo encerado y retire el hilván corto.

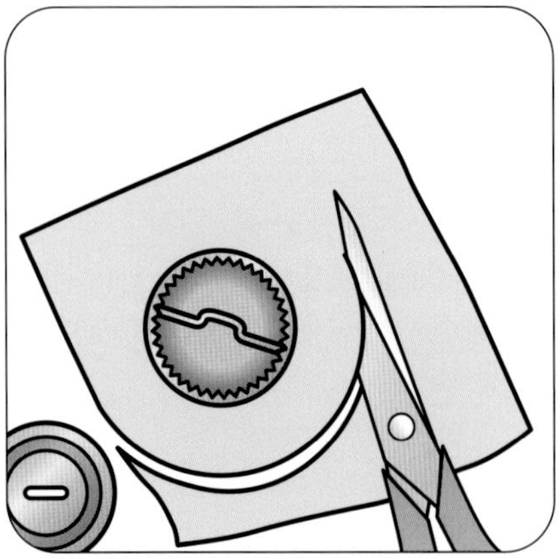

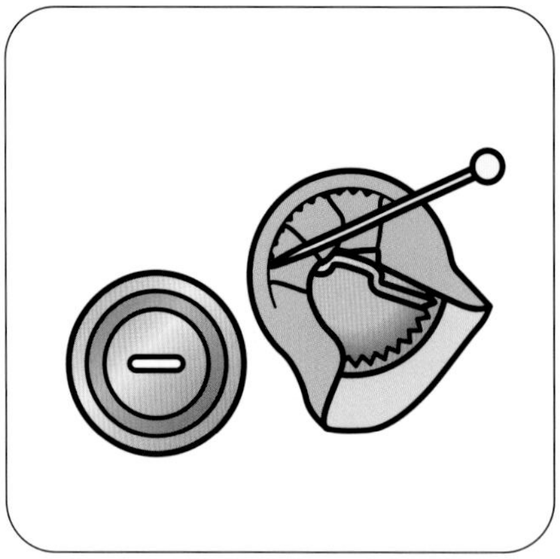

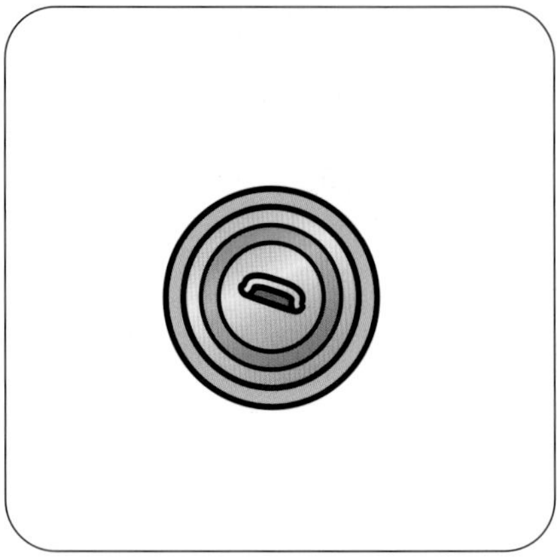

1 ▲ **Botones para forrar**

Si el botón se proporciona con instrucciones distintas, sígalas. Con el botón o la plantilla que venga con el producto, corte un círculo de tela 12 mm más ancho que la pieza superior del botón.

2 Coloque la pieza superior del botón en el centro de la tela, del revés. Use un alfiler para presionar la tela sobrante y que quede prendida en los dientes que rodean el borde de la pieza superior del botón. Asegúrese de que la tela queda bien sujeta.

3 Presione firmemente la pieza inferior del botón hasta que encaje.

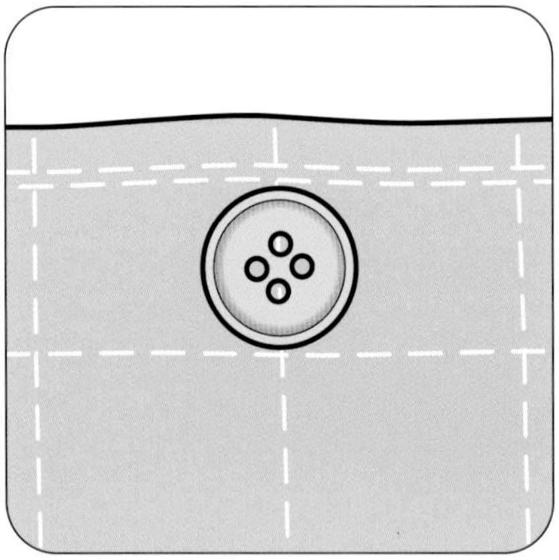

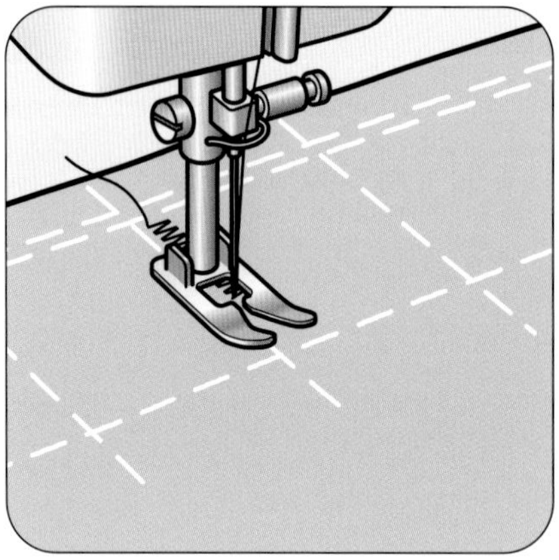

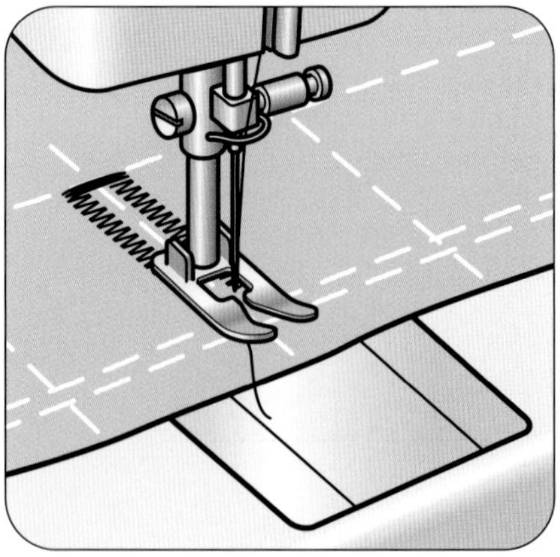

1 ▲ **Ojal cosido a máquina**

Marque con hilvanes la posición central y la longitud del ojal en la tira del botón usando el botón como guía.

2 Realice una línea de puntadas rectas en las líneas de la abertura del ojal. Disponga la máquina de coser para una anchura media de puntada de zigzag y realice una línea de punto coral apretado a lo largo de un borde.

3 Levante el prensatelas y gire la prenda 180°; después, realice unas cuantas puntadas largas a lo ancho del ojal para reforzar el extremo.

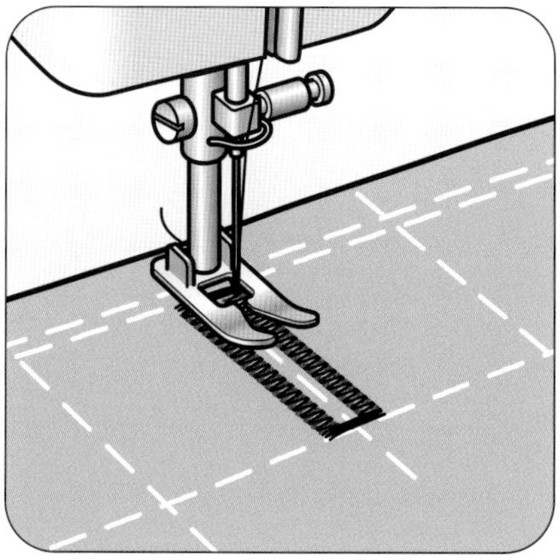

4 Repita los pasos 2 y 3 en el otro lado y en el otro extremo del ojal. Fije la anchura de la puntada en 0 para realizar unas cuantas puntadas de remate.

5 Pase los hilos sueltos hacia el revés y córtelos cerca de la tela. Use un descosedor o unas tijeras muy afiladas para cortar el ojal por la línea central.

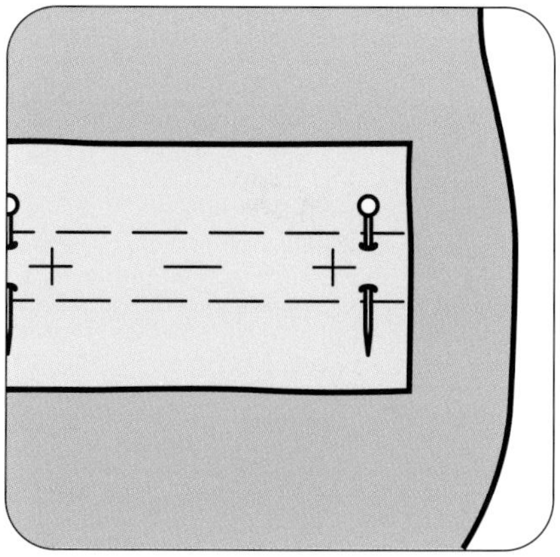

1 ▲ **Ojal ribeteado**

Corte un trozo de tela 2,5 cm más largo que el ojal y céntrelo sobre la línea que se ha marcado para el mismo. Hilvane a 3 mm de la línea del ojal en cada lado por el derecho de la tela.

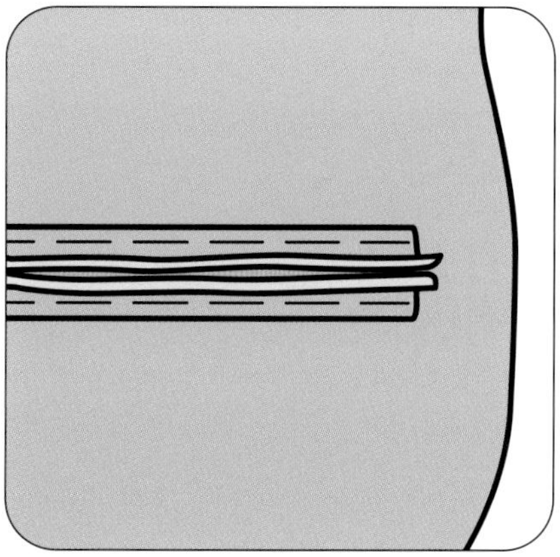

2 Doble el trozo de tela hacia el centro a lo largo de las líneas del hilván. Hilvane de nuevo para sujetar los dobleces. Cosa con la máquina un rectángulo de la longitud del ojal y de 6 mm de ancho que atraviese todas las capas y el centro en la línea del ojal.

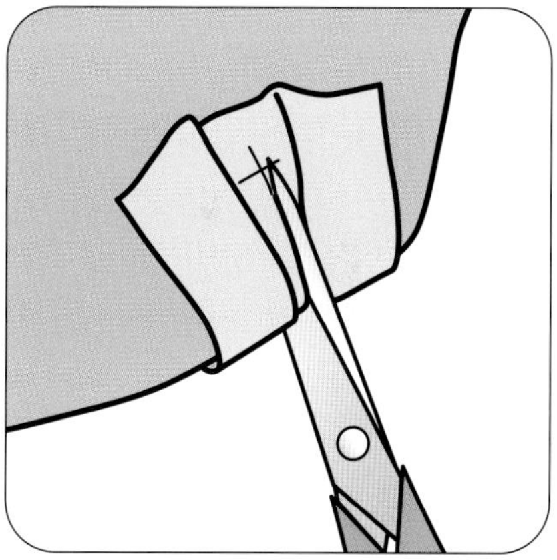

3 Doble por la mitad la zona de la tela donde está el ojal y corte cuidadosamente de extremo a extremo a lo largo de la línea del ojal con cuidado de no cortar ninguna puntada.

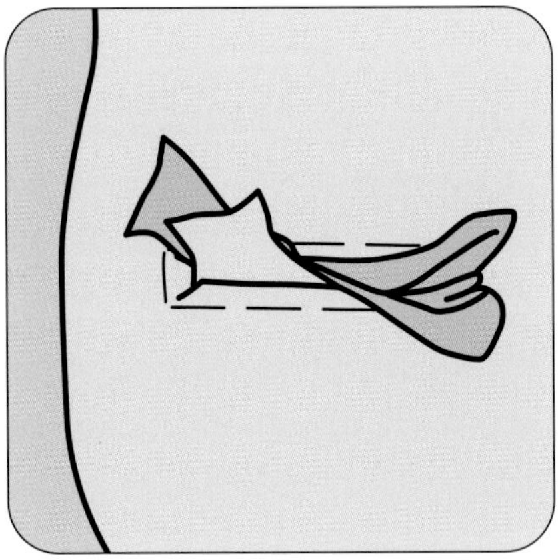

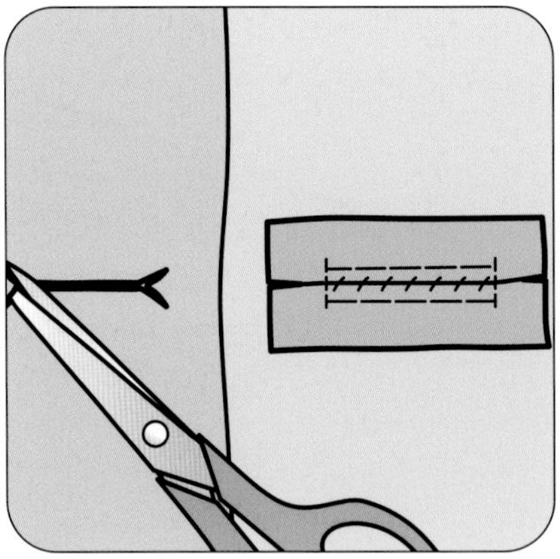

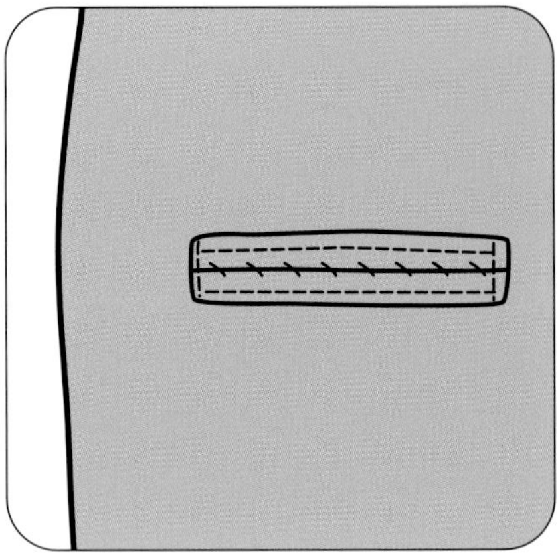

4 Tire de la tela hacia el revés. Plánchela y utilice el punto enano para cerrar la abertura. Por el revés, tire del pequeño triángulo de cada extremo para que la abertura quede cuadrada y cósalos.

5 Con unas tijeras pequeñas y afiladas, corte un ojal igual en la vista; deténgase a 6 mm del extremo y después siga el corte de la forma angular que se muestra en la ilustración.

6 Alinee la vista con el ojal, doble hacia atrás los bordes sin rematar de la abertura que acaba de hacer, sujete con alfileres y cosa a mano la vista a la tela del ojal.

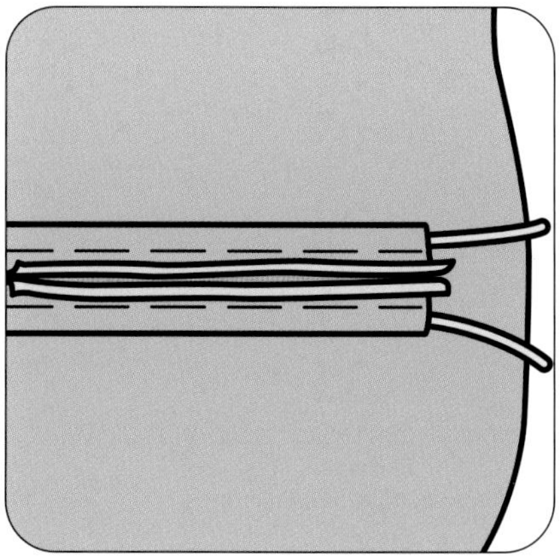

1 ▲ Ojal con cordoncillo

Prepare las piezas como se explica en el paso 1 del ojal ribeteado. En el paso 2, pase un trozo de cordón por debajo del pliegue a cada extremo y cosa. Los demás pasos son iguales que los que ya se han comentado en el ojal ribeteado.

Los cierres

Existe una extensa gama de cierres de otros tipos en el mercado, así que merece la pena investigar lo que se ofrece si quiere algo ligeramente diferente. Si desea algo llamativo, busque en tiendas de antigüedades o intente encontrar cierres interesantes en la ropa de tiendas de segunda mano para reutilizarlos. Si prefiere algo discreto, a continuación encontrará los tipos más comunes de cierres.

Velcro:® es una cinta que tiene dos mitades, una con pequeños bucles y otra con pequeños ganchitos. Aunque se enganchan con bastante firmeza, esta cinta no es demasiado adecuada cuando se necesita una sujeción fuerte.

Corchetes de metal: el gancho de un elemento encaja en el orificio del otro. Muchos tipos de corchetes se sujetan con mucha firmeza, pero en corte y confección se emplean habitualmente como método de cierre secundario.

Corchetes de plástico: son como los de metal, pero transparentes, por lo que resultan más discretos. Normalmente son bastante pequeños, de modo que no son útiles cuando se necesita una sujeción firme.

Automáticos de metal a presión: se emplean en la ropa industrial; no es necesario coserlos para unirlos a las prendas. Son muy eficaces si se han colocado correctamente, pero si se caen, son difíciles de reemplazar.

Broche de gancho metálico fuerte: es útil cuando se necesita una sujeción firme; de hecho, se romperá la tela o cederá el hilo antes de que se rompa. Use doble hilo al coserlo para asegurarlo mejor.

Broche de gancho metálico ligero: una versión más ligera, adecuada para usar en la parte superior de las cremalleras o como cierre secundario.

Broche de gancho: la versión más pequeña de los broches de gancho; apropiada para una amplia variedad de usos.

Broche de gancho con hilo: el hilo modifica el aspecto industrial del metal; se usa en prendas ligeras, como lencería, o en casos en que la abertura se llevará abierta y los cierres estarán a la vista.

sastrería avanzada

La sastrería es una forma avanzada del corte y confección que requiere sólidos conocimientos de técnicas de costura y cierta experiencia. Muchas técnicas de sastrería se centran en los acabados, así como en conferir a las prendas un aspecto profesional. Asimismo, necesitará aprender a dar forma a las prendas para conseguir resultados perfectos.

chaquetas

Cuando confeccione una chaqueta entallada, elija un patrón clásico para que no se pase pronto de moda. Además, es buena idea evitar los cuadros y las rayas cuando se está empezando, ya que resulta difícil hacer coincidir el estampado en todas las pinzas y las costuras, y si esta parte no está bien hecha, estropeará el aspecto de la prenda cuidadosamente trabajada.

Forro y refuerzos

El forro y los refuerzos son capas adicionales de tela que se usan para dar cuerpo a las prendas. Los refuerzos se añaden a la altura de las costuras de una prenda, sujeta de modo que no se pegue al cuerpo. El forro se confecciona de manera independiente y se une al interior de la prenda tanto para ocultar las costuras como para ayudar a la prenda a mantener su forma.

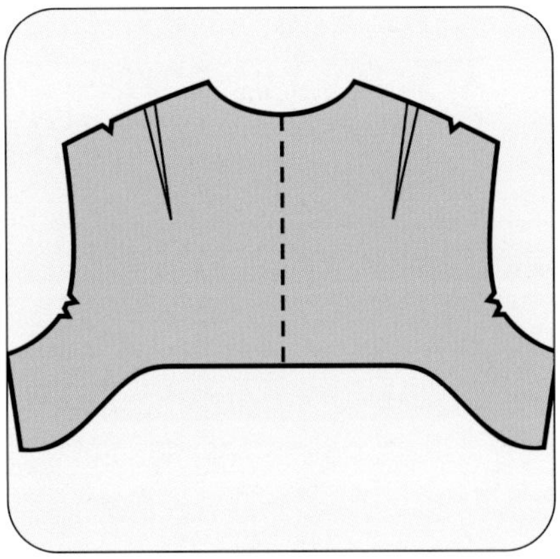

1 ▲ **Forrar la espalda** Corte el forro en una tela que resulte adecuada, como batista o lino prelavado. Use las piezas de la espalda del patrón de la chaqueta, pero si hay costuras, sujete juntas las piezas del patrón por la línea de la costura y corte el forro en una pieza de unos 25 cm de ancho en el centro y con la forma de las sisas. Corte por el centro de las pinzas de los hombros, superponga un borde cortado sobre el otro con la costura que coincida en el centro y cosa con puntada de zigzag.

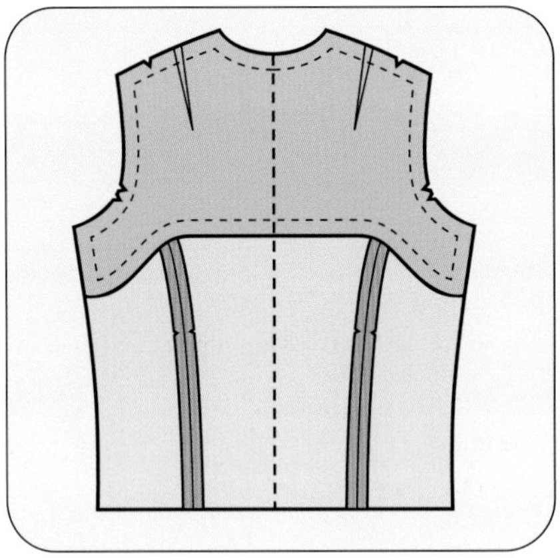

2 Confeccione la sección trasera de la chaqueta, si hay costuras. Coloque el forro sobre el revés de la pieza de la espalda, de modo que coincidan las líneas centrales y los bordes de la costura. Sujete con alfileres e hilvane alrededor del contorno a unos 2,5 cm de los bordes exteriores.

Dar cuerpo

Casi cualquier tela puede reforzarse, aunque generalmente sólo se lleva a cabo esta operación con las telas opacas.

El forro y los refuerzos no deben confundirse con la entretela, que siempre se usa entre la pieza base y la prenda misma en vistas, cuellos, solapas y puños.

Si la prenda que está forrando tiene mucho volumen, elija una tela ligera para el forro con el fin de no añadir más peso.

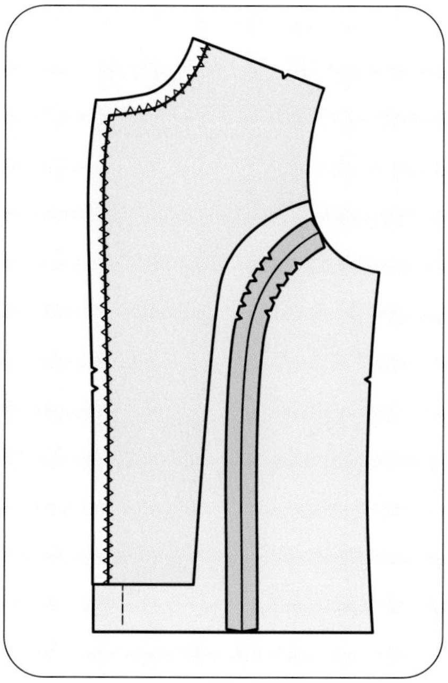

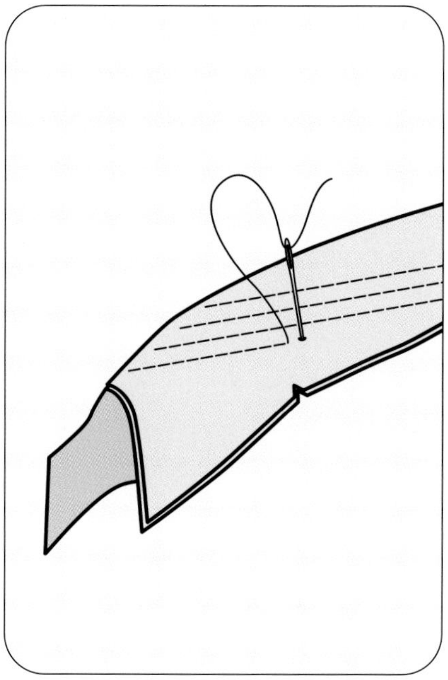

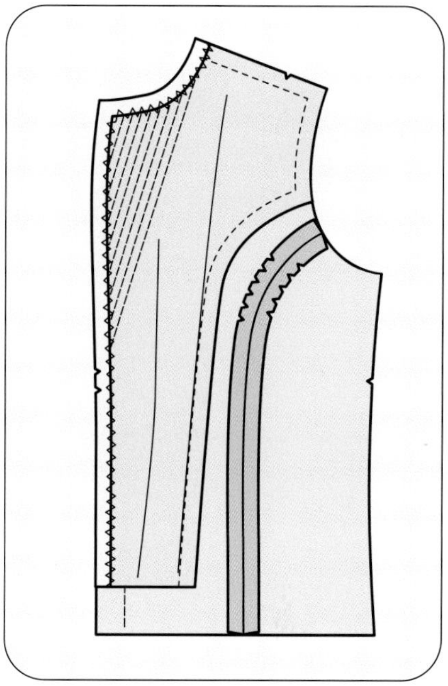

1 ▲ **Forrar el delantero**

Corte una tira de organza o tela ligera similar para colocarla alrededor del borde de la parte delantera y de la línea del escote, de una anchura aproximada de 3,5 cm, con la pieza de entretela como guía para dar forma al borde. Sujete con alfileres la organza sobre el borde de la entretela y extiéndala unos 18 mm. Cosa con puntada de zigzag. Prenda con alfileres la entretela por el revés de la parte delantera de la chaqueta alineando el borde de la tira de organza y la prenda.

2 Establezca la línea diagonal del pliegue de la solapa, desde la línea del escote a la parte superior; coloque una regla entre los dos puntos y marque con tiza la línea en la entretela. Sujete con alfileres la entretela a lo largo de esta línea y después cósala a la tela con puntadas de refuerzo con hilo a juego con la tela y tomando sólo un hilo cada vez. Doble la solapa sobre los dedos mientras trabaja; esta técnica ayuda a moldear el pliegue de la solapa.

3 Comience cada línea de puntadas en la parte superior de la solapa y termínela en la línea de la costura, haciendo líneas paralelas que vayan desde la línea del pliegue hasta el extremo de la solapa. Hilvane la entretela a lo largo de la línea de la costura. Por último, hilvane a grandes rasgos dos líneas diagonales más sobre la parte principal de la entretela, con puntadas muy grandes, para sujetarla.

Colores a juego

Las telas para forrar y reforzar no tienen por qué tener la misma composición que la tela principal, pero los colores deben coincidir.

Coloque la tela que va a usar sobre distintas telas para forrar o reforzar y evalúe el efecto antes de decidirse a comprar.

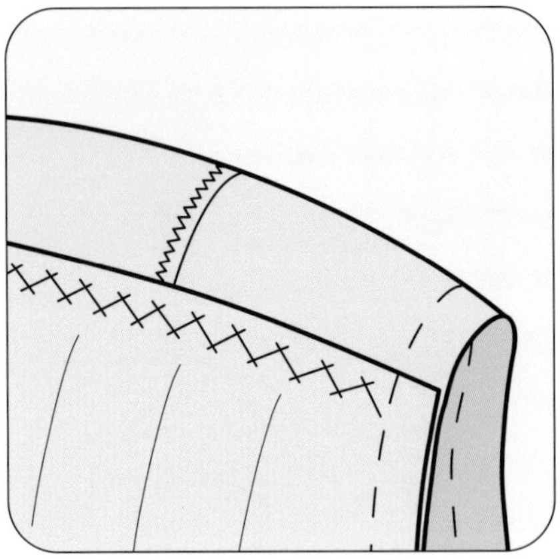

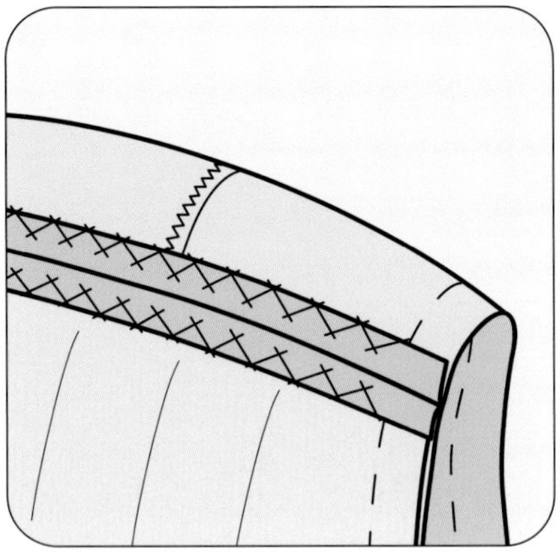

1 ▲ Costuras de los hombros

Una las secciones de la parte delantera y la espalda por la línea del hombro, pero cosa sólo a través de la tela principal. Corte los extremos de la pinza donde se introduzcan en el margen de la costura. Planche las costuras para que queden abiertas. Retire el hilván de alrededor del hombro, superponga la entretela de la parte delantera sobre el forro de la espalda a la altura de la costura del hombro, y sujete con alfileres. Dé la vuelta a la prenda para asegurarse de que todo esté perfecto. Por el revés, dé puntadas de escapulario en la costura superpuesta desde la línea del escote hasta justo la costura del hombro; cosa sólo a través del margen de la costura de la tela principal.

2 Un método alternativo es hacer las costuras de los hombros como se ha descrito en el paso 1 y recortar las pinzas. Después, recorte los márgenes de la costura tanto en la entretela de la parte delantera como en el forro de la espalda y deslice los bordes sin rematar bajo el margen de la costura de los hombros en los dos lados. Sujete con alfileres y dé puntadas de escapulario en los bordes del margen de la costura hasta la entretela de la parte delantera, de un lado, y el forro de la espalda, del otro.

Telas para reforzar o forrar

La tela que use para reforzar o forrar no es necesario que tenga la misma composición que la tela principal, pero el color sí debería coincidir. A continuación se recomiendan algunas telas:

Batista	apropiada para algodones de limpieza en seco, lana ligera, punto o jersey y telas de tejido suelto
Organza de seda	apropiada para la mayor parte de las sedas, lana ligera y encaje
Tafetán	apropiada para sedas pesadas, lana fina, *chiffon* y encaje
Rayón	apropiada para seda, lana ligera, punto o jersey, telas de tejido suelto y lino
Vilene	apropiada para telas pesadas; también empleada para entretela
Gasa	apropiada para encaje, seda ligera y *chiffon*

Cuellos de sastre

Como a este tipo de cuello se le va dando forma según se va confeccionado, tiene que ser más sólido que el cuello habitual con entretela. Las líneas de puntada del bajocuello permiten que todo esté bien sujeto.

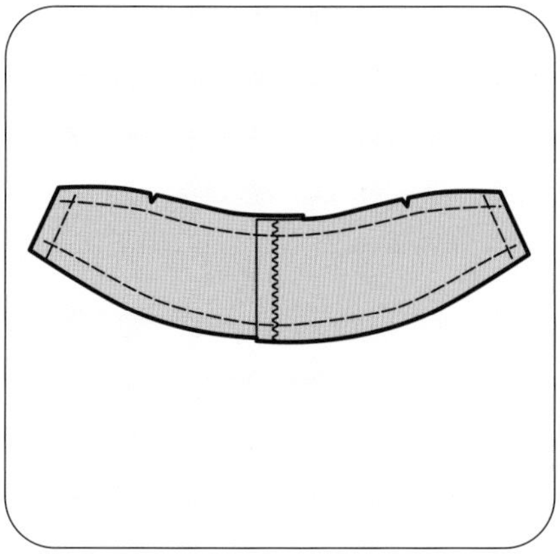

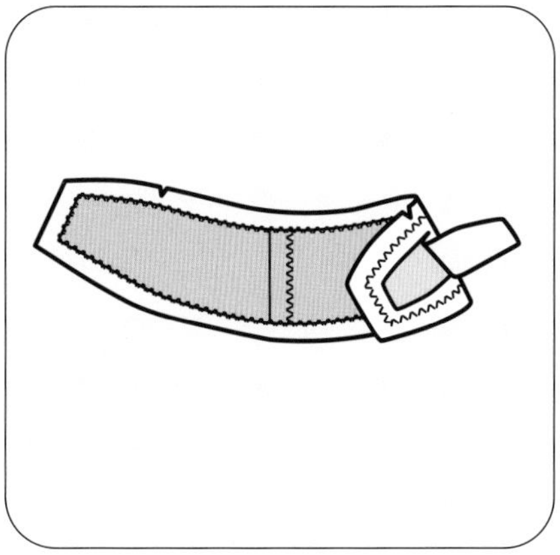

1 ▲ Refuerzo del bajocuello

Cosa la costura central del bajocuello y plánchela para que las costuras queden abiertas. Superponga la costura central de la entretela –deben coincidir las muescas del patrón y las líneas de costura– y cosa con puntadas de zigzag. Marque una línea alrededor de la entretela a 18 mm del borde. Recorte la entretela hasta la línea marcada.

2 Sujete juntas las dos mitades del patrón del bajocuello y úselas para cortar una pieza de cuello de organza. Coloque la entretela sobre la organza; la sobrepasará 18 mm. Cosa la entretela y la organza juntas con puntadas de zigzag pequeñas. Corte la organza en la zona central de la entretela.

Orificios

Si deja un orificio en cada extremo de la costura cuando cosa el bajocuello a la chaqueta, no se formarán frunces cuando se cosa la vista y se doble hacia dentro.

Si en el patrón de que dispone no aparece una vista para la línea del escote de la espalda, puede cortar uno de unos 9 cm de ancho usando el patrón de la espalda para dar forma a la línea del escote y a la sisa.

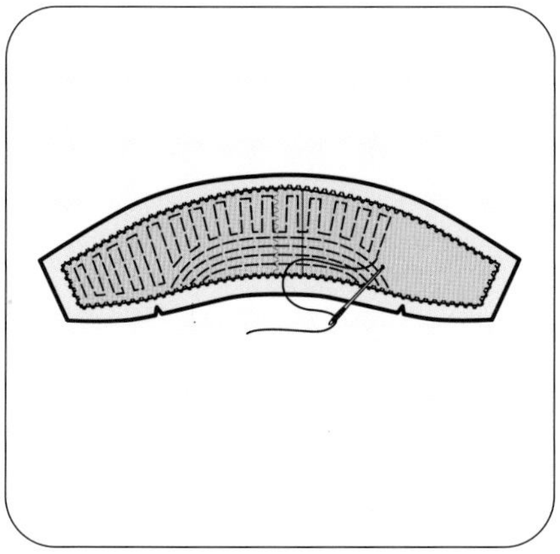

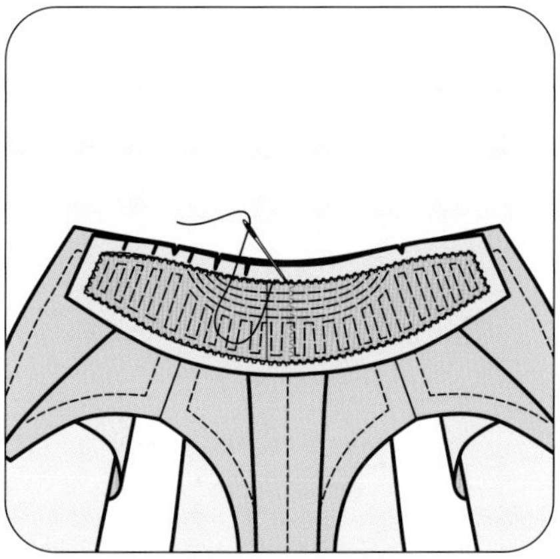

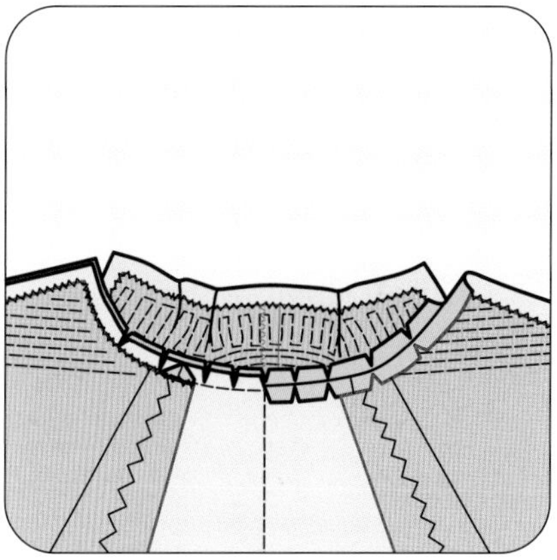

3 Prenda la entretela junto al revés del bajocuello. Establezca la línea de pliegue y cosa líneas paralelas en una curva entre el pliegue y el borde inferior del cuello; doble la pieza para darle forma. Cosa el resto del área con líneas paralelas.

4 Prenda el bajocuello al borde del escote de la chaqueta, únalos por el derecho y trabaje desde el lateral de la prenda. Sitúe el cuello entre las marcas según vaya trabajando e hilvane a lo largo de la línea de la costura. Pruébese la chaqueta.

5 Cosa el bajocuello a la chaqueta, empezando a 1,5 cm de un borde y deteniéndose a la misma distancia del otro. Retire el hilván, recorte el margen de la costura a 6 mm y recorte las esquinas y las costuras curvas.

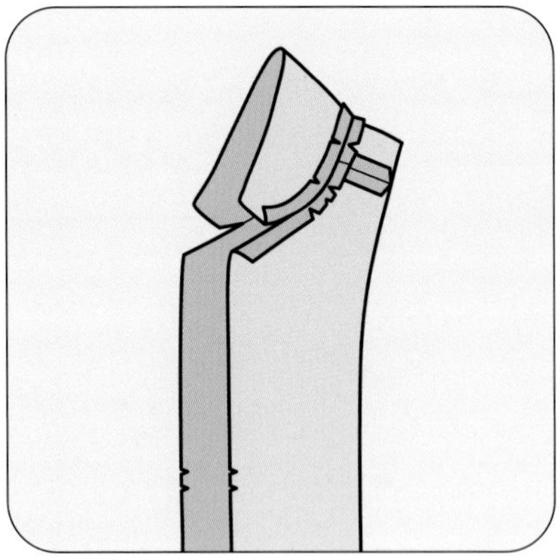

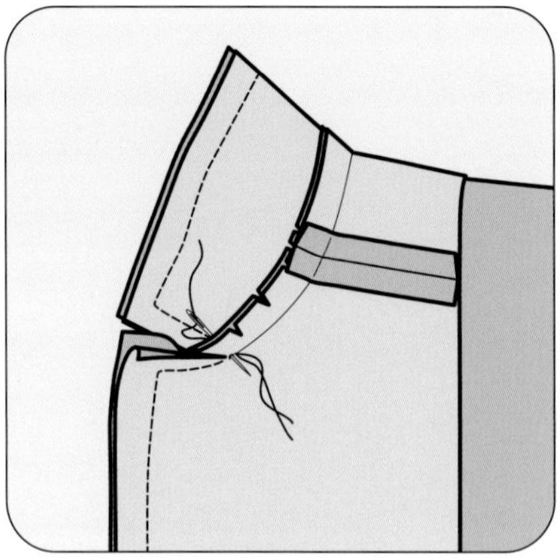

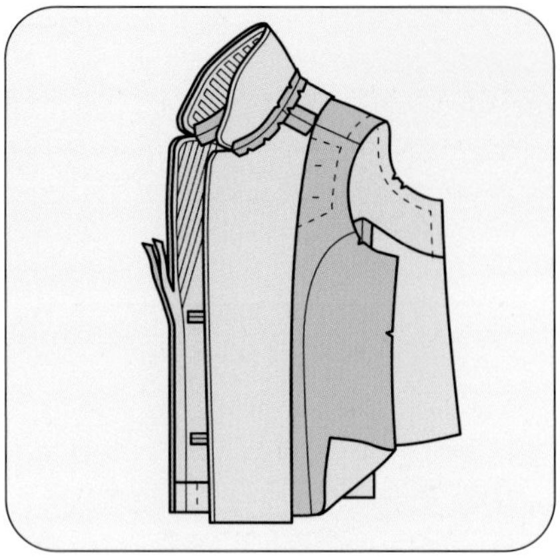

1 ▲ Vistas y sobrecuello

Una las secciones delantera y trasera de la vista a las costuras de los hombros y planche las costuras para que queden abiertas. Sujete con alfileres el sobrecuello y la vista en el borde del escote uniendo estos elementos por el derecho, haciendo coincidir las marcas y colocando el cuello entre ellas. Cosa empezando a 1,5 cm de un extremo y deténgase a la misma distancia del otro. Pase los extremos del hilo hacia el revés, átelos y córtelos. Haga cortes en las secciones curvas del margen de la costura para que quede plana. Planche para que permanezca abierta.

2 Coloque la vista y el sobrecuello sobre la chaqueta; para ello, una estos elementos por el derecho, mantenga abiertos los bordes de la costura y haga coincidir las marcas y las costuras donde sea posible. Prenda alfileres alrededor de la vista. Hilvane y después doble hacia fuera el margen de la costura del sobrecuello y el bajocuello. Coloque la aguja de la máquina en el punto exacto de la costura del cuello en que terminan las puntadas que unen el cuello y la vista. Cosa alrededor del cuello hasta el punto de coincidencia del lado opuesto; después cosa las costuras de la vista colocando con cuidado la aguja para que las puntadas comiencen al final de las que unen el cuello. Compruebe por el derecho que las costuras coincidan perfectamente y después repita la operación en el otro lado. Pase los extremos de los hilos hacia el revés y remate.

3 Retire los hilvanes y planche. Recorte el margen de la costura del bajocuello a 3 mm y el sobrecuello y la tira de organza a 6 mm. Recorte las esquinas y los márgenes de las costuras en las zonas curvas. Desde la solapa superior al botón superior, recorte el margen de la costura de la tela principal a 3 mm y el de la vista a 6 mm. Invierta este capeado por debajo del botón superior.

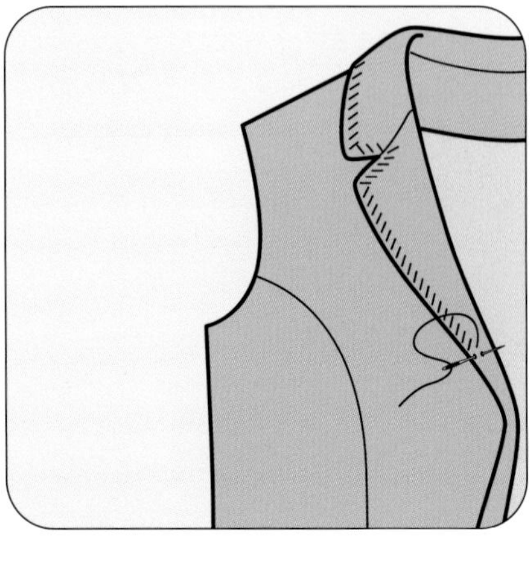

4 Vuelva la vista hacia dentro y deje en punta las esquinas del cuello y las solapas. Hilvane con puntadas en diagonal y asegúrese de que la vista se dobla hacia atrás a lo largo del borde. No retire estos hilvanes hasta que la chaqueta esté terminada. Doble las solapas y el cuello para darles la forma que llevarán a la hora de ponerse la chaqueta y prenda con alfileres la vista y el sobrecuello a lo largo de la línea de pliegue. La vista de la parte delantera se cose a la entretela con puntadas de escapulario después de haber colocado la manga.

Manga de dos piezas con abertura

Las prendas de sastre a menudo llevan mangas de dos piezas, lo que permite a la manga seguir la curva natural del brazo con más facilidad. A veces se añade también una pinza para dar más forma a la manga. Otra ventaja de la manga de dos piezas es que es fácil añadir una abertura en el puño, a menudo con botones decorativos.

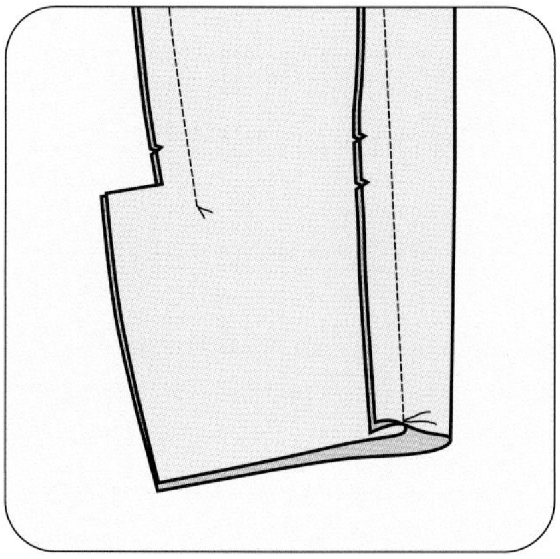

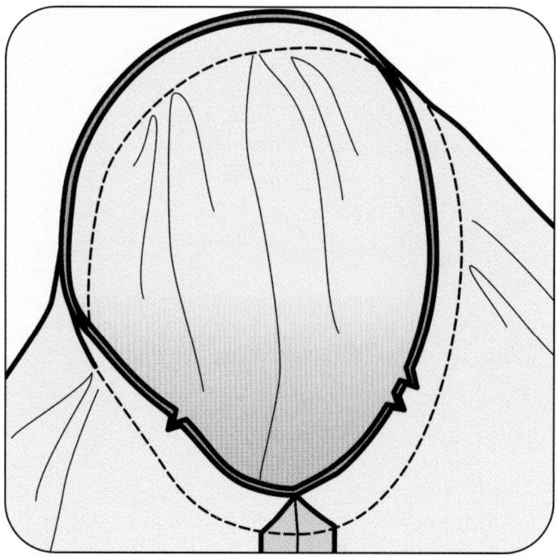

1 ▲ **Confección de la manga**
Si hay una pinza en la manga, cósala. Haga coincidir las muescas del patrón y los bordes sin rematar y coloque las dos secciones de la manga uniéndolas por el derecho; después, hilvánelas. Cosa las dos piezas de la manga a lo largo de la costura delantera. Cosa a lo largo de la costura trasera, aunque solamente hasta el punto donde la línea de la costura gira 90° en la parte superior de la anchura ampliada del puño.

2 Corte diagonalmente en el margen de la costura de la sección inferior desde el borde sin rematar hasta el punto donde se detienen las puntadas, en la parte superior de la abertura de la manga. Planche las costuras para que queden abiertas sólo en la parte superior de la abertura. Debido al corte que ha hecho en el margen de la costura, puede mantener la sección inferior hacia un lado, aunque la costura por encima del corte quede abierta.

3 Dé la vuelta a la manga y a la prenda. Encaje la manga en la sisa y prenda alfileres en las costuras de la manga y la prenda, las marcas de los hombros y las muescas del patrón. Hilvane y después cosa a máquina con el lado de la manga hacia arriba y con cuidado de no tirar de la tela mientras trabaja.

Dos son compañía

Las mangas de dos piezas a menudo se forran para ocultar la entretela que se añade con el fin de reforzar el bajo. Si la manga no se forra, el borde sin rematar debe volverse y coserse normalmente como un dobladillo.

Las mangas de dos piezas no tienen costuras en la parte inferior de la sisa; las costuras están situadas en la parte posterior y la frontal.

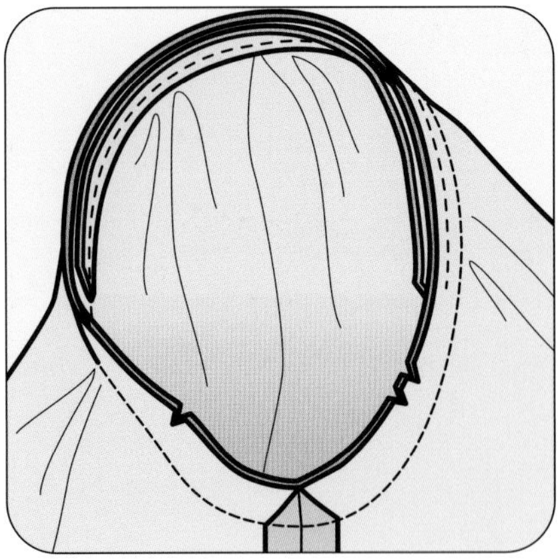

4 Para reforzar la costura bajo el brazo, cosa una segunda línea de puntadas de refuerzo por dentro de la primera en el margen de la costura. Recorte el margen de la costura cerca de las puntadas; haga lo mismo con las curvas, y después dé puntadas de zigzag por los bordes o repáselos. Para mantener el pliegue de la cabeza de la manga, corte una pieza de tela gruesa al bies de 3 cm de anchura. Dóblela a lo largo y después sujétela con alfileres por el lado de la manga del margen de la costura, sobre la cabeza de la manga y entre las muescas del patrón. Alinee el pliegue con la línea de puntada. Cosa la tira a mano a la línea de costura.

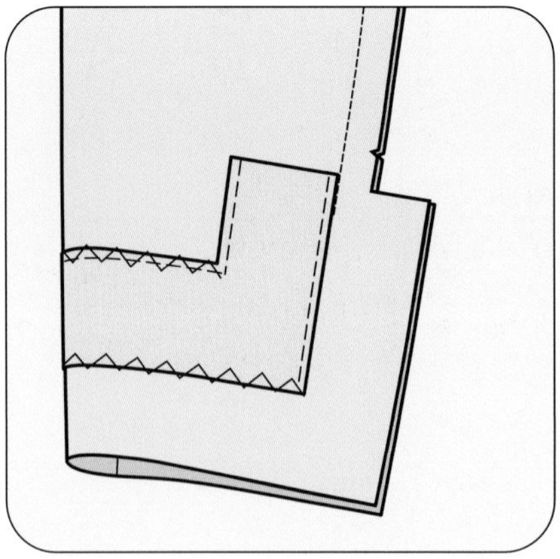

5 Para conferir peso al bajo de la manga, corte una tira de entretela tan larga como el bajo y 2,5 cm más ancha. Coloque la entretela alineándola con el borde inferior y la raya del bajo. Dé puntadas de escapulario para unir la entretela a la chaqueta, con cuidado de que éstas no sean visibles por el derecho.

6 Doble la parte inferior del bajo sobre la entretela e hilvane cerca del doblez. Dé puntadas de escapulario para unir la entretela al bajo asegurándose de que las puntadas sólo atraviesan el bajo y la entretela.

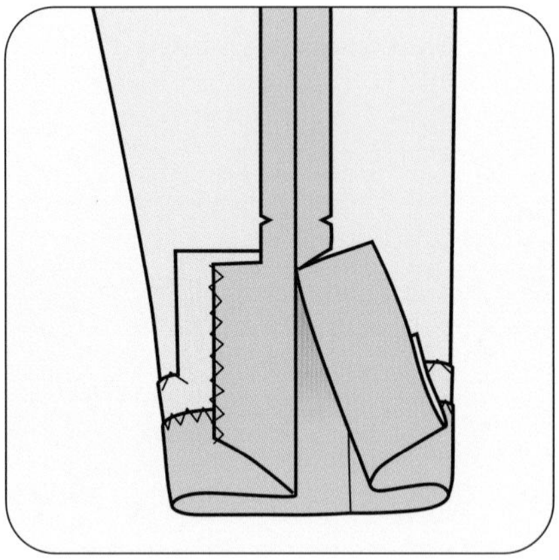

7 Haga un inglete preciso en el extremo donde la sección superior de la abertura se superpone al dobladillo reforzado, y planche. Dé puntadas de escapulario a lo ancho de la abertura.

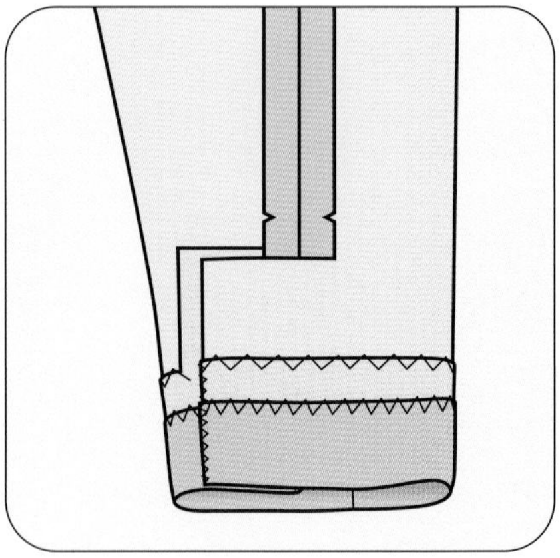

8 Doble la solapa superior de la abertura sobre la inferior, pero asegúrese de que los bordes inferiores coincidan. Sujete con alfileres. Por el lado del revés, doble el borde 6 mm hacia dentro sin rematar de la solapa inferior y cósalo a la parte inferior de la solapa superior.

Dobladillo de chaqueta

Antes de terminar el dobladillo de la chaqueta, pruébesela para asegurarse de que se ajusta bien en los puntos clave y de que tiene buena caída. Compruebe que los puntos frontales de la chaqueta estén al mismo nivel. El dobladillo lleva entretela para conferirle peso y cuerpo.

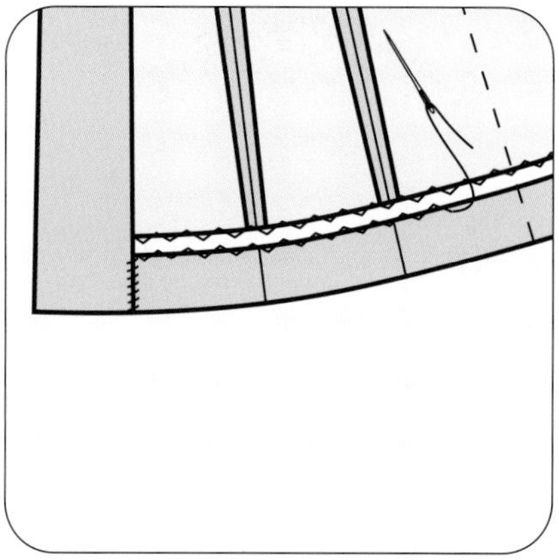

1 ▲ **Poner entretela en el dobladillo de la chaqueta**

Doble la vista hacia fuera de la chaqueta, doble de nuevo y sujete con alfileres al dobladillo. Hilvane y después recorte el dobladillo a través de la vista a 12 mm. Corte una tira de entretela tan larga como el dobladillo y 2,5 cm más ancha. Coloque la entretela en el dobladillo y alinee el borde inferior con la doblez del mismo. Dé puntadas de escapulario para unir la entretela a la chaqueta con cuidado de que las puntadas no se vean por el derecho.

2 Doble la parte inferior del dobladillo sobre la entretela e hilvane cerca del doblez. Dé puntadas de escapulario para unir el dobladillo a la entretela, pero asegúrese de que las puntadas atraviesan sólo estos dos elementos. Doble la vista delantera hacia dentro para situarla ligeramente en el borde inferior con el fin de que no se vea por delante. Cósala con punto enano; después, dé puntadas de escapulario sobre el borde cortado sólo a lo ancho del dobladillo.

trajes de noche

Los trajes de noche ofrecen la oportunidad de utilizar telas lujosas e inusuales con las que no tendría la ocasión de trabajar en otros casos. Como estas prendas sólo se utilizan en ocasiones, también pueden ser más espectaculares que la ropa de diario y tener características que sean menos prácticas.

Hacer un cuerpo con ballenas

Un cuerpo con ballenas se sostiene por sí solo y no necesita tirantes. Las tiras de material flexible que se emplean para estas prendas se denominan ballenas porque en el pasado se hacían de los huesos de este animal. Van revestidas y recorren el cuerpo en vertical a intervalos.

Sujeción

Asegúrese de que no hay ballenas que crucen la línea del busto porque aplanarían su forma.

Las ballenas deben ser al menos 12 mm más cortas que las jaretas para que no se hagan agujeros en ellas a causa del roce.

Las jaretas tendrán distinta longitud en las diferentes partes del cuerpo; por ello, mida, corte e introduzca las ballenas una después de otra para ahorrarse tiempo y posibles confusiones.

Corte la ballena en forma curva en los extremos; de lo contrario, las puntas afiladas romperán la tela.

1 Corte y marque las secciones del cuerpo y cósalas siguiendo las instrucciones del patrón. Marque por el revés, con una rueda de marcar y papel carbón de modista, las líneas de las jaretas que albergarán las ballenas.

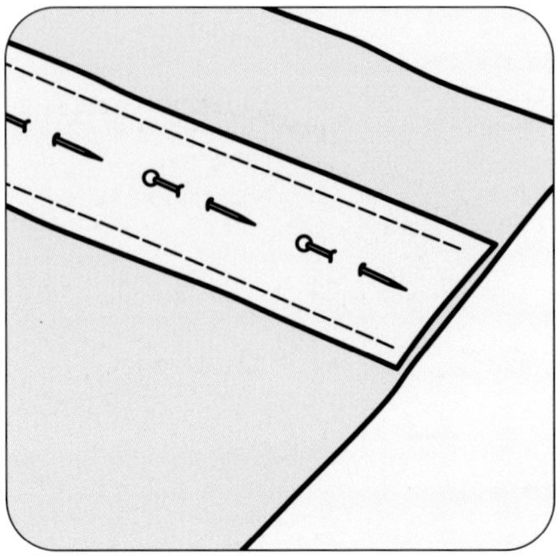

2 Coloque las jaretas y sujételas con alfileres. Dé puntadas de una anchura media/pequeña a lo largo de sus bordes longitudinales para crear una funda abierta por los dos lados.

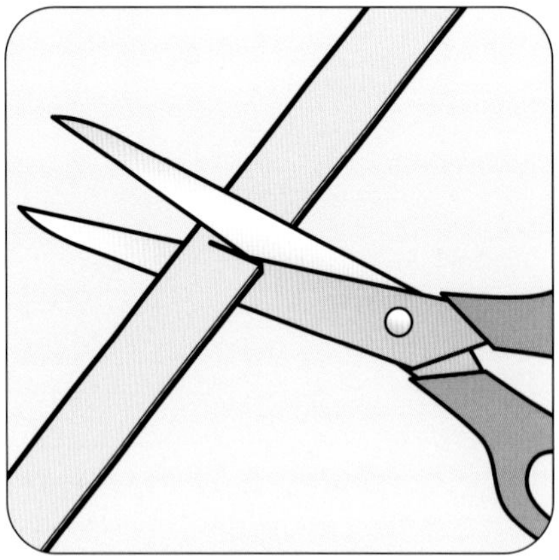

3 Mida la longitud de una de las jaretas. Sustraiga al menos 12 mm de esta medida y corte un trozo de ballena de esa longitud. Mida cada jareta individualmente, porque sus longitudes variarán ligeramente.

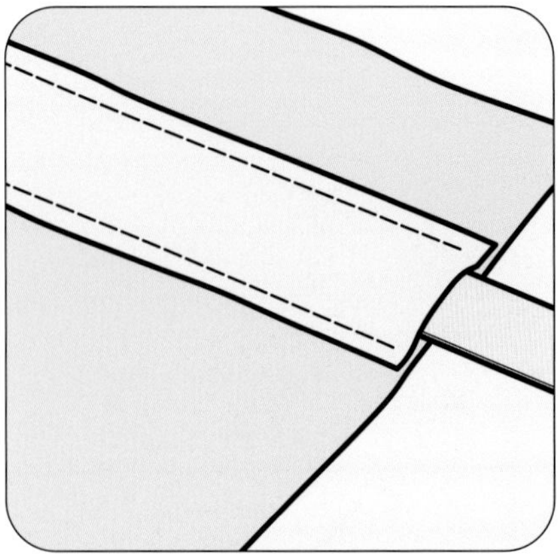

4 Introduzca la ballena en la jareta por el extremo superior. Termine los bordes superior e inferior del cuerpo siguiendo las instrucciones del patrón.

Faldas al bies

Las faldas cortadas al bies parece que floten alrededor del cuerpo de un modo muy atractivo, lo que las hace ideales para los trajes de noche. A pesar de su fama de que son difíciles de confeccionar, las prendas cortadas al bies no son tan complicadas siempre que se sigan unas pocas reglas básicas. Cuando se cosen correctamente, las costuras al bies se curvan de un modo muy estético. Trabajar al bies requiere un poco de tiempo, una cuidadosa selección de la tela y el conocimiento de algunas técnicas de costura y entallado.

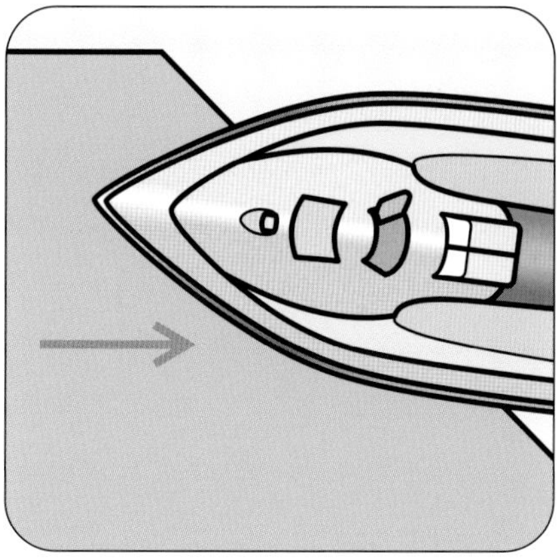

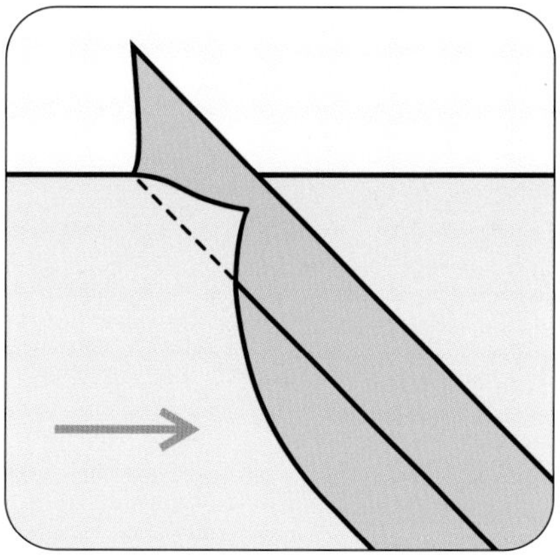

1 Falda al bies

Prepare las piezas del patrón de acuerdo con las instrucciones; asegúrese bien de que todas sigan correctamente el sentido del hilo tal como se indica. Planche todas las piezas de tela, y después compruebe que siguen adaptándose a la forma del patrón. Recorte los bordes si es necesario.

2 Con un margen de costura de 3,5 cm, sujete con alfileres e hilvane los dos primeros paños por la línea central. Cosa la costura y después trabaje las costuras laterales. Cuando cosa un borde cortado al bies a otro que siga el sentido del hilo, coloque este último encima, ya que es el más estable.

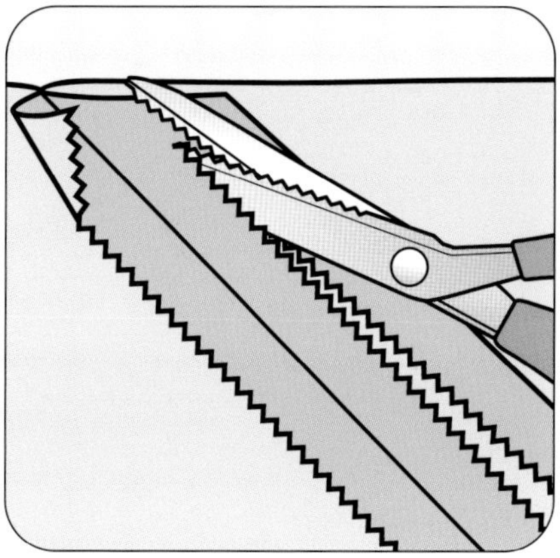

3 Siga cosiendo los paños unos a otros hasta acabar la falda. Recorte las costuras a 18 mm con la ayuda de unas tijeras dentadas. Como las costuras al bies no se deshilachan, no es necesario rematarlas de ninguna otra forma. Añada la cinturilla siguiendo las instrucciones del patrón.

Nota sobre el bies

Las prendas al bies necesitan más tela que las que se cortan siguiendo el sentido del hilo. Corte las capas una a una para evitar que afecte al hilo.

Asegúrese de que las costuras cortadas al bies quedan lo más cerca posible de la línea de bies absoluta; las costuras que se alejan ligeramente del sentido del hilo en cualquier dirección tienden a alterar la caída de la prenda y son difíciles de hilvanar y de coser a máquina.

Los hilos de los bordes cortados al bies se expanden y se abren, por lo que requieren un margen de costura más ancho. Use un margen de costura de 3,5 cm en todas las costuras principales, y en el escote, de 1,5 cm.

Planche las piezas del patrón antes de empezar para que pierdan un poco de elasticidad.

La clave para conseguir costuras al bies suaves y verticales es estirarlas a medida que cose, usando una longitud de puntada de 2,5 a 3. La costura parecerá ondulada al terminar de coser, pero se planchará bien.

Los ribetes son más adecuados que las vistas para las líneas de escote y las sisas, ya que las vistas pueden ofrecer resistencia a la fluidez de la pieza principal cortada al bies.

Escotes con volante

Es posible aportar interés a un simple escote redondo si se le añade un volante. Se puede hacer de la misma tela que el vestido, con encaje, o incluso con una doble capa de dos telas que contrasten.

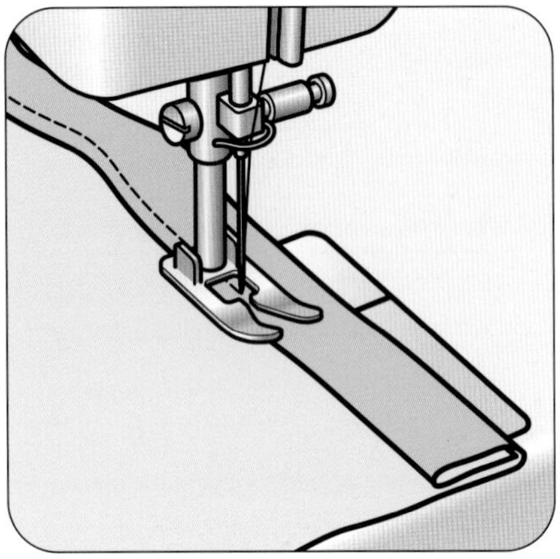

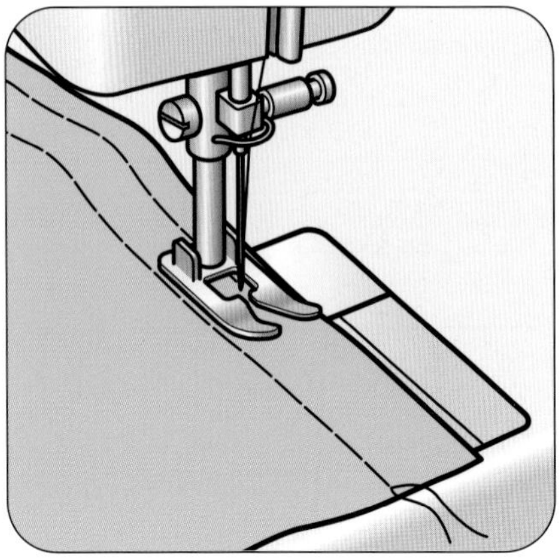

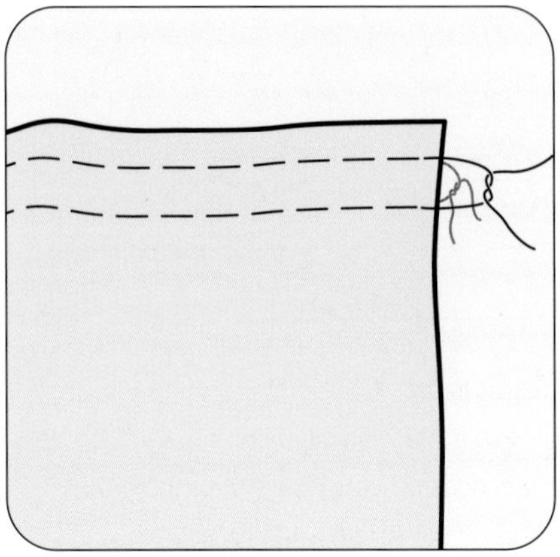

1 ▲ **Añadir al escote un volante con vista**
Confeccione las secciones principales del vestido siguiendo las instrucciones del patrón. Corte una tira de tela de la anchura del volante y añada 3 cm para los márgenes de las costuras. Doble hacia dentro un dobladillo doble de 6 mm en la parte inferior del volante. Plánchelo y haga un pespunte.

2 Haga una doble línea de puntada de fruncido (*véase* pág. 44) a lo largo del borde superior del volante: una en la línea de la costura y la otra dentro del margen de la misma.

3 Por el derecho, tome los dos hilos que queden y átelos. Repita esta operación con los dos hilos del revés.

Telas para prendas cortadas al bies

Cuando elija la tela, recuerde que necesita algo suave y razonablemente estable que tenga buena caída. Compruebe en la tienda el modo en que se comportan los distintos tipos de tela al tirar de ellos en la línea del bies. Las telas de textura gruesa no son adecuadas, y, en el caso de las telas de rayas, hay que tener bastante experiencia en costura.

Telas adecuadas para el corte al bies; tienen muy buena caída y son razonablemente estables:

Algodón fino
Challis
Seda
Crepé de China
Georgette

Evite las siguientes telas:

Rayón: muy elástico e inestable
Telas sedosas y poliéster: son resbaladizas y difíciles de manejar si no tiene mucha experiencia
Telas cruzadas: el tejido pierde definición al cortarlas al bies
Dril, popelina, lona o similares: demasiado gruesas o rígidas

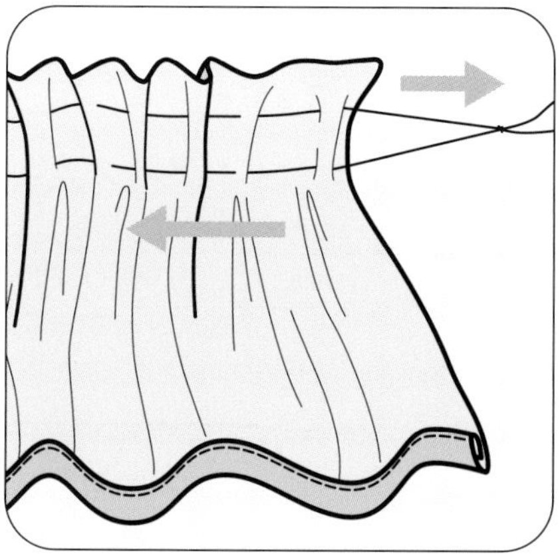

4 Con los hilos de la canilla en una mano, frunza la tela con la otra. Cuando el volante tenga la longitud que necesita, ajuste los frunces uniformemente y ate los hilos de los extremos para asegurarlo.

5 Sujete con alfileres el volante al escote del vestido; una estos elementos por el derecho y asegúrese de que coincidan los bordes sin rematar. Añada la vista con el derecho hacia abajo. Cosa por todas las capas con cuidado de mantener los frunces uniformes.

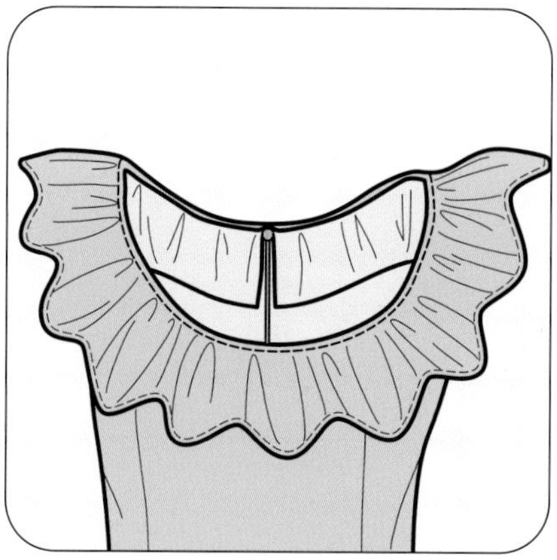

6 Doble la vista del cuello hacia dentro y planche. Dé puntadas de dobladillo en la cremallera de la espalda y sujete los hombros. Haga un pespunte al borde alrededor del doblez del escote para impedir que el volante se dé la vuelta.

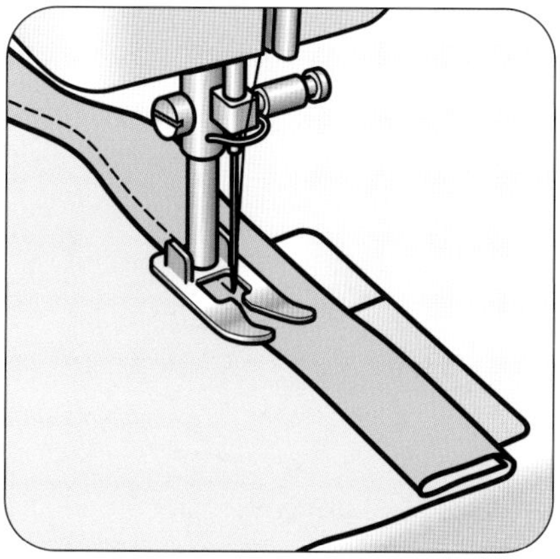

1 ▲ **Añadir un volante sin vista**
Confeccione las secciones principales del vestido siguiendo las instrucciones del patrón. Corte una tira de tela de la anchura del volante y añada 3 cm para los márgenes de costura. Haga un dobladillo doble de 6 mm por los lados largos del volante. Plánchelo y pespuntéelo.

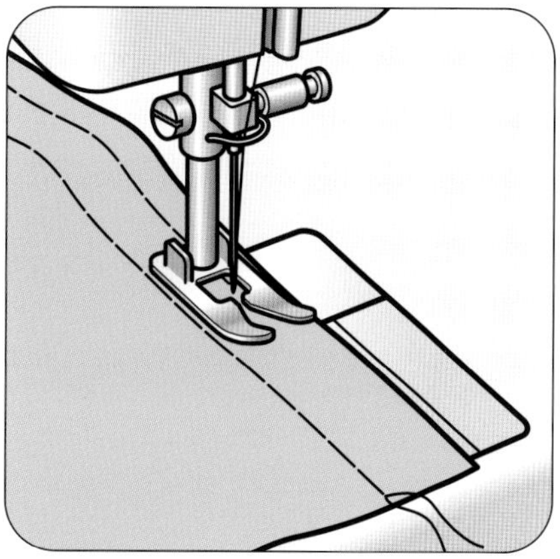

2 Realice una línea doble de puntada de fruncido (*véase* pág. 44) a lo largo del borde superior del volante: la primera a 12 mm del borde, y la segunda a 6 mm de la primera. Después, siga los pasos 3 y 4 que se han explicado para hacer un volante con vista en el escote.

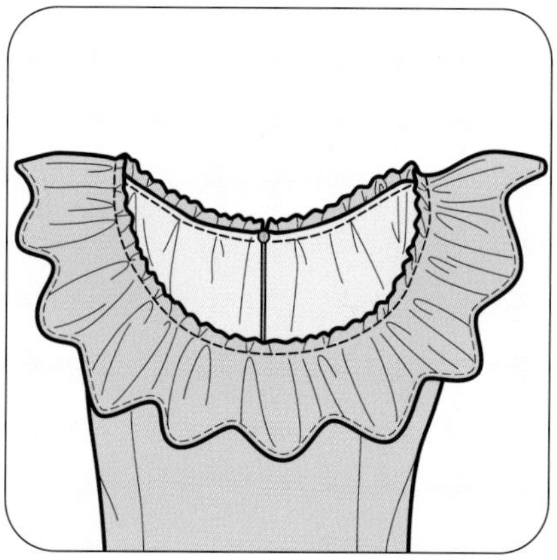

3 Remate la línea del escote con un ribete, o dóblelo y cosa un dobladillo estrecho. Sujete con alfileres el borde fruncido del volante a la línea del escote, ambos elementos con el derecho hacia arriba y de modo que coincidan los bordes rematados. Cosa alrededor de la línea del escote con puntadas rectas entre las dos líneas de puntada de fruncido para que el frunce quede uniforme.

Detalles decorativos

Los distintos detalles decorativos pueden cambiar completamente el aspecto de un vestido o un traje. En los trajes de noche, estos detalles pueden aportar efectos espectaculares, a gran escala o como toques sutiles.

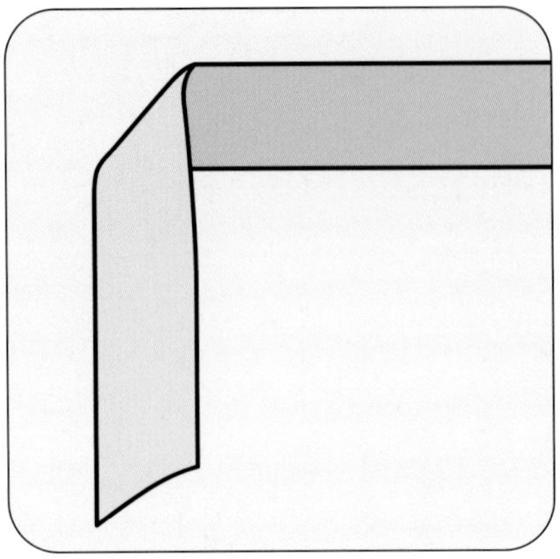

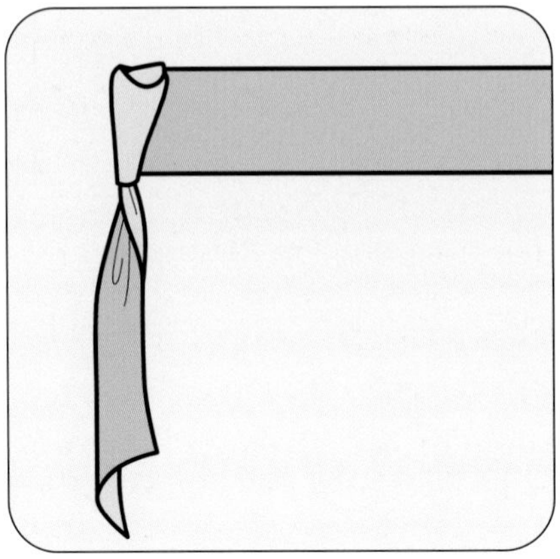

Ornamentos

Busque lazos y motivos interesantes que puedan usarse como detalles decorativos.

Coser lentejuelas o botones de bisutería constituye un modo económico de aportar vida a un traje.

1 ▲ **Rosa de lazo**
Doble el lazo de modo que forme un ángulo recto y deje una cola de 5 cm.

2 Comenzando en el punto inferior izquierdo del doblez, dé 3 o 4 vueltas firmes y completas para formar un capullo central y una base para la rosa.

3 ◀ Con la cola en la mano izquierda, doble el lazo hacia fuera creando un ángulo agudo a cierta distancia del capullo. Continúe dando vueltas al lazo alrededor del capullo hasta que casi alcance el doblez diagonal. Doble de nuevo el lazo hacia fuera en ángulo recto. Repita este proceso de doblar y enrollar sin apretar demasiado. Con un ligero tirón de la cola enrollada dará forma y presionará suavemente la rosa.

4 ▶ Cuando le queden unos 5 cm de lazo, lleve el extremo hacia abajo. Asegure la rosa con unas cuantas puntadas en la base.

3

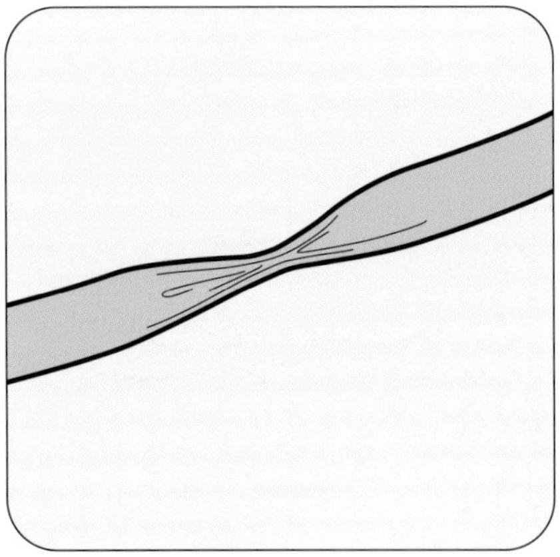

1 ▲ **Doble lazo**

Tome un lazo de unos 3 m de largo. Pellízquelo firmemente con los dedos índice y pulgar a unos 20 cm de uno de los extremos.

2 Haga un bucle de 12,5 cm –tendrá la mitad del tamaño que el lazo final– y pellízquelo con fuerza. Si el lazo tiene acabado sólo por un lado, tuérzalo hacia la derecha. Haga un segundo bucle y pellízquelo sobre el primero.

3 Repita el proceso para crear cuatro bucles en cada lado.

4 Realice un nudo en el centro formando un pequeño bucle en el dedo pulgar. Sujete con alfileres y cosa todos los bucles juntos. Corte lo que sobre. Cosa dos lazos en la parte posterior si necesita colas.

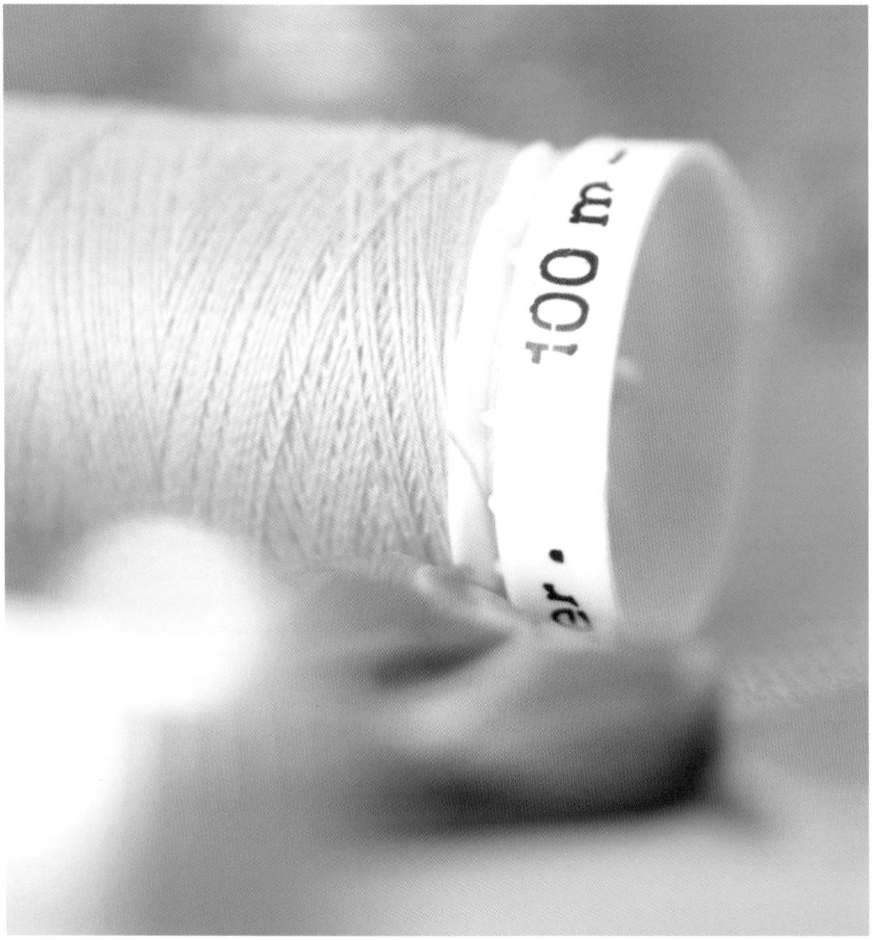

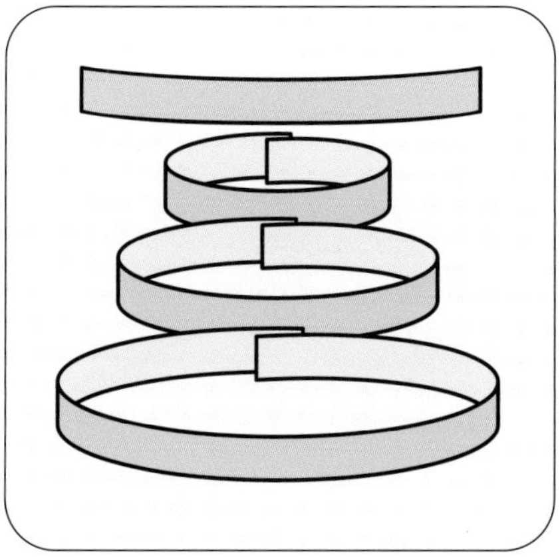

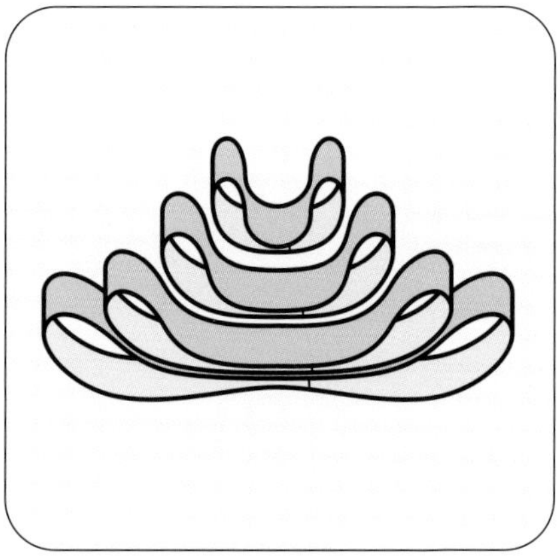

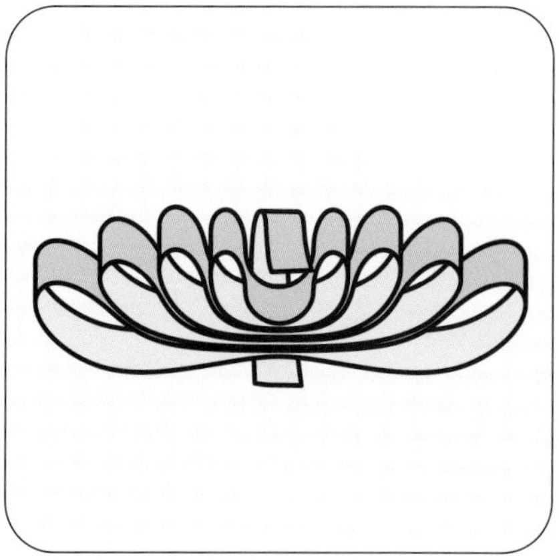

1 ▲ Lazo dior

Corte 1,8 m de tela en cinco partes de 12,5 cm, 25 cm, 35 cm, 45 cm y 55 cm. Forme bucles con los cuatro trozos más largos y superponga los extremos en el centro. Cósalos.

2 Aplane los cuatro bucles ligeramente.

3 Cósalos juntos uno sobre otro en orden descendente.

El camino de los lazos

En las mercerías se encuentra disponible una amplia selección de lazos y adornos. Busque también ornamentos antiguos que resulten interesantes: la ropa vieja puede tener adornos en buenas condiciones que se puedan reutilizar.

Algunos lazos económicos pueden desteñir, así que compruébelo con un trozo pequeño antes de coserlo a una prenda lavable. Si tiene dudas, asegúrese de que el adorno puede retirarse antes de lavarlo.

Para añadir más chispa al lazo dior, cosa una cuenta de cristal grande o una lentejuela en el centro, en lugar de unir con un lazo.

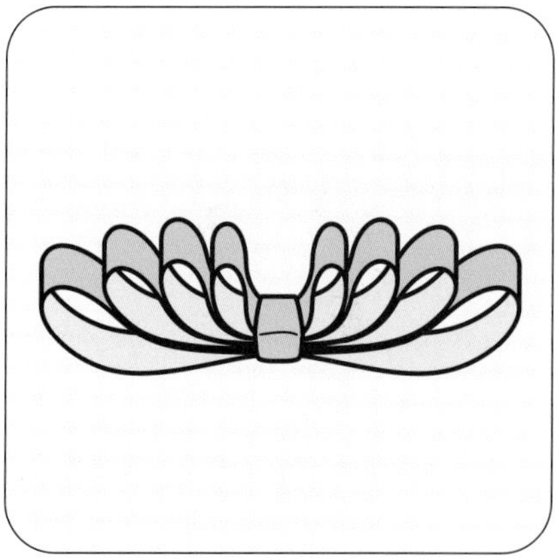

4 Únalos en el centro con el lazo más pequeño y cósalo a ellos por debajo.

ropa de hogar

Confeccionar ropa de hogar significa crear o coordinar la combinación de colores de su agrado. Muchas prendas de hogar tienen precios elevados, pero incluso las grandes labores –aunque su escala pueda desalentar un poco– suelen ser bastante simples de hacer. En este capítulo se muestra la preparación de un proyecto, la elección del estilo y los colores, al mismo tiempo que se explica cómo confeccionar una amplia variedad de ropa de hogar siguiendo unos pasos muy sencillos.

preparación

Por muy grande o pequeño que sea un proyecto, el primer paso es evaluar exactamente lo que se tiene y lo que se necesita. En la mayor parte de los proyectos de decoración de interiores, habrá elementos que se reutilizarán en el nuevo plan, y a muchos se les puede conceder una prórroga usando un cubresofá, un cojín o una funda. Incluso si está simplemente pensando en cambiar de cortinas, deberá tener en cuenta los otros elementos de la estancia antes de elegir el diseño y el color o el estampado de la tela.

Evaluación del mobiliario

Cuando se embarque en un cambio de decoración, comience evaluando el mobiliario que ya tiene. ¿En qué estado se encuentra? ¿Hacen juego los distintos elementos? ¿Pueden actualizarse o recuperarse? Seguramente observará que algunos elementos combinan entre sí, mientras que otros no encajan. Independientemente de lo que esté planeando hacer, un buen punto de partida sería prescindir de estos últimos y sacar el máximo partido a los que va a conservar.

Sillas

Existe una amplia variedad de tamaños, formas y estilos. Algunas pueden recuperarse fácil y rápidamente, mientras que otras requieren un trabajo más minucioso. Puede ser suficiente con añadir un cojín o cubrirlas, o también puede confeccionar fundas lavables a medida.

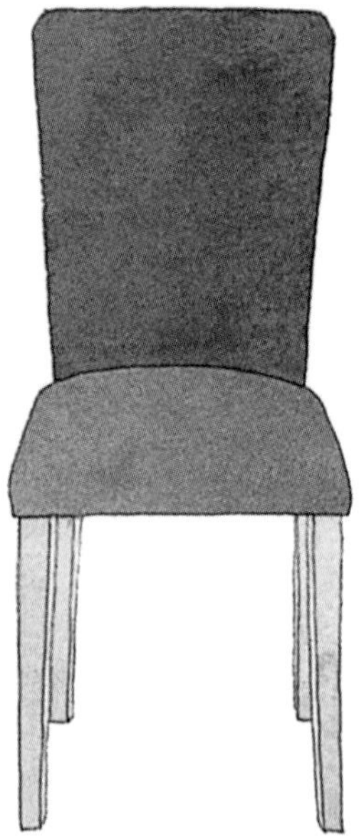

▲ **Silla de comedor**

Las sillas de comedor habituales tienen una forma simple que es ideal para colocar fundas lavables por si se manchan al comer. Asegúrese de que elige una tela que puede lavarse de la forma habitual o en seco.

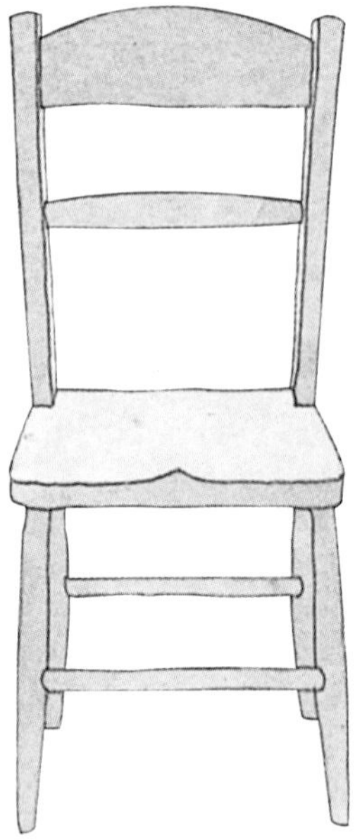

▲ **Silla de cocina**

Son a menudo de madera y tienen una forma simple. Si añade cojines resultarán más cómodas: ponga tiras para sujetarlos a las patas y emplee una tela lavable.

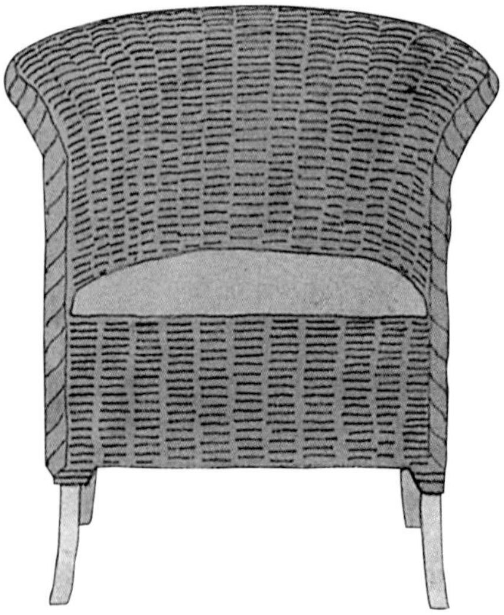

▲ **Silla de mimbre**

Las sillas de mimbre tradicionales deben tener un cojín adaptable para que resulten más cómodas. Si el aspecto de la silla no es bueno, pero está en buen estado, puede ponerle una funda y seguir usándola.

福

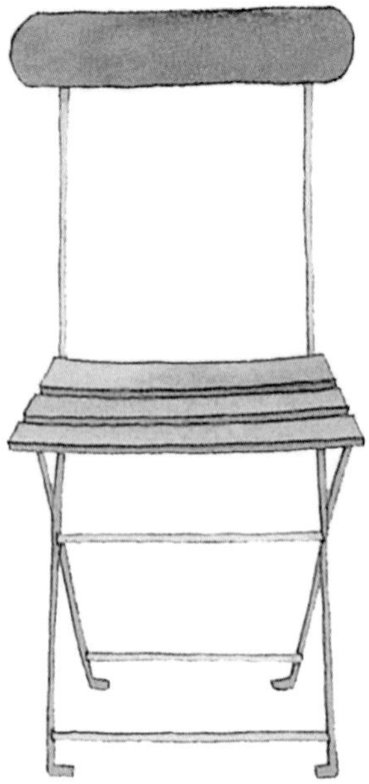

▲ Bloques de espuma

Estos bloques rígidos de espuma son ligeros y se pueden desplazar fácilmente; además, resultan perfectos para sentarse de forma ocasional en una estancia informal. Una funda extraíble ofrece la oportunidad de combinarlos con el mobiliario de la estancia o añadir un toque de color.

▲ Silla de jardín

Las sillas de jardín plegables están diseñadas para el uso exterior, pero un cojín o una funda proporciona la opción de llevarlas dentro de casa cuando necesite asientos extra. La funda ocultará la naturaleza de la silla, si es lo que necesita; pero el cojín es más rápido de hacer.

▲ Sillón

Un sillón debe ser cómodo y acogedor. Si tiene un aspecto un poco triste, le dará vida con una funda. También puede usar un cobertor: protegerá la tapicería y lo podrá cambiar cuando quiera para crear un nuevo estilo.

◀ Asiento de ventana

Esta caja-asiento empotrada bajo una ventana le proporciona el doble uso de almacenamiento y de asiento. Cúbrala con almohadones cuadrados a medida y complemente con una selección de cojines para crear un espacio cómodo y acogedor donde relajarse.

▶ Silla de director

Estas sillas están diseñadas para plegarlas y guardarlas cuando no se usan. El asiento y el respaldo pueden reemplazarse fácilmente, por lo que son ideales como sillas de reserva. De hecho, si hacen juego con el diseño de la estancia, son lo suficientemente atractivas como para usarlas siempre.

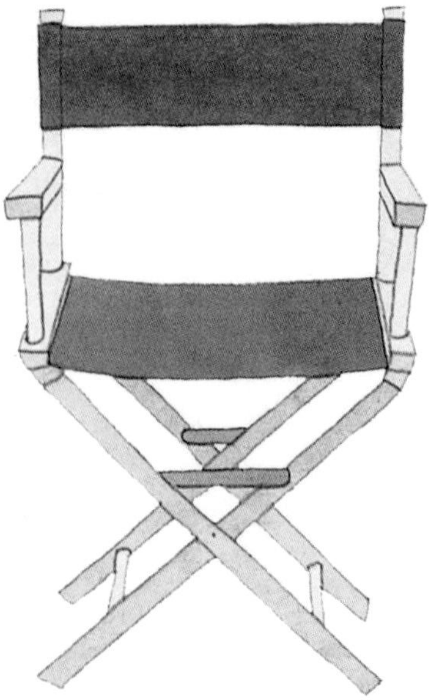

Mesas

Aunque las mesas se construyen generalmente en madera o metal, a menudo se cubren con manteles o tapetes. Los manteles deben confeccionarse con un material que sea fácil de lavar y planchar, sobre todo si van a usarse para comer. En otras mesas se ponen tapetes o paños más decorativos.

▲ Mesita de noche

Estas mesitas disponen a menudo de cajones y de espacio de almacenamiento, que hace difícil cubrirlas completamente. Si coloca un tapete puede incluirlas en el diseño de color pensado para el resto de la habitación.

▲ Mesa de tocador

Si la mesa de tocador es como la del ejemplo, un cobertor que llegue hasta el suelo permitirá usar el espacio inferior para almacenamiento. El aspecto de la mesa cambiará si el cobertor tiene frunces o volantes.

▲ Mesa auxiliar

Estas mesas tienen mejor aspecto simplemente con un tapete para evitar las manchas si se derrama algún líquido, pero un cobertor hasta el suelo le permitirá añadir un toque de color o coordinar la mesa con el diseño general.

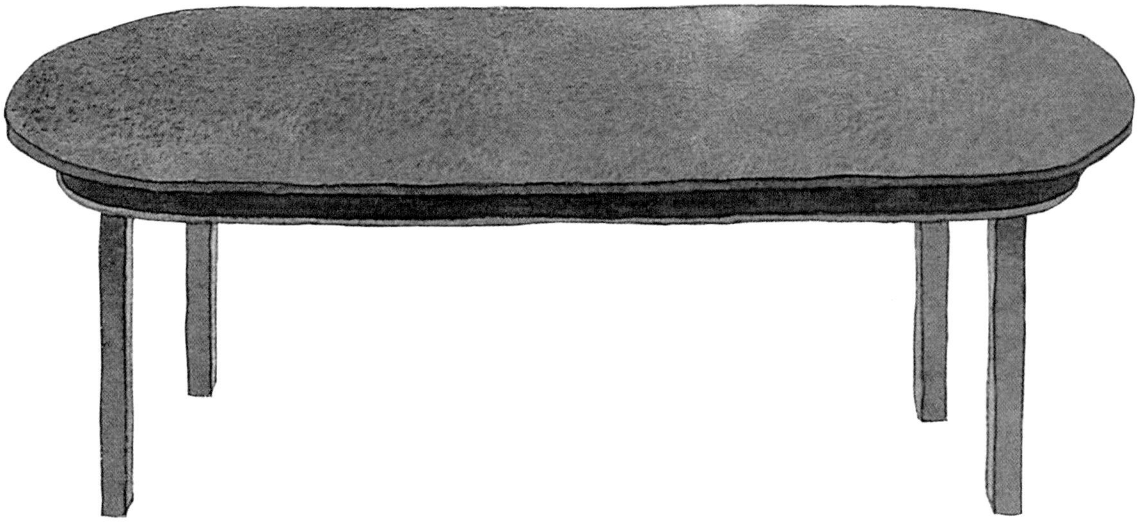

▲ Mesa de comedor

La mesa de comedor a menudo se cubre con algún tipo de tapete o mantel. Para las que tienen superficies decorativas pueden usarse salvamanteles para protegerlas. Las mesas más sencillas pueden resultar más atractivas con bellos manteles confeccionados a mano.

▼ Mesa de cocina

Estas mesas de trabajo pueden ensuciarse bastante, sobre todo si se usan para preparar la comida. No obstante, pueden confeccionarse manteles de telas plastificadas que combinen con el resto de la decoración.

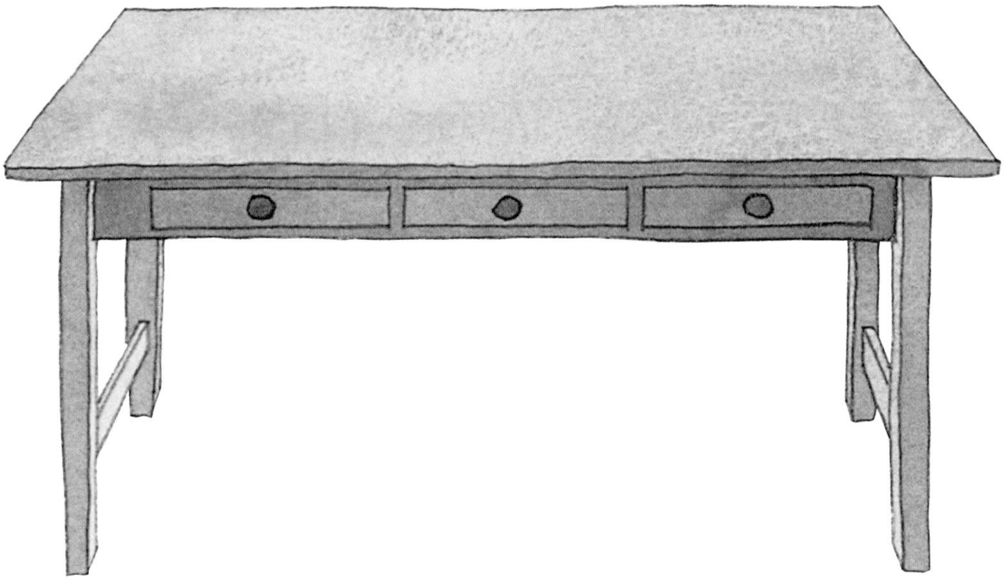

Sofás y camas

El sofá es uno de los elementos principales de la sala de estar y puede usarse en ocasiones para dormir. Si tiene el doble propósito de asiento y lugar para dormir, debe considerarse la facilidad de cambio. La cama es también un elemento principal en un dormitorio, y los cambios pueden resultar sencillos con ropa de cama nueva. El estilo de una cama también puede modificarse cambiando el cabecero.

◀ Sofá

Como el sofá es normalmente el elemento más grande de una estancia, la funda será básica para el aspecto general de la misma. Si está en buen estado, pero el color no es el adecuado, un plaid o muchos cojines lograrán cambiar su aspecto por completo.

▶ Banco

Los bancos se usan normalmente en los jardines y los invernaderos. Los almohadones cuadrados pueden hacerlos mucho más confortables.

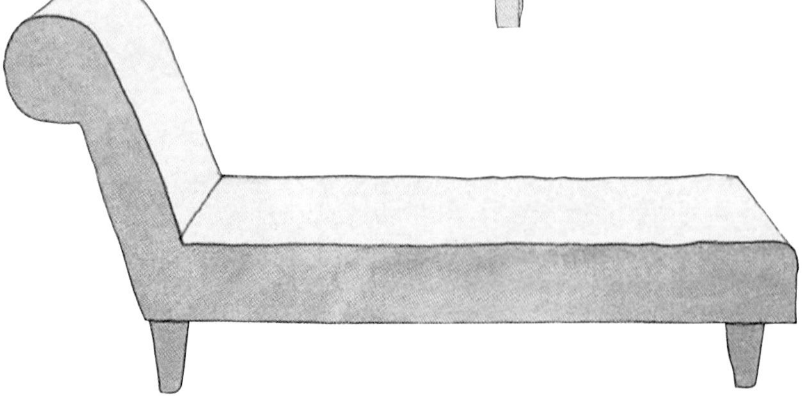

◀ *Chaise longue*

La elegante forma de la *chaise longue* está diseñada para ser admirada. Unos cuantos cojines o un plaid añadirán color o la incluirán en el resto del diseño. Una funda extraíble a medida es una alternativa práctica.

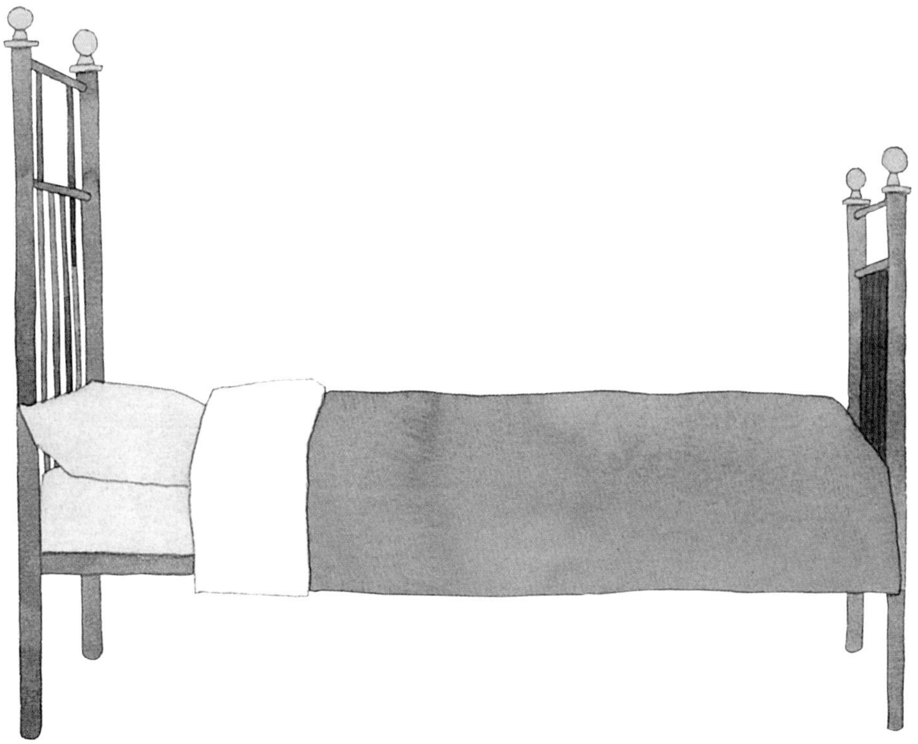

◀ Cama tradicional

La estructura de una cama tradicional está diseñada para mostrarse, y la ropa de cama puede remeterse para que quede visible. Una colcha que llegue hasta el suelo tendrá que confeccionarse a medida para que encaje en las barras que forman los pies de la cama.

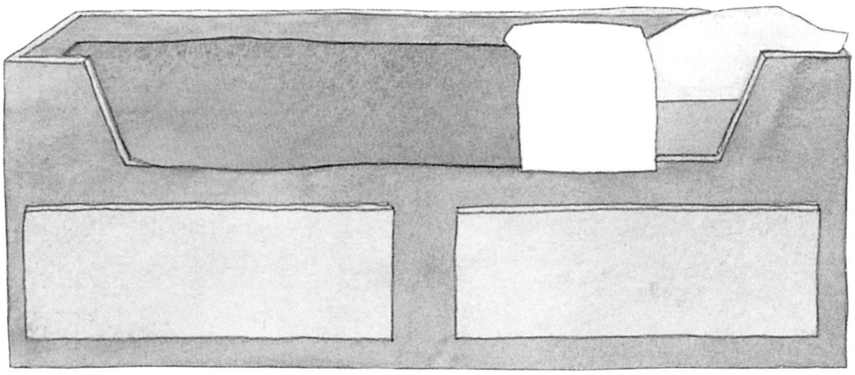

◀ Cama cajón

Este tipo de cama se encuentra normalmente en los dormitorios infantiles y está diseñada para que la ropa de cama se remeta. Un edredón o una colcha pueden aportar colorido.

▶ Futón

El futón está diseñado para plegarlo en forma de asiento durante el día. En el caso del colchón, es ideal una funda extraíble y lavable, y las almohadas pueden convertirse en cojines. El resto de la ropa de cama debe ser fácil de quitar y guardar.

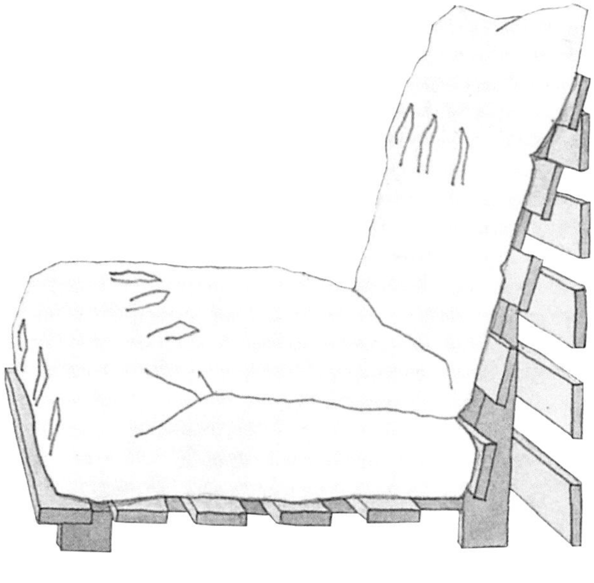

Elegir un estilo

Si va a añadir unos cuantos elementos a una estancia o a actualizarlos, intente que hagan juego con el estilo que ya tiene si no quiere terminar con una mezcla de elementos descoordinados. Pueden hacer juego con los colores existentes o, si ya le aburre un poco, añadir un tono distinto. En cualquier caso, trabajará desde un punto de partida claro y tendrá unas reglas básicas en que apoyarse.

Si va a redecorar una estancia desde cero, tendrá que hacer frente a más elecciones, y, como invertirá más dinero, deberá tener cuidado al principio para asegurarse de que las cosas funcionen. Examine atentamente lo que tiene y cómo lo usa: es el momento de desechar elementos que ya no le sirven o que han visto días mejores.
El estilo es una opción personal. ¿Qué le gusta más? ¿El estilo familiar: acogedor y apiñado? ¿O la austeridad del minimalismo? Otra cosa que hay que tener en cuenta es cómo se va a usar la estancia. Por mucho que le guste el estilo austero, si tiene niños pequeños, va a ser difícil de conseguir. ¡Le harán falta muchas zonas de almacenamiento!

Planificación

¡No hace falta tirar paredes para crear más espacio! Cambiar los muebles de ubicación a menudo hace que una estancia parezca más grande.

Los colores cálidos hacen que las cosas parezcan más juntas, y los fríos, más separadas. Aplique estas propiedades para modificar un espacio.

Con los colores neutros no se corren riesgos, pero pueden ser aburridos. Añada notas de color para animar el ambiente.

Examine las muestras de color en la estancia que va a decorar, porque es posible que las vea distintas a como las vio con la luz de la tienda.

Dé calor a las estancias que miran al norte con rojos, naranjas y amarillos. Refresque las que dan al sur con azules, verdes y lilas.

Planificar

Cuando planifique una estancia, lo primero que debe tener en cuenta son los muebles y otros objetos grandes que albergue. Puede que le parezca bien su ubicación, pero, ¿crearía más espacio si los moviera ligeramente? Intente trazar un plano a escala de la estancia en papel cuadriculado con las formas de todos los muebles recortadas. Es más fácil mover las piezas por el papel que los muebles por la estancia. Cuando tenga un plan que parezca funcionar, recuerde que está trabajando sólo en dos dimensiones, así que tenga en cuenta la altura de todos los elementos antes de tomar una decisión.

Crear un cuadro de muestras

Cuando decida lo que debe incluir en la estancia, puede pasar al diseño de colores. El modo más fácil de visualizar el aspecto que tendrá la estancia es crear un cuadro de muestras con todos los materiales. Si le resulta difícil elegir entre distintos diseños de color, puede hacer fácilmente un cuadro para cada uno y ver cuál funciona mejor en la propia estancia. Comience cubriendo un trozo de cartón con papel del color de la pared; podrá conseguir una muestra grande de papel pintado o de pintura. Añada muestras que representen el suelo, la tapicería, las cortinas, los cojines y los adornos. Intente que las muestras tengan más o menos la misma proporción que en la estancia real para que el efecto que consiga sea preciso.

Estilo rústico

Se trata de un estilo relajado en el que resulta muy cómodo vivir. Los colores son frescos y las formas simples. Los muebles tienen un aspecto robusto y tradicional; a menudo son de cálida madera natural o se han pintado de colores neutros. Las cestas de mimbre son prácticas y atractivas al mismo tiempo, y las estanterías abiertas adornan, a la vez que sirven de espacio de almacenamiento. En esta cocina, las cortinas, excelente alternativa a las puertas, suavizan las líneas rígidas de los armarios. Las formas llenas y los elementos hechos a mano de esta estancia no están en conflicto con la modernidad: el estilo rústico está arraigado en la tradición, pero también puede avanzar con los tiempos.

Ático moderno

Las líneas limpias y abiertas de los edificios modernos se adaptan de forma ideal a una gama limitada y a un interior minimalista. Aunque esta estancia tiene bastantes elementos, las formas son marcadas y modernas, y la mayor parte de los colores son neutros, por lo que no tiene un aspecto apiñado. Unas cortinas habrían ocultado la fantástica geometría y el fuerte carácter de las formas arquitectónicas de las ventanas. Las líneas curvas de los asientos suavizan la angularidad del espacio. A pesar de las líneas limpias y los colores planos, esta estancia es confortable y acogedora, con sus toques de azul brillante y sus plaids de piel blanca.

Comedor formal

Los comedores son ideales para un planteamiento más formal al ser zonas más para el entretenimiento y el despliegue que para la relajación familiar privada. Al no tratarse de un espacio para la vida diaria, el estilo puede ser espectacular. Aquí, la flotante araña de cristal pende sobre la mesa para aportar luz y erigirse en una elegante pieza central del espacio. La mesa está puesta de manera muy formal, con un mantel blanco almidonado y un servicio complejo, pero el efecto está suavizado por la atractiva tela floreada de las cortinas y los cojines de las sillas.

Sala de estar familiar

Las estancias familiares tienen que ser lo suficientemente grandes como para acomodar a todos a la vez, y tener suficientes asientos para que todos estén cómodos. A pesar de ello, no existe razón para que una sala de estar familiar no tenga también estilo y gusto. Esta estancia tiene mucho espacio y el pavimento de madera resulta elegante a la vez que práctico. El sofá parece acogedor, y los delicados tonos crema utilizados por toda la estancia evitan que parezca recargada. Si va a emplear estos colores claros en una habitación que va a usarse constantemente, asegúrese de que todo sea lavable, porque se ensuciará enseguida.

Trabajar con estampados

Emplear estampados es un modo estupendo de añadir interés a una estancia, pero existen tantos tipos distintos de diseños y combinaciones de colores que puede ser difícil elegir. El diseño puede ser estampado o tejido, moderno o tradicional, geométrico o floral, sutil o llamativo, grande o pequeño. Al final, la decisión es personal, pero tener en cuenta unas cuantas reglas generales le ayudará a elegir.

La sutileza

Los estampados sutiles son de colores delicados y normalmente a pequeña escala. Tienden a crear espacio y se usan ampliamente como fondo. Hacen que las estancias reducidas parezcan mayores, pero desaparecen en los espacios más grandes. En estos casos, combínelos con diseños de mayor escala.

Combinación de diseños

Si quiere usar varios diseños distintos al mismo tiempo, asegúrese de que combinan tanto en escala como en color.

Elija uno de los colores del estampado y úselo como el color base del diseño general para coordinarlo todo bien.

▲ **Cuadros bicolores:** los cuadros bicolores son generalmente sutiles en un marco general, incluso cuando el diseño es de gran escala.

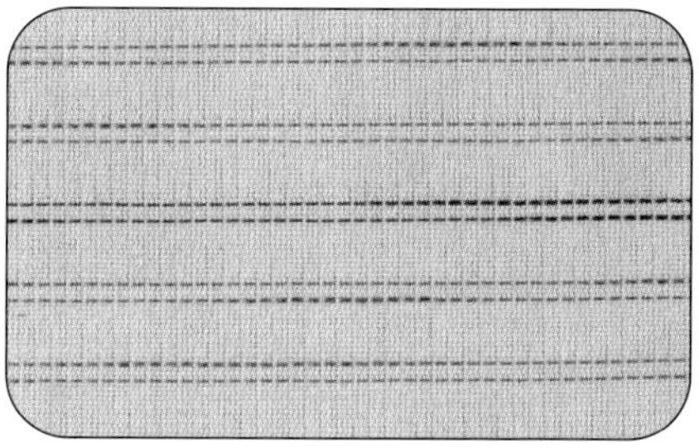

▲ **Rayas estrechas:** vistas desde lejos, las rayas estrechas tienden a fusionarse en un solo color, incluso aunque los tonos contrasten.

▲ ***Toile de Jouy:*** el estampado aquí está abigarrado, pero como se trata de un color suave sobre un fondo crema o blanco, el diseño tiende a fusionarse con el resto.

▲ **Diseño abstracto:** aunque este diseño es llamativo, como muchos diseños abstractos, armoniza bien gracias a sus colores apagados.

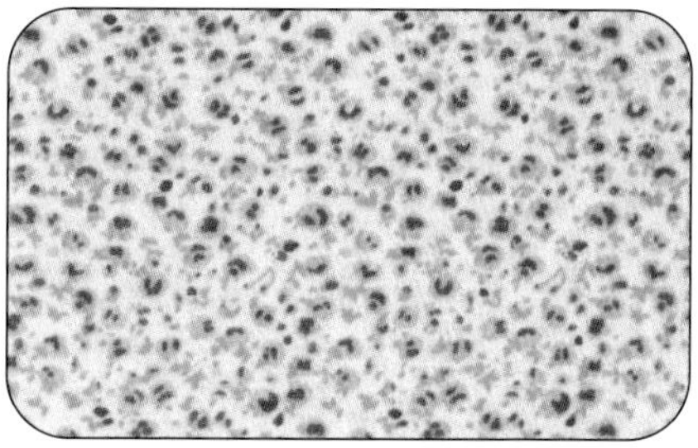

▲ **Estampado pequeño:** en general, los estampados a pequeña escala son sutiles, a menos que los colores contrasten mucho entre sí.

▲ **Estampado repetido:** los diseños tejidos a pequeña escala suelen tener un efecto discreto y a menudo se realizan en distintas tonalidades del mismo color.

Diseños llamativos

Los diseños llamativos son de gran escala y normalmente tienen colores que contrastan. Tienden a abrumar en estancias pequeñas, aunque en las mayores confieren un sabor más íntimo. Los diseños llamativos pueden suavizarse utilizando muchos colores neutros. Si va a mezclar más de un diseño llamativo en la misma estancia, asegúrese de que combinen bien eligiendo una gama limitada de colores a juego. Si hay demasiados diseños en una estancia, parecerá abigarrada y el efecto puede ser sofocante.

▲ **Motivos tejidos:** los colores intensos y los motivos grandes de este diseño son efectistas, de modo que use tonos delicados en otras zonas de la estancia.

▲ **Estampados florales:** los estampados florales a gran escala tienen que emplearse de un modo que permita la apreciación del efecto completo del diseño.

▲ **Estampados étnicos:** normalmente emplean diseños llamativos y colores intensos que pueden combinarse de distintas formas.

▲ **Estampados figurativos:** un estampado como éste no tiene mucho sentido si no se puede ver el diseño completo, así que úselo en cojines planos o en cobertores.

▲ **Raya tejida:** las rayas anchas del ejemplo son de tonos delicados, pero el mayor contraste de la raya estrecha crea un efecto mucho más impactante.

▲ **Cuadro escocés:** en este tipo de cuadros, los colores constituyen el factor crítico; si son delicados, el efecto será sutil, como en el ejemplo, pero si contrastan, el diseño será llamativo.

Trabajar con texturas

Además del color y el estampado, el otro factor que hay que tener en cuenta cuando se elige una tela es la textura. Dependiendo de su confección y su acabado, la superficie puede ser suave o muy texturada, brillante o mate, lisa o con pelo. La superficie también afecta al color: dos piezas de tela teñidas con un color idéntico tendrán un aspecto muy distinto si una es brillante y la otra de pelo.

Relajarse en casa

Las telas informales son ideales en las estancias familiares que se usan para relajarse, como las cocinas, las salas de merienda, los dormitorios o los estudios. La mayor parte de las telas informales funcionan muy bien en entornos modernos. Entre las telas informales, se encuentran los linos gruesos, la arpillera, la pana y el algodón puro.

Sobre las texturas

Las telas brillantes reflejan la luz y hacen que las estancias parezcan mayores. Las telas mates absorben la luz y hacen que las habitaciones resulten más acogedoras.

Si va a unir tejidos con pelo, asegúrese de que discurre en la misma dirección en cada pieza; de lo contrario, habrá diferencias de color.

No corte los orillos cuando trabaje con terciopelo porque se deshilachará. En los bordes tendrá que sobrehilar o dar puntadas de zigzag.

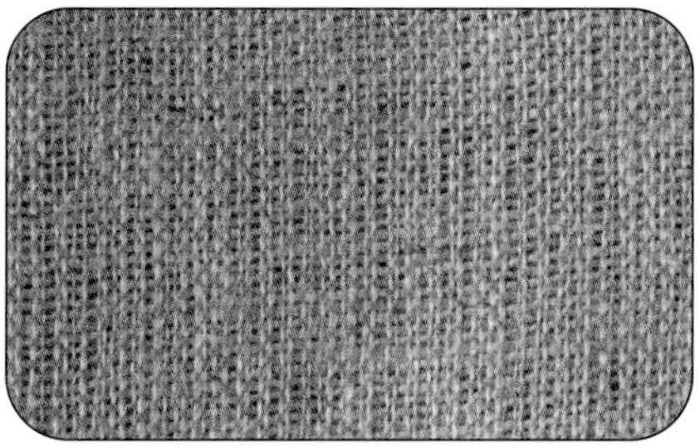

▲ **Arpillera:** este material se empleó originalmente para sacos y se teje toscamente con yute. No es caro y es resistente, por lo que resulta útil para cubrir zonas amplias.

▲ **Algodón tejido a mano de la India:** como se teje a mano, este material tiene un fantástico aspecto natural e irregular. Se tiñe muy bien.

▲ **Pana:** es un tejido de pelo acordonado y tiene un tacto agradable. Como es resistente resulta estupenda para zonas de mucho uso.

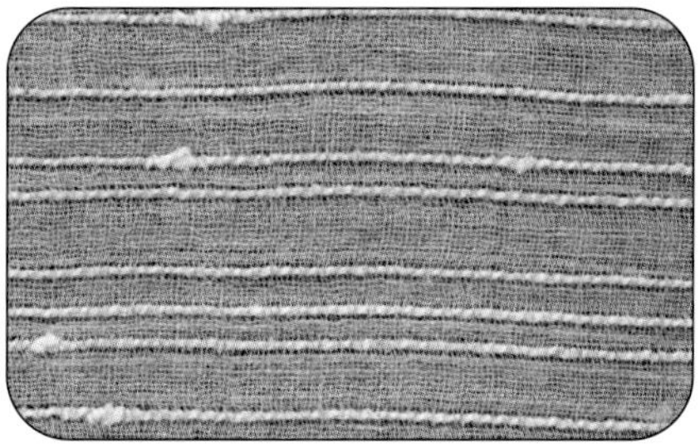

▲ **Lino de esterilla:** este tipo de lino es bastante rígido y se recomienda usarlo en las tapicerías.

▲ **Lona:** es una tela de algodón fuerte y firmemente tejida. Es resistente y bastante rígida, pero también es suave. A menudo se usa en un color crema natural.

▲ **Mezcla de lino y algodón:** similar a la lona en cuanto a tejido y fuerza. Tiene una textura rugosa.

Para mostrar

Los tejidos formales tienden a usarse en estancias de entretenimiento, como comedores o salas de estar, pero funcionan bien en cualquier interior de época. La mayor parte de las telas formales son lujosas y caras, pero, a menudo, es suficiente emplear una escasa cantidad y combinarlas con muchos tejidos menos refinados sin que pierdan su efecto.

▲ **Damasco:** elaborado tradicionalmente en seda. Tiene una textura ligeramente en relieve que se crea al tejerlo.

▲ **Terciopelo:** este tejido tiene un pelo muy fino que va en una sola dirección: cambia de color dependiendo del modo en que se cuelgue, así como al tocarlo.

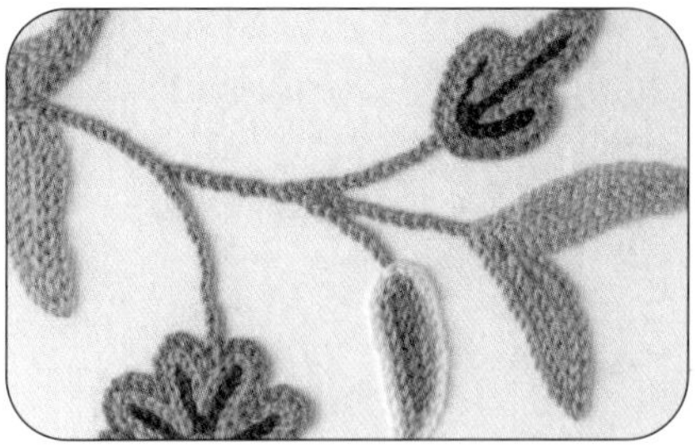

▲ **Bordado con estambre:** es un tejido bordado, a menudo a mano, y que frecuentemente presenta diseños florales elaborados y tradicionales.

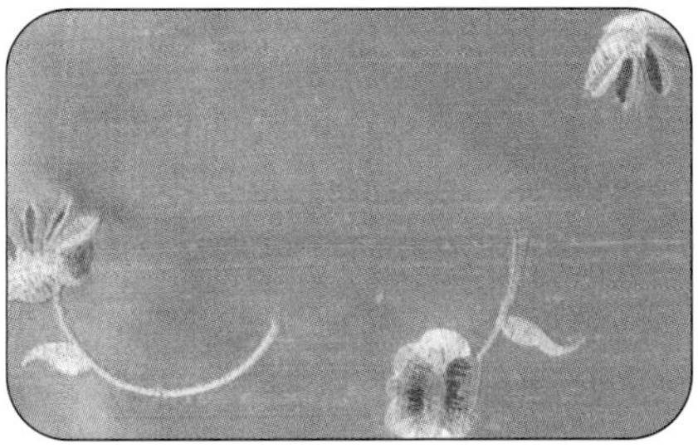

▲ **Seda salvaje:** seda pura con un brillo intenso y una superficie ricamente texturada; se crea empleando los hilos de dos gusanos de seda que han anidado en el mismo capullo.

▲ **Molesquín:** tejido suave de pelo corto confeccionado en algodón resistente. Es más fuerte que otros tejidos formales.

▲ **Felpilla:** tradicionalmente elaborada con lana o seda. Tiene pelo de dos caras y es suave al tacto. También tiene muy buena caída.

Tejidos formales

Para sacar el mayor partido a las telas formales, úselas en algo que vaya a constituir un punto focal de la estancia. Un almohadón de tejido caro creará mucho efecto incluso en el sofá más sencillo.

Telas para la ropa de hogar

Las telas que se usan en la ropa de hogar pueden parecer similares a las que se emplean en las prendas de vestir, pero suelen ser mucho más resistentes. Las telas para cortinas han de tener buena caída y también pueden usarse para ropa de cama o cojines. Sin embargo, la mayor parte de las telas para cortinas resultarán poco resistentes si se usan como fundas o tapizados. Las telas de tapicería suelen ser más gruesas y rígidas. Irán muy bien para una silla, pero no tendrán la caída adecuada para confeccionar cortinas. Algunas telas pueden tener diversos usos –lea la etiqueta para ver las recomendaciones del fabricante– e incluso pueden presentarse en distintos grosores.

Telas base y para forrar

Éstas son las telas más prácticas para usar como base de cortinas y para forrar. Normalmente son de colores neutros.

▲ **Forro termal:** se usa como forro y como entretela en una capa cuando utilizarlo de forma independiente crearía excesivo volumen. El lado plateado se coloca con el revés de la tela de la cortina, por lo que, cuando está terminado, parece forro.

▲ **Percal:** tela económica confeccionada en algodón sin teñir. Se usa para forrar y como tela base, o para cortinas y plaids sencillos. Se presenta en distintas anchuras y grosores.

▲ **Satén:** algodón tejido firmemente. Se usa a menudo para forrar cortinas y como tela base de ropa de cama y cojines porque conserva bien la forma. Se presenta en una gama limitada de colores, y puede usarse para proyectos de hogar sencillos.

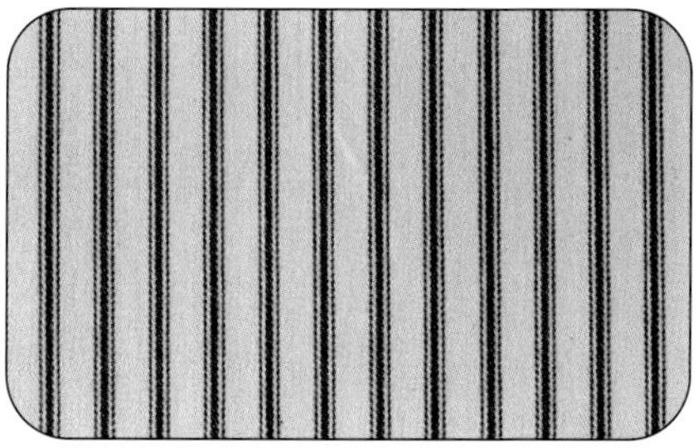

▲ **Cutí:** originalmente usado para revestir colchones. Se tejía firmemente para que sujetara el relleno. Hoy en día se usa a menudo en tapicería porque la sencillez de sus rayas blancas o crema combinadas con azul, negro o gris se ha puesto muy de moda.

Para lavar

Use telas lavables para las cortinas en estancias de mucha actividad, como la cocina.

Las fundas extraíbles y lavables ahorran tener que contratar servicios de limpieza profesional.

El acabado de algunas telas se pierde al lavarlas con agua, por lo que necesitan limpieza en seco.

Diseños neutros y simples

Estas telas pueden usarse como base de cualquier proyecto de diseño de interiores. Posteriormente pueden añadirse colores o diseños más llamativos, como realces, en elementos que sean fácilmente modificables cuando desee cambiar. Las telas neutras a menudo tienen superficies texturadas o diseños discretos para añadir interés, por lo que, si va a usar una selección de ellas en una estancia, asegúrese de que armonicen.

▲ **Tejido de espiga:** este ejemplo de tejido de espiga está confeccionado con algodón resistente y es muy texturado y rígido. Se trata de una tela de gran peso, por lo que suele ser más apropiada para tapicería.

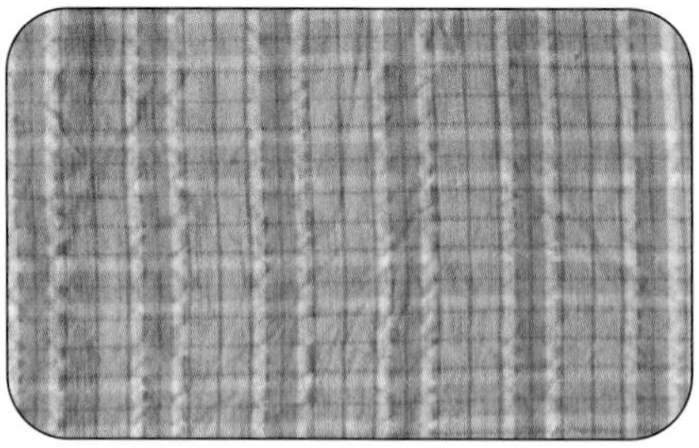

▲ **Tejido de algodón de cuadros:** los diseños tejidos en la tela, como este cuadro sencillo en dos colores, son a menudo reversibles, lo que los hace ideales para cortinas sin forro. Sin embargo, este ejemplo es también un tejido fuerte útil para tapicería.

▲ **Gasa:** esta tela ligera y translúcida puede confeccionarse en algodón, seda o fibra artificial. Puede estamparse o tejerse y se usa en cortinas secundarias o en las cortinas principales de zonas más informales.

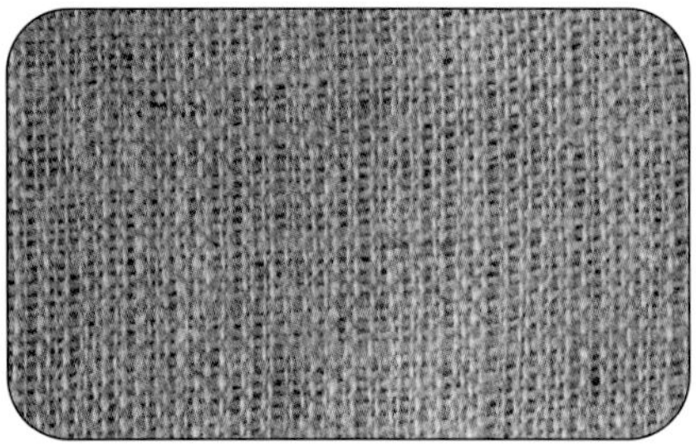

▲ **Arpillera:** este material de tejido abierto y tosco, confeccionado en yute natural, se usa habitualmente sin teñir, pero también puede teñirse o tejer un diseño. Se usa en cortinas o para revestir zonas amplias.

▲ **Lino:** tejido confeccionado con las fibras de esta planta; puede ser suave o rugoso y tejerse fina o toscamente. Los de mayor peso son muy resistentes y aptos para tapicería, mientras que los más ligeros tienen muy buena caída cuando se usan en las cortinas.

Los neutros

Los diseños neutros pueden ser aburridos: asegúrese de añadir colores para realzarlos o incorporar texturas fuertes.

Los colores neutros se presentan en distintos tonos: no asuma que dos beiges armonizarán sin antes comprobarlo en las condiciones de luz correctas.

Si usa colores pálidos en una estancia familiar, elija telas lavables y cobertores extraíbles, que podrá lavar en la lavadora, con lo que mantendrá un aspecto fresco y limpio.

Diseños estampados y tejidos

Estas telas son bastante llamativas, por lo que tendrá que elegirlas y usarlas con cuidado. Normalmente podrá combinar distintos diseños geométricos, que también pueden mezclarse con los florales, aunque demasiados diseños florales distintos pueden conferir un aspecto abigarrado. Los diseños tejidos pueden ser reversibles, pero los estampados normalmente tienen un lado del derecho y otro del revés.

▲ **Lana de cuadros:** esta tela es de tejido diagonal, llamado también cruzado, y a su vez cuenta con una cuadrícula tejida en dos grosores. La tela cruzada es bastante resistente, aunque no tan fuerte como un tejido normal.

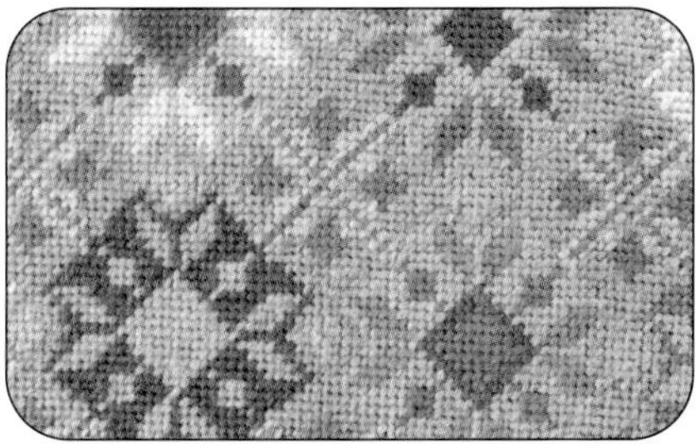

▲ **Tapiz:** originalmente se tejía a mano, pero las versiones tejidas a máquina pueden tener un aspecto rico y elaborado, como la del ejemplo. Tradicionalmente se colgaba en las paredes, pero también queda muy bien en asientos.

▲ **Manta de lana:** las mantas se confeccionan con fibras cardadas, lo que produce una textura suave y aislante. El tejido puede usarse para hacer cubresofás o ropa de cama, o para revestir cojines informales, pero no es práctico para cortinas.

▲ **Cuadro escocés:** este diseño tejido se usaba originalmente para identificar a los distintos clanes escoceses. Tiene muy buena caída y es ideal para todo tipo de ropa de hogar ligera.

▲ **Paisley:** el nombre de este tejido procede de la ciudad escocesa del mismo nombre, donde se confeccionaba originalmente. Sus curvados diseños en forma de lágrima fueron muy populares en chales de lana y de algodón estampado, y se basaban en los diseños de los chales tradicionales de la India.

▲ **Cretona:** se trata de un tejido tradicionalmente usado en la ropa de hogar. Normalmente tiene un diseño floral estampado y bastante elaborado sobre un fondo liso de color crema o blanco. Se confecciona en algodón y se emplea tanto en cortinas como en tapicería.

▲ **Algodón estampado:** como las telas de algodón se tiñen bien, se prestan a la creación de nítidos y delicados diseños, como el de la ilustración superior. Son también aptos para técnicas de estampación más experimentales.

▲ **Damasco de seda:** el damasco tradicionalmente se ha tejido con seda pura, pero hoy se encuentra en una amplia variedad de fibras. La versión en seda es realmente lujosa, con un lustre fantástico y una interesante textura. Además, tiene una excepcional caída.

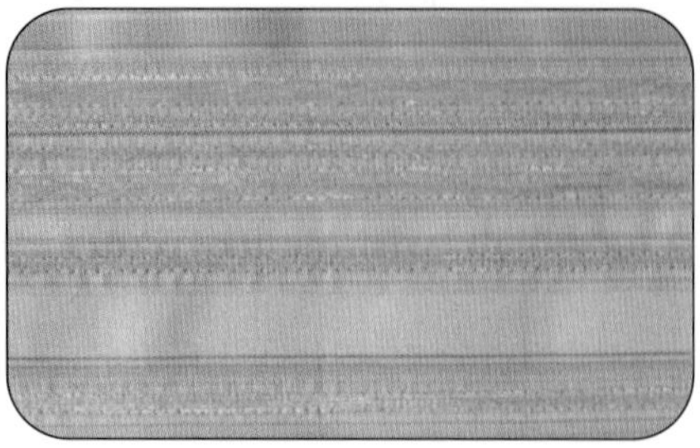

▲ **Terciopelo de rayas:** el terciopelo no tiene por qué ser liso; también puede tejerse formando diseños. Este ejemplo, de diseño sutil e interesante textura, tiene rayas tejidas de colores apagados.

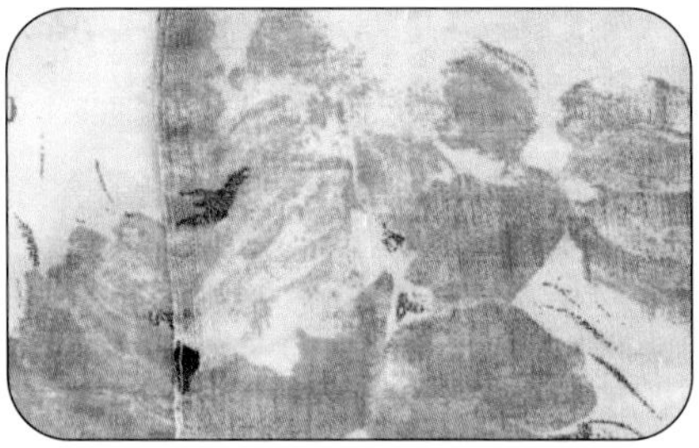

▲ **Lino estampado:** el lino se encuentra en una amplia variedad de colores, y los que tienen una superficie lisa también pueden estamparse. El del ejemplo tiene un diseño llamativo con una gama de colores limitada que sería adecuado en muchos proyectos distintos de decoración.

▲ **Tafetán:** el tafetán de seda pura puede tejerse con distintos colores en la trama y la urdimbre para conseguir un color iridiscente que cambie dependiendo de cómo se vea la tela.

▲ **Terciopelo:** como en el caso de otras telas, en el terciopelo se pueden estampar diseños, pero, por la riqueza de su superficie, los que mejor quedarán serán los más sencillos.

Notas sobre diseños

Cuando seleccione un estampado o diseño, tenga en cuenta cómo va a usarlo. Si desea confeccionar cortinas, frunza un trozo de tela para comprobar el resultado.

Si quiere hacer algo pequeño, como un cojín, con una tela que tenga un diseño a gran escala, compruebe cómo quedará con sólo una sección del mismo.

Adornos para la ropa de hogar

Los ribetes, los rebordes, las borlas y los botones son modos ideales de añadir interés y detalles a los proyectos de decoración del hogar, así como de personalizar fácilmente elementos que se han comprado confeccionados. Se encuentran, además, en una amplia variedad: de un solo color o multicolores, texturados o lisos, anchos o estrechos, elaborados o sencillos. Elegir el adecuado para su proyecto es una cuestión principalmente de gustos personales.

Adornos tradicionales

Los muebles de época a menudo se ornamentan con galón para ocultar las tachuelas que sujetan las telas y las cortinas tradicionales normalmente llevan cordones, flecos o borlas.

La mayor parte de estos adornos van cosidos a mano, pero algunos pueden añadirse a máquina.

1. Cordón: disponible en uno o más colores; se cose a mano a lo largo de los bordes.

2. Cordón con pestaña: tiene una extensión plana que se encaja en las costuras del mismo modo que los ribetes.

3. Galón decorativo: se encuentra en una amplia gama de colores y diseños y es apropiado para muchos usos.

4. Galón de sillería: normalmente está disponible en colores delicados; se elige a juego con la tapicería y tradicionalmente se emplea para ocultar la grapa o la tachuela.

5. Pasamanería: se encuentra en muchos colores y se cose a mano o a máquina para decorar los bordes de muchos tipos de ropa de hogar ligera.

6. Flecos: los flecos pueden ser en bucle o normales. Se cosen a los bordes a mano o a máquina.

▲ **Reborde de cordón:** este sencillo reborde de cordón consigue un efecto muy sutil con sus distintas tonalidades del mismo color.

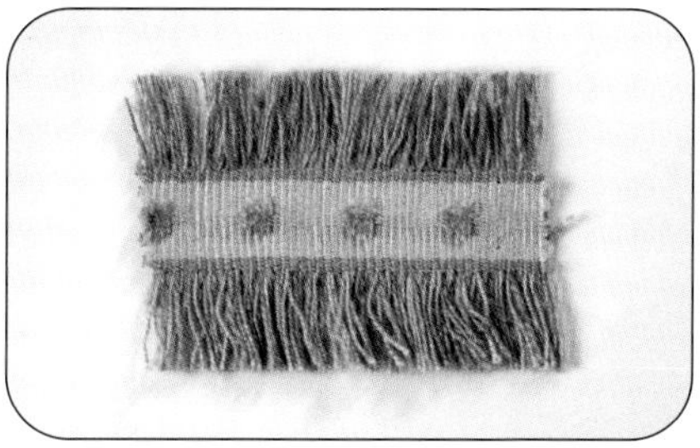

▲ **Doble reborde:** este reborde tiene fleco en los dos lados. Se cose a lo largo del galón central.

▲ **Fleco en bucle:** los flecos en forma de bucle de este adorno son de distintas longitudes para crear un atractivo reborde ondulado.

▲ **Flecos anchos de lino:** el color crema de este fleco ancho combina con muchas telas distintas. Un toque de blanco acentúa los otros colores.

▲ **Galón con borlas:** las borlas son más tridimensionales que los flecos y son fáciles de añadir a cualquier prenda gracias al galón.

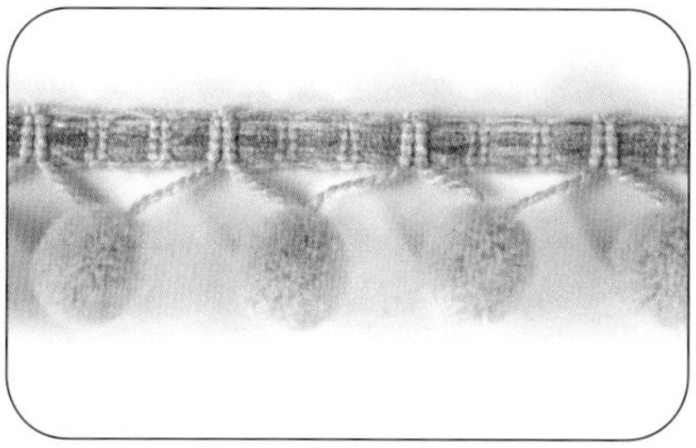

▲ **Flecos de pompones:** flecos de fantasía para una prenda informal. Estos pompones aportan un carácter retro de la década de 1950.

▲ **Flecos gruesos:** estos flecos tradicionales se han usado en cortinas, tapicería y manteles de interiores de época.

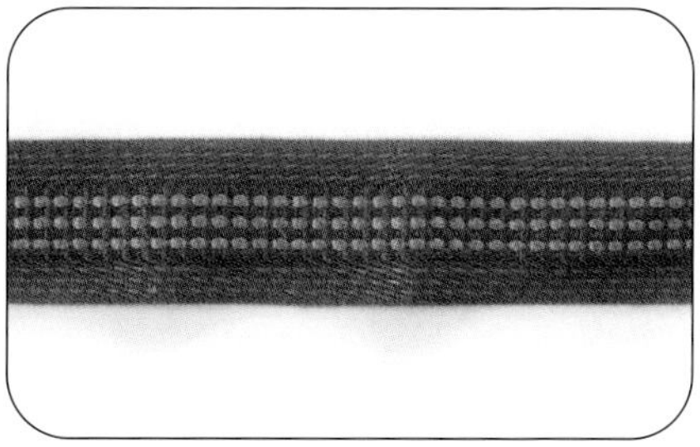

▲ **Reborde ancho:** un reborde ancho es más apropiado para proyectos de mayor envergadura; el efecto de los más estrechos se perdería.

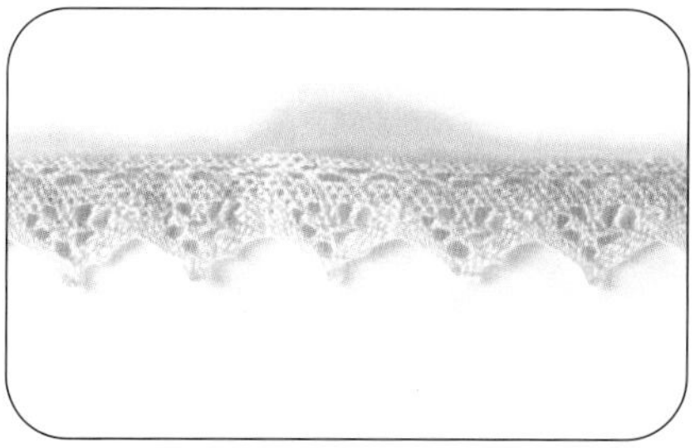

▲ **Encaje antiguo:** este delicado reborde es estupendo para telas naturales como el lino fino y el linón.

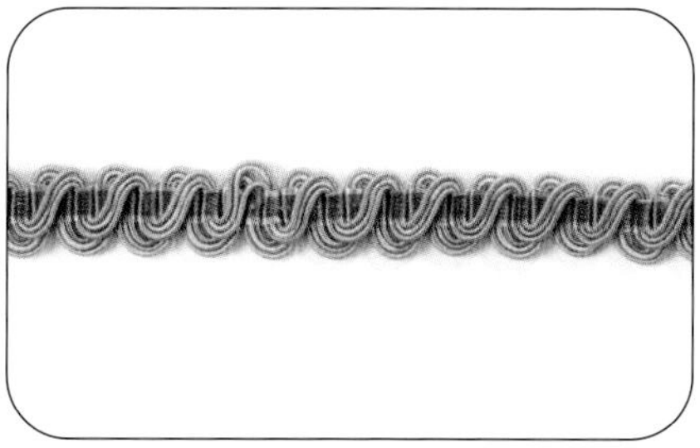

▲ **Galón de sillería:** las líneas simples del galón de sillería pueden perfilar bordes y aportar cuerpo a telas ligeras.

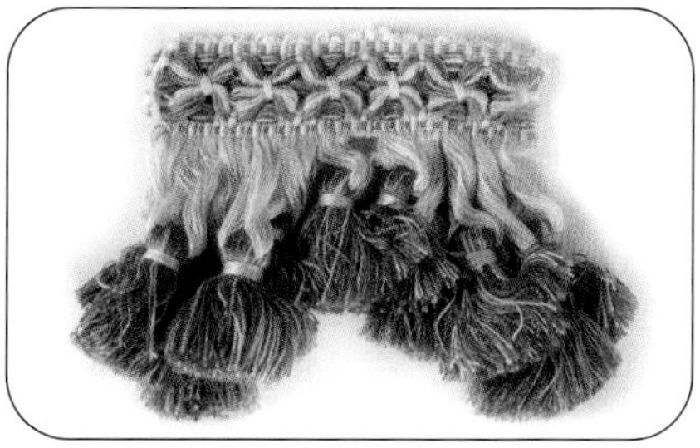

▲ **Borlas ornamentadas:** las borlas pueden realizarse de muchos colores y representar todos los tonos de las telas multicolores.

▲ **Flecos:** los flecos se encuentran en gran variedad de longitudes y grosores, y pueden ser de un solo color, como el del ejemplo, o de varios.

▲ **Copete:** fáciles de confeccionar con cualquier tipo de hilo. Se pueden usar para sujetar distintas capas de tela de un modo decorativo.

▲ **Bordados:** incluso las puntadas más simples pueden aportar hermosas texturas a una prenda si están bien hechas.

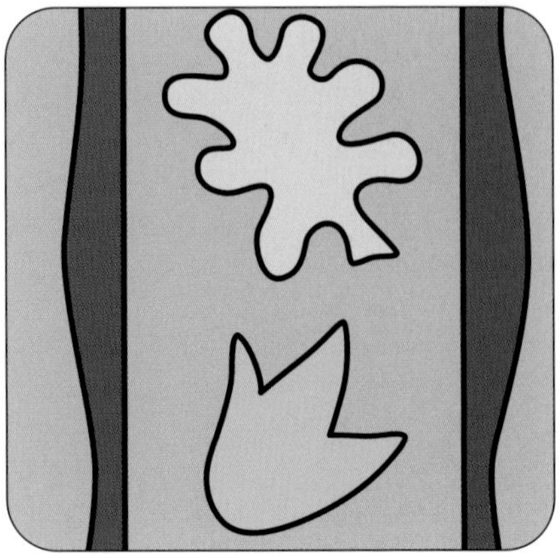

▲ **Aplicaciones:** pueden cortarse formas simples de una tela que contraste y aplicarse a un fondo para crear un diseño.

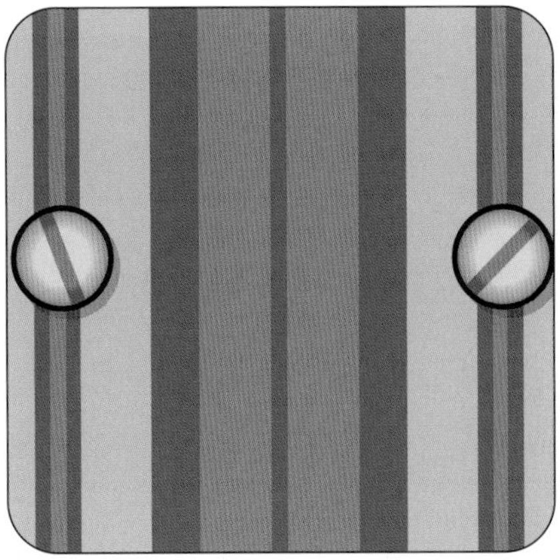

▲ **Botones:** aunque generalmente se usan para sujetar telas, los botones también pueden utilizarse de manera decorativa.

Decoración de superficies

Aplicar otras telas, motivos o puntadas a la superficie de una prenda de hogar lisa aporta tanto interés como textura. Pueden usarse para conferir más vida a telas neutras y así crear prendas de un estilo individual.

Cuando elija un adorno, lo normal es que intente que haga juego con uno o más de los colores del diseño. Los adornos que contrastan pueden tener gran efecto, pero sólo si constituyen una proporción razonable del proyecto.

Si la tela que ha elegido es lavable, asegúrese de que el adorno también lo sea.

Medir

Independientemente de lo que desee hacer, las medidas precisas son vitales para obtener un acabado profesional. En las siguientes páginas se explica cómo medir una amplia variedad de elementos para el hogar. Así tendrá la seguridad de trabajar con toda la información que necesita. Le será útil dibujar un esquema del objeto para señalar en él las medidas; de lo contrario, podría olvidar a qué corresponde cada una.

Medir ventanas

Cuando calcule la cantidad de tela que necesita, asegúrese de tener en cuenta el *rapport*, los dobladillos, la cabecilla y el vuelo. Las telas ligeras y las transparentes necesitarán el triple de la anchura de la ventana, mientras que las más gruesas pueden necesitar sólo el doble.

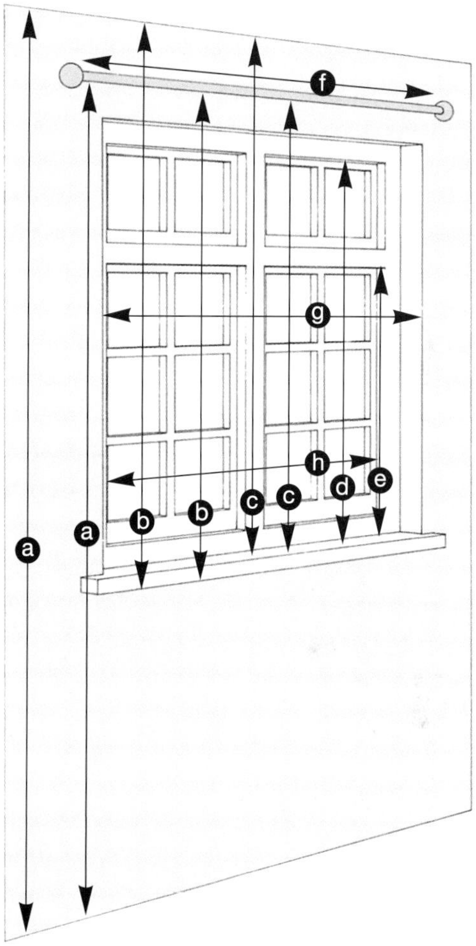

Altura: medidas verticales

a. del techo o la parte superior de la barra al suelo
b. del techo o la parte superior de la barra al marco
c. del techo o parte superior de la barra al alféizar
d. de la parte superior del cristal al alféizar
e. de la guillotina al alféizar

Anchura: medidas horizontales

f. de extremo a extremo del riel
g. del borde exterior del marco de la ventana al borde opuesto
h. del borde interior del marco de la ventana al borde opuesto

Se abre el telón

Instale el riel o sistema de sujeción de las cortinas antes de medir. Es más fácil medir desde la parte superior de un riel que imaginar su ubicación.

El tipo de cabecilla que vaya a usar también afectará a la cantidad de tela que precisará (*véanse* págs. 205-212).

No se olvide de que para los rieles se necesita longitud adicional en cada lado de la ventana, de modo que al recoger las cortinas quede libre el vano.

Use una cinta de metal para medir; las de tela pueden estirarse con el tiempo y proporcionar medidas inexactas.

Glosario de términos para tomar medidas

Anchura de la pieza: anchura de la tela después de retirar el orillo.

Anchura de la tela: anchura de la tela comprada.

Anchura final: anchura total del área que van a cubrir las cortinas o los estores terminados.

Caída: longitud total de las cortinas o los estores terminados desde el extremo superior al inferior.

Caída de la pieza: longitud final, más dobladillo del bajo, cabecilla y *rapport*.

Paños: a menos que se trate de una ventana muy pequeña, lo más seguro es que tenga que unir más de un paño de la tela para conseguir la anchura final.

Orillo: borde de la tela, tejido firmemente. Reacciona de modo distinto al cosido y al lavado, por lo que debe cortarse antes de medir la anchura de las cortinas o los estores.

Sistema de sujeción: mecanismo de sujeción de las cortinas o los estores: barras, rieles, listones, etc. Puede construirse en la pared, sobre la ventana, en el marco o dentro del hueco de la ventana empotrada.

Ventana empotrada: ventana encajada en un hueco de la pared. Las cortinas o los estores pueden colgarse dentro del hueco o fuera.

Ventanas al ras: ventana construida al nivel de la pared.

Medida de las abrazaderas

Para calcular la mejor posición para una abrazadera, sujete y recoja la cortina con una tira de tela a distintos niveles para ver cuál queda mejor. Debería colocarse a unos dos tercios de la altura desde la parte superior. Después, descorra la cortina con la tira de tela hasta que quede una curva redondeada, ni muy tirante ni muy suelta. Mida entonces el trozo de tela para ver cuánto necesita para la abrazadera. *Véanse* págs. 229-230, donde encontrará más detalles sobre abrazaderas.

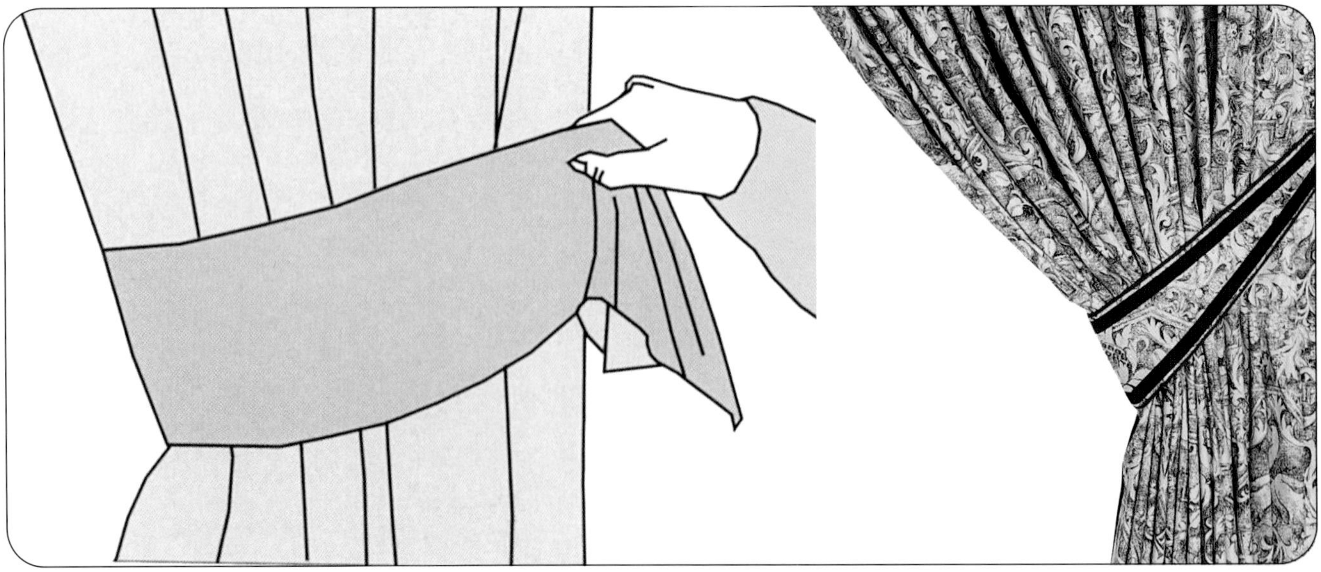

Medidas para galerías y bandós

Las galerías y los bandós son las bandas decorativas que cruzan la parte superior de una cortina. Poseen cuatro finalidades: bloquear la luz, retener el calor, ocultar el sistema de sujeción de la cortina y añadir un toque de estilo. Las galerías guarnecidas con volantes pueden ajustarse al colgarlas, si es necesario, pero las lisas tienen que medirse con precisión, porque son difíciles de cambiar una vez se han terminado. Mida la anchura y deje suficiente tela para doblarla en los bordes, pero asegurándose de que el exceso de tela no impedirá el movimiento de la cortina. Después mida la longitud, incluidas las vueltas en cada extremo.

Estimaciones sobre la tela

Hay directrices básicas que puede seguir para ayudarle a calcular cuánta tela necesita en determinada situación:

Caída de la pieza

1. Mida la caída final.
2. Añada 30-40 cm para los dobladillos, más el doble de la anchura de la cabecilla.
3. Calcule el *rapport* si va a usar tela con dibujos, y divida la caída final por el *rapport*.
4. Redondee al alza y después multiplique el *rapport* por ese número. El resultado será la caída de la pieza.

Cantidad final de tela que debe comprar

1. Mida la anchura final de la cortina.
2. Para telas gruesas, la anchura será de 2 a 2,5 veces la anchura final, y para las más ligeras o transparentes, de 2,5 a 3 veces.
3. Divida el resultado por la anchura de la tela.
4. Redondee al alza para obtener el número de paños. Multiplique la caída de la pieza por el número de paños para obtener la cantidad de tela que necesita.

Ejemplo:

1. Caída final: 230 cm
2. Añada 30 cm = 260 cm
3. *Rapport* de 35 cm.
   260 dividido entre 35 = 7,42
4. Al redondear al alza, tenemos un resultado de 8.

35 cm x 8 = 280 cm, que es la caída de la pieza.

1. Anchura de la ventana = 150 cm
2. Multiplicar por 2,5 veces = 375 cm
3. Anchura de la tela: 120 cm.
   375 dividido por 120 = 3,125
4. Al redondear al alza tenemos un resultado de 4.
   Multiplique la caída de la pieza por el número de paños.

280 cm x 4 = 1.120 cm, que es la cantidad necesaria de tela.

Medir para distintos tipos de cortinas y estores

Antes de empezar a medir, debe decidir exactamente dónde va a ir la cortina o el estor. Si el sistema de sujeción no está ya colocado, debe tener claro si va a ir sobre la ventana, en el marco o en el hueco de la ventana empotrada. ¿Va a llegar la cortina o el estor al suelo, al alféizar o por debajo del alféizar?

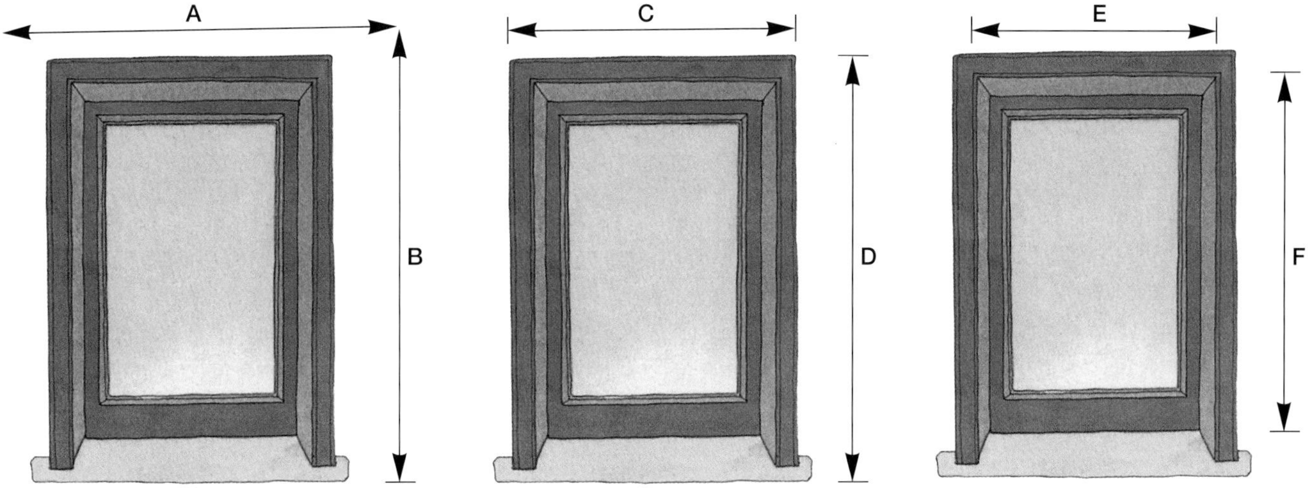

Medir para una cortina o un estor que cuelgue de un sistema de sujección

El riel o la barra deben estar a 10-30 cm sobre el marco y extenderse 20-25 cm a cada lado.

A. Anchura de la ventana y extensiones laterales

B. Desde la parte superior del sistema de sujeción a la parte inferior de la cortina, si coincide con el alféizar

Medir para una cortina o un estor con un sistema de sujeción fijado al marco

El riel o la barra deben medir lo mismo que la anchura de la ventana

C. Anchura desde un borde exterior del marco al opuesto

D. Desde la parte superior del sistema de sujeción a la parte inferior de la cortina, si coincide con el alféizar

Medir para una cortina o un estor que cuelgue de un sistema de sujeción fijado en el hueco de una ventana empotrada

El riel o la barra deben medir lo mismo que la anchura del hueco.

E. Anchura de un lado a otro

F. Desde la parte superior del sistema de sujeción a la parte inferior de la cortina, si coincide con el alféizar

Puertaventanas

Las puertaventanas son puertas exteriores totalmente acristaladas que pueden abrirse hacia fuera o hacia dentro. Si se abren hacia fuera, trátelas como ventanas de bisagra. Si se abren hacia dentro, el sistema de sujeción debe ser lo suficientemente largo como para que al recogerse las cortinas quede libre el vano.

Otra opción es montar una cortina fija o un estor sobre la parte acristalada de la puerta.

Ventanas saledizas

Existen dos modos de tratar una ventana saledíza. La primera es tener una cortina y un sistema de sujeción independientes para cada vano, pero esta solución deja huecos en las esquinas. La segunda es tener un par de cortinas largas que se abran desde el medio, que puede parecer más atractivo, pero requiere un riel en ángulo. Algunos tipos de riel pueden doblarse para adaptarse a la esquina, pero también se encuentran disponibles rieles en ángulo.

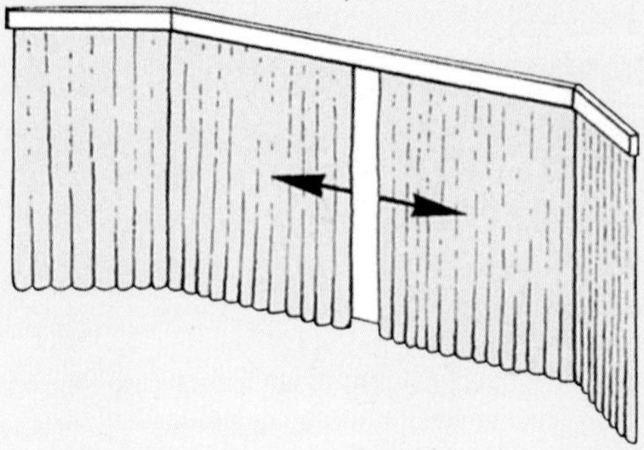

Medir para confeccionar estores

Como las cortinas, los estores pueden montarse por encima de la ventana, en el marco o en el hueco de una ventana empotrada. Siga las mismas instrucciones que ya se han comentado para medir las cortinas, pero teniendo en cuenta lo siguiente:

Si el estor va encima de la ventana, no se precisará demasiado espacio extra en los lados; añada sólo un máximo de 10 cm en cada lado.
Si el estor va en el hueco de una ventana empotrada, tome al menos dos medidas de la anchura en distintos puntos y use la más pequeña para que el estor no quede demasiado grande.

Tipos de estores

Romano: persiana lisa que al recogerse forma pliegues rectos y regulares.

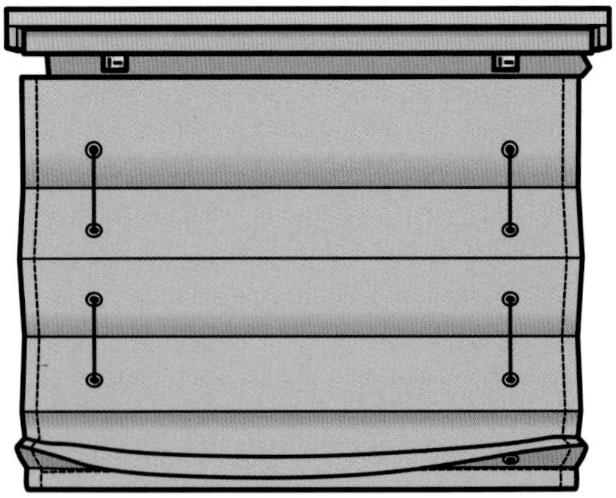

Plisado con ojetes: variación de la persiana romana en la que los cordones están a la vista.

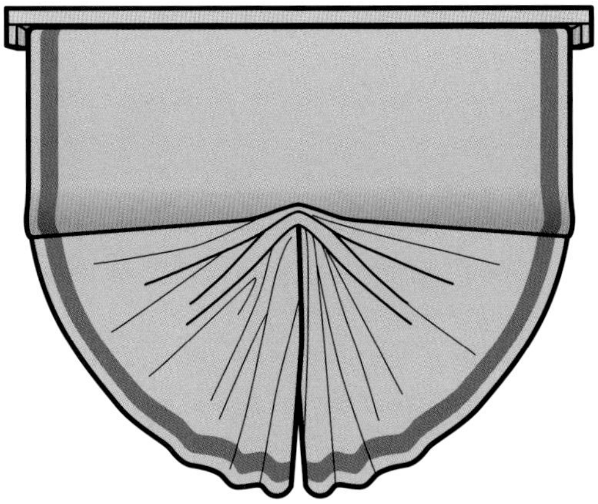

De abanico: otra variación de la persiana romana en la que la tela se sube en el centro para crear una forma redondeada de abanico en la parte inferior.

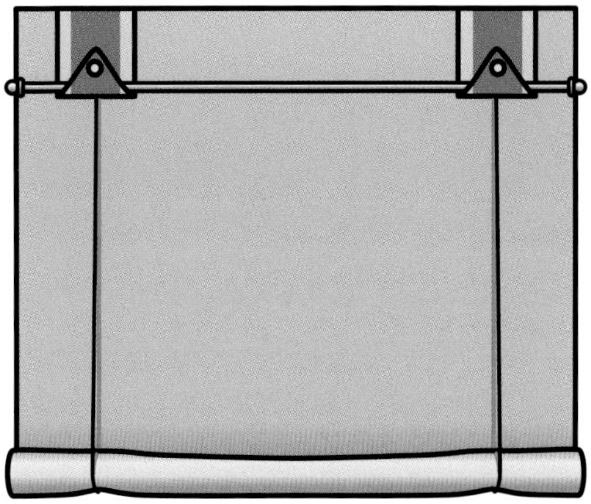

Enrollable: con este diseño, la tela se recoge enrollándola.

Medir muebles

Intentar calcular cuánta tela va a necesitar para revestir un mueble puede parecer complejo, aunque considerar el objeto como una serie de rectángulos planos facilita mucho esta cuestión. Simplemente hay que medir cada rectángulo y, posteriormente, añadir los márgenes necesarios para las costuras y los dobladillos.

Notas para medir

La anchura de las telas varía, de modo que no podrá calcular una cantidad precisa hasta que sepa qué tela va a adquirir. Cuando consiga muestras para valorarlas, anote la anchura y el *rapport* para tener estos datos a mano cuando haya elegido.

Realice un diagrama a escala para calcular cuánta tela va a necesitar, especialmente si el *rapport* es importante. Dibuje un rectángulo de la anchura de la tela y recorte a escala piezas del tamaño necesario para poder moverlas y encontrar el diseño de corte ideal.

Es preferible comprar demasiada tela que muy poca. Siempre podrá usar la que le sobre para confeccionar accesorios a juego.

Los óvalos y los círculos deben medirse como rectángulos y cuadrados. Use el diámetro como medida auxiliar.

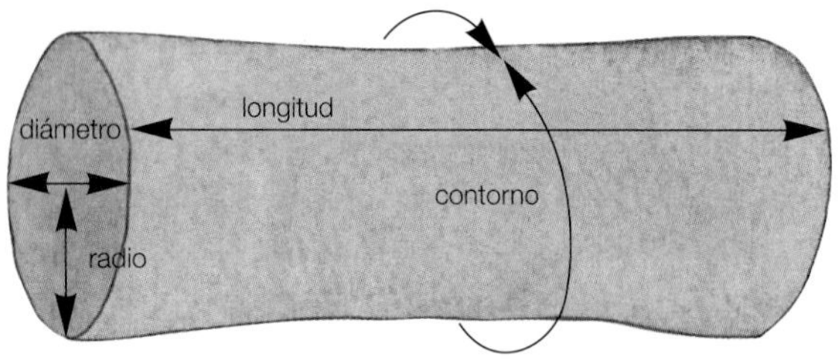

▲ **Medir las fundas de los cojines de asiento o los cubresofás**
Cojín cilíndrico: si tiene los extremos separados, primero mida el contorno y la longitud; después, el diámetro. Si no tiene los extremos separados, encuentre el centro de un extremo y mida desde ahí hasta el mismo punto del extremo opuesto, y después mida el contorno.

▶ **Cojines a medida del asiento y el respaldo**
Mida la anchura y la profundidad del asiento de la silla. Si la silla no es cuadrada, trace una plantilla para usarla como patrón. Si va a hacer un cojín de caja, mida la profundidad del asiento. Para el cojín del respaldo, mida también la altura y la anchura del respaldo, pero acuérdese de que necesitará tiras para atar el cojín a la silla.

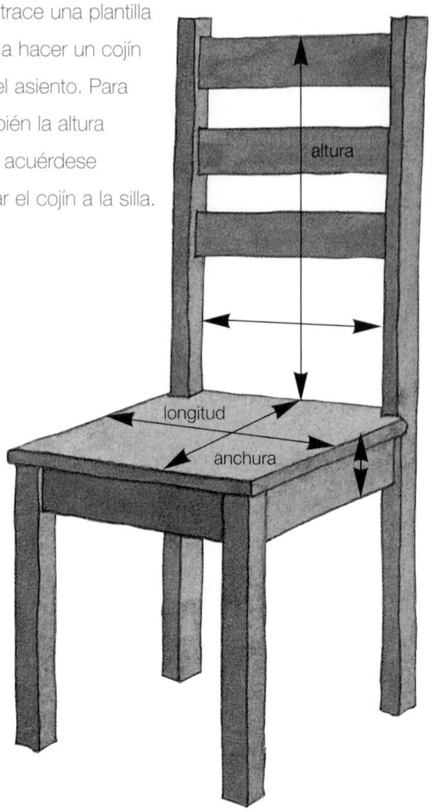

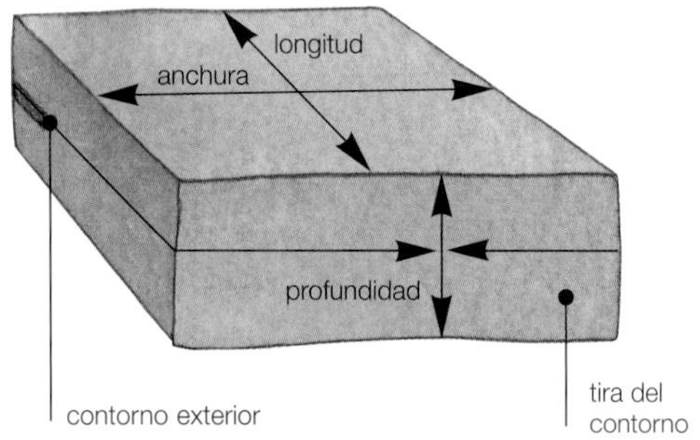

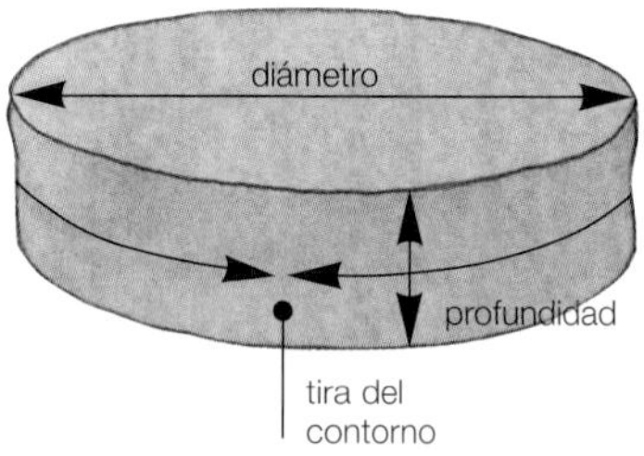

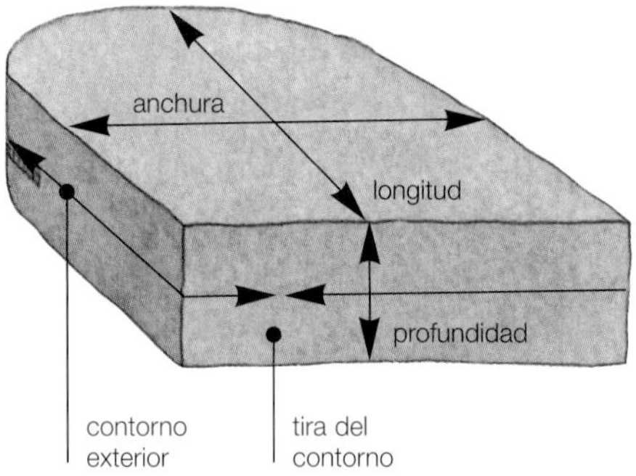

◀ **Cojines de caja:** necesitará tres piezas de tela: superior, inferior y tira del borde. Mida la longitud y la anchura o el diámetro para calcular la parte superior y la inferior; y la altura y el contorno exterior para la tira del contorno. Trace una plantilla para las formas complejas.

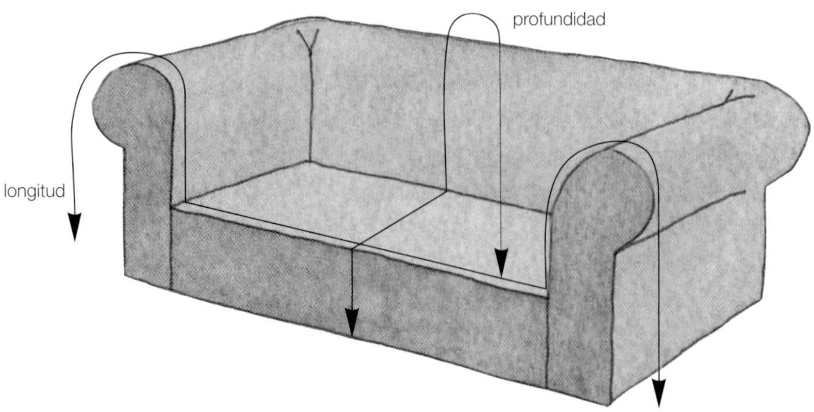

◀ **Cubresofá:** si los brazos van a estar a la vista, mida sólo la anchura de la zona de asiento; después, la distancia desde el suelo hasta el respaldo, más la del respaldo hacia arriba y luego hacia abajo hasta el suelo. Añada un poco más para que el cubrecanapé pueda remeterse por detrás con el fin de sujetarlo. Si quiere que el cubrecanapé vaya también sobre los brazos, mida la anchura desde el suelo y por encima del brazo, pasando por el asiento hasta el otro brazo y de nuevo al suelo.

Medir para fundas extraíbles

Silla de madera simple: mida cada sección de la silla como indican las flechas y recuerde añadir márgenes para las costuras. Realice un patrón en una tela económica e hilvane para comprobar que todo encaja. Haga los ajustes necesarios para adaptarlo perfectamente; después, utilice el patrón de tela para cortar las piezas de la funda.

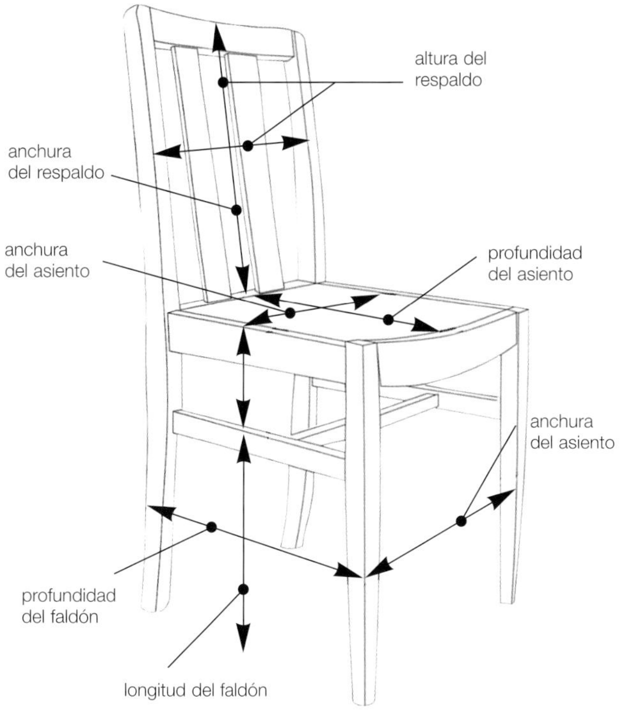

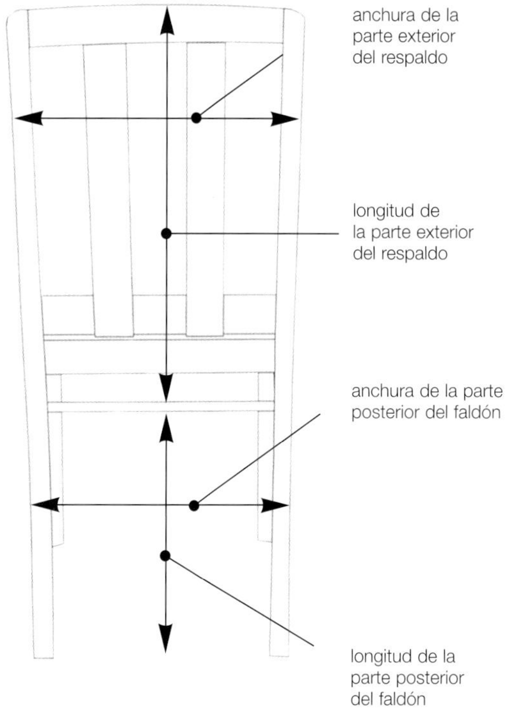

Silla acolchada simple: mida como en el caso de la silla de madera y realice también un patrón de tela. Para las superficies curvas, puede que sea más fácil emplear cinta métrica de tela, pero verifique la exactitud de la medida con el metro de metal.

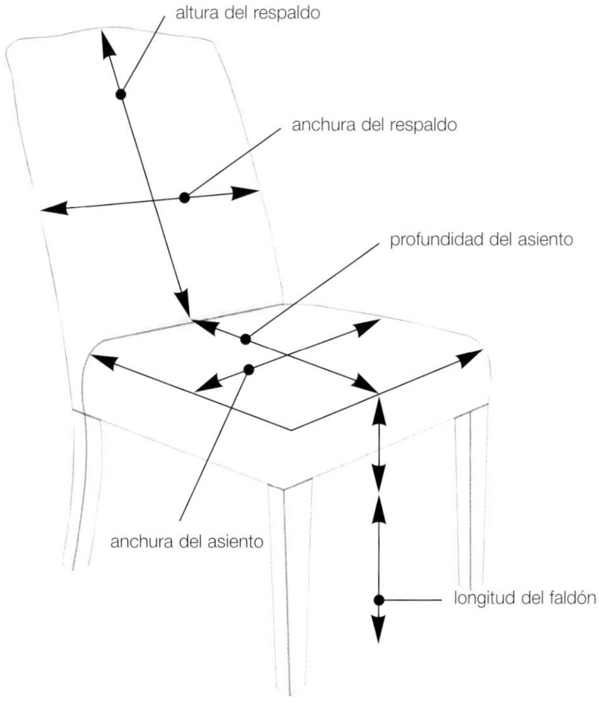

Sofá simple: mida del mismo modo que en el caso de la silla acolchada y realice también un patrón de tela. En el caso de sofás más complejos, tendrá que pasar más tiempo ajustando el patrón de tela a la forma (*véanse* págs. 286-293).

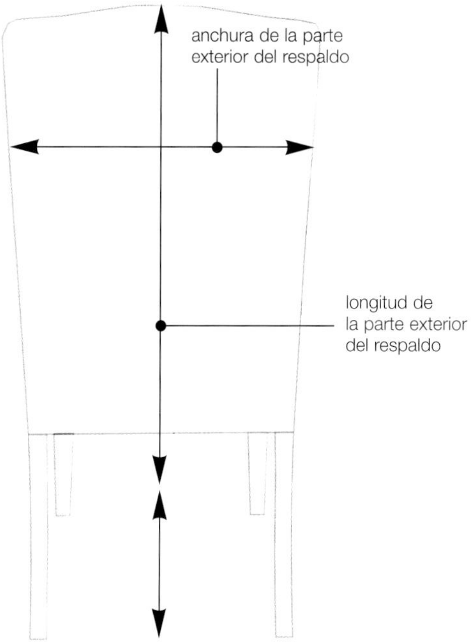

Medir mesas

Mesa rectangular o cuadrada: en primer lugar, mida la longitud y la anchura; después, añada la caída del faldón, más un margen para el bajo en los cuatro lados. Todas las mesas rectangulares se miden del mismo modo. Si va a confeccionar un mantel con un faldón corto, proporciónele como mínimo 10 cm de caída; de lo contrario no quedará bien.

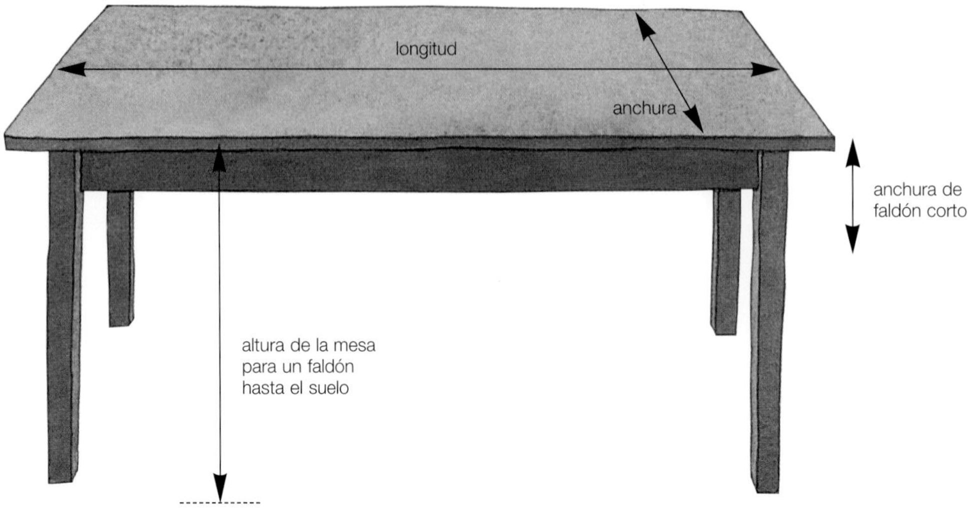

Mesa circular: mida el diámetro y después añada la caída, más un margen para el bajo en ambos lados. Doble la tela que vaya a usar en un cuadrado (en la página 194 encontrará instrucciones detalladas). Encuentre el centro del cuadrado y utilice un lápiz con una cuerda para dibujar un círculo con el diámetro del mantel. Compruebe el contorno antes de cortar.

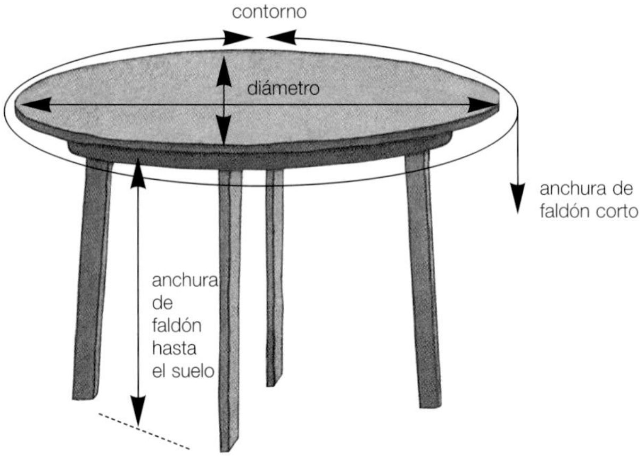

Servicio de mesa

Los manteles suelen ser bastante finos; si no quiere tener que usar también salvamanteles, proteja las superficies pulidas con una capa gruesa de fieltro o guata antes de poner el mantel.

Medir camas

Funda para el cabecero: mida la anchura del cabecero y la altura desde la parte superior del colchón hasta la del cabecero. Duplique estas medidas para obtener los dos lados. Mida el grosor del cabecero y añada esta cantidad a cada lado de la medida de la anchura y a la parte superior de la medida de la altura desde el colchón, además de los márgenes para costuras y dobladillos.

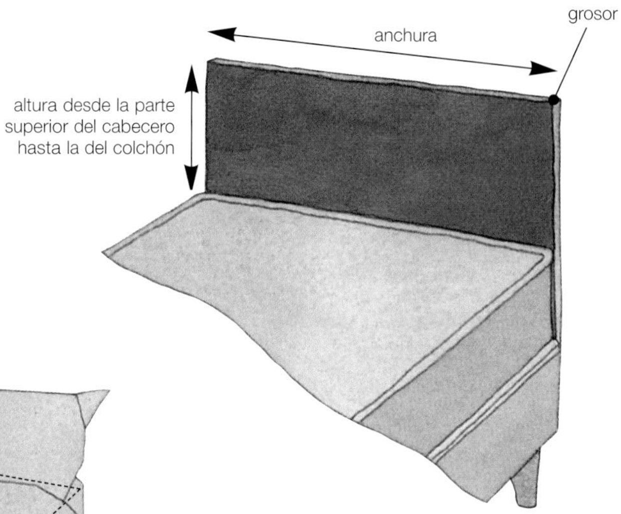

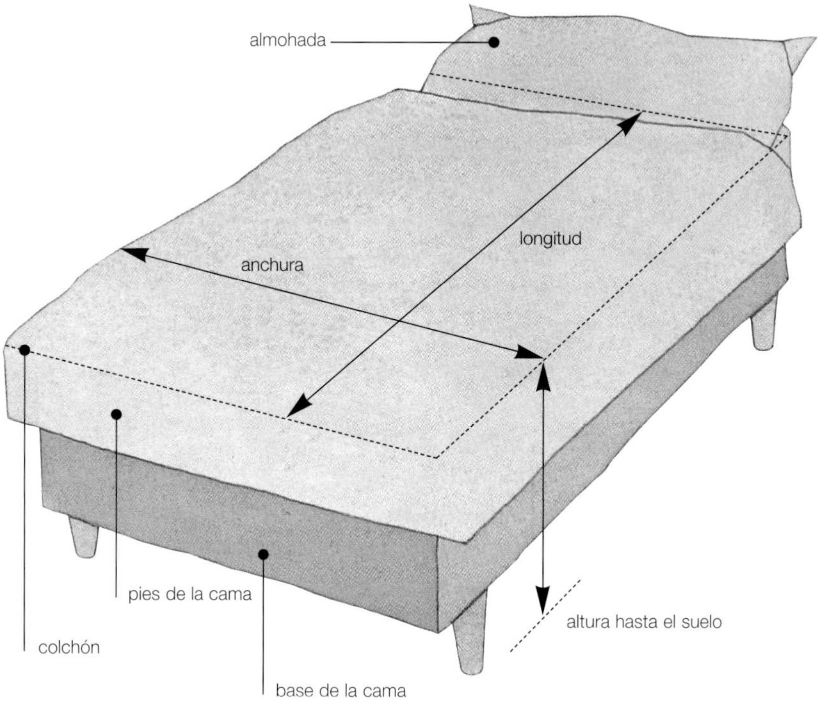

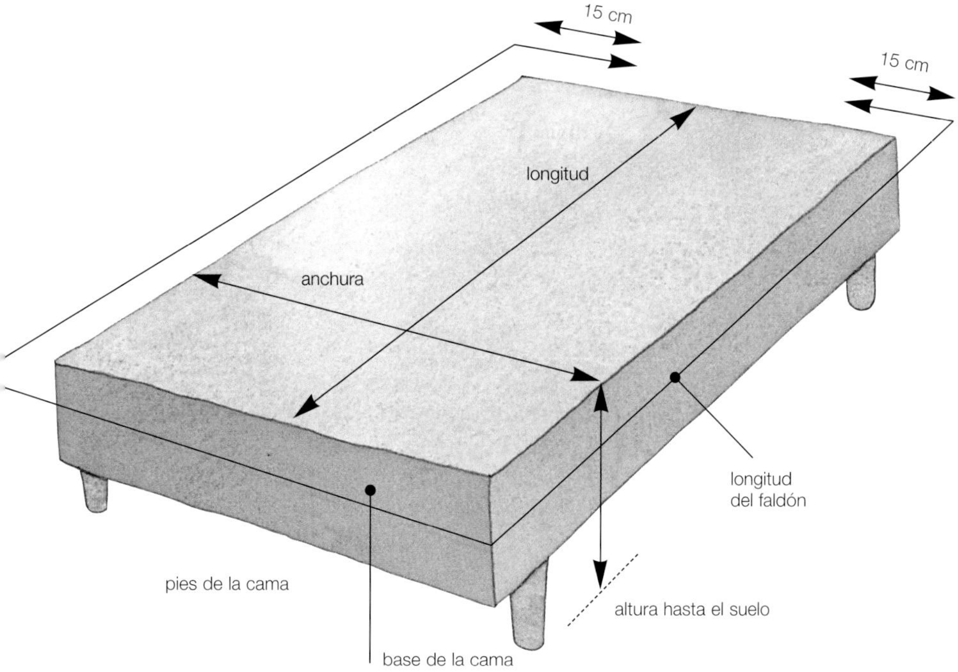

Colcha: tome las medidas a partir de una cama hecha, con las mantas y la almohada puestas. Mida la longitud de la cama y añada 60 cm (para incluir la almohada), y la altura desde la parte superior del colchón hasta el suelo. Mida la anchura de la cama y añada la altura desde la parte superior del colchón hasta el suelo en cada lado. Alrededor añada un margen para el dobladillo .

Faldón: corte el faldón por separado de la pieza principal de la colcha. Mida la anchura y la longitud de la base de la cama para la pieza principal de la colcha y añada un margen para la costura. Para la longitud del faldón, empiece midiendo 15 cm en el cabecero como se indica en el dibujo, y después continúe por todo el contorno de la cama hasta llegar de nuevo al cabecero, donde añadirá otros 15 cm. Para la altura, mida desde la parte superior hasta el suelo, más un margen para costuras y dobladillos. Si se trata de un faldón fruncido o con tablas, multiplique la longitud por dos.

Preparar y cortar

Si desea que sus creaciones adquieran un aspecto profesional, la exactitud en el corte es esencial. Empiece por asegurarse de que la tela sigue el sentido del hilo justo antes de empezar, y tenga cuidado de que no se dé de sí mientras trabaja. Marque las líneas de corte y use tijeras muy afiladas. Corte con movimientos suaves.

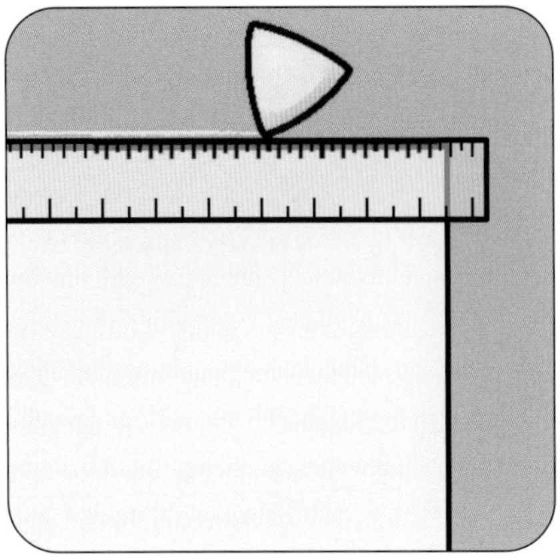

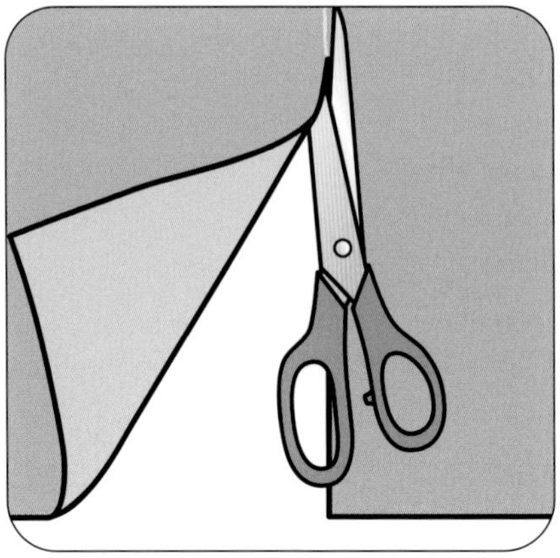

1 ▲ **Cortar en el sentido del hilo**
Para encontrar el sentido del hilo, alinee el borde de un trozo de papel con el orillo de la tela. Coloque una regla en el borde opuesto y dibuje una línea a lo largo de ella con tiza. Esta línea marcará el sentido del hilo.

2 Cuando corte, tenga la tela siempre en la dirección en la que va a cortar. Utilice unas tijeras de modista afiladas e intente levantar la tela lo menos posible cuando proceda a cortar.

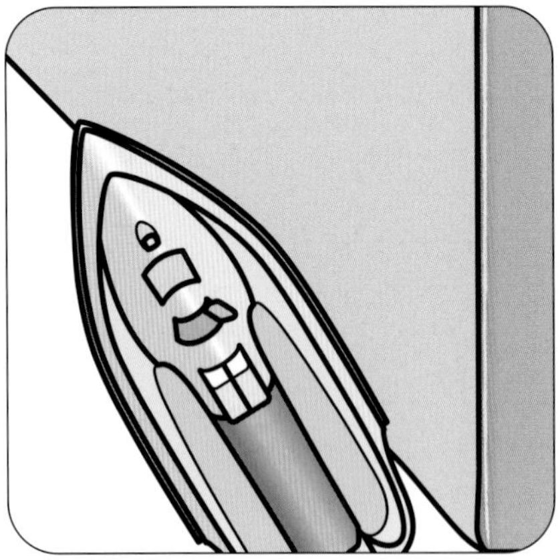

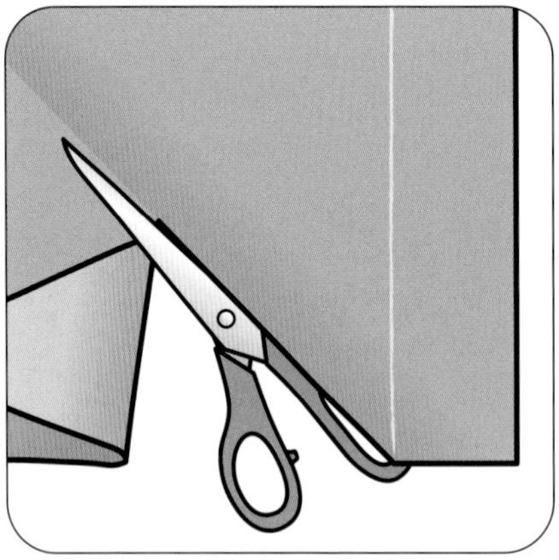

1 ▲ **Cortar al bies**
Asegúrese de que el orillo y el borde inferior de la tela forman un ángulo recto. Marque el sentido del hilo como se ha indicado en el paso 1 del apartado anterior; después, alinee el borde inferior con la línea y planche.

2 Coloque la tela en la dirección en la que va a cortar y abra el pliegue que ha planchado. Corte con cuidado a lo largo de la línea marcada por la plancha y asegúrese de que la tela no se da de sí ni se deforma mientras trabaja.

Notas sobre el corte

Las telas que encogen deben lavarse y plancharse antes de cortarlas. Siga las instrucciones de lavado que recomiende el fabricante.

Si el borde de la tela no está recto, iguálelo antes de empezar tal y como se describe en la página 194.

Corte siempre la tela siguiendo el sentido del hilo, a menos que el patrón diga lo contrario.

Cortar al bies o en contra del sentido del hilo conferirá más flexibilidad a la tela, pero tendrá que tratarla con cuidado porque se deformará fácilmente.

Preparar la tela

Antes de empezar a cortar, desenrolle la tela y compruebe que no tenga ningún fallo ni en el tejido ni en el diseño. Si existe alguno, podrá cambiar la tela o le abonarán el dinero en la tienda donde la compró. Normalmente será así sólo si no ha empezado ya a cortar. Si el fallo no es muy grave, podrá cortar alrededor, pero no comience la tarea hasta que no tenga todo claro.

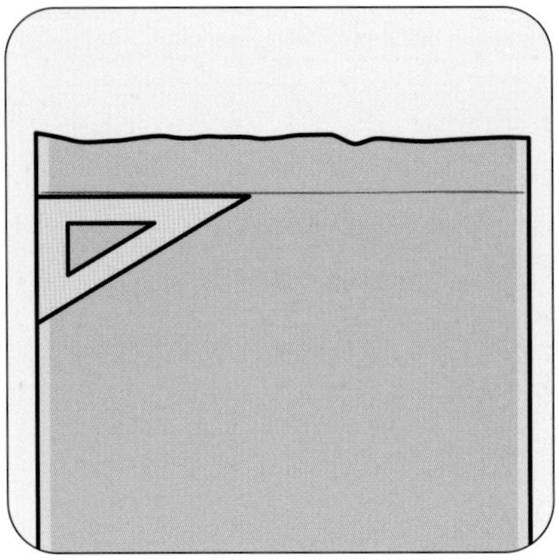

Cortar recto el borde de la tela

Use un cartabón como en el dibujo para encontrar el borde recto de la tela, en ángulo recto con el orillo. Compruebe el tejido; en algunos casos, la tela ha podido torcerse durante el tejido. Si es así, tire de un hilo a lo ancho para establecer el sentido del hilo; después, tire de la tela suavemente en dirección contraria de donde está torcida para que quede recta.

Planificar teniendo en cuenta el *rapport*

Los paños de tela necesarios para cada caída de una cortina tienen que empezar y terminar en el mismo punto del diseño si quiere casar los estampados entre costura y costura. Mida y marque con tiza la línea de corte para cada caída a lo largo del paño antes de empezar a cortar. Compruebe que va a cortar por el punto preciso de los diseños en todos los paños y realice el corte.

Cortar curvas y círculos

Este método constituye un modo fácil y rápido de marcar y cortar un círculo simétrico en un trozo de tela. Necesitará un alfiler, un trozo de cuerda ligeramente más largo que el radio del círculo y un rotulador lavable. Acuérdese de probar el rotulador primero en un retal para asegurarse de que las marcas van a poder eliminarse.

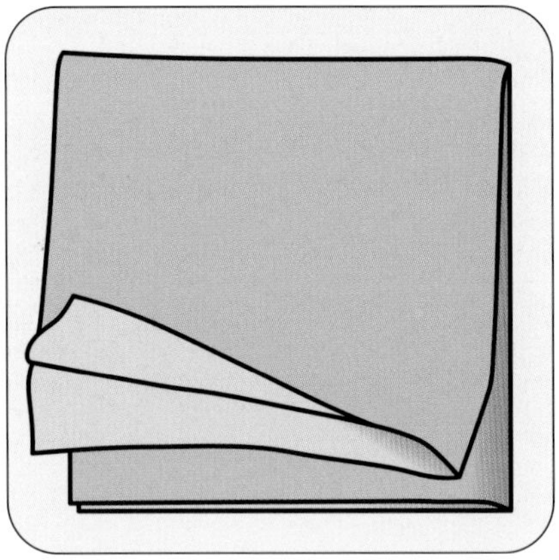

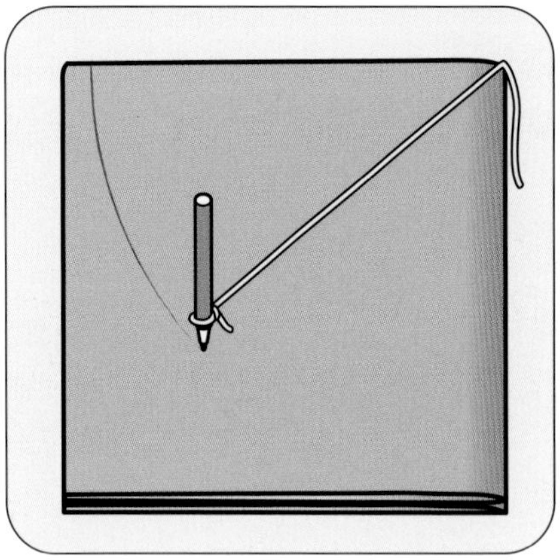

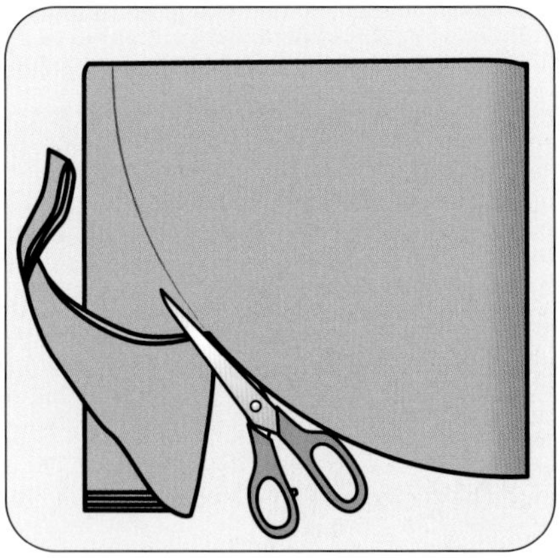

1 Después de preparar la tela como se ha descrito en la página 193, así como en la parte superior, dóblela por la mitad en sentido longitudinal; después, de nuevo por la mitad en sentido transversal. De este modo tendrá cuatro capas de tela. Ate un extremo de la cuerda al rotulador.

2 Mida y marque el radio a lo largo de los bordes doblados de la tela y en una línea diagonal desde la esquina doblada. Coloque el rotulador en una de las marcas y sujete con un alfiler el otro extremo de la cuerda en la esquina doblada.

3 Con la cuerda tirante, dibuje un cuarto de círculo desde un borde doblado al otro, pasando por la marca de la diagonal en el medio. Sujete con alfileres las capas de tela que quedan dentro de la línea y después corte las cuatro capas siguiendo esa línea.

Cortar telas difíciles

Transparentes

Para cortar telas de tejido suelto, tire de un hilo que cruce la tela a lo ancho y utilice la línea creada como línea de corte.

El buen corte

El terciopelo se deshilacha con facilidad, así que asegúrese de que sobrehíla o da puntadas de zigzag a lo largo de todos los bordes si rematar.

Las telas resbaladizas son más fáciles de cortar si se colocan entre dos capas de papel de seda. Use una superficie plana y sujete las capas con alfileres si va a cortar más de una a la vez.

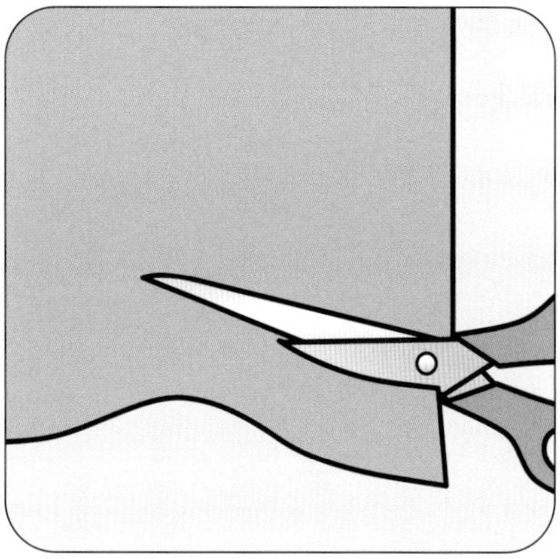

Terciopelo

Cuando corte terciopelo, no use las puntas de la tijera: evitará crear bordes dentados y dañar el pelo. Haga cortes pequeños y profundos con la parte central de la hoja, de modo que las tijeras sigan el sentido del hilo y la línea se mantenga recta.

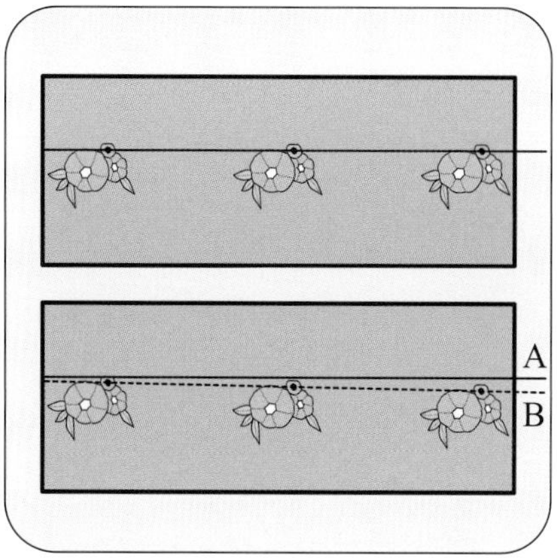

Diseños

Si los diseños están tejidos, asegúrese de que los hilos transversales estén en ángulo recto con el orillo. Un buen modo de hacerlo es alinear el orillo con el borde lateral de una mesa dejando que el final de la tela sobrepase el extremo de la mesa. Doble este trozo de tela sobrante para crear una línea que forme ángulo recto con el orillo: así podrá comprobar si los hilos transversales son paralelos a esta línea.

Si el diseño es estampado, la dificultad puede ser mayor, porque podría no seguir exactamente el sentido del hilo. Si tenemos un *rapport* pequeño, no será muy importante, pero si es grande, será muy evidente. En este caso, para que la labor quede bien, debe cortar siguiendo el diseño en lugar del sentido del hilo.

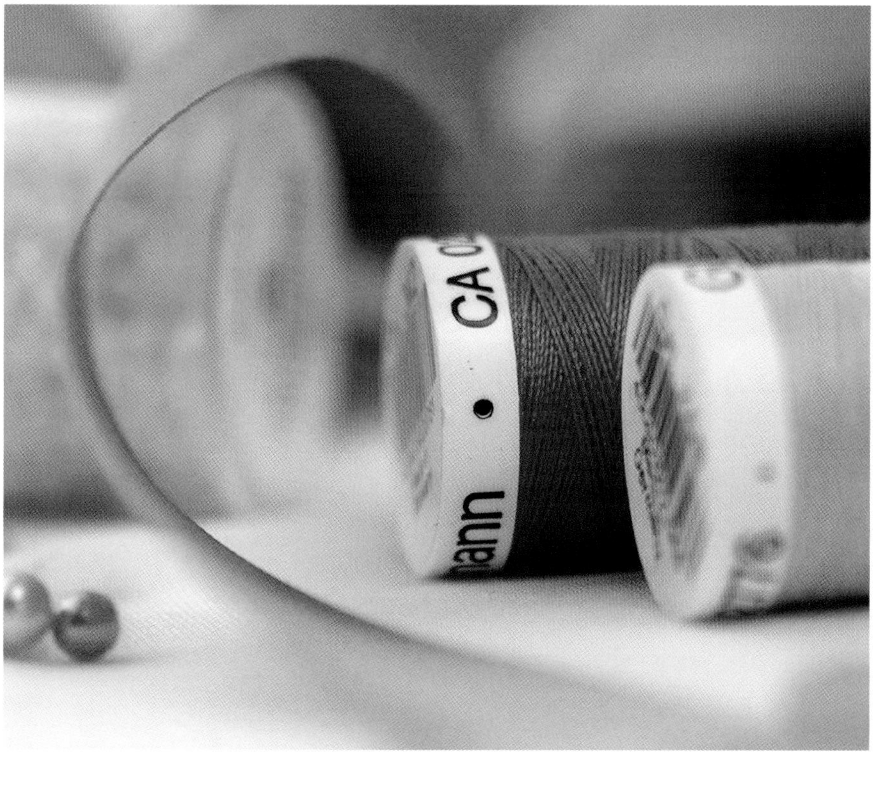

cortinas

Además de proporcionar privacidad y aislamiento, las cortinas confieren el toque final a una ventana. Sin cortinas, las estancias parecen desnudas. Además de todas las posibilidades en cuanto a telas, también hay muchos diseños distintos que deben tenerse en cuenta. Lo que elija no dependerá sólo de su gusto personal, sino también del estilo de la estancia y de las ventanas que tenga.

Dos ventanas idénticas en la misma pared: pueden tratarse como una unidad o como dos ventanas independientes en función de la distancia que haya entre ellas. El tratamiento puede ser el mismo para las dos o conferirles un aspecto distinto.

Dos ventanas distintas en la misma pared: para vincular estas dos ventanas visualmente, trabaje teniendo en cuenta la altura de la ventana más alta y coloque las cortinas al mismo nivel. Si están cerca, pueden tratarse como una unidad.

Dos o más ventanas distintas en la misma estancia: cuando las ventanas están lejos entre sí y son distintas, pueden tener tratamientos diferentes, pero debe utilizar la misma tela y los mismos adornos para que armonicen.

Puertaventanas: debe tenerse en cuenta que necesitarán abrirse para permitir el acceso. Las cortinas son fáciles de descorrer, pero podría utilizar estores para conseguir privacidad.

Las ventanas del mundo

La forma de la ventana influye en el estilo de cortina que se tendrá que utilizar. Las ventanas cuadradas y redondas pueden requerir tratamientos especiales.

Asegúrese de que lo que elija no obstaculice la entrada de luz por la ventana, a menos que pretenda precisamente impedir su paso.

Para algunas ventanas, como las cenitales, o en oficinas caseras en que los niveles de luz necesitan controlarse, son mejores los estores que las cortinas.

Ventanas o puertas correderas que ocupan toda o casi toda la pared: puede que no exista mucho espacio para las cortinas, y la extensión a los lados creará volumen. Opte por cortinas transparentes simples que no se recojan a los lados y añada estores para tener privacidad.

Ventanas saledizas: se cubren normalmente con uno o más juegos de cortinas en un riel curvado. Las cortinas también pueden ir al ras de la pared si no le importa perder el espacio de delante de la ventana cuando las cortinas estén cerradas.

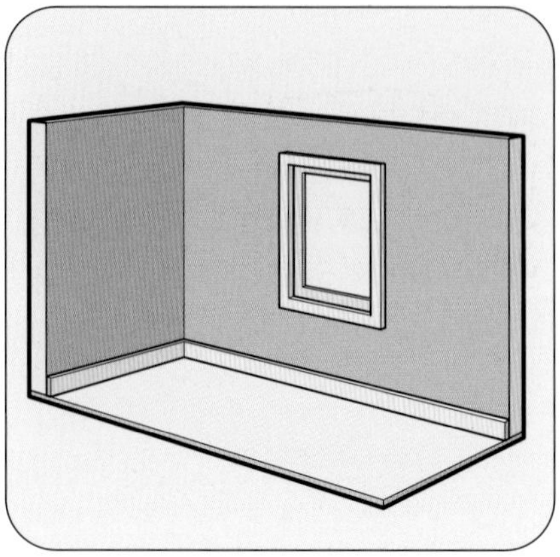

Una sola ventana en una pared: es la que ofrece más posibilidades, puesto que puede usar casi cualquier cosa, siempre que armonice con el estilo de la estancia. En grandes espacios funciona lo efectista, pero decántese por algo simple en las más pequeñas.

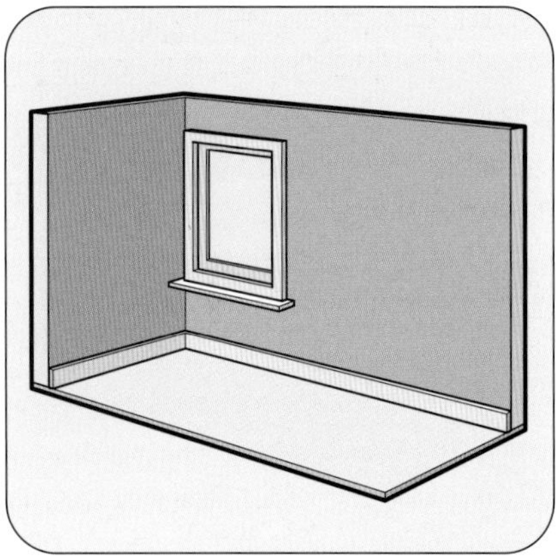

Ventana próxima a una pared adyacente: es difícil mantener la simetría, puesto que un lado de la ventana no tiene espacio para descorrer la cortina. Intente usar un estor o vestir la ventana de forma asimétrica.

Ventana próxima al techo: tendrá que montar el sistema de sujeción o en el techo o en el marco. Si la ventana es muy alta, añadir una galería o un bandó la acortará visualmente.

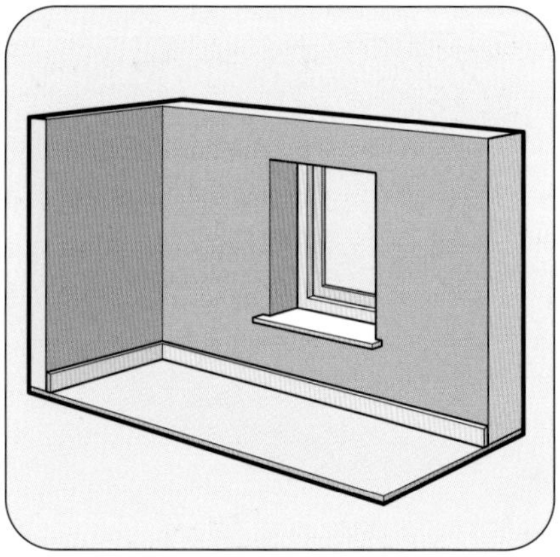

Ventana empotrada: si el hueco es muy profundo, lo mejor es elegir un diseño montado en el marco o en las paredes del hueco. Decántese por algo simple y piense en usar un estor en lugar de una cortina.

Ventana con un radiador debajo: las cortinas hasta el suelo bloquearán gran parte del calor del radiador. Una opción es usar unas cortinas decorativas hasta el suelo con un estor que llegue hasta el alféizar para preservar la privacidad y el calor.

Ventana en las escaleras, donde el suelo no tiene el mismo nivel: aquí el problema radica en alcanzar las cortinas o el estor para poder cerrarlos. Asegúrese de que puede acceder fácilmente al mecanismo del estor; en las cortinas, los cordones son una buena opción.

Sistemas de sujeción para cortinas

Igual que en el caso de las propias cortinas, se encuentra una variedad amplísima de sistemas de sujeción. ¿Quiere que esté a la vista u oculto, que sea moderno o de época, de madera o de metal, con cordones o sin ellos? El estilo de la estancia y la tela influirán hasta cierto punto en su decisión. Existen tantos tipos en el mercado que aquí sólo podemos mostrar unos cuantos ejemplos.

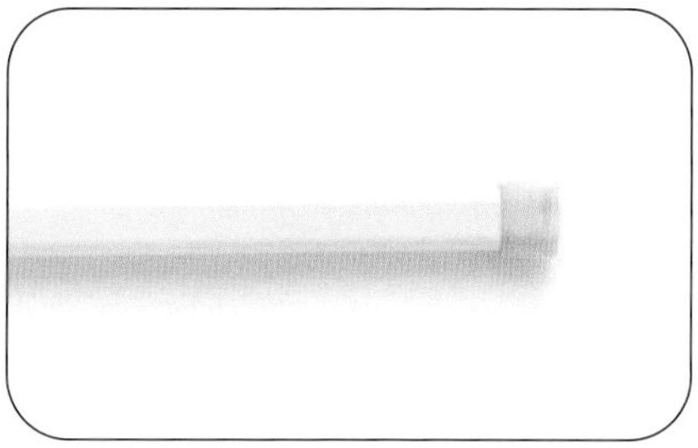

Barra de presión: se sujeta por presión entre las paredes del vano de una ventana empotrada, por lo que no hace falta fijarla. Sólo sirve para cortinas transparentes o ligeras.

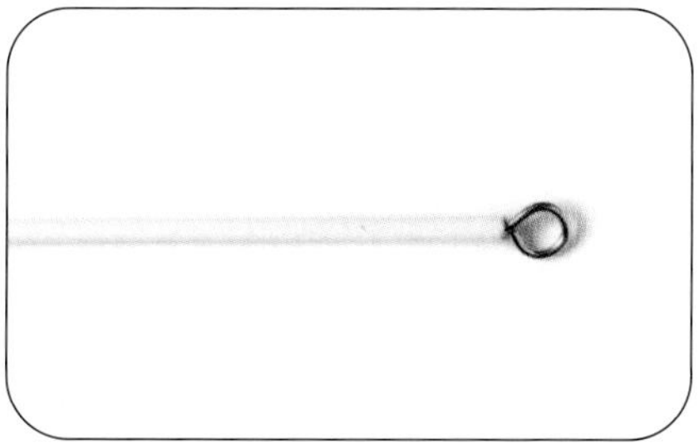

Barra de alambre con muelle: normalmente se fija al marco con ganchos pequeños y se usa principalmente para cortinas transparentes, que se insertan en la barra.

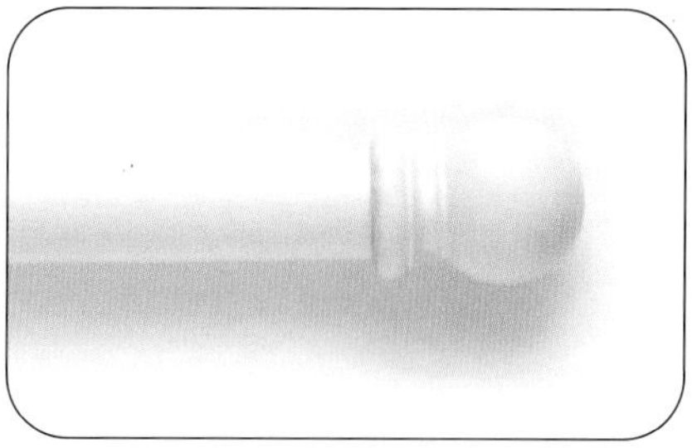

Barra decorativa: las de este tipo están diseñadas para estar a la vista; las hay de madera o metal y en gran variedad de acabados y estilos.

Barra de café: se suele colocar en el centro de la ventana para sujetar medias cortinas que normalmente no se descorren.

Barra de metal: este tipo de barra no está diseñada para estar a la vista y es puramente funcional. Son discretas cuando se ven desde el lateral, y también pueden ocultarse con una galería o una cabecilla.

Barra de plástico: como la de metal, es más funcional que decorativa. Las barras de plástico son estables, pero se curvan fácilmente para adaptarse a espacios difíciles.

Barras

Si el sistema de sujeción lleva cordones, decida qué extremo es de más fácil acceso y colóquelos en él.

Las cortinas pesadas necesitan un sistema de sujeción firme, que debe estar bien fijado a la pared para soportar el peso y el constante correr y descorrer.

Los rieles dobles son útiles si quiere poner cortinas opacas y transparentes en la misma ventana.

Accesorios para cortinas

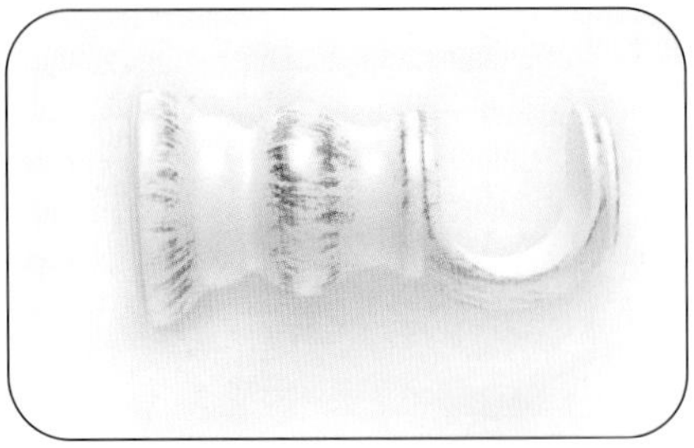

Soporte de madera para barra

Este soporte se fija en la pared y la barra se encaja en él, lo que resulta fácil y rápido, aunque la barra no está segura y puede caerse.

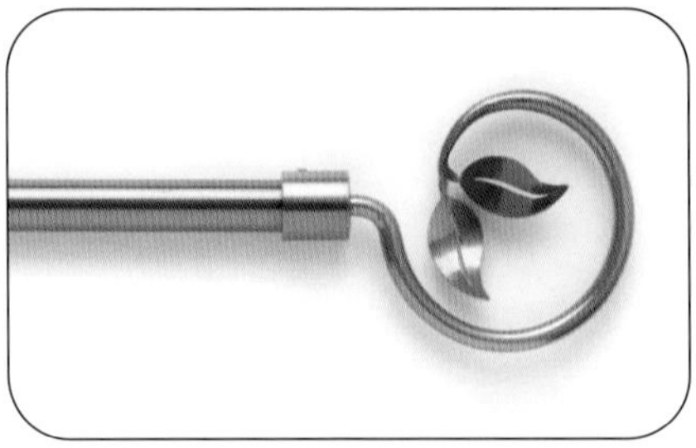

Ornamento de barra de metal

Estos motivos ornamentales proporcionan un toque decorativo a la barra. Existe una amplia variedad de diseños disponibles, y algunos vienen con abrazaderas a juego.

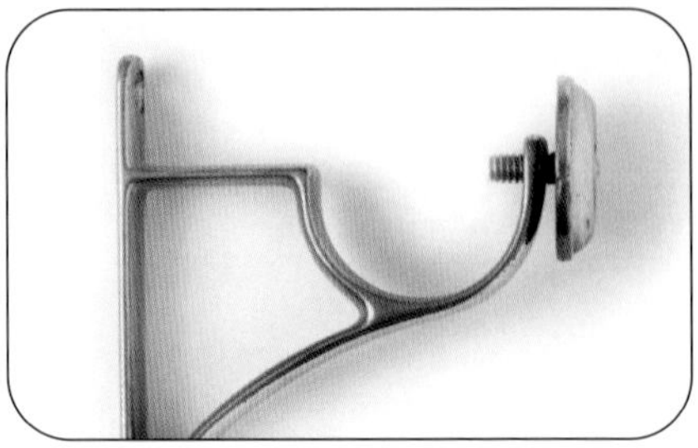

Soporte de metal para barra

Este soporte de barra de metal tiene un accesorio en la parte frontal que puede apretarse contra la barra para asegurarla firmemente.

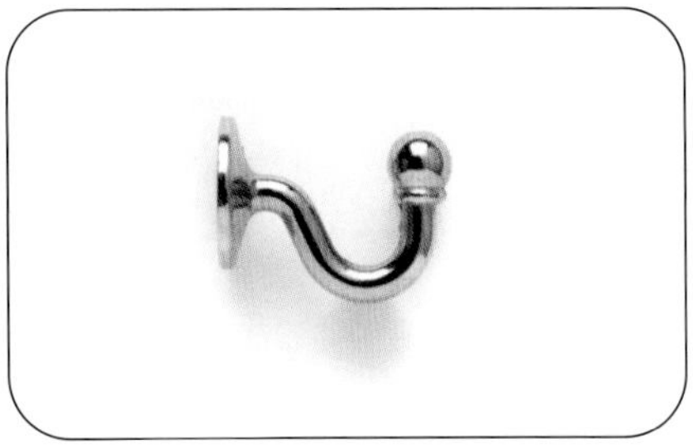

Gancho pequeño de metal para cordón

Este tipo de gancho pequeño se fija a la pared al lado del estor –o a veces de la cortina– para sujetar el exceso de cordón.

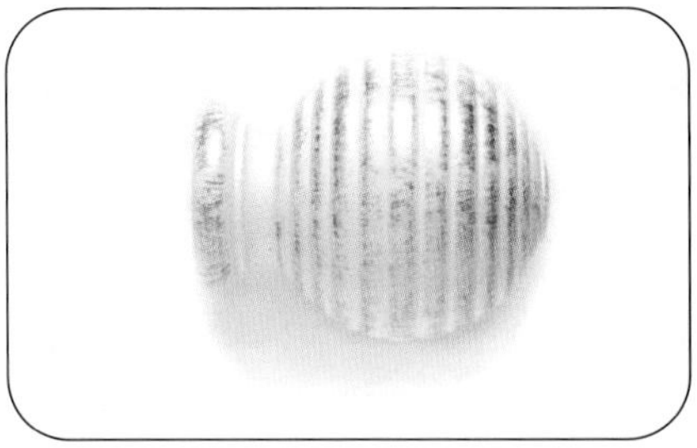

Ornamento de barra de madera

Estos ornamentos no sólo proporcionan un toque decorativo, sino que también impiden que la cortina resbale por el extremo de la barra.

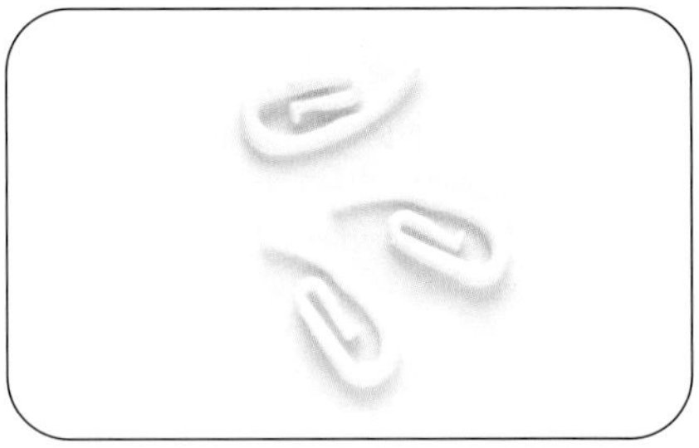

Ganchos de plástico

Los ganchos de plástico como éstos se colocan en la cabecilla de la cortina, y después se cuelgan de las anillas del riel de plástico. Existen elementos similares para los rieles de metal.

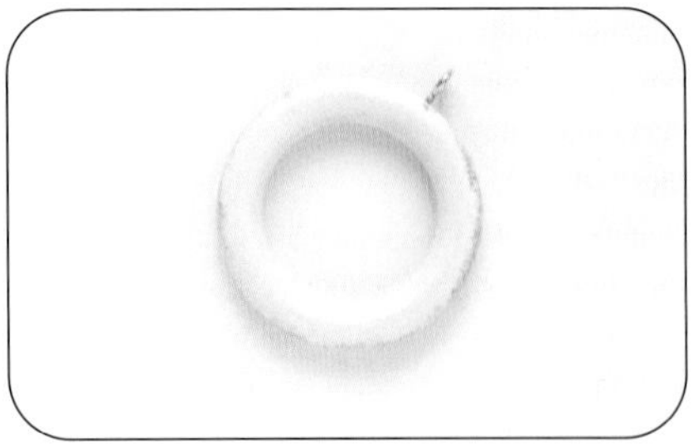

Anillas de madera

Estas anillas se insertan en barras de madera. En la cortina se ponen ganchos –de plástico o metal– que se sujetan al pequeño anillo de metal.

Cabecillas de cortinas

La cabecilla de una cortina o de un estor es el borde superior, que se sujeta a la barra o al riel. Las cabecillas miden normalmente más que la ventana, por lo que hay que fruncirlas o hacerles tablas para controlar el exceso de tela. Muchas cabecillas que parecen complejas pueden crearse fácilmente usando cintas especiales que o tienen varios cordones de los que tirar en determinados intervalos, o bolsillos en los que insertar ganchos especiales para hacer las tablas.

De jareta: es el tipo de cabecilla más simple. La tela se recoge formando un tubo en la parte superior de la cortina o el estor. Funciona mejor en cortinas ligeras que no necesitan descorrerse.

De tablas globulares: es un tipo de cabecilla formal. Queda mejor en telas gruesas y lisas. Las cortinas deben llegar al suelo para equilibrar el peso visual de la cabecilla.

Cabecilla fruncida: es una de las cabecillas más corrientes, apropiada para muchos tipos de cortina y algunos estores. Se hace utilizando una cinta fruncidora estrecha.

Tablas de caja: tienen un aspecto muy geométrico; son adecuadas en estancias formales, tanto de época como modernas. La tela debe tener un peso de ligero a medio.

Tablas tubulares: para esta cabecilla se utiliza una cinta ancha que tiene varios cordones para tirar de ellos y formar una serie de pliegues verticales.

Ganchos cosidos a mano: aquí, los ganchos se cosen individualmente a intervalos a lo largo de la cabecilla. La cortina tendrá un aspecto sencillo y prácticamente liso.

Tablas francesas: constituyen un estilo de cabecilla muy tradicional. Pueden hacerse a mano o utilizando una cinta especial con ganchos a intervalos.

Cintas y ganchos para cabecillas

Las cintas y los ganchos para cabecillas deben elegirse con cuidado; pida consejo al vendedor si no tiene claro lo que necesita. Asegúrese de comprar la cinta lo suficientemente larga como para no tener que hacer uniones. También debe adquirir ganchos adecuados al tipo de cinta que elija.

Las cintas

Las cintas para cabecillas vienen con guías tejidas que le ayudarán a mantener las puntadas rectas.

Cuando mida una cinta para cabecilla, cuente la anchura final de la cortina y como mínimo 5 cm más en cada lado para los dobleces.

Después de tirar de los cordones para obtener la anchura necesaria en la cabecilla, haga un nudo cerca de la cortina para asegurarla y después enrolle lo sobrante alrededor de los dedos y remételo detrás de la cinta. No corte NUNCA los cordones: tendrá que desfruncir la cabecilla cada vez que lave las cortinas.

Si la cortina es estrecha, puede dar puntadas sobre los cordones en un extremo y sólo tirar de los del otro. Si la cortina es ancha, será más rápido fruncirla desde los dos extremos.

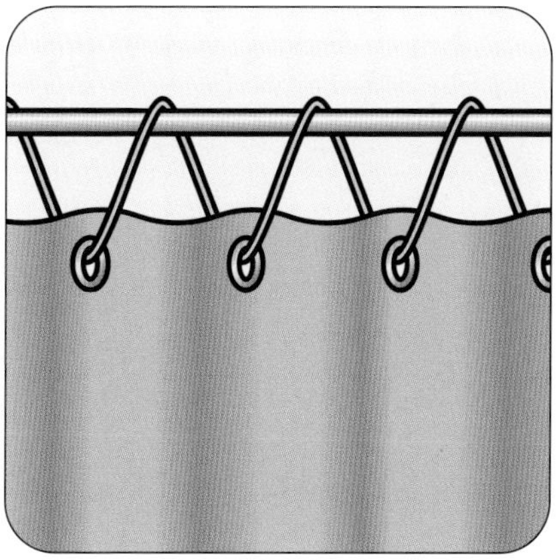

Ojetes: estos ojetes se perforan a intervalos regulares a lo largo de la cabecilla y después se les ensarta un cordón. Queda bien en estancias informales.

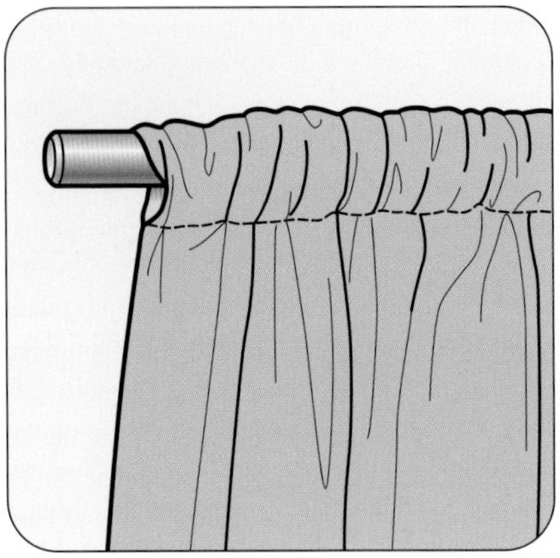

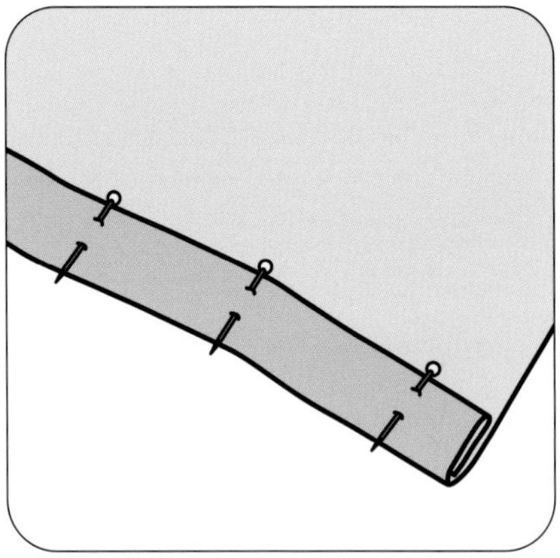

▲ **Hacer una jareta**

Es el modo más simple de cabecilla. La barra se introduce en la jareta. Si las cortinas son bastante ligeras, pueden fruncirse a lo largo de la barra. Los estores también pueden tener una cabecilla de este tipo.

1 Mida la anchura de la barra; después, haga un doble dobladillo en la parte superior de la cortina que duplique esta anchura. Sujete con alfileres y planche.

2 Dé puntadas con la máquina a lo largo del doblez inferior y vaya retirando los alfileres a medida que vaya avanzando. Haga punto atrás en cada extremo para rematar.

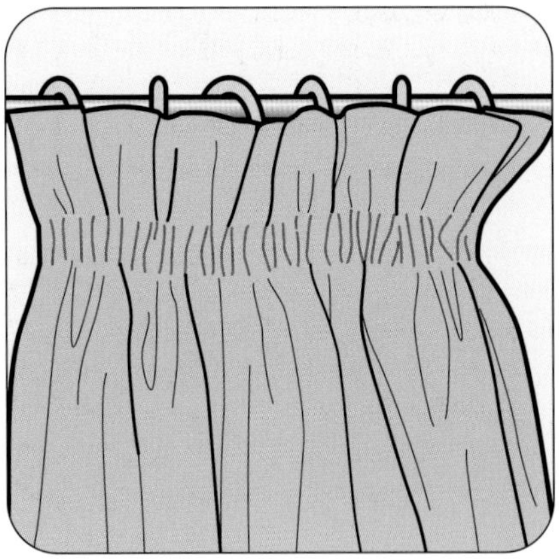

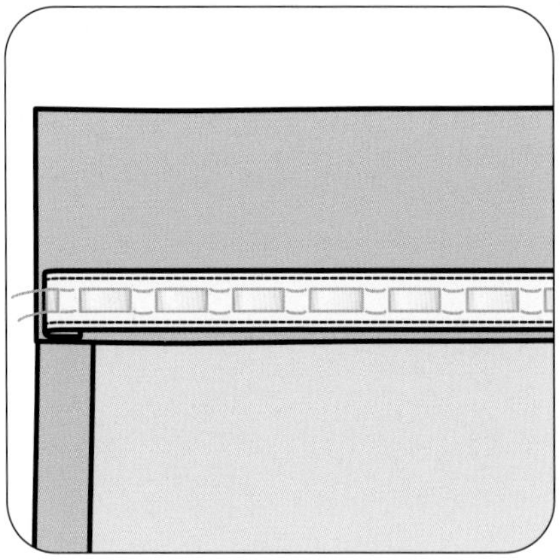

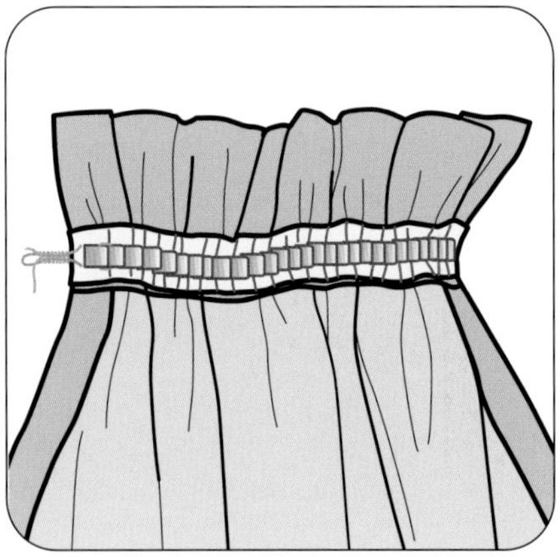

▲ **Hacer una cabecilla fruncida**

La cabecilla fruncida es casi tan sencilla como la de jareta, pero permite usar ganchos, con lo que es más fácil correr y descorrer las cortinas. Se puede encontrar cinta fruncidora de distintas anchuras, y normalmente tanto en color blanco como en crema.

1 Doble la parte superior de la cortina para obtener la anchura necesaria de cabecilla. Debe ser de al menos 2,5 cm; aquí es de 5 cm. Coloque la cinta fruncidora sobre el borde sin rematar.

2 Cosa a lo largo de las guías por los dos lados de la cinta. Ate los cordones en un extremo y tire para fruncir la cortina y obtener la longitud que necesite. Ate los cordones del otro lado para asegurarlos.

Cabecilla de tablas tubulares

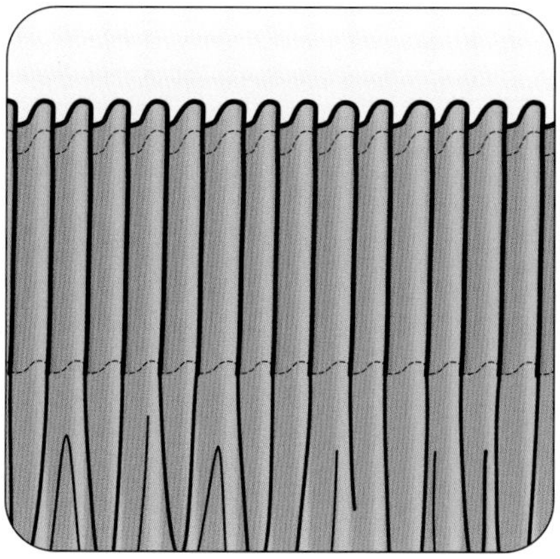

▲ Estas tablas son estrechas, rectas y regulares, y crean un vuelo amplio en la cortina. Para conseguir que estén bastante juntas, como en el ejemplo que se muestra aquí, necesitará que la cortina triplique la anchura de la ventana.

Los rieles

Intente elegir el tipo de cortina y de cabecilla que desea antes de elegir el riel. Si ya tiene colocados los rieles, considere distintas opciones antes de incurrir en gastos para cambiarlos.

Las cabecillas de vuelo necesitan mucha tela para quedar bien. Recuerde que esto significa que la cortina recogida ocupará más espacio que si se usa una cabecilla simple. Así que calcule un espacio adicional en cada extremo de la barra o el riel para que al abrir la cortina quede despejado el vano.

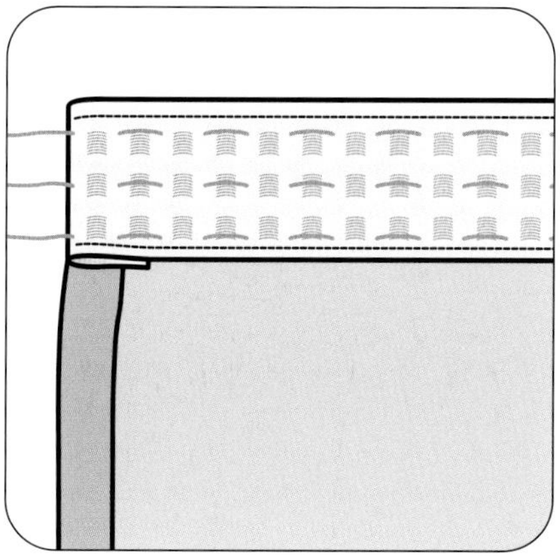

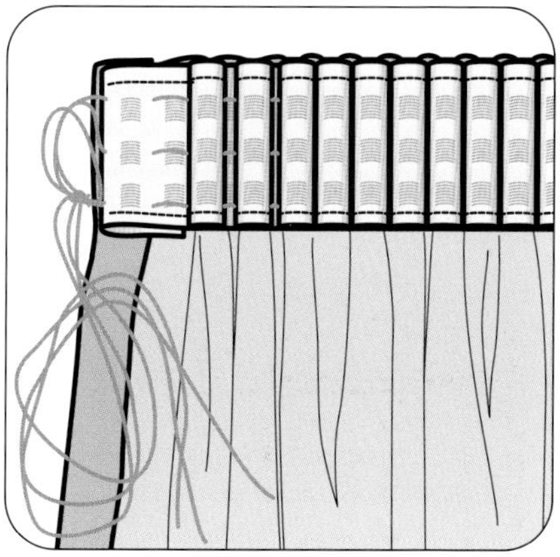

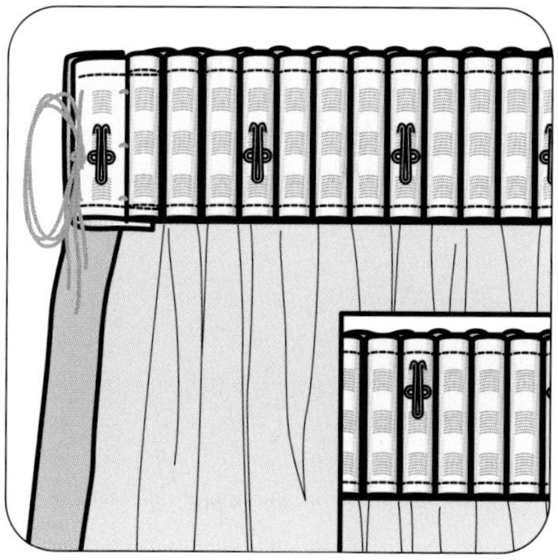

1 Haga un dobladillo en la parte superior de la cortina, ligeramente más estrecho que la cinta para la cabecilla. Alinee un extremo de la cinta con el borde superior de la cortina, cubriendo el canto sin rematar, y sujételo con alfileres por el borde. Remeta los dos extremos de la cinta dejando los cordones sueltos. Cosa la cinta a la cortina a lo largo de su borde superior e inferior.

2 Ate los cordones sueltos en uno de los extremos y tire del otro extremo para fruncir la tela y obtener pliegues regulares y la anchura que le haga falta. Ate los cordones en el otro extremo, enrolle en los dedos el trozo de cordón sobrante y remétalo detrás de la cinta.

3 Introduzca los ganchos en la cinta. Normalmente hay dos o tres niveles para elegir, dependiendo de si va a usar un riel que la cabecilla va a cubrir o una barra que va a quedar a la vista. Coloque un gancho en cada extremo de la cortina y espacie los otros a unos 7,5 cm unos de otros.

Tablas encontradas

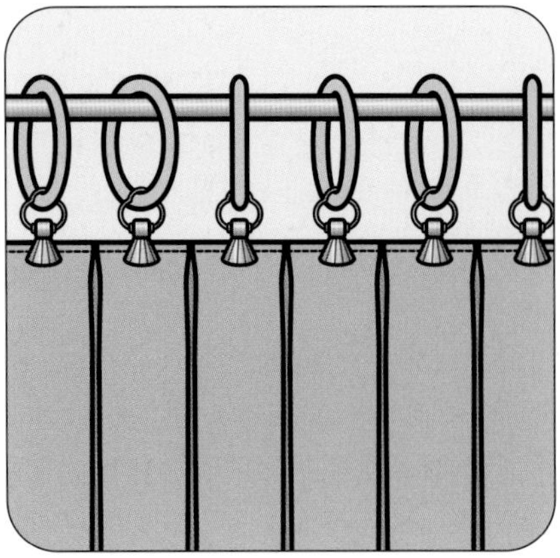

Las tablas encontradas no necesitan cinta para la cabecilla. Deben hacerse a mano, pero son sencillas de confeccionar. Conferirán a las cortinas un aspecto plano que, con una tela lisa y clásica que no abulte demasiado, quedará muy bien en una estancia de estilo moderno.

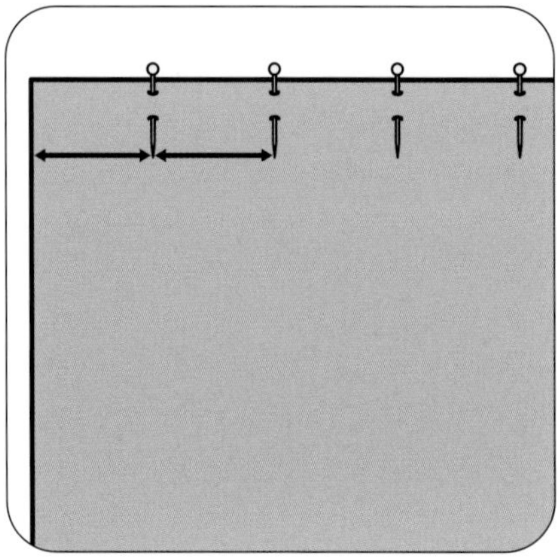

1 Mida la anchura final de la cortina y divídala en cantidades iguales en la parte superior, marcadas con alfileres. Necesitará tres alfileres por cada dos tablas, por lo que el número total de alfileres (no espacios) de la cabecilla deberá ser divisible por tres.

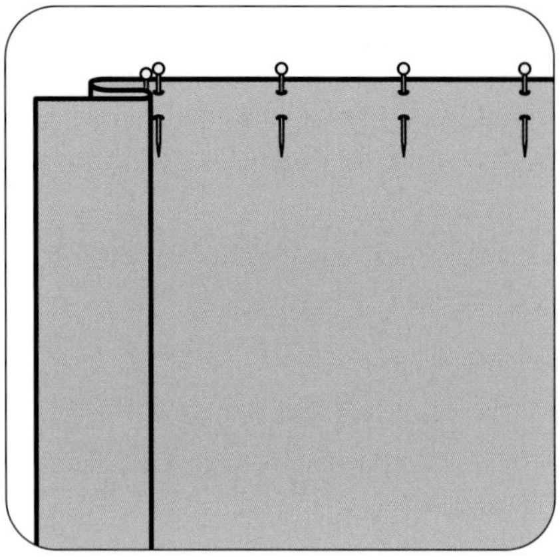

2 Doble la tela a lo largo de la línea del primer alfiler y después haga que el pliegue se encuentre con el segundo alfiler.

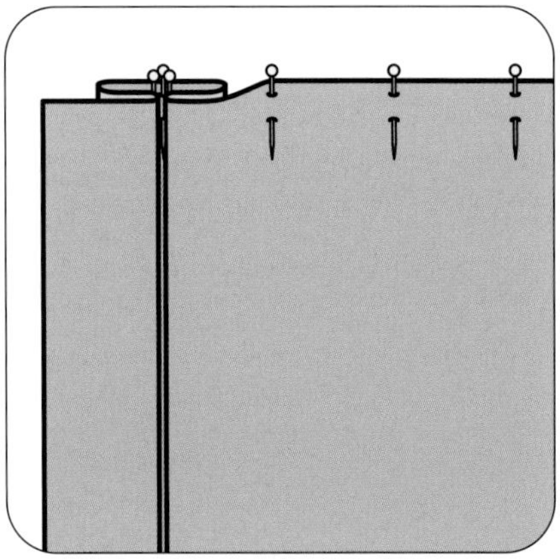

3 Doble la tela a lo largo de la línea del tercer alfiler y luego lleve el pliegue hacia el segundo alfiler.

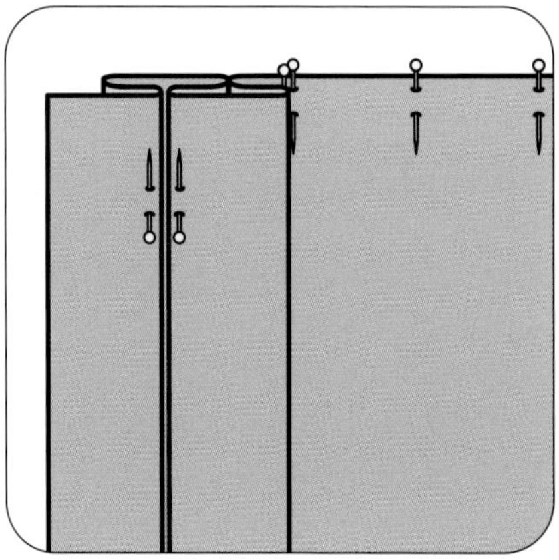

4 Doble la tela a la altura del cuarto y del sexto alfiler y haga que los pliegues se encuentren a la altura del quinto alfiler. Continúe de este modo a lo largo de la cabecilla.

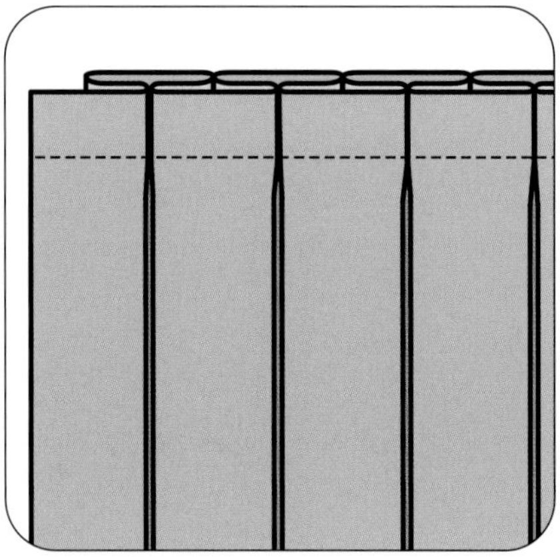

5 Cosa a lo largo de la parte superior de la cortina a unos 2,5 cm del borde, manteniendo las tablas cuadradas. Retire los alfileres y planche las tablas. Doble la parte superior de la cortina y remate por el revés haciendo un dobladillo o un ribete.

Tablas francesas

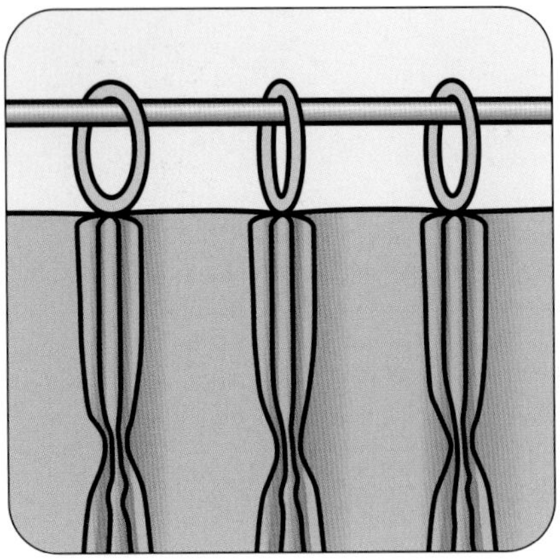

Las tablas francesas también se denominan pinzas. Consisten en un grupo de tablas con pinzas en la base y que se abren en la parte superior, alternando con zonas planas a lo largo de la cabecilla. Existe en el mercado cinta para crear tablas francesas, pero si las hace a mano el acabado será más profesional.

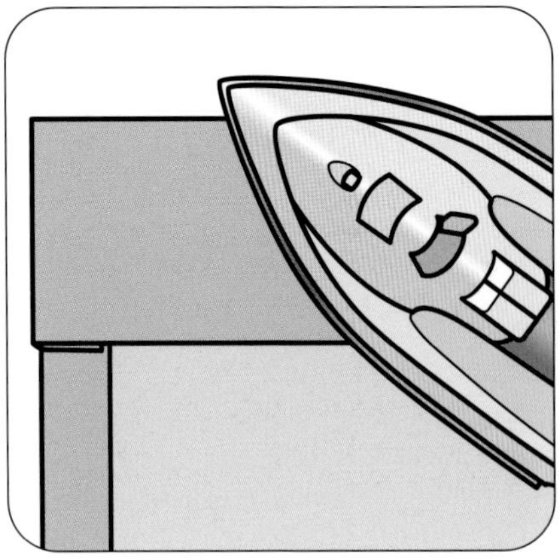

1 Doble el borde superior de la cortina hacia el revés para hacer un dobladillo ancho y plánchelo. Corte un trozo de cinta termofusible 15 cm más larga que la anchura de la cortina.

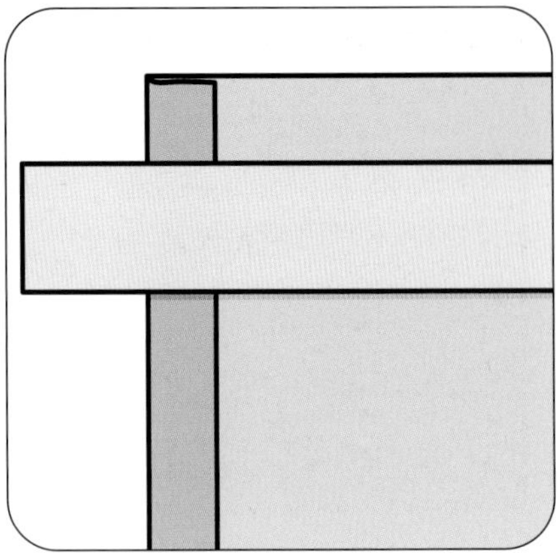

2 Abra el pliegue y coloque la cinta a lo largo de la línea planchada. Asegúrese de que el borde inferior de la cinta va a lo largo del pliegue.

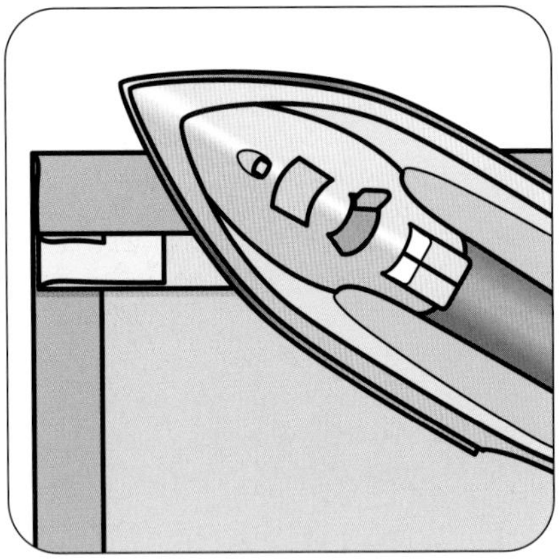

3 Doble los trozos de cinta sobrante en los extremos y después haga lo mismo con la tela que quede por encima de la cinta. Planche por encima para fijarla.

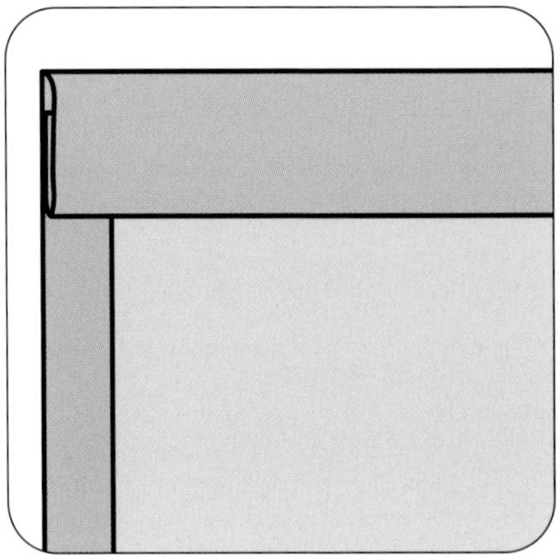

4 Doble por el borde inferior de la cinta, de modo que la línea que creó con la plancha al principio vuelva a hallarse de nuevo en la parte superior de la cortina. Planche de nuevo esta zona de la cortina.

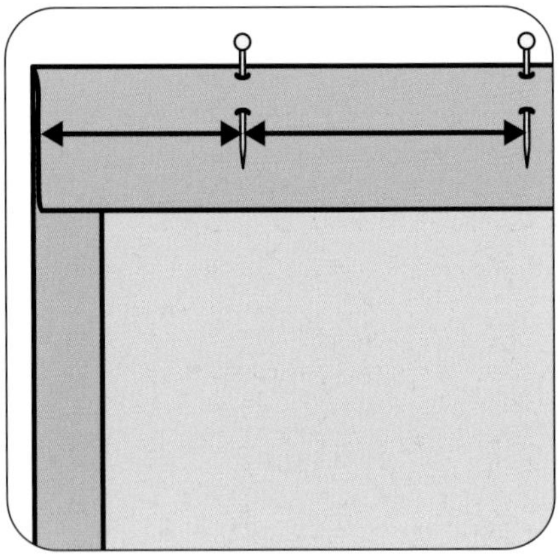

5 Mida la anchura final de la cortina. Esta medida debe dividirse uniformemente en tramos planos y pinzas, alternando a lo ancho de la cortina; la anchura de la tabla debe ser ligeramente superior que la de la zona plana. Por ejemplo, si el tramo plano es de 13 cm, la tabla debe ser de alrededor de 18 cm. Coloque alfileres para marcar las medidas.

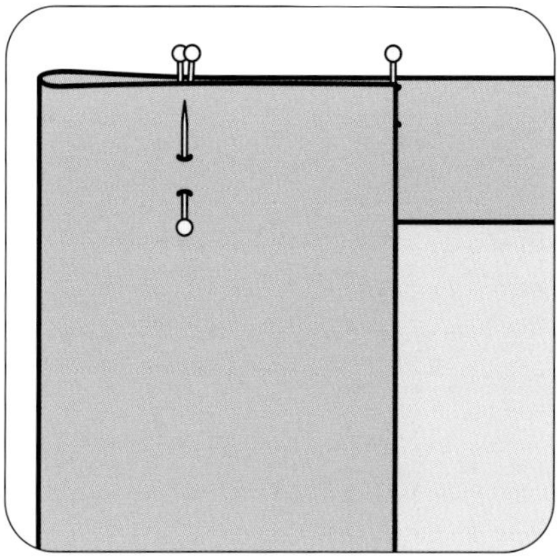

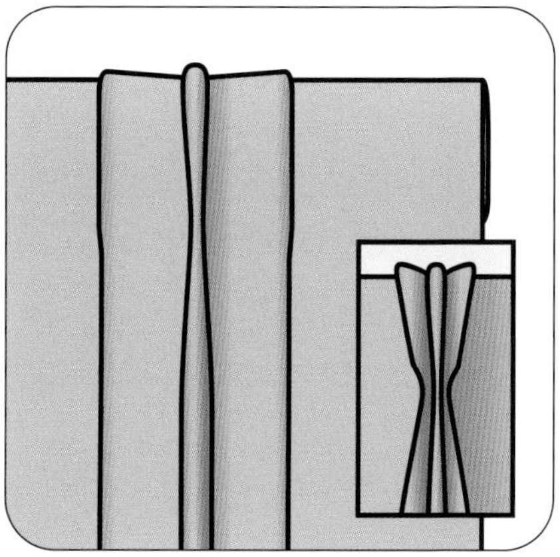

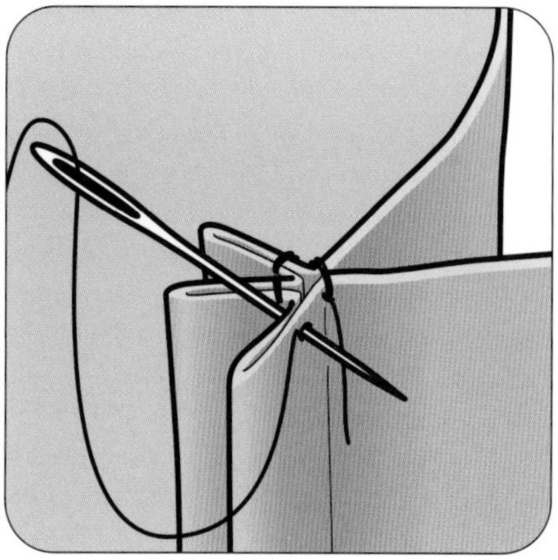

6 Por el revés, doble a la altura del primer alfiler y vaya al encuentro del segundo. Prenda un alfiler a lo largo de la cinta para asegurarlo. Doble a la altura del tercer alfiler y vaya al encuentro del cuarto y así sucesivamente a lo ancho de la cortina. Por el derecho, cosa por la línea de cada tabla a lo largo de la cinta termofusible.

7 Aún trabajando por el derecho, aplane ligeramente cada tabla por la costura central. Pince el centro formando una tabla y después otras dos a cada lado. Ajústelas hasta que tenga tres pinzas iguales.

8 Dé puntadas a través de la base de cada una de estas tres pinzas para fijarlas; sujete bien el hilo y remate al terminar. Cierre la parte superior de cada pliegue por separado con punto enano.

Tablas globulares

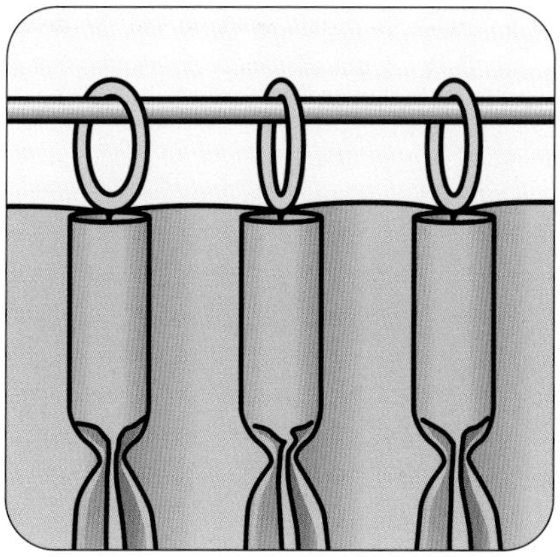

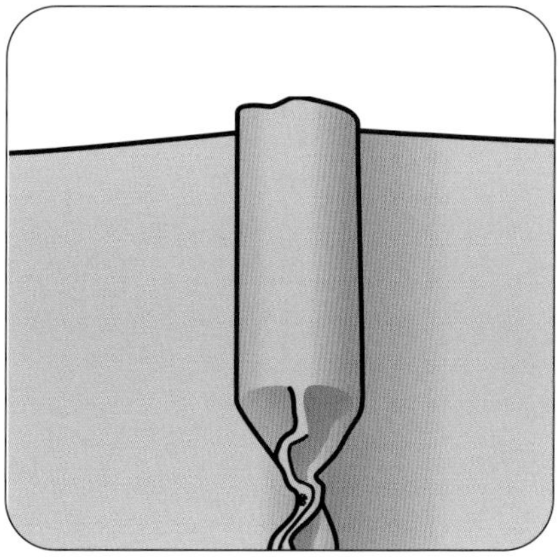

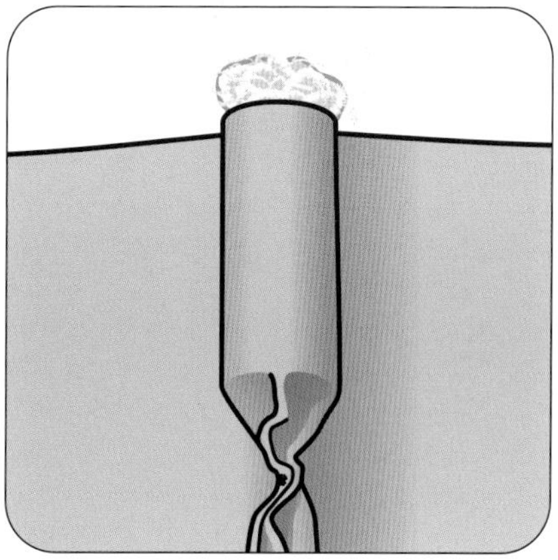

Las tablas globulares constituyen una cabecilla elegante y formal, pero tienen mucha fuerza visual, por lo que hay que utilizar este estilo con cuidado. Las formas tubulares se acolchan para crear su sólida y redondeada forma.

1 Siga los pasos 1-6 que se han explicado para las tablas francesas. Trabajando por el derecho, pince la base de la tabla francesa que acaba de hacer y dé unas pocas puntadas para asegurarla.

2 Introduzca relleno hasta el fondo de la tabla para moldear la forma cilíndrica.

Ganchos cosidos a mano

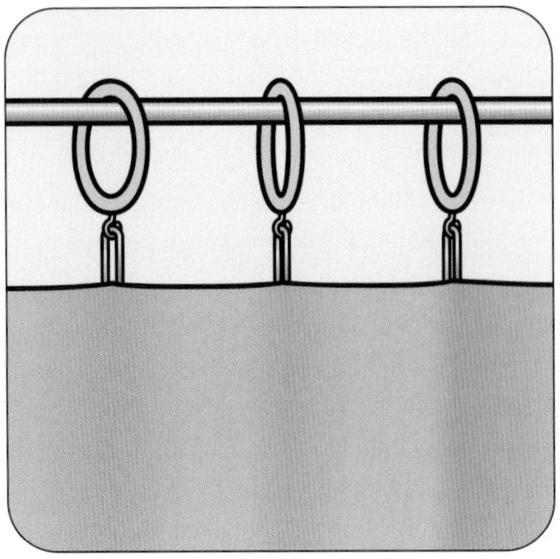

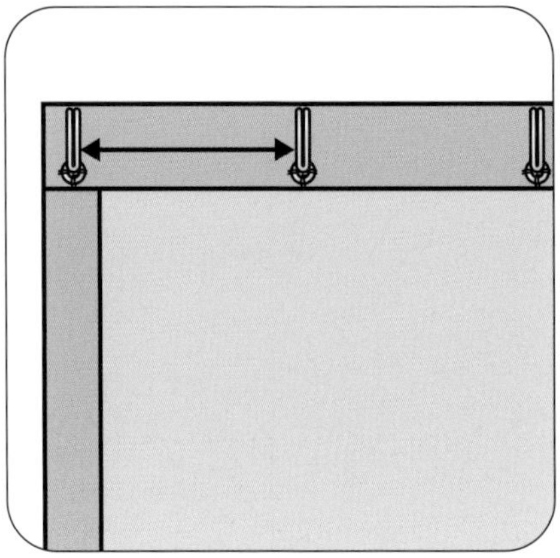

1 Mida la anchura final de la cortina y divida esta medida en espacios regulares. La anchura de los espacios dependerá de la de la cortina, pero no debería ser mayor de 15 cm.

2 Marque cada medida con un alfiler. Cosa un gancho a cada marca, bien con el extremo sobresaliendo por la parte superior de la cortina, bien completamente oculto tras ella.

Los ganchos cosidos a mano proporcionan una cabecilla plana que puede aportar un toque de discreta elegancia. Este tipo de cabecilla funciona bien en las cortinas de café, pero también puede usarse en el caso de cortinas largas. Los ganchos pueden estar a la vista u ocultarse tras la cortina.

Cortinas con forro y entretela

Una cortina tradicional tiene tanto forro como entretela, que se fijan a ella para que todo se mueva como una sola unidad. La caída de la cortina será muy atractiva. Siga todos los pasos cuidadosamente para conseguir un acabado verdaderamente profesional. Tres capas forman una cortina con bastante cuerpo, de modo que si necesita algo más ligero, prescinda de la capa de entretela.

Forrar

Consulte la página 181 para saber cómo medir la ventana, y la página 184 para calcular la cantidad de tela.

El forro debería ser 10 cm más estrecho que la medida de la cortina.

La entretela debería ser 10 cm más corta que la medida de la cortina, pero de la misma anchura.

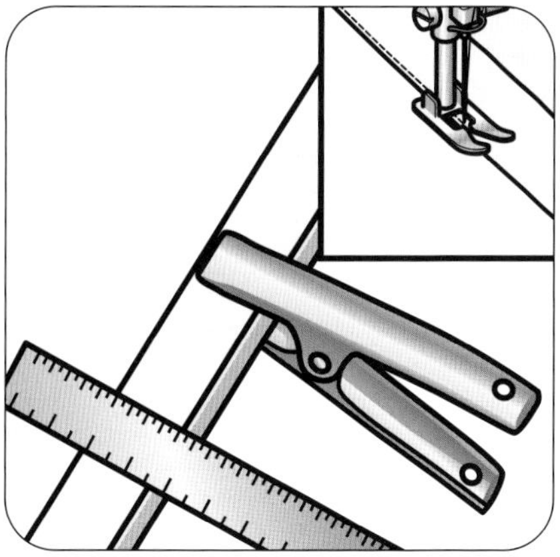

1 Una paños para confeccionar el forro. Cree un dobladillo de 3 cm en el bajo y presiónelo sobre el borde de una mesa con una regla de metal para asentar la doblez. Doble de nuevo la misma anchura y planche. Cosa el dobladillo. Coloque la entretela y la tela principal encima, alineada de modo que la parte superior sobresalga 8 cm por la parte de arriba de la entretela.

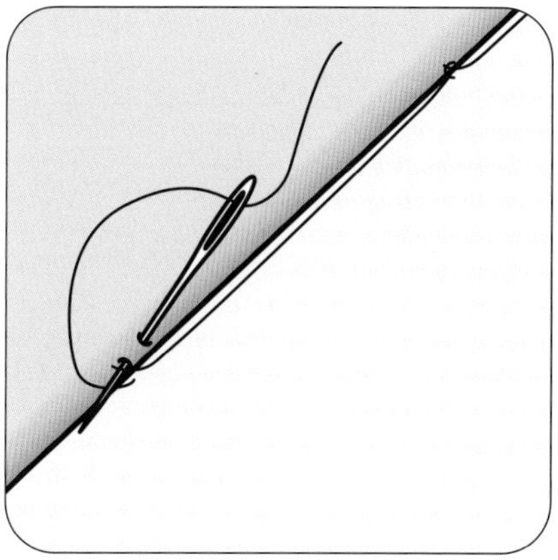

2 Doble la tela principal sobre sí misma en una línea recta por el centro de la cortina. Cosa a una distancia de 10 cm para unir las dos capas. Repita a través de la cortina a intervalos de unos 40 cm. Dé con cuidado la vuelta a toda la cortina, de modo que la entretela quede por encima.

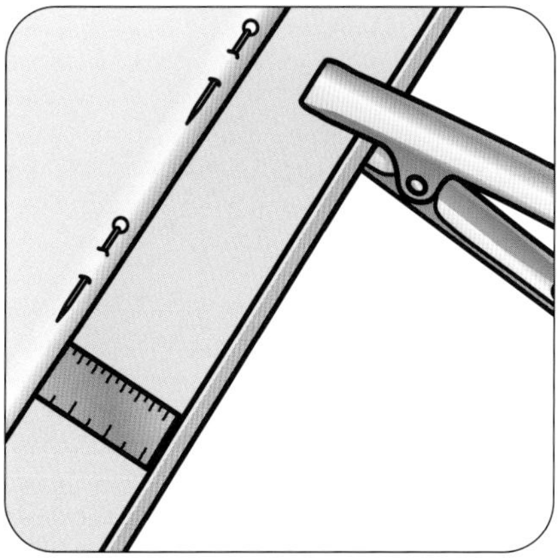

3 Doble la entretela hacia atrás 5 cm a lo largo del borde principal de la cortina. Mida a intervalos regulares para asegurarse de que la línea quede recta. Prenda la entretela con alfileres.

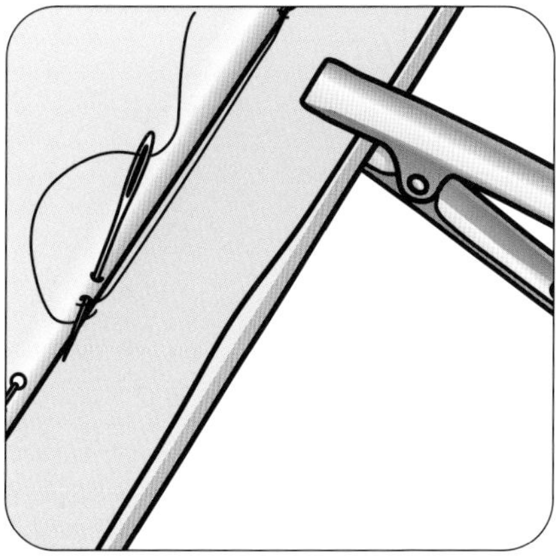

4 Dé puntadas a lo largo del doblez que acaba de hacer a una distancia de unos 5 cm. Así asegurará el borde principal, puesto que los bordes están sujetos a más roces que otras partes de la cortina.

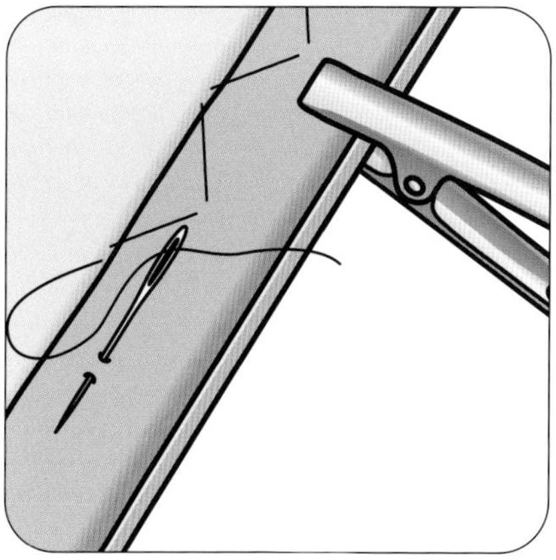

5 Doble el borde de la tela principal sobre la entretela y cósalo, pero asegúrese de que las puntadas no se vean por el derecho. Repita los pasos 3-5 en el otro lado de la cortina.

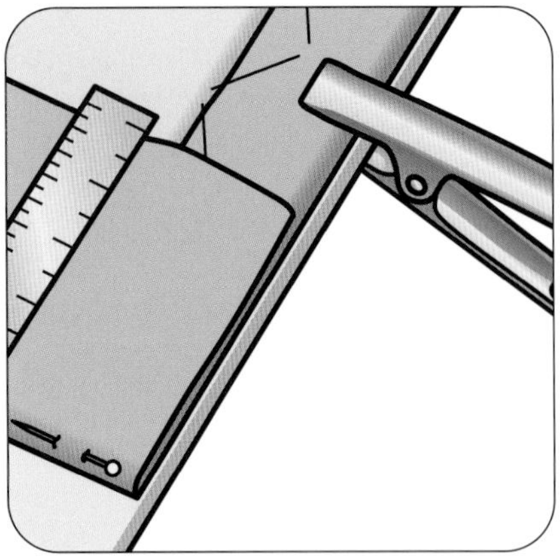

6 Doble la tela principal hacia arriba 12 cm sobre el forro a lo largo del borde inferior de la cortina y sujete con alfileres cerca de la línea del pliegue.

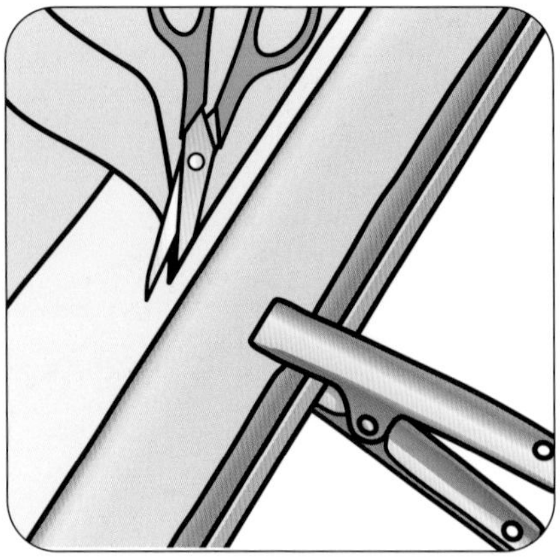

7 Vuelva el dobladillo que acaba de hacer y fíjelo. Aquí hemos usado una abrazadera industrial. Recorte 3 cm del forro sobrante; ponga bien derecho el borde mientras trabaja, si es necesario.

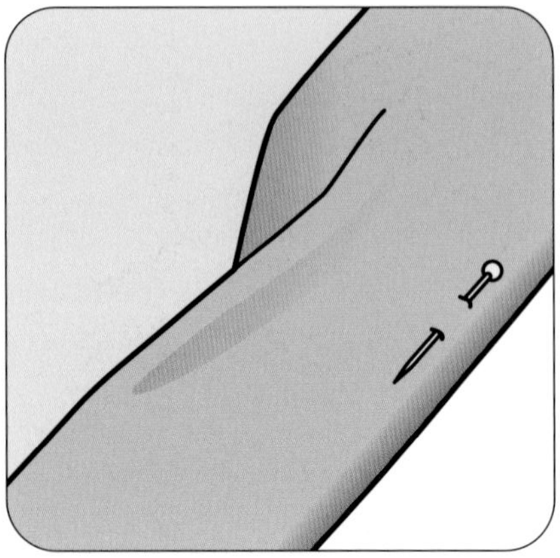

8 Libere el borde del dobladillo y dóblelo hacia abajo 3 cm a lo largo del canto sin rematar; fíjelo con alfileres. El borde del dobladillo debería cubrir el canto sin rematar el forro. No prenda alfileres en los últimos 30 cm de ambos extremos del dobladillo.

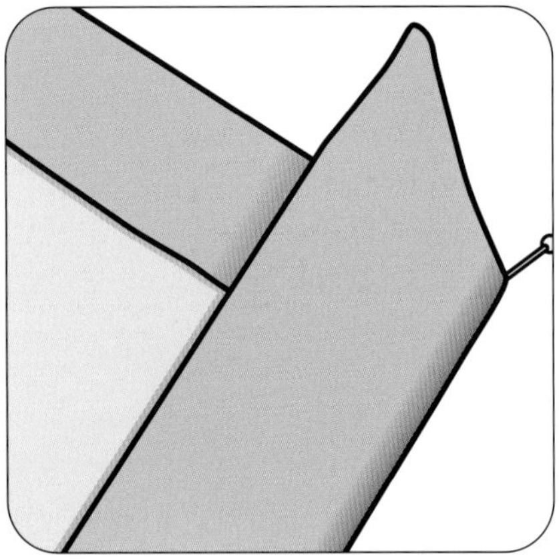

9 Coloque cada esquina del dobladillo sobre una superficie plana y compruebe que es un ángulo recto perfecto; alise con los dedos las arrugas que pueda haber. Marque la esquina con un alfiler.

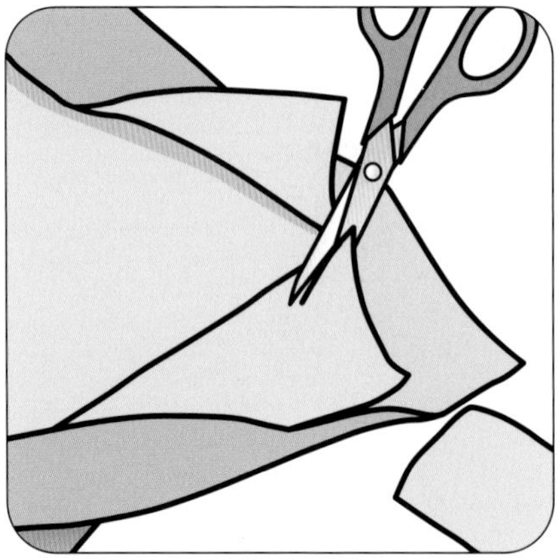

10 Abra la esquina para poder recortar el exceso de forro y reducir así el volumen. Después, con un alfiler como guía para no cortar demasiado, recorte la tela principal en diagonal a través de la esquina.

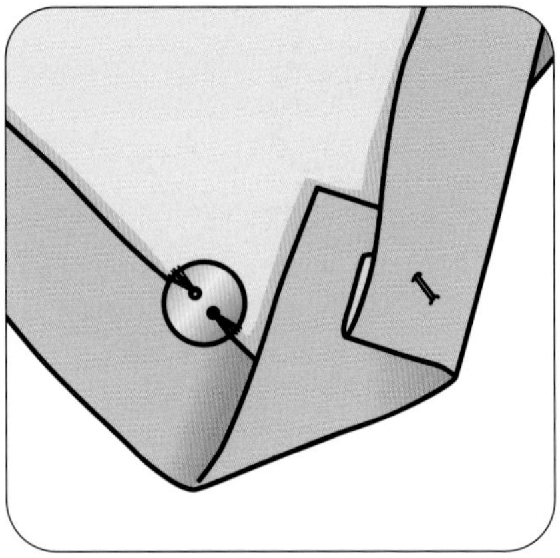

11 Con doble hilo, cosa una pesa para cortinas en cada esquina. Doble los bajos de la tela principal sobre el forro haciendo las esquinas en inglete y cosa el dobladillo.

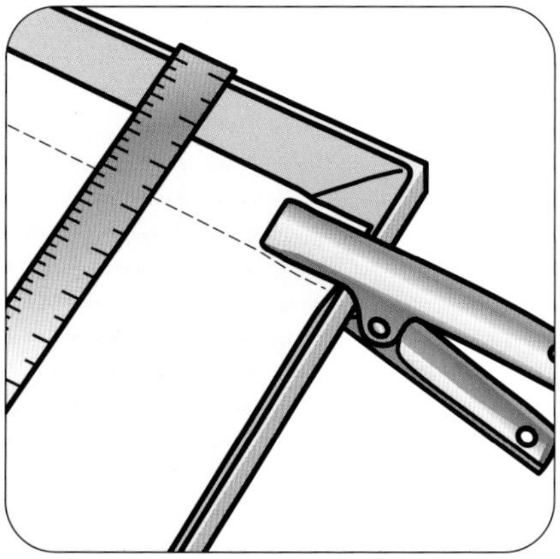

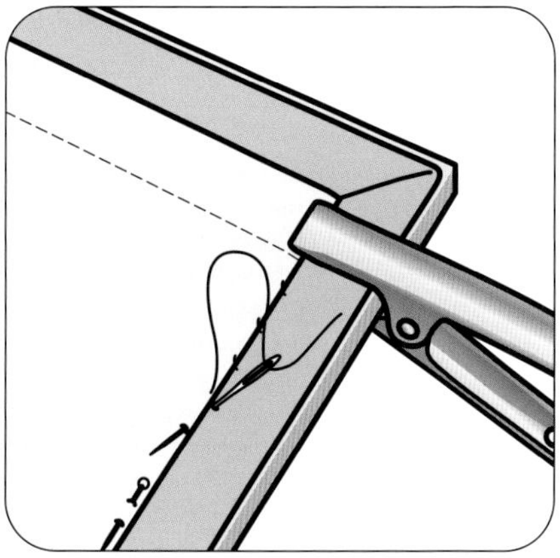

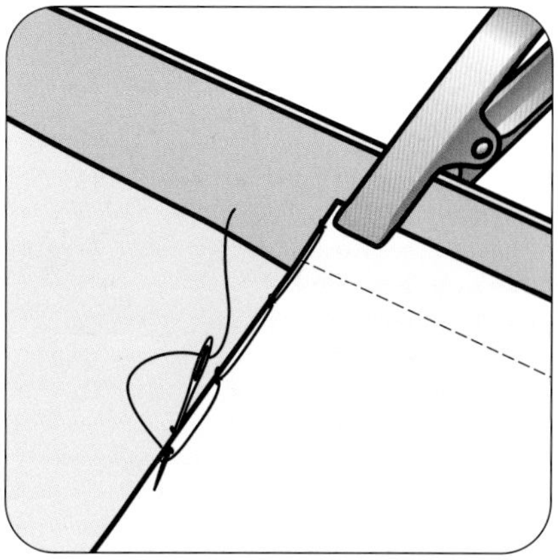

12 Coloque el forro sobre la cortina con el derecho hacia arriba y alineando el canto sin rematar con el borde principal de la cortina en un lado, pero dejando 3 cm del bajo principal a la vista en la parte inferior. Sujete con abrazadera o prenda alfileres.

13 Doble 3 cm el borde sin rematar del forro y alinee la esquina inferior con el doblez de la esquina de la tela principal. Haga punto enano para coser el forro a la tela a lo largo de su borde principal; deténgase a 20 cm de la parte superior de la cortina.

14 Doble hacia atrás el forro unos 40 cm y dé puntadas a lo largo del doblez. Repita por la cortina, como hizo en el paso 2. En el otro extremo, recorte el exceso de forro y repita los pasos 12 y 13.

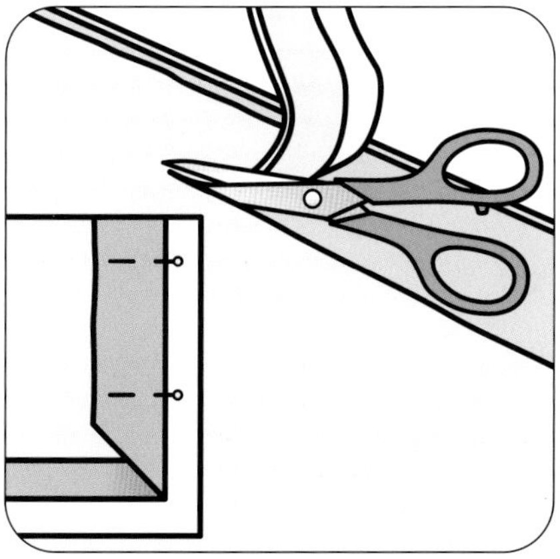

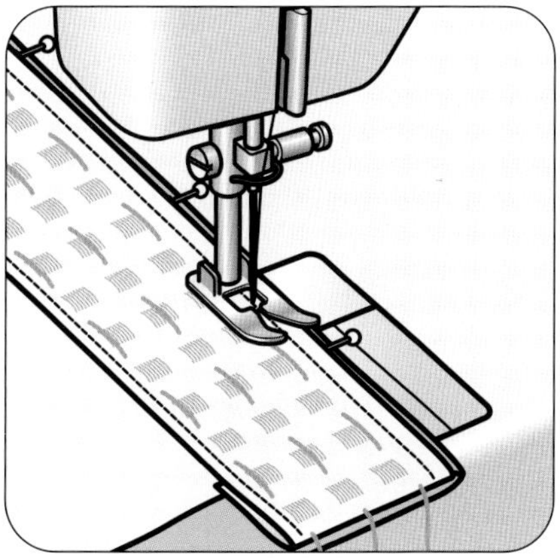

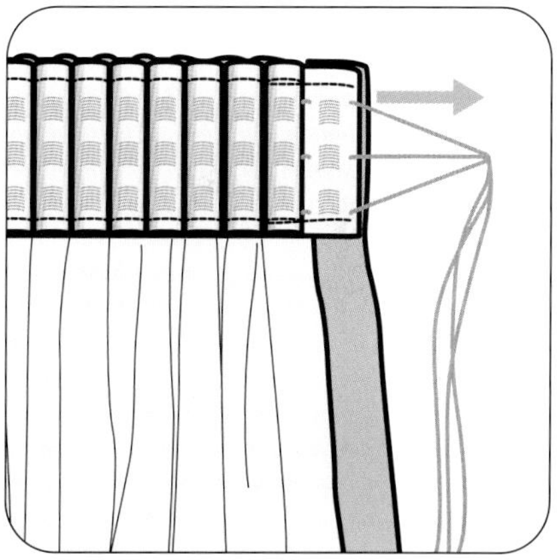

15 Mida la caída final de la cortina desde el bajo terminado y marque a lo largo de la cabecilla por el revés. Recorte el exceso de forro y entretela hasta esta línea, pero NO recorte la tela principal. Doble la tela principal a lo largo del borde que acaba de cortar y la esquina en un ángulo de 45°. Prenda alfileres a lo largo del doblez.

16 Cosa la cinta de la cabecilla en la parte superior de la cortina siguiendo las instrucciones de la página 206.

17 Tire de los cordones para fruncir la cabecilla de manera uniforme. Ate los cordones y oculte el exceso detrás de la cinta.

ropa de hogar

Forrar sin entretela

Este tipo de forro se cose a máquina a cada lado de la cortina, derecho con derecho, y luego se le da la vuelta para añadir el dobladillo y la cabecilla. Es mucho más rápido que coser a mano las costuras laterales, pero significa que no se puede usar entretela. De todas formas, si desea una cortina ligera, esta técnica resulta ideal.

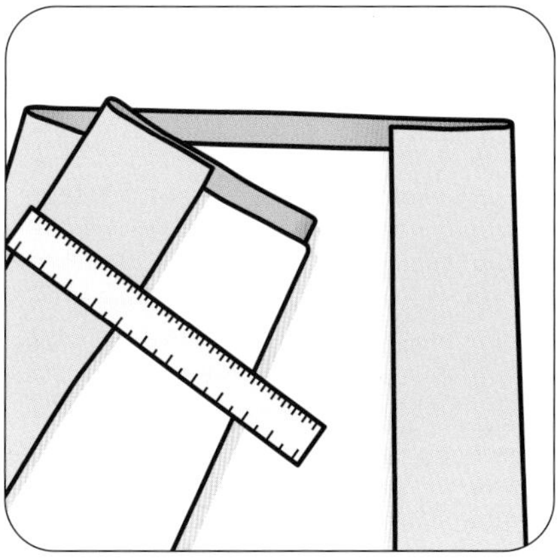

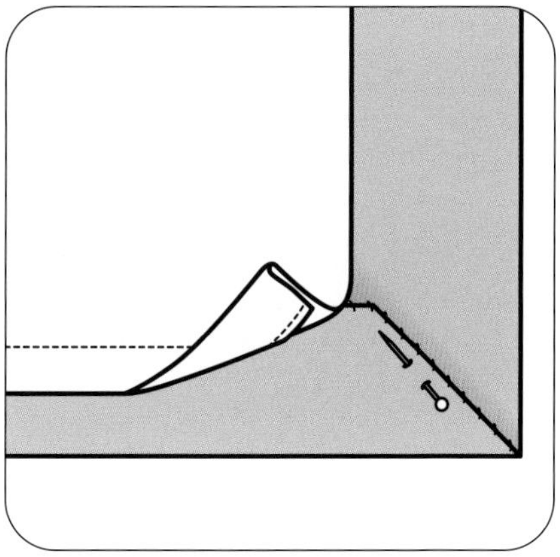

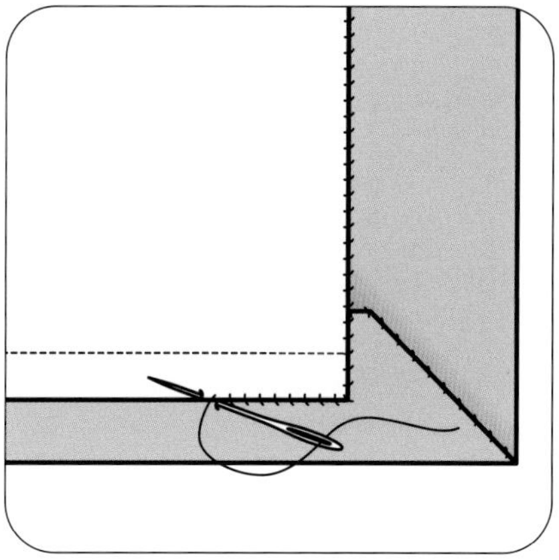

1 Corte el forro de la misma longitud que la cortina, pero 20 cm más estrecho. Uniendo forro y cortina por el derecho, cósalos por los lados, pero deténgase a 15 cm de la parte inferior. Saque el derecho hacia fuera y mida cada lado para comprobar que el forro esté centrado. Planche.

2 Mida la longitud que necesite, doble hacia arriba el bajo de la tela principal y prenda alfileres. Haga un doble dobladillo en el forro para que sea 4 cm más corto que la cortina. Cosa a máquina. Realice las esquinas en inglete en el bajo de la tela principal y cosa a mano el dobladillo.

3 Haga punto enano en los últimos centímetros de cada lado del forro y únalo a la tela principal. Añada la cabecilla como se ha descrito en las páginas 205-212.

Forrar cortinas

Si desea añadir forros de color en las cortinas, puede usar satén de algodón o un tipo similar de tela en lugar del material habitual para forro. Asegúrese, no obstante, de que el forro pueda lavarse del mismo modo que la tela principal.

Las cortinas forradas durarán más que las que no lo estén: el forro ayuda a que la tela conserve su forma. Sin embargo, las cortinas sencillas sin forrar son más ligeras y menos aparatosas.

Si desea forrar unas cortinas que ya ha comprado confeccionadas, el método más fácil es usar un forro suelto como el que se explica en la página 218.

A veces, el forro estará a la vista, como, por ejemplo, si hace drapeados forrados (*véase* pág. 226) o cuando la cortina principal sea decorativa y esté descorrida permanentemente. En este caso, merece la pena usar tela de mejor calidad que haga juego con la tela principal.

Forros sueltos

Aquí, el forro se confecciona como una pieza totalmente independiente de la cortina; simplemente se engancha en la parte posterior, lo que es muy útil si tiene que lavarse por separado por cualquier razón. También es una buena técnica para usarla si quiere añadir un forro a una cortina ya confeccionada. Al igual que en el apartado anterior, no se puede usar entretela.

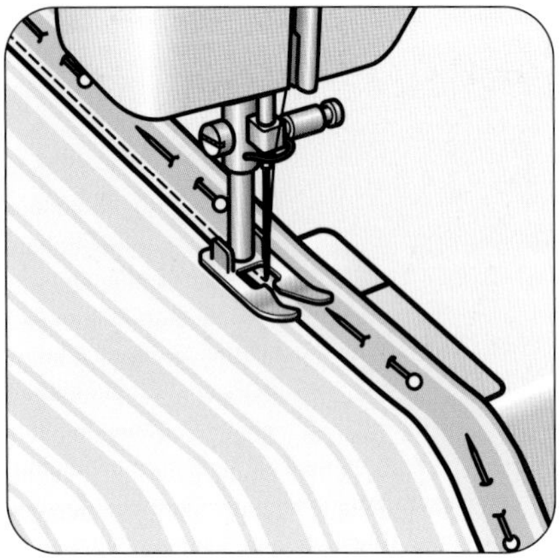

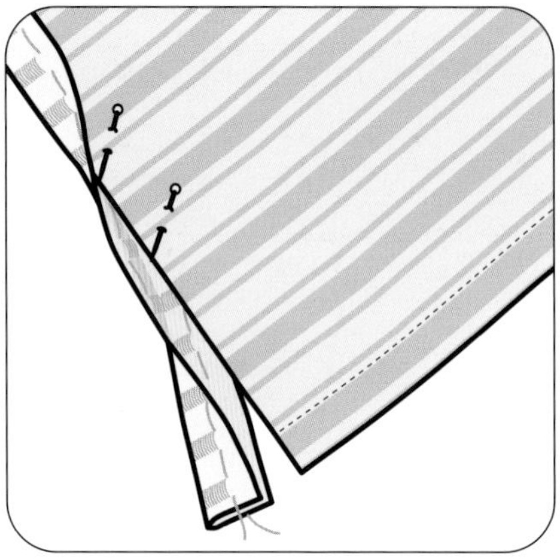

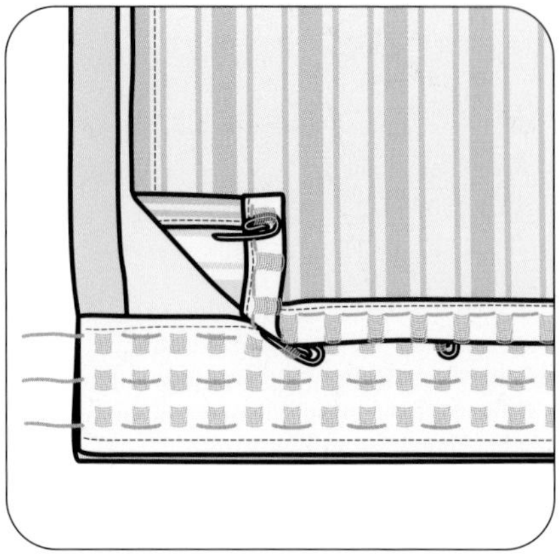

1 Corte y confeccione la cortina y el forro de la misma longitud; el forro debe ser más estrecho que la cortina y llegar sólo hasta las costuras laterales de la misma. Haga un doble dobladillo en los dos lados del forro y cósalo a máquina.

2 Sujete con alfileres e hilvane una tira de cinta de cabecilla para fruncir encerrando el borde sin rematar de la parte superior del forro. Cosa la cinta. Termine la cortina y añada la cabecilla.

3 Coloque los ganchos en la cinta del forro y engánchelo en la parte posterior de la cortina usando los enganches de la fila inferior de la cabecilla. Ahora puede coser el bajo del forro para que no se vea por el derecho.

Cortinas de café

Las tradicionales cortinas de café tienen una cabecilla festoneada, con presillas para introducir la barra. Las formas pueden ser las de su elección: simplemente dibuje la plantilla correspondiente y siga los pasos que se indican en esta página. En la página 220 se muestran algunas variaciones posibles, pero emplee su imaginación para aplicar sus propias ideas.

1 Haga una plantilla con la que marcar los festones uniformemente a lo largo de la parte superior de la cortina. Corte los paños de cortina y realice las uniones que sean necesarias. Después dé puntadas de zigzag por los bordes sin rematar de la parte superior y la inferior. Doble 6 cm el borde superior hacia el derecho (tiene que ser más ancho que la medida de los festones) y marque los festones.

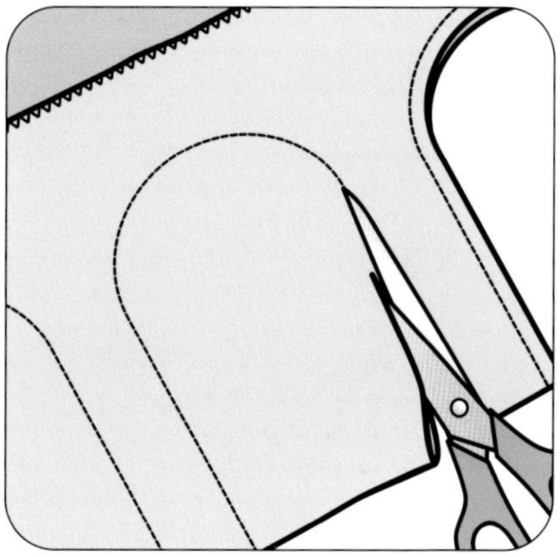

2 Prenda alfileres alrededor del borde de la sección media de cada festón; después, dé puntadas en cada uno de ellos alrededor de la línea marcada. Con unas tijeras afiladas, recorte los festones a unos 9 mm de la línea de puntadas. Corte piquetes en las curvas y recorte las esquinas, con cuidado de no dañar las puntadas.

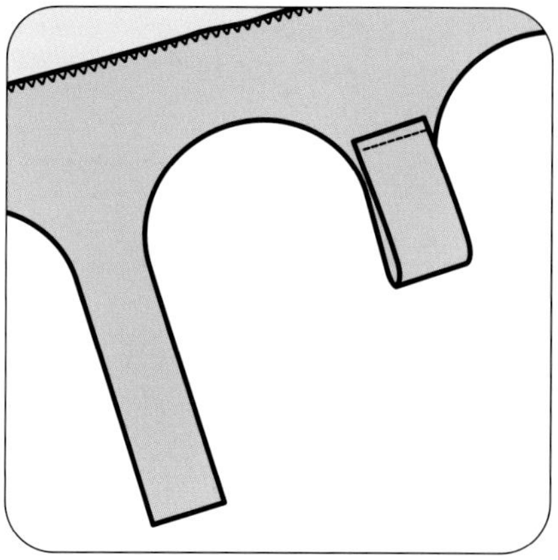

3 Dé la vuelta a la capa superior: el borde que antes ha doblado se ha convertido en una vista a lo largo del borde superior. Planche con cuidado y después doble las tiras de tela y cósalas a la cortina para crear las presillas por las que pasará la barra. Confeccione un doble dobladillo estrecho a lo largo de los lados y pespuntee.

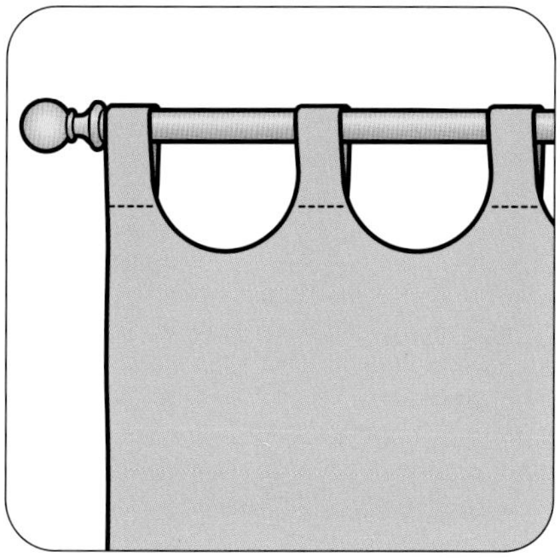

4 Introduzca la cortina en la barra y mida el bajo. Haga un dobladillo a lo largo del borde inferior y cósalo o pespuntéelo.

Los cafés

En las ventanas pequeñas, este tipo de cortinas pueden introducirse en una barra de presión.

Las cortinas de café se diseñaron para ocultar a los clientes de la vista de los transeúntes, pero dejando al mismo tiempo que penetrara la máxima cantidad de luz.

Variaciones de cabecilla para cortinas de café

Presillas con lazo: aquí, a la cortina se le ha añadido un reborde de una tela que contrasta, y las presillas son de la misma tela que la cortina.

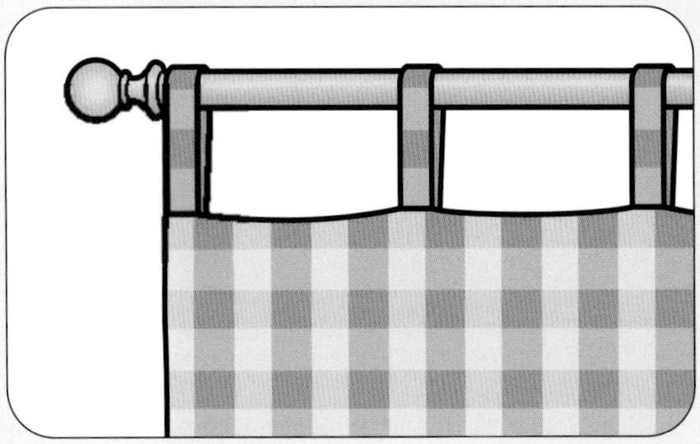

Presillas estrechas: estas presillas se pueden confeccionar de manera independiente e insertarse en la costura entre la cortina y una vista, lo que le permitirá utilizar el mismo color o uno que contraste.

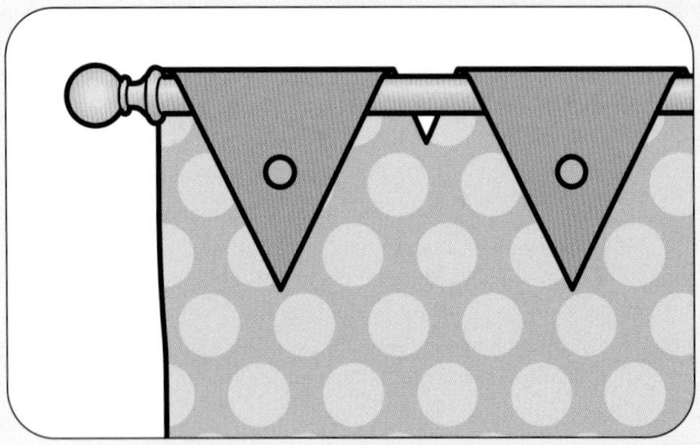

Presillas de triángulo: estos desenfadados triángulos se han confeccionado del mismo modo que los festones, pero se les ha añadido una vista de una tela que contrasta y después se han doblado hacia el derecho y se han asegurado con botones.

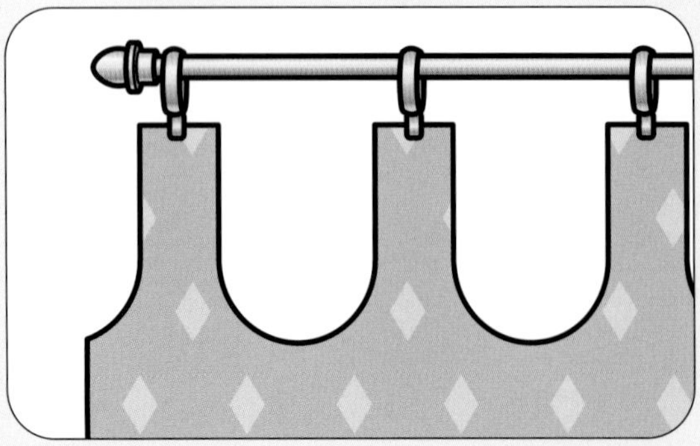

Festón con anillas: en lugar de doblar las tiras de tela para crear las presillas, se han añadido anillas.

Visillos

Los visillos pueden ocultar una vista poco atractiva, pero también dejan que penetre la luz natural. Como son translúcidos, es preferible utilizar un método de confección básico para que no se vean muchas costuras al trasluz. Si desea una cabecilla fruncida, puede comprar cinta de cabecilla translúcida, que quedará mucho más discreta en este tipo de cortina.

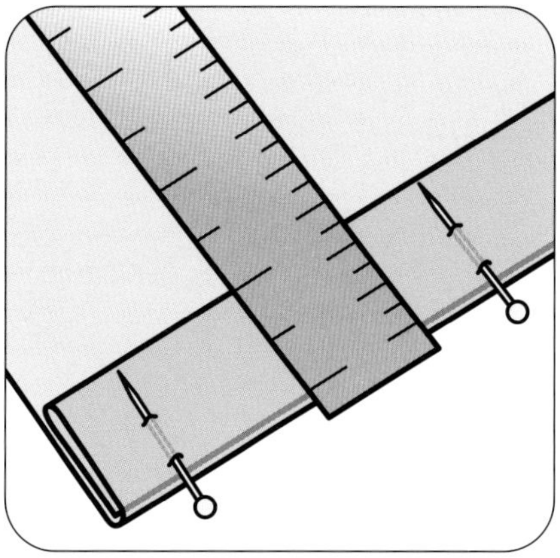

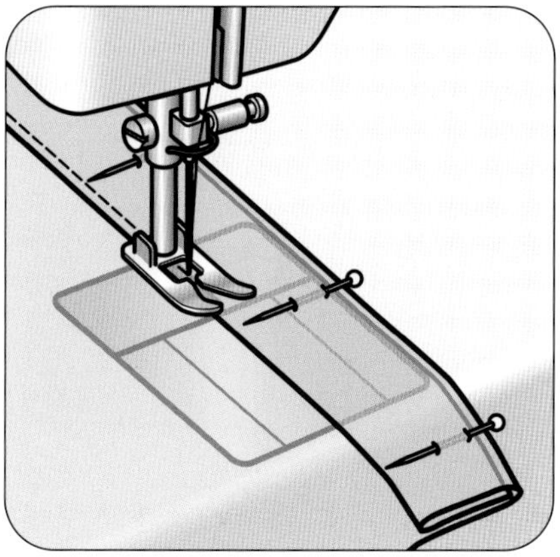

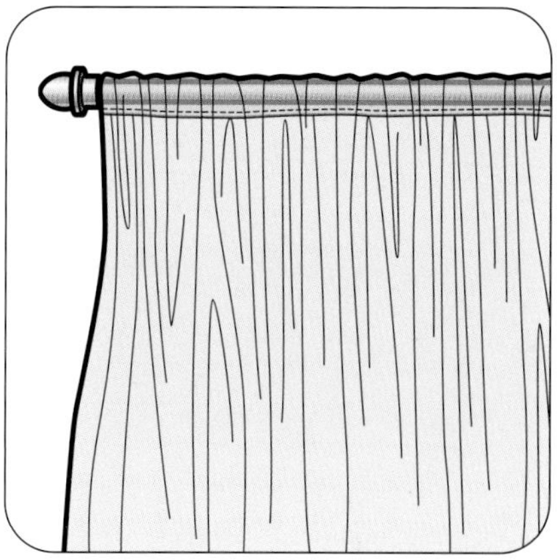

1 Mida y corte la tela de los visillos. Doble hacia arriba el borde inferior 2,5 cm y sujete con alfileres. Marque la doblez con una regla de metal; vuelva a doblar hacia arriba la misma cantidad de tela y marque de nuevo la doblez.

2 Cosa muy cerca del borde superior doblado. Doble la cabecilla del mismo modo que el bajo, pero con la mitad de la medida de la cabecilla cada vez. Dé puntadas de zigzag a lo largo de los bordes sin rematar.

3 Introduzca con cuidado la barra en la jareta que ha confeccionado en la parte superior, pero intente no atrapar la tela. Colóquela en su soporte y arregle los frunces para que queden uniformes.

Entre visillos

Cuando mida para hacer visillos con una cabecilla de jareta, la caída estará constituida por la caída final más 5 cm para el dobladillo, dos veces el diámetro de la barra, y 6 mm para el margen de la costura de la cabecilla. La anchura será de al menos 2 veces y media la longitud de la barra (intente que no quede mucho más ancha de esta medida).

Los visillos resultan bastante atractivos con una cabecilla de presillas (*véase* pág. 220), por la que puede insertarse la barra. Con una cabecilla de presillas también puede obtener resultados interesantes, como, por ejemplo, un efecto de capas al introducir de forma alternativa las presillas de dos visillos de distintos colores.

Galerías para cortinas

Las galerías o los bandós cubren la parte superior de la ventana, al mismo tiempo que ocultan el sistema de sujeción y la cabecilla de la cortina, además de bloquear la luz en esa parte de la ventana. Asegúrese de que sobresalen lo suficiente por los laterales como para cubrir el mecanismo de accionamiento de la cortina.

Cabeceras

Tendrá un soporte de galería especial, con una cortina y un riel corriente; también puede comprar un doble riel.

Un bardó plano o una galería puede hacerse fácilmente con madera contrachapada o con tabla de fibra.

Es posible fijar la galería a través de la ventana, dejando un hueco, aunque la caja de la galería oculta el soporte de la cortina.

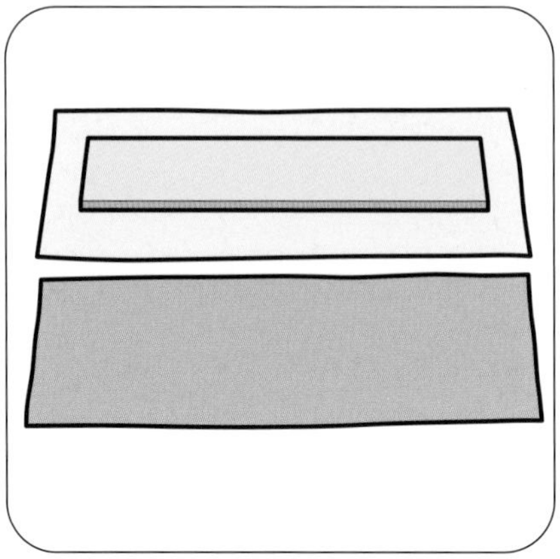

1 ▲ **Galería o bandó plano** Mida y corte el tablero, la entretela y la tela. Necesita suficiente entretela y tela como para cubrir el tablero y rodearlo por los cuatro lados.

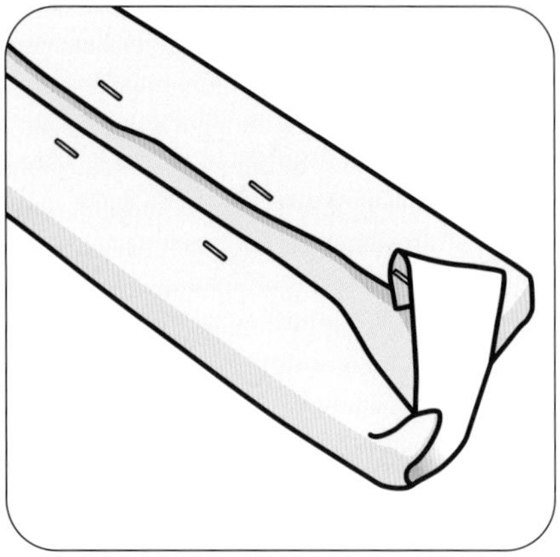

2 Añada la entretela al tablero con la ayuda de grapas, cola o tachuelas. Primero fije los dos lados longitudinales, después reduzca el volumen en las esquinas y doble por los dos lados transversales.

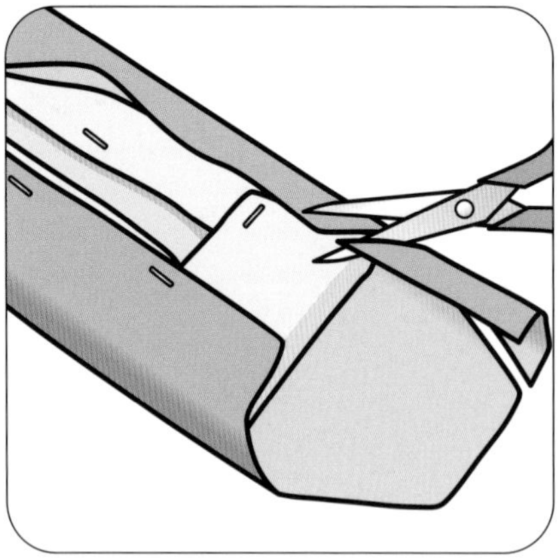

3 Cubra el tablero con la tela y fíjela del mismo modo que si se tratara de la entretela; recorte las esquinas para que no tengan demasiado volumen.

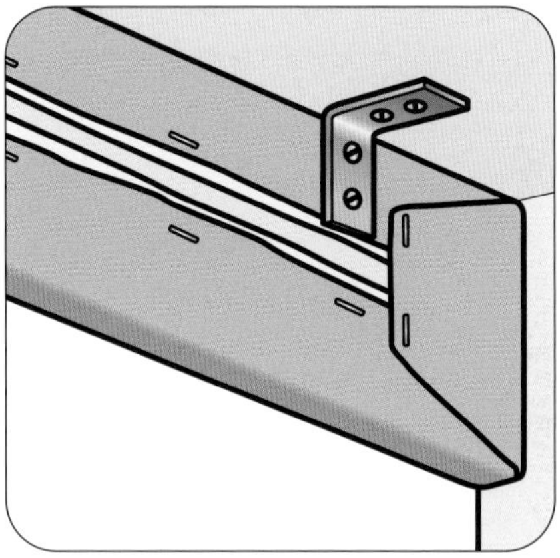

4 La galería, forrada de este modo, puede fijarse en la parte superior del vano de la ventana, o a la pared, con escuadras, si los extremos del sistema de sujeción no van a hallarse a la vista.

▲ Galería de caja

Como su nombre indica, este tipo de galería es una caja de tres lados que se fija en la parte superior de la cortina y los rieles.

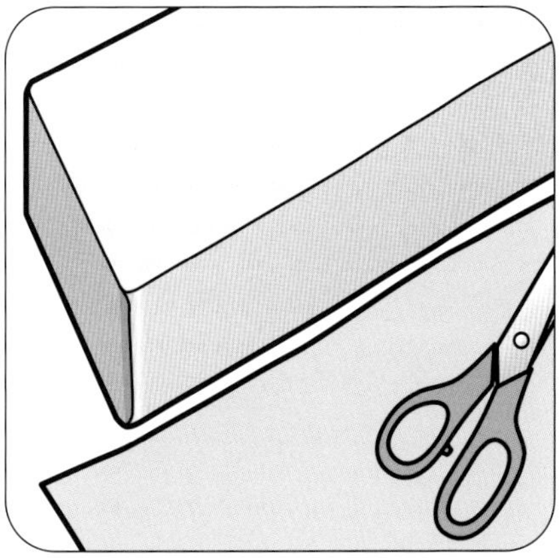

1 Realice una caja que conste de una parte superior y tres lados. Fórrela con entretela, como en el caso de la galería plana, pero sin cubrir los bordes, que descansarán contra la pared.

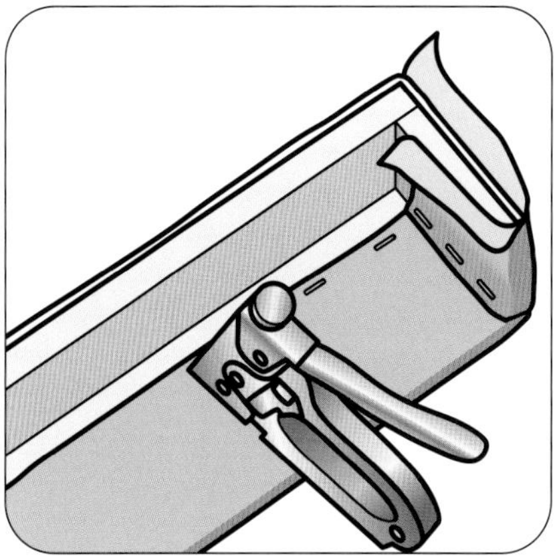

2 Corte un trozo de tela lo suficientemente grande como para cubrir la caja por completo, y grápela o fíjela con cola o con tachuelas en el interior, de modo que quede perfectamente tirante en el exterior.

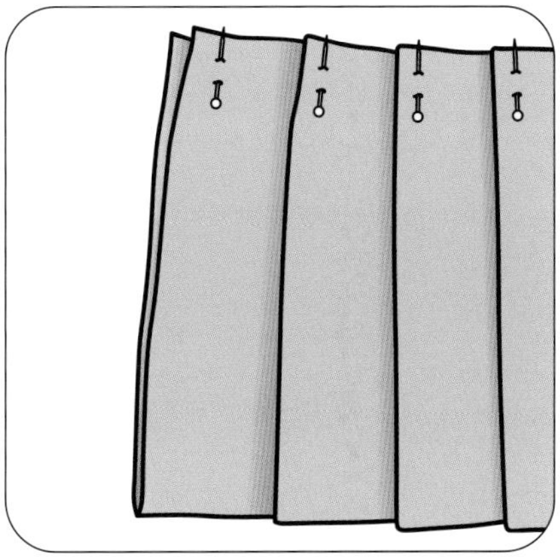

1 ▲ Galería de tablas encontradas

Corte una tira de tela lo suficientemente larga como para crear tablas en la parte anterior de la caja, y de dos veces la longitud de la misma, más 10 cm adicionales. Haga un dobladillo en los lados cortos y doble la tira por la mitad en sentido longitudinal para unir las dos mitades por el revés. Marque, planche y prenda alfileres en las tablas como se describe en la página 208 y dé puntadas en los bordes sin rematar de la parte superior.

2 Corte otro trozo de tela principal lo suficientemente ancho como para usarlo de ribete del borde superior. Con los derechos juntos, sujete con alfileres y cosa el ribete a la parte superior del bandó. Dé la vuelta a la tira hacia el revés, introduzca hacia dentro el borde sin rematar y dé puntadas por los lados cortos y largos.

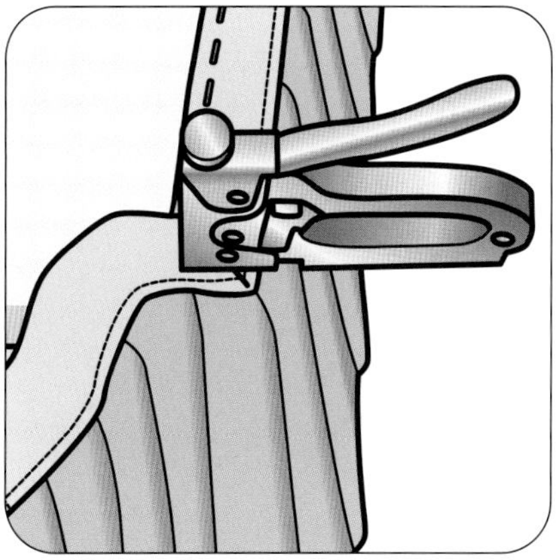

3 Doble la tira del ribete sobre el borde superior de la caja y grápela. Cree las esquinas con cuidado; forme una tabla en cada una antes de grapar.

1 ▲ **Galería con frunces**

Mida un trozo de tela de la misma anchura que la cortina, más los márgenes de las costuras, del doble de la altura de la galería. Doble hacia el revés para confeccionar un dobladillo en los dos lados cortos. Doble la tela por la mitad en sentido longitudinal uniéndola por el derecho; cosa la parte más larga para formar un tubo de tela.

2 Dé la vuelta al tubo y planche para dejar las costuras abiertas por el centro de la parte posterior. Mida dos líneas paralelas del doble de la anchura que la barra de la cortina y marque a lo largo de uno de los bordes largos para hacer una jareta; asegúrese de que no coincide con la costura de la parte posterior. Cosa las líneas para crear la jareta.

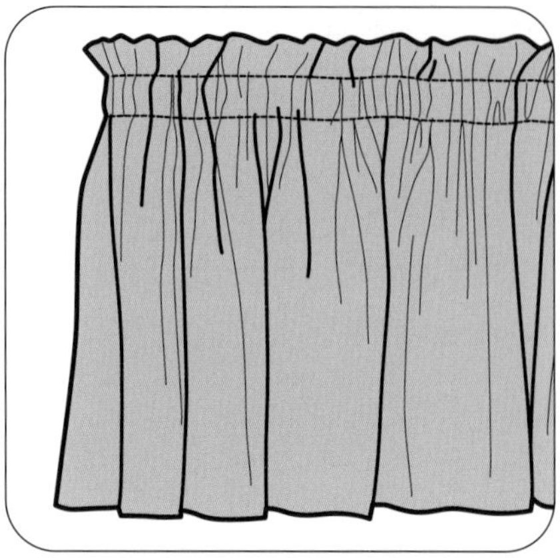

3 Introduzca la barra con cuidado en la jareta, pero asegúrese de que la tela no se engancha. Coloque los frunces de manera uniforme a lo largo de la barra. Trabajar con la tela doble significa que se verá el derecho por los dos lados del bandó.

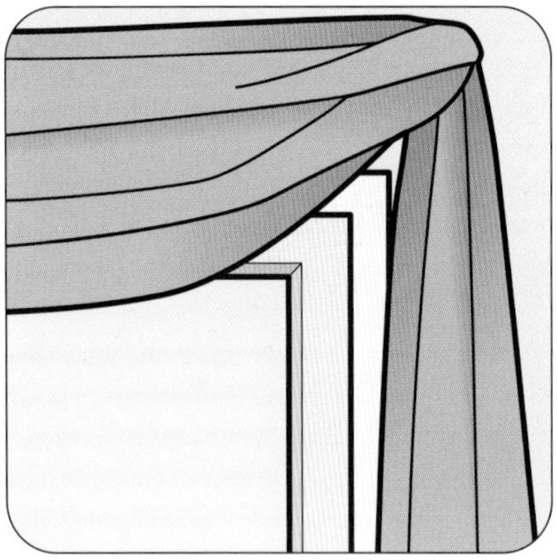

1 ▲ **Drapeado simple**

Use una tela que tenga buena caída y cuelgue un paño sobre la ventana para calcular la longitud que necesita.

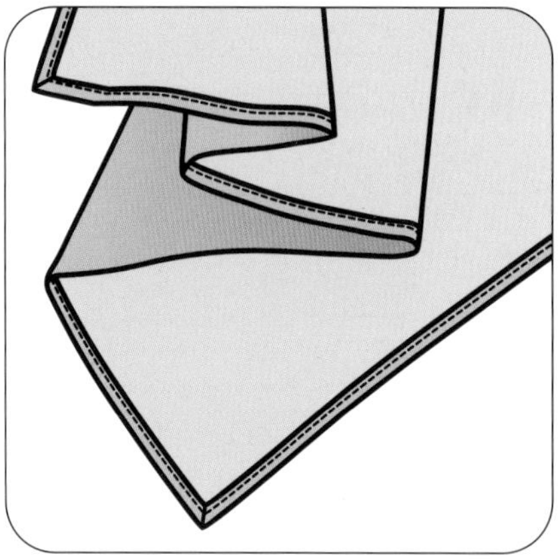

2 Nivele los bordes y recorte los orillos. Haga un dobladillo por los cuatro lados y cosa con punto atrás las esquinas para que queden firmes.

Abrazaderas

Las abrazaderas son trozos de tela que se fijan a un gancho (o a un mecanismo similar) de la pared para recoger la cortina cuando se descorre. También aportan un toque decorativo. Pueden confeccionarse en materiales como madera o metal.

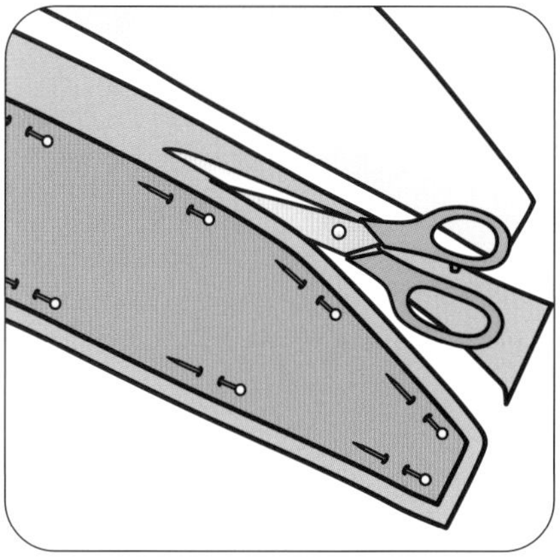

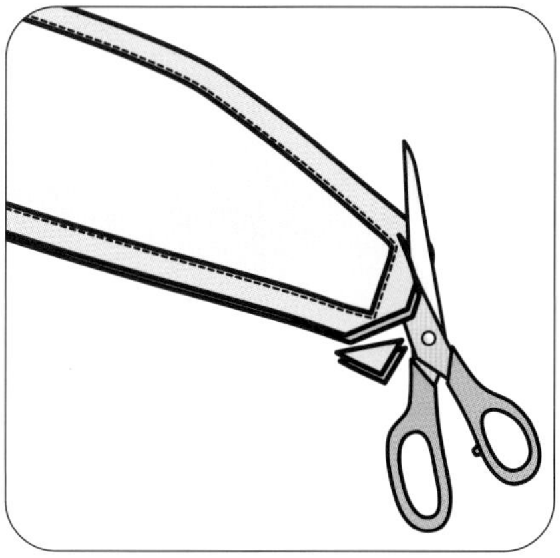

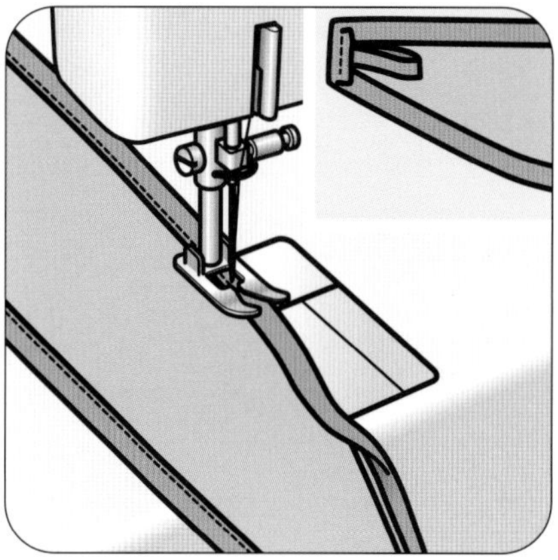

1 ▲ Abrazadera básica
Para determinar la longitud de la abrazadera, enrolle una cinta métrica de tela alrededor de la cortina y sitúela en la ubicación aproximada. Haga una plantilla de papel. Corte cada abrazadera dos veces en la tela sin olvidar los márgenes para las costuras, y una vez en entretela adhesiva.

2 Coloque un trozo de tela con el revés hacia arriba y planche sobre ella la entretela adhesiva. Coloque el otro trozo de tela sobre el primero, derecho con derecho, y cosa alrededor del borde con la entretela a modo de guía y dejando un hueco para poder darle la vuelta. Corte piquetes en las curvas y recorte las esquinas.

3 Dé la vuelta a la abrazadera y cierre el orificio con punto enano. Planche con cuidado. Por el revés, cosa un ribete al bies. Doble los bordes y pespuntee por la parte anterior, donde también coserá una presilla en cada extremo para sujetar la abrazadera al enganche de la pared.

Cortinas recogidas

Las abrazaderas pueden ser de muchos materiales y diseños distintos. Pueden confeccionarse en la misma tela que la cortina o en un color a juego, y pueden tener cordones y borlas y adornarse con una amplia gama de accesorios.

Si no son de tela, también existen muchas posibilidades. Lo ideal es que hagan juego con el estilo de la cortina, aunque existen muchos modos de confeccionarlo.

La mayor parte de las abrazaderas que no son de tela tienen forma de media luna, pero este diseño básico puede alterarse haciéndolas más angulares o suavizando los extremos con festones o flecos.

Los adornos aportan más variedad: en la tela pueden confeccionarse tablas, las dos mitades pueden ir atadas, o la abrazadera puede consistir en un cordón con cuentas ensartadas de gran tamaño.

Se pueden confeccionar abrazaderas con cordones para las cortinas más pequeñas, pero éstos también pueden retorcerse, trenzarse, atarse o enrollarse alrededor de un cabo grueso.

Trenzar trozos de la tela que se ha usado para las cortinas es también una estupenda idea para confeccionar una abrazadera. En la página 230 encontrará instrucciones sobre cómo hacerlo.

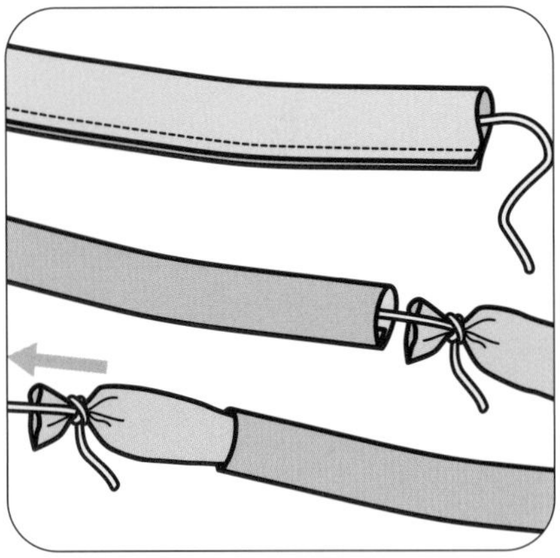

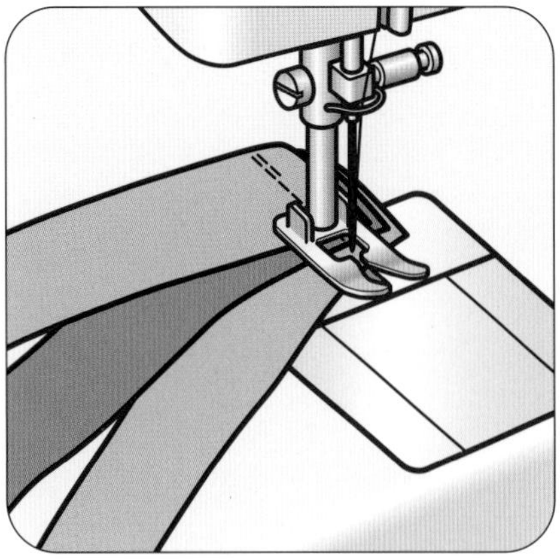

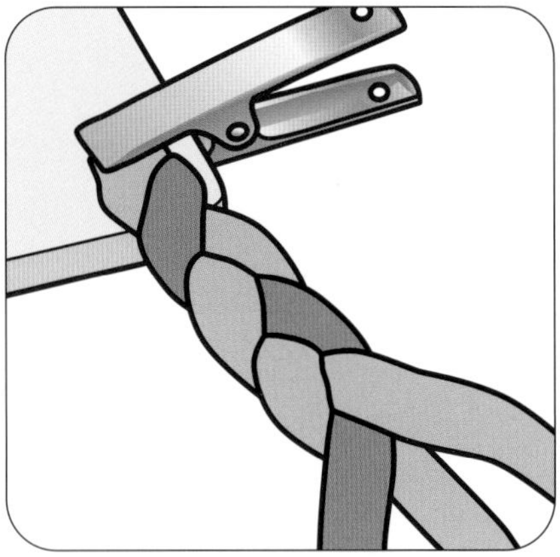

1 ▲ Trenzas acolchadas
Corte tres tiras largas de tela: dos de la misma tela que la cortina, y una tercera de una tela que contraste o de otro tono del mismo color. Doble cada tira por la mitad en sentido longitudinal alrededor de un trozo largo de cordel, y cosa los lados largos formando un tubo y también uno de los extremos para cerrarlo. Tire del cordel para dar la vuelta al tubo de tela. Recorte el extremo cosido, pero NO quite el cordel. Ate un extremo del cordel alrededor de una tira de relleno y úsela para introducir el relleno en el tubo de tela.

2 Cuando el relleno esté dentro del tubo, corte el cordel y recorte ligeramente el relleno para que quede más corto que el tubo de tela. Repita esta operación con los otros tubos de tela. Coloque los tres tubos uno sobre otro, con el del color distinto en el medio, y cósalos por un extremo.

3 Sujételos por el extremo cosido a una mesa con una abrazadera y tréncelos firmemente. Cuando llegue al final, colóquelos como en el paso 2 y cósalos. Doble hacia dentro los bordes sin rematar y cosa a mano una anilla de metal en cada extremo para introducirla en el enganche de la pared.

Abrazaderas de otros materiales

Las abrazaderas pueden ser de madera, metal o plástico y se deben asegurar a la pared o al marco de la ventana.

Abrazaderas de madera
Quedan mejor en una estancia formal. Son normalmente redondas, con un pequeño saliente en la parte posterior para que queden separadas de la pared y dejar espacio para que la cortina se acomode. Normalmente tienen una decoración en el lado frontal que hace juego con el ornamento de los extremos de la barra de la cortina.

Abrazaderas de metal
Están fabricadas tradicionalmente en latón bruñido o hierro forjado, pero también pueden ser de cromo o de acero inoxidable. Normalmente tienen la forma de un gancho grande que se coloca en la dirección opuesta a la cortina para que ésta pueda ubicarse en el lado abierto del gancho. Sin embargo, también pueden ser redondas, como las de madera que se acaban de describir. Las abrazaderas de metal también suelen fabricarse en diseños que hacen juego con la barra.

estores

Los estores pueden ser el modo más simple de cubrir una ventana, pero también los hay bastante complejos, con telas fruncidas y adornos. Si se van a usar estores junto con cortinas, o en una estancia donde también haya cortinas, el estilo tendrá que hacer juego.

Calcular la cantidad de tela para los distintos tipos de estor

Los estores necesitan métodos de medición ligeramente distintos en función del tipo de estor que desee confeccionar. También deberá tener en cuenta la tela que vaya a usar. Decida el tipo de estor que quiere y consulte la tabla inferior. Puede encontrar más información sobre cómo calcular la cantidad de tela para distintos estilos de estor en el cuadro de la página 234.

TIPO DE ESTOR	ANCHURA DE LA PIEZA	MEDIDA DE LA CAÍDA	NOTAS
ESTORES ENROLLABLES EN LA PARTE SUPERIOR	Anchura final + 10 cm para los dobladillos interiores	Medida final + 5 cm para el dobladillo de la base + 25 cm para fijar la parte superior del estor a la pared	Incluya tela de forro adicional para las jaretas de sujeción a la barra. Cada jareta mide 12 cm de altura por la anchura del estor.
ESTORES CON TABLAS EN LA PARTE SUPERIOR	Anchura final + 10 cm para los dobladillos laterales + 10 cm para las vueltas + unos 20 cm para cada tabla	Medida final + 5 cm para el dobladillo de la base + 25 cm para fijar la parte superior del estor a la pared	Incluya tela de forro adicional para dejar un poco de vuelo en la parte inferior, y quizá otros 20 cm para la caída.

Acerca de los estores

Puede usar cualquier tejido para un estor, pero algunos tipos de tela ligera pueden precisar refuerzo.

Normalmente se necesita menos tela para un estor que para una cortina, aunque algunos estilos pueden requerir casi la misma cantidad.

Paneles

Los paneles son simples, sin estructura y sin barras. Los ojetes se cosen en filas comenzando a 10 cm de cada borde lateral. El ojete inferior deberá estar a 5 cm de la base, el más alto a 20 cm de la parte superior, y entre ellos debería haber unos 15 cm de distancia.

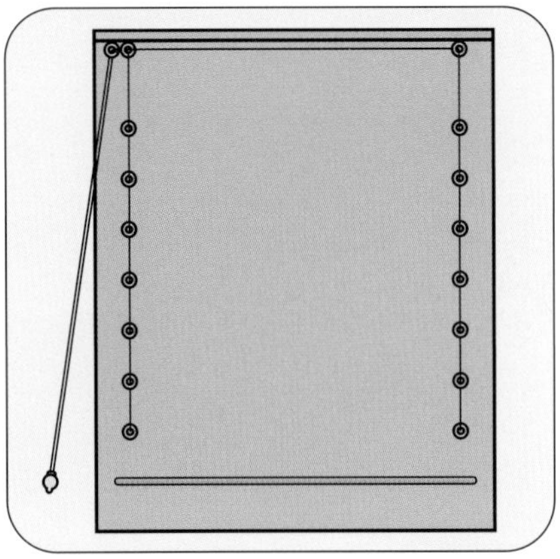

▲ Panel con barra

Este sencillo estor tiene una barra que se coloca a unos 15 cm de la parte inferior para conferir peso. Cosa dos filas de ojetes, como en el caso del panel simple; el inferior debería estar 15 cm por encima de la barra.

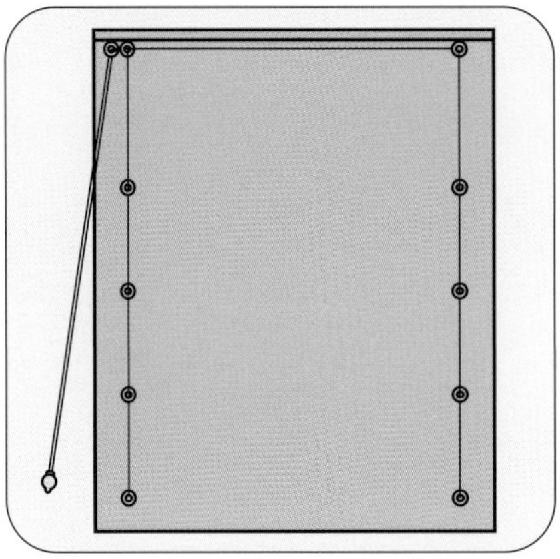

▲ Panel de tablas invertidas

Este estor es más suelto, tiene más vuelo y carece de barra. Cuenta con una fila de ojetes a cada lado, a 10 cm del borde; el inferior está a 5 cm de la base, el superior a 45 cm de la parte superior, y entre ellos hay una distancia de unos 30 cm.

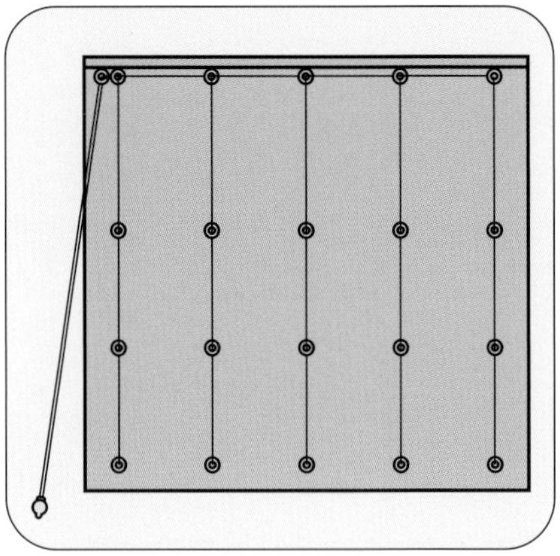

▲ Panel austríaco con tablas invertidas

La ubicación de los ojetes y la distancia entre ellos en este estor muy fruncido es la misma que en el más sencillo que se acaba de comentar. Las filas de ojetes se disponen a lo largo de cada tabla invertida.

Poner los cordones en un estor

Los estores romanos y austríacos funcionan mediante un sistema de cordones que atraviesan la parte posterior. Se aplica el mismo principio a todos los tipos de estores, pero la posición de las filas de cordones varía en función de su estilo. Los cordones van asegurados en ojetes anclados en la base del estor y atraviesan una fila hasta la parte superior, donde hay otros ojetes fijos. Los cordones pasan por la parte superior del estor hacia un lado y se les añade un peso.

Notas sobre estores

Cuando mida el vano de una ventana para poner un estor, tome varias medidas a distintos niveles y trabaje con las más pequeñas.

Para un estor enrollable, mida la anchura y la caída de la ventana. Podría no tener necesidad de márgenes para las costuras si ha reforzado la tela para que no se deshilache.

Para un estor romano, mida la anchura de la ventana; para la longitud, use la de la ventana, más la anchura del margen superior, la jareta inferior, los dobladillos y los márgenes de las costuras.

Para un estor austríaco, mida la anchura de la ventana, multiplíquela por 2 o 2,5 y añada los márgenes de las costuras. Para la longitud, mida la ventana, multiplíquela por 2 o 2,5 y añada los dobladillos. Si va a usar una tela ligera, aumente las proporciones.

Poner los cordones en un estor romano con varillas

En esta versión del estor romano, se introducen en la parte posterior del estor y en jaretas, varillas transversales con clavijas, de modo que, al subirlo, se forman pliegues de la misma medida. Las jaretas se cosen al forro y deben colocarse a 10 cm de la base; la última debe estar al menos a 35 cm de la parte superior del estor, y entre ellas debería haber intervalos de 23-30 cm.

1 Cosa una anilla pequeña de cortina a cada jareta en el centro del estor, y después una segunda y tercera fila a 5 cm de cada lado. Los estores anchos pueden necesitar una fila adicional, o incluso más.

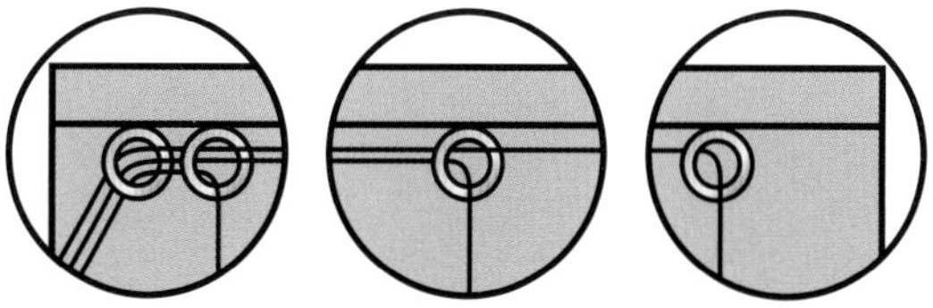

2 Introduzca un ojete en el travesaño superior del estor, en línea con cada fila de ojetes. Añada otro a 2,5 cm del borde en el lado en el que van a ponerse los cordones.

3 Corte por cada fila de ojetes un cordón que mida el doble de la profundidad del estor, más la anchura. Ate un cordón a cada uno de los ojetes inferiores y hágalo pasar por cada uno de los ojetes de la fila. Introdúzcalo también por el ojete que ha insertado al lado del travesaño superior.

4 Con el estor totalmente extendido, pase los cordones por un contrapeso de latón. Córtelos uniformemente y átelos firmemente. Puede que necesite añadir un cordón por debajo del contrapeso.

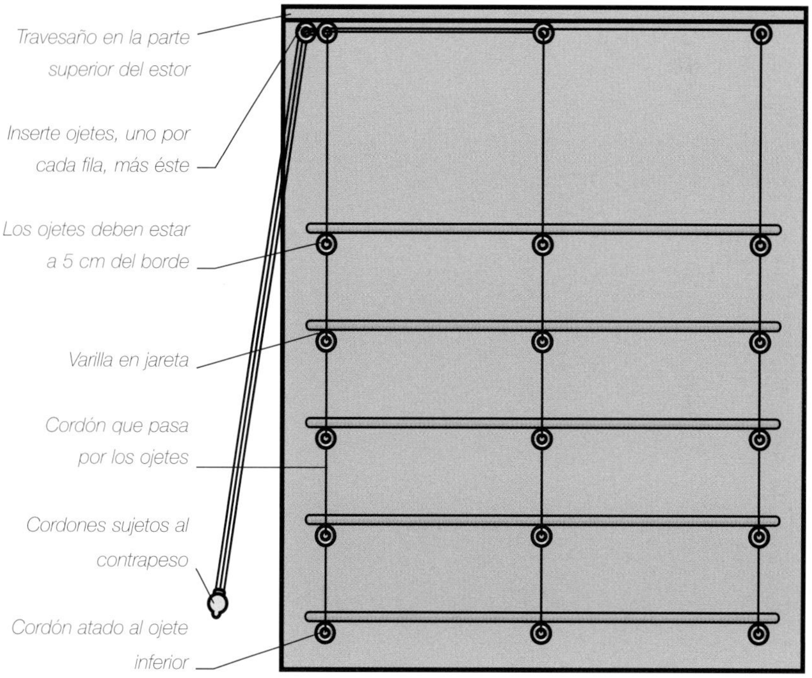

Estores romanos

Los estores romanos no necesitan demasiada tela, y tienen un atractivo aspecto de volumen cuando se suben y se forman las tablas en la parte superior de la ventana.

Estor enrollable

Los estores enrollables son sencillos paneles de tela que se enrollan en un tubo o cilindro en la parte superior o inferior del estor. Si el tubo se encuentra en la parte superior, puede funcionar con resorte. Los estores enrollables se confeccionan a menudo con tela reforzada, pero también puede adquirir un *kit* y usar la tela que desee para que el estor armonice con el resto del diseño.

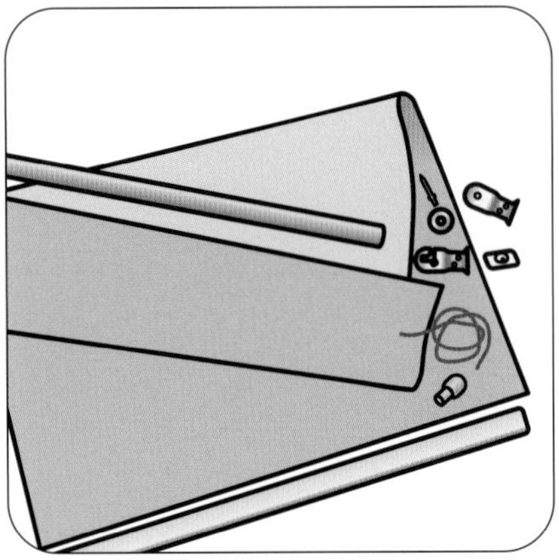

1 Mida, marque y corte un trozo de tela siguiendo las instrucciones del fabricante del *kit*. Asegúrese de que en el *kit* no falta nada, incluido el resorte, una lama para la parte inferior, el cordón y las piezas pequeñas de ferretería.

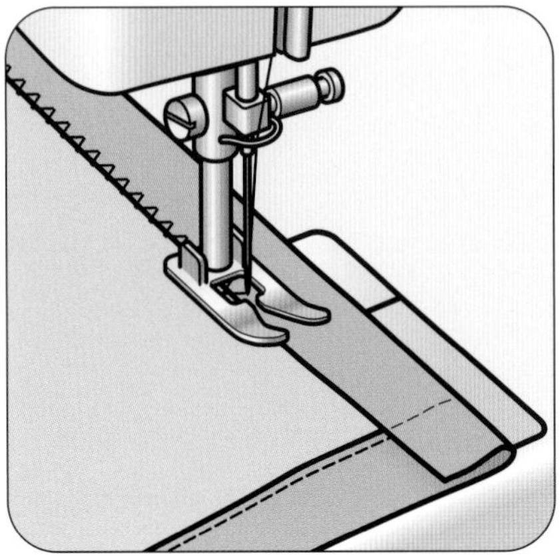

2 Doble la tela para hacer un dobladillo estrecho, sujete con alfileres y cósalo en los dos lados de tela. Haga un dobladillo simple con puntadas de zigzag a lo largo del borde sin rematar de la parte superior.

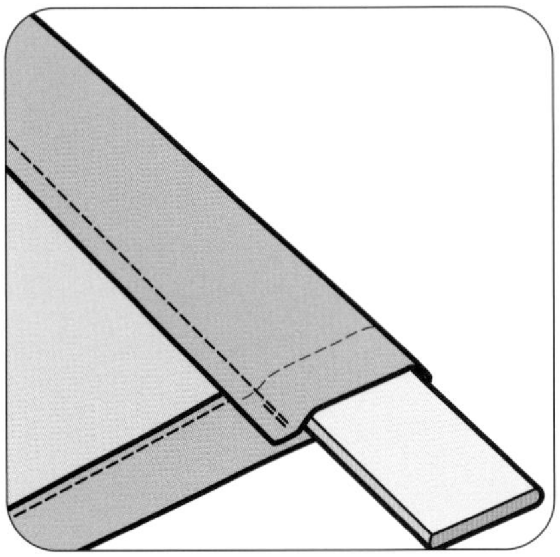

3 Doble hacia arriba el borde inferior, sujételo con alfileres y cósalo para hacer una jareta lo bastante ancha como para que quepa la lama inferior. Introdúzcala y ciérrela con punto enano.

4 Fije el mecanismo del cordón en el centro de la parte posterior de la lama. Introduzca el ornamento en el cordón y átelo con un nudo. Rocíe el estor con un producto de protección y refuerzo.

5 Fije el borde superior de la tela al rodillo. El que aparece en la ilustración tiene una tira termofusible sobre la que debe presionarse la tela. Algunos *kits* pueden incluir grapas o tachuelas.

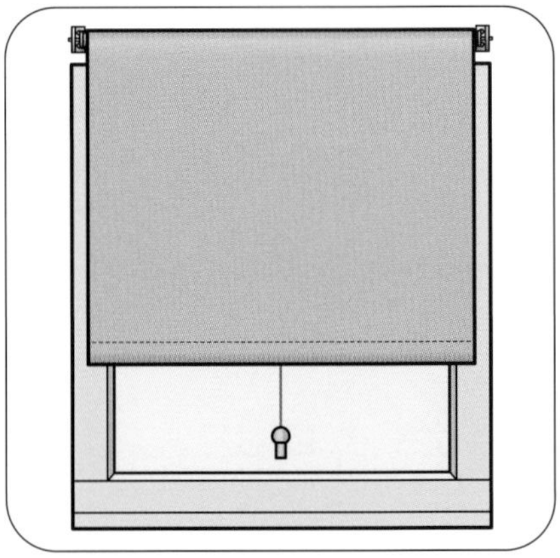

6 Monte los soportes en el marco de la ventana, la pared o el techo siguiendo las instrucciones del fabricante. Enrolle el estor e introduzca los extremos en el soporte; al bajar el estor se fija el mecanismo.

Acabados decorativos

Aunque el mecanismo de los estores enrollables es bastante simple, no tienen por qué ser aburridos. El borde inferior puede acabarse con casi cualquier tipo de adorno o forma. A continuación se muestran algunas ideas, pero las posibilidades son casi infinitas. El tipo de tela también aporta variedad. Los estores enrollables pueden confeccionarse casi con cualquier material, incluido el encaje.

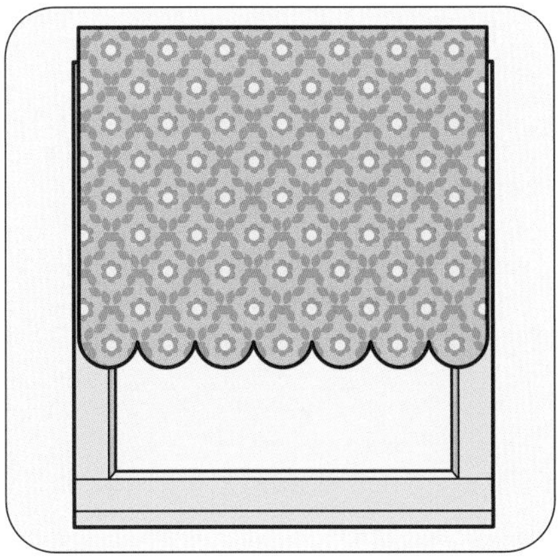

▲ **Borde festoneado**

El borde festoneado de este estor se confeccionó igual que el de las cortinas de café de la página 219, y después se pespunteó. La jareta para la lama inferior es una tira independiente.

▲ **Borde en puntas**

Aquí, se ha usado el estampado de la tela para crear un borde llamativo y efectista. Los bordes pueden llevar vista, dobladillo estrecho o ribete.

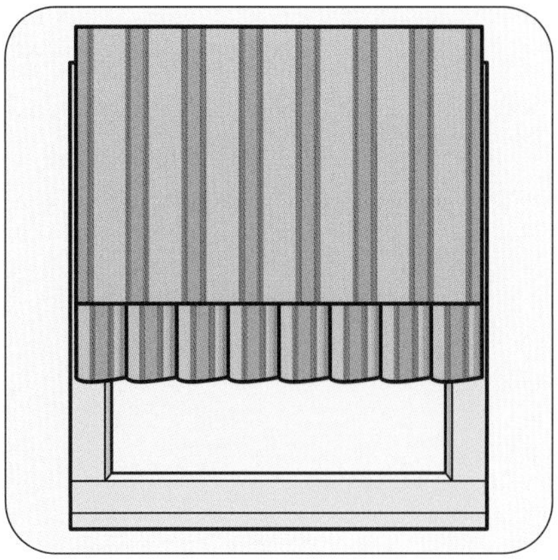

▲ **Borde plisado**

El adorno inferior de este estor es una tira de tela independiente en la que se han confeccionado tablas encontradas y que se ha cosido a la jareta inferior para crear un elegante borde.

Estor romano

El estor romano parece muy similar al enrollable cuando está abierto, pero se cierra de modo distinto. Cuando se tira de los cordones, las tiras de cinta de la parte posterior, tiran de la tela para crear tablas horizontales en la parte superior de la ventana. Los estores romanos son ideales para ventanas que necesitan cubrirse de forma decorativa y no se pueden colocar cortinas.

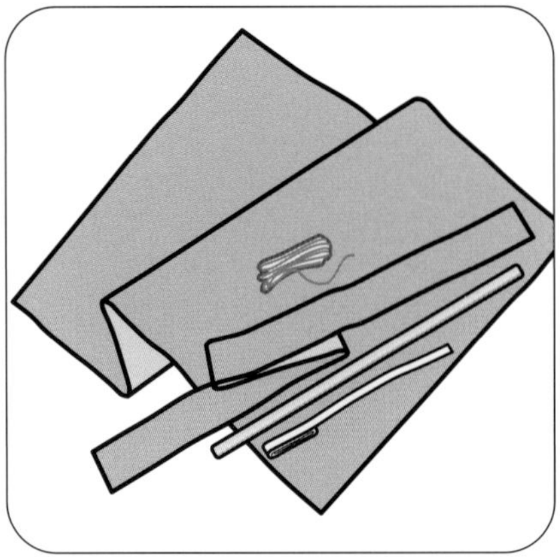

1 Mida la tela y corte una pieza para el estor, más una tira para la cabecilla de la anchura del estor y 7,5 cm de largo. También necesitará varios metros de cinta de estor romano (o cinta de tela corriente y anillas pequeñas de cortina), cordón delgado, una lama de madera para la parte inferior y un tablero.

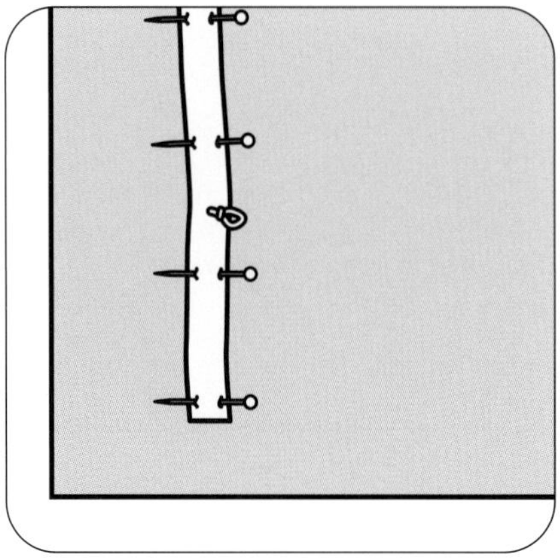

2 Marque por el revés las guías de tres cintas que recorrerán el estor longitudinalmente, dos a los lados y una en el centro; use más si la ventana es muy ancha. Sujete la cinta con alfileres y cósala. Tenga cuidado de no atrapar las presillas con las puntadas.

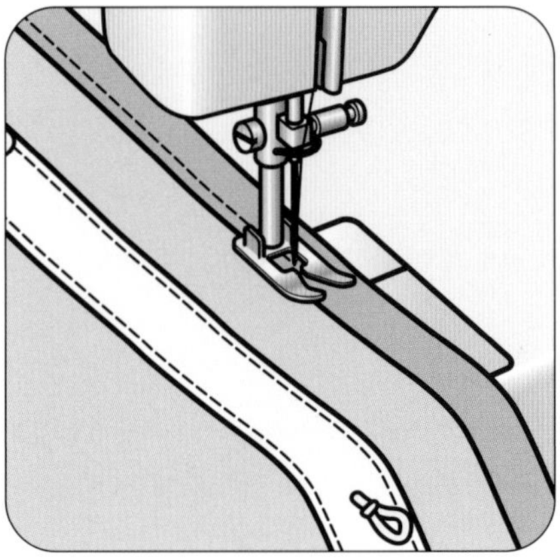

3 Si va a usar cinta normal, cosa una anilla pequeña de cortina a intervalos de unos 10 cm a lo largo de las cintas. Doble hacia dentro, sujete con alfileres y cosa un doble dobladillo estrecho a lo largo de los bordes laterales de la pieza de tela.

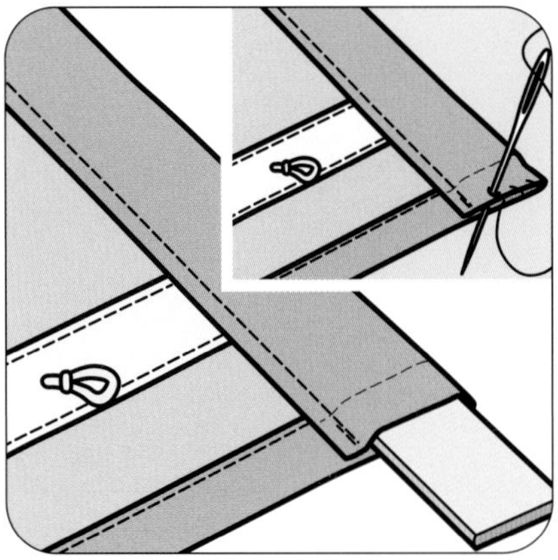

4 Doble hacia arriba el borde inferior, hacia dentro el borde sin rematar, unos 6 mm, y cosa el doblez superior para hacer una jareta para la lama. Introduzca la lama y cierre los extremos con punto enano.

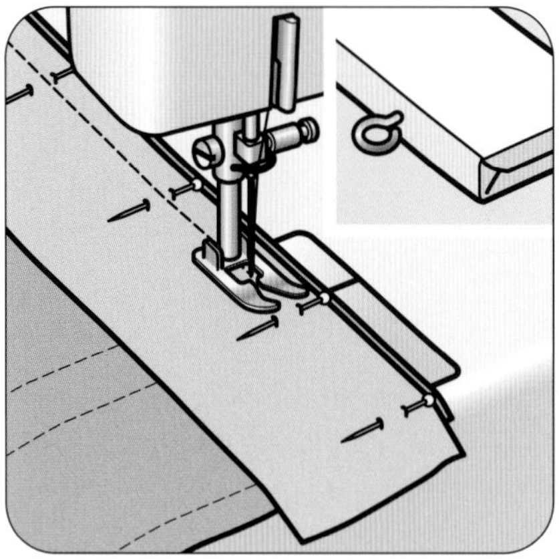

5 Remate el borde superior cosiendo la tira de la cabecilla, derecho con derecho, y doblando el borde para hacer un ribete. En el borde estrecho del tablero, fije un gancho alineado con cada tira de tela.

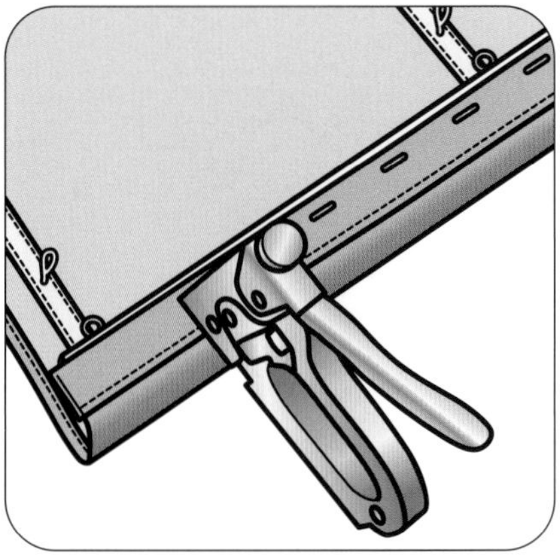

6 Asegure con grapas o con tachuelas el borde superior ribeteado del estor al lateral del tablero que vaya a descansar contra la pared. El estor debe caer por delante del tablero.

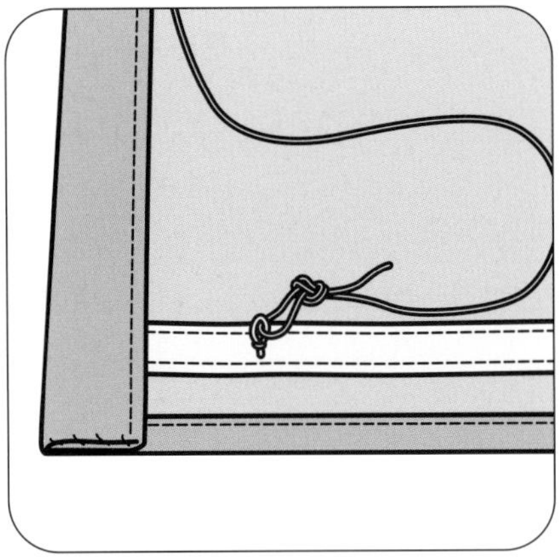

7 Introduzca el extremo de un cordón por la última presilla o anilla de cortina de una de las cintas verticales. Asegure el cordón con un fuerte nudo al final; tendrá que ser muy firme porque soportará todo el peso cada vez que se suba el estor.

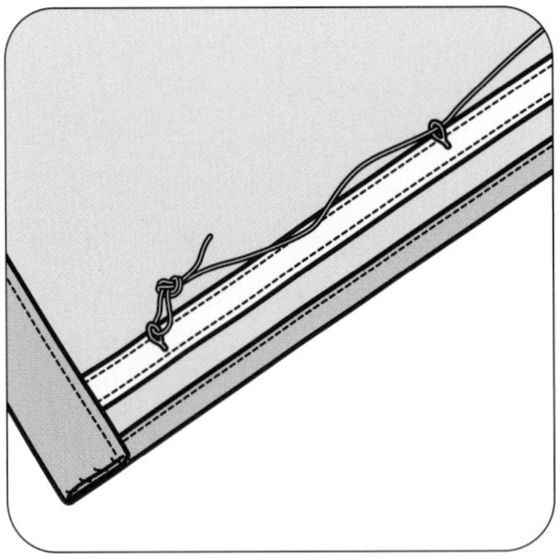

8 Pase el cordón por todas las presillas de la cinta, pero asegúrese de que deja suficiente cordón en la parte superior para cruzar el estor a lo ancho. Repita la operación con cada cinta vertical.

9 Introduzca la parte superior de cada cordón por los ganchos del tablero en una misma dirección. Ate los cordones juntos a un lado. Córtelos y después añada otro trozo de cordón al extremo atado. Será el cordón del que se tire.

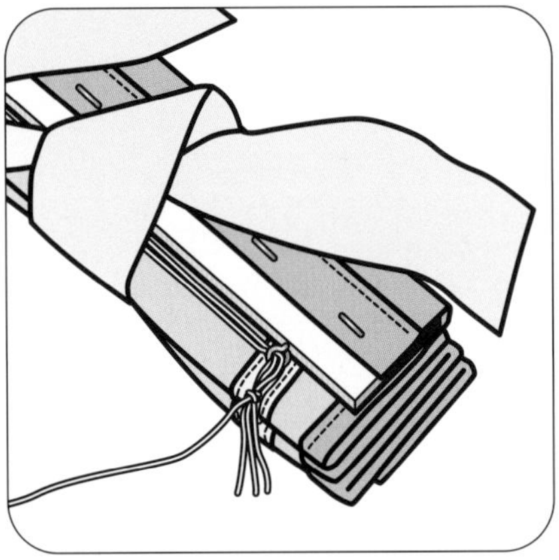

10 Doble el estor en tablas de acordeón uniformes alineando las presillas de la cinta, y átelo sin apretar demasiado con cinta de algodón en cada extremo. Déjelo así envuelto sobre una superficie plana durante un día o dos para marcar los dobleces.

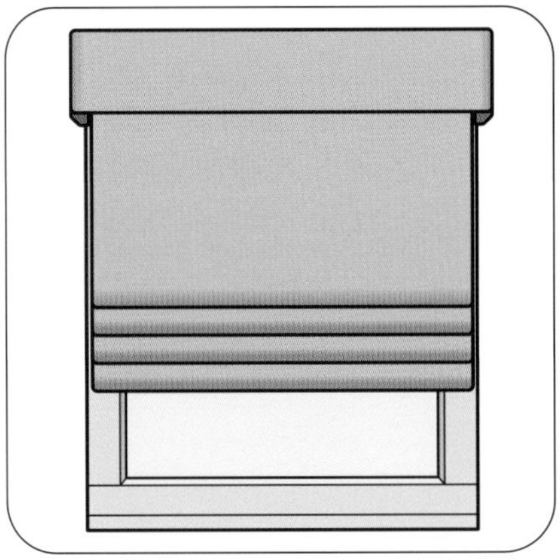

11 Clave el tablero directamente en el marco de la ventana o en la pared, o móntelo en un soporte. Fije una abrazadera en el lado del cordón que sirve para abrir y cerrar el estor. Observe que el bandó a juego de la ilustración cubre la parte superior para reducir la luz y las corrientes de aire.

Construir un tablero

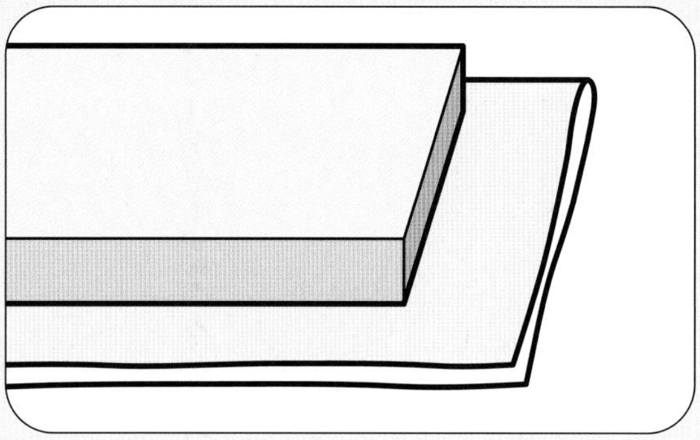

1 Corte un tablero de 2,5 x 5 cm de la longitud deseada. Mida la anchura del tablero y corte un trozo de tela de forro de ese tamaño, más los márgenes de la costura.

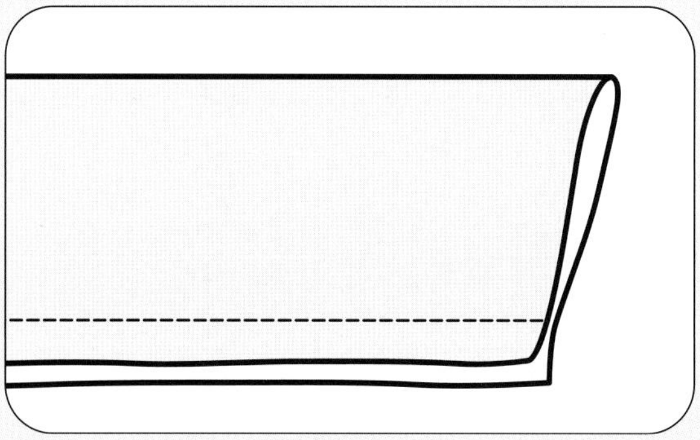

2 La longitud de la tela necesaria es la del tablero, más 5 cm de márgenes para las costuras en cada extremo. Doble la tela por la mitad en sentido longitudinal y cosa los lados largos. Dele la vuelta.

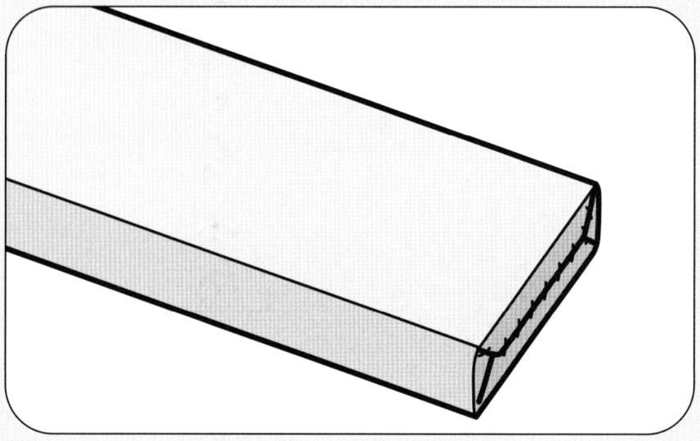

3 Introduzca el tablero en la funda de tela y doble los extremos. Haga las esquinas en inglete y remate con punto enano.

Estor austríaco

También conocido como *estor de globo*, tiene una cabecilla fruncida como las de las cortinas, pero se sube como un estor romano. Se confecciona combinando estas dos técnicas, de modo que, aunque parece muy complicado, no resulta tan difícil de hacer. Se necesita mucha tela para confeccionarlo y a algunas personas no les gusta el efecto de «globo» que se consigue cuando se sube.

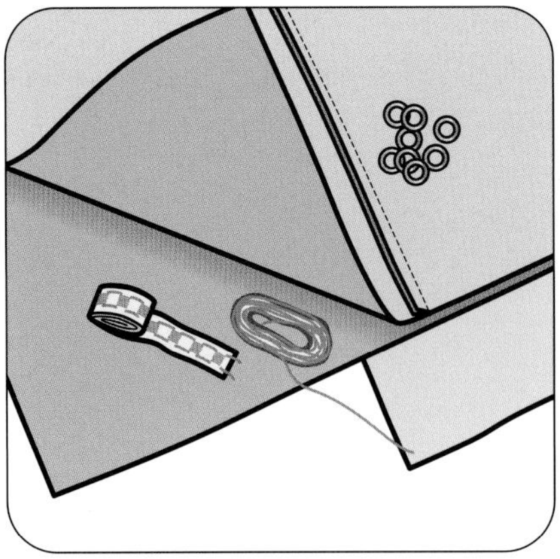

1 Mida la tela y corte el frontal principal del estor; después corte una pieza de tela de forro de la misma longitud, pero 5 cm más estrecha. También necesitará varios metros de cinta fruncidora para estores austríacos, anillas de cortina, cinta para cabecilla y cordón delgado.

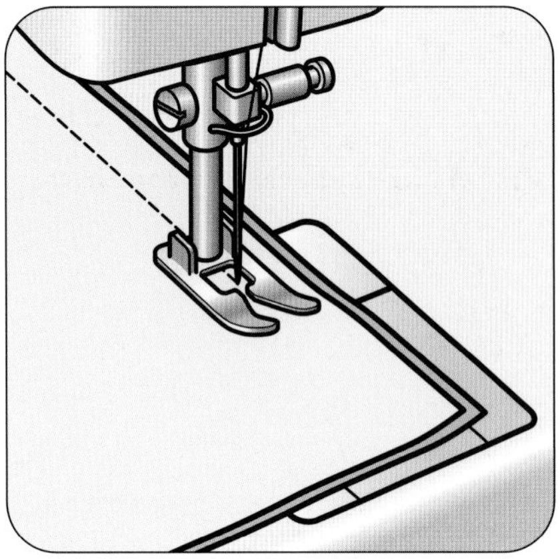

2 Sujete con alfileres el forro a la tela principal uniendo estos elementos por el derecho. Cosa sólo a lo largo de los dos bordes laterales. Planche los dos márgenes de costura hacia el borde para que el forro quede centrado.

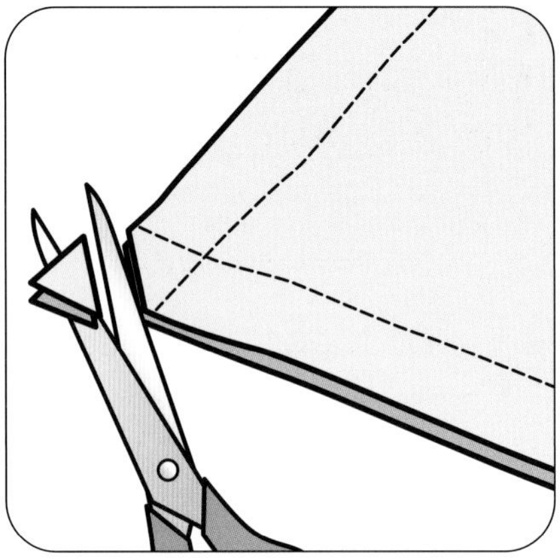

3 Alinee el forro y la tela a lo largo del borde inferior y préndalos con alfileres. Cosa y después recorte la costura y las esquinas para que el volumen sea menor, con cuidado de no dañar las puntadas.

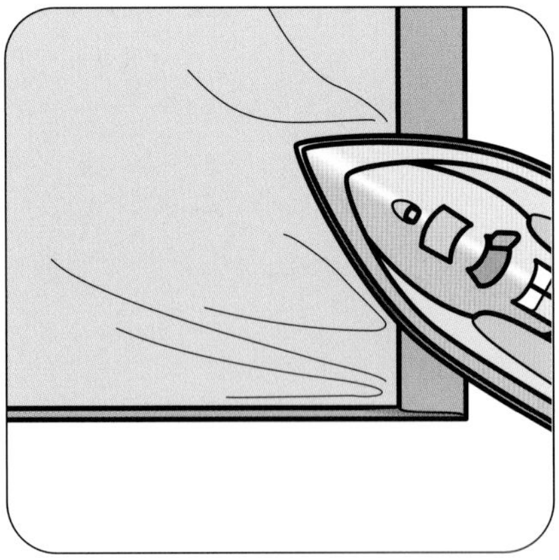

4 Dé la vuelta al estor a través del borde superior. Planche con cuidado y asegúrese de que las esquinas quedan perfectamente cuadradas y de que los bordes doblados sean iguales en los dos lados.

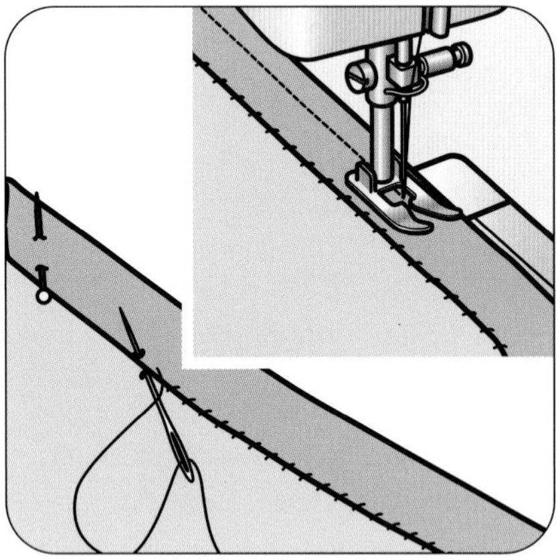

5 Confeccione hacia arriba un dobladillo simple en el borde doblado inferior haciendo una esquina en inglete. Sujete con alfileres y cosa con punto enano. Así logrará un poco más de peso en la parte inferior para reforzar. Pespuntee por los lados.

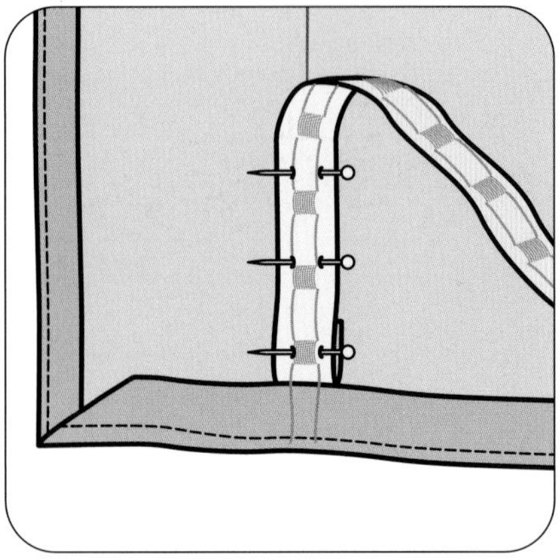

6 Mida guías verticales a intervalos regulares a lo largo del forro y sujete con un trozo de cinta en cada línea. Doble hacia dentro los extremos y después cosa a lo largo de los lados largos para asegurarlos.

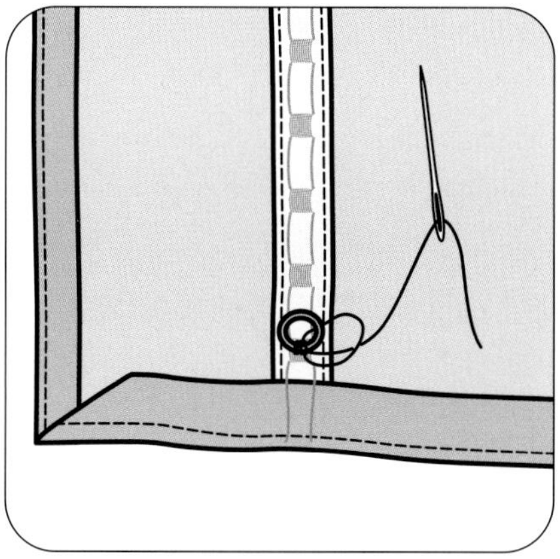

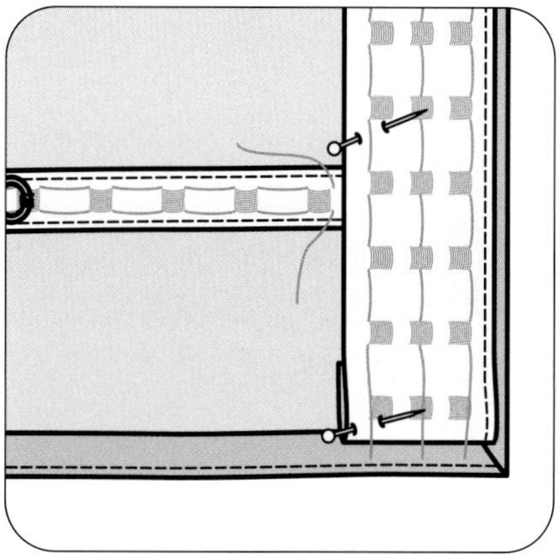

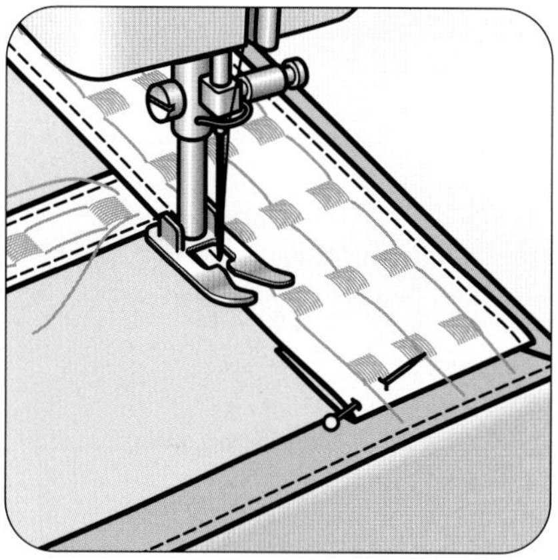

7 Cosa una serie de anillas de cortina a intervalos regulares a lo largo de cada cinta, a unos 10 cm unas de otras. Asegúrese de que las anillas estén en fila a lo largo de las cintas.

8 Haga un dobladillo simple de 12 mm en la parte superior del estor y añada un trozo de cinta de cabecilla sobre el borde sin rematar. Cosa a lo largo del borde superior, pero asegúrese de no atrapar los extremos de los cordones de las cintas verticales.

9 Cosa a lo largo del borde inferior de la cinta de la cabecilla, y de nuevo asegúrese de no atrapar los cordones de las cintas verticales con las puntadas: si lo hace, el estor no subirá correctamente.

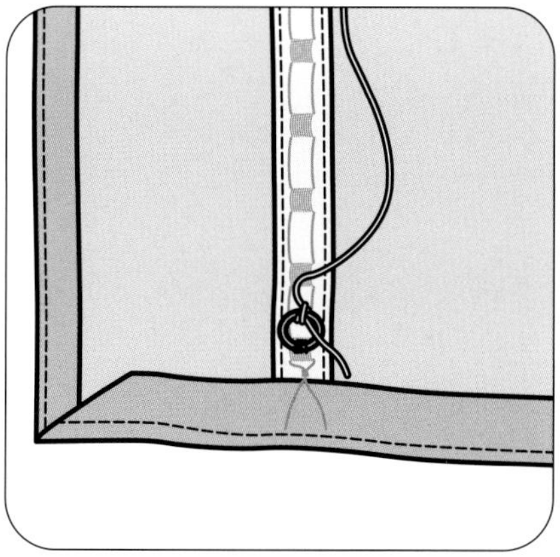

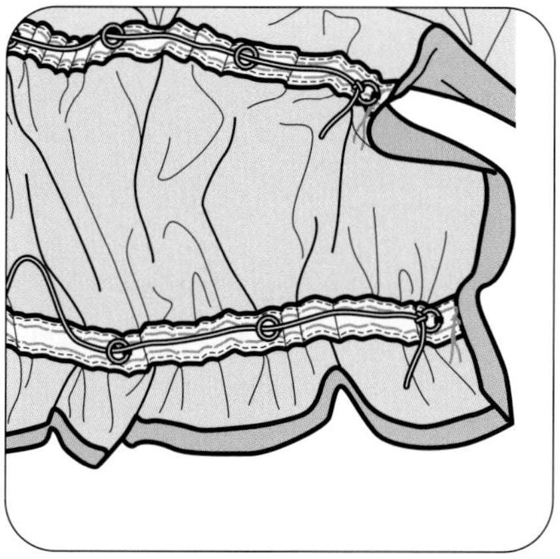

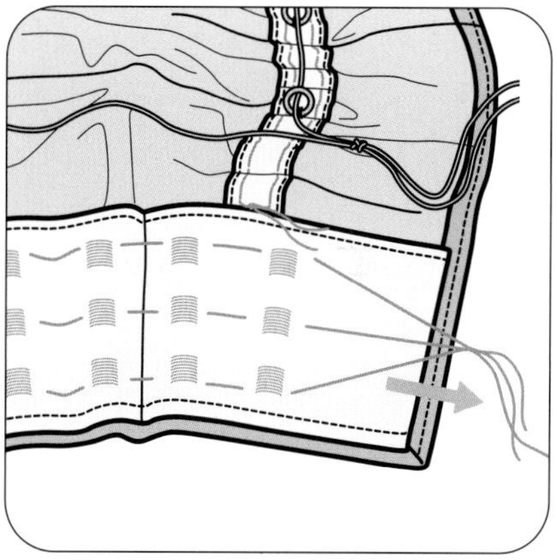

10 Corte un trozo de cordón de la longitud del estor, más su anchura, y otros 15 cm. Ate un extremo a la anilla inferior de la cinta de uno de los lados. Asegúrese de que el nudo sea firme. Repita esta operación con cada cinta.

11 Tire de los cordones de las cintas para fruncir el estor uniformemente. Ajuste los frunces si es necesario. Introduzca por todas las anillas los cordones que añadió en el paso 10. Ate los cordones juntos y después añada otro cordón, que será el que se use para subir y bajar el estor.

12 Tire de los cordones de la cinta de la cabecilla para conseguir la anchura de la ventana, ate los cordones y después enrolle el cordón sobrante entre los dedos e introdúzcalo detrás de la cinta. Distribuya los fruncidos para que el estor quede bien.

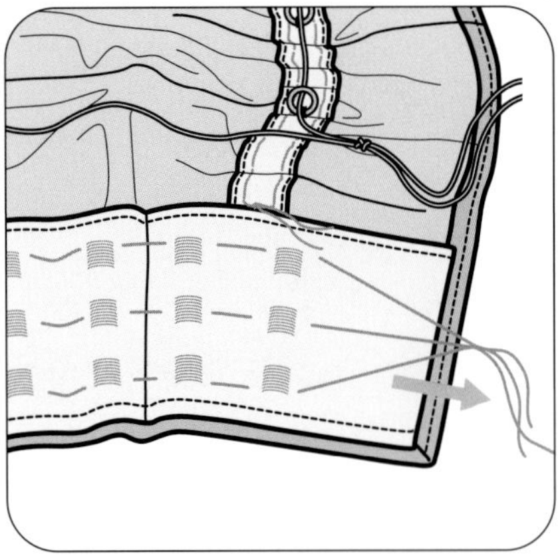

13 La ventana necesitará un riel de cortinas, que medirá exactamente lo mismo que ella, sin espacio adicional a cada lado. Fije un gancho o una abrazadera en la pared para sujetar el cordón que sirve para subir y bajar el estor.

Ganchos

Los ganchos o las abrazaderas fijados en la pared constituyen un modo útil de asegurar un estor romano o austríaco. Normalmente se fabrican en metal y se encuentran en distintos tamaños y colores.

Tirar del cordón

Cordones

Se puede encontrar gran variedad de ornamentos para los extremos de los cordones; también puede hacer el suyo propio con cuentas grandes u otros objetos.

cojines y almohadones

Los cojines y los almohadones pueden usarse para aportar color a una estancia, así como para suavizar los bordes de algunos muebles. Como son fáciles y rápidos de confeccionar, pueden cambiarse con mayor frecuencia que otros objetos. Los adornos confieren originalidad y un aspecto más lujoso.

Cremalleras en la ropa de hogar

El cierre más común que se emplea en la ropa de hogar es la cremallera. Se usa para cerrar cojines y fundas de asientos, y se añade normalmente antes de montar la prenda, puesto que resulta más fácil trabajar en tela sencilla. Si antes nunca ha puesto una cremallera, siga estos sencillos pasos para lograr unos resultados perfectos.

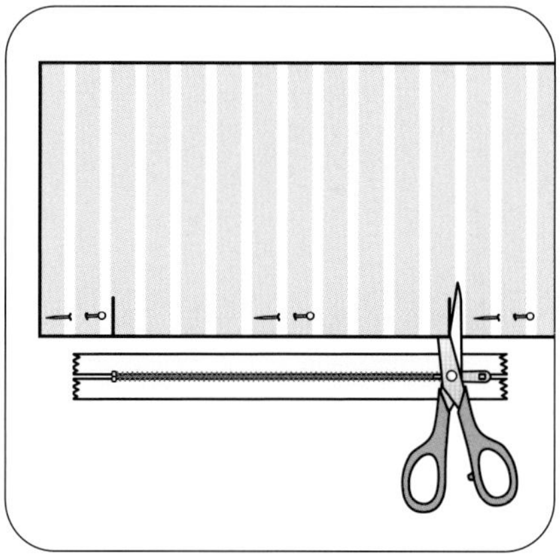

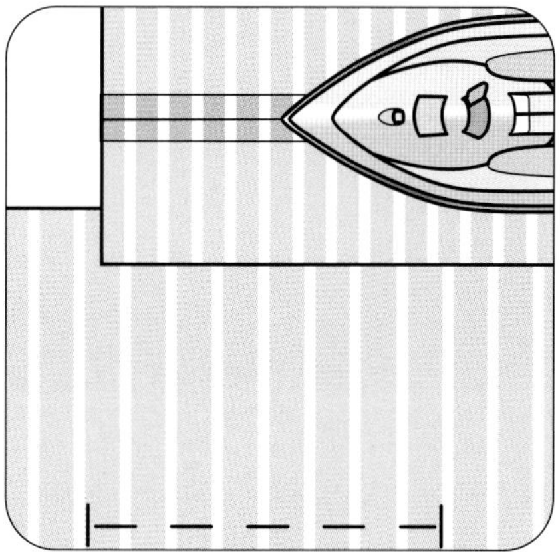

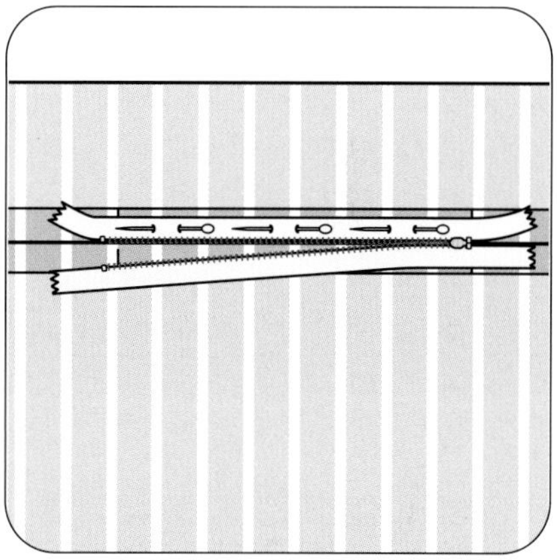

1 Poner un cremallera
Alinee la cremallera junto al borde sin rematar y corte los márgenes de la costura de las dos capas para marcar los dos extremos. La tela estará doblada derecho contra derecho. Alinee los cortes que ha realizado, sujete con alfileres y cosa desde los cortes hasta los extremos; cosa con punto atrás en el extremo del corte para asegurarlo.

2 Hilvane a máquina para marcar la apertura entre los cortes. Planche la costura para que quede abierta.

3 Ponga la tela con el margen de la costura de la pieza inferior doblado hacia arriba. Abra la cremallera y sujétela boca abajo con los dientes muy cerca de la línea de costura y los extremos que coincidan con los cortes.

Cremalleras

Las cremalleras deben ponerse en la parte inferior del cojín o, en el caso de un cojín de asiento, en la posterior.

Tenga en cuenta el peso de la tela a la hora de elegir la cremallera.

Es posible comprar por metros cremalleras continuas, que podrá cortar en la longitud que desee. Cosa el extremo para crear un tope.

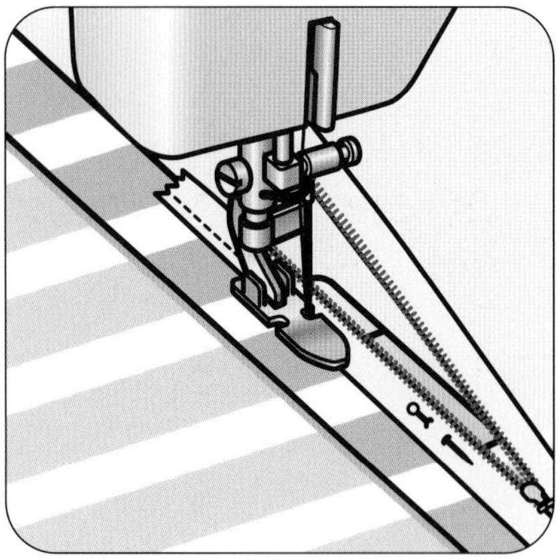

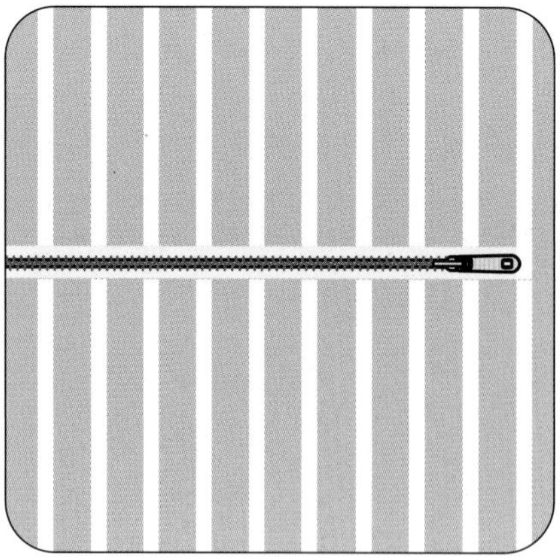

4 Coloque en la máquina un prensatelas especial para cremalleras, y, con la aguja a la izquierda, cosa cerca de los dientes y haga punto atrás en cada extremo. Dé la vuelta a la labor y repita los pasos 3 y 4 para coser el otro lado.

5 Retire el hilván, vuelva la tela del derecho y planche suavemente, con cuidado de no pasar la plancha por encima de la cremallera. Continúe confeccionando el resto de la prenda del modo habitual.

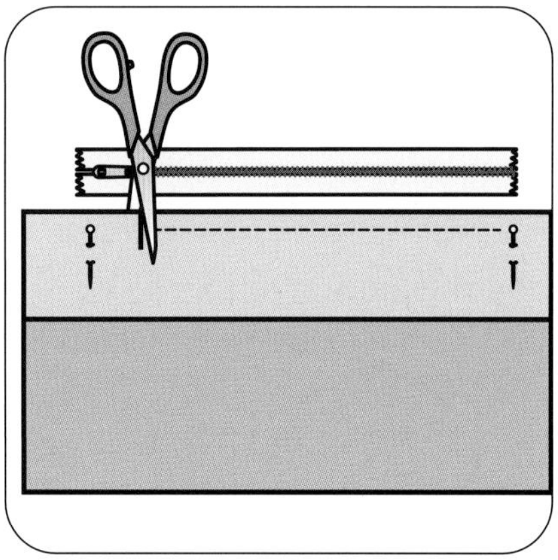

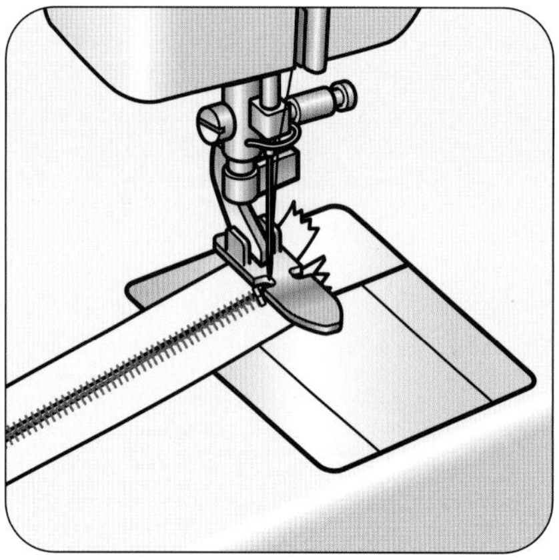

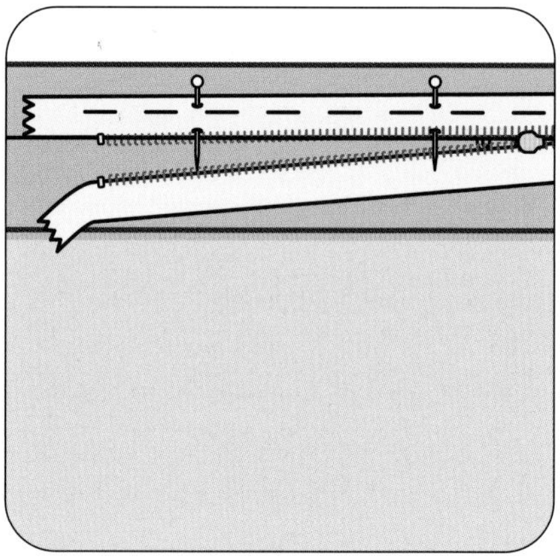

1 ▲ **Poner una cremallera continua**
Coloque las piezas de la tela unidas del derecho sobre una superficie plana. Corte la cremallera para que se ajuste a la longitud de la abertura. Hilvane a máquina para marcar la abertura, como en el paso 2 de la página 247.

2 Cree un tope al final de la cremallera; para ello, dé varias puntadas al final de los dientes o cosa una barra de sujeción sobre ellos.

3 Abra la cremallera y sujétela con alfileres boca abajo, centrada sobre la costura. Cósala como se ha descrito en los pasos 3 y 4 de las páginas 247-248. Cierre la cremallera y repita las puntadas en el otro lado. Retire el hilván para que se pueda abrir y cerrar la cremallera. Pespuntee en los extremos de la abertura para asegurarlos.

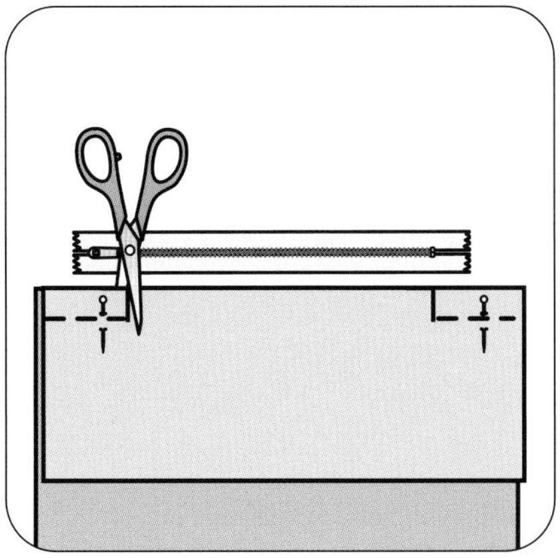

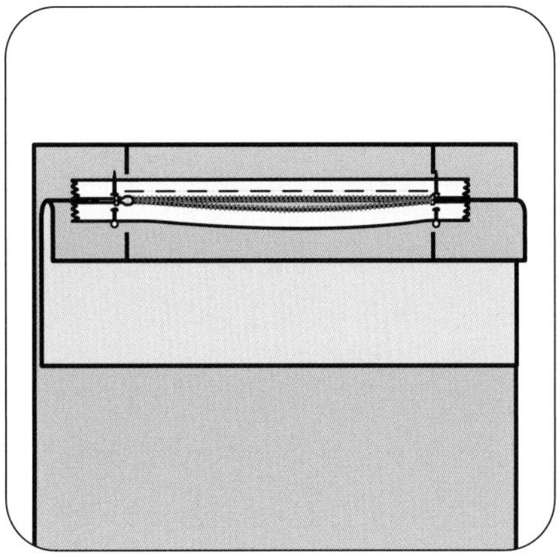

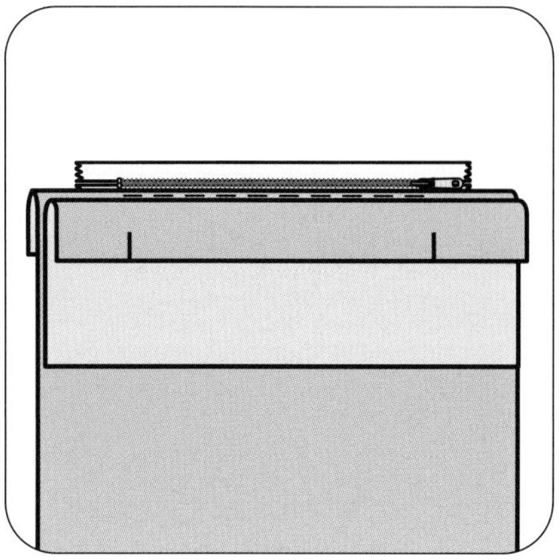

1 ▲ **Hacer una cremallera solapada**
Realice cortes en los márgenes de costura de las dos piezas de tela para señalar la longitud de la abertura. Coloque las piezas derecho con derecho y cosa desde los cortes a los bordes. Siga el paso 2 de la página 247, donde se indica que hilvane la abertura a máquina.

2 Coloque la tela con el margen de la costura de la pieza inferior doblado hacia arriba. Abra la cremallera y sujétela con alfileres boca abajo, con los dientes cerca de la línea de costura y los extremos alineados con los cortes. Coloque el prensatelas para cremalleras en la máquina, mantenga la aguja a la derecha e hilvane a 6 mm de los dientes.

3 Coloque la cremallera boca arriba y doble hacia dentro su lado cosido. Cosa muy cerca del borde del doblez y traspase todas las capas de tela.

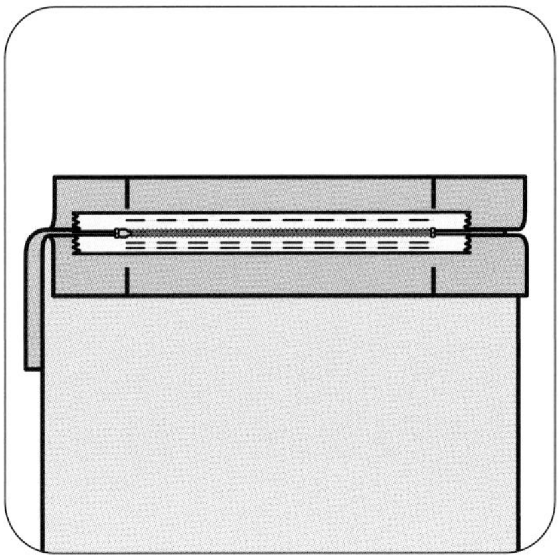

4 Dé la vuelta a la labor y coloque el otro margen de la costura abierto. Cierre la cremallera e hilvane a máquina el lado de la cremallera que aún está sin coser. Del derecho, con la aguja a la izquierda del prensatelas para cremalleras, pespuntee sobre la parte inferior de la cremallera, por el lateral, a 12 mm de la costura, y en la parte superior. Retire el hilván.

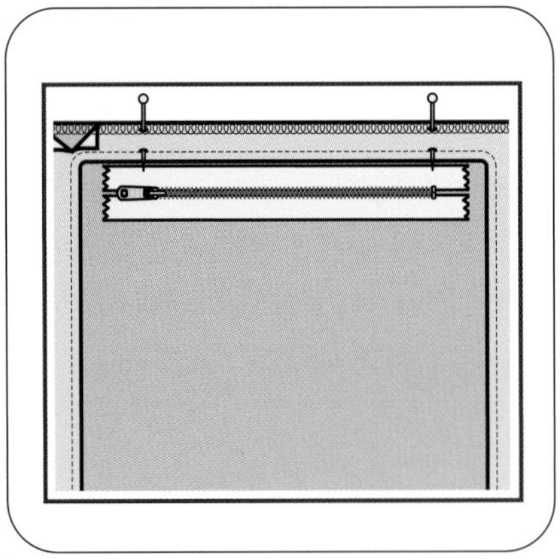

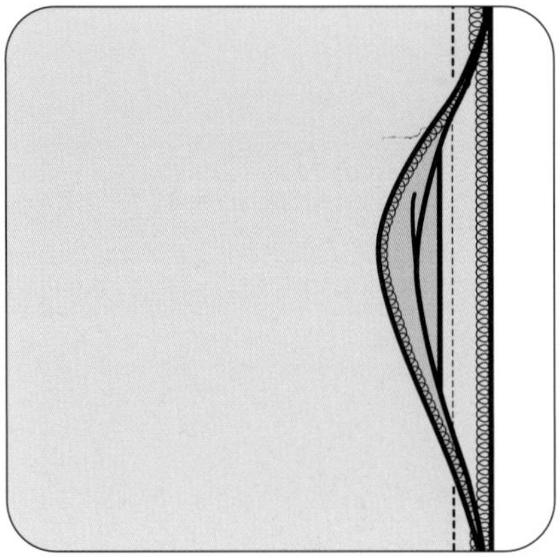

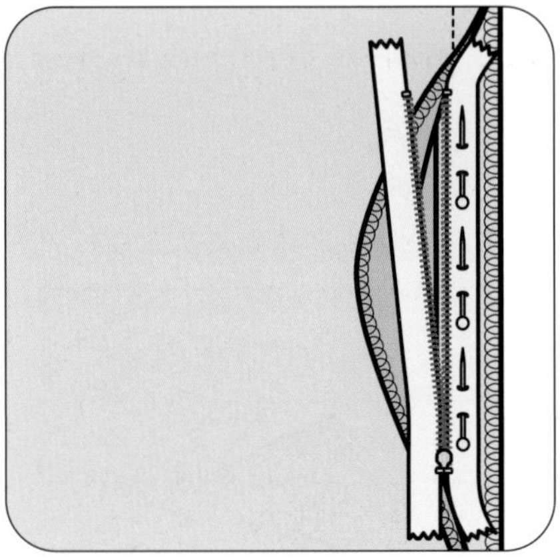

1 ▲ Poner una cremallera en una costura ribeteada
Dé puntadas de zigzag a lo largo de los bordes sin rematar y coloque alfileres para marcar la ubicación de la cremallera. Cosa las piezas delantera y trasera juntas, derecho con derecho, desde la esquina hasta los alfileres.

2 Cosa lo más cerca posible del ribete. Doble hacia atrás la pieza de tela que no tiene ribete.

3 Abra la cremallera y colóquela boca abajo a lo largo del ribete, con los dientes del lado derecho sobre él. Sujétela con alfileres.

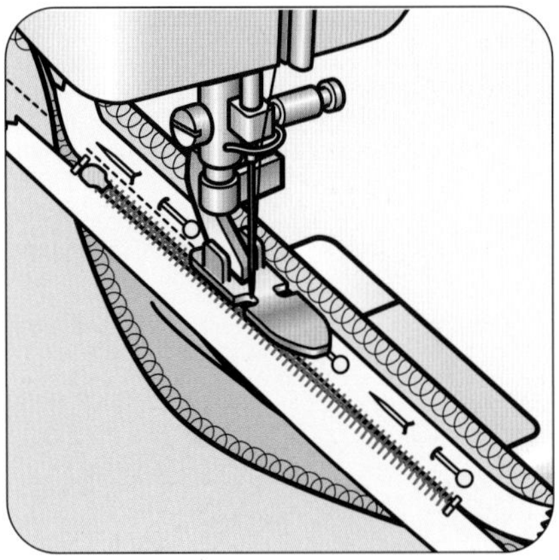

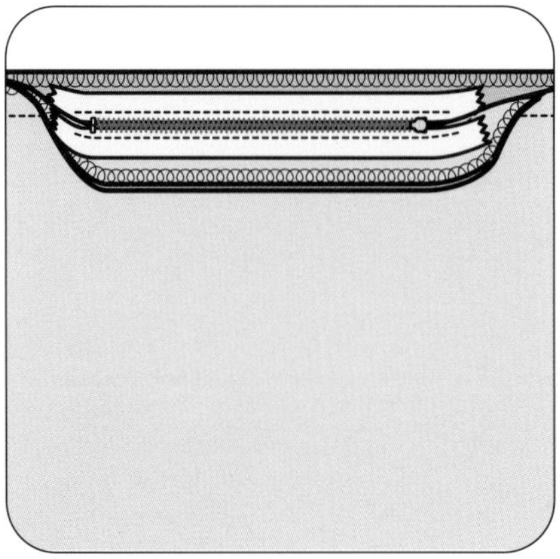

4 Cierre la cremallera y cosa el lado sujeto con alfileres lo más cerca posible de los dientes. Levante la aguja lo que sea necesario para asegurarse de que todo está alineado correctamente.

5 Dé la vuelta a la labor y alinee la cremallera con el borde interior de la puntada de zigzag. Cosa el segundo lado trabajando lo más cerca posible de los dientes, pero asegurándose de que el deslizador se pueda mover libremente. Retire el hilván.

Cojín redondo con cierre superpuesto

Un cierre superpuesto es un modo sencillo y limpio de cerrar un cojín sin tener que añadir cremallera, botones ni tampoco puntadas, que impedirían sacar más tarde el relleno para lavarlo.

Un cordoncillo que contraste alrededor del borde aportará colorido a una funda lisa. El cierre superpuesto también puede usarse en cualquier otro tipo de cojín.

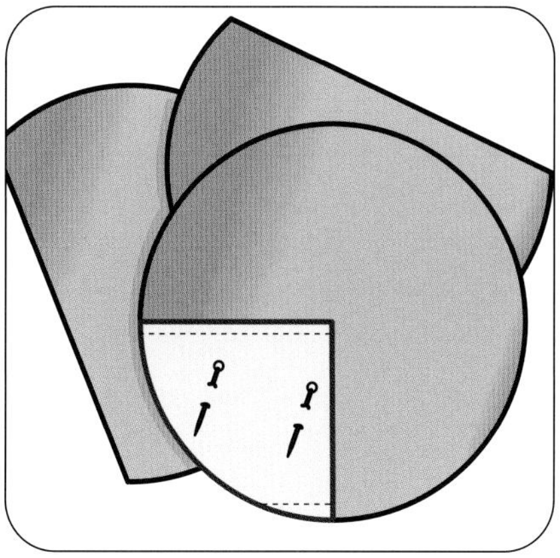

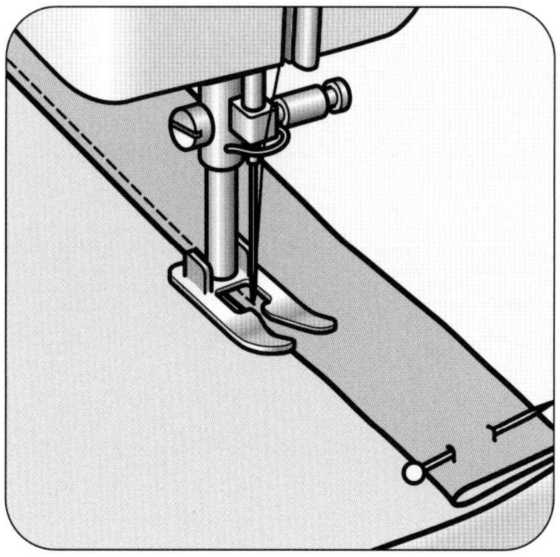

1 Realice una plantilla circular de papel del tamaño del cojín, más los márgenes de la costura. Corte tres círculos de tela; después, recorte del borde de dos de ellos una tira de aproximadamente un tercio de la anchura, para crear la pieza posterior trasera superpuesta.

2 Doble hacia atrás un trozo de tela para confeccionar un dobladillo en el lado recto de una de las piezas posteriores, planche y dé puntadas de zigzag. Haga un doble dobladillo hacia dentro en el lado recto de la otra pieza.

3 Añada un cordoncillo que contraste alrededor del borde de la pieza delantera circular siguiendo las instrucciones de la página 263. Asegúrese de colocar el cordoncillo justo dentro del margen de la costura, y después una los extremos.

Sobre cojines

Los cojines pueden confeccionarse de casi cualquier forma o tamaño; existe gran variedad de formas estándar de cojines o almohadones en el mercado. También puede hacer el suyo propio creando una forma con tela de forro para rellenarla después de plumas o material sintético.

Para conseguir rápidamente un nuevo aspecto, añada adornos, como galones, botones, borlas o aplicaciones, a las fundas lisas de cojín que haya comprado.

Los cojines no necesitan confeccionarse en una tela resistente, pues pueden volver a forrarse fácilmente. Esto significa que puede usar delicadas sedas, encaje y telas bordadas para aportar un toque de opulencia a la estancia.

Los cojines rellenos de pluma son lujosos y mullidos, pero si tiene alergia, podría ser mejor un relleno sintético.

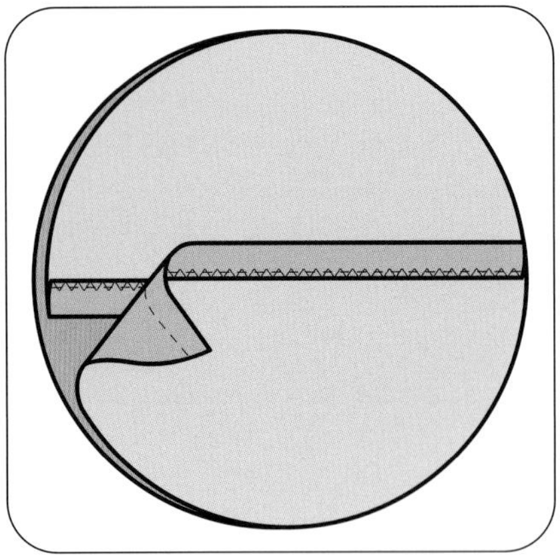

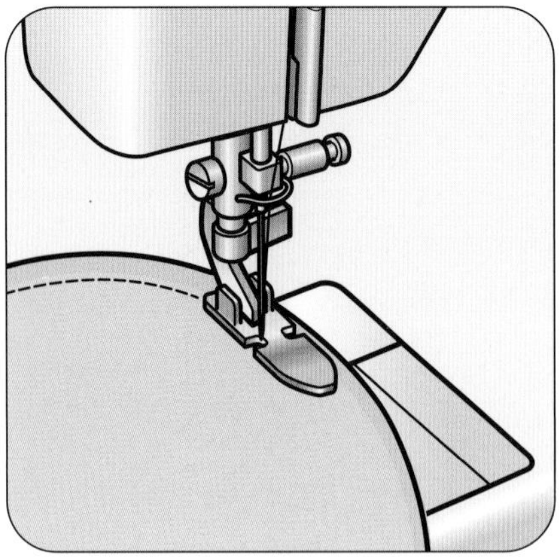

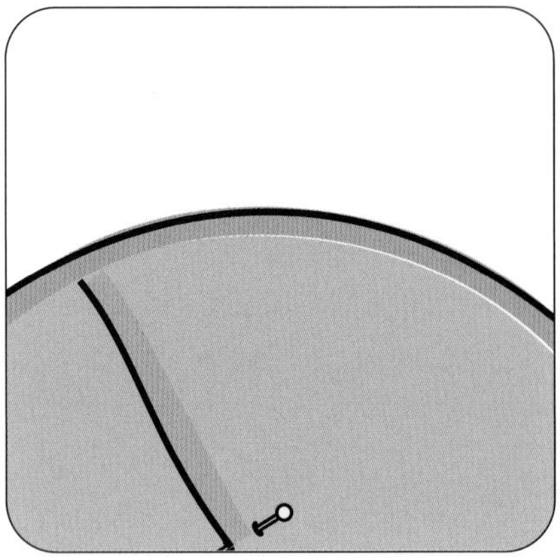

4 Con la pieza delantera boca arriba, coloque encima la pieza del dobladillo boca abajo y después la pieza con la puntada de zigzag, también boca abajo. Sujete con alfileres e hilvane el borde atravesando todas las capas.

5 Con un prensatelas para cremalleras en la máquina, cosa alrededor del borde del cojín tan cerca del cordoncillo como le sea posible. Haga punto de zigzag en los bordes sin rematar del margen de la costura.

6 Dé la vuelta a la funda a través del hueco de la tela superpuesta e introduzca el relleno del cojín por el mismo lugar. Si necesita lavarlo, puede sacarlo también con bastante facilidad.

Cojín de caja con cremallera

Este cojín tiene una abertura con cremallera, aunque el de cierre superpuesto también sería adecuado para esta forma; los dos métodos son intercambiables. Las esquinas ligeramente redondeadas son mejores para un cojín de caja con cordoncillo o con adornos como volantes.

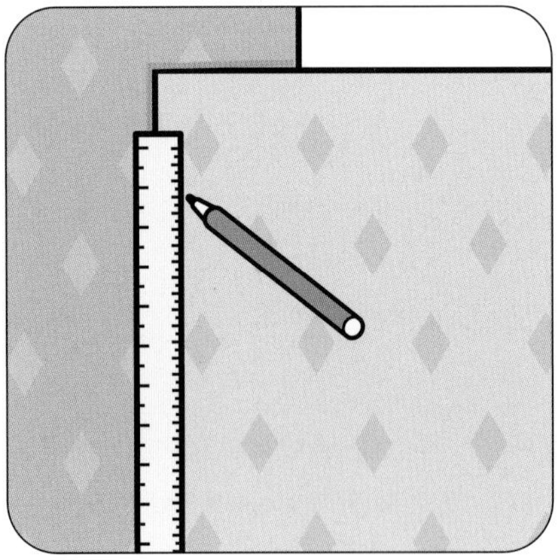

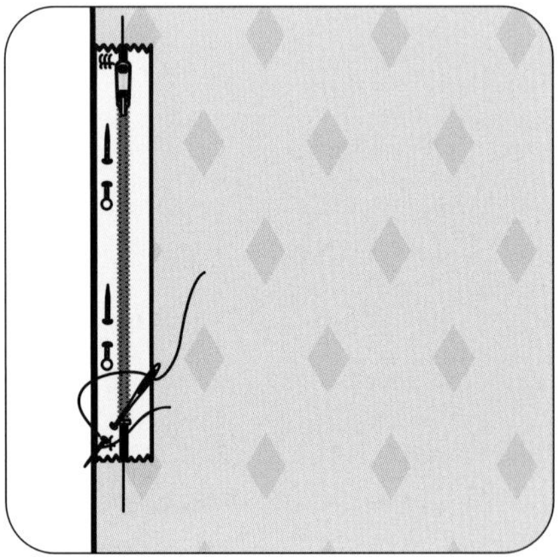

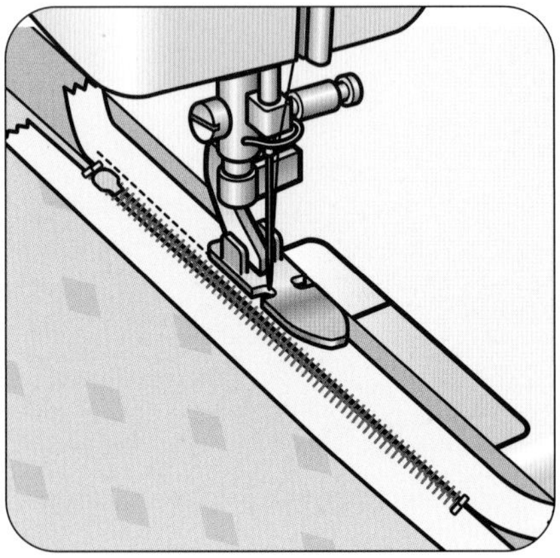

1 Mida y corte dos piezas de tela del tamaño del cojín más los márgenes de las costuras. Marque una línea a 12 mm del borde por el revés en una de las piezas.

2 Use una cremallera 5 cm más corta que el tamaño del cojín. Centre la cremallera sobre la línea que acaba de marcar; después, sujete con alfileres, hilvane y cosa. Haga punto atrás en los dos extremos de la costura para asegurarla.

3 Si va a añadir cordoncillo alrededor del cojín, póngalo en el borde de la segunda pieza de tela. Hilvane y cosa la segunda pieza a la cremallera con el cordoncillo apoyado justo contra los dientes.

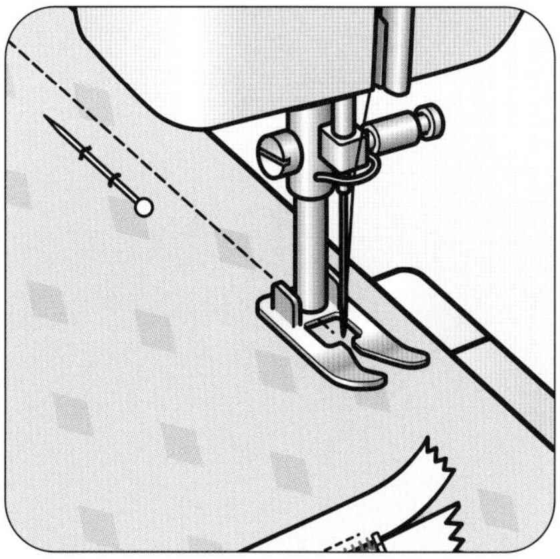

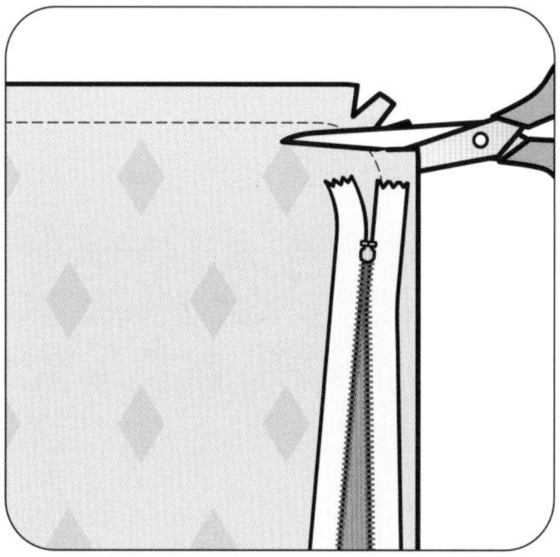

4 Abra la cremallera, sujete con alfileres las dos piezas unidas por el derecho y cosa por los lados que faltan; comience y concluya muy cerca de la cremallera. Haga punto atrás para asegurar los extremos de la costura, y de zigzag en el margen de la misma.

5 Recorte el margen de la costura con cuidado de no dañar las puntadas. Recorte las esquinas curvas o corte piquetes. Dé la vuelta a la funda a través de la cremallera e introduzca dentro el relleno.

Funda de cojín en forma de corazón

Para las formas que sean bastante inusuales, puede crear su propio relleno, así como la funda. Realice una plantilla, que también podrá usar para la funda. Esta funda en forma de corazón tiene curvas pronunciadas y se cierra con lazos, que son lo suficientemente decorativos como para colocarse tanto en la parte anterior como en la posterior del cojín.

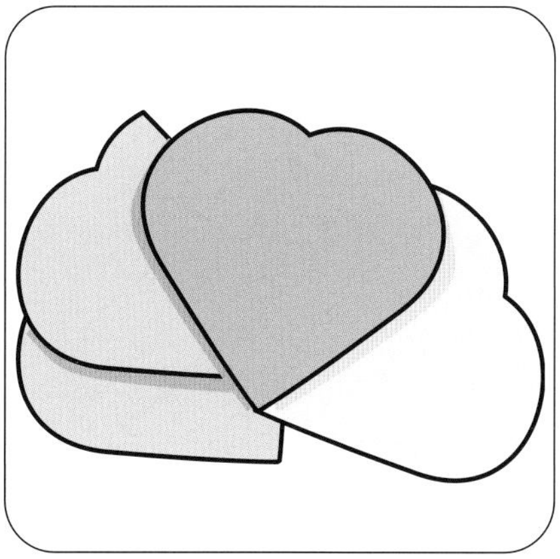

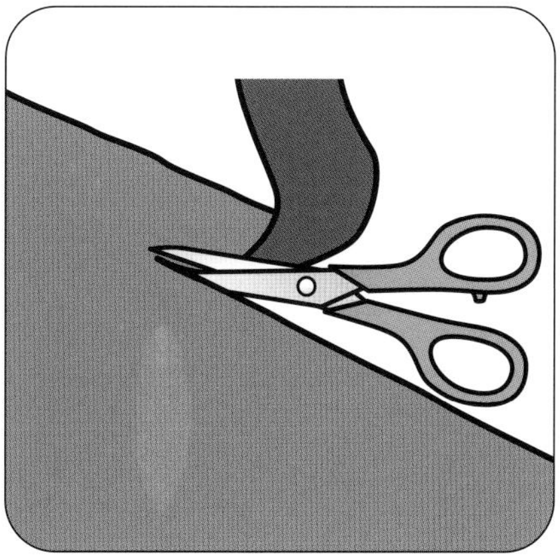

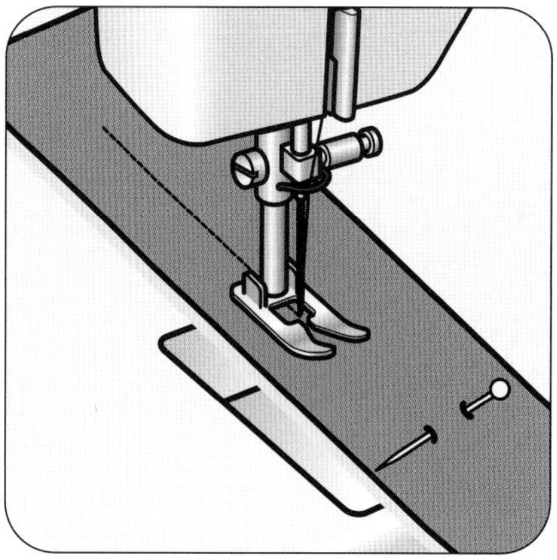

1 Con el patrón ampliado de la plantilla, corte un trozo de tela para la parte anterior del cojín. Doble hacia atrás aproximadamente un tercio de un lado de la plantilla y úselo para cortar dos piezas traseras que se solaparán.

2 Marque la línea de doblez central en las piezas traseras y la línea de costura de la pieza delantera. Mida dos tiras largas de una tela que contraste para hacer los lazos; deberían medir aproximadamente 6 x 35 cm. Marque la línea de la costura a lo largo de todos los bordes.

3 Doble una tira por la mitad en sentido longitudinal, derecho con derecho, y sujete con alfileres. Cosa por uno de los bordes cortos y por el largo sin rematar. Dé la vuelta al lazo y plánchelo. Repita esta operación con la otra tira de tela.

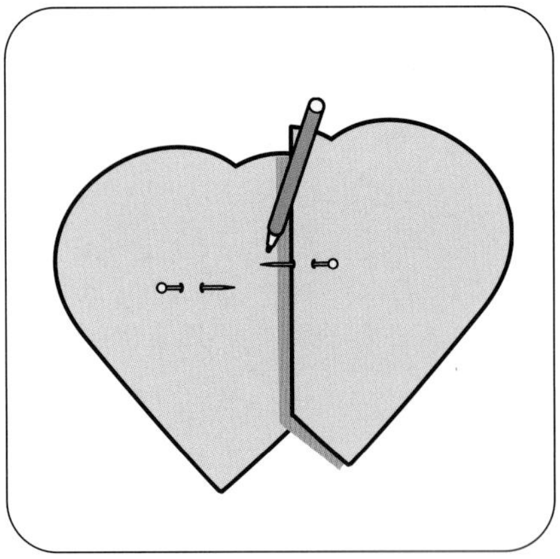

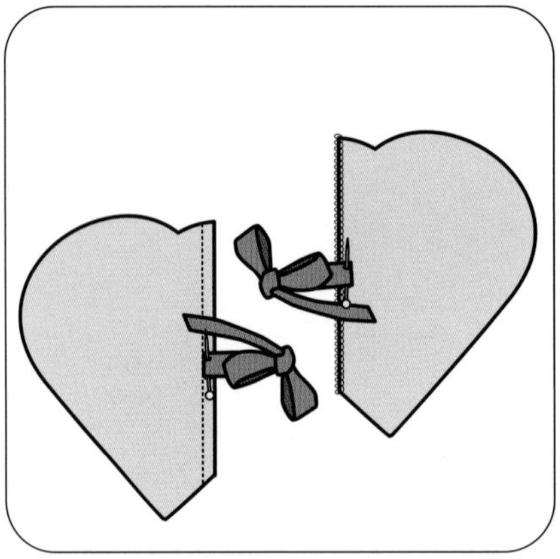

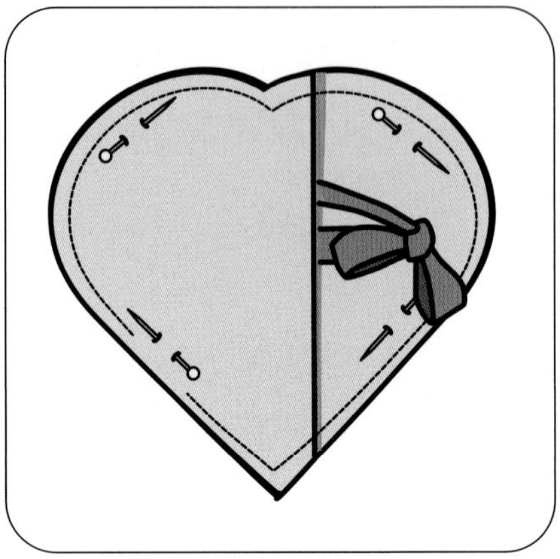

4 Marque con un par de hilvanes dónde van a colocarse los lazos en las piezas traseras de la funda. Uno debería hallarse en la pieza que quedará superpuesta, en la línea de pliegue central, y el otro en la parte que quedará por debajo, donde se encontrarán los dos lados.

5 Doble hacia atrás el borde de la pieza que quedará superpuesta a lo largo de la línea del pliegue central. Dé puntadas de zigzag a lo largo del borde sin rematar. Haga un doble dobladillo estrecho en el borde de la pieza que quedará por debajo y cósalo. Sujete con alfileres los lazos y cósalos al tiempo que va acomodando sus bordes sin rematar.

6 Coloque la pieza delantera con el derecho hacia arriba; después, coloque encima la pieza que quedará superpuesta con el derecho hacia abajo, cubierta por la pieza que quedará por debajo, también con el derecho hacia abajo. Prenda alfileres y cosa alrededor del borde del corazón, pero deje un pequeño hueco para dar la vuelta a la funda.

7 Dé la vuelta a la funda a través del hueco que ha dejado en el borde. Plánchela y después introduzca el relleno en forma de corazón. Los lazos se anudan en la parte posterior, que también puede ser la delantera.

Corazón de papel

Utilice papel grueso para hacer la plantilla. Para formas simétricas, como este corazón, doble el papel sobre sí mismo, de modo que las dos mitades sean idénticas.

Para la funda, use la misma plantilla, pero añada 6 mm para el margen de la costura.

Técnicas decorativas para cojines

Es posible usar distintos adornos, botones y accesorios para añadir detalles a los cojines y que de este modo armonicen más con su plan de diseño principal. Los adornos también pueden usarse para personalizar cojines lisos que haya adquirido ya confeccionados, lo que los hará mucho más originales y ricos.

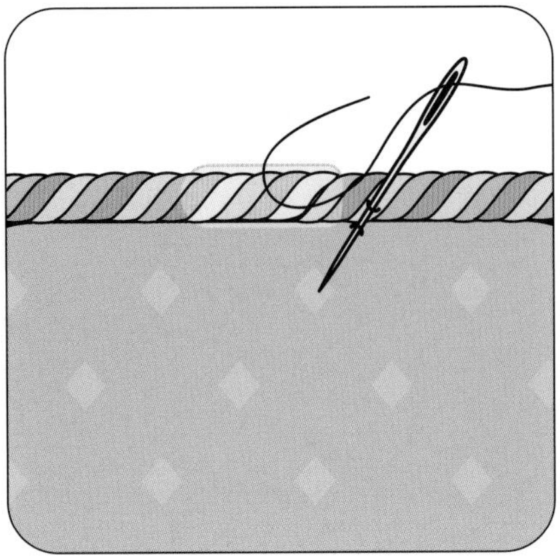

1 ▲ **Borde de cordoncillo** Envuelva un extremo del cordoncillo con cinta adhesiva. Cosa a mano el cordón al borde del cojín; tome una puntada del cordón y otra de la tela. Al final, envuelva el otro extremo del cordón también con cinta y monte los dos extremos.

2 Descosa unos 2,5 cm de la costura próxima al cordón superpuesto. Retire la cinta del cordón e introduzca los extremos en el hueco que ha creado en la costura superponiéndolos ligeramente. Cierre la costura con punto enano, con lo que al mismo tiempo asegurará el cordón.

Cordones

No hace falta fijar el cordón al cojín: se puede conseguir un interesante efecto festoneado si se sujeta a intervalos y se deja ligeramente suelto entre cada punto de fijación. Se formarán pequeños bucles.

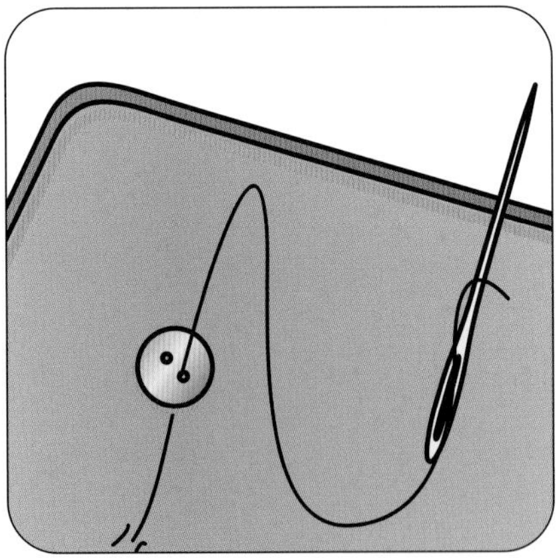

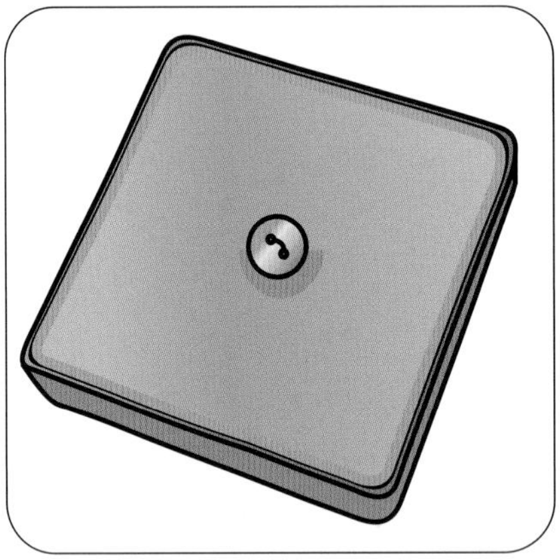

1 ▲ **Botones** Use una aguja de tapicería y un trozo largo de hilo doble. Asegure el extremo e introduzca la aguja hacia dentro. Dé las puntadas pasando por la parte posterior del botón. Remate bien.

2 Puede usar un botón normal, como aquí, o un botón decorativo. Asimismo, es posible poner un botón en cada cara del cojín. El de la ilustración es mullido y cómodo porque el relleno no es demasiado abundante.

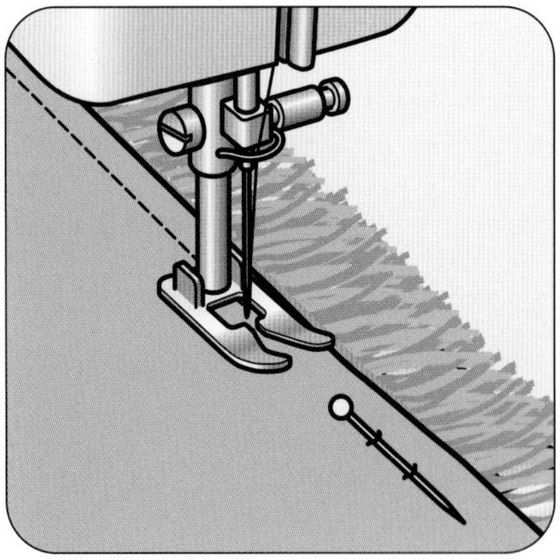

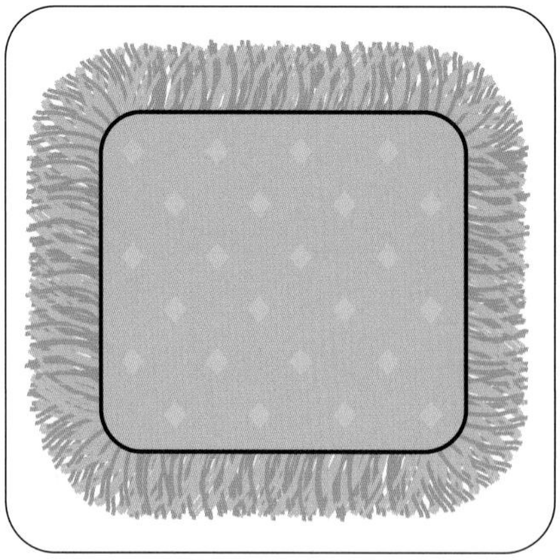

1 ▲ Flecos

Sujete con alfileres el ribete de flecos alrededor del borde frontal de la funda acabada, y después hilvane, si es necesario. Si el ribete tiene un galón estrecho, será suficiente con una línea de puntadas; si es más ancho, cosa a lo largo de los dos bordes.

2 Doble el extremo final antes de coser. Si usa un ribete de flecos con un galón grueso, se disimularán las líneas de puntadas, pero también puede conseguir que formen parte del diseño.

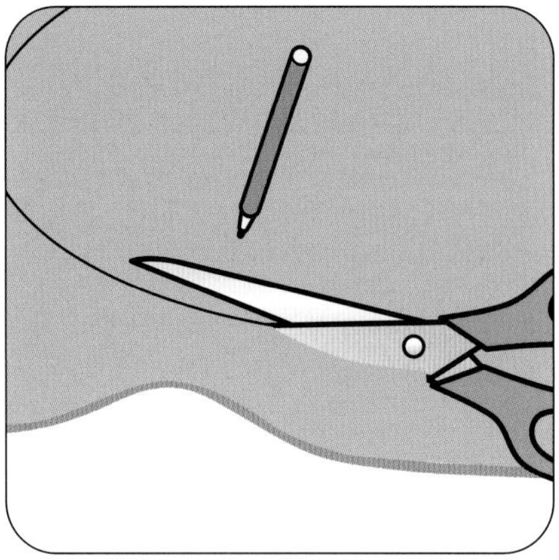

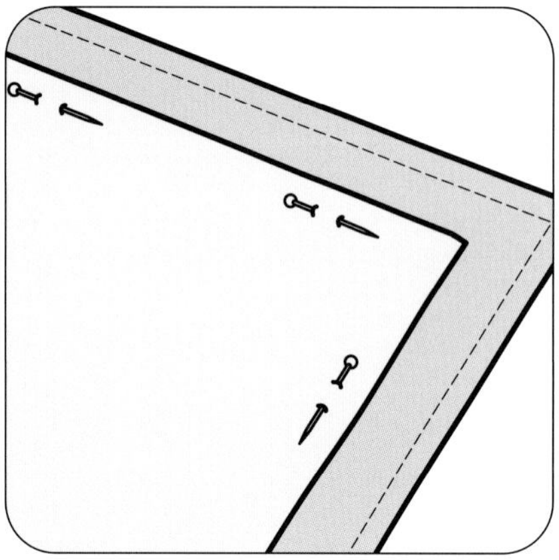

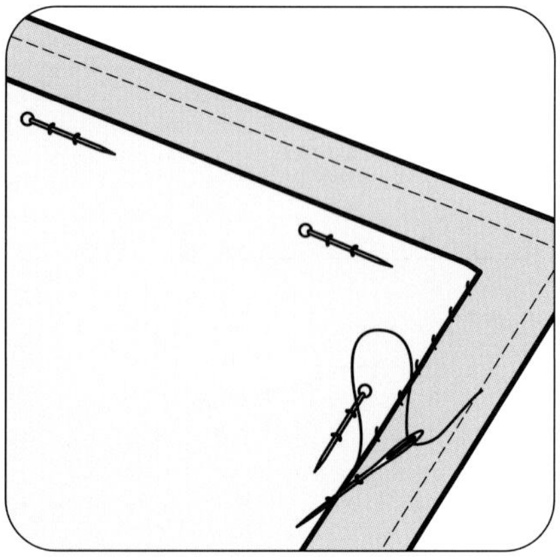

1 ▲ Añadido de tapicería

Dé la vuelta a la funda terminada para ponerla del revés y marque el tamaño de la pieza de tapicería en el centro de uno de los lados. Recorte el cuadrado, pero deje la anchura de un margen de costura dentro de la línea marcada.

2 Planche el margen de la costura hacia el revés alrededor de la ventana y recorte lo que sea necesario. Planche la pieza de tapicería y recorte los bordes sin rematar a 2,5 cm o menos. Sujete con alfileres la pieza de tapicería en la ventana.

3 Compruebe que la pieza esté centrada dentro de la ventana y cósala. Haga punto atrás alrededor de cada esquina para reforzarla. Dé la vuelta a la funda a través de la abertura de la cremallera.

Cojín de silla con lazos

Este bonito cojín con volante resulta ideal para el estilo tradicional de silla de la ilustración, al mismo tiempo que hace que sea mucho más cómodo sentarse en ella. El volante también suaviza visualmente el borde de la silla, pero, si lo desea, puede añadir un ribete en su lugar para marcar más las líneas.

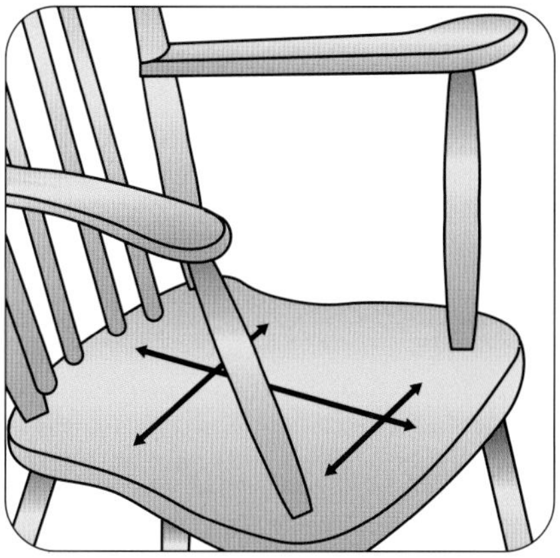

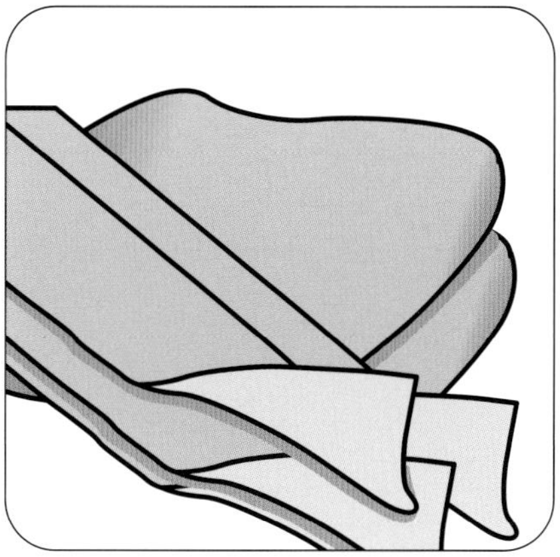

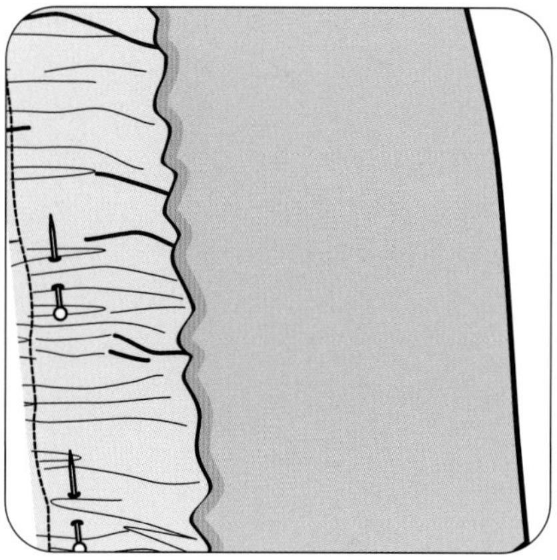

1 Mida el asiento como se ha indicado: a-b de la parte posterior a la anterior; c-d a lo ancho; e-f entre los brazos. Realice una plantilla de papel y ajústela hasta que encaje perfectamente en la silla. Añada los márgenes de la costura.

2 Use la plantilla para cortar dos piezas de tela para el cojín y corte cuatro tiras para los lazos. Mida los lados y la parte frontal del cojín, multiplíquelo por 2-2,5, añada un margen de costura y corte otra tira para el volante, de unos 5 cm de ancho, más el margen de costura. Doble las tiras para los lazos por la mitad y sujételas con alfileres.

3 Confeccione los lazos y deles la vuelta; haga un dobladillo al volante y frúnzalo. Cosa un doble dobladillo en las dos piezas del cojín, donde irán los lazos en la parte posterior. Sujete con alfileres las dos piezas del asiento, derecho con derecho, al volante y los lazos, cuidadosamente remetidos.

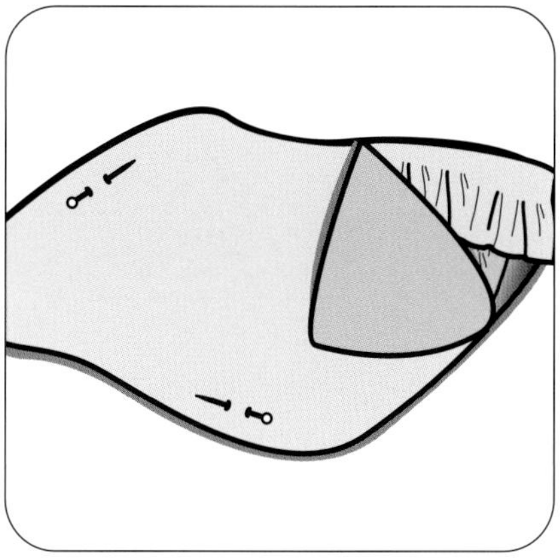

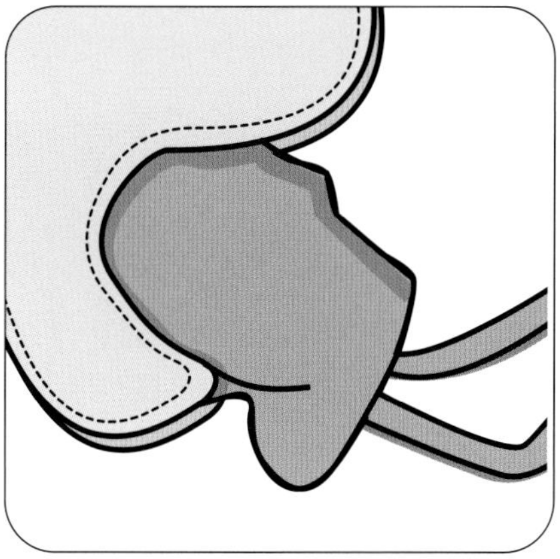

4 Hilvane alrededor para sujetar todo firmemente; comience y deténgase en los extremos del doble dobladillo que hizo en el paso 3. Sujete con alfileres unos trozos pequeños de Velcro,® alineados, a lo largo del doble dobladillo en cada pieza, y cósalos.

5 Cosa la costura alrededor del cojín; de nuevo empiece y deténgase en los extremos del doble dobladillo realizado en el paso 3. Dé la vuelta al cojín a través de la abertura trasera e introduzca el relleno.

6 Ate el cojín al respaldo de la silla.

Cojines de caja

Un cojín de caja tiene alrededor de las piezas superior e inferior una tira de tela independiente que cubre la altura del cojín. Este tipo de cojín se usa habitualmente como cojín de asiento, aunque también puede emplearse para el suelo.

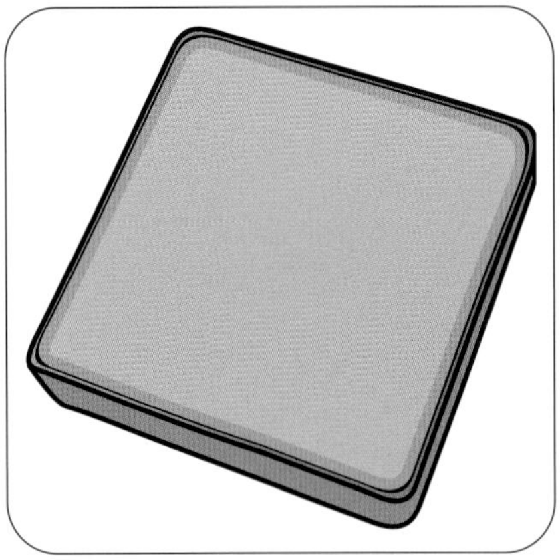

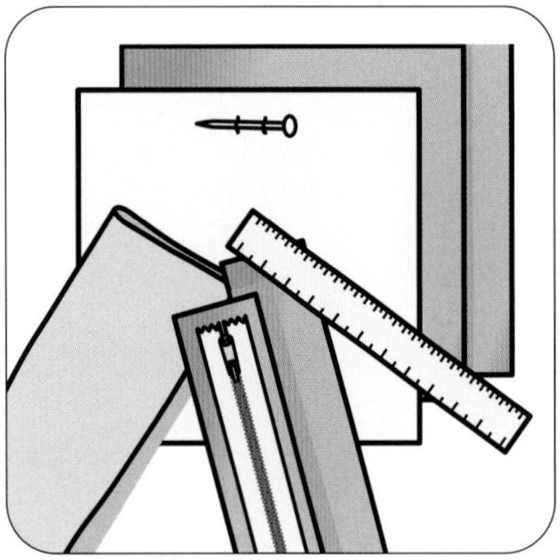

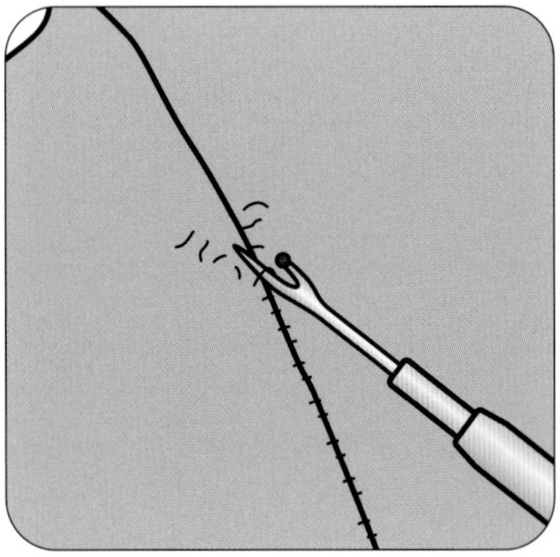

▲ **Cojín de caja cuadrado**

Las instrucciones siguientes son para un cojín cuadrado, pero se emplea exactamente la misma técnica para confeccionar uno ovalado, redondo o con otra forma.

1 Corte las dos piezas del asiento y una tira que tenga la misma anchura y longitud que la forma, más los márgenes de la costura. Corte dos tiras de la longitud de la forma, pero sólo la mitad de la anchura, más las costuras. Haga dos tiras de ribete de una longitud igual a la del borde exterior.

2 Coloque las tiras estrechas, derecho con derecho, y marque dónde va a ir la cremallera. Cosa hasta el final de la cremallera y después hilvane la costura. Prenda alfileres, hilvane y cosa la cremallera cerrada; vigile que esté centrada sobre la sección hilvanada de la costura. Retire los hilvanes.

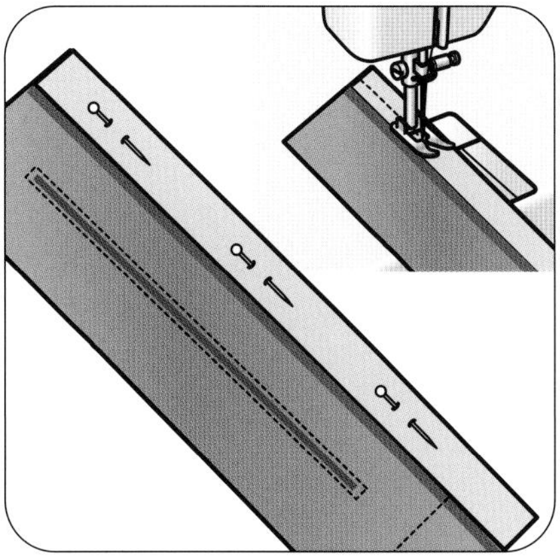

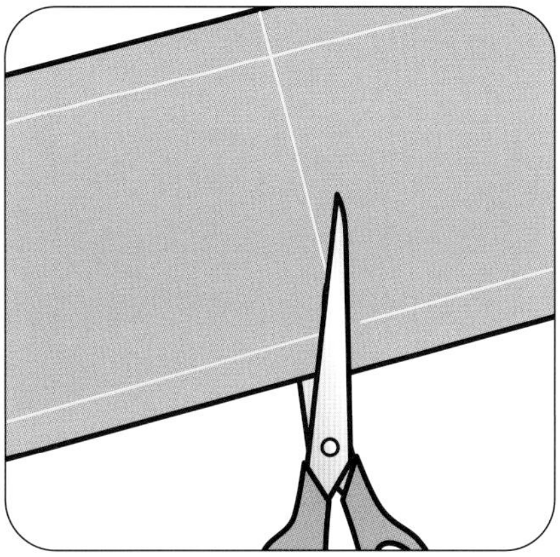

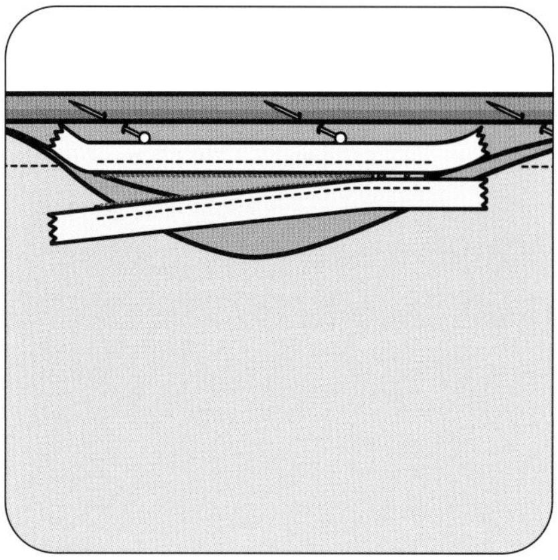

3 Cosa un extremo corto de la tira larga a otro extremo corto de la tira con la cremallera, derecho con derecho. Abra la costura con la plancha; después, hilvane y cosa el ribete alrededor del lado largo con los bordes sin rematar alineados y el ribete hacia dentro.

4 Cosa el ribete al otro borde largo del mismo modo. Marque el lugar donde irán las esquinas de la forma y realice cortes en el margen de la costura. Cosa juntos los otros dos extremos cortos, abra la costura con la plancha y recorte las esquinas.

5 Sujete con alfileres y cosa una de las piezas del asiento a la tira ribeteada, derecho con derecho. Abra la cremallera y sujete la otra pieza del asiento al otro lado de la tira asegurándose de que el ribete esté recto. Cosa ambas costuras.

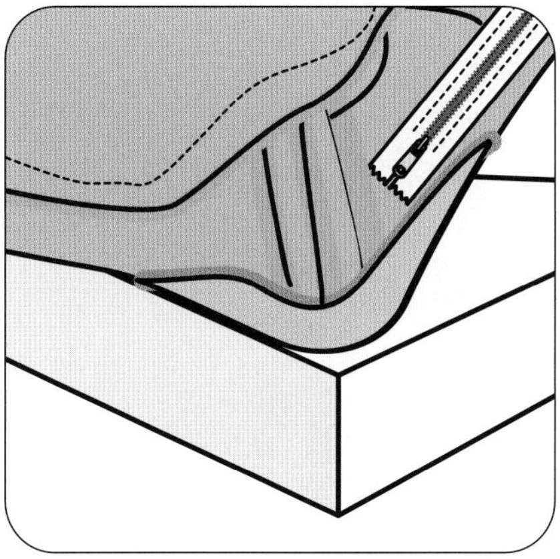

6 Recorte los márgenes de costura y las esquinas para reducir el volumen, con cuidado de no dañar ninguna puntada. Dé la vuelta a la funda a través de la abertura de la cremallera e introduzca el relleno.

Notas sobre cojines de caja

Los cojines de caja se hallan en el mercado en gran variedad de tamaños, pero, si no encuentra uno que se ajuste a su asiento, adquiera un trozo de espuma gruesa para cortarla a medida.

Utilice una cremallera 5 cm más corta que el borde posterior del cojín. Si fuera más corta, sería difícil introducir el relleno por la abertura.

Para confeccionar fácil y rápidamente un cojín de caja, corte dos cuadrados de tela del tamaño del relleno, más la mitad de la altura y los márgenes de la costura. Coloque la cremallera y cosa derecho con derecho. Doble la tela para que la costura vaya por el centro hasta una esquina, y después cosa en diagonal a través de la esquina. La costura debe ser de la altura del relleno. Repita esta operación en las cuatro esquinas y recórtelas. Dé la vuelta a la funda e introduzca el relleno.

Cojines cilíndricos

El cojín cilíndrico y largo se usa en el cabecero de una cama, en una *chaise longue* o en un sofá. Se pueden comprar rellenos de cojines cilíndricos en distintos tamaños y longitudes, aunque también puede confeccionarlos usted. Para hacer su propio relleno, siga las instrucciones siguientes; emplee tela lisa y omita el ribeteado. Para este tipo de cojín, utilice un relleno bastante firme.

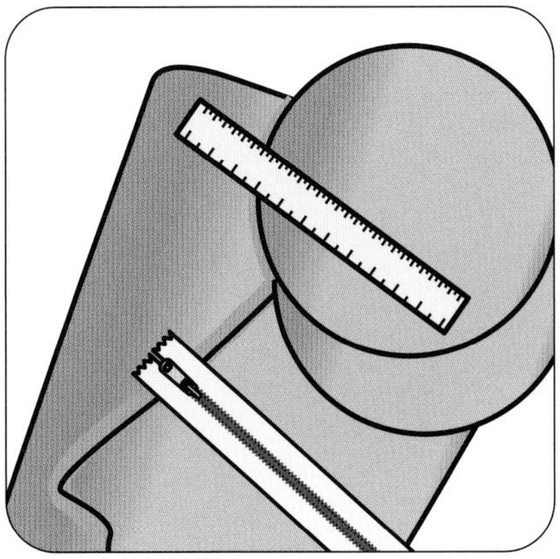

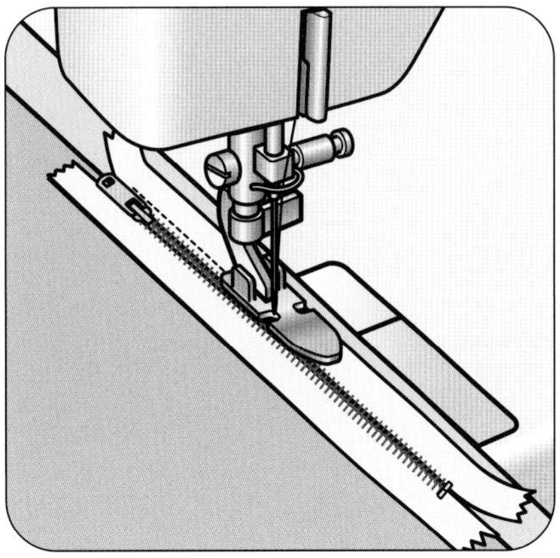

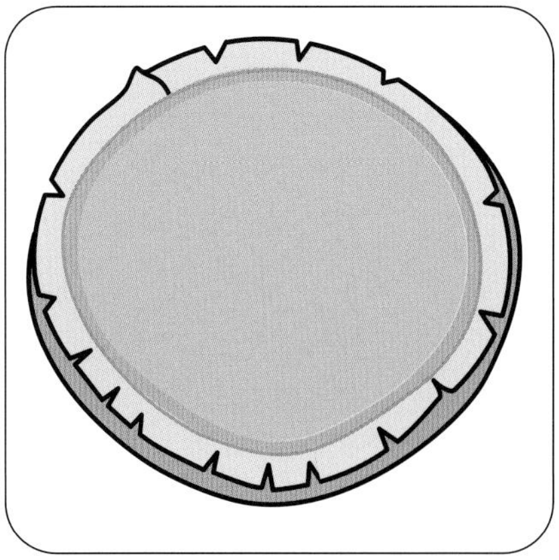

1 ▲ **Cojín cilíndrico con cremallera** Mida el cojín y corte un trozo de tela; considere la longitud, el contorno y el margen de costura. Corte dos círculos del mismo diámetro para los extremos, más el margen de costura, y cree un trozo de ribete de dos veces el contorno más el margen de costura.

2 Con los derechos juntos, doble la pieza principal de tela en sentido longitudinal y prenda alfileres. Centre la cremallera en la costura y marque el principio y el final. Cosa la costura desde el borde hasta el final de la cremallera en cada lado. Hilvane el resto de la costura y ponga la cremallera como se describió en la página 247.

3 Añada el ribete alrededor de los bordes de las piezas de los extremos. El ribete debe mirar hacia dentro y los extremos deben superponerse ligeramente dentro de la costura. Corte piquetes alrededor de la costura curva para que el extremo encaje fácilmente en la pieza principal.

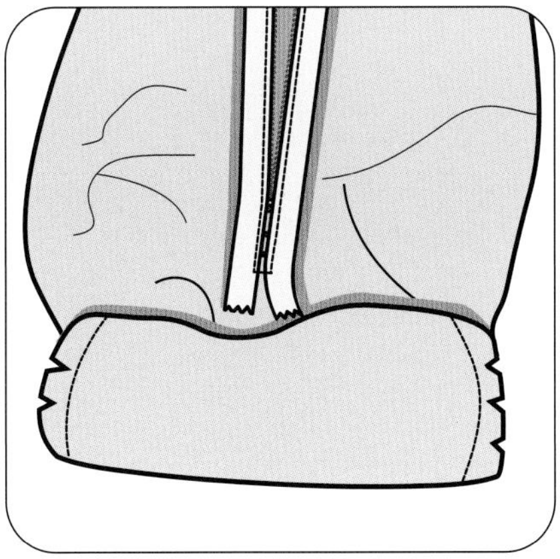

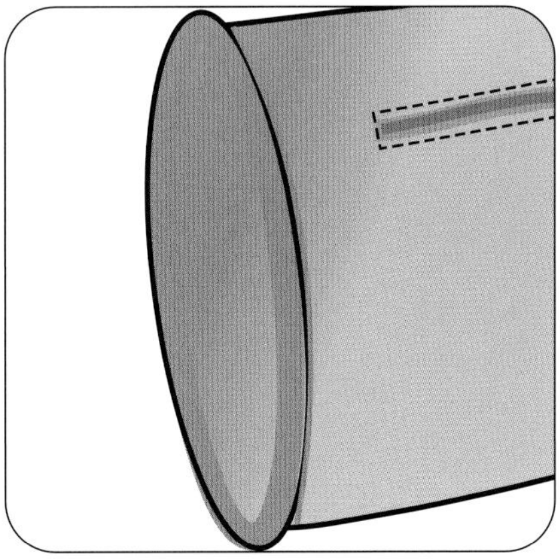

4 Abra la cremallera y, con los derechos juntos, sujete con alfileres, hilvane y cosa las piezas de los extremos a la pieza principal. Recorte las costuras. Dé la vuelta a la funda a través de la abertura de la cremallera e introduzca el relleno.

Sobre cojines cilíndricos

Puede añadir una vista de una tela que contraste en cada extremo para conferir cierto colorido.

Decore el lado plano del cojín cilíndrico con un botón revestido de una tela a juego. Para que resulte más femenino, añádale un volante estrecho en lugar del ribete.

ropa de cama

Aunque la ropa de cama es ahora bastante económica y existe una amplia variedad de diseños en el mercado, quizás desee confeccionar algo especial o bien armonizar la ropa de la cama con el resto de la estancia. Puede también suceder que su cama no sea de un tamaño estándar o que tenga alguna característica inusual que le cree problemas a la hora de encontrar ropa de cama.

Sábanas

El principal problema a la hora de confeccionar sábanas es encontrar tela lo bastante ancha como para coserlas sin costuras. Si lo que desea es añadir un adorno, puede comprar una sábana lisa como base.

Sábanas limpias

Para confeccionar una sábana lisa, compre una pieza de tela del tamaño necesario y dóblela hacia arriba para realizar un dobladillo doble.

Puede recortar las fundas de los almohadones y añadir una cenefa que haga juego con las sábanas (*véanse* págs. 268-271 y 273-275).

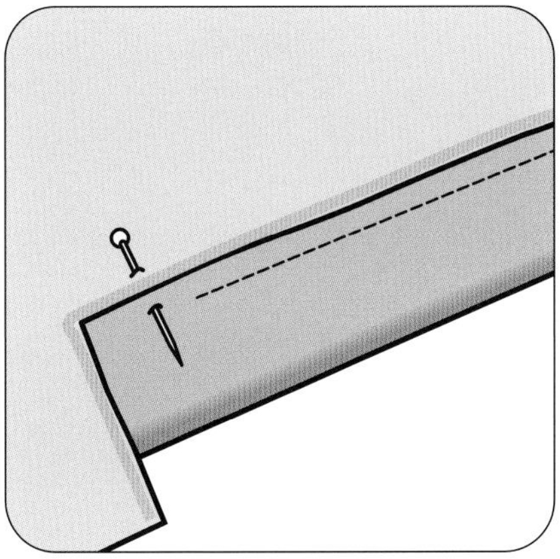

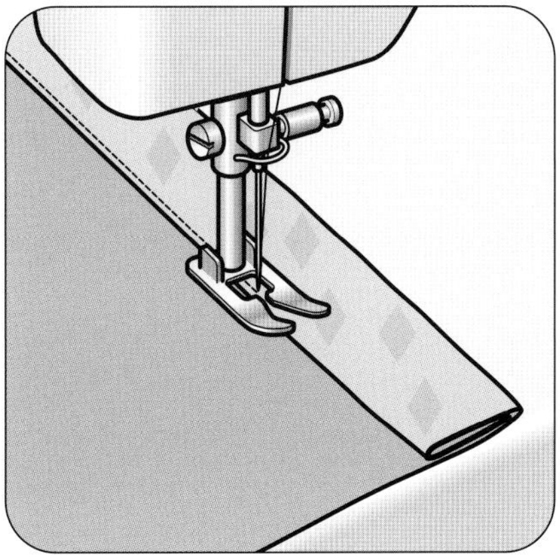

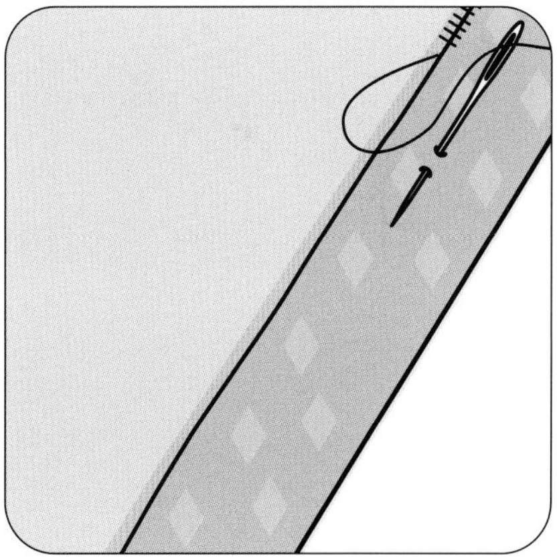

1 ▲ **Sábana con borde decorativo** Mida la anchura del borde que quiere poner en la parte superior de la sábana. Recorte los bordes laterales para marcar el canto inferior del borde. Doble la tela hacia dentro y sujete con alfileres para hacer un dobladillo doble por debajo del corte a lo largo de los bordes laterales e inferior de la sábana. Cosa el dobladillo.

2 Corte una tira de tela para el borde cuya longitud se corresponda con la anchura de la sábana antes de hacer el dobladillo; a la anchura deseada, añádale los márgenes de costura. Prenda con alfileres el borde al canto superior de la sábana, derecho con derecho, y cosa los laterales y el extremo superior.

3 Doble el borde hacia el revés de la sábana y plánchelo. Doble hacia dentro el borde sin rematar de la parte inferior y pespuntee para asegurarlo o cosa con punto coral a lo largo del borde para cubrirlo y asegurarlo. Cuando se hace la cama, el borde se dobla del derecho.

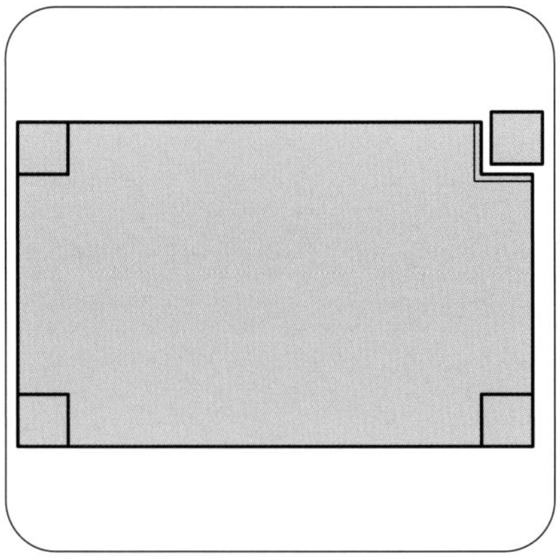

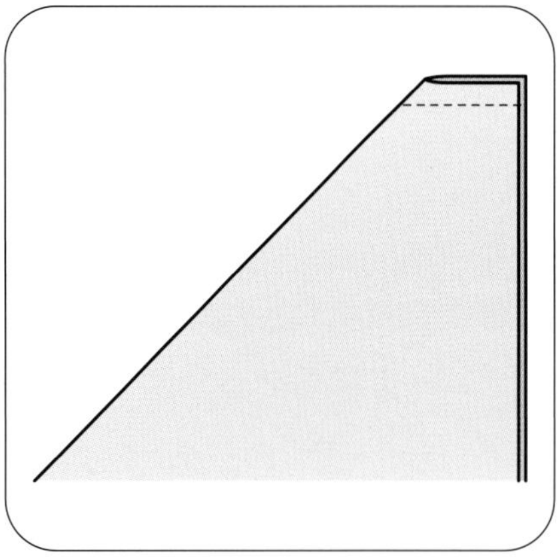

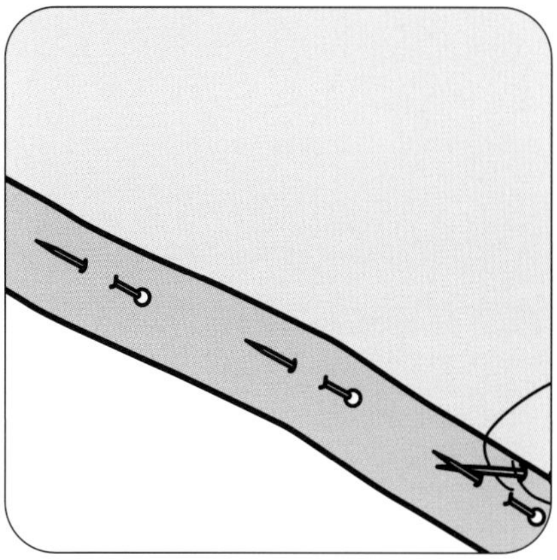

1 ▲ Sábana ajustable
Nivele los bordes de la tela. Doble la esquina en diagonal, tal y como se muestra en la ilustración, y marque un ángulo de 90° desde el borde de la sábana hasta el pliegue; asegúrese de que la línea mida lo mismo que la altura del colchón, más 10 cm adicionales para la parte que va por debajo del colchón y los márgenes de costura.

2 Cosa la línea marcada en cada esquina y recorte el exceso de tela a 12 mm desde la costura. Abra las costuras con la plancha y remate los bordes. Corte un elástico de 12 mm de ancho y de una longitud el doble de largo y ancho que el colchón, más 25 cm.

3 Doble la tela hacia arriba por los bordes sin rematar para crear una jareta lo suficientemente ancha para el elástico. Sujete con alfileres y cosa, pero deje un hueco en la esquina. Introduzca el elástico por la jareta, superponga los extremos y cósalos. Intente colocar la sábana en la cama. Las esquinas deben ajustarse limpiamente sobre el colchón y la sábana debe quedar tirante. Puede confeccionar una sábana ajustable partiendo de una sábana lisa que haya comprado. Para ello, lo primero es cortar los dobladillos superior e inferior.

Sábanas limpias

Se puede usar casi cualquier tipo de adorno comprado para decorar sábanas, así como la mayor parte de las técnicas decorativas que aparecen en este libro.

Ribete: útil para fundas de almohada confeccionadas a mano.

Borde con costura ribeteada: un reborde sencillo que puede doblarse y hacerse más ancho.

Borde liso con encaje superpuesto y que contraste: la banda que contrasta subraya el delicado diseño del encaje.

Encaje con inserción que contraste: muchas tiras de encaje tienen bucles que pueden usarse para introducir un lazo.

Bordado inglés: este ornamento tiene un ligero fruncido que aporta al diseño un delicado volante.

Fundas de sábanas

Las fundas no sólo protegen la almohada, sino que muchas veces también la decoran; además, la almohada se muestra en la parte más elevada de la cama y confiere un toque extra. Aunque una funda de almohada no sea muy cara, puede confeccionarse fácilmente, al igual que gran parte de la ropa blanca de cama, como la sábana bajera, y coordinarlo todo con la principal.

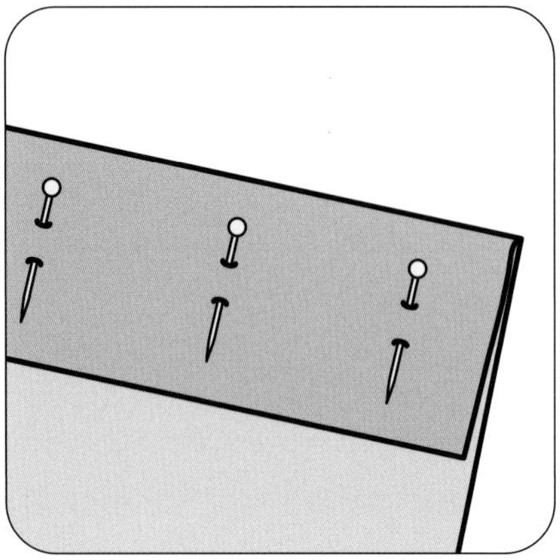

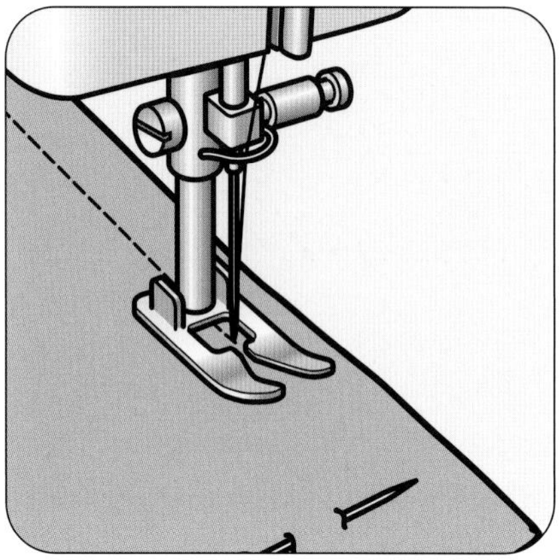

1 ▲ **Funda de apertura superior** Mida la almohada y corte una pieza de tela del doble de la longitud, más los dobladillos y la anchura y los márgenes de costura laterales. Prenda con alfileres un dobladillo ancho en cada extremo corto de la tela. Realice una costura francesa.

2 Doble por la mitad la tela en sentido longitudinal y júntela por el REVÉS; cosa una costura a lo largo de los bordes largos. Dé la vuelta a la tela; únala por el derecho y cosa de nuevo los dos lados largos con cuidado de ocultar los bordes sin rematar.

3 Vuelva a dar la vuelta a la funda e introduzca la almohada por el extremo abierto. Esta sencilla funda es ideal como base para coser cualquier tipo de adorno.

Consúltelo con la almohada

Las fundas de almohada decoradas son un buen regalo para recién casados o para quienes estrenan una casa.

Siempre es útil tener fundas de almohada de más. Puede necesitar más almohadas en la cama para un invitado o para incorporarse mientras lee en la cama.

Las fundas de almohada compradas pueden decorarse del mismo modo que las sábanas (*véase* pág. 265). También puede añadir adornos como se ha indicado en el caso de los cojines en las páginas 256-258, pero para que la almohada sea cómoda, asegúrese de que el centro, donde descansará la cabeza, sea liso.

Si desea hacer una funda de almohada como se ha descrito más arriba, pero con una costura normal, en lugar de francesa, no doble la tela como se indica en el paso 1. Dóblela sobre la abertura, como si fuera la solapa de un sobre, antes de coser las costuras de los lados largos. Cuando le dé la vuelta a la funda, el doblez del interior cubrirá los bordes sin rematar de las costuras de la abertura.

Las almohadas no tienen por qué ser oblongas o cuadradas; siempre que sean cómodas, pueden tener la forma que más le guste. No tenga miedo de experimentar.

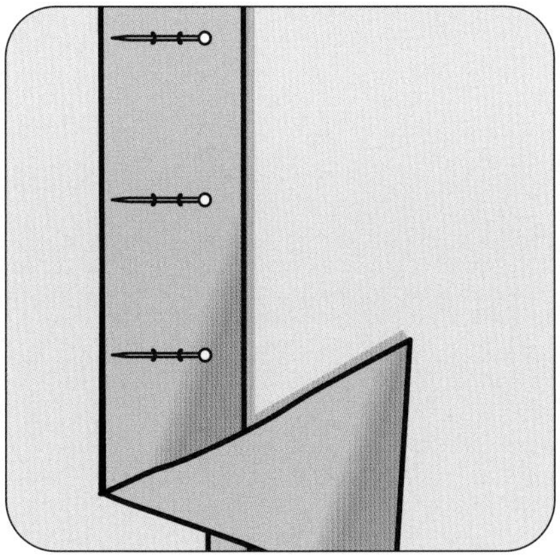

▲ Funda de apertura inferior

1 Corte un pieza de tela del tamaño de la almohada, más los márgenes de costura, para la parte anterior de la funda. Corte dos piezas de dos tercios de la longitud de la almohada y la misma anchura, más los márgenes de costura, para las dos piezas que se van a superponer en la parte posterior.

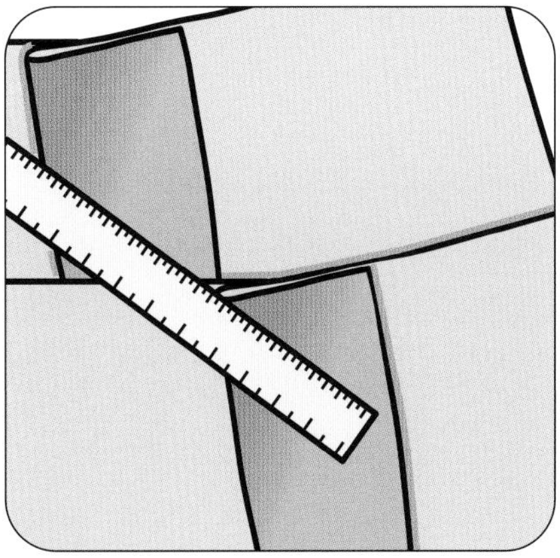

2 Haga un doble dobladillo estrecho en uno de los lados largos de una de las piezas traseras y añada un dobladillo de 4 cm en el borde largo de la otra pieza. Coloque la pieza del dobladillo más ancho con el derecho hacia abajo, y encima, la pieza del dobladillo estrecho con el derecho del mismo modo. Los dobladillos deben quedar superpuestos para que el tamaño de las dos piezas sea el mismo. Sujete con alfileres los dobladillos.

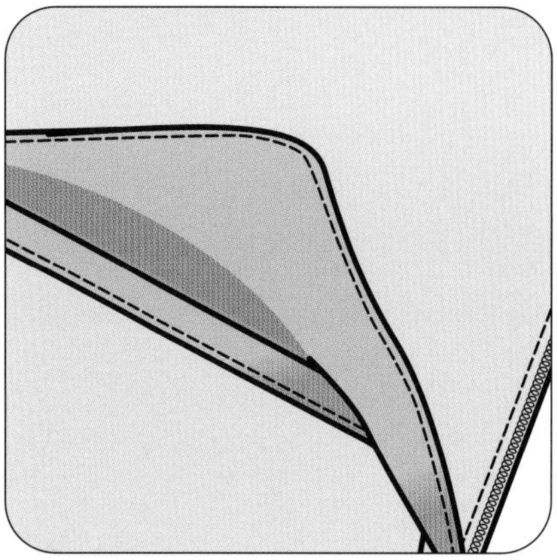

3 Coloque la pieza delantera con el derecho hacia arriba y alinee las dos piezas unidas de la parte trasera con los derechos hacia abajo, de modo que coincidan los bordes sin rematar. Sujete con alfileres y cosa alrededor de los cuatro lados; después, dé puntadas de zigzag para rematar todos los bordes. Retire los alfileres y dé la vuelta a la funda. Introduzca la almohada por la abertura trasera.

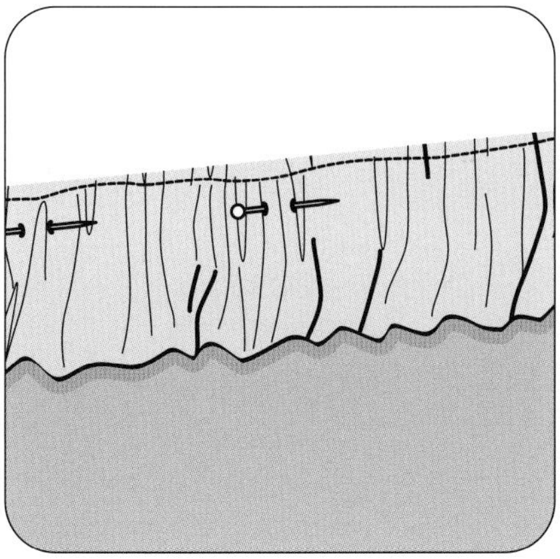

▲ Funda con volante

1 Corte tres piezas de tela como se describe en el paso 1. Corte una tira para el volante, más los márgenes de las costuras y dos veces la longitud de los cuatro lados de la almohada. Cosa los extremos cortos del volante para hacer un anillo de tela, y confeccione un dobladillo doble estrecho en uno de los lados largos. En el otro lado, haga dos líneas de puntadas de fruncido.

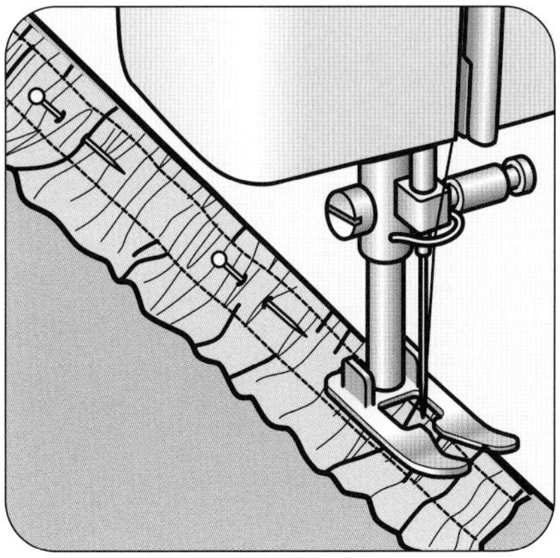

2 Sujete con alfileres el volante alrededor de la pieza delantera de la funda, de modo que coincidan los bordes sin rematar y con el volante mirando hacia el centro de la funda. Hilvane a máquina el volante. Confeccione la parte posterior de la funda como se describe en el paso 2 del apartado anterior.

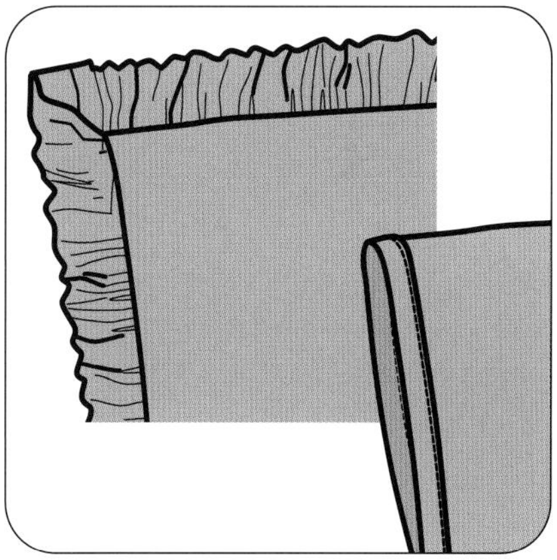

3 Coloque la pieza delantera con el derecho hacia arriba y alinee sobre ella las dos piezas unidas de la parte posterior, de modo que coincidan los bordes sin rematar. Prenda alfileres y cosa alrededor de los cuatro lados; después, dé puntadas de zigzag en los bordes sin rematar. Retire los alfileres y dé la vuelta a la funda. Introduzca la almohada por la abertura de la parte posterior.

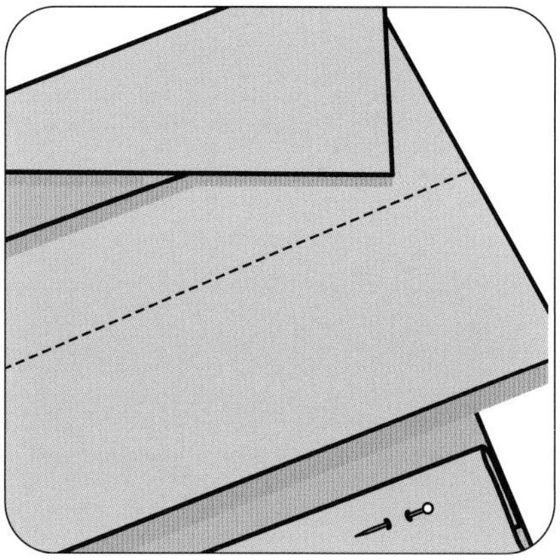

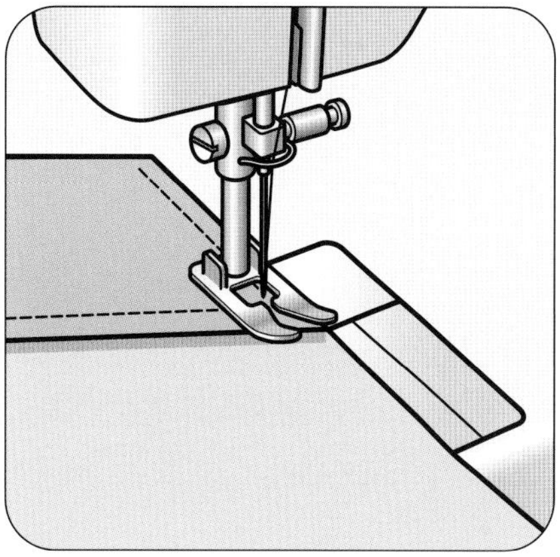

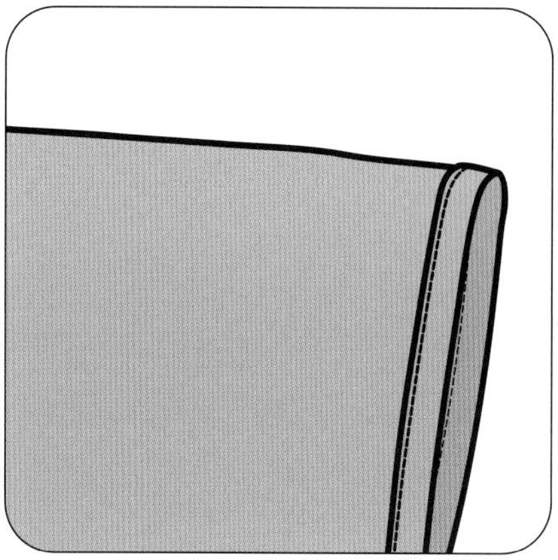

1 ▲ **Funda con solapa**
Mida la almohada y corte una pieza de tela del doble de longitud que la almohada, más los dobladillos y la anchura, y los márgenes de costura. Sujete con alfileres un dobladillo ancho en uno de los extremos cortos de la tela, y uno estrecho en el otro extremo. Doble hacia atrás 7,5 cm el borde del dobladillo estrecho, derecho con derecho, para hacer la solapa.

2 Doble la tela por la mitad en sentido longitudinal, REVÉS contra REVÉS y con el borde del dobladillo ancho a lo largo de la solapa. Sujete con alfileres y cosa una costura en los bordes largos. Dé la vuelta a la funda para que estén juntos los derechos y vuelva a coser los bordes largos, con cuidado de ocultar bien los bordes sin rematar.

3 Vuelva a dar la vuelta a la funda. La solapa estará en la parte interior; introduzca la almohada a través de la abertura y coloque la solapa. Esta funda es una opción ideal si las almohadas van a estar a la vista, ya que la solapa oculta el extremo de la almohada.

ropa del hogar

Funda de edredón

Una funda de edredón es básicamente una funda de almohada de gran tamaño, por lo que su confección es muy simple. Lo difícil es que va a trabajar con piezas de tela muy grandes, por lo que necesitará mucho espacio. Si utiliza telas distintas, pero coordinadas, para la parte delantera y la trasera, la funda puede ser reversible. Doblar hacia atrás el borde principal aportará interés adicional al diseño de colores.

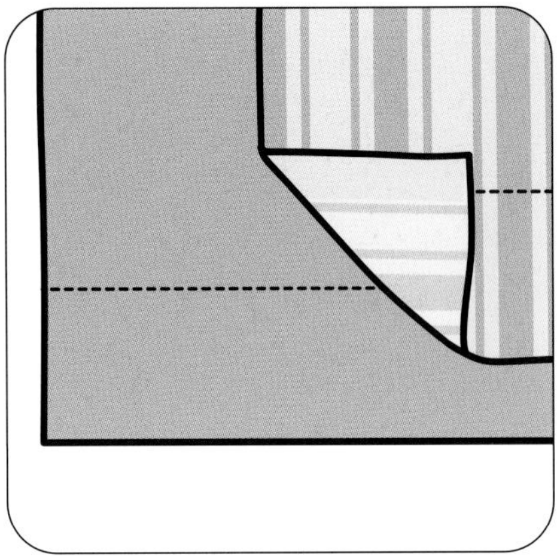

1 ▲ **Funda de edredón**
Mida el edredón y corte dos piezas de tela de la longitud y la anchura necesarias, más los márgenes de la costura y los dobladillos. Doble la tela para hacer un dobladillo ancho a lo largo de uno de los bordes cortos de cada pieza y cósalo.

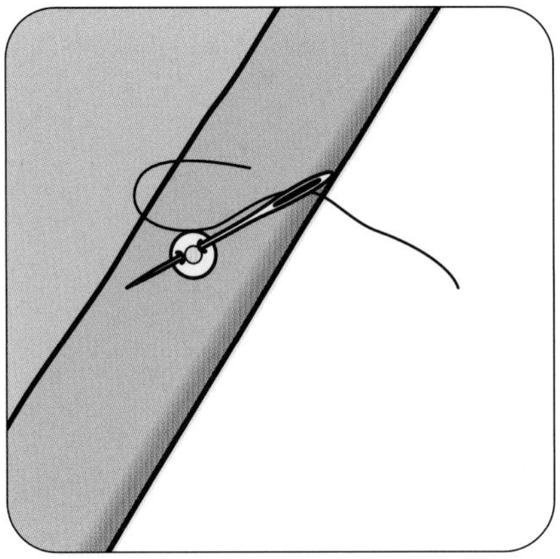

2 Cosa la mitad de una serie de corchetes en el interior de uno de los bordes con dobladillo; distribúyalos de modo uniforme.

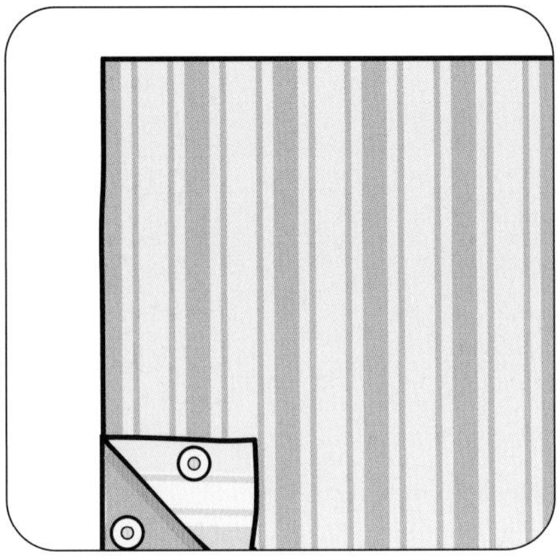

3 Cosa la otra mitad de los corchetes en el interior del otro borde con dobladillo y asegúrese de que los alinea con los del otro lado.

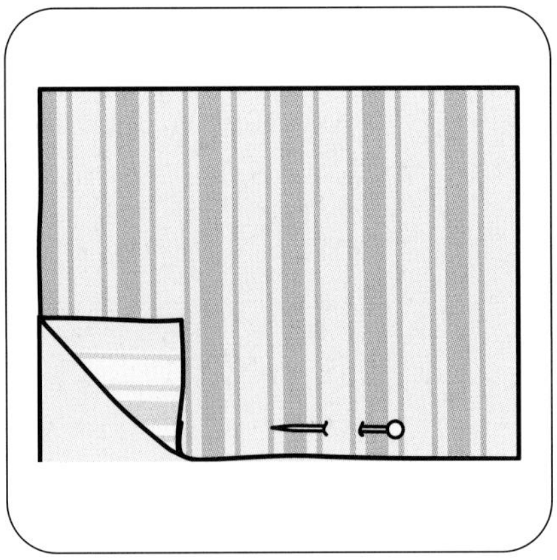

4 Una los corchetes, REVÉS contra REVÉS, y sujete con alfileres los otros tres lados de la funda.

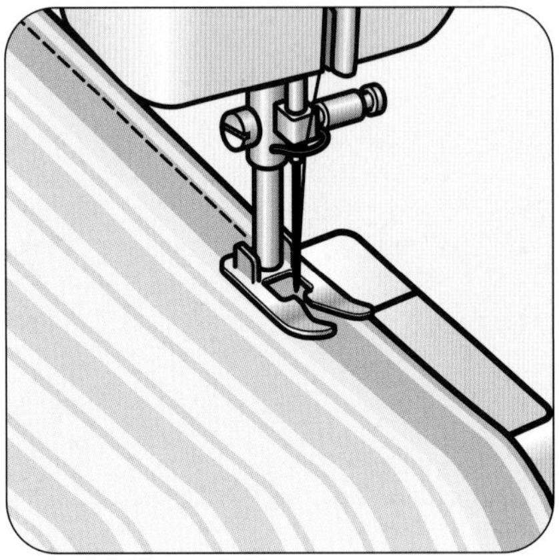

5 Para proporcionar refuerzo, cosa una costura francesa alrededor de los tres lados siguiendo las instrucciones de la página 268.

A la cama

El sistema de cierre de un edredón debe ser fácil de abrir para poder lavarlo, pero lo suficientemente firme como para que no se abra mientras se esté utilizando.

Si no quiere hacer la funda del edredón partiendo de cero, compre una lisa del color básico que le sea apropiado y añada un adorno de una tela a juego.

Si ha adquirido una funda de edredón y quiere cortinas a juego, compre una funda grande y ábrala para usarla como tela para cortinas.

Cubrecamas ajustado y con cenefa

Los edredones tienen una pieza superior que cubre la cama y unos faldones a los lados que llegan hasta el suelo. El edredón se aparta para dormir, mientras que la cenefa se queda en su lugar para cubrir los muelles o las patas de la cama.

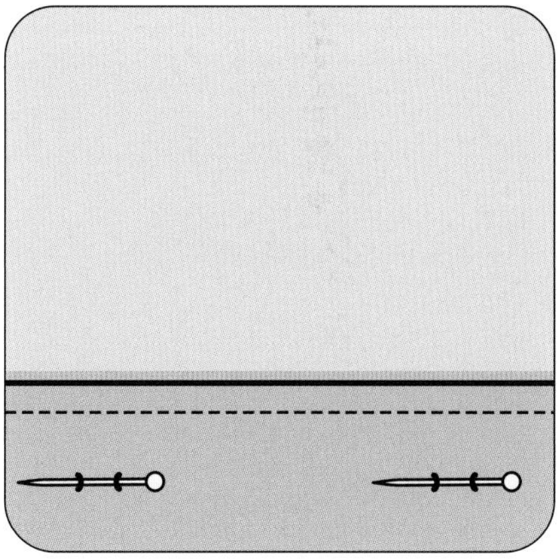

1 ▲ Cubrecama con volante
Mida la cama y corte una pieza de tela para el cuerpo, más los márgenes de costura y 5 cm para el dobladillo. Doble la tela para hacer un dobladillo doble en la parte superior y cósalo.

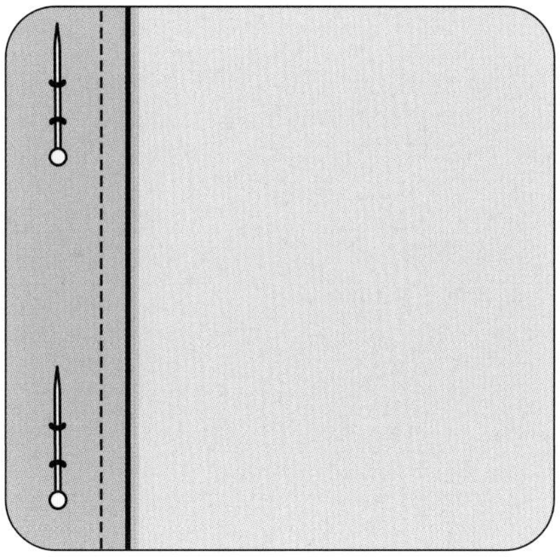

2 Corte los faldones unas 2,5 veces la longitud de los dos lados de la cama, más la anchura; una piezas de tela si es necesario. La caída del faldón va desde el cuerpo del cubrecama hasta el suelo, más los márgenes de la costura y el dobladillo. Abra la costura con la plancha, haga dobladillos en los lados cortos y en uno de los largos.

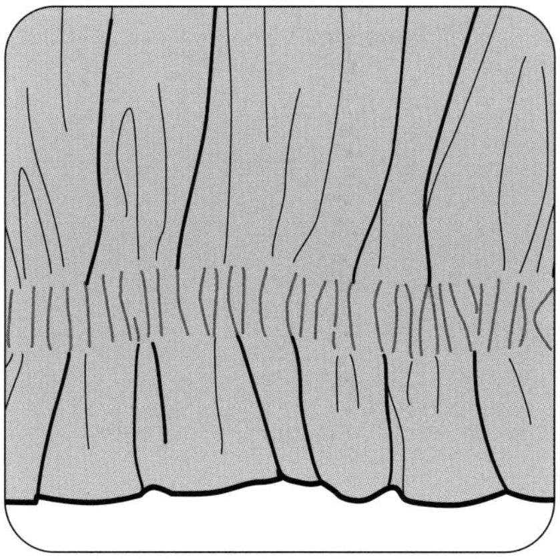

3 Sujete un trozo de cordón de la misma longitud que el largo del faldón, a unos 4 cm del borde sin rematar. Dé puntadas amplias de zigzag para asegurarlo y tire de los extremos para fruncir el faldón. Prenda con alfileres el faldón al cuerpo del cubrecama en los bordes sin dobladillo.

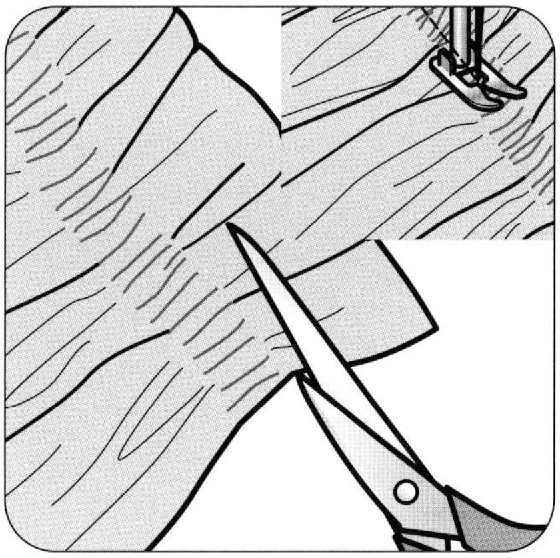

4 Cosa las piezas y ajuste los frunces de manera uniforme. Corte la parte superior del faldón a 12 mm y el borde sin rematar del cubrecama a 4 cm. Doble y sujete con alfileres el borde sin rematar del cuerpo del cubrecama para ocultar la parte superior del faldón, y cosa a máquina.

Sobre edredones

Habrá que lavar el cubrecama más veces que la cenefa, por lo que debería leer los consejos de cuidado de la tela. Si ha comprado un juego de tela para el cubrecama, pero no existen cenefas iguales, adquiera otras piezas u otro juego y saque de ahí el material para hacer una cenefa.

Un cubrecama con volante suavizará la forma de la cama y uno ajustado conferirá un aspecto nítido y bien definido.

ropa del hogar

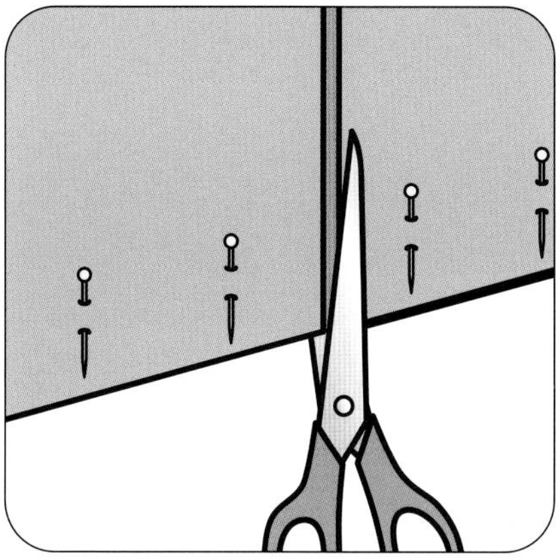

1 ▲ Edredón ajustado

Corte una pieza de tela para el cuerpo, doble la tela para hacer un dobladillo doble ancho en la parte superior, y cósalo. Corte el faldón a la longitud de los dos lados de la cama más la anchura y 40 cm para las tablas de las esquinas. Haga un dobladillo en los lados cortos y otro en los largos. Marque dos tablas en las esquinas, cada una de 5 cm de anchura, y planche los pliegues. Prenda con alfileres y recorte 12 mm hacia el centro de cada tabla. Hilvánelas para que queden cerradas.

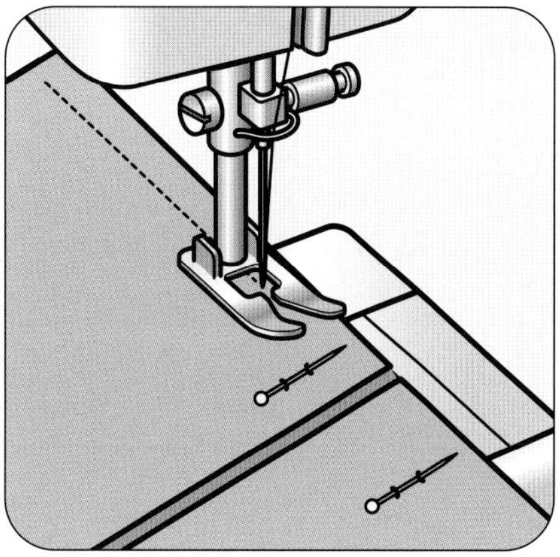

2 Sujete con alfileres los faldones al cuerpo, derecho con derecho, por el lado corto sin rematar. Cosa sólo el lado corto, pero trabaje desde el centro de una tabla hasta el centro de la otra.

Cenefas

Las cenefas de caja se diseñan para actuar a la vez como sábanas ajustables y cenefas, ya que el cuerpo del cubrecama se ajusta al colchón por encima en lugar de por debajo. El faldón es más largo desde la parte superior del colchón hasta el suelo.

Incluso las camas con cabecero y pies pueden adornarse con una cenefa. La cabeza y los pies pueden ser iguales, con un hueco en ambos extremos, o dejar una hendidura para las patas.

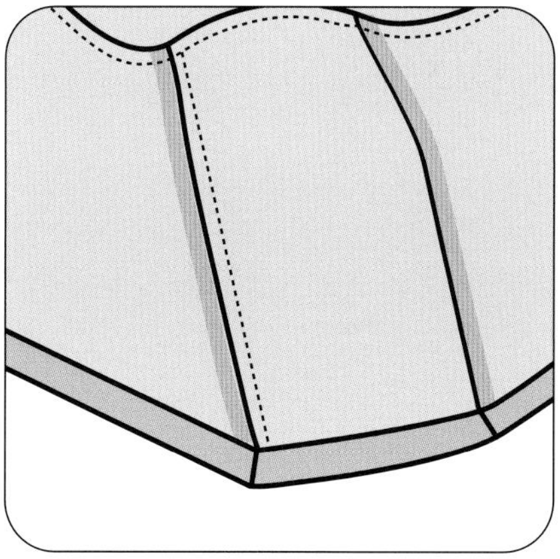

3 Sujete con alfileres los lados largos y cosa; asegúrese de que la tabla está doblada hacia atrás, de modo que al coser incluya la parte superior. Haga punto atrás en las tablas para asegurar y rematar los bordes.

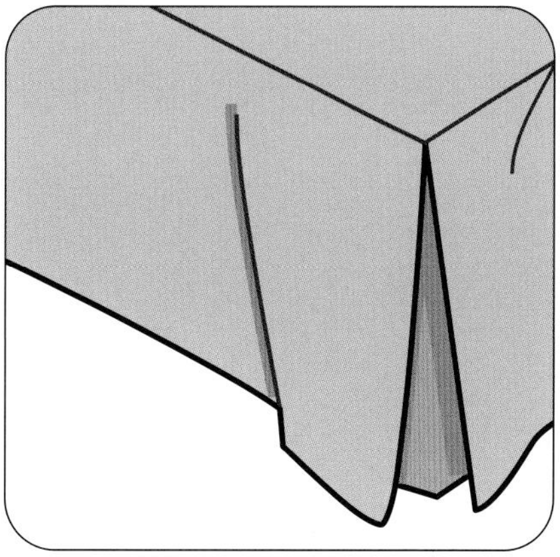

4 El cubrecama acabado tiene tablas en las esquinas y proporciona un toque elegante a la cama. También puede añadir un ribete a la costura que une el cuerpo y el faldón, aunque si pone una cenefa, no merecerá la pena, porque quedará oculto.

mantelería

En esta área de la ropa de hogar merece la pena confeccionar sus propias prendas. La mantelería no sólo es bastante cara, sino que a veces resulta difícil encontrar lo que se necesita de un tamaño que se ajuste a su mesa. La mantelería es muy sencilla de confeccionar, incluidas las formas circulares.

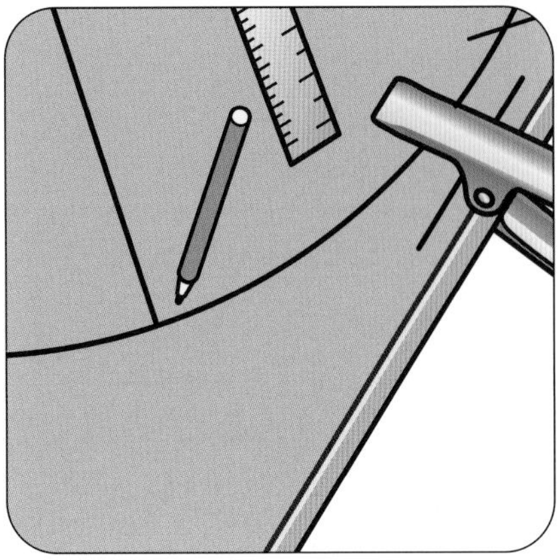

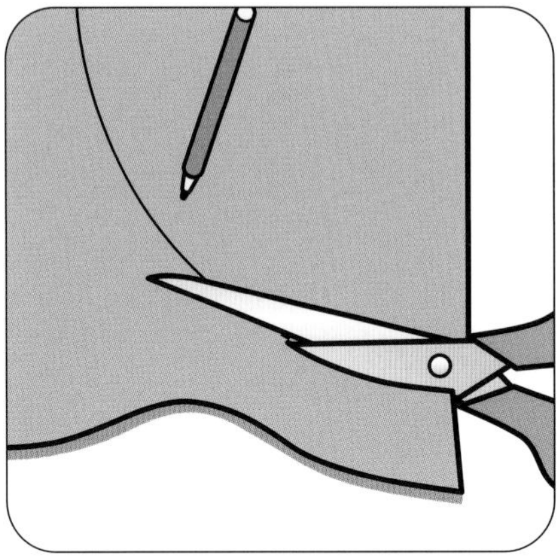

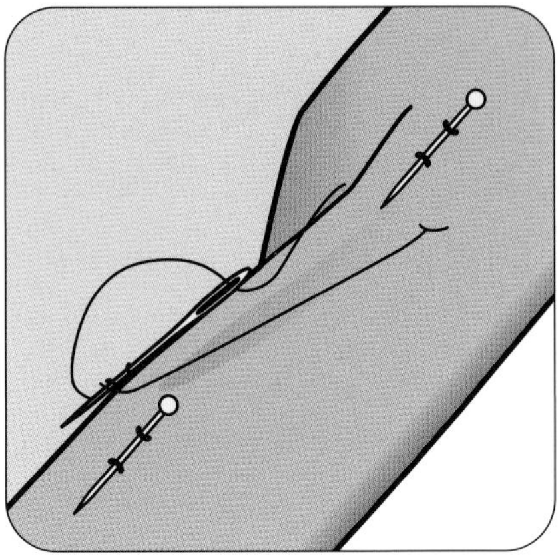

1 ▲ **Mantel redondo corto**
Mida la mesa y corte una pieza de tela de forma cuadrada del diámetro de la mesa, más dos veces la caída y los dobladillos. Doble el cuadrado por la mitad, vuelva a doblarlo y sujete con alfileres los bordes. Corte una pieza de cordón de la longitud de un cuadrante y dibuje un cuarto de círculo.

2 Corte a lo largo de la línea que ha marcado a través de las cuatro capas de tela; después, retire los alfileres y abra el círculo. Repase los bordes si han quedado dentados y cosa a máquina a 3 mm del borde sin rematar por el derecho de la tela.

3 Planche la tela a lo largo de la línea de costura para que el borde sin rematar quede hacia dentro, y vuelva a coser a máquina a 3 mm del borde del doblez. Planche a lo largo de la nueva línea de costura para que el borde sin rematar del revés quede oculto. Por el derecho, pespuntee lo más cerca posible del borde del dobladillo.

4 Este sencillo mantel redondo puede confeccionarse de la longitud que necesite ajustando la longitud de la caída. Puede añadir adornos al dobladillo para darle un aspecto diferente, o un borde que contraste.

De sobremesa

Los manteles necesitan lavarse regularmente, de modo que use tela que sea fácil de lavar. Las telas que sólo puedan lavarse en seco no son apropiadas, excepto quizá para adornar mesas de exposición. Asegúrese de que los ornamentos que escoja también sean lavables.

Compruebe que los adornos que compre no destiñan, sobre todo si contrastan con el mantel. De lo contrario, todas las horas de trabajo empleadas se perderán al primer lavado.

Estampados

Si desea unir telas estampadas es importante que haga coincidir lo máximo posible el diseño en las costuras.

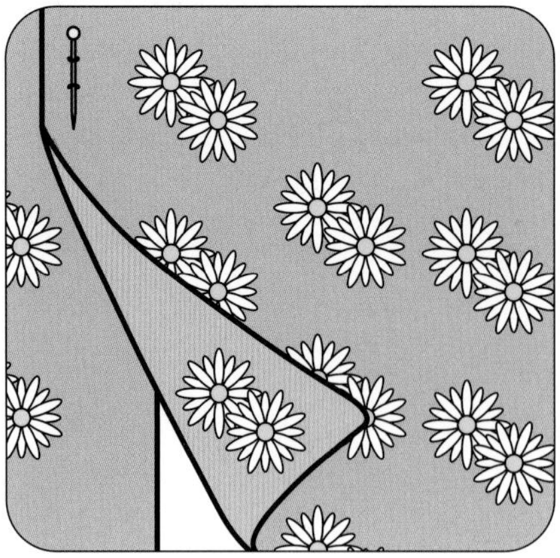

1 Corte el borde de la pieza que va unir y planche 12 mm hacia el revés a lo largo del borde cortado. Coloque la segunda pieza de tela con el derecho hacia arriba y haga coincidir el borde doblado de la primera pieza con el diseño. Sujete con alfileres a lo largo del borde doblado.

2 Mientras retira los alfileres a medida que trabaja, cosa la costura por el revés usando el borde doblado como guía. Abra las costuras con la plancha. Al observar la tela por el derecho, la costura debe resultar casi invisible.

Mantel con borde de encaje

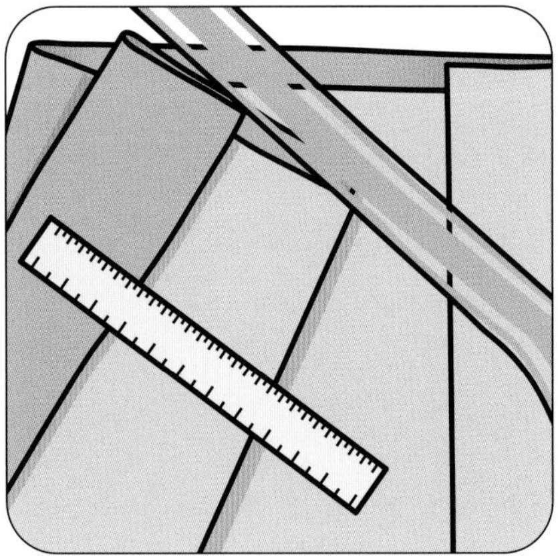

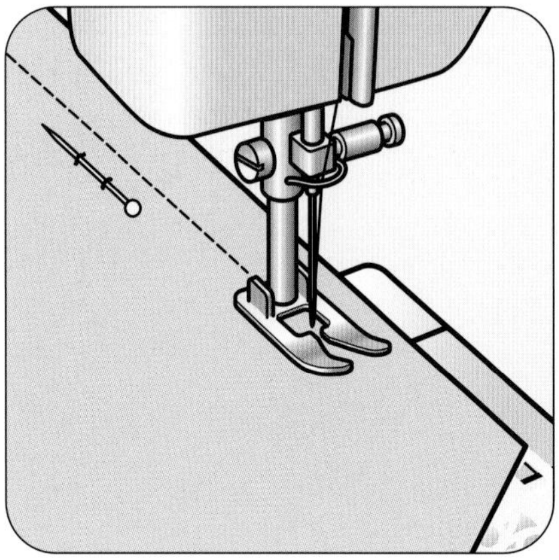

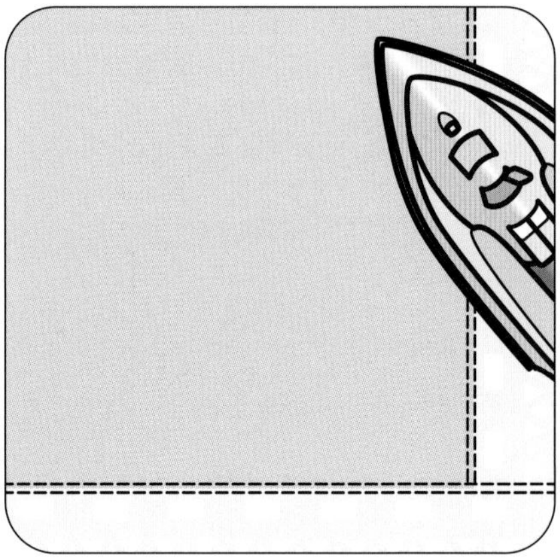

1 Corte la pieza principal de la anchura de la mesa, más la caída, menos el encaje y la anchura del borde exterior. Calcule la longitud del mismo modo. Corte cuatro tiras de encaje de la longitud del borde de la pieza principal, más dos veces la anchura del encaje. Corte cuatro tiras para el borde del doble de la anchura que tendrá el borde final y de la longitud del borde exterior del mantel.

2 Sujete con alfileres y cosa una tira de encaje a uno de los bordes de la pieza principal, derecho con derecho; deje los extremos sin coser por el momento. Trabaje en un lado y después en el otro, sin dejar de centrar la tira de encaje sobre el borde.

3 Doble el encaje hacia fuera y ábralo con la plancha. Haga un esquina en inglete en cada una de las tiras de encaje, o una el extremo de cada tira superponiendo la siguiente, como se muestra en la ilustración.

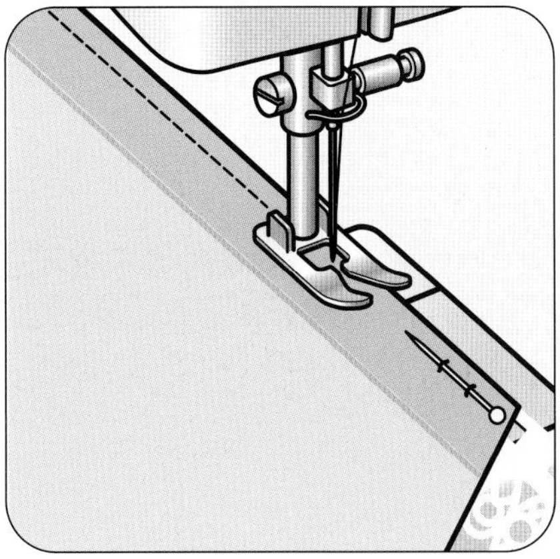

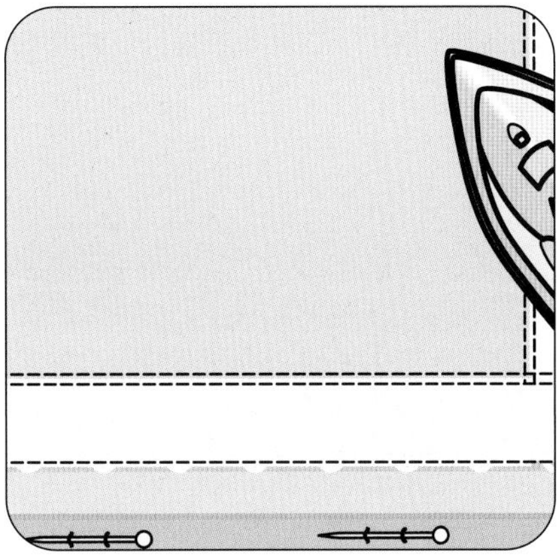

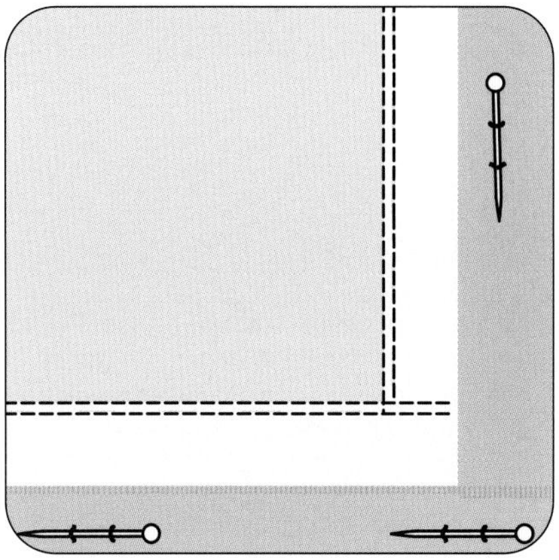

4 Sujete con alfileres las tiras del borde a la orilla exterior del encaje, derecho con derecho, y superponga en todas las esquinas, como hizo con el encaje.

5 Planche hacia abajo el canto sin rematar de una de las tiras del borde y dóblelo hacia atrás para cubrir el canto sin rematar del encaje por el revés del mantel. Sujete con alfileres. En la esquina, doble hacia abajo el extremo corto del borde para que quede nivelado con el canto exterior del anterior; después, planche hacia abajo el borde largo sin rematar, y doble hacia atrás para cubrir el canto del encaje.

6 Repita esta operación en todos los lados; vaya sujetando con alfileres el borde a medida que trabaja, y siguiendo para cada esquina el procedimiento que se describe en el paso 5. En la última esquina, doble hacia abajo el borde de la primera tira y remétalo dentro del doblez de la última tira antes de prender alfileres.

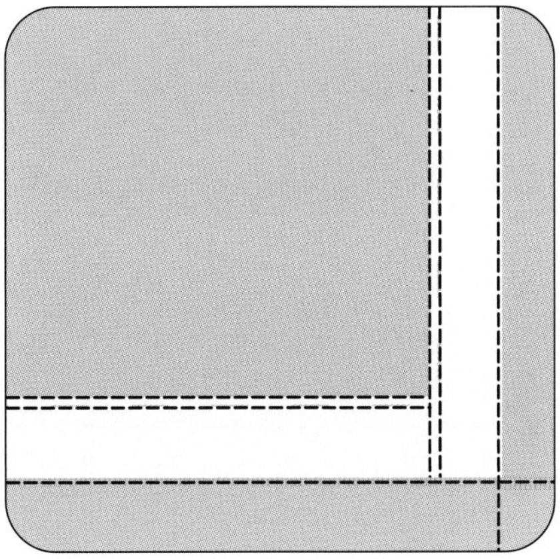

7 Pespuntee a lo largo del doblez en el borde de encaje, de modo que cree un cuadrado en cada una de las esquinas, como se muestra en la ilustración. El método de superposición es más adecuado para la mayor parte de los diseños de encaje, aunque en algunas ocasiones podría ser mejor el de la unión en inglete.

Las esquinas

Para hacer esquinas en inglete con las tiras de encaje, primero centre el diseño en cada lado del mantel. Corte las tiras de encaje de modo que, en la esquina, se superpongan al menos en la anchura de la tira. Añada las tiras como se describe en el paso 2. En la esquina, doble el mantel en diagonal pasando por el centro de la misma, derecho con derecho. Cosa los extremos del encaje en la esquina a lo largo de una línea que sea la continuación del doblez diagonal que ha hecho antes. Cuando el doblez se abra, las tiras de encaje quedarán en inglete.

Mantel de borde festoneado

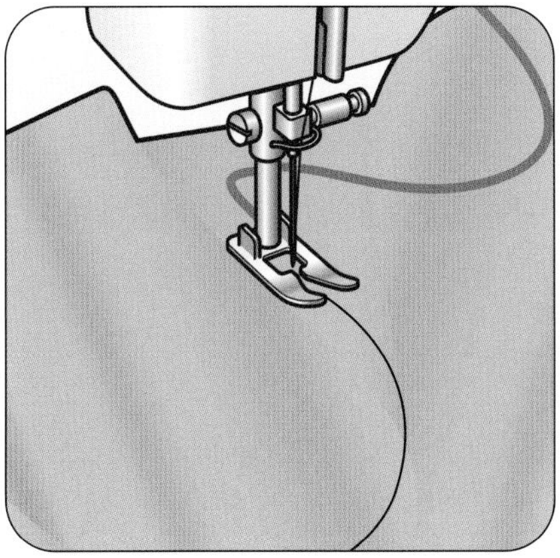

1 Calcule el tamaño de los festones para que encajen en el borde y recorte una plantilla. Marque los festones alrededor del borde del mantel. Cosa en punto coral siguiendo la línea marcada.

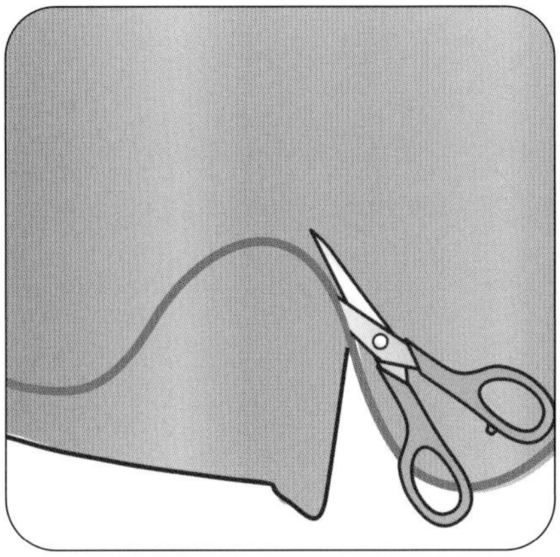

2 Con unas tijeras pequeñas y muy afiladas, recorte el exceso de tela por fuera de la línea de costura. Corte lo más cerca posible de las puntadas, pero tenga cuidado de no dañarlas.

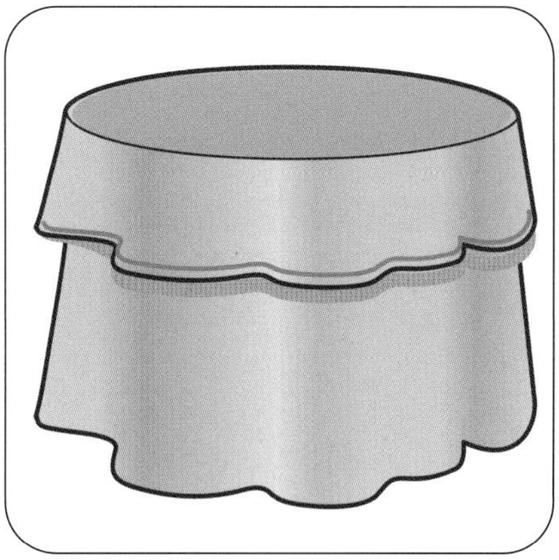

3 El punto coral impide que el borde se deshilache, al mismo tiempo que remata de un modo decorativo. Puede hacerse con un hilo a juego o que contraste, y puede repetirse cualquier forma a lo largo del borde del mantel.

Bordes de manteles

El ribete al bies a juego o en contraste es un modo perfecto de adornar el borde de cualquier mantel. Adquiera un ribete al bies ya confeccionado, o haga el suyo siguiendo las instrucciones de las páginas 50-51.

Un borde de encaje confiere un toque distintivo a un mantel liso. Use un encaje fuerte, porque los más delicados podrían dañarse debido al lavado frecuente de estas prendas.

Para añadir un borde con forma, consulte las instrucciones de la página 52. Calcule el número de veces que se repite la forma alrededor del borde y haga su propia plantilla de la forma que desee.

Un borde insertado en una tela que contraste queda también muy elegante en un mantel. Puede colocarse cerca del dobladillo o mucho más lejos, de modo que bordee el canto de la mesa.

Los galones y los adornos comprados son un modo rápido de añadir color o un nuevo aspecto a un mantel. Las borlas y los flecos pueden aportar una cualidad tridimensional, pero asegúrese de que sean lavables.

Para una solución decorativa aún más sencilla, intente colocar manteles de distintos colores, tamaños, e incluso formas, unos sobre otros.

Servilletas

Las prendas pequeñas como las servilletas resultan sencillísimas de confeccionar. Se trabaja con formas simples y con piezas pequeñas de tela. Siempre es útil tener servilletas de más. Y si confecciona una versión más grande, podrá usarla como mantelito a juego en el centro de la mesa. Las servilletas reversibles le dan opciones para distintos diseños de color en el servicio de mesa.

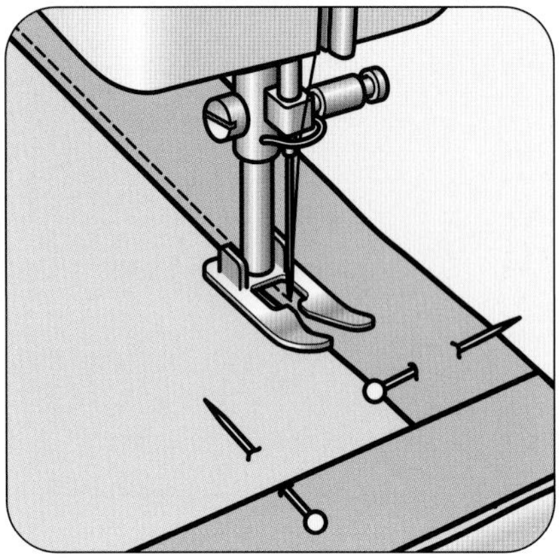

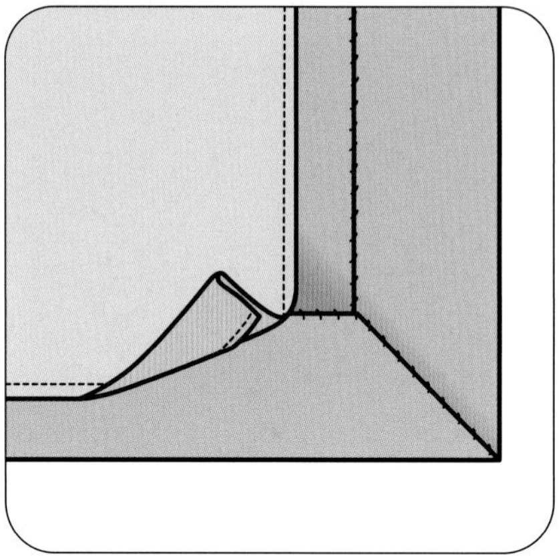

El lavado

Las servilletas se lavan cada vez que se usan, de modo que elija una tela lavable de buena calidad.

No use tela demasiado brillante o poco absorbente. Trace un diseño simple sin excesiva ornamentación.

1 ▲ Servilleta lisa
Corte un trozo de tela de forma cuadrada del tamaño de la servilleta, más los dobladillos de todos los lados. Doble la tela y prenda alfileres para hacer un dobladillo doble. Empiece a coser, y deténgase al llegar a la esquina con la aguja abajo. Levante el prensatelas, dé la vuelta a la tela, bájelo y comience a coser otra vez.

2 Tanto los bordes normales como los ingleteados son adecuados para las servilletas. Puede también añadir un borde ancho en una tela a juego o que contraste, pero, en general, intente que le quede una prenda lo más sencilla posible, ya que las servilletas tienen que ser funcionales.

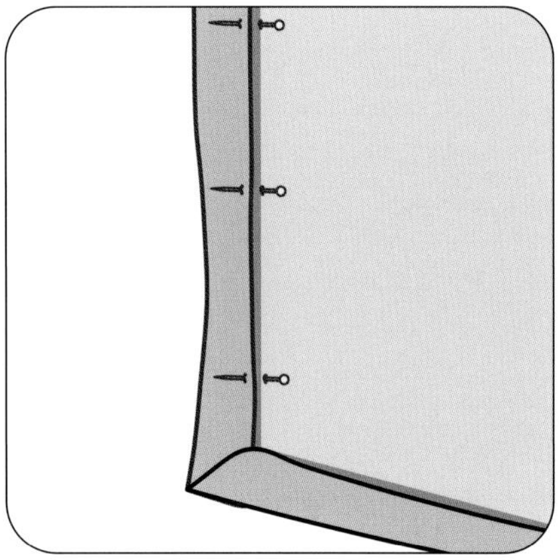

◀ Mida, marque y corte la tela como en el caso de la servilleta lisa, con 12 mm adicionales alrededor para hacer un doble dobladillo ancho. Doble una esquina en diagonal por la mitad, revés con revés. Con los dos bordes sin rematar alineados, mida 12 mm hacia dentro desde el extremo a lo largo de los bordes sin rematar y cosa atravesando la esquina en ángulo recto desde esta marca. Recorte el extremo próximo a las puntadas. Repita esta operación en las otras tres esquinas. Doble los ingletes que acaba de hacer hacia el derecho y coloque la tela para que quede un ángulo recto perfecto. Dóblela y planche los bordes de la servilleta. Haga un dobladillo estrecho a lo largo de los bordes sin rematar, sujete con alfileres y cosa por el derecho.

Tapetes y mantelitos

En las mesas con superficies pulimentadas, los tapetes y los mantelitos suelen constituir una solución más atractiva que un mantel. Puede confeccionar tapetes y servilletas que hagan juego.

El tapete más sencillo consta simplemente de dos piezas de tela con o sin relleno; pero incluso esta versión puede ser de dos telas diferentes y usarse por los dos lados.

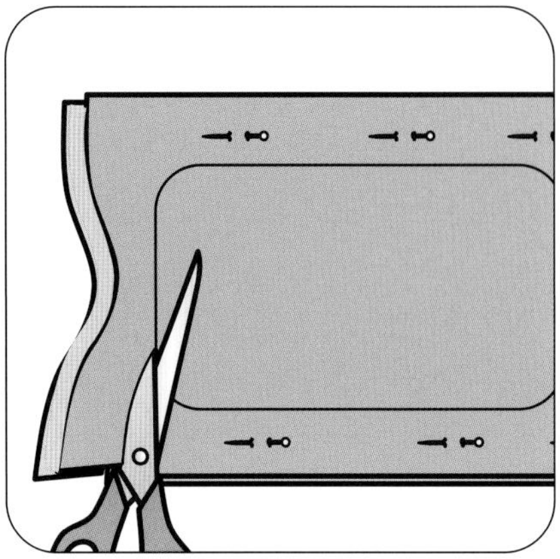

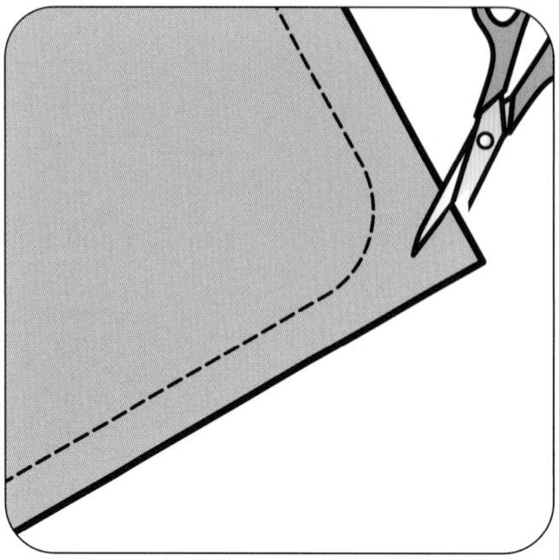

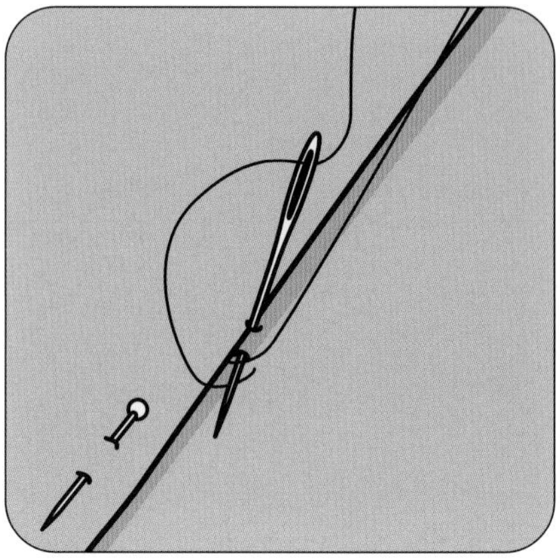

1 ▲ Tapete reversible
Corte dos piezas de tela a juego del mismo tamaño. Sujételas con alfileres, derecho con derecho, y señale el tamaño final del tapete en una de las piezas. Corte a 15 mm de la línea marcada.

2 Cosa a lo largo de la línea que acaba de marcar y deje una abertura de unos 10 cm para dar la vuelta al tapete a través de ella. Recorte las esquinas y corte piquetes en las costuras.

3 Dé la vuelta al tapete a través de la abertura que ha dejado. Planche alrededor de los bordes, de manera que los abra totalmente. Cierre la abertura con punto enano.

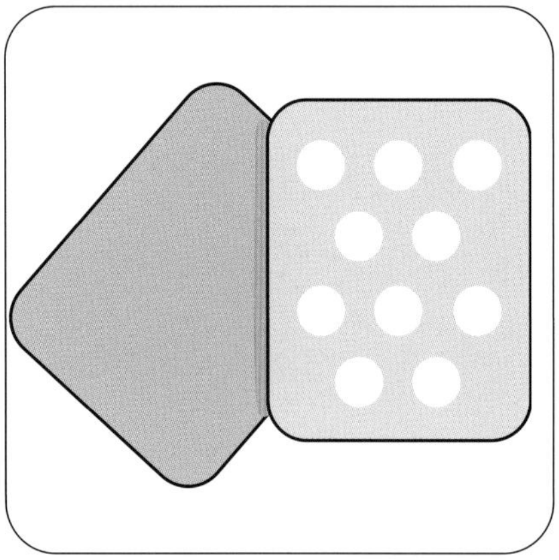

4 Repita el mismo proceso para hacer todos los tapetes que necesite. ¡Siempre es útil tener alguno de más! También puede hacer versiones de mayor longitud.

El relleno

Para añadir relleno a un tapete reversible, corte una pieza un poco más pequeña que el tapete e hilvánela por el revés de una pieza de tela antes de sujetar con alfileres las dos piezas juntas como se indica en el paso 1. También puede acolcharlo para añadir un atractivo efecto tridimensional.

Tapete ribeteado

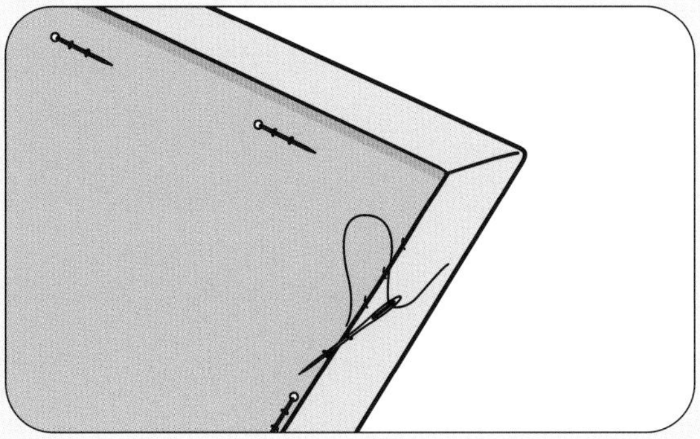

1 Corte la tela para la parte superior y un trozo de relleno. Corte la parte posterior y deje 5 cm adicionales alrededor. Hilvane la parte superior y el relleno; después, coloque la parte posterior con el derecho hacia fuera. Doble el borde de la parte posterior hacia delante para hacer un dobladillo y préndalo con alfileres.

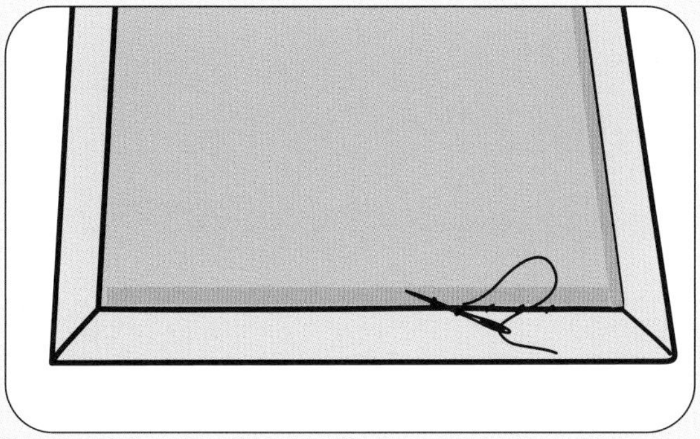

2 Confeccione las esquinas en inglete y sujete con alfileres. Pespuntee a lo largo de los cuatro bordes, cerca del borde interior del doblez y retirando los alfileres a medida que avance. El doblez de la pieza posterior forma un borde que contrasta en la parte anterior.

Fundas extraíbles

Si domina las técnicas básicas de la costura y tiene un espacio razonable donde trabajar, método y paciencia, hacer fundas extraíbles es sencillo y, desde luego, le ahorrará bastante dinero. Las fundas para sofás y sillas se basan en el mismo principio. Si tienen una forma simple, puede que no necesite un patrón de tela, y si ya cuenta con una funda, podrá retirarla para usarla como plantilla.

Funda para sofá

Los sofás son uno de los muebles de aspecto más complicado del hogar, por lo que hacer una funda puede parecer una tarea difícil. No obstante, si trabaja siguiendo un orden estricto, probando y ajustando a medida que avance, logrará un resultado satisfactorio.

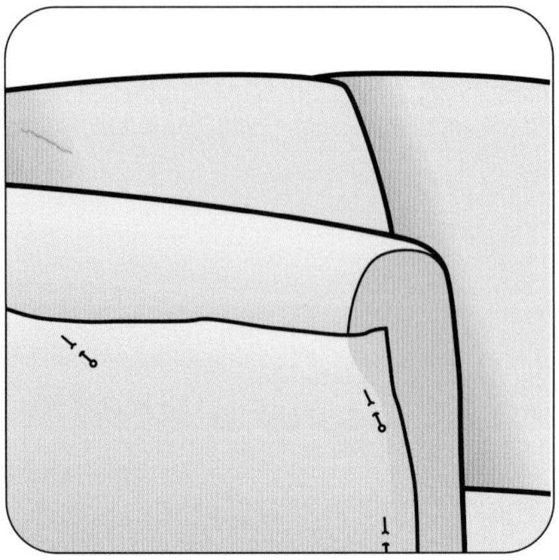

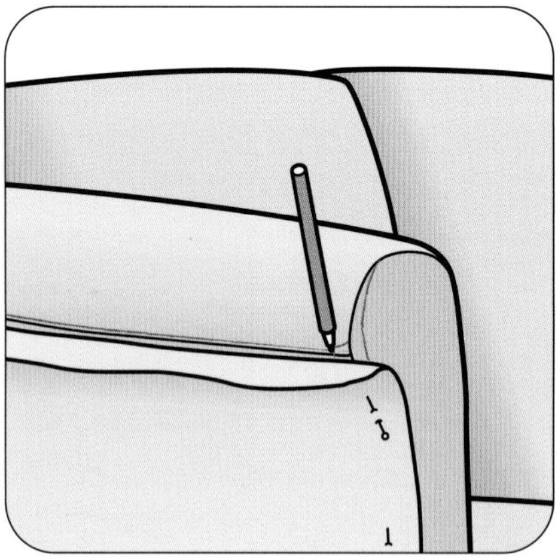

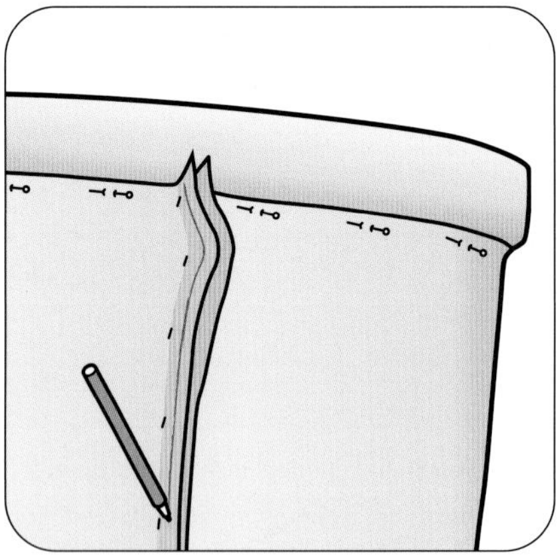

1 ▲ **Hacer un patrón de tela** Mida el sofá, pero deje una abertura en la parte posterior para que la funda se ajuste y pueda retirarse con facilidad. Corte la sección exterior del brazo en muselina y deje bastante tela adicional alrededor del borde. Con alfileres grandes de modista, ajuste la pieza cortada a la sección exterior del brazo y préndala con alfileres para que quede lo más sujeta posible a la superficie.

2 Marque la línea de la costura alrededor de la pieza sujeta con alfileres. Las marcas no tienen por qué ser pulcras, pero deben ser claras. Corte la pieza del otro lado y préndala también con alfileres.

3 A continuación, haga la sección posterior; córtela en dos piezas y deje tela para superponerlas en el centro. Sujete con alfileres la primera mitad y deje doblado y prendido con alfileres un doblez en el centro. Haga lo mismo con la otra mitad. Marque las líneas de costura.

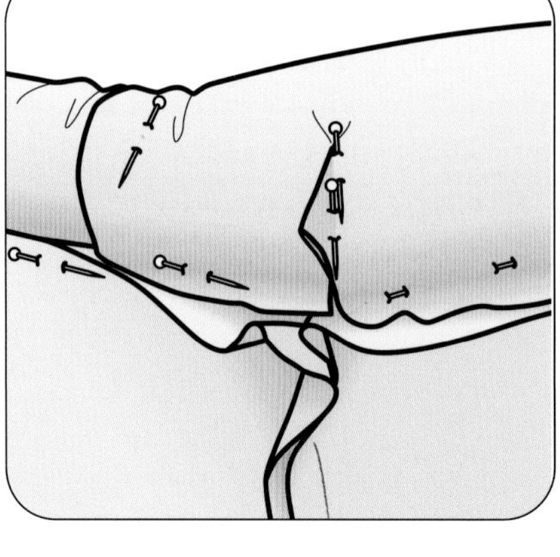

4 Corte la sección interna del borde del brazo, pero deje tela adicional para remeterla y para la forma de las esquinas. Préndala con alfileres y corte una pinza donde haga falta para la forma de la esquina. Trabaje en la unión entre la esquina y la pieza de la sección externa del brazo hasta que encajen.

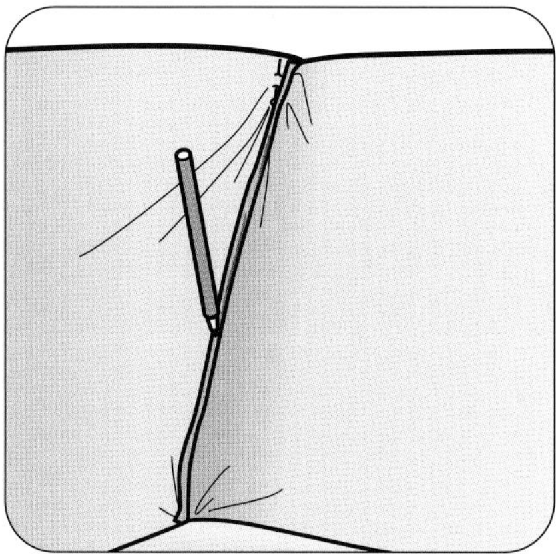

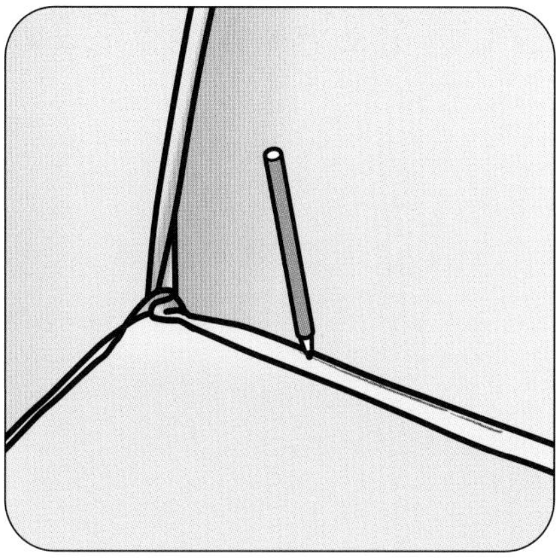

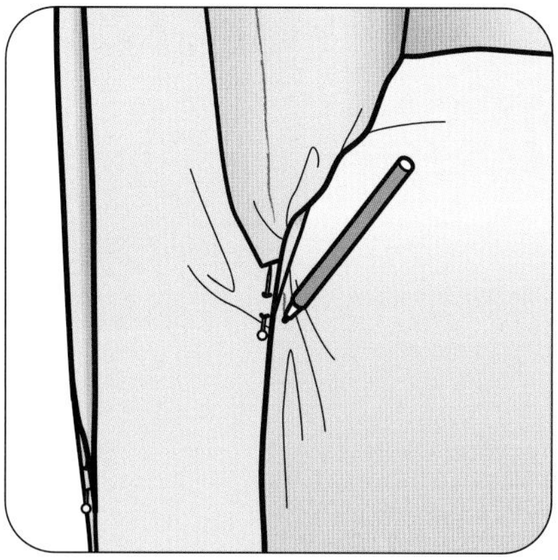

5 Coloque bien la tela a lo largo de la pieza interna del brazo; remétala en la esquina con la parte posterior. Marque las líneas de costura, especialmente la del lugar donde ha remetido la tela. Corte piquetes en el margen de la costura de la esquina superior interna para reducir la tensión y marcar la esquina. Repita los pasos 4 y 5 para el otro brazo.

6 A continuación, trabaje en la pieza interior del respaldo. Sujételа con alfileres como ha hecho con las otras secciones, coloque la tela y remétala a lo largo de la línea donde se une con el asiento. Marque todas las líneas de costura presionando con el lápiz hacia el interior de la unión y en las esquinas.

7 Corte la parte del asiento y el faldón frontal como una sola pieza. Colóquela en su lugar comenzando donde se une con la sección del respaldo; vaya desplazándose hacia el frente. Remeta la tela en las esquinas y por los lados.

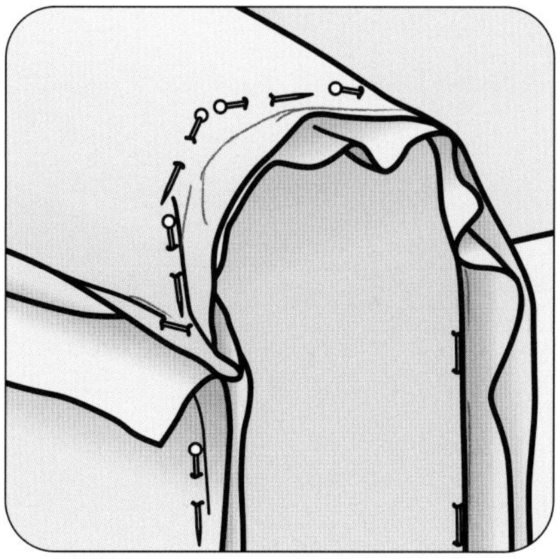

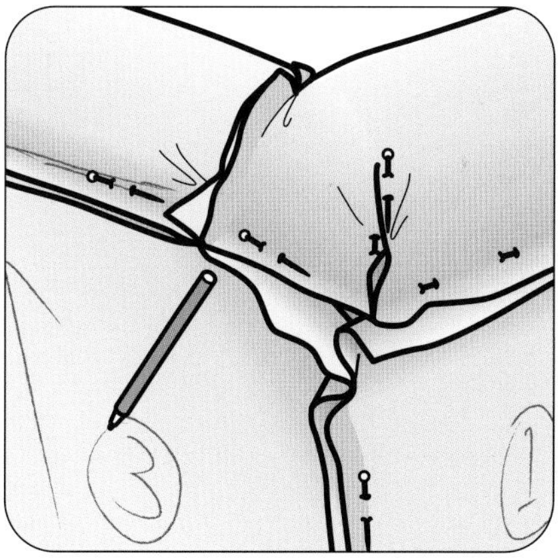

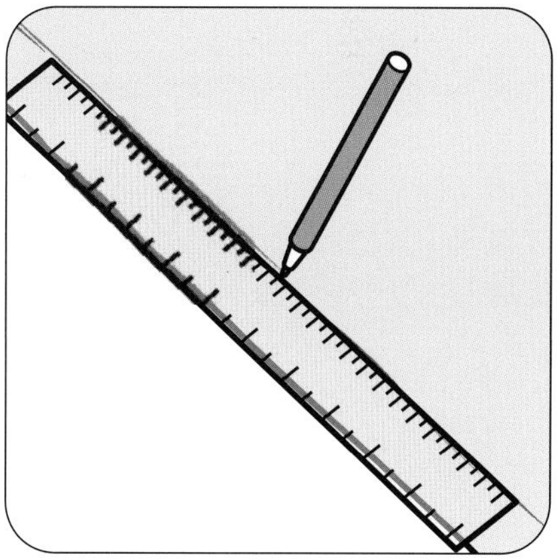

8 Corte el escudete frontal del brazo. Sujételo con alfileres por los lados largos a las secciones interior y exterior del brazo y al faldón. Repita esta operación en el otro lado.

9 Marque cada sección con números o letras que puedan identificarse claramente y dibuje flechas para saber en qué sentido va la tela.

10 Retire los alfileres de todas las secciones. Colóquelas sobre una superficie plana y repase con una regla las marcas de las líneas de costura para arreglarlas.

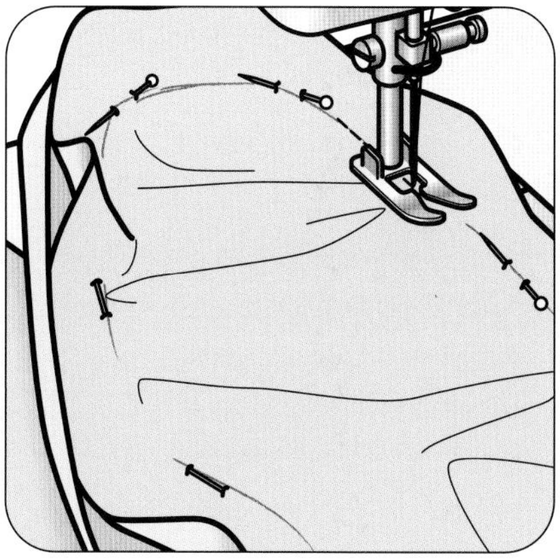

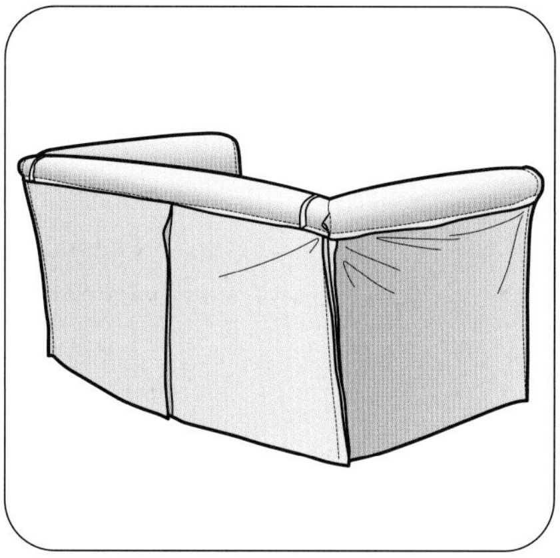

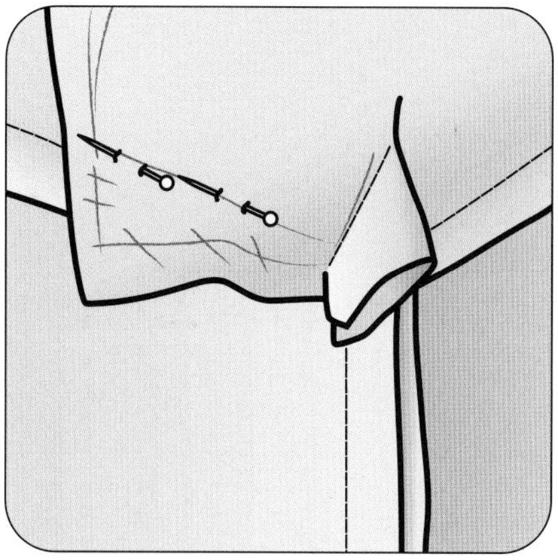

1 ▲ **Probar el patrón** Trabaje en el mismo orden que al prender alfileres con un hilván de máquina muy suelto; vaya cosiendo todas las piezas juntas a lo largo de las líneas de costura que ha marcado. Las puntadas deben ser fáciles de descoser y ajustarse adecuadamente.

2 Coloque la funda hilvanada en el sofá, con el lado del revés hacia fuera. Cubra primero los brazos, y después trabaje en el resto del sofá para poner la tela en su lugar.

3 Compruebe cómo se ajusta la funda. En los lugares en que no quede bien, vuelva a marcar las costuras y tache las marcas anteriores. Vuelva a prender alfileres a lo largo de la nueva línea de costura. Después, retire la funda y descosa los hilvanes donde sea necesario. Vuelva a hilvanar a lo largo de la nueva línea de costura.

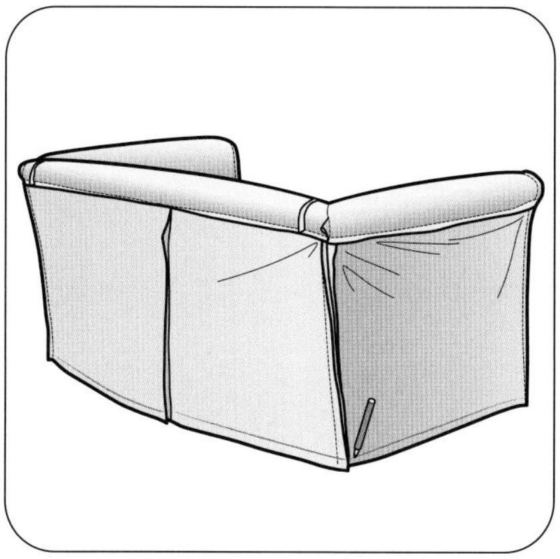

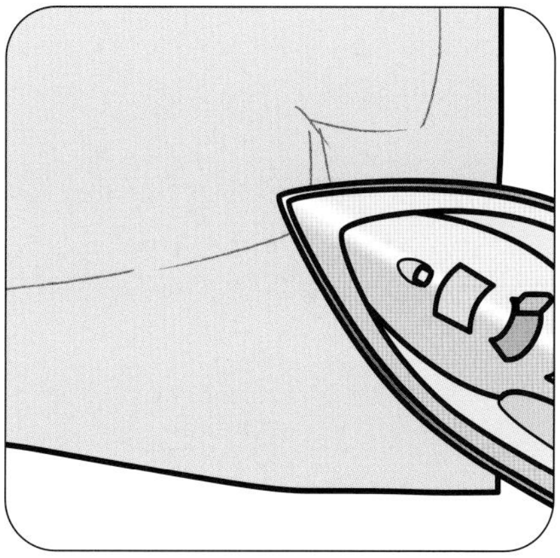

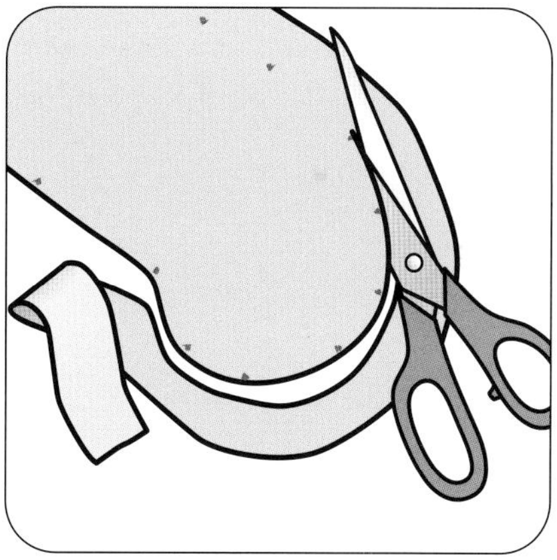

4 Repita los pasos 2 y 3 hasta que la funda se ajuste perfectamente en todo el sofá. Cuando le satisfaga totalmente el ajuste de la funda, marque la línea del dobladillo.

5 Retire la funda y asegúrese de que las líneas de costura correctas pueden verse e identificarse perfectamente. Descosa todos los hilvanes y planche las piezas en seco.

6 Corte todas las secciones cuidadosamente a lo largo de la línea de costura. Cuando corte la funda propiamente dicha, recuerde añadir los márgenes de las costuras alrededor de todas las piezas.

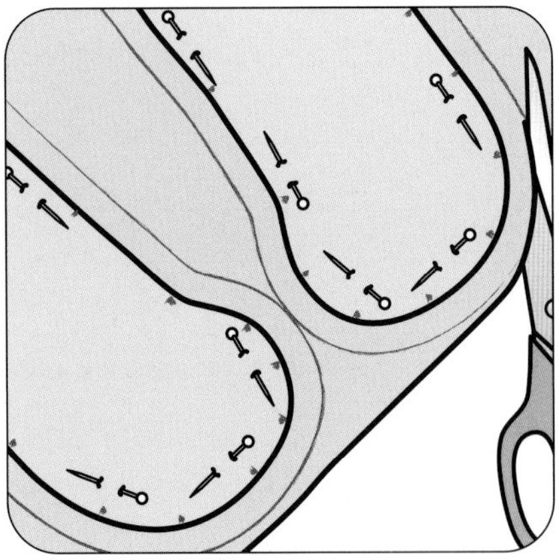

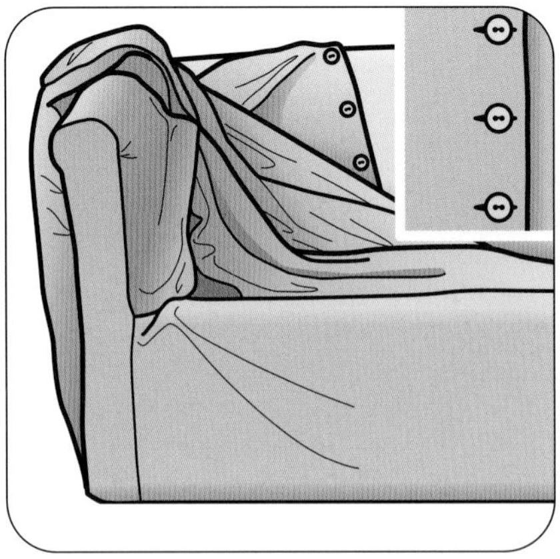

1 ▲ Terminar la funda

Use las piezas del patrón de tela para cortar la funda. Asegúrese de que las piezas tienen el lado del derecho hacia arriba; tenga en cuenta que necesita secciones para el lado izquierdo y el derecho. Haga coincidir los estampados, en el caso de que los haya. Marque alrededor de cada pieza y deje un margen de costura de 12 mm. Transfiera todas las marcas. Después de cortar las piezas, cósalas en el mismo orden que utilizó en el patrón de tela.

2 Ponga la funda acabada en el sofá, empezando por la parte delantera. Compruebe que ajusta bien; después, marque y cosa a mano el dobladillo por la parte inferior. Añada botones y ojales en la costura central de la parte trasera o ponga una cremallera. Vuelva a colocar la funda en el sofá.

Notas sobre fundas

El secreto de una funda que ajuste bien es hacer un patrón con una tela económica que pueda cortarse, coserse y alterarse hasta que todo encaje; después, podrá usarla como guía para cortar la tela principal.

Utilice una tela resistente y lavable, ya que este tipo de asiento sufrirá bastante roce y puede que precise lavarlo con regularidad.

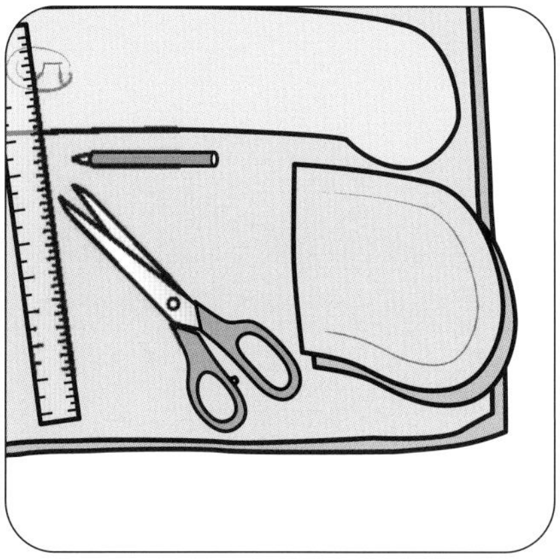

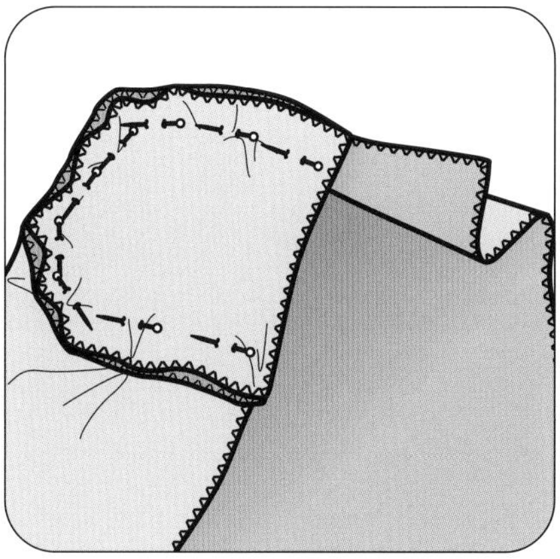

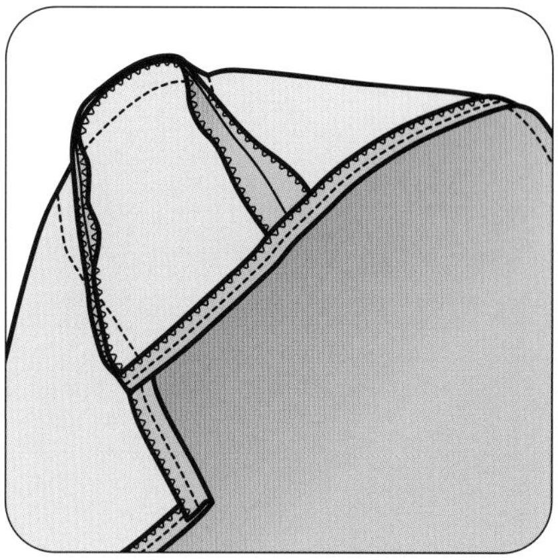

1 ▲ Fundas para brazos
Corte dos rectángulos de tela del tamaño y la forma de la sección interna del brazo del sofá. Corte dos partes superiores del escudete frontal del brazo y use sólo la superior del patrón del escudete. No se olvide de añadir los márgenes de la costura.

2 Dé puntadas de zigzag a lo largo de los bordes sin rematar. Sujete con alfileres e hilvane una parte superior de escudete, derecho con derecho, a uno de los rectángulos, comenzando desde el lado recto del rectángulo. Repita esta operación para confeccionar la pieza del otro lado del sofá.

3 Haga un dobladillo estrecho a lo largo de los bordes sin rematar y sujete con alfileres; prenda también alfileres en la costura de cada uno de los bordes cortos. Hilvane, si lo prefiere. Comience en la esquina frontal larga y cosa un dobladillo simple alrededor. Pase cuidadosamente las esquinas. Repita esta operación en la otra funda. Las fundas para los brazos los protegerán del mayor roce que sufre esta parte del sofá.

Vistas

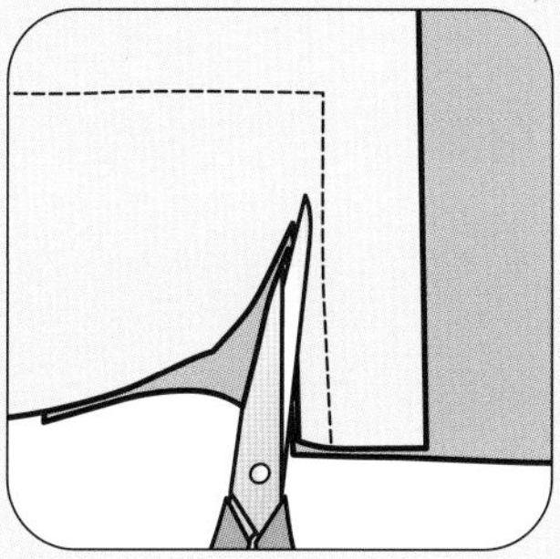

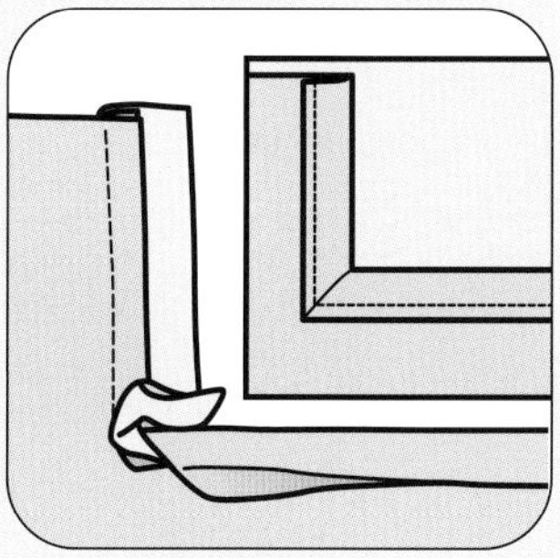

Las vistas en las fundas sirven para rematar los bordes; los cierres los harán más seguros.

1. Marque la línea de la costura de la tela principal. Corte una pieza de tela para vista más grande que la zona que tiene que recortar. Préndala con alfileres, derecho con derecho, y cosa a lo largo de las líneas de la costura. Recorte el exceso de tela y corte piquetes en las esquinas.

2. Doble la vista hacia el revés para cubrir los bordes sin rematar. Sujete con alfileres y pespuntee. La línea de costura está en el derecho y la vista en el revés.

ropa del hogar

W. & J. KNOX'S
No, 25
2 Cord
LINEN THREAD

cuidado y arreglos

Muchas prendas se pueden reemplazar hoy en día a bajo coste, por lo que quizá no valga la pena arreglarlas. No obstante, todo el mundo tiene algunas prendas a las que estima, o que son de marca, y por tanto merecerán arreglarse para poder usarlas más tiempo. En este capítulo se presentan algunas técnicas sencillas, además de información sobre lavado, eliminación de manchas y cuidados generales.

arreglos

Arreglar pequeños desgarrones o agujeros impide que el daño vaya a más y ayuda a prolongar el tiempo de uso de las prendas. Con un poco de cuidado, muchas veces es posible hacer arreglos que apenas se notarán cuando se use la prenda.

Agujeros y desgarrones

Los pequeños agujeros y desgarrones pueden arreglarse zurciendo y dando puntadas. Los más grandes quizá necesiten algún tipo de parche.

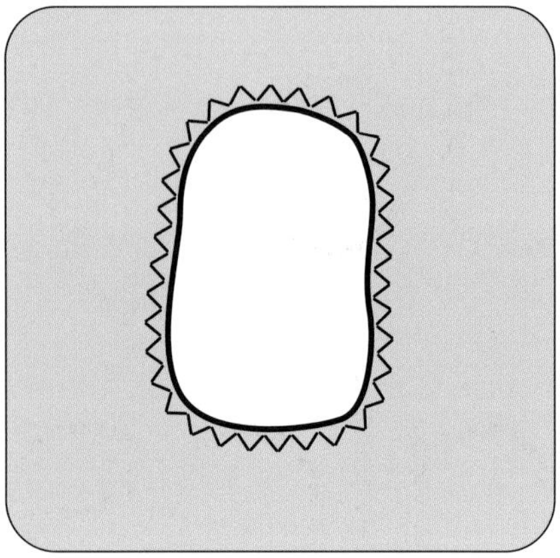

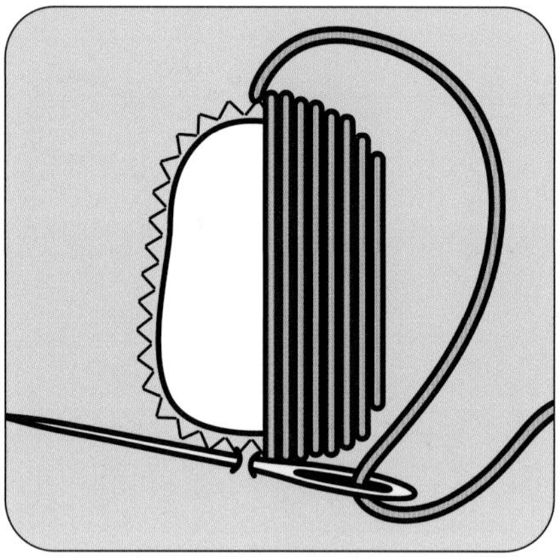

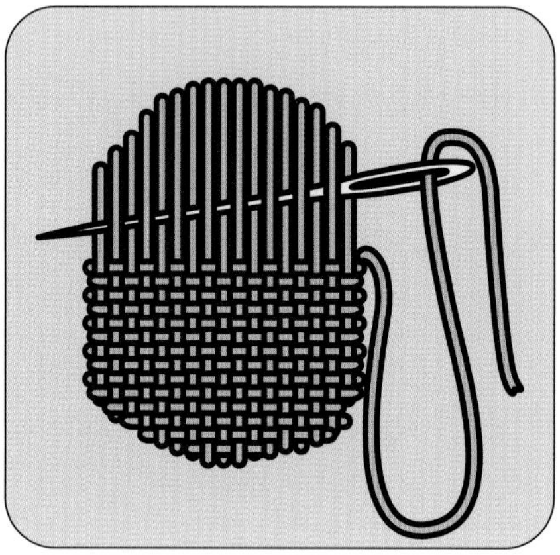

1 ▲ **Zurcir un agujero** Recorte alrededor del agujero para eliminar los hilos sueltos y definir el borde. Haga una línea estrecha de puntada en zigzag alrededor del agujero, muy cerca de la abertura para estabilizar los bordes.

2 Use hilo del color y el grosor más parecidos a los de la tela. Dé puntadas largas y verticales muy juntas desde la parte superior a la inferior hasta cubrir por completo el agujero.

3 Ahora cosa en horizontal introduciendo la aguja en los hilos verticales. Dé las puntadas lo más cerca posible unas de otras, y comience y termine cada fila con una puntada pequeña en el borde del agujero para asegurar la labor.

Puntos de sutura

Si trabaja cuidadosamente y utiliza el hilo adecuado, el zurcido será prácticamente invisible.

Si necesita poner un parche en una prenda, obtendrá uno de la misma tela a partir de un dobladillo interior o de otro lugar discreto.

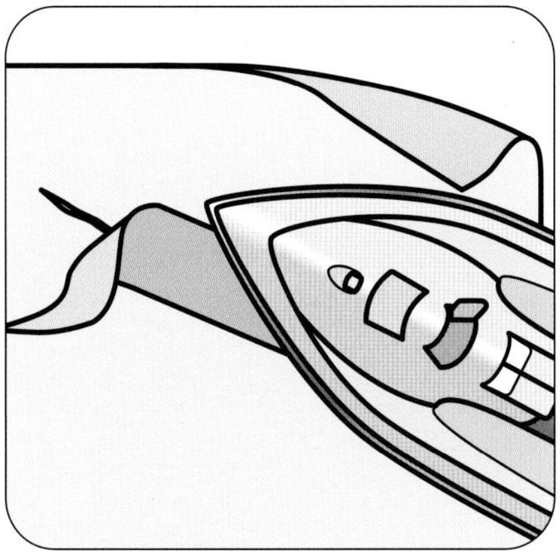

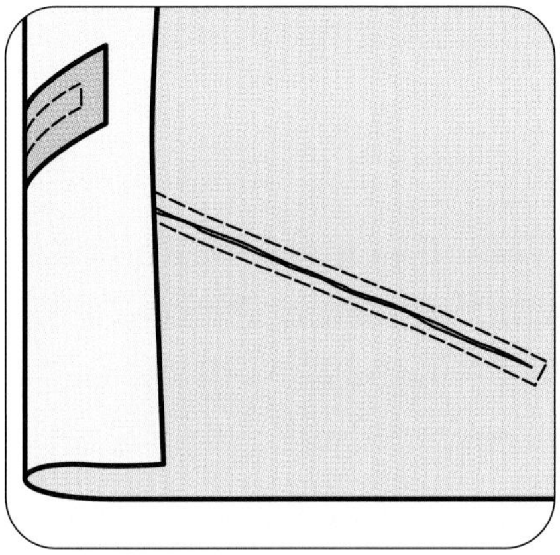

Una puntada a tiempo

Revise las prendas antes de deshacerse de ellas. Si necesitan arreglos, hágalo de inmediato para evitar que el daño vaya a peor.

Cuando sea posible, arregle las prendas a máquina: resulta más rápido y resistente que el arreglo a mano.

Si acorta una prenda, conserve la tela que corta, porque puede serle útil para un parche más adelante.

1 ▲ **Arreglar un desgarrón** Corte una tira de cinta reparadora termofusible ligeramente más larga y ancha que el desgarrón. Del revés, planche sobre la cinta para fijarla sobre el desgarrón; asegúrese de que los bordes del mismo estén lo más cerca posible.

2 En el derecho, dé una línea de puntadas rectas a máquina a lo largo de cada lado del desgarrón y en cada extremo para que la cinta reparadora quede bien sujeta. Corte los hilos sueltos que pueda haber.

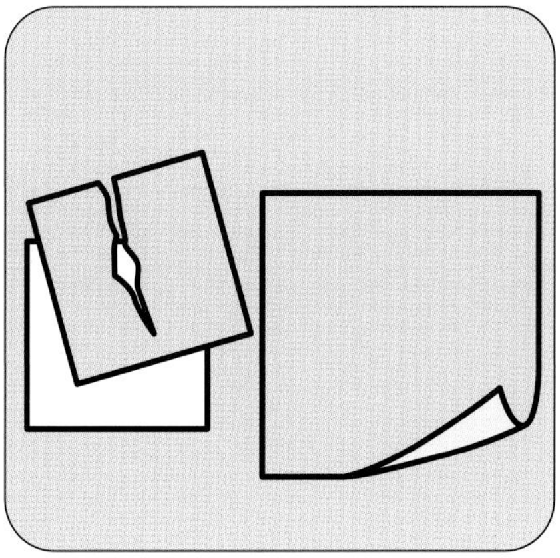

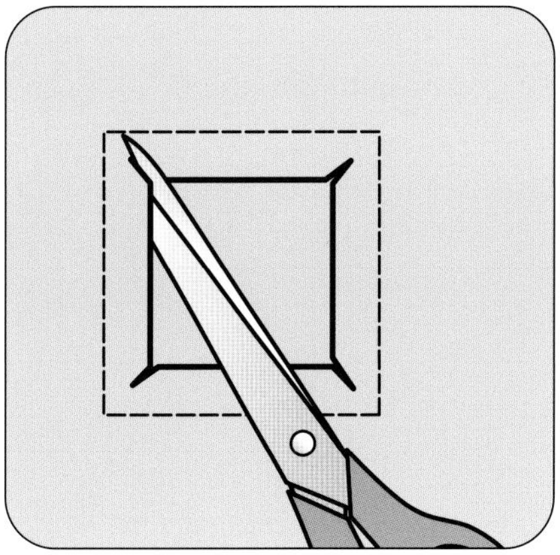

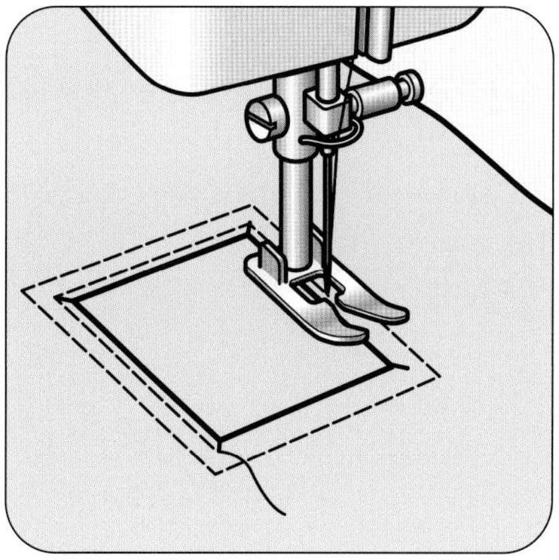

1 ▲ **Poner un parche en un agujero** Recorte los bordes del agujero para obtener un cuadrado o un rectángulo. Corte otra pieza de la misma tela unos 6 mm más grande que el agujero. Si el tejido es estampado, asegúrese de que el parche coincide exactamente con el diseño.

2 Coloque el parche con el derecho hacia arriba por debajo del agujero. Cosa alrededor del agujero justo por dentro del borde del parche con un hilo del mismo color. En el derecho, corte hacia la puntada en cada esquina.

3 Doble hacia dentro unos 3 mm los bordes sin rematar del agujero en los cuatro lados. Pespuntee el borde, a lo largo del doblez en todos los lados, con un hilo del mismo color. Cuando termine, prácticamente no se notará el parche.

Parches ya confeccionados

Existe gran variedad de parches ya confeccionados que pueden adquirirse tanto en tela lisa como estampada. Están diseñados para aplicarlos del derecho, por lo que resultan, en general, bastante decorativos.

▲ **Parche de cuero:** tienen normalmente una forma oval y pueden disponer de agujeros en el borde para coser a través de ellos. Pueden coserse a mano o a máquina, y habitualmente se utilizan para reforzar los codos y las rodillas de chaquetas o pantalones.

▲ **Parche autoadhesivo o para coser:** están disponibles en una amplia variedad de telas, colores y diseños. No sólo se utilizan para arreglos, sino que también aportan un elemento decorativo. Recuerde seguir las instrucciones del fabricante.

▲ **Parches tejidos:** estos parches se encuentran en el mercado en la modalidad termofusible o para coser. Pueden ser lisos o decorativos y deben aplicarse siguiendo las instrucciones del fabricante.

Costuras y cosidos

Una costura u otro cosido que se ha deshecho puede arreglarse en muy poco tiempo. Utilice hilo semejante al original para que no se note el arreglo.

Descoser costuras

Es posible que tenga que deshacer unas cuantas puntadas para acceder más fácilmente a la zona que necesita arreglo. Utilice un descosedor o unas tijeras pequeñas y afiladas.

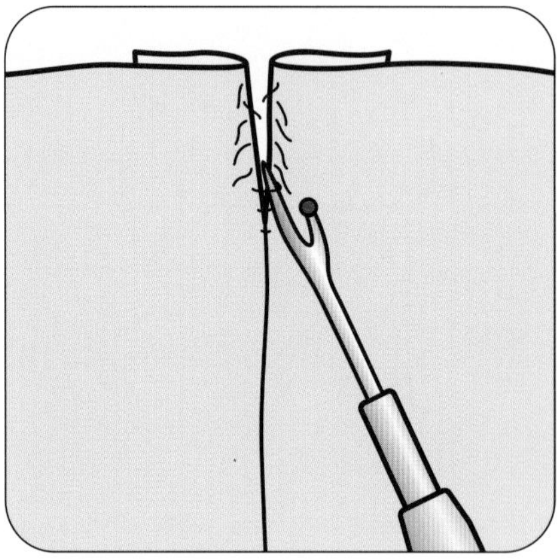

▲ **Descosedor:** sujete ligeramente en un extremo la costura abierta e introduzca la cuchilla curva del descosedor en las puntadas.

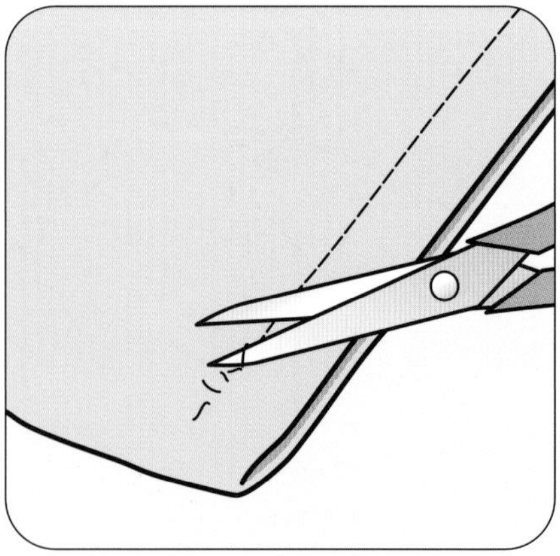

▲ **Tijeras:** coloque la prenda en una superficie plana y emplee la punta de las tijeras para cortar las puntadas en el derecho de la tela. Tire suavemente de los hilos sueltos.

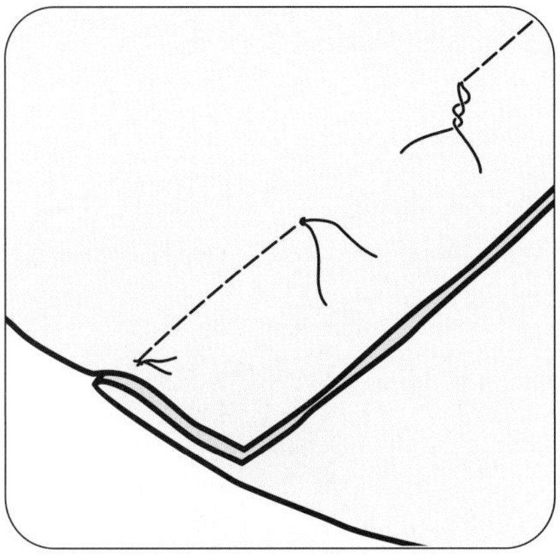

1 ▲ Arreglar una costura
Retire los hilos rotos por el revés. Tire de ellos para que el resto de las puntadas vuelvan a su sitio. Después, átelos cerca de la superficie de la tela en cada extremo de la sección dañada.

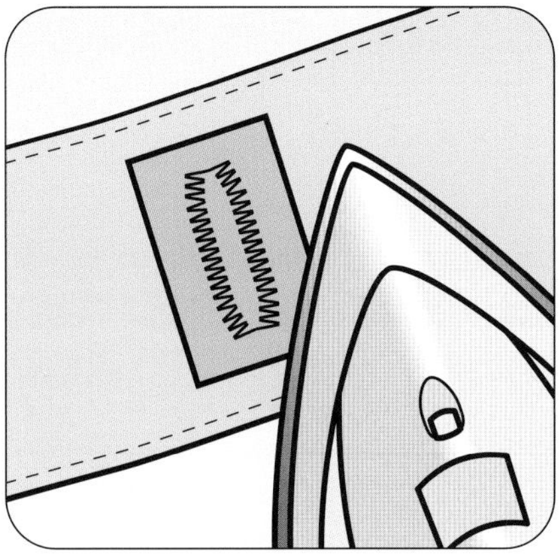

1 ▲ Arreglar ojales
Corte un parche de cinta reparadora termofusible lo suficientemente grande como para cubrir toda el área del ojal, colóquela en el revés y planche sobre ella.

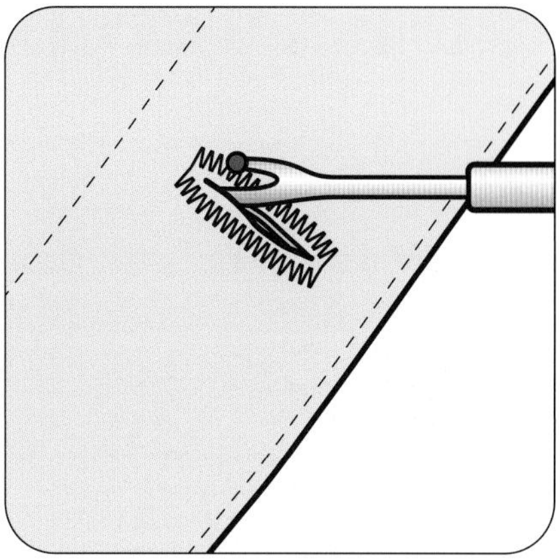

2 Trabajando por el derecho, cosa un nuevo ojal sobre el anterior. Para abrir el ojal, corte con cuidado a través de la cinta reparadora con la ayuda de unas tijeras afiladas o de un descosedor.

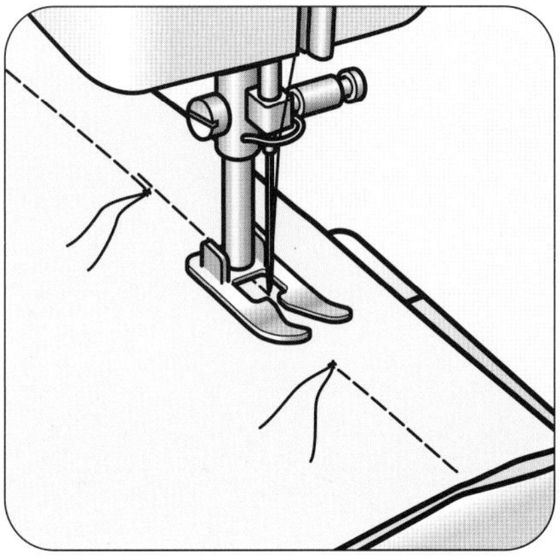

2 Cosa la sección dañada a la máquina usando el mismo color que el hilo original.

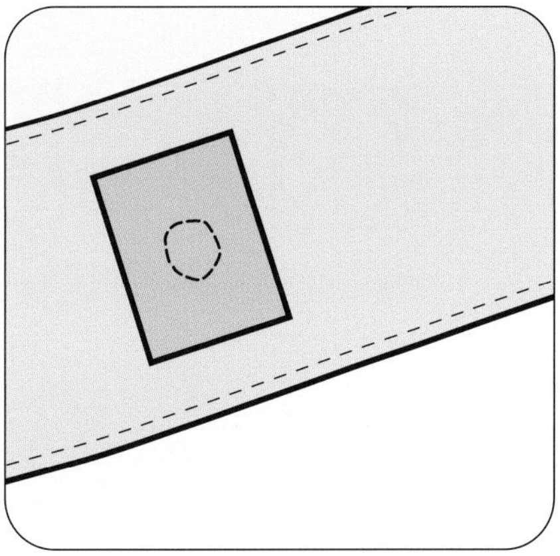

1 ▲ Arreglar bandas de botones
Corte un parche de cinta reparadora termofusible lo suficientemente grande como para cubrir toda el área dañada, colóquela en el revés y planche sobre ella.

2 Del derecho, cosa el botón de nuevo en su lugar sobre la cinta reparadora. El propio botón ocultará el agujero.

el lavado

La limpieza y el lavado regular de las prendas no sólo harán que huelan bien, sino que además prolongará su tiempo de uso. Siga las instrucciones de lavado de la prenda o del tipo de tela. Recuerde que tendrá más posibilidades de eliminar manchas si actúa inmediatamente después de que suceda el percance.

Símbolos del cuidado de las telas

Si sigue las recomendaciones de los fabricantes en cuanto al cuidado y el lavado de las telas, podrá disfrutar de ellas muchos años. Este sistema pictográfico universal de símbolos se utiliza como sencilla guía en muchos países.

Lavado

Ciclo normal a 60 °C centrifugado normal

Ciclo normal a 40 °C centrifugado normal

Ciclo normal a 30 °C ciclo suave, aclarado normal, centrifugado normal

Sólo lavado a mano

Sólo lavado en seco

No lavar en seco

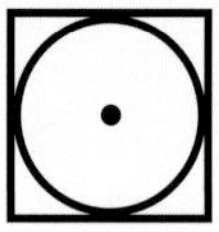

Secadora a temperatura baja

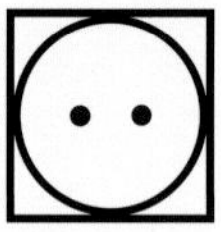

Secadora a temperatura alta

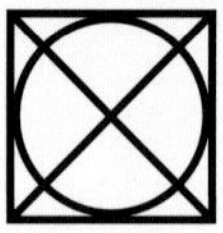

No usar secadora

Blanqueado

Puede usarse lejía fría de clorina diluida

No usar lejía de clorina

Puede usarse cualquier disolvente excepto tricloroetileno

Planchado

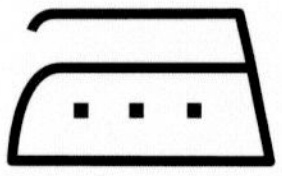

Temperatura alta algodón/lino 200 °C

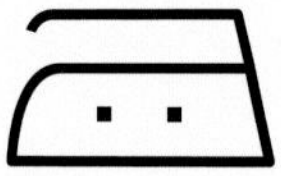

Temperatura media mezclas/lana 150 °C

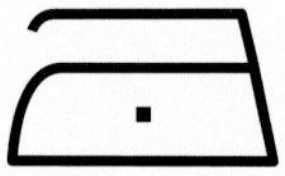

Temperatura baja telas sintéticas/sedas 110 °C

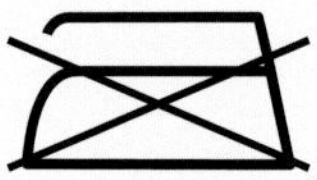

No planchar

Cuadro de eliminación de manchas

Los tratamientos que se mencionan se aplican sólo a telas lavables. Las manchas no lavables y las telas delicadas debe tratarlas un profesional. Busque el tipo de mancha en la columna de la izquierda y siga los números del tratamiento en orden ascendente. Si se repite un número, puede elegir el método que le resulte más conveniente.

Claves

- Agua fría
- Agua templada
- Agua caliente

MANCHA	PROCEDIMIENTO											
	Poner en remojo	Enjuagar	Lavar	Secar	Endurecer frotando con un cubito de hielo	Raspar	Pretratar con sustancia química apropiada	Blanquear (sólo blancos)	Limón	Sal	Plancha	
Adhesivos y colas	4		4		1	2	3					
Alcohol			1									1 parte de vinagre de vino blanco y 3 partes de agua
Sangre	1						2					
Chicle			1		1	2	3					
Chocolate		1					2					
Productos cosméticos							1					
Huevo							1					Tratar como la grasa
Hierba							1	2				Usar detergente biológico
Grasas y aceites			2				1					
Tinta			2				1					El lavado puede fijar la mancha
Moho			2					1	1	1		Mezclar zumo de limón y sal y dejar secar al sol
Leche			1									
Pintura: con base de agua		1	2									
Pintura: con base de aceite			3	1			2					
Sudor	1		2									Poner en remojo el área afectada con una cucharada de bórax
Herrumbre			3						1	2		Mezclar zumo de limón con sal y poner al vapor de agua hirviendo
Quemadura			1						2	2		
Betún						1	2					
Té y café	1						2					
Cera			3		1						2	
Vino y zumos de frutas	1		4	2			3			1		

Nota: si no se indica una temperatura, siga las instrucciones de lavado del fabricante

cuidado y arreglos

glosario

abalorios: cuentas pequeñas y redondas, disponibles tanto de cristal como de plástico y en una amplia variedad de colores y tamaños. Se venden habitualmente a peso y se utilizan en bisutería y para coserlas en las prendas.

abertura: orificio con superposición, normalmente en el dobladillo de la parte trasera de una chaqueta entallada, pero también en otras zonas de una prenda.

acondicionador: sustancia que se aplica al hilo antes de coser para facilitar que atraviese la tela y reducir la posibilidad de que se enganche o se enrede. Tradicionalmente se usaba cera de abeja o parafina, pero hoy en día se utiliza Thread Heaven,® diseñado específicamente para este propósito.

adornar con cuentas: ornamentar una tela cosiendo cuentas en su superficie. Las cuentas pueden ensartarse en la aguja según se vayan necesitando.

anclaje: elemento para asegurar el extremo de un hilo o para unir un trozo de tela a la pieza principal. Hay quien prefiere comenzar a coser con unas pocas puntadas pequeñas de punto corrido para asegurar el hilo; otros prefieren anudar el extremo para que no atraviese la tela.

aplicaciones: formas o motivos de una tela para añadirlos en otras. Se emplea a menudo en la confección de edredones, pero también se utiliza para decorar prendas de ropa y artículos de hogar.

apresto: acabado que se aplica a una tela para conferirle cuerpo y consistencia. Puede eliminarse al lavarla.

automático: cierre pequeño y redondo que tiene en un lado una protuberancia y en el otro un orificio con muelle. Son normalmente de metal, pero también pueden fabricarse de plástico.

ballenas: tiras estrechas de plástico o metal insertadas en una jareta y que se usan para reforzar secciones de prendas muy ajustadas y evitar que se resbalen o se enrollen, por ejemplo, el cuerpo de un vestido sin tirantes. El nombre proviene del hecho de que las tiras se hacían originalmente de barba de ballena.

***butting*:** poner dos bordes juntos de modo que se toquen sin superponerse.

caída: capacidad de una tela de caer formando pliegues; si lo hace de forma natural, se dice que tiene buena caída.

canesú: parte de una prenda que va sobre los hombros. Puede ser una pieza de tela independiente a la que se une la pieza principal de la prenda; a menudo tiene frunces o tablas.

***catch*:** unir una pieza de tela a otra, generalmente con unas pocas puntadas atrás muy pequeñas y hechas a mano; por ejemplo, para añadir una vista a un margen de costura.

cinta termofusible: género no tejido que en un cara tiene adhesivo que se activa con el calor, por lo que puede adherirse mediante el planchado, habitualmente de forma permanente. Se usa para reforzar telas.

composición: porcentaje de cada material del que está hecho un hilo o una tela. En los hilos aparece en el envoltorio o en la banda y en las telas generalmente al final del rollo. Es importante saber la composición para lavar y planchar adecuadamente la prenda acabada.

coser siguiendo el sentido del hilo: si las costuras se cosen siguiendo el sentido del hilo, la tela no se dará de sí mientras se cose.

costura de tope: costura usada para unir entretelas de géneros no tejidos. Los dos bordes están uno al lado del otro sobre una tira estrecha de tela ligera de refuerzo. Las dos piezas se unen por medio de una línea de puntadas de zigzag amplias realizadas a máquina. También puede añadirse una línea de puntadas rectas a cada lado para mayor seguridad.

cremallera frontal con tapeta: tipo de cremallera tradicionalmente utilizada en la ropa masculina, pero que ahora también se usa en la femenina. Una mitad de la abertura está cosida cerca de los dientes de la cremallera; la otra mitad es una tapeta que se superpone a la abertura y que lleva por lo común una línea de pespunte, paralela a la abertura, que se curva por debajo de la cremallera al final.

cuello desbocado: cuello amplio y grande que se dobla hacia abajo por la parte frontal, de manera que se superpone a la parte inferior.

cuenta: número de tramas y urdimbres que tiene una unidad de tela. Se usa para indicar la finura o tosquedad de la tela.

derecho: lado que se va a ver cuando la prenda se lleve puesta. En las telas estampadas, el diseño es más claro y brillante por el derecho, pero la diferencia no es siempre tan evidente.

dientes: conjunto de puntas que están bajo la placa de una máquina de coser y sirven para desplazar la tela mientras se cose.

diseños de una sola dirección: diseños basados en motivos con una clara parte superior y una inferior. Van en una sola dirección, y si se da la vuelta a la tela, su aspecto es diferente. Para disponer las piezas del patrón, use el trazado para telas con pelo; así se asegurará de que el diseño vaya en la misma dirección en todas las piezas de la prenda acabada.

***distressing*:** crear efectos decorativos texturales en las telas por medio del deshilachado, derritiendo zonas de telas sintéticas o rasgándolas.

doblar longitudinalmente: doblar la tela a lo largo. La tela de un rollo viene normalmente doblada longitudinalmente, derecho con derecho.

dosel: tela que cuelga sobre un armazón unido al cabecero de una cama de columnas; también se llama así el tratamiento decorativo con tela sobre un cabecero.

entretela: capa adicional de tela que proporciona forma y refuerzo a algunas zonas de una prenda, como cuellos, cintura y aberturas. La entretela es habitualmente de género no tejido y puede coserse o, si es termofusible, adherirse mediante planchado a la tela principal. Este último tipo es más rápido y fácil de usar, pero no es adecuado para telas transparentes o de textura muy marcada, ni para las que se deben planchar en frío. Si elige una entretela termofusible, siga cuidadosamente las instrucciones del fabricante para obtener los mejores resultados. También se llama entretela a la tela que se coloca entre el forro y la tela principal. Se usa en prendas gruesas, como abrigos, para conferirles más cuerpo y hacer que abriguen más.

escudete: pieza pequeña de tela con forma que se coloca en una abertura o en una costura para aportar amplitud y holgura. En prendas de ropa puede encontrarse en la axila cuando las mangas y el cuerpo se cortan en una sola pieza, o en la entrepierna de bragas y medias.

forro: tela usada para añadir cuerpo a un prenda; una prenda puede forrarse sin ocultar ni rematar las costuras.

fruncir: método para controlar el vuelo mediante una doble línea de puntadas, atando los hilos en un extremo y tirando de los del otro para acortar la tela. Hay fruncidos de tres o más líneas paralelas; también puede ponerse elástico en la canilla de la máquina de coser para fruncir grandes zonas que luego queden ceñidas al cuerpo.

galón de sillería: galón estrecho y plano o redondeado que se usa para decorar.

galón en zigzag: se aplica a los bordes para crear un atractivo acabado festoneado.

gama: diversidad o combinación de colores en que está disponible un estilo o diseño.

grano: dirección de los hilos que componen una tela tejida. Cada pieza tiene dos: la trama (transversal) y la urdimbre (longitudinal).

guía de corte: diagrama de los patrones de papel que muestra cómo colocar las piezas del patrón en distintos anchos de tela. También indica, si es necesario –y normalmente, con sombreado–, qué piezas deben colocarse sobre la tela con el lado impreso hacia abajo para cortarlas. Algunas piezas tendrán que ponerse con un borde en un pliegue, y esto se indicará también en el trazado.

hilo de metal o metálico: hilo confeccionado en metal puro. Este término se aplica a veces a hilos sintéticos con aspecto de metal. El hilo de efecto metálico es un hilo sintético con aspecto de metal. El metalizado lleva una fina capa de metal auténtico sobre un hilo de nylon o poliéster para conferirle fuerza y flexibilidad.

hilvanar: técnica mediante la cual se unen de modo temporal capas de tela para poder probar la prenda o para que no se resbale la tela mientras se cose.

holgura, previsión de: cantidad que se añade a las medidas corporales para que las prendas sean cómodas y permitan el movimiento.

inglete: unión diagonal entre dos tiras de tela que se juntan en una esquina cuadrada.

jareta: dobladillo o pliegue por el que se introduce lazo, cinta o elástico; también se denomina así la abertura de la parte superior de una cortina por la que se puede introducir la barra.

lezna: pequeño instrumento en punta que se usa en costura para perforar orificios como ojetes o los agujeros de un cinturón de cuero. También puede usarse un punzón de metal.

línea central: línea vertical que marca el centro de la pieza de un patrón. Está señalada en las piezas principales –normalmente, sólo la espalda y el delantero–, y debe transferirse a la tela con un rotulador lavable, tiza de modista o un par de hilvanes de modista.

línea de corte: línea sólida y más exterior de un patrón de papel, que indica el lugar por el que debe cortarse la pieza. Algunas personas cortan por el centro de esta línea; otros, bordeándola por fuera. No importa cuál de las dos opciones se elijan, siempre que se sea coherente.

líneas de equilibrio: líneas que se marcan en los patrones de papel para indicar dónde deben caer los hilos longitudinales y los transversales de la tela en las partes clave de la figura para que la prenda se ajuste bien. Si el patrón está ajustado a medidas individuales, deben mantenerse las posiciones relativas de las líneas de equilibrio para que la prenda siente bien.

maniquí: figura de tamaño fijo o ajustable que se utiliza para probar las prendas durante su confección. Puede fabricarse de muchos materiales, pero debe tener una superficie adecuada para sujetar alfileres.

margen de costura: cantidad de tela que se deja para costuras cuando se unen dos trozos de tela. Los patrones de papel tienen normalmente márgenes de costura de 15 mm entre la línea de corte y la de costura.

medida/tamaño real: dimensiones finales de la prenda acabada que se proporcionan en un patrón, que pueden variar «para ajustarse» a la medida.

mercería: conjunto de pequeños artículos de costura, como el hilo, las agujas, los alfileres, las cremalleras, los botones y los ribetes al bies.

mercerizar: dar al algodón un acabado que le aporta fuerza y lustre y lo hace más receptivo a los tintes.

mezcla: hilo o tela que es una mezcla de dos materiales, como poliéster/algodón. La mezcla puede ser a partes iguales, como 50% de moer/50% de lana, o desiguales, como 50% de lana de merino/33% de microfibra/12% de cachemir. La composición exacta de un hilo se muestra en la banda de la bobina, mientras que en las telas se encuentra normalmente al final del rollo.

muescas (cortes en V): se indican en la línea de corte de un patrón y señalan los puntos de coincidencia de una costura. Los cortes en V de las piezas independientes del patrón coinciden cuando se cosen. Estos cortes deben marcarse al cortar la tela, lo que se hace normalmente cortando alrededor de ellos para que sobresalgan. Algunas personas los cortan hacia el margen de la costura, aunque no resulta adecuado, sobre todo si la tela tiende a deshilacharse.

muestra: pequeño pedazo de tela que se usa como ejemplo de color.

ojete: orificio pequeño y redondo creado en una tela con una lezna o un punzón. Puede coserse a mano o rodearse con un anillo de metal que sostenga la tela en el revés. Los ojetes cosidos a mano se rodean con punto anillado o punto de festón para evitar el deshilachamiento. Los ojetes se emplean con fines decorativos, en encajes o cinturones.

orillo: borde rematado que discurre a lo largo de una pieza de tela. No se deshilacha, pero normalmente suele ser preferible no incorporarlo a la prenda, pues está tejido de forma más firme que el resto de la tela y puede formar frunces al lavarla.

pasar por debajo: asegurar el extremo de un hilo antes de coser, es decir, pasar la aguja por debajo de unos cuantos hilos de la tela por el lado del revés antes de sacarla por el derecho.

patrón base: patrón a partir del cual se pueden desarrollar otros diseños. No tiene estilo propio, pero es entallado –con un mínimo de previsión de holgura– y puede usarse para calcular dónde necesitan ajustarse los patrones estándar.

pelo: hilos erectos o bucles presentes en telas como el terciopelo, la pana o el falso pelo; crean una superficie de aspecto «piloso» que parece más clara o más oscura dependiendo del modo en que se encuentren los hilos. Cuando se confeccionan prendas con tela de pelo, las piezas del patrón deben prepararse con cuidado para que el pelo vaya siempre en la misma dirección. Debe coserse siempre en la dirección del pelo.

perfilar: plasmar las secciones principales de una funda holgada para un proyecto de tapicería antes de cortar en la tela definitiva. Las piezas de una prenda también se perfilan a veces antes de cortarlas para asegurarse de que el diseño coincidirá perfectamente a través de las costuras.

pespunte al borde: coser cerca de un borde rematado, costura o pliegue, bien para lograr un efecto decorativo o para evitar que un trozo de tela, como, por ejemplo, una vista, se enrolle hacia delante.

pieza sobrepuesta: parte de una prenda u otro elemento que se superpone a otra.

pinza: pliegue que se utiliza para ajustar una prenda a las curvas del cuerpo. Puede ser recta para que el ajuste sea holgado, o curva, si se quiere más ceñido. Terminan en punta y normalmente comienzan en la línea de costura. Las pinzas de doble punta se utilizan en vestidos, chaquetas y faldas ceñidas. Tienen forma de rombo; la parte más ancha cae a la altura de la cintura y terminan en punta en el pecho o el omóplato y en las caderas. Deben coserse como dos pinzas que se dan la espalda trabajando desde el centro hasta el extremo en cada una de ellas. A menudo se realizan en líneas paralelas muy juntas para proporcionar un efecto decorativo a una prenda. Algunas blusas tienen en el cuerpo este tipo de pinzas, lo que les confiere un aspecto más entallado.

piquete: operación que consiste en cortar con la punta de las tijeras una distancia corta en un margen de costura o un orillo. Se usa en zonas como costuras curvas o esquinas cuadradas con el fin de eliminar el exceso de tela y que las costuras puedan abrirse con la plancha.

pivotar: levantar el prensatelas y dar la vuelta a la tela sin levantar la aguja. Resulta útil cuando se cosen esquinas cuadradas.

plaqué: abertura superpuesta sobre un bolsillo, una cremallera oculta u otro cierre, o situada en el puño de una manga. El término también hace referencia a la solapa de tela que a veces existe tras dicha abertura.

prensatelas: pieza de una máquina de coser que sujeta la tela contra los dientes mientras se cose.

rapport: la mayor parte de los diseños constan de uno o más elementos que se repiten a lo largo y/o ancho de la tela. La longitud de un diseño se determina midiendo desde un punto determinado de un motivo hasta el mismo punto del siguiente. Los motivos pueden repetirse en filas alternas creando diagonales secundarias.

reforzar: fortalecer una zona que va a sufrir roce con filas adicionales de puntadas o añadiendo un refuerzo o un pedazo de tela.

refuerzo: capa de tela que se usa para fortalecer una prenda y que se cose directamente en las costuras.

rematar: llevar los hilos sueltos al revés y atarlos o coserlos antes de cortarlos. Los bordes de la costura pueden rematarse y evitar su deshilachamiento por medio del ribeteado, cortándolos con unas tijeras dentadas o dando puntadas de zigzag.

revés: lado de la tela que no se verá cuando la prenda se utilice. En las telas estampadas, el diseño será más tenue y apagado en el revés, pero la diferencia no es siempre evidente.

ribete al bies: tira de tela cortada en una diagonal de 45° respecto al sentido del hilo y que se usa para ribetear bordes, en particular los curvos. Se da de sí con facilidad, por lo que debe manejarse con cuidado.

rodillo: tubo estrecho de tela que se cose en la costura del borde de una prenda como un bucle. Se abrocha con un botón para cerrar la abertura.

rollo de tela: tela enrollada alrededor de un tubo redondo o una forma ovalada y aplanada de cartón. La tela se dobla normalmente en sentido longitudinal, derecho con derecho. La cantidad de tela de un rollo depende del tipo de género y del fabricante. Los almacenes al por mayor normalmente venden tela por rollos en lugar de por metros.

sentido del hilo: hilos que van en sentido longitudinal o paralelos al orillo. Los que van en sentido transversal, o de orillo a orillo, se dice que van *a contrahílo*.

slub: hilo desigual que tiene secciones más gruesas y más finas, bien accidentalmente, o bien por diseño. La tela tejida con este hilo tendrá irregularidades distribuidas al azar. En algunas telas, como la seda salvaje, se trata de una característica esencial.

solapa: sección de un abrigo, chaqueta o blusa, entre el botón superior y el cuello, que se vuelve hacia atrás.

superponer: extender o doblar un trozo de tela o una sección de una prenda sobre otra.

tabla: pliegue uniforme en la tela para añadir amplitud, normalmente en el dobladillo, y a menudo parcialmente cosido justo por debajo de la cintura. Hay distintos tipos en corte y confección. De acordeón: finas y estrechas, normalmente confeccionadas a máquina; de caja: dos tablas cuchillo que miran a lados opuestos; dior: tabla corta en la línea del bajo de una falda con una capa de tela debajo de la abertura; encontradas: dos tablas cuchillo que miran la una a la otra; cuchillo: series de tablas de la misma anchura y en la misma dirección; las que se cosen parcialmente en la parte superior o inferior de un forro para conferir holgura y facilidad de movimiento; las más anchas en la parte superior que la inferior, normalmente confeccionadas a máquina.

tallo: protuberancia de la parte posterior de un botón. Puede ser parte del botón o hacerse de hilo al coserse el botón. El tallo deja espacio para la capa de tela que se superpone cuando se abrocha el botón.

tejido abierto: tela de tejido flojo en la que existen huecos entre los hilos. Un ejemplo extremo sería el tul, pero el lino y la aida son también tejidos abiertos.

tejido de punto llano o jersey: este tipo de género se confecciona con bucles de hilo entrelazados en lugar de tejidos, lo que le permite estirarse en cualquier dirección. Es una buena elección para prendas ceñidas.

tela prelavada: tela que se ha encogido antes de cortarla para que sus dimensiones no se reduzcan al lavarla (en seco o con agua). Muchas telas vienen prelavadas por el fabricante.

tela transparente: gasas con las que se confeccionan visillos, entre otras prendas.

***underlap/underwrap*:** borde de una prenda que va por debajo de otro borde.

velcro: tipo de cierre que consta de dos partes: una mitad tiene bucles diminutos y la otra pequeños ganchitos. Al presionarse, las dos partes quedan enganchadas. Se emplea a menudo en ropa y zapatos infantiles, así como en objetos que necesitan desabrocharse rápidamente.

vista: pieza de tela con una forma determinada que se cose sobre la línea de costura de una prenda y se dobla hacia dentro para cubrir los bordes sin rematar y crear un borde rematado.

volante: borde fruncido o plisado.

notas

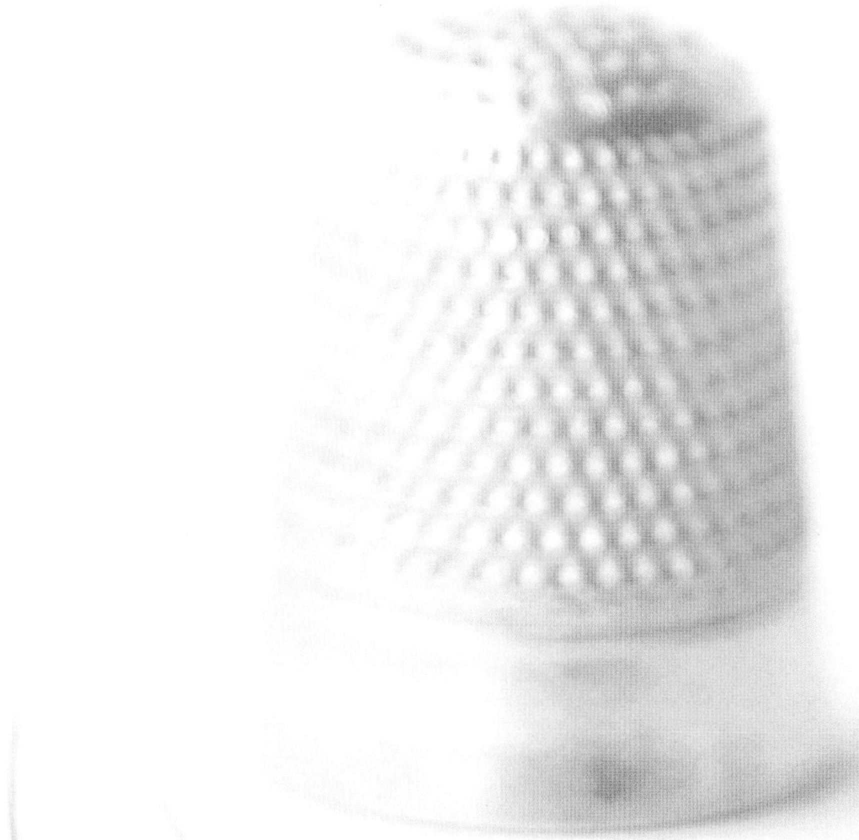

índice

2 Cord
THREAD

agradecimientos

Me gustaría mostar mi especial agradecimiento a Maggi McCormick-Gordon, parte de cuyo trabajo constituyó el punto de partida de este libro. También dar las gracias al personal de Collins & Brown por encargarme este libro y por su constante apoyo, particularmente a Michelle Lo y a Kate Hudson. Gracias a Kuo Kang Chen y a Barking Dog Art por las excelentes ilustraciones y a Louise Leffler por el elegante diseño. Y, finalmente, dedico este libro a William y a Emily, sin los cuales habría escrito este libro con más rapidez.

créditos

Camera Press
158, 161, 162, 176, 196, 270; / Avantages/G. Giradot 216; /Fair Lady 166, 222; MCI/Kim Cuc/M. Martin 99; MCI/S.Bequet/M-P Faure 183; /MCI/T.Dhellemmes/C.Vannier/C.Soulayrol 228, 271; /Picture Press 171, 172, 179, 209, 249, 277; /Schoner Wohnen 150, 160, 246, 262, 280, 283; /VISI 168, 203, 221, 266, 274; /Woman's Value 153, 255

Getty Images
/Dorling Kindersley 239; /Dorling Kindersley/Andy Crawford, Steve Gorton 67; Photonica/Lenora Gim 71, /Dorling Kindersley/Pia Tryde 831; Image Source Pink 230; /Neo Vision/Shinya Sasaki 116, 204; /Stockbyte 123, 192; /Stone/Will Sanders 233

istockphoto
101, 180, 200, 257, 260, 264, 285, 289, 290, 291, 292

Michael Wicks
2, 4, 5, 8, 10, 12-16, 22-28, 32, 36, 39, 56, 58, 60-63, 68, 70, 72, 81, 83, 88, 92, 113, 114, 125, 128, 130, 139, 145, 146, 148, 163-165, 169, 170, 173-175, 177, 178,195, 201, 202, 212, 218, 227, 231, 237, 244, 245, 294, 302, 306, 309, 310-313, 317, 318, 320